12 ŻYCIOWYCH ZASAD

ANTIDOTUM NA CHAOS

JORDAN B.
PETERSON

12 ŻYCIOWYCH ZASAD

ANTIDOTUM NA CHAOS

Przekład:
Krzysztof Zuber

FREEDOM
PUBLISHING

Tytuł oryginału: *12 Rules for Life: An Antidote to Chaos*
Redakcja: Mateusz Błaszczyk
Korekta: Katarzyna Wozinska, Joanna Zuber
Redakcja techniczna: Anna Szarko
Projekt okładki: Deer's Graphic – Jan Szymański
Ilustracje: Ethan Van Scriver

Znacznego wsparcia merytorycznego w przygotowaniu obszernych fragmentów tekstu udzieliła Katarzyna Wozinska, psycholog, założycielka ośrodka „Słowo" w Poznaniu i Szczecinie (www.centrumslowo.pl).

Wydanie pierwsze – Wrocław 2018

ISBN: 978-83-946310-5-5

Dystrybucja za pośrednictwem internetu:
– hurtowa: zamowienia@wydawnictwofp.pl
– detaliczna: www.wydawnictwofp.pl

Spis treści

Przedmowa

Zasady? Więcej zasad? Poważnie? Czy życie nie jest już dość skomplikowane? Czy sama rzeczywistość – bez abstrakcyjnych reguł, na dodatek nieuwzględniających naszej unikalnej sytuacji – nie nakłada na nas wystarczająco dużo ograniczeń? Co więcej: jeśli weźmiemy pod uwagę to, jak plastyczny jest ludzki mózg oraz że jego rozwój przebiega różnie, w zależności od indywidualnych doświadczeń życiowych – dlaczego mielibyśmy w ogóle oczekiwać, że kilka arbitralnych zasad może nam w czymkolwiek pomóc?

Ludzie nie garną się do zasad... nawet w Biblii. Kiedy po długiej nieobecności Mojżesz schodzi z góry niosąc kamienne tablice z dziesięcioma przykazaniami, zastaje swój lud – Dzieci Izraela – w trakcie hałaśliwej uczty. Przez setki lat byli niewolnikami faraona, poddanymi despotycznej władzy, a Mojżesz, aby oczyścić ich z niewolniczej mentalności, zgotował im dodatkowe czterdzieści lat zmagań z surową, bezlitosną pustynią. Teraz, nareszcie wolni, nie potrafią się pohamować i, utraciwszy kontrolę nad sobą, tańczą szaleńczo wokół nowego idola – złotego cielca – czym obnażają swoje całkowite zepsucie moralne.

„Mam dobre wieści... i złe wieści", krzyczy do nich prawodawca. „Które chcecie usłyszeć najpierw?".

„Te dobre!", odkrzykują hedoniści.

„Zeszliśmy w negocjacjach z piętnastu przykazań do dziesięciu!".

„Alleluja!", ryczy krnąbrny tłum. „A te złe wieści?".

„Cudzołóstwo nadal będzie zabronione".

No dobrze, więc jakieś zasady muszą obowiązywać – ale byle nie za dużo, miejmy umiar. Nawet jeśli rozumiemy, że zasady są dla nas korzystne, mamy wobec nich odczucia ambiwalentne. Jeśli jesteśmy dynamiczni, śmiali, z charakterem, zasady wydają się zbyt restrykcyjne. Ponadto kolidują z naszym poczuciem kontroli nad losem i z dumą, jaką czerpiemy z radzenia sobie w życiu. Dlaczego mielibyśmy być osądzani w oparciu o cudze zasady?

A osądzani jesteśmy. Wszak Bóg nie dał Mojżeszowi „Dziesięciu Sugestii" – dał mu Przykazania. A jako jednostki wolne, niezależne, na wszelkie przykazania reagujemy często buńczuczną deklaracją, że nikt, nawet Bóg, nie będzie nam mówił, co mamy robić, choćby Jego intencją było nasze dobro. Jednak opowieść o złotym cielcu uczy nas także, że bez zasad szybko stajemy się niewolnikami naszych żądz – a nie na tym przecież polega wolność.

To nie jedyny morał płynący z tej opowieści. Oto kolejny: bez nadzoru, pozostawieni własnemu niewyrobionemu osądowi, mamy tendencję, aby celować nisko i za obiekty czci obierać niegodne wzorce – w tym wypadku sztuczne zwierzę, w pewnym sensie czyniące również nas samych zwierzętami, niepotrafiącymi opanować instynktów. Pradawny hebrajski przekaz nie pozostawia złudzeń, jak w starożytności widziano perspektywy dla cywilizowanych zachowań, jeśli zabrakłoby zasad skłaniających ludzkość do ciągłego podnoszenia standardów moralnych.

Jedną z zalet przekazu biblijnego jest to, że zawarte w nim zasady nie są po prostu wypisane w formie listy, jakiej spodziewalibyśmy się, gdyby zredagowały je współczesne organa administracyjne czy legislacyjne. W Biblii są one wplecione w dramatyczne historie, które ilustrują ich istotność i ułatwiają zrozumienie. Podobnie jest w książce, którą trzymasz w rękach: profesor Peterson nie proponuje samych dwunastu zasad; on także, odwołując się do nadzwyczaj rozległej wiedzy z wielu dziedzin, przywołuje szereg historii i przykładów i na ich podstawie przekonuje, że – gdy spojrzymy na to z szerszej perspektywy – właściwe zasady nie ograniczają nas, lecz pomagają nam realizować nasze cele, cieszyć się wolnością i żyć pełnią życia.

Jordana Petersona po raz pierwszy spotkałem 12 września 2004 roku w domu naszych wspólnych znajomych – producenta telewizyjnego Wodka Szemberga i internistki Estery Bekier. Okazją do spotkania były urodziny Wodka. Wodek i Estera to polscy emigranci, którzy przed wyjazdem do Kanady dorastali po wschodniej stronie żelaznej kurtyny. Tam aparat państwa dbał o to, aby pewne tematy nie pojawiały się w debacie publicznej, a podważanie, nawet półżartem, słuszności niektórych ustrojów politycznych czy filozoficznych idei (nie wspominając o samym reżimie) groziło tragicznymi konsekwencjami.

Jednak, dekady później, gospodarz i gospodyni mogli rozkoszować się ciekawą, szczerą pogawędką, której uczestnicy upajali się przyjemnością nieskrępowanego wypowiadania swoich przekonań i wysłuchiwania, jak pozostali czynią to samo. Obowiązywała zasada: „mów to, co myślisz". Gdy rozmowa schodziła na politykę, osoby o różnych poglądach wymieniały się opiniami – z zaangażowaniem i zainteresowaniem – na sposób, który od jakiegoś czasu przestaje być powszechny. Wodek należał do najbardziej energicznych dyskutantów; co rusz eksplodował na przemian: wygłaszaną opinią lub śmiechem. Następnie, z intensywnością prawdopodobnie większą niż sam zamierzał, przytulał rozmówców, którzy go rozbawili, i prowokował ich do dalszej otwartej debaty. To były najlepsze momenty tych spotkań. Bezpośredniość i autentyczność Wodka tworzyły niezapomnianą atmosferę. Estera, z drugiej strony, kierowała swój melodyjny głos dokładnie w stronę konkretnego słuchacza. Te wybuchy szczerości nie psuły nastrojów w towarzystwie – wręcz przeciwnie: generowały kolejne eksplozje! Każdy, kto miał okazję poznać wyzwolonych spod tyranii ludzi ze wschodniej Europy, wie, o czym mówię. Pojawiały się kolejne salwy śmiechu i nadawały naszym posiedzeniom jeszcze przyjemniejszego charakteru. Pisarz Honoré de Balzac, kiedy wspominał bale i przyjęcia odbywające się w ojczystej Francji, zaobserwował, że to, co wydawało się jednym spotkaniem, tak naprawdę zawsze było dwoma. Przez pierwsze godziny zgromadzenie zdominowane było nudnymi osobnikami, pozerami, którzy przybyli jedynie po to, aby inni mogli podziwiać ich piękno, elegancję i status. Następnie, dopiero pod koniec, gdy większość gości już wyszła, mogło się rozpocząć drugie przyjęcie – to prawdziwe. Wtedy w rozmowie uczestniczyli wszyscy obecni, a nadętą atmosferę zastępował zdrowy humor. Spotkania u Estery i Wodka wyróżniało to, że tego rodzaju luz i poczucie swojskości pojawiały się zaraz po wejściu do salonu.

Wodek, starszy mężczyzna z siwą gęstą czupryną, to łowca stale wypatrujący potencjalnych intelektualistów publicznych; wie, jak rozpoznać ludzi, którzy *naprawdę* potrafią występować przed kamerą i którzy wypadają przed nią autentycznie, ponieważ tacy po prostu są (kamera to wyłapuje). Często zapraszał takich właśnie ludzi na wspomniane pogawędki. Tego wieczoru Wodek przyprowadził kogoś z mojego Uniwersytetu Toronto – profesora psychologii, który spełniał wymagane kryteria: intelekt i charyzma w tandemie. Wodek był pierwszym, który posadził Jordana Petersona przed kamerą i dostrzegł w nim nauczyciela poszukującego uczniów – Jordan zawsze był bowiem chętny uczyć. Pomógł fakt, że polubił kamerę, a kamera polubiła jego.

Spotkanie to miało się odbyć przy dużym stole w ogrodzie Estery i Wodka, gdzie zgodnie ze zwyczajem oczekiwał już szereg ust i par uszu, wirtuozów szermierki słownej. Podczas gdy większość wydawała się nieco wytrącona z równowagi natrętnym brzęczeniem pszczół, nasz debiutant, wyposażony w kowbojskie buty i akcent rodem z Alberty, ignorował wszelkie zakłócenia i nie przestawał mówić. On nieustannie nadawał, my robiliśmy zaś wszystko, co się dało, aby odganiać owady – nowy uczestnik naszych schadzek okazał się bowiem tak interesujący, że za żadne skarby nie chcieliśmy odchodzić od stołu.

Cechował go osobliwy dar rozmawiania o kwestiach fundamentalnych z kimkolwiek, kto był akurat przy stole – a większość z nas do tego dnia była mu zupełnie obca – z łatwością, z jaką wymienia się uprzejmości. Gdy zaś faktycznie wymieniał uprzejmości, odstępy między: „Jak poznaliście się z Wodkiem i Esterą?" czy „Miałem kiedyś ule, jestem przyzwyczajony do pszczół" a tematami znacznie poważniejszymi należałoby mierzyć w nanosekundach.

Dyskusje o takich zagadnieniach pojawiają się niekiedy na przyjęciach, na których spotykają się ludzie wykształceni, jednak ograniczają się zwykle do pary ekspertów specjalizujących się w temacie, siedzących gdzieś w rogu, a jeśli prowadzone są na forum publicznym, to często w ramach popisów i stroszenia piórek. Natomiast ten cały Peterson, choć natychmiast dał się poznać jako erudyta, nie sprawiał wrażenia wywyższającego się snoba. Miał w sobie entuzjazm dziecka, które dopiero co nauczyło się czegoś nowego i po prostu musi o tym opowiedzieć. Wydawał się zakładać – również jak dziecko, zanim odkryje, jak nudni mogą być dorośli – że jeśli on uważał coś za interesujące, inni podzielą to zainteresowanie. W tym kowboju było coś z chłopca, gdy poruszał tematy tak, jakbyśmy wszyscy dorastali razem w tym samym małym miasteczku czy nawet w jednej rodzinie – i jakbyśmy wszyscy, przez cały ten czas, rozmyślali nad tymi samymi problemami ludzkiej egzystencji.

Petersona nie można było uznać za „ekscentryka"; odnajdował się w wyszukanej konwencji, wykładał na Harvardzie, był dżentelmenem (na tyle, na ile kowboj może nim być), choć słów „szlag" i „cholerny" używał często (w stylu charakterystycznym dla ludzi z wiejskich terenów z lat pięćdziesiątych). Mimo to wszyscy obecni słuchali go z zafascynowaniem wypisanym na twarzach, Peterson podnosił bowiem kwestie istotne dla każdego człowieka.

Było coś wyzwalającego w przebywaniu z osobą tak oczytaną, a jednocześnie wypowiadającą się przystępnym językiem. Rozumował w sposób motoryczny: można było odnieść wrażenie, że musiał myśleć *na głos* i wykorzystywać do myślenia korę ruchową, przy czym – aby jego rozum funkcjonował właściwie – cały napęd musiał wejść na wysokie obroty.

Wtedy eksplodował. Nie chcę robić z niego maniaka, powiem tylko, że Peterson pędził nawet na jałowym biegu. Zasypywał śmiałymi ideami. Niemniej jednak, w przeciwieństwie do wielu akademików, którzy – jak już zajmą pozycję – gotowi są jej bronić za wszelką cenę, Peterson z *sympatią i uznaniem* reagował na głosy niezgody czy krytykę. Nie jeżył się i nie syczał jak kot zepchnięty do narożnika. „Faktycznie, racja", odpowiadał w przyjazny sposób i mimowolnie pochylał głowę, kiwając twierdząco, jeśli rzeczywiście coś mu umknęło. Doceniał, gdy wskazano mu, że na daną kwestę można spojrzeć z innej strony i łatwo było dostrzec, że dialog uważał za podstawowe narzędzie analizy problemów.

Inną zaskakującą cechą Petersona było to, że (jak na jajogłowego) był niespotykanie praktyczny. Przykłady, które podawał, miały zastosowanie w życiu codziennym: w zarządzaniu biznesem, w robieniu mebli (sam lubił się tym zajmować), w projektowaniu prostych domów, w sprzątaniu pokoju (dziś to hasło rozpoznawcze Petersona). Na szczególną uwagę zasługuje stworzony przez niego projekt internetowy, który wielu studentom wywodzącym się z mniejszości etnicznych pomógł nie wylecieć ze studiów – dzięki zachęcaniu ich do podejmowania psychoanalitycznych ćwiczeń polegających na swobodnym wypowiadaniu się w formie pisemnej na temat ich przeszłości, teraźniejszości i przyszłości (projekt funkcjonujący pod nazwą *Self-Authoring Program* [*Program Samoautorstwa* – przyp. red.]).

Zawsze szczególnie imponują mi osoby ze wsi lub z małych miasteczek (gdzie poznały naturę w wielu jej odsłonach), które pracowały własnymi rękami i wytwarzały namacalne dobra, dorastały w trudnym klimacie, doświadczały surowości żywiołów, sporo nauczyły się na własną rękę i na przekór wszystkiemu dostały się na studia. Takie osoby zasadniczo różnią się od ich dystyngowanych miejskich odpowiedników, niejako oderwanych od realiów świata, którym wyższe wykształcenie było sądzone i którzy z tego właśnie powodu nie potrafili go docenić bądź nie uważali go za cel sam w sobie, lecz po prostu za pewien konieczny etap w życiu na drodze do kariery zawodowej. Ci spoza dużych miast byli inni: swoje dokonania zawdzięczali samym sobie, nie rościli sobie prawa do niczego, byli praktyczni, bezpośredni, życzliwi i twardo stąpający po ziemi, w przeciwieństwie do wielkomiejskich rówieśników, którzy spędzali życie w zamkniętych pomieszczeniach i przesuwali symbole na ekranach komputerów. Ten psycholog rodem z Dzikiego Zachodu wydawał się zainteresowany filozofowaniem tylko w takim stopniu, w jakim można było realistycznie sądzić, że okaże się to dla kogoś w jakiś sposób pomocne.

Zaprzyjaźniliśmy się. Jako psychiatrę i psychoanalityka kochającego literaturę u Petersona zaintrygowało mnie, że był praktykującym psychologiem, wybitnie oczytanym, który rosyjskie powieści, filozofię i mitologię ludów starożytnych nie tylko kochał, lecz także uznawał za wręcz najcenniejszą spuściznę, jaką zostawili nam przodkowie. Oprócz tego zajmował się badaniami statystycznymi nad osobowością i temperamentem oraz studiował neurobiologię. Choć kształcił się w behawioryzmie, zgłębił również psychoanalizę, w której zaintrygowało go przypisywanie istotności snom i archetypom, przenikanie problemów z dzieciństwa w dorosłe życie oraz rola mechanizmów obronnych i racjonalizacji w życiu codziennym. Wyróżniał się także w inny sposób: jako jedyny członek Wydziału Psychologii na Uniwersytecie Toronto, mocno zorientowanego na badania, prowadził jednocześnie prywatny gabinet.

Gdy go odwiedzałem, rozmowy zaczynały się od żartów i śmiechu – witała mnie małomiasteczkowa wersja Petersona, wywodzącego się z kanadyjskich pustkowi, gdzie okres dojrzewania przebiegał tak, jak pokazano to w filmie *FUBAR*[1]. Wystrój domu – jeden z najbardziej fascynujących, jakie miałem okazję widzieć – był dziełem Petersona oraz jego żony, Tammy. Znalazły się w nim dzieła sztuki – rzeźbione maski i abstrakcyjne obrazy – przyćmione jednak olbrzymią kolekcją oryginalnych socrealistycznych portretów Lenina oraz innych prominentnych komunistów z wczesnego ZSRR. Niedługo po tym, jak Związek Sowiecki upadł i większa część świata odetchnęła z ulgą, Peterson zaczął skupywać „dzieła" sowieckiej propagandy. Obrazy ubóstwiające ducha rewolucji komunistycznej wypełniały każdą ścianę, sufit, a nawet wnętrza łazienek. Były tam nie dlatego, że Jordan przejawiał jakieś sympatie dla totalitaryzmu, lecz dlatego, że nie chciał zapomnieć o czymś, o czym według niego ludzkość wkrótce zapomni: że w imię utopii zamordowano setki milionów ludzi.

Człowiek nie od razu przywykał do tego półnawiedzonego domu „udekorowanego" świadectwami urojenia, które doprowadziło ludzkość na skraj samozagłady. Ułatwiała to jednak przewspaniała, wyjątkowa małżonka Petersona, Tammy, która obiema rękami podpisała się pod tą niebanalną potrzebą ekspresji! Obrazy były dla gości wprowadzeniem w obawy Jordana o ludzką skłonność do czynienia zła w imię dobra oraz w psychologiczną tajemnicę samooszukiwania się (jak to w ogóle możliwe, że można oszukać samego siebie i tkwić w tym oszustwie latami?). Podzielałem te zainteresowania. Godzinami mogliśmy rozmawiać także o problemie, który określiłbym mianem

---

[1] https://www.youtube.com/watch?v=eo5ZI9E7voY.

mniej istotnego (gdyż rzadziej spotykanego), a mianowicie o skłonności ludzi do czynienia zła dla samego zła, o przyjemności czerpanej przez niektórych z niszczenia innych, co w przejmujący sposób ujął John Milton w swoim słynnym siedemnastowiecznym dziele *Raj utracony*.

I tak dyskutowaliśmy przy herbacie w jego kuchennych zaświatach, otoczeni osobliwą kolekcją sztuki – widzialnym dla wszystkich wskaźnikiem jego wzniosłej misji wykroczenia poza nazbyt uproszczone ideologie, lewicowe czy prawicowe, i zapobiegnięcia powtórki błędów z przeszłości. Po jakimś czasie nie widziałem już niczego dziwnego w rozkoszowaniu się herbatą, omawianiu kwestii rodzinnych, ostatnio przeczytanych książek i innych trywialnych spraw w towarzystwie tych złowieszczych postaci. Był to przecież po prostu świat taki, jakim był, albo (w niektórych jego rejonach) jakim nadal jest.

W swojej pierwszej książce, zatytułowanej *Maps of Meaning* [*Mapy sensu* – przyp. tłum.], Jordan dzieli się z czytelnikami rozległą wiedzą na temat światowej mitologii oraz pokazuje, że wszystkie kultury tworzyły opowieści mające pomóc im w codziennych zmaganiach i ostatecznie w stworzeniu pewnego rodzaju mapy chaosu, w jaki zostajemy wrzuceni w momencie urodzin; chaosem tym jest wszystko, czego nie znamy, każdy niezbadany obszar, na który musimy wkroczyć, czy to w świecie fizycznym czy też w obrębie naszej psychiki.

Łącząc ewolucję, neuronaukowe teorie dotyczące emocji, wszystko, co najlepsze u Junga, trochę z Freuda oraz wiele z wybitnych dzieł Nietzschego, Dostojewskiego, Sołżenicyna, Eliadego, Neumanna, Piageta, Frye'a i Frankla – *Mapy sensu*, opublikowane ponad dwie dekady temu, pokazują wieloaspektowe podejście Jordana do prób zrozumienia, jak ludzie i ludzki mózg radzą sobie w archetypowych sytuacjach pojawiających się zawsze, gdy w życiu musimy zmierzyć się z czymś nieznanym, niezrozumiałym. Ogromną wartością tej książki jest objaśnienie, dlaczego takie sytuacje zakorzenione są ewolucyjnie w naszym DNA, naszych mózgach i naszych pradawnych opowieściach. Peterson dowodzi, że opowieści te przetrwały do dziś, ponieważ nadal oferują przewodnictwo w zmaganiach z niepewnością i nieuniknioną stycznością z nieznanym.

Jedną z wielu zalet książki, którą właśnie czytasz, jest to, że może ona stanowić wprowadzenie do *Map sensu* – pracy trudnej, skomplikowanej, mocno osadzonej w psychologii. *Mapy sensu* są jednak pracą arcyważną, ponieważ bez względu na to, jak różne mogą być nasze geny czy życiowe doświadczenia albo jak różny wpływ na ukształtowanie się naszych plastycznych mózgów te różne doświadczenia wywarły, wszyscy musimy stawiać czoła nieznanemu oraz wszyscy staramy się trzymać jak najbliżej porządku i jak najdalej od chaosu. Z tego powodu wiele zasad proponowanych w tej książce, poniekąd opartej na *Mapach sensu*, cechuje pewna uniwersalność.

Impulsem do napisania *Map sensu* była dla Jordana zatrważająca obserwacja, nabyta w młodości przypadłej na okres zimnej wojny, że rywalizujące o dominację grupy ludzkie wydawały się skłonne obrócić w popiół całą planetę w obronie swojej tożsamości. Jordan zapragnął pojąć, jak to możliwe, aby w imię „tożsamości" ludzie byli gotowi poświęcić wszystko. Chciał też koniecznie zrozumieć ideologie, które pchnęły totalitarne reżimy do innego wariantu tych samych zachowań: mordowania własnych obywateli. W *Mapach sensu* oraz (ponownie) w tej książce Jordan stanowczo przestrzega czytelników przed zgubnym wpływem ideologii na człowieka, niezależnie od tego, kto daną ideologię promuje i jakie ma intencje.

Ideologie to proste idee, ubrane w pozory nauki lub filozofii, które rzekomo wyjaśniają złożoność świata oraz oferują narzędzia jego ulepszania. Ideologowie zaś to ludzie, którzy hucznie obwieszczają, że wiedzą, jak „uczynić świat lepszym", jeszcze zanim zdołają okiełznać chaos we własnym życiu (tożsamość wojownika, jaką daje im ideologia, przysłania ten chaos). Tego rodzaju pycha oraz przestroga przed nią, w myśl zasady: „Zanim zaczniesz krytykować świat – zaprowadź porządek we własnym domu", to jedne z najważniejszych elementów przesłania, jakie Jordan oferuje w tej książce.

Fakt, że ideologie są substytutami prawdziwej wiedzy, czyni ideologów groźnymi zawsze, gdy dochodzą do władzy, ponieważ naiwne podejście w stylu: „ja wszystko wiem najlepiej", w zestawieniu ze złożonością życia – zwiastuje katastrofę. Co więcej, gdy realizowana przez ideologów inżynieria społeczna okazuje się porażką, mają oni tendencję do oskarżania nie samych siebie, lecz tych, którzy przejrzeli ich uproszczenia. Inny wybitny profesor Uniwersytetu Toronto, Lewis Feuer, w swojej książce *Ideology and the Ideologists* [*Ideologia i ideolodzy* – przyp. tłum.], zauważa, że ideolodzy posługują się tymi samymi religijnymi opowieściami, które, jak sami twierdzą, zastąpili czymś lepszym, jednak okrajają je z bujnych narracji i szerokiego ujęcia psychologicznego. Komunizm bazował na opowieści o Dzieciach Izraela ciemiężonych w Egipcie – zakładał klasę zniewoloną, bogatych prześladowców oraz lidera w osobie Lenina, który jedzie za granicę, żyje pośród zniewolonych, a następnie prowadzi ich w stronę ziemi obiecanej (utopii – dyktatury proletariatu).

Aby pojąć siłę ideologii, Jordan z gorliwością czytał nie tylko o sowieckich gułagach, lecz także o nazizmie i Holokauście. Nigdy nie spotkałem osoby urodzonej w kręgu cywilizacji chrześcijańskiej i należącej do mojego pokolenia, która byłaby tak dogłębnie wstrząśnięta okrucieństwami, jakie spotkały Żydów w Europie i która poświęciłaby tyle pracy próbom zrozumienia, jak mogło do tego dojść. Sam również zastanawiałem się nad tym fenomenem. Mój ojciec przetrwał niewolę w Auschwitz. Moja babcia, będąc w średnim wieku, stanęła twarzą w twarz z doktorem Josefem Mengele, nazistowskim lekarzem, który przeprowadzał niewyobrażalnie potworne doświadczenia na ludziach. Ocalała tylko dlatego, że nie wykonała jego polecenia, aby dołączyć do grupy ludzi starszych – siwych i słabych – i wślizgnęła się do młodszego kręgu. Niedługo później, po raz drugi uniknęła śmierci w komorze gazowej, wymieniając żywność za farbę do włosów, co pozwoliło jej zataić swój wiek. Mój dziadek, a jej mąż, przetrwał niewolę w obozie koncentracyjnym w Mauthausen, aby niestety zadławić się na śmierć pierwszą solidną porcją jedzenia, jaką podano mu w dniu uwolnienia. Wspominam te rodzinne dzieje, ponieważ lata po tym, jak się zaprzyjaźniliśmy, gdy Jordan wyraził swój sprzeciw wobec ograniczania wolności słowa, motywowany klasycznym liberalizmem, lewicowi ekstremiści zarzucili mu prawicową bigoterię.

Z całym umiarkowaniem, na jakie w tej sytuacji potrafię się zdobyć, powiem tak: *w najlepszym razie* oskarżyciele nie okazali należytej uwagi przy słuchaniu. Ludzie, których rodziny przeżyły piekło, takie jak moja, wykształcają w sobie coś, czego nie nazwałbym nawet radarem, lecz najsilniejszym z możliwych sonarów wykrywających prawicową bigoterię; ale, co ważniejsze, wykształcają również zdolność rozpoznawania jednostek cechujących się intelektem, szerokością spojrzenia, dobrą wolą i odwagą, aby to paskudne zjawisko zwalczać. Jordan Peterson jest *taką* osobą.

Nie byłem usatysfakcjonowany próbami zrozumienia mechanizmów stojących za rozpowszechnianiem się nazizmu, totalitaryzmu czy rozmaitych uprzedzeń podejmowanymi przez współczesną socjologię – i było to jednym z głównych powodów decyzji o wzbogaceniu wiedzy nabytej na studiach politologicznych dodatkową nauką z zakresu podświadomości, projekcji, psychoanalizy, regresującego potencjału psychologii grupy, psychiatrii oraz funkcjonowania mózgu. Jordan wyszedł poza politologię z podobnych powodów. Choć byliśmy zainteresowani zbliżoną tematyką, nie zawsze zgadzaliśmy się co do „odpowiedzi" (dzięki Bogu), za to prawie zawsze zgadzaliśmy się co do pytań, jakie należało zadać.

Nasza przyjaźń to jednak nie tylko dzielony przez nas pesymizm. Jako że mam nawyk uczęszczania, od czasu do czasu, na wykłady uniwersyteckie kolegów po fachu, bywałem również na zajęciach Jordana, który zawsze przemawiał do sali wypełnionej po brzegi. Już wtedy dostrzegałem to, co niedawno dostrzegły w nim miliony internautów: błyskotliwego, często oszałamiającego mówcę, który – niczym artysta jazzowy – najlepiej odnajdywał się w improwizacji. Na jego wykładach można było poczuć się jak na płomiennych wystąpieniach kaznodziejów (nie z uwagi na treść, lecz styl wypowiadania się, pasję i umiejętność opowiadania historii pokazujących, że wiara lub niewiara w konkretne idee może być sprawą życiowej wagi). Z tego trybu krasomówczego potrafił w dowolnym momencie przejść w tryb rzetelnego naukowca i w niewiarygodnie uporządkowany sposób omawiać serie badań naukowych. Jordan, jak nikt inny, prowokował studentów do myślenia i skłaniał ich do poważnego zastanowienia się nad przyszłością. Uczył ich szacunku i podziwu dla najwspanialszych dzieł literatury. Przywoływał celne przykłady ze swojej praktyki klinicznej, nie wstydził się ujawniać i omawiać swoich własnych niedoskonałości i znajdował fascynujące związki między ewolucją i ludzkim mózgiem a religijnymi opowieściami. W świecie, gdzie ewolucję i religię przedstawia się studentom jako przeciwieństwa (moda rozpowszechniona przez Richarda Dawkinsa i jemu podobnych), Jordan pokazywał słuchaczom, jak ewolucja (choć trudno w to uwierzyć!) pomaga wyjaśnić mądrość oraz dojrzałe odwołania do psychologii zawarte w wielu pradawnych opowieściach, od tej o Gilgameszu, przez dzieje Buddy i mitologię egipską, aż po Biblię. Zwrócił na przykład uwagę na to, jak opowieści o podejmowanych dobrowolnie wyprawach w nieznane – misje bohaterów – odzwierciedlają uniwersalne wyzwania, w odpowiedzi na które wyewoluował nasz mózg. Jordan darzy te opowieści olbrzymim szacunkiem, odmawia ich upraszczania i nigdy nie twierdził, że wyczerpał pokłady mądrości, jakie się w nich kryją. Kiedy omawia dane zagadnienia, jak choćby problem uprzedzeń oraz towarzyszące mu emocje – strach i obrzydzenie – czy wreszcie statystyczne rozbieżności między kobietami a mężczyznami, potrafi wskazać, jak przymioty te ewoluowały i dlaczego przetrwały do dziś.

Co najważniejsze, Peterson uświadamia swoich studentów w sprawach rzadko dyskutowanych w salach wykładowych. Przypomina na przykład, że wszyscy starożytni, od Buddy po autorów Biblii, wiedzieli to, co wie każdy doświadczony dorosły: że życie jest cierpieniem. Jeśli ty lub ktoś ci bliski w tej chwili cierpicie, to oczywiście niefortunne, ale nie ma w tym niczego wyjątkowego. Cierpimy nie dlatego, że „politycy to nieudacznicy i krętacze", a „system jest ustawiony", ani też nie dlatego, że ty i ja, jak niemal każdy człowiek, możemy *zasadnie* uznać samych siebie za ofiary kogoś lub czegoś. Cierpimy dlatego, że urodziliśmy się istotami ludzkimi i, jako takie, mamy zagwarantowaną stałą, sporą dawkę cierpienia. Jeśli ani ty, ani nikt, kogo kochasz, aktualnie nie cierpicie, to istnieje duże prawdopodobieństwo, że w najbliższym czasie, o ile nie jesteś absolutnym szczęściarzem, cierpienie pojawi się w twoim życiu. Wychowywanie dzieci bywa mordęgą, praca jest ciężka, starzenie się przykre, a choroby i śmierć druzgocące. Jordan zwraca uwagę na tę tragiczną rzeczywistość i podkreśla, że znoszenie tego wszystkiego w pojedynkę, bez korzyści, jakie niosą ze sobą miłość, mądrość czy koncepcje najwybitniejszych psychologów – dodatkowo pogarsza sprawy. Zamiarem Petersona nie jest straszyć studentów. Wręcz przeciwnie: jego szczere wystąpienia wydają się dodawać otuchy, ponieważ w głębi duszy większość słuchaczy wie, że to, co mówi profesor, jest prawdą, nawet jeśli nigdy wcześniej nie mieli okazji na ten temat rozmawiać – ponieważ (być może) dorośli, w swojej naiwności i nadopiekuńczości, uwierzyli że nieporuszanie problemu cierpienia zdoła w jakiś magiczny sposób uchronić przed nim dzieci.

W tej kwestii Peterson przywołuje mit bohatera, czyli występujący we wszystkich kulturach motyw badany z perspektywy psychoanalitycznej przez Otto Ranka, który zauważył, tak jak wcześniej Freud, a później Carl Jung, Joseph Campbell i Erich Neumann, jego powtarzalność w rozmaitych mitologiach. Podczas gdy Freud poczynił istotny wkład w wyjaśnienie nerwicy przez skupienie się na opowieści o upadku bohatera (na przykład Edypa), Jordan koncentruje się na jego triumfie. We wszystkich triumfalnych opowieściach bohater musi wyruszyć w nieznane, na niezbadane terytorium, aby podjąć wielkie wyzwanie i wielkie ryzyko. W trakcie przedsięwzięcia jakaś jego cząstka musi umrzeć lub zostać poświęcona, aby mógł się odrodzić i sprostać zadaniu. Wymaga to odwagi – cechy rzadko pojawiającej się w podręcznikach psychologii i na salach wykładowych. Podczas niedawnych kontrowersji wokół ograniczania wolności słowa, w proteście przeciwko czemuś, co nazywam „mową wymuszaną" (ponieważ chodzi o prawo aparatu państwa do zmuszania obywateli, aby wypowiadali się zgodnie z takim czy innym poglądem politycznym), stawka była wysoka – Jordan miał wiele do stracenia i był tego świadom. Mimo to Petersonowie (bo sprawa dotyczyła również Tammy) nie tylko wykazali się odwagą, lecz także nie przestali żyć zgodnie z zasadami przedstawionymi w tej książce, z których część jest niezwykle wymagająca.

Miałem okazję obserwować, jak Peterson dojrzewa, z wybitnego człowieka, jakim już był, w kogoś o jeszcze większej sile oddziaływania i pewności siebie – dzięki konsekwentnemu przestrzeganiu tych zasad.

W rzeczy samej: jego protest przeciwko naruszaniu wolności słowa był, można powiedzieć, zwieńczeniem procesu pisania tej książki i kształtowania zasad. To właśnie dlatego, w trakcie tych wydarzeń, zaczął publikować swoje przemyślenia na temat życia i tychże zasad w internecie. Dziś, kilkaset milionów wyświetleń na YouTube później, wszyscy wiemy, że trafił w czuły punkt.

Jak – biorąc pod uwagę naszą awersję do zasad – wyjaśnić niesamowitą oglądalność wykładów Petersona, w których aż się od nich roi? W przypadku Jordana przyczyn pierwszej fali popularności można doszukiwać się w charyzmie oraz rzadko spotykanej gotowości do obrony tego, co słuszne i moralne; liczby wyświetleń jego pierwszych wystąpień na YouTube szybko osiągnęły setki tysięcy. Jednak fakt, że rozgłos nie przeminął i ludzie nadal masowo słuchają jego przekazu, świadczy o tym, że zaspokaja on głęboką, niewypowiedzianą potrzebę. Wszyscy bowiem, obok pragnienia bycia wolnymi od zasad, podświadomie poszukujemy ram i drogowskazów.

Obserwowany u młodych ludzi głód zasad – lub przynajmniej wskazówek, jak postępować – nie bez powodu jest dziś tak silny. Tak zwanemu pokoleniu milenialsów[2] przyszło żyć w unikalnych warunkach historycznych. To, moim zdaniem, pierwsze pokolenie, które na przestrzeni całego procesu edukacji jednocześnie uczone było dwóch sprzecznych idei na temat moralności – w większości przypadków przez przedstawicieli mojego pokolenia. Sprzeczność ta pozostawia ich zdezorientowanych i niepewnych, bez drogowskazów oraz, co gorsza, pozbawionych wartości, których nie mieli nawet okazji poznać.

Pierwsza z tych idei mówi, że moralność jest względna lub że jest co najwyżej zbiorem subiektywnych „sądów wartościujących". *Względna* moralność oznacza, że nie ma czegoś takiego jak absolutne dobro czy absolutne zło, że nie możemy z całkowitą pewnością stwierdzić, co jest słuszne, a co niesłuszne; zamiast tego moralność oraz towarzyszące jej zasady są kwestią prywatnych opinii czy zbiegu okoliczności towarzyszących danemu kontekstowi, którym może być przynależność etniczna, wychowanie, kultura czy moment dziejowy, w jakim przyszło nam żyć. Innymi słowy: o moralności decyduje zwykły przypadek urodzenia. Według tej argumentacji (dziś już credo) historia uczy, że religie, plemiona, narody i grupy etniczne zazwyczaj nie zgadzały się co do kwestii fundamentalnych. Obecnie postmodernistyczna lewica twierdzi dodatkowo, że moralność danej grupy *to nic innego* niż próba sprawowania władzy nad

[2] Inaczej Pokolenie Y – ludzie urodzeni w latach 80. i 90. XX wieku [przyp. tłum.].

inną grupą. W konsekwencji, gdy już zdamy sobie sprawę, jak arbitralne są „wartości moralne" – nasze albo społeczeństwa, którego jesteśmy członkami – właściwą drogą jest okazywanie tolerancji ludziom, którzy myślą inaczej i którzy wywodzą się z innych (różnorodnych) środowisk. Ten nacisk na tolerancję jest obecnie tak kluczowy, że dla wielu ludzi jedną z najbardziej obrzydliwych cech charakteru jest „krytycyzm"[3]. A jako że nie wiemy przecież, co jest słuszne, a co nie, *dorośli w żadnym razie nie powinni czuć się kompetentni, aby doradzać młodym ludziom*, jak mają żyć.

I tak całe pokolenie wychowano bez przekazania mu czegoś, co dawniej słusznie nazywano „mądrością życiową", i co pomagało podążać przez życie przeszłym pokoleniom. Osoby należące do pokolenia milenialsów, którym często mówi się, że otrzymali wykształcenie na najwyższym w historii poziomie, w rzeczywistości zostały poddane poważnemu intelektualnemu i moralnemu zaniedbaniu. Relatywiści z pokolenia Jordana i mojego, licznie reprezentowani w środowiskach akademickich, a więc stykający się z młodzieżą jako profesorowie, woleli dewaluować tysiące lat ludzkiej wiedzy o tym, jak pielęgnować cnoty, odrzucając ją jako niemodną, „nieistotną" czy nawet „opresyjną". Byli w tym tak skuteczni, że samo słowo „cnota" brzmi dziś przestarzale, a ci, którzy się nim posługują, wydają się anachronicznie moralizatorscy i przemądrzali.

---

[3] Niektórzy argumentują – błędnie – że Freud (często tu przywoływany) przyczynił się do współczesnego pociągu do kultury, szkół i instytucji „bezkrytycznych" [*non-judgemental* – przyp. red.]. Prawdą jest, że zalecał on psychoanalitykom rozmawiającym z pacjentami w ramach terapii, aby byli wyrozumiali, empatyczni i wstrzymywali się od krytycznych sądów moralistycznych. Miało to jednak na celu stworzenie warunków, w których pacjent mógł czuć się komfortowo, będąc jednocześnie całkowicie szczerym, i nie wahałby się ujawniać w pełni swoich problemów. Taka postawa zachęca do autorefleksji i umożliwia pacjentom dotarcie do skrywanych uczuć, pragnień, a nawet zawstydzających antyspołecznych żądz. Oprócz tego – i w tym tkwił geniusz Freuda – umożliwia im to odkrycie ich własnego nieświadomego sumienia (oraz jego osądów), ich własnego srogiego samokrytycyzmu i ich własnej nieświadomej winy, którą często zatajają sami przed sobą, nie rozumiejąc, że to ona może być przyczyną ich niskiego poczucia własnej wartości, depresji i lęku. Freud dowodził po prostu, że jesteśmy zarówno bardziej niemoralni, jak i bardziej moralni, niż zdajemy sobie z tego sprawę. Tego rodzaju „bezkrytycyzm" *w terapii* jest potężną i wyzwalającą techniką – postawą idealną, gdy celem jest lepsze zrozumienie samego siebie. Jednak Freud nigdy nie przekonywał (jak czyni to wielu, którzy chcieliby, aby kultura stała się jednym wielkim skupiskiem sesji terapeutycznych), że człowiek może przeżyć *całe życie* bez dokonywania osądów czy bez moralności. Wręcz przeciwnie: w książce *Kultura jako źródło cierpień* przekonuje, że cywilizacja może wykształcić się tylko w warunkach obowiązywania takich czy innych ograniczeń i zasad moralnych.

Badania nad cnotą to nie to samo, co badania nad moralnością (nad tym, co słuszne i niesłuszne, dobre i złe). Arystoteles definiował cnoty po prostu jako rodzaje zachowań mające największe przełożenie na szczęśliwe życie. Przywary zaś to zachowania niesprzyjające szczęściu. Arystoteles zauważył, że cnoty zawsze celują w równowagę i wyważenie, a skrajności uznawał za domenę przywar. Ten wielki grecki filozof rozważał cnoty i przywary w *Etyce nikomachejskiej*. Oparł swoje dzieło nie na przypuszczeniach, lecz na własnych doświadczeniach i obserwacjach sposobów, na jakie istoty ludzkie odnajdują szczęście. Jego zdaniem doskonalenie osądu w kwestii różnicy między cnotą a przywarą to początek mądrości – i jako taki nigdy nie może „wyjść z mody".

Kontrastuje z tym współczesny relatywizm opierający się na założeniu, że dokonywanie osądów, jak powinno się żyć, jest niemożliwe – ponieważ nie istnieje ani *realne* dobro, ani *prawdziwa* cnota (te są bowiem względne). Według relatywizmu najbliższą reprezentacją „cnoty" jest „tolerancja". Tylko tolerancja może zapewnić spójność społeczną między różnymi grupami i powstrzymać nas przed krzywdzeniem się nawzajem. Na Facebooku i innych mediach społecznościowych powinniśmy zatem sygnalizować nasze tak zwane cnoty przez pokazywanie wszystkim, jak tolerancyjni, otwarci i współczujący jesteśmy, a następnie przypatrywać się wzrostowi liczby polubień. (Pomińmy na chwilę fakt, że chwalenie się naszymi cnotami nie jest cnotą, lecz autoreklamą. Sygnalizowanie cnót nie jest cnotą, lecz, być może, naszą najpowszechniejszą przywarą).

Nietolerancja dla innych przekonań (bez względu na to, jak bezmyślne i niespójne by one nie były) jest zwyczajnie niewłaściwa; a w świecie, który odrzuca podział na „właściwe" i „niewłaściwe", to nawet coś gorszego – oznaka żenującego, a może nawet niebezpiecznego prostactwa.

Okazuje się jednak, że wielu ludzi niezdolnych jest tolerować pustki – czyli chaosu – będącej, co prawda, nieodłącznym elementem życia, lecz niepotrzebnie potęgowanej przez ten moralny relatywizm. Ludzie nie potrafią żyć bez moralnego kompasu, bez ideału, na którym mogliby się wzorować. (Dla relatywistów ideały to także wartości, przez co – jak wszystkie wartości – są „względne" i niewarte poświęceń). W efekcie era relatywizmu pociągnęła za sobą rozpowszechnienie się nihilizmu i rozpaczy, wespół z przeciwieństwem moralnego relatywizmu: ślepą pewnością oferowaną przez ideologów, ogłaszających wszem i wobec, że znają odpowiedź na wszystko.

I tak docieramy do drugiej idei, wbijanej do głów pokolenia milenialsów. Ci młodzi ludzie zapisują się na studia humanistyczne, aby poznać najwspanialsze książki, jakie kiedykolwiek napisano. Tymczasem na uniwersytetach nie czekają na nich dzieła wybitnych myślicieli, lecz ideologiczne ataki bazujące na zestawie zatrważających uproszczeń. Podczas gdy relatywista przepełniony jest niepewnością, ideolog – wprost przeciwnie. Jest ultrakrytyczny, przemądrzały i zawsze wie, gdzie inni popełniają błąd oraz jak ten błąd naprawić. Czasem można odnieść wrażenie, że w relatywistycznym społeczeństwie jedynymi chętnymi do udzielania rad są ludzie mający najmniej do zaoferowania.

Współczesny relatywizm moralny ma wiele źródeł. W miarę jak my – ludzie Zachodu – poznawaliśmy historię, zrozumieliśmy, że w różnych epokach obowiązywały odmienne kodeksy moralne. Wraz z przemierzaniem kolejnych mórz, oceanów i kontynentów dowiadywaliśmy się o istnieniu rozrzuconych po odległych zakątkach świata plemion, których kodeksy moralne, tak różne od naszych, miały sens w odniesieniu do ich zwyczajów i sposobów życia. Swoją rolę odegrała również nauka, która zaatakowała religię, a tym samym podkopała religijny fundament etyki i zasad. Materialistyczna socjologia mówi, że świat możemy podzielić na sferę faktów (obserwowalnych dla wszystkich, a zatem obiektywnych i „rzeczywistych") oraz sferę wartości (subiektywnych i indywidualnych). Spróbujmy zatem wszyscy porozumieć się co do faktów, a może, pewnego dnia, uda się nam wypracować naukowy kodeks etyczny (póki co ten dzień nie nadszedł). Ponadto, jeśli założymy, że wartości nie mają takiego oparcia w rzeczywistości, jakie mają fakty, a więc jeśli nadamy „wartościom" rangę sprawy drugiej kategorii – to nauka po raz kolejny toruje drogę moralnemu relatywizmowi. Nawiasem mówiąc: idea, zgodnie z którą bez trudu możemy oddzielić fakty od wartości, pozostaje naiwna; w pewnym stopniu nasze wartości determinują obiekty naszej uwagi, a tym samym to, co uznamy za fakty.

Idea, według której różne społeczeństwa bazowały na różnych zasadach i systemach moralnych, znana była już w starożytności. Ciekawe jest porównanie reakcji na tę wiedzę intelektualistów ówczesnych i dzisiejszych. Gdy starożytni Grecy dopłynęli do Indii oraz w inne nieznane im wcześniej rejony, oni także odkryli, że zasady, moralność i zwyczaje są różne w różnych miejscach oraz że uzasadnienie stojące za tym, co słuszne i co niesłuszne, zakorzenione jest często w wiedzy i tradycji odziedziczonej po przodkach. Odpowiedzią Greków nie był nihilizm, lecz nowy wynalazek: filozofia.

Widząc pewne duchowe zagubienie spowodowane świadomością istnienia tych sprzecznych kodeksów moralnych, Sokrates, zamiast oddać się nihilizmowi, relatywizmowi czy ideologii, poświęcił życie poszukiwaniu mądrości, która pozwoliłaby wprowadzić do tego problemu trochę rozsądku – mówiąc ściślej, pomógł „wymyślić" filozofię. Spędził resztę życia na zadawaniu niewygodnych, ale fundamentalnych pytań, takich jak: „czym jest wartość?", „jak wieść dobre życie?" albo „czym jest sprawiedliwość?" – i analizował różne podejścia w poszukiwaniu tych, które wydawały mu się najbardziej spójne i zgodne z ludzką naturą. Tego rodzaju pytania, moim zdaniem, leżą u podstaw niniejszej książki.

Odkrycie, że różne ludy mają różne koncepcje co do tego, jak żyć, nie sparaliżowało starożytnych; zamiast tego – pogłębiło ich rozumienie ludzkości i dało początek wielu ponadczasowym rozważaniom o tym, jak powinno się przeżyć swoje życie.

Podobnie było z Arystotelesem. Zamiast rozpaczać na wieść o różnicach w ludzkich kodeksach moralnych przekonywał, że choć pewne zasady, prawa i zwyczaje różnią się w zależności od czasów i miejsc, niezmienny pozostaje fakt, że zawsze i wszędzie ludzi z natury cechuje skłonność do tworzenia zasad, praw i zwyczajów. Ujmując to w języku współczesności: wydaje się, że – w rezultacie jakichś uwarunkowań biologicznych – moralność jest czymś tak ważnym dla wszystkich istot ludzkich, że (gdziekolwiek żyjemy) tworzymy struktury praw i zasad. Idea mówiąca, że ludzkie życie może być wolne od trosk moralnych, to fikcja.

Jesteśmy stworzeniami moralnymi, które tworzą zasady z własnej woli. Jaki zatem efekt wywołuje nazbyt uproszczony, współczesny relatywizm? Przyjęcie go jest równoznaczne z działaniem na własną szkodę – to udawanie kogoś, kim nie jesteśmy. Relatywizm jest jak maska, tyle że bardzo dziwna, oszukująca bowiem tego, kto ją przybiera. Wystarczy, że zarysujesz nowego mercedesa prominentnego postmodernistycznego relatywisty, a zobaczysz, jak szybko maska relatywizmu (z jego dogmatem, jakoby nie istniał podział na to, co słuszne i niesłuszne) zostanie zdjęta – wraz z płaszczem bezgranicznej tolerancji.

Ponieważ nie mamy do dyspozycji etyki opartej na współczesnej nauce, Jordan, opracowując swoje zasady, nie zaczyna od wyczyszczenia danych do zera – nie odrzuca tysięcy lat mądrości jako przesądów i nie ignoruje największych moralnych osiągnięć ludzkości. Zdecydowanie rozsądniejszym wyborem jest zintegrowanie najwybitniejszych dokonań współczesnej nauki z dziełami, które ludzie uznawali za cenne przez milenia, oraz z opowieściami, które – na przekór wszystkiemu – wygrały z niszczącą siłą czasu.

Jordan postępuje tak, jak wszyscy rozważni przewodnicy ludzkości przed nim: nie twierdzi, że ludzka mądrość zaczyna się od niego, lecz wskazuje innym swoich własnych przewodników. I mimo że porusza w książce zagadnienia najwyższej wagi, potrafi miejscami podchodzić do nich z poczuciem humoru, czego można się domyślić już po tytułach rozdziałów. Nie próbuje stawiać zbyt daleko posuniętych tez i często omawia szerokie spektrum poglądowe ludzkiej psychologii, opatrując je własnymi przemyśleniami.

Dlaczego tytuł książki nie mówi zatem o „wskazówkach" – terminie zdecydowanie mniej zobowiązującym i bardziej przyjaznym dla czytelnika niż „zasady"?

Bo faktycznie chodzi o zasady. A najważniejsza z nich mówi, że musisz wziąć odpowiedzialność za własne życie. Kropka.

Ktoś może powiedzieć, że temu pokoleniu, któremu jego ideologiczni przywódcy w nieskończoność powtarzali o prawach, prawach i jeszcze raz prawach, jakie im przysługują, nie spodoba się pogląd, jakoby miało im wyjść na dobre, gdyby zamiast tego zaakceptowali odpowiedzialność. A jednak to pokolenie – którego większość wychowana była przez nadopiekuńczych rodziców w ramach małych, nuklearnych rodzin; bawiła się na placach zabaw z zabezpieczeniami i miękką nawierzchnią; a następnie nauczana była na uniwersytetach (w „bezpiecznych strefach" [*safe space* – przyp. red.], w których nie musiała słuchać opinii wprawiających ją w zakłopotanie), że ryzyka lepiej unikać – skrywa miliony ludzi, którzy czują się otumanieni. Otumanieni tym, jak generacja ich rodziców nie doceniła ich odporności na trudy tego świata. Ci młodzi ludzie z wielkim entuzjazmem przyjęli przekaz Jordana o tym, że każdy z nas ma do podjęcia swoją własną fundamentalną odpowiedzialność; że aby żyć pełnią życia, najpierw należy zaprowadzić porządek we własnym domu; i że dopiero wtedy możemy realistycznie próbować osiągać wyższe cele. Zasięg i rozmiar tego entuzjazmu niejednokrotnie poruszył nas obu, niemal do łez.

Akceptacja prezentowanych tu zasad równoznaczna jest z postawieniem sobie poprzeczki bardzo wysoko. Wymaga rozpoczęcia stopniowego procesu, który z biegiem czasu wzniesie cię na nowe wyżyny twoich możliwości. Aby to osiągnąć, konieczne jest, jak już wspominałem, udanie się w nieznane. Wykroczenie poza granice twojego obecnego „ja" wymaga rozważnego doboru ideałów, a następnie uporu w dążeniu do nich; te ideały są gdzieś tam, nad tobą, powyżej ciebie – i nie zawsze uda ci się ich dosięgnąć.

Jeśli jednak nie ma pewności co do tego, czy nasze ideały są w naszym zasięgu, dlaczego w ogóle mamy zawracać sobie głowę próbą dotarcia do nich? Ano dlatego, że jeśli nigdy nie spróbujemy po nie sięgnąć, z całą pewnością nigdy nie dostrzeżemy sensu w naszym życiu.

Być może również dlatego, że bez względu na to, jak dziwnie i obco to zabrzmi, w najgłębszych obszarach naszej psychiki – wszyscy chcemy być osądzani.

dr Norman Doidge,
autor bestselleru *Mózg zmienia się sam*

Wstęp

Ta książka ma dwie historie: krótką i długą. Zacznijmy od tej krótkiej.

W roku 2012 zacząłem udzielać się na portalu internetowym Quora. Każdy może tam zamieścić pytanie na dowolny temat – i każdy może odpowiedzieć. Użytkownicy pozytywnie oceniają te odpowiedzi, które uznają za wartościowe, i negatywnie te, które uznają za bezwartościowe. Tym sposobem najlepsze awansują na szczyt, a pozostałe popadają w zapomnienie. Coś mnie w tej idei zaintrygowało. Spodobała mi się zasada wolnej amerykanki. Dyskusje potrafiły wciągnąć, a szczególnie interesujące okazało się to, jak różnorodne opinie może wywołać jedno pytanie.

Często, gdy miałem przerwę (lub po prostu migałem się od pracy), zaglądałem na Quorę w poszukiwaniu wątków, w których chciałbym zabrać głos. Rozważałem – i ostatecznie odpowiedziałem na wiele osobliwych pytań typu: „Czym różni się bycie szczęśliwym od bycia zadowolonym?", „Co staje się lepsze w miarę, jak się starzejemy?", czy „Co sprawia, że życie nabiera sensu?".

Na Quorze widzisz, ilu użytkowników przeczytało twoją odpowiedź i ile pozytywnych głosów otrzymałeś. Dzięki temu możesz określić, do jak wielu ludzi docierasz i co ci ludzie myślą na temat twoich poglądów. Tylko niewielki odsetek tych, którzy przeglądają odpowiedzi, decyduje się je ocenić. Gdy piszę te słowa (lipiec 2017 roku) – czyli pięć lat po tym, jak odpisałem na pytanie „Co sprawia, że życie nabiera sensu?" – moja odpowiedź spotkała się z relatywnie niewielkim odbiorem (14000 odsłon, 133 pozytywne opinie), a moja odpowiedź na pytanie o starzenie się została przeczytana przez 7200 osób i polubiona przez 36. Szału nie ma. Ale też nie ma się czym przejmować – na portalach tego typu większość odpowiedzi przyciąga niewiele uwagi, natomiast niewielka ich liczba staje się nieproporcjonalnie popularna.

Jakiś czas później odpowiedziałem na inne pytanie: „Jakie są najważniejsze rzeczy, które każdy powinien wiedzieć?". Napisałem listę zasad i maksym, część bardzo poważnych, część ironicznych – „Staraj się być wdzięczny, nawet jeśli życie cię nie oszczędza", „Nie rób rzeczy, których nienawidzisz", „Nie duś w sobie tego, co cię boli" – i tak dalej. Użytkownicy Quory przyjęli tę listę bardzo entuzjastycznie. Komentowali i udostępniali mój wpis. Pojawiły się komentarze w rodzaju: „Natychmiast drukuję tę listę i wieszam sobie nad biurkiem. Jest po prostu fenomenalna" czy „Wygrałeś Quorę. Po tym wpisie portal można już zamknąć". Studenci Uniwersytetu Toronto przychodzili do mnie, aby osobiście pogratulować mi świetnego wpisu. Do maja roku 2017 moja odpowiedź na pytanie: „Jakie są najważniejsze rzeczy, które każdy powinien wiedzieć?" została wyświetlona 120 tysięcy razy i polubiona przez 2300 użytkowników. Tylko kilkaset spośród około 600 tysięcy wpisów na Quorze przebiło barierę dwóch tysięcy pozytywnych głosów. Moje przemyślenia, będące rezultatem skłonności do odwlekania, trafiły w samo sedno. Napisałem odpowiedź, która znalazła się w 99,9 percentylu.

Kiedy pisałem tę listę życiowych zasad, do głowy mi nie przyszło, że okaże się takim sukcesem. Wszystkie moje plus–minus 60 postów, które dodałem w tamtym okresie, pisałem z zamysłem i zaangażowaniem. Niemniej jednak Quora oferuje badania rynku najwyższej próby. Respondenci są anonimowi i bezstronni. Ich oceny są spontaniczne i obiektywne. Obserwowałem więc wyniki i zastanawiałem się nad przyczynami wyjątkowej popularności tej konkretnej odpowiedzi. Być może przy formułowaniu zasad zachowałem właściwą równowagę między powagą a pozorną błahością. Być może ludziom spodobał się całościowy obraz modelu życia, który takie zasady zarysowują. A być może po prostu uznali listę za pomocną.

Kilka miesięcy wcześniej, w marcu 2012 roku, dostałem maila od agentki literackiej. Usłyszała moje wystąpienie w programie *Just Say No to Happiness* [*Po prostu powiedz szczęściu „nie"* – przyp. tłum.] emitowanym w radio CBC, w którym krytykowałem pogląd, zgodnie z którym celem naszego życia powinno być dążenie do szczęścia. Przez kilka ostatnich dekad przeczytałem ogromną liczbę mrocznych książek na temat wydarzeń z XX wieku, skupiając się w szczególności na dziejach nazistowskich Niemiec i Związku Sowieckiego. Aleksander Sołżenicyn, wielki pisarz, który udokumentował potworności niewolniczych obozów pracy w stalinowskiej Rosji, powiedział kiedyś, że „żałosna ideologia, sprowadzająca się do maksymy: »Człowiek stworzony jest dla szczęścia«", to ideologia, którą obalić może „byle dziesiętnik pierwszym uderzeniem pałki"[1]. W czasach

[1] A. Sołżenicyn, *Archipelag GUŁag 1918–1956*, Tom 2, Poznań, Dom Wydawniczy REBIS, 2017, s. 569.

kryzysu tragedie życiowe szybko mogą uczynić ponurym żartem ideę, wedle której szczęście to właściwy przedmiot dążeń jednostki. W programie zasugerowałem, że zamiast tego potrzebujemy jakiegoś głębszego sensu. Podkreśliłem, że natura takiego sensu była stale reprezentowana we wspaniałych opowieściach z przeszłości i że ma ona więcej wspólnego z kształtowaniem się charakteru w obliczu cierpienia niż ze szczęściem. To już zahacza o tę dłuższą historię powstania prezentowanej książki.

W latach 1985–1999 przez około trzy godziny dziennie pracowałem nad jedyną książką, jaką dotąd opublikowałem: *Maps of Meaning: The Architecture of Belief* [*Mapy sensu. Architektura przekonań* – przyp. tłum.]. Przez ten okres, a także w latach późniejszych, prowadziłem wykłady na podstawie materiału zawartego w tej książce, najpierw na Harvardzie, a obecnie na Uniwersytecie Toronto. W roku 2013, przyglądając się wzrostowi popularności serwisu YouTube oraz w związku z pozytywnym przyjęciem moich projektów wykonywanych dla TVO – kanadyjskiego programu telewizji publicznej – zdecydowałem się nagrać moje wykłady i udostępnić je w sieci. Przyciągnęły sporą i stale rosnącą widownię – ponad milion wyświetleń do kwietnia 2016 roku. Od tego czasu liczba ta gwałtownie wzrosła (18 milionów na ten moment), jednak w dużej mierze dlatego, że zostałem wplątany w polityczny spór, który wywołał prawdziwą burzę medialną.

Ale to inna historia. Może nawet na osobną książkę.

W *Mapach sensu* zasugerowałem, że wspaniałe mity i opowieści religijne z przeszłości, szczególnie te zachowane z pradawnych tradycji w postaci przekazów ustnych, miały przede wszystkim *uczyć moralności*, a nie jedynie bawić czy poruszać. Nie przedstawiały świata widzianego oczami nauki, lecz sugerowały, jak człowiek powinien w świecie się poruszać, jak powinien postępować. Według mnie nasi przodkowie ukazywali świat jako scenę, na której rozgrywa się sztuka teatralna, opowieść – nie zaś jako zbiór obiektów w przestrzeni. Opisałem, jak i dlaczego doszedłem do wniosku, że podstawowymi elementami świata przedstawionego jako opowieść nie są rzeczy materialne, lecz dwa przeciwstawne stany: porządek i chaos.

Porządek to stan, gdy ludzie wokół ciebie postępują w zgodzie z powszechnie rozumianymi i akceptowanymi normami społecznymi. Chętnie podejmują współpracę, a ich posunięcia można przewidzieć. To świat o stabilnej strukturze społecznej, odkryte terytorium, wszystko to, co znane. Stan porządku jest zwykle przedstawiany – symbolicznie – jako męski. To Mądry Król oraz Tyran, na zawsze złączeni w jedność, tak jak społeczeństwo jest połączeniem organizacji i opresji.

Chaos, z kolei, to stan, gdy dzieje się coś niespodziewanego. Chaos pojawia się, w trywialnej formie, gdy w otoczeniu osób, które (jak ci się wydaje) znasz, rzucasz żart, po którym następuje żenująca cisza, a ciebie ogarnia fala chłodu. Poważniejsza forma chaosu wyłania się, gdy znienacka tracisz pracę lub zostajesz zdradzony przez ukochaną osobę. Jako antyteza symbolicznie męskiego porządku – chaos przedstawia się jako żeński. To coś nowego i nieprzewidywalnego, co nagle pojawia się pośród powszechnej powtarzalności. To Kreacja i Destrukcja, źródło wszelkiej nowości i przeznaczenie umarłych (tak jak natura, w przeciwieństwie do kultury, implikująca zarówno narodziny, jak i śmierć).

Porządek i chaos to *yin* i *yang* ze słynnego symbolu taoistycznego: dwóch węży leżących jeden przy drugim, głowa przy ogonie[2]. Porządek to biała, męska część; chaos to część czarna, żeńska. Czarna kropka na białej części – oraz biała na części czarnej – wskazują możliwość przeobrażenia: gdy wszystko wydaje się w najlepszym porządku, nieznane może czaić się tuż za rogiem i dopaść nas kompletnie zaskoczonych. I odwrotnie, gdy już wydaje nam się, że wszystko szlag trafił, z katastrofy i chaosu może wyłonić się nowy porządek.

Według taoistów sensu należy szukać na granicy oddzielającej tę splecioną na wieczność parę. Podążać wzdłuż tej granicy to znaczy podążać po ścieżce życia, po świętej Drodze.

A to coś znacznie lepszego niż szczęście.

Wspomniana agentka literacka słuchała audycji radiowej, w której poruszałem tego typu kwestie. Skłoniło ją to do głębszego zastanowienia się nad kilkoma sprawami. Niedługo po tym napisała do mnie maila z pytaniem, czy rozważałem napisanie książki na ten temat, kierowanej do szerszej publiczności. Próbowałem już wcześniej stworzyć bardziej przystępną wersję *Map sensu*, które nie należą do łatwych pozycji. Szybko doszedłem jednak do wniosku, że podczas tej próby coś było nie tak – zarówno w moich przeczuciach, jak i w powstałym manuskrypcie. Myślę, że stało się tak dlatego, że zamiast poruszać się na granicy między porządkiem i chaosem, starając się wykreować coś nowego, próbowałem imitować zarówno samego siebie, jak i moją poprzednią książkę. Zaproponowałem agentce, żeby obejrzała kilka wykładów, jakie nagrałem dla programu TVO o nazwie *Big Ideas* [*Wielkie*

[2] Symbol *yin/yang* to druga część bardziej złożonego, pięcioczęściowego diagramu *taijitu*, reprezentującego zarówno pierwotną, absolutną jedność, jak i jej podział na mnogość obserwowanego świata. Omawiam to dokładniej w Zasadzie 2 oraz w innych fragmentach tej książki.

idee – przyp. tłum.], dostępnych na serwisie YouTube. Chodziło o to, że po ich wysłuchaniu mogliśmy przeprowadzić głębszą i bardziej owocną dyskusję o tym, jakie tematy mógłbym poruszyć w książce kierowanej do szerszej publiczności.

Skontaktowała się ze mną kilka tygodni później, już po obejrzeniu wykładów i omówieniu ich ze współpracownikami. Jej zainteresowanie wzrosło, podobnie jak jej zaangażowanie w nasz projekt. Taki rozwój wydarzeń uznałem za równie obiecujący, co zaskakujący. Zawsze jestem lekko zdziwiony, gdy ludzie pozytywnie reagują na treść moich wystąpień, biorąc pod uwagę ich poważny ton i osobliwą naturę. Zdumiewa mnie fakt, że pozwolono mi (a nawet mnie zachęcano) nauczać tego, czego nauczam – najpierw w Bostonie, a teraz w Toronto. Zawsze myślałem, że jeśli ludzie dokładnie przeanalizują moje nauki, zrobi się afera. Czy mam w tej materii rację, drogi Czytelniku, ocenisz sam po przeczytaniu książki, którą trzymasz w rękach. :)

Agentka zaproponowała, abym napisał coś w rodzaju poradnika: o tym, co jest człowiekowi potrzebne, aby „dobrze żyć" – cokolwiek miałoby to znaczyć. Natychmiast przyszła mi na myśl moja lista z portalu Quora. Tym bardziej, że w międzyczasie spisałem kolejne przemyślenia na temat zasad, które tam zamieściłem. Nowy materiał również spotkał się z pozytywnym przyjęciem użytkowników. Moja lista oraz sugestie agentki wydawały się dobrze do siebie pasować. Wysłałem jej więc listę. Spodobała się.

Mniej więcej w tym samym czasie mój kolega i były student, pisarz i scenarzysta Gregg Hurwitz, pracował nad nową książką, która ostatecznie stała się bestsellerem – *Orphan X. Człowiek, którego nie ma*. Jemu także spodobały się moje zasady – do tego stopnia, że wplótł je w fabułę książki. Jedna z bohaterek, Mia, przywiesza część z nich na lodówce w odpowiedzi na wydarzenia, względem których wydają się stosowne. Potraktowałem to jako jeszcze jeden dowód potwierdzający ich atrakcyjność. Zasugerowałem agentce, że napiszę krótki rozdział o każdej z zasad. Zgodziła się, i z takim zamiarem rozpocząłem prace. Szybko jednak stało się dla mnie jasne, że te rozdziały wcale nie będą krótkie. Okazało się bowiem, że na temat każdej z maksym mam do powiedzenia znacznie więcej, niż początkowo zakładałem.

Po części wynikało to z tego, że w ramach przygotowań do mojej pierwszej książki przyswoiłem ogromną ilość literatury z zakresu historii, mitologii, neurobiologii, psychologii dziecięcej, poezji i innych dziedzin. Skrupulatnie przestudiowałem też wiele fragmentów Biblii. Przeczytałem, i być może nawet zrozumiałem, *Raj utracony* Miltona, *Fausta*

Goethe'go i *Boską komedię* Dantego. Starałem się połączyć motywy, na których oparto te dzieła, aby rozwikłać nurtujący mnie problem: przyczynę lub przyczyny nuklearnego impasu z czasów zimnej wojny. Nie mogłem pojąć, jak to możliwe, że systemy przekonań mogą być dla ludzi tak ważne, że – aby je chronić – skłonni są zaryzykować zniszczenie całego świata. Doszedłem do wniosku, że – po pierwsze – wspólne systemy przekonań umożliwiały ludziom rozumienie siebie nawzajem i – po drugie – systemy te nie opierały się jedynie na wspólnych przekonaniach.

Zachowania ludzi dzielących wspólny kodeks są dla nich samych przewidywalne. Postępują oni zgodnie z ogólnie przyjętymi oczekiwaniami i regułami. Mogą współpracować. Mogą nawet konkurować w pokojowy sposób, ponieważ każdy wie, czego może się spodziewać po innych. Wspólny system przekonań, po części psychologiczny, po części instytucjonalny, upraszcza samych ludzi – w ich własnych oczach oraz w oczach innych. Wspólne przekonania upraszczają również świat, ponieważ jeśli wiadomo, czego można się spodziewać po sobie nawzajem, można łączyć siły w celu oswajania rzeczywistości. Nie ma, być może, niczego bardziej istotnego niż strzeżenie i ochrona tego uproszczenia. Gdy coś mu grozi, okręt społeczeństwa wpływa na wzburzone wody.

To nie do końca tak, że ludzie gotowi są walczyć o to, w co wierzą. Są raczej gotowi walczyć o podtrzymanie zgodności między tym, w co wierzą, czego oczekują, a tym, czego pragną. To właśnie istnienie tej zgodności pozwala nam wszystkim współżyć w warunkach pokoju, przewidywalności i produktywności. Redukuje ona niepewność oraz chaotyczną mieszankę niemożliwych do tolerowania emocji, które ta niepewność nieuchronnie generuje.

Wyobraź sobie kogoś zdradzonego przez ukochaną osobę. Uświęcony kontrakt społeczny wiążący tę parę zostaje złamany. Działania przemawiają głośniej niż słowa, a akt zdrady zaburza kruchy, ostrożnie wynegocjowany pokój cechujący intymny związek. W następstwie niewierności ludzi owładniają okropne emocje: wstręt, pogarda (wobec tego, kto zdradził, jak i wobec siebie), wina, niepokój, wściekłość i strach. Wspólne systemy przekonań – wspólne systemy akceptowalnych zachowań i oczekiwań – regulują i kontrolują wszystkie te potężne siły. Nietrudno się dziwić, że ludzie skłonni są walczyć w obronie czegoś, co chroni ich przed opętaniem przez emocje chaosu i przerażenia (oraz, w dalszej kolejności, przed stoczeniem się do poziomu konfliktu i walki).

Na tym nie koniec. Wspólny system kulturowy nie tylko stabilizuje interakcje międzyludzkie, lecz pełni także rolę systemu wartości – hierarchii, w ramach której pewne sprawy cieszą się statusem priorytetowych i ważnych, a inne nie. Przy braku takich systemów wartości ludzie zwyczajnie nie mogą działać. Właściwie to nie mogą nawet postrzegać rzeczywistości, ponieważ zarówno działanie, jak i postrzeganie wymagają celu, a słuszny cel to z konieczności coś, co cenimy. Wielu pozytywnych emocji doświadczamy w odniesieniu do naszych celów. Nie jesteśmy szczęśliwi, mówiąc ściśle, dopóki nie czujemy, że się rozwijamy – a sama idea rozwoju implikuje wartości. Co gorsza, sens życia bez pozytywnych wartości nie jest po prostu neutralny. Jako że jesteśmy istotami wrażliwymi i śmiertelnymi, ból i lęk są integralnymi elementami ludzkiej egzystencji. Musimy znaleźć coś, co możemy przeciwstawić cierpieniu wplecionemu w nasze Istnienie[3]. Potrzebujemy sensu wbudowanego w nasz fundamentalny system wartości, bo inaczej tragiczna odsłona życia szybko staje się nadrzędna i pociąga za sobą nihilizm z jego beznadziejnością i desperacją.

A zatem: idea sensu implikuje wartościowanie. Jednak pomiędzy systemami wartości istnieje możliwość konfliktu. Po wieczność jesteśmy więc skazani na życie między najcięższym z młotów a najtwardszym z kowadeł: utrata zbiorowych przekonań czyni życie chaotycznym, żałosnym i nieznośnym – a istnienie zbiorowych przekonań sprawia, że konflikty z innymi grupami stają się nieuchronne. Na Zachodzie od dekad odcinamy się od naszych kultur zogniskowanych wokół tradycji, religii, a nawet narodu – po części właśnie po to, aby zredukować niebezpieczeństwo zbiorowych konfliktów. Niestety: w coraz większym stopniu padamy ofiarą rozpaczy w obliczu wszechobecnego bezsensu, co trudno uznać za krok naprzód.

Kiedy pisałem *Mapy sensu*, kierowało mną (między innymi) zrozumienie, że nie możemy już więcej pozwolić sobie na konflikt – na pewno nie na skalę globalnej rzezi, jak w XX wieku. Nasze technologie zniszczenia

[3] Terminu Istnienie (pisanego wielką literą) używam po części ze względu na znajomość myśli dwudziestowiecznego filozofa niemieckiego Martina Heideggera. Heidegger próbował rozróżniać rzeczywistość postrzeganą obiektywnie od ogółu doświadczeń człowieka (jego „Istnienia"). Istnienie to wszystko, czego każdy z nas doświadcza, subiektywnie, osobiście i indywidualnie – oraz to, czego doświadczamy wspólnie z innymi. W jego skład wchodzą zatem emocje, żądze, marzenia czy wizje, jak również nasze prywatne myśli i wyobrażenia. Wreszcie: Istnienie obejmuje także wszystko to, co powołujemy do życia naszymi działaniami, a więc jego natura jest w jakimś stopniu konsekwencją naszych decyzji i wyborów. Jest zatem kształtowane przez naszą hipotetycznie wolną wolę. W ten sposób skonstruowane, Istnienie (1) jest czymś niełatwo i niebezpośrednio redukowalnym do obiektywnego, materialnego świata i (2) niewątpliwie wymaga swojego własnego terminu, jak przez kilka dekad przekonywał Heidegger.

stały się zbyt potężne. Potencjalne konsekwencje wojny są dosłownie apokaliptyczne. Ale, z drugiej strony, nie możemy również porzucić naszych systemów wartości, naszych przekonań, naszych kultur. Latami borykałem się z tym, jak mogłoby się wydawać, nierozwiązywalnym problemem. Czy istniała trzecia droga, której nie potrafiłem dostrzec? Pewnego razu, w tym okresie, śniło mi się, że wiszę w powietrzu, bardzo wysoko nad ziemią, trzymając się żyrandolu zawieszonego pod kopułą gigantycznej katedry. Ludzie pode mną, na powierzchni, byli odlegli i malutcy. Od ścian bocznych, a także od spodu kopuły, dzielił mnie duży dystans.

Nauczyłem się zwracać uwagę na sny, przede wszystkim z racji mojego wykształcenia jako psychologa klinicznego. Sny kierują światło w przyćmione zakamarki naszego umysłu, w które rozum jeszcze się nie zapuścił. Sporo czasu poświęciłem też zgłębianiu chrześcijaństwa (znacznie więcej niż innych tradycji religijnych, co mam zamiar z czasem nadrobić). W efekcie muszę czerpać więcej z tego, co wiem, niż z tego, co mi nieznajome. Wiedziałem, że katedry konstruowane są zwykle w kształcie krzyża, a punkt pod kopułą to jego centrum. Wiedziałem, że krzyż to jednocześnie oznaka wielkiego cierpienia, śmierci i transformacji, a także symboliczne centrum świata. Nie było to miejsce, w którym chciałbym pozostać. Udało mi się zejść na dół, z wysokości – z symbolicznego nieba – z powrotem na bezpieczny, stały, choć nieznany mi grunt. Nie wiem jak. Następnie, ciągle we śnie, wróciłem do mojej sypialni, do łóżka i próbowałem zasnąć, by pogrążyć się z powrotem w stanie błogiej nieświadomości. Jednak w miarę jak stawałem się coraz bardziej zrelaksowany, czułem, jak moje ciało znów jest przenoszone. Przenikał mnie chłód, zapowiadający powrót do katedry, do wspomnianego centralnego punktu. Nie było ucieczki. Istny koszmar. Zmusiłem się do wybudzenia. Podmuchy wiatru wpychały zasłony do mojej sypialni. Na wpół we śnie wstałem z łóżka. Zobaczyłem przed sobą drzwi katedry. Na ich widok rozbudziłem się kompletnie, a drzwi zniknęły.

Mój sen przeniósł mnie w centrum samego Istnienia, skąd nie było ucieczki. Dopiero po kilku miesiącach rozmyślań zrozumiałem, co to oznaczało. Doszedłem wtedy do pełniejszej, bardziej osobistej świadomości tego, co wspaniałe opowieści z przeszłości stale nam przypominały: w centrum znajduje się jednostka. Centrum oznaczone jest krzyżem, tak jak punkty na mapie zaznacza się literą X. Egzystencja w miejscu tego krzyża to cierpienie i transformacja – i fakt ten, co najważniejsze, musi być zaakceptowany z własnej woli. Możliwe jest wykroczenie poza niewolniczą wierność grupie i jej doktrynom i uniknięcie pułapki czyhającej na przeciwnym skraju – czyli nihilizmu. Możliwe jest, zamiast tego, znalezienie sensu życia w indywidualnej świadomości i indywidualnych doświadczeniach.

W jaki sposób świat może zostać oswobodzony z pęt okrutnego dylematu i konfliktu z jednej strony – oraz psychologicznego i społecznego upadku z drugiej? Odpowiedź brzmi: przez wzniesienie i rozwój jednostki, przez zgodę każdego z nas na dźwiganie ciężaru Istnienia, przez wstąpienie na drogę heroizmu. Każdy z nas musi wziąć na siebie odpowiedzialność tak dużą, jak to tylko możliwe – za losy własne, społeczeństwa i świata. Każdy z nas musi mówić prawdę, naprawiać to, co jest zepsute, oraz niszczyć i odbudowywać na nowo to, co jest stare i nieprzydatne. Tym sposobem możemy i musimy zredukować ilość cierpienia zatruwającego świat. To niełatwe zadanie. Jednak alternatywy – groza autorytarnych przekonań, chaos upadłego państwa, horror nieokiełznanej natury, egzystencjalne zło i słabość pozbawionych sensu jednostek – są niewątpliwie gorsze.

Od dekad rozmyślam i wykładam na ten temat. Zgromadziłem spory zbiór odnoszących się do niego pojęć i opowieści. Nie śmiem jednak twierdzić, że wnioski, do których doszedłem, są w pełni trafne czy kompletne. Istnienie to coś o wiele bardziej skomplikowanego, niż pojedyncza osoba może pojąć. Nie wszystko jest dla mnie jasne. Oferuję po prostu – tylko i aż – to, co wiem.

Efektem moich dotychczasowych badań i rozmyślań były nowe eseje wchodzące w skład tej książki. Pierwotnym pomysłem było napisanie krótkich tekstów o każdej z 40 odpowiedzi, jakich udzieliłem na Quorze. Wersję tę zaakceptowało wydawnictwo Penguin Random House Canada. Jednak w trakcie pisania ograniczyłem liczbę tekstów najpierw do 25, następnie do 16, a ostatecznie do prezentowanych tutaj 12. Wybrany tuzin przez minione trzy lata starannie dopracowywałem przy asyście redaktora (i bezwzględnej, lecz trafnej krytyce wspomnianego już Hurwitza).

Długo zajęło nam ustalenie tytułu: *12 życiowych zasad: Antidotum na chaos*. Dlaczego akurat ten wyrósł ponad pozostałe? Po pierwsze i najważniejsze: ze względu na jego prostotę. Jasno wskazuje, że ludzie potrzebują pewnych reguł i wskazówek, ponieważ inaczej wkrada się chaos. Potrzebujemy zasad, standardów i wartości – jako jednostki oraz jako członkowie społeczności. Jesteśmy zwierzętami stadnymi, jucznymi. Musimy dźwigać jakieś brzemię, aby znaleźć uzasadnienie naszego żałosnego żywota. Potrzebujemy rutyny i tradycji. To właśnie nazywam porządkiem. Porządek ten może wystąpić w nadmiarze, a to źle, lecz – z drugiej strony – pogrążeni w chaosie utoniemy, a to też źle. Musimy trzymać się prostej, wąskiej ścieżki. Każda z dwunastu zasad przedstawionych w tej książce – i towarzyszące im eseje – stanowi przewodnik, jak trafić na tę ścieżkę. Ścieżkę będącą linią przebiegającą między porządkiem a chaosem. Na ścieżce tej jednocześnie utrzymujemy stabilność, ale też wychylamy się z zaciekawieniem; niszczymy i budujemy; konkurujemy i współpracujemy. To na niej znajdujemy sens, który uzasadnia nasze życie i związane z nim cierpienia. Być może, gdybyśmy żyli właściwie, bylibyśmy zdolni znosić ciężar naszej własnej samoświadomości. Być może, gdybyśmy żyli właściwie, bylibyśmy zdolni znosić wiedzę o naszej własnej kruchości i śmiertelności bez poczucia pokrzywdzenia, które rodzi najpierw gniew, następnie zawiść, a ostatecznie pragnienie zemsty i destrukcji. Być może, gdybyśmy żyli właściwie, nie musielibyśmy zwracać się do totalitarnej pewności w poszukiwaniu schronienia przed świadomością naszej własnej ułomności i ignorancji. Być może moglibyśmy uniknąć tych dróg do Piekła – wiek XX pokazał nam bowiem, jak realne Piekło może się stać.

Mam wielką nadzieję, że przedstawione tu zasady oraz eseje stanowiące ich rozwinięcia pomogą ludziom zrozumieć to, co już wiedzą: że dusza jednostki wiecznie łaknie heroizmu świadomego Istnienia oraz że akceptacja tej odpowiedzialności jest równoznaczna z decyzją, aby wieść wartościowe życie pełne sensu.

Jeśli każdy z nas, z osobna, będzie żył właściwie – rozkwitniemy jako zbiorowość.

Najlepsze życzenia dla Was wszystkich i przyjemnej lektury.

dr Jordan B. Peterson,
psycholog kliniczny i profesor psychologii.

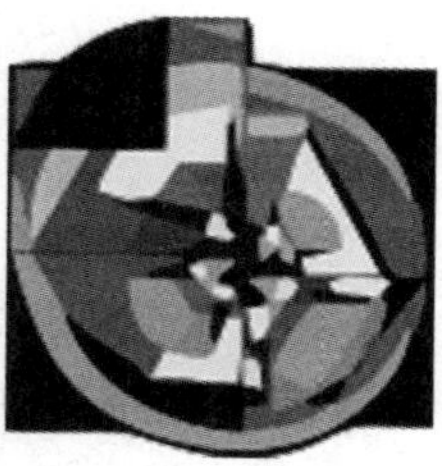

Zasada 1

Pilnuj sylwetki. Plecy proste, ramiona wyciągnięte

Homary a terytorium

Jak większość ludzi, prawdopodobnie nieczęsto myślisz o homarach[1] – no, chyba że akurat jakiegoś spożywasz. Tymczasem warto zainteresować się tymi ciekawymi, a zarazem przepysznymi skorupiakami. Ich układ nerwowy jest względnie prosty: mają duże i łatwe do obserwowania neurony – magiczne komórki mózgu. Naukowcy mogli dzięki temu stworzyć dokładne mapy połączeń nerwowych w organizmach homarów. Wyniki badań pomogły lepiej zrozumieć strukturę i funkcje mózgu oraz zachowania bardziej skomplikowanych zwierząt, w tym ludzi. Jak się wkrótce przekonasz, masz z homarami więcej wspólnego, niż myślisz.

Homary żyją na dnie oceanów. Do życia potrzebują obszaru, na którym mogą polować na mniejsze stworzenia i wyszukiwać wszelkie jadalne resztki opadające z nieustannej śmiertelnej rzezi rozgrywającej się w bezkresie wód nad nimi. Potrzebują miejsca, gdzie mogą spokojnie zajmować się swoimi sprawami. Potrzebują domu.

To może powodować problemy, ponieważ homarów jest wiele. Co jeśli dwa z nich znajdą się na tym samym skrawku dna oceanu, w tym samym czasie, oba z zamiarem egzystowania właśnie tam? Co się dzieje, gdy setki homarów chcą żyć i założyć rodzinę w tej samej, zatłoczonej krainie piasku i odpadków?

---

[1] Jeśli ktoś chciałby dowiedzieć się czegoś więcej na temat homarów, polecam tę pozycję: T. Corson, *The secret life of lobsters: how fishermen and scientist are unraveling the mysteries of our favourite crustacean*, Nowy Jork, Harper Perennial, 2005.

Problem ten dotyczy również innych stworzeń. Na przykład, gdy ptaki z podrzędu śpiewających wracają wiosną na północ, wdają się w zaciekłe spory terytorialne. Melodie, które wyśpiewują, tak błogie i piękne dla ludzkich uszu, to w ptasiej rzeczywistości syreni śpiew i okrzyki dominacji. Utalentowany muzycznie ptak to mały wojownik ogłaszający swoją suwerenność. Weźmy na przykład strzyżyka – niewielkiego zadziornego ptaka żywiącego się owadami, często spotykanego w Ameryce Północnej. Nowoprzybyły strzyżyk szuka bezpiecznego miejsca do zbudowania gniazda z dala od wiatru i deszczu. Chce, żeby znajdowało się ono w pobliżu źródeł pożywienia i w lokalizacji atrakcyjnej dla potencjalnych partnerek. Chce także wyraźnie dać do zrozumienia innym strzyżykom, rywalizującym z nim o to miejsce, aby zachowały dystans.

Ptaki a terytorium

Gdy miałem dziesięć lat, razem z moim tatą zbudowaliśmy domek dla strzyżyków. Miał kształt krytego wozu i wejście wielkości ćwierćdolarówki. Czyniło go to odpowiednim dla niewielkich strzyżyków, ale niedostępnym dla innych, większych ptaków, które nie mieściły się w otworze wejściowym. W swoim ogrodzie domek dla ptaków miała również nasza sąsiadka, urocza starsza pani. Na jej prośbę skonstruowaliśmy go dla niej równocześnie z naszym domkiem, jako budulec wykorzystując stary gumowy but. Wejście do niego było na tyle duże, aby pomieścić rudzika. Razem oczekiwaliśmy dnia, w którym domki zostaną zamieszkane.

Wkrótce jakiś strzyżyk odkrył nasz domek i urządził w nim swoje lokum. Wczesną wiosną przysłuchiwaliśmy się jego długim, dźwięcznym melodiom powtarzanym w kółko. Jednak – co zaskakujące – nasz fruwający najemca, gdy już zbudował zadowalające gniazdo w malutkim krytym wozie, zajął się znoszeniem małych patyczków do gumowego buta sąsiadki wiszącego na drzewie za płotem. Wypchał go nimi po brzegi, tak, że żaden inny ptak, duży czy mały, nie byłby zdolny tam wejść. Naszej sąsiadce nie spodobało się to uderzenie wyprzedzające, ale nie bardzo było co z tym zrobić. „Jeżeli zdejmiemy but – powiedział mój tato – wyczyścimy go i umieścimy z powrotem na drzewie, strzyżyk znowu nafaszeruje go śmieciami". Strzyżyki są małe i urocze, ale są też bezlitosne.

Poprzedniej zimy złamałem nogę jeżdżąc na nartach (już przy pierwszym zjeździe) i dostałem trochę pieniędzy przyznawanych w ramach szkolnej polityki mającej najwyraźniej na celu nagradzanie pechowych, niezdarnych dzieci. Zakupiłem za nie magnetofon kasetowy (nowinka branży high-tech w tamtych czasach). Tato zasugerował mi, abym położył się na trawie niedaleko gniazda strzyżyka i nagrał jego śpiew, a następnie odtworzył i zobaczył, co się stanie. Tak też zrobiłem – w słoneczny wiosenny poranek przyczaiłem się pod drzewem i nagrałem kilka minut wściekłej deklaracji niepodległości strzyżyka. Następnie odtworzyłem mu jego własny głos. Ten mikrus, trzy razy mniejszy od wróbla, zaczął atakować z powietrza niczym myszołów mnie i mój magnetofon. Wielokrotnie widzieliśmy go w takiej furii także bez magnetofonu. Gdy tylko jakiś ptak, nawet dużo większy, śmiał przysiąść i odpoczywać na dowolnym z pobliskich drzew, narażał się na szturm strzyżyka-kamikadze.

Oczywiście strzyżyki i homary różnią się zasadniczo. Homary nie latają, nie śpiewają i nie przesiadują całymi dniami na gałęziach. Strzyżyki mają pióra, a nie pancerz. Nie potrafią oddychać pod wodą i rzadko serwuje się je z masłem. Jednak pod wieloma istotnymi względami zwierzęta te są do siebie podobne. Na przykład: oba gatunki mają obsesję na punkcie statusu i pozycji, tak jak zresztą wiele innych stworzeń. Norweski zoolog i psycholog porównawczy Thorlief Schjelderup-Ebbe zaobserwował w 1921 roku, że nawet wśród pospolitych kur domowych ustalany jest „porządek dziobania"[2].

Rozstrzygnięcie, kto jest kim w świecie kur, ma istotne przełożenie na szanse przetrwania poszczególnych osobników, zwłaszcza w okresach niedoborów. Ptaki, które zawsze mają pierwszeństwo w dostępie do wszystkiego, co o poranku zostanie rozsypane w zagrodzie, to lokalni celebryci. Po nich przystępują do jedzenia rezerwowi, sługusi i pozerzy. Następnie przychodzi kolej kur trzeciego sortu i tak dalej, aż do zszarganych, podziobanych przez innych, częściowo tylko upierzonych nieszczęśników, okupujących najniższą warstwę kurzej hierarchii.

Kury, podobnie jak mieszkańcy przedmieść, żyją w grupach. Ptaki z podrzędu śpiewających, jak choćby strzyżyki, w grupach nie żyją, ale mimo to podlegają hierarchii dominacyjnej. Obejmuje ona po prostu większe terytorium. Ptaki najbardziej przebiegłe, najsilniejsze, najzdrowsze i mające najwięcej szczęścia zajmują i bronią najlepszych terytoriów. Dzięki temu mają większe szanse na zwrócenie uwagi najlepszych partnerek oraz spłodzenie potomstwa, które przetrwa okres pisklęcy

---

[2] T. Schjelderup-Ebbe, *Social behavior of birds*, Clark University Press, 1935. Zobacz też: J.S. Price, L. Sloman, *Depression as yielding behavior: An animal model based on Schjelderup-Ebbe's pecking order*, „Ethology and Sociobiology", 8/1987, s. 85–98.

i świetnie poradzi sobie w życiu dorosłym. Ochrona przed wiatrem, deszczem i drapieżnikami oraz łatwy dostęp do pokarmu wysokiej jakości przekłada się na łatwiejsze życie. Terytorium ma znaczenie, a między prawami terytorialnymi a statusem społecznym jest niewielka różnica. To często sprawa życia i śmierci.

Jeśli przez silnie zhierarchizowaną społeczność ptaków przetoczy się choroba zakaźna, osobniki najmniej dominujące, wiodące najtrudniejszy żywot, okupujące najniższe szczeble hierarchii ptasiego świata, narażone są na największe ryzyko śmierci[3]. Ta sama zasada dotyczy społeczności ludzkich, na przykład kiedy wybuchają epidemie wirusa ptasiej grypy czy innych chorób. Ubodzy i doświadczeni przez życie zawsze umierają szybciej i liczniej. Ci ludzie są także bardziej narażeni na choroby niezakaźne, takie jak rak, cukrzyca czy choroby serca. Gdy arystokracja łapie przeziębienie, klasa robotnicza umiera na zapalenie płuc.

Ponieważ rodzaj przestrzeni życiowej ma znaczenie, a najlepsze lokalizacje zawsze są ograniczone, zabieganie o terytoria pośród zwierząt prowadzi do konfliktów. Konflikt tworzy kolejny problem: jak wygrać bądź przegrać bez ponoszenia przez skłócone strony zbyt wysokich kosztów. To bardzo ważne. Wyobraźmy sobie dwa ptaki sprzeczające się o pożądane miejsce na gniazdo. Ich interakcja może łatwo przerodzić się w bezwzględną walkę fizyczną. W takiej sytuacji jeden z ptaków, zazwyczaj ten większy, ostatecznie wygra, jednak nawet zwycięzca może w trakcie starcia odnieść poważne rany. Oznacza to, że trzeci ptak – cwany obserwator, zdrowy i wypoczęty – może wkroczyć i pokonać poszkodowanego w walce zwycięzcę. To kiepski układ dla dwóch pierwszych ptaków.

Konflikt a terytorium

W rezultacie, przez tysiąclecia ewolucji, zwierzęta, które muszą wspólnie zamieszkiwać te same obszary, nauczyły się wielu trików pozwalających na ustalenie hierarchii dominacyjnych, a ograniczających jednocześnie do minimum ryzyko doznania poważnych obrażeń. Pokonany wilk, na przykład, kładzie się na grzbiecie i odsłania swoje gardło przed zwycięzcą, ale wygrany mimo to nie próbuje go rozszarpać. Zwycięzca – a odtąd także samiec dominujący – może przecież potrzebować w przyszłości partnera

[3] R.M. Sapolsky, *Social status and health in humans and other animals*, „Annual Review of Anthropology", 33/1987, s. 393–418.

do polowań, choćby nawet tak żałosnego jak słaniający się przed nim pokonany wróg. Pogony, niezwykle społeczne jaszczurki z rodziny agamowatych, machają do siebie nawzajem swoimi przednimi kończynami w pokojowym geście, czym sygnalizują chęć podtrzymania społecznej harmonii. Delfiny, aby podczas polowań i innych momentów rozemocjonowania zredukować ryzyko konfliktu między dominującymi a podległymi członkami grupy, emitują specjalne dźwięki. Takie zachowania są powszechne w zbiorowościach organizmów żywych.

Homary szwendające się po dnie oceanu nie są tu wyjątkiem[4]. Jeżeli złapie się kilkadziesiąt osobników i przetransportuje je na inny obszar, można zaobserwować rytuały i techniki mające na celu wyłonienie hierarchii. Homary najpierw zajmą się badaniem terytorium, po części aby zapamiętać jego szczegóły, po części aby znaleźć dobre miejsce na kryjówkę. Wiele się uczą na temat okolicy, w której żyją, i długo pamiętają, czego się nauczyły. Jeśli spłoszymy homara niedaleko jego gniazda, migiem się w nim schowa. Jeśli jednak spłoszymy go gdzieś dalej, zniknie równie szybko, ale nie w gnieździe, a w najbliższej nadającej się do tego kryjówce, wcześniej znalezionej i zapamiętanej.

Homary potrzebują bezpiecznego miejsca, w którym mogą odpocząć, chronione przed drapieżnikami i siłami natury. Co więcej, w miarę jak rosną, przechodzą wylinkę i zrzucają skorupy, co przez jakiś czas czyni je delikatnymi i bezbronnymi. Jama pod skałą świetnie nadaje się na dom dla homara, szczególnie jeśli znajduje się gdzieś, gdzie nie brakuje muszelek i kamieni, którymi można zakryć wejście, gdy już wygodnie ulokuje się w środku. Niestety, każde z terytoriów może oferować ograniczoną liczbę takich kryjówek. Są one rzadkie i cenne. Inne homary stale ich poszukują.

Oznacza to, że podczas takich wypraw eksploracyjnych homary często trafiają na siebie nawzajem. Badania pokazały, że nawet osobniki wyhodowane w izolacji wiedzą, co robić w takich sytuacjach[5]. Homary mają złożone systemy zachowań defensywnych i ofensywnych wbudowane w ich układ nerwowy. Najpierw tańczą niczym bokserzy, poruszając się to do przodu, to do tyłu, to na boki, naśladując ruchy przeciwnika i wymachując otwartymi szczypcami. Równocześnie, przy pomocy specjalnych

[4] R.L. Rutishauser, A.C. Basu, S.I. Cromarty, E.A. Kravitz, *Long-term consequences of agonistic interactions between socially naive juvenile American lobsters (*Homarusamericanus*)*, „The Biological Bulletin", 207/2004, s. 183–187.

[5] E.A. Kravitx, *Serotonin and aggression: insights gained from a lobster model system and speculations on the role of amine neurons in a complex behavior*, „Journal of Comparative Physiology", 186/2000, s. 221–238.

otworów zlokalizowanych pod oczami, wytryskują w stronę wrogów strumienie płynu. Płyn zawiera mieszankę substancji chemicznych, które informują drugiego homara o wielkości, płci, zdrowiu i nastroju jego rywala.

Czasem bywa tak, że jeden z homarów na podstawie samego rozmiaru szczypiec potrafi natychmiast ocenić, że jest znacznie mniejszy od przeciwnika – i wycofuje się bez walki. Informacje przekazane przez chemiczną wydzielinę mogą mieć podobny efekt, przekonujący do odwrotu mniej zdrowego lub mniej agresywnego osobnika. Oto rozwiązywanie sporów Poziom 1[6]. Jeśli jednak dwa homary są zbliżonych rozmiarów i kondycji albo jeśli wymiana płynów nie była dostatecznie informatywna, następuje przejście do rozwiązywania sporów Poziom 2. Smagając szalenie czułkami i rozwierając szczypce, jeden atakuje, a wówczas drugi się wycofuje. Następnie obrońca przystępuje do szarży, a atakujący do odwrotu. Po kilku rundach takiej prezentacji siły bardziej strachliwy z homarów może uznać, że kontynuacja zatargu nie leży w jego najlepszym interesie. W takim wypadku odruchowo wykonuje wymach ogonem, zaczyna uciekać, znika i będzie próbował szczęścia gdzie indziej. Jeżeli żaden z rywali się nie ugnie, przechodzą do rozwiązywania sporów Poziom 3, który polega na prawdziwej walce.

Tym razem rozwścieczone homary rzucają się na siebie ze szczypcami przygotowanymi do zapasów. Próbują wywrócić wroga na grzbiet. Udane powalenie przekonuje słabszego homara, że przeciwnik może go poważnie zranić. Ten pierwszy zazwyczaj więc się poddaje i odchodzi (choć po tym upokorzeniu będzie przekonywał kolegów, że zwycięzca po prostu miał fuksa). Jeśli żadnemu z homarów nie uda się wywrócić wroga – lub jeśli ten przewrócony się nie podda – przechodzą do Poziomu 4. Wiąże się to z ekstremalnym ryzykiem: jeden lub oba homary skończą bójkę z poważnymi ranami, być może śmiertelnymi.

Zwierzęta ruszają na siebie rozpędzone. Szczypce są rozwarte, gotowe do chwytania nóg, czułek, trzonów czułek ocznych – wszystkiego, co odsłonięte i narażone na obrażenia. Gdy uda się coś solidnie złapać, chwytający wykona wymach ogonem, z zaciśniętymi szczypcami, i spróbuje wyrwać część ciała rywala. Spory, które eskalują do tego poziomu, zwykle wyłaniają ewidentnego zwycięzcę i przegranego. Ten drugi ma niewielkie szanse na przeżycie, szczególnie jeśli on czy ona pozostanie na terytorium zwycięzcy – od teraz: śmiertelnego wroga.

---

6 R. Huber, E.A. Kravitz, *A quintitative analysis of agonistic behavior in juvenile American lobsters (*Homarus americanus L.*)*, „Brain, Behavior and Evolution", 46/1995, s. 72–83.

W następstwie przegranej bitwy, bez względu na to, jak agresywnie walczył dany homar, staje się niechętny do dalszych walk, nawet przeciwko innym, wcześniej zwyciężonym przeciwnikom. Poskromiony wojownik traci pewność siebie, często na długi czas. Nierzadko porażka może mieć jeszcze poważniejsze konsekwencje. Jeżeli dominujący homar zostaje dotkliwie pobity, jego mózg dosłownie się rozpuszcza. Następnie rośnie mu nowy, zastępczy mózg – bardziej adekwatny do jego nowej, niższej pozycji[7]. Bez kompletnego rozpadu i odrośnięcia jego oryginalny mózg nie jest po prostu zdolny przetworzyć tak drastycznej zmiany statusu z okolicznego króla w okoliczne popychadło. Każdy, kto doświadczył bolesnej rekonstrukcji życia po nieudanej miłości czy karierze, może domyślać się, co musi przechodzić taki skorupiak, dawniej cieszący się powodzeniem.

Neurochemia porażki i zwycięstwa

Procesy chemiczne w mózgu przegranego homara różnią się zasadniczo od procesów chemicznych w mózgu homara zwycięskiego. Ma to swoje odzwierciedlenie w postawach obu osobników. To, czy dany homar jest pewny siebie czy przestraszony, zależy od stosunku dwóch substancji chemicznych, które regulują komunikację między jego neuronami: serotoniny i oktopaminy. Wygrywanie powoduje wzrost stosunku tej pierwszej do tej drugiej.

Homar z wysokim poziomem serotoniny i niskim oktopaminy jest zuchwałym, dumnym typem skorupiaka, który raczej nie zlęknie się pojedynku. A to dlatego, że serotonina pomaga regulować postawę. Wyprostowany homar wyciąga swoje kończyny tak, aby wyglądać na wielkiego i groźnego, niczym Clint Eastwood w spaghetti westernie. Homar, który dopiero co został pokonany, gdy poda mu się serotoninę, przyjmie agresywną postawę i nie zawaha się atakować przeciwników, którzy wcześniej mu dołożyli. Mało tego: będzie walczyć dłużej i zacieklej[8]. Leki przepisywane ludziom cierpiącym na depresję, będące inhibitorami wychwytu zwrotnego serotoniny, mają te same chemiczne i behawioralne efekty.

---

[7] S-R Yeh, RA Fricke, DH Edwards, *The effect of social experience on serotonergic modulation of the escape circuit of crayfish*, „Science", 271/1996, s. 366–369.

[8] R. Huber, K. Smith, A. Delago, K. Isaksson, E.A. Kravitz, *Serotonin and aggressive motivation in crustaceans: altering the decision to retreat*, „Proceedings of the National Academy of Sciences of the United States of America", 94/1997, s. 5939–5942.

W zdumiewającej manifestacji ewolucyjnej ciągłości życia na Ziemi, Prozac[9] rozwesela także homary[10].

Wysoki poziom serotoniny i niski oktopaminy cechuje wygranego. Odwrotna konfiguracja neurochemiczna, wysoki poziom oktopaminy przy niskim serotoniny, przekłada się na przybitego, oklapniętego, wystraszonego, wypalonego homara, unikającego kontaktu i ulatniającego się przy pierwszych oznakach kłopotów. Serotonina i oktopamina regulują także odruch wymachu ogonem, który służy homarom do gwałtownej ucieczki wstecz. U pokonanych osobników do wywołania tego odruchu potrzebny jest mniejszy stopień prowokacji. Ewolucyjne echo tego mechanizmu ukazuje się w postaci impulsywnych, nagłych odruchów obserwowanych u żołnierzy i maltretowanych dzieci cierpiących na zespół stresu pourazowego.

Reguła nierównej dystrybucji

Gdy pokonany homar odzyska odwagę i zdecyduje się zawalczyć ponownie, jego szanse na wygraną są niższe, niż wynikałoby to z analizy statystycznej zestawienia jego wcześniejszych starć. Z drugiej strony: jego triumfujący rywal z większym prawdopodobieństwem wygra. W świecie homarów zwycięzca bierze wszystko, podobnie jak w społeczeństwach ludzkich, gdzie najbogatszy jeden procent posiada tyle łupów, co dolne 50 procent[11] i gdzie 85 najbogatszych ludzi ma tyle pieniędzy, co najbiedniejsze 3,5 miliarda.

Ta sama brutalna reguła nierównej dystrybucji obowiązuje poza domeną finansów – wszędzie tam, gdzie rezultaty zależą od kreatywności i produktywności. Niewielki odsetek muzyków tworzy niemal wszystkie nagrywane komercyjnie utwory i płyty. Grupka autorów sprzedaje większość książek. Co roku w Stanach Zjednoczonych sprzedaje się ponad półtora miliona różnych tytułów książkowych (!), jednak tylko 500 z nich

[9] Popularny lek przeciwdepresyjny [przyp. tłum.].

[10] B.L. Antonsen, D.H. Paul, *Serotonin and octopamine elicit stereotypical agonistic behaviors in the squat lobster* Munida quadrispina *(*Anomura, Galatheidae*)*, „Journal of Comparative Physiology A: Sensory, Neural, and Behavioral Physiology", 181/1997, s. 501–510.

[11] „Credit Suisse" (październik 2015), *Global Wealth Report 2015*, s. 11 Pobrano z: https://publications.credit-suisse.com/tasks/render/file/?fileID=F2425415-DCA7-80B8-EAD989AF9341D47E.

sprzedaje się w nakładzie większym niż 100 000 kopii[12]. Podobnie, ledwie czterech kompozytorów muzyki klasycznej (Bach, Beethoven, Mozart, Czajkowski) napisało w zasadzie wszystkie utwory odgrywane przez współczesne orkiestry. Skoro mówimy o Bachu: był on w swojej twórczości tak płodny, że samo ręczne przepisanie jego partytur zajęłoby dekady, a mimo to jedynie mała część tych wspaniałych dzieł jest powszechnie grana i słuchana. Tak samo jest z utworami pozostałych wspomnianych klasyków – tylko cząstka ich dorobku znana jest szerszej publiczności. A zatem niewielka część muzyki skomponowanej przez niewielką część spośród wszystkich kompozytorów, którzy kiedykolwiek tworzyli, odpowiada za praktycznie całą muzykę klasyczną, którą świat zna i kocha.

Reguła ta bywa nazywana prawem Price'a od nazwiska Dereka J. de Solla Price'a[13] – badacza, który w 1963 roku odkrył jej zastosowanie w nauce. Prawo Price'a można przedstawić graficznie jako wykres zbliżony kształtem do litery „L", gdzie na osi pionowej mamy odsetek ludzi udzielających się w danej dziedzinie, na osi poziomej zaś – produktywność lub zasoby. Reguła, w swojej podstawowej formie, została odkryta znacznie wcześniej. Vilfredo Pareto (1848–1923), włoski erudyta, zauważył to prawo w odniesieniu do rozkładu bogactwa na początku XX wieku, a reguła sprawdzała się odtąd przy badaniu każdego społeczeństwa, niezależnie od panującego w nim ustroju polityczno-gospodarczego. Reguła Pareto pasuje również do rozkładu populacji (w niewielkiej liczbie miast mieszka znakomita większość ludzkości), masy ciał niebieskich (w skrajnie niewielkiej ich liczbie skupiona jest niemal wszelka materia), częstotliwości występowania słów w języku (90 procent komunikacji odbywa się przy użyciu ledwie 500 słów) oraz wielu innych domen. Bywa ona nazywana efektem św. Mateusza, od być może najokrutniejszej wypowiedzi przypisywanej Chrystusowi: „Każdemu bowiem, kto ma, będzie dodane, tak że nadmiar mieć będzie. Temu zaś, kto nie ma, zabiorą nawet to, co ma"[14].

Możesz być pewien, że jesteś Synem Bożym, skoro twoje dictum stosuje się nawet do skorupiaków.

---

[12] T. Fenner, M. Levene, G. Loizou, (2010), *Predicting the long tail of book sales: Unearthing the power-law exponent*, „Physica A: Statistical Mechanics and Its Applications", 389/2010, s. 2416–2421.

[13] D.J. de Solla Price, *Mała nauka – wielka nauka*, Warszawa, Państwowe Wydawnictwo Naukowe, 1967.

[14] Ewangelia wg św. Mateusza 25:29. Wszystkie przypisy biblijne za: Biblia Tysiąclecia w przekładzie z języków oryginalnych, wydanie drugie poprawione, Pallattinum, Poznań – Warszawa 1971.

Wróćmy do tych niesfornych stworzeń: nie potrzeba dużo czasu, aby homary, testujące się nawzajem, nauczyły się, komu można dokopać, a kogo należy omijać z daleka – a kiedy już się nauczą, powstała w ten sposób hierarchia jest nadzwyczaj trwała. Wystarczy, że zwycięzca machnie czułkami w groźny sposób, a napotkane, pokonane wcześniej homary będą znikać i pozostawiać po sobie jedynie chmurę piasku. Słabsze osobniki dają sobie spokój z pojedynkami i akceptują niski status w zamian za możliwość zachowania wszystkich kończyn. Natomiast homar dominujący – po tym, jak naje się do syta i odpocznie w najlepszej jamie w okolicy – paraduje po swoim terenie i nocą przegania podległe homary z ich kryjówek, tylko po to, aby przypadkiem nie zapomniały, kto tu rządzi.

Wszystkie te dziewczęta

Samice homara (które w matczynym okresie życia również zaciekle walczą o terytorium[15]) szybko rozpoznają najlepszego samca i zaczynają czuć do niego nieodparty pociąg. Moim zdaniem to świetna strategia. Stosują ją samice wielu innych gatunków, w tym ludzi. Zamiast podejmować się trudnego obliczeniowo zadania identyfikacji samca alfa, samice outsourcują problem i zdają się na niemal komputerowe kalkulacje dokonywane w ramach hierarchii dominacyjnych. Niech samce się tłuką, a my zbierzemy śmietankę. Przypomina to mechanizm wyceny akcji giełdowych, gdzie wartość konkretnego przedsiębiorstwa wyłania się w ramach wzajemnej konkurencji wszystkich firm.

Gdy samice gotowe są zrzucić skorupy, pojawia się u nich zainteresowanie partnerami. Zaczynają kręcić się w pobliżu jamy dominującego homara, rozpylając w jej kierunku atrakcyjne wonie i afrodyzjaki z zamiarem uwiedzenia go. Agresywne zachowanie przynosiło jak dotąd sukcesy zwycięskiemu homarowi, zareaguje więc prawdopodobnie w pobudliwym, władczym stylu. Co więcej, jest duży, zdrowy i silny. Niełatwo jest nagle przekierować uwagę z walk na gody. (Jeśli samiec homara zostanie jednak właściwie zauroczony, zmieni swoje zachowanie wobec samic. To taki homarowy ekwiwalent *50 twarzy Greya* – najszybciej sprzedającej się książki

[15] Tak twierdzą J.O. Wolff, J.A. Peterson, *An offspring-defense hypothesis for territoriality in female mammals*, „Ethology, Ecology & Evolution", 10/1998, s. 227–239; stricte odnośnie do skorupiaków: M.H. Figler, G.S. Blank, H.V.S. Peek, *Maternal territoriality as an offspring defense strategy in red swamp crayfish (*Procambarus clarkia, Girard*)*, „Aggressive Behavior", 27/2001, s. 391–403.

wszechczasów, bazującej na odwiecznym archetypie romansu Pięknej i Bestii. Ten schemat zachowań jest regularnie przedstawiany w śmiałych literackich fantazjach erotycznych, będących równie popularnymi wśród kobiet, co prowokacyjne fotografie nagich kobiet wśród mężczyzn).

Należy jednak dodać, że sama siła fizyczna to niestabilny fundament pod budowę długotrwałej dominacji, a wiemy to dzięki staraniom holenderskiego prymatologa[16] Fransa de Waala[17]. Pośród stad szympansich, które obserwował, samce utrzymujące się na szczycie przez dłuższy czas charakteryzowały się, oprócz siły fizycznej, dodatkowymi, bardziej wyrafinowanymi atrybutami. Jakby nie patrzeć: nawet najbardziej brutalny szympans może zostać pokonany przez osobników słabszych i mniej podłych, ale działających w zespole. W efekcie dominujące samce to takie, które tworzą koalicje z towarzyszami o niższym statusie i które dbają o należące do stada samice i ich młode. Przytulanie dzieci na pokaz przez polityków to przemyślana zagrywka znana dosłownie od milionów lat. Homary to jednak stworzenia bardziej prymitywne i na potrzeby ich analizy wystarczą elementy fabuły Pięknej i Bestii.

Gdy Bestia została już skutecznie oczarowana, homarowa uwodzicielka rozbiera się: zrzuca skorupę, co czyni ją gotową do godów, lecz niebezpiecznie delikatną i wrażliwą. We właściwym momencie samiec, obecnie przemieniony w czułego kochanka, deponuje dawkę nasienia w odpowiednim zbiorniku. Następnie samica pozostaje w pobliżu przez kilka tygodni, podczas gdy pancerz na jej ciele twardnieje. Potem wraca do swojego lokum razem z mnóstwem zapłodnionych jajeczek. Wtedy szczęścia próbuje kolejna samica – i kolejna. Dominujący samiec, ze swoją wyprostowaną, emanującą pewnością posturą, cieszy się nie tylko najlepszą lokalizacją i najlepszymi terenami łowieckimi. Do niego lgną też wszystkie dziewczyny. Dla samca homara sukces owocuje nieproporcjonalną obfitością nagród.

Dlaczego o tym piszę? Powodów jest multum – i to nawet nie licząc tych oczywistych. Po pierwsze, wiemy, że homary istnieją, w takiej czy innej formie, od ponad 350 milionów lat[18]. To długo. 65 milionów lat

[16] Zoolog zajmujący się badaniem ssaków naczelnych [przyp. tłum.].

[17] F.B.M. de Waal, *Chimpanzee politics: power and sex among apes*, Baltimore, MD: Johns Hopkins University Press, 2007; F.B.M. de Waal, *Good natured: the origins of right and wrong in humans and other animals*, Cambridge, MA: Harvard University Press, 1996.

[18] H.D. Bracken-Grissom, S.T. Ahyong, R.D. Wilkinson, R.M. Feldmann, C.E. Schweitzer, J.W. Breinholt, K.A. Crandall, *The Emergence of Lobsters: Phylogenetic Relationships, Morphological Evolution and Divergence Time Comparisions of an Ancient Group*, „Systematic Biology", 63/2014, s. 457–479.

temu po Ziemi wciąż chodziły dinozaury. To dla nas niewyobrażalnie odległa przeszłość. Tymczasem dla homarów dinozaury były nuworyszami: pojawiły się i zniknęły w mgnieniu oka. Oznacza to, że hierarchie dominacyjne są podstawową, trwałą cechą środowiska, do którego adaptowały się wszelkie skomplikowane organizmy żywe. Jedną trzecią miliarda lat temu mózgi i układy nerwowe były stosunkowo proste. A mimo to miały już wbudowane mechanizmy neurochemiczne, niezbędne do przetwarzania informacji o względnym statusie w społeczności. Istotności tego faktu nie można zignorować.

Natura natury

Truizmem w biologii jest stwierdzenie, że ewolucja jest konserwatywna. Gdy coś wyewoluuje, pozostaje tylko budowanie na tym, co natura już stworzyła. Nowe elementy mogą zostać dodane, stare mogą ulec mniejszemu bądź większemu przekształceniu, jednak większość pozostaje taka sama. To dlatego skrzydła nietoperzy, ręce ludzi i płetwy wielorybów wyglądają tak zaskakująco podobnie, gdy spojrzy się na ich układ kostny. Są nawet zbudowane z jednakowej liczby kości. Ewolucja położyła fundamenty pod podstawy fizjologii bardzo dawno temu.

Proces ewolucji przebiega przede wszystkim przez wariacje i dobór naturalny. Wariacje istnieją z wielu przyczyn: są między innymi wynikiem przetasowań genów (najprościej mówiąc) i losowych mutacji. W rezultacie osobniki w obrębie tego samego gatunku różnią się między sobą. Z biegiem czasu natura wybiera spośród nich. Teoria ta, wyłożona tu w skrócie, wydaje się wyjaśniać ciągłą zmienność organizmów żywych na tle eonów. Pod powierzchnią czai się jednak dodatkowe pytanie: czym dokładnie jest „natura" w „doborze naturalnym"? Czym dokładnie jest „środowisko", do którego zwierzęta się adaptują? Co do natury i środowiska zakładamy sobie z góry wiele rzeczy, niewiele się nad nimi zastanawiając – i ma to swoje konsekwencje. Jak powiedział kiedyś Mark Twain: „To nie przez braki wiedzy wpadamy w kłopoty. To przez to, czego jesteśmy pewni, a co okazuje się zupełnie inne, niż myśleliśmy".

Po pierwsze, łatwo jest założyć, że „natura" to coś statycznego. Tak nie jest – a przynajmniej nie jest to takie proste. Natura jest jednocześnie statyczna i dynamiczna. Środowisko – natura, która selekcjonuje – samo ulega zmianom. Słynne taoistyczne symbole yin i yang pięknie to symbolizują. Istnienie (dla taoistów – sama rzeczywistość) składa się z dwóch przeciwstawnych zasad, często przedstawianych jako męskość i żeńskość czy nawet ściślej: jako mężczyzna i kobieta. Jednak yin i yang lepiej rozumieć jako chaos i porządek. Taoistyczny symbol to koło okrążające bliźniacze węże leżące jeden przy drugim, głowa przy ogonie. Mówi nam to, że chaos i porządek są zamienne oraz zestawione na wieczność. Nie ma nic tak stałego, by nie mogło ulec zmianie. Nawet słońce przechodzi swoje cykle niestabilności. Analogicznie: nie ma nic tak zmiennego, aby nie mogło się utrwalić. Każda rewolucja tworzy nowy porządek. Każda śmierć jest jednocześnie metamorfozą.

Traktowanie natury jako czysto statycznej tworzy poważne błędy w jej rozumieniu. Natura „dobiera". Sama idea *doboru* zawiera w sobie ideę *przystosowania*. To właśnie „przystosowanie" jest „dobierane". Przystosowanie jest, mówiąc krótko, prawdopodobieństwem, że dany osobnik pozostawi po sobie potomstwo (swoje geny). Przystosowanie oznacza zatem dopasowanie atrybutów organizmu do wymagań środowiskowych. Jeżeli wymagania uznamy za stałe – jeżeli naturę określimy jako wieczną i niezmienną – ewolucja staje się niekończącą się serią liniowych ulepszeń, a przystosowanie to stopień, w jakim dany organizm daje się porównać do czegoś w rodzaju ewolucyjnego ideału. Wciąż popularna wiktoriańska idea postępu ewolucyjnego, z człowiekiem na samym szczycie, jest po części konsekwencją takiego właśnie modelu natury. Skutkuje on błędnym poglądem, że istnieje jakiś ostateczny cel doboru naturalnego (coraz lepsze przystosowanie do środowiska), który można przedstawić jako stały punkt.

Tymczasem natura, czynnik selektywny, nie jest selekcjonerem statycznym. Natura przybiera różne szaty na różne okazje. Natura jest różnorodna niczym zapisy nutowe – co zresztą po części wyjaśnia, dlaczego muzyka przekazuje często tak głębokie prawdy. W miarę jak środowisko będące siedliskiem organizmów żywych ulega przeobrażeniu – zmieniają się cechy, które umożliwiają poszczególnym osobnikom egzystencję i reprodukcję. Wobec tego teoria doboru naturalnego nie zakłada stworzeń dopasowujących się w stopniu coraz doskonalszym do matrycy określonej przez rzeczywistość. Stworzenia biorą raczej udział w tańcu z naturą, i to tańcu śmiertelnym. „W moim królestwie – mówi Królowa Kier do Alicji w Krainie Czarów – trzeba biec bardzo szybko tylko po to, aby pozostać w tym samym miejscu". Bez względu na to, jak dobrą zajmie się pozycję, nie da się przetrwać pozostając w bezruchu.

Natura nie jest też czysto dynamiczna. Niektóre elementy świata podlegają gwałtownym przeobrażeniom, ale są umocowane w innych, które zmieniają się wolniej (dobrą metaforą wydaje się tutaj – ponownie – konstrukcja utworów muzycznych). Liście zmieniają się szybciej niż drzewa, drzewa zaś szybciej niż lasy. Pogoda zmienia się szybciej niż klimat. Gdyby było inaczej, wspomniany wcześniej konserwatyzm ewolucji by nie działał, ponieważ podstawowa morfologia ramion i rąk musiałaby ulegać zmianom równie szybkim, co długość kości ramiennej czy funkcje palców. Mamy do czynienia z chaosem w obrębie porządku, a tym w obrębie chaosu będącego w obrębie wyższego porządku i tak dalej. Porządek najprawdziwszy to ten, który zmienia się najwolniej – niekoniecznie ten, który najłatwiej dostrzec. Kiedy patrzymy na opadający liść, możemy nie dostrzec drzewa. Drzewo może sprawić, że będziemy ślepi na las. A niektórych spośród najtrwalszych elementów (takich jak wiecznie obecna hierarchia dominacyjna) w ogóle nie da się „zobaczyć".

Błędem jest także patrzenie na naturę z perspektywy romantycznej albo sentymentalnej. Współcześni bogaci ludzie z miast żyjący w komfortowych, ciepłych, bezpiecznych mieszkaniach wyobrażają sobie środowisko naturalne jako coś nieskazitelnego, rajskiego, rodem z pejzaży francuskich impresjonistów. Ekoaktywiści, o jeszcze bardziej idealistycznym światopoglądzie, widzą naturę jako harmonijnie zrównoważoną i perfekcyjną, wolną od wad i niegodziwości cechujących ludzkość. Niestety: „środowisko" to także słoniowacizna, robak medyński (nie pytajcie), komar widliszek przenoszący malarię, susze, klęski głodu, AIDS i czarna śmierć. O pięknie tych aspektów natury nie fantazjujemy, a są one równie realne jak ich edeńskie odpowiedniki. Ale to właśnie z uwagi na istnienie takich okropności próbujemy zmieniać nasze otoczenie: chronić nasze dzieci, budować miasta, konstruować systemy transportu, produkować żywność i wytwarzać energię. Gdyby Matka Natura nie dążyła z taką determinacją do zabijania nas wszelkimi możliwymi sposobami, byłoby nam łatwiej pozostawać w harmonii z jej kaprysami.

Tu dochodzimy do czwartego błędnego założenia, według którego natura jest czymś całkowicie odrębnym od konstrukcji kulturowych, które powstały w jej obrębie. Tymczasem porządek w obrębie chaosu oraz porządek Istnienia są tym bardziej „naturalne", im dłuższa jest ich historia. A to dlatego, że to „natura" jest „tym, co dobiera", a zatem im dłużej coś trwa, tym dłużej było przedmiotem doboru – i wpływało na kształt życia. Nie ma znaczenia, czy dana cecha jest fizyczna i biologiczna czy też społeczna i kulturowa. Z perspektywy darwinowskiej liczy się tylko i wyłącznie trwałość – a hierarchia dominacyjna, bez względu na to, jak społecznym i kulturowym zjawiskiem może się wydawać, istnieje od jakichś pięciuset milionów lat. Jest trwała. Jest prawdziwa. Hierarchia dominacyjna to nie kapitalizm. To także nie komunizm. To nie kompleks militarno-przemysłowy. To nie patriarchat – ten zbędny, jak się dziś mówi, arbitralny artefakt kulturowy. Hierarchia dominacyjna nie jest w ogóle dziełem człowieka. Przeciwnie: jest niemal wiecznym elementem natury, a wiele z tego, o co oskarża się młodsze zjawiska wymienione wyżej, jest konsekwencją jej niezmiennego istnienia. Żyjemy (a dawniej żyły wcześniejsze formy organizmów) w hierarchiach dominacyjnych od bardzo, bardzo dawna. W ich ramach rywalizowaliśmy o pozycje, na długo zanim mieliśmy skórę, ręce, płuca czy kości. W tym sensie kultura jest naturalna jak mało co. Hierarchie dominacyjne są starsze od drzew.

Część naszego mózgu odpowiedzialna za śledzenie naszej pozycji w hierarchii dominacyjnej jest wobec tego wyjątkowo prastara i fundamentalna[19]. To nadrzędny system kontroli, regulujący naszą percepcję, wartości, emocje, myśli i działania. W ogromnym stopniu wpływa na każdy aspekt naszego Istnienia, zarówno świadomego, jak i nieświadomego. Dlatego właśnie, gdy ponosimy porażkę, zachowujemy się bardzo podobnie jak homar po przegranej walce. Nasza postura marnieje. Chodzimy ze spuszczoną głową. Czujemy się zagrożeni, nerwowi i słabi. Jeśli nic się nie poprawia, wpadamy w chroniczną depresję. W takich warunkach nie jesteśmy zdolni walczyć tak mocno, jak życie tego od nas oczekuje, i stajemy się łatwymi celami dla bardziej gruboskórnych agresorów. Nie tylko objawy behawioralne są tak uderzająco podobne, lecz także towarzyszące tym zjawiskom procesy neurochemiczne.

Weźmy serotoninę – związek chemiczny, który reguluje postawę i odruch ucieczki u homarów. Osobniki o niskim statusie produkują względnie mało serotoniny. Tak samo jest w przypadku ludzi o niskim statusie (i każde kolejne niepowodzenia redukują poziom tego związku). Niski poziom serotoniny przekłada się na małą pewność siebie. Niski poziom serotoniny powoduje większą podatność na stres i wyższe koszty fizjologicznej gotowości na sytuacje krytyczne – ponieważ na samym dole hierarchii dominacyjnej musimy być nieprzerwanie gotowi na nieoczekiwane zdarzenia (a rzadko przydarza się tam coś dobrego). Niski poziom serotoniny oznacza niższe poczucie szczęścia, więcej bólu i lęku, więcej chorób i krótszą oczekiwaną długość życia, tak pośród ludzi, jak i pośród

---

[19] Krótkie podsumowanie: A. Ziomkiewicz-Wichary, *Serotonin and dominance*, w: T.K. Shackelford, V.A. Weekes-Shackelford (red.), *Encyclopedia of Evolutionary Psychological Science*, DOI 10.1007/978-3-319-16999-6_1440-1. Pobrano z https://www.researchgate.net/publication/310586509_Serotonin_and_Dominance.

skorupiaków. Wyższe pozycje w hierarchii dominacyjnej oraz związane z nimi wyższe poziomy serotoniny – to mniej chorób, cierpienia i śmierci, nawet gdy czynniki takie jak dochód bieżący czy poziom opieki medycznej pozostają niezmienne. Istotności tego faktu nie można lekceważyć.

Szczyt i dno

Głęboko w tobie, u samych podstaw twojego umysłu, daleko poniżej poziomu twoich myśli i uczuć, znajduje się pierwotny kalkulator. Monitoruje on z dużą dokładnością, jaką pozycję zajmujesz w społeczeństwie – przyjmijmy, że w skali od jednego do dziesięciu. Jeżeli twoja ocena to jeden, najwyższy możliwy poziom, idzie ci wspaniale. Jeżeli jesteś mężczyzną, masz preferencyjny dostęp do najlepszych obszarów mieszkalnych i żywności najlepszej jakości. Ludzie konkurują o możliwość wyświadczania ci przysług. Masz nieograniczone możliwości wchodzenia w relacje miłosne i seksualne. Jesteś dominującym homarem i najbardziej pożądane kobiety ustawiają się w kolejce, aby współzawodniczyć o twoją uwagę[20].

Jeżeli jesteś kobietą, cieszysz się dostępem do wielu pretendentów wysokiej rangi: wysokich, silnych, symetrycznych, kreatywnych, odpowiedzialnych, uczciwych i hojnych. I tak jak twoje dominujące męskie odpowiedniki, będziesz rywalizować zaciekle, a nawet bezlitośnie, w celu utrzymania lub poprawy twojej pozycji w równie konkurencyjnej damskiej hierarchii godowej. Choć mniej prawdopodobne, abyś w tej rywalizacji używała przemocy fizycznej, jest wiele skutecznych strategii i trików słownych (jak choćby ubliżanie przeciwniczkom), w których stosowaniu możesz być ekspertką.

Jeżeli natomiast twoja ocena to marna dziesiątka – czy jesteś mężczyzną czy kobietą – nie masz miejsca do życia (albo musisz zadowalać się miejscami, których nikt nie chce). Kiepsko się odżywiasz, o ile w ogóle masz co włożyć do garnka. Jesteś w marnej kondycji fizycznej i psychicznej. Cieszysz się minimalnym zainteresowaniem seksualnym, i to tylko ze strony desperatów takich jak ty. Masz większe szanse popaść w chorobę, szybko się zestarzeć i umrzeć młodo bez nikogo, kto za tobą zapłacze[21].

---

20 T. Janicke, I.K. Häderer, M.J. Lajeunesse, N. Anthes, *Darwinian sex roles confirmed across the animal kingdom*, „Science Advances", 2/2016, e1500983. Pobrano z http://advances.sciencemag.org/content/2/2/e1500983.

21 K. Steenland, S. Hu, J. Walker, *All-Cause and Cause-Specific Mortality by Socioeconomic Status Among Employed Persons in 27 US States, 1984–1997*, „American Journal of Public Health", 94/2004, s. 1037–1042.

Nawet pieniądze, jeśli się pojawią, mogą tu nie pomóc. Nie będziesz wiedzieć, co z nimi robić, ponieważ trudno jest właściwie z nich korzystać osobom niemającym do nich głowy. Pieniądze uczynią cię podatnym na niebezpieczne pokusy narkotyków i alkoholu, których konsumpcja daje znacznie więcej satysfakcji ludziom przez długi czas pozbawionym przyjemności. Pieniądze uczynią cię również celem naciągaczy, manipulantów, oszustów i psychopatów, którzy brylują w wykorzystywaniu lokatorów niższych szczebli społecznych. Dno hierarchii dominacyjnej to okropne, niebezpieczne miejsce.

Prastara część twojego mózgu wyspecjalizowana w ustalaniu pozycji w hierarchii dominacyjnej obserwuje, jak jesteś traktowany przez innych. Na podstawie tych obserwacji ocenia twoją wartość i przypisuje ci status. Jeżeli twoi krewni, znajomi czy współpracownicy nie uznają cię za kogoś wartościowego – reakcją jest ograniczenie dostępności serotoniny. Sprawia to, że silniej reagujesz, fizycznie i psychicznie, na wszelkie okoliczności czy zdarzenia mogące wywoływać emocje, szczególnie te negatywne. Takie wyczulenie jest ci potrzebne. Niespodziewane kryzysy są na dnie częste i aby przetrwać, musisz być czujny.

Niestety, ta fizyczna nadpobudliwość, ten ciągły stan gotowości, pochłania dużo cennej energii i zasobów. To zjawisko powszechnie nazywa się stresem. Nie należy go traktować jako reakcji czysto czy nawet w głównym stopniu psychologicznej. Jest on odzwierciedleniem realnych ograniczeń wynikających z nieszczęśliwych okoliczności. Gdy operujesz na dnie, prastary kalkulator w twoim mózgu zakłada, że nawet najmniejsza niespodziewana przeszkoda może wywołać lawinę niekontrolowanych negatywnych zdarzeń, którym trzeba będzie stawić czoła w pojedynkę, jako że pomocnych przyjaciół na społecznym marginesie jest niewielu. W konsekwencji będziesz nieustannie poświęcać zasoby, które w innym wypadku mógłbyś oszczędzić na przyszłość, a tak – musisz je zużywać na wzmożoną czujność i gotowość do natychmiastowej, panicznej reakcji tu i teraz. Gdy nie wiesz, co robić, musisz być gotowy na wszystko – na wszelki wypadek. To tak jakby prowadzić samochód wciskając do deski gaz i hamulec równocześnie. Na dłuższą metę to niemożliwe. Prastary kalkulator wyłączy nawet twój układ odpornościowy i przeznaczy energię i zasoby niezbędne dla zdrowia w przyszłości na zarządzanie kryzysem w teraźniejszości. Staniesz się impulsywny[22], co sprawi na przykład, że bez

---

[22] M.J. Crockett, L. Clark, G. Tabibnia, M.D. Lieberman, T.W. Robbins, *Serotonin modulates behavioral reactions to unfairness*, „Science", 320/2008, s. 1739.

namysłu wykorzystasz każdą szansę krótkoterminowej relacji seksualnej i każdą możliwość doznania przyjemności, bez względu jak marna, poniżająca czy ryzykowna by ona nie była. Jest bardziej prawdopodobne, że skończysz, żyjąc i umierając bez rozwagi, rzucając się na każdą okazję chwilowej satysfakcji za każdym razem, gdy taka się nadarzy. Fizyczne koszty wiecznego stanu podwyższonej gotowości wypalą cię do cna[23].

Z drugiej strony, jeżeli twój status jest wysoki, chłodny, prastary algorytm kalkulatora zakłada, że twoja nisza jest pewna, bezpieczna i produktywna oraz że w razie potknięcia możesz liczyć na społeczne wsparcie. Prawdopodobieństwo tego, że coś ci grozi, uznaje za tak niskie, że można je zignorować. Ewentualne zmiany, jeśli się pojawią, będą zmianami na lepsze, a nie na gorsze. Dopływ serotoniny jest stabilny i obfity. Czyni cię to człowiekiem pewnym siebie i spokojnym, zwiększającym czujność tylko, gdy to konieczne. Jako że twoja pozycja jest bezpieczna, przyszłość jawi się w jasnych kolorach. Warto zatem myśleć długoterminowo i planować na lepsze jutro. Nie musisz impulsywnie chwytać wszystkiego, co przypadkiem wpadnie ci w garść, bo spodziewasz się, słusznie zresztą, że owoce tego świata będą dla ciebie stale dostępne. Możesz odroczyć gratyfikację, bo nie obawiasz się jej utraty. Możesz pozwolić sobie na bycie odpowiedzialnym, rozsądnym obywatelem.

Błąd systemu

Czasem jednak kalkulator popełnia błąd. Nieregularność snu i odżywiania się może zaburzyć jego prawidłowe funkcjonowanie. Niepewność może zablokować jego tryby. Składające się z wielu części ciało musi działać jak dobrze nastrojona orkiestra. Każdy układ musi właściwie spełniać swoją rolę we właściwym czasie, bo inaczej pojawia się kakofonia i chaos. To dlatego rutyna jest czymś tak ważnym. Partie życia, które odgrywamy każdego dnia, muszą zostać zautomatyzowane. Należy uczynić je regularnymi nawykami tak, aby przestały być skomplikowane, a stały się proste i przewidywalne. Najwyraźniej objawia się to u małych dzieci, które są rozkoszne i zabawne, gdy ich harmonogram snu i posiłków jest stabilny, a dokuczliwe i nieznośne, gdy nie jest.

---

23 B. McEwen, *Allostasis and allostatic load implications for neuropsychopharmacology*, „Neuropsychopharmacology", 22/2000, s. 108–124.

Z tego powodu zawsze zaraz na początku pytam moich pacjentów o ich sen. Czy budzą się codziennie rano o godzinie mniej więcej takiej, o jakiej budzi się większość ludzi, i czy każdego dnia jest to mniej więcej ta sama godzina? Jeżeli odpowiedź brzmi: „nie", moim pierwszym zaleceniem jest poprawa tego stanu rzeczy. Kładzenie się spać o tej samej godzinie każdego wieczora nie jest aż tak istotne, ale budzenie się o stałej porze to sprawa kluczowa. Depresji i nerwicy nie da się łatwo wyleczyć, jeżeli pacjent nie żyje według przewidywalnego dziennego harmonogramu. Układy, które minimalizują negatywne emocje, są ściśle zależne od właściwego, regularnego rytmu okołodobowego.

Kolejną rzeczą, o którą pytam, jest śniadanie. Doradzam moim pacjentom jedzenie bogatego w tłuszcze i białko śniadania zaraz po przebudzeniu (żadnych prostych węglowodanów, żadnych cukrów, jako że są one trawione zbyt szybko i powodują gwałtowny skok i równie gwałtowny spadek poziomu cukru we krwi). Ludzie cierpiący na nerwicę i depresję są bardzo zestresowani, szczególnie jeżeli od jakiegoś czasu nie mają kontroli nad swoim życiem. W wyniku tego ich organizmy mają tendencję do nadmiernego wydzielania insuliny za każdym razem, gdy angażują się w dowolną skomplikowaną czy wymagającą czynność. Jeżeli robią to po przebudzeniu, bez śniadania i z pustym żołądkiem, nadmiar insuliny w ich układzie krwionośnym zmiata cały obecny tam cukier. Wchodzą w niebezpieczny stan hipoglikemii i stają się psychologicznie i fizjologicznie niestabilni[24]. Przez cały dzień. System zostanie zresetowany dopiero w czasie kolejnej dawki snu. Miałem wielu pacjentów, których zaburzenia lękowe zostały zredukowane poniżej klinicznego poziomu tylko dlatego, że zaczęli regularnie sypiać i jeść śniadania.

Prawidłowe funkcjonowanie kalkulatora mogą zaburzać także inne złe nawyki. Czasem zachodzi to w sposób bezpośredni, z nadal nie do końca rozumianych przyczyn biologicznych, a czasem, ponieważ te nawyki inicjują złożoną pętlę przyczynowo-skutkową inaczej zwaną sprzężeniem zwrotnym dodatnim. Takie sprzężenie wymaga wykrywacza sygnału na wejściu, wzmacniacza i jakiegoś sygnału wyjściowego. Wyobraź sobie sygnał wykryty przez czujnik, wzmocniony, a następnie ponownie wyemitowany w silniejszej formie. Póki co wszystko ok. Problem zaczyna się, gdy czujnik wykrywa ten wzmocniony sygnał, znów przepuszcza go przez system, znów go wzmacnia i emituje. Kilka takich cykli i sprawy mogą wymknąć się spod kontroli.

---

[24] H.M. Salzer, *Relative hypoglycemia as a cause of neuropsychiatric illness*, „Journal of the National Medical Association", 58/1996, s. 12–17.

Większość z nas spotkała się z ogłuszającym piskiem systemu dźwiękowego na koncercie czy szkolnym apelu, spowodowanym taką pętlą. Mikrofon wysyła sygnał do głośników. Głośniki emitują ten sygnał. Jeżeli ustawiona jest zbyt duża głośność lub mikrofon znajduje się zbyt blisko głośników, sygnał ten może być ponownie odebrany przez mikrofon i przesłany przez system. Natężenie dźwięku rośnie gwałtownie aż do niemożliwych do zniesienia poziomów i, jeśli cykl nie zostanie przerwany, może dojść do awarii głośników.

Podobnie destruktywne pętle przytrafiają się ludziom. W większości przypadków nazywa się to chorobami psychicznymi, mimo że towarzyszące im procesy nie zachodzą tylko (a czasem nawet w ogóle) wewnątrz ludzkiej psychiki. Uzależnienie od alkoholu czy innej używki wpływającej na nastrój to klasyczny przykład sprzężenia zwrotnego dodatniego. Wyobraźmy sobie osobę, która lubi alkohol, być może trochę za bardzo. Pozwala sobie na trzy czy cztery szybkie drinki. Następuje nagły wzrost stężenia alkoholu we krwi. Wywołuje to silne uczucie radości i entuzjazmu, szczególnie u ludzi z genetyczną skłonnością do alkoholizmu[25]. Utrzymuje się ono jednak tylko dopóki poziom alkoholu we krwi wzrasta, czego warunkiem jest jego dalsze spożycie. Gdy pijący przestaje pić, nie tylko stężenie alkoholu w jego krwi się stabilizuje, po czym zaczyna spadać, lecz także jego organizm w miarę trawienia etanolu wytwarza rozmaite toksyny. Innym negatywnym odczuciem towarzyszącym odstawieniu alkoholu jest ponowna, wzmożona aktywacja systemów lękowych stłumionych w stanie upojenia. Kac to odstawienie alkoholu (co nierzadko zabija odstawiających), którego negatywne aspekty pojawiają się zbyt szybko po błogości odurzenia. Aby kontynuować fazę beztroski i zapobiec jej nieprzyjemnym następstwom, pijący może zdecydować się na dalszą konsumpcję, aż do momentu, w którym domowe zapasy się wyczerpią, pobliskie sklepy zostaną zamknięte lub wszystkie pieniądze wydane.

Następnego dnia pijak budzi się z potężnym kacem. To jeszcze nic strasznego, trzeba po prostu się przemęczyć. Problem pojawia się, gdy uświadamia sobie, że kaca można „wyleczyć" kilkoma dodatkowymi drinkami o poranku. Taka kuracja jest oczywiście tymczasowa. Przesuwa jedynie objawy odstawienia trochę dalej w przyszłość. Ale może się okazać zadowalająca, szczególnie gdy samopoczucie jest wyjątkowo

---

[25] J.B. Peterson, R.O. Pihl, C. Gianoulakis, P. Conrod, P.R. Finn, S.H. Stewart, D.G. LeMarquand, K.R. Bruce, *Ethanol-induced change in cardiac and endogenous opiate function and risk for alcoholism*, „Alcoholism: Clinical & Experimental Research", 20/1996, s. 1542–1552.

nędzne. Tak oto nasz pijak nauczył się pić, aby leczyć kaca. Gdy lekarstwo powoduje chorobę, uruchomione zostaje sprzężenie zwrotne dodatnie. W takich warunkach droga do alkoholizmu jest krótka.

Coś podobnego dzieje się z ludźmi, którzy popadają w zaburzenia lękowe, jak na przykład lęk przed otwartą przestrzenią. Ludzie cierpiący na agorafobię mogą zostać tak przytłoczeni strachem, że przestaną opuszczać swoje domy. Agorafobia jest rezultatem sprzężenia zwrotnego dodatniego. Pierwszym zdarzeniem, które inicjuje chorobę, jest często atak paniki. Jego typowymi ofiarami są kobiety w średnim wieku zależne od innych ludzi. Na przykład takie, które nadmierne poleganie na rodzicach w krótkim czasie zamieniły na związek ze starszymi od nich, dominującymi mężczyznami, którzy pozostawiają im niewielką, o ile jakąkolwiek, swobodę.

W okresie poprzedzającym wykształcenie się agorafobii taka kobieta doświadcza zazwyczaj czegoś nieoczekiwanego i zaskakującego. Może to być coś fizjologicznego, jak palpitacje serca, które tak naprawdę nie są niczym niezwykłym, a szansa ich wystąpienia rośnie podczas menopauzy, gdy procesy hormonalne regulujące działanie kobiecej psychiki podlegają nieprzewidywalnym wahaniom. Każda zauważalna zmiana pulsu może sprowokować myśli o ataku serca oraz reakcji krewnych i znajomych na takie zajście (śmierć i społeczne upokorzenie to najbardziej podstawowe ludzkie obawy). Innym nieprzewidzianym zdarzeniem może być konflikt w małżeństwie ofiary lub choroba czy śmierć małżonka. Może nim być rozwód albo pobyt bliskiego przyjaciela w szpitalu. W każdym wypadku jakieś emocjonalne przeżycie poprzedza zazwyczaj nasilenie obaw przed śmiercią i osądem społecznym[26].

Przeżywszy taki szok, kobieta wychodzi z domu i udaje się do centrum handlowego. Na ulicach panuje duży ruch i brakuje miejsc do parkowania. Stres narasta. Myśli o słabości okupujące jej umysł od czasu niedawnego nieprzyjemnego doświadczenia wypływają na powierzchnię świadomości. Prowokują uczucie lęku. Tętno skacze do góry. Oddech robi się płytki i krótki. Kobieta czuje, jak serce wali jej w piersi, i zaczyna się zastanawiać, czy nie dostaje ataku serca. Ta myśl potęguje lęk. Oddech robi się jeszcze płytszy i krótszy, co zwiększa stężenie dwutlenku węgla w jej krwi. Jej tętno wzrasta jeszcze bardziej z powodu coraz silniejszego strachu. Kobieta wyczuwa to i jej tętno znów wzrasta.

---

[26] R.S. Pynoos, A.M. Steinberg, J.C. Piacentini, *A developmental psychopathology model of childhood traumatic stress and intersection with anxiety disorders*, „Biological Psychiatry", 46/1999, s. 1542–1554.

I proszę – sprzężenie zwrotne dodatnie. Wkrótce lęk przeradza się w panikę, którą regulują inne układy w mózgu, odpowiadające za najpoważniejsze z zagrożeń i uruchamiane w następstwie potężnego strachu. Kobieta jest przytłoczona objawami i dzwoni na pogotowie, gdzie po niecierpliwym oczekiwaniu zbadana zostaje sprawność jej serca. Lekarze stwierdzają, że wszystko jest w porządku. Ale jej to nie przekonuje.

Aby pojawiła się agorafobia w jej pełnym wymiarze, konieczny jest jeszcze jeden cykl. Następnym razem, gdy kobieta zbiera się na zakupy, lęk pojawia się natychmiast, na samo wspomnienie ostatniego razu. Ale kobieta wyrusza mimo to. W drodze zaczyna odczuwać silniejsze bicie serca. Inicjuje to pętlę niepokoju i lęku. Aby zapobiec panice, woli uniknąć stresu związanego z całym przedsięwzięciem i wraca do domu. Jednak system odpowiedzialny za odczuwanie lęku w jej mózgu rejestruje, że uciekła przed wizytą w centrum handlowym, i uznaje, że wizyta w nim musiała być niebezpieczna. Nasze systemy są bardzo praktyczne. Zakładają, że wszystko, przed czym uciekamy, stanowi zagrożenie. Dowodem jest, rzecz jasna, sam fakt, że uciekamy.

Odtąd centrum handlowe opatrzone jest w mózgu ostrzeżeniem: „niebezpieczne, nie zbliżać się" (może też być tak, że kobieta sama siebie uznaje za zbyt słabą, aby się zbliżać). To nie jest jeszcze problem nie do rozwiązania. Są przecież inne sklepy, w których można zrobić zakupy. Niestety, pobliski supermarket może w wystarczającym stopniu przypominać centrum handlowe i wywołać podobną reakcję, gdy kobieta wybierze się do niego i zawróci w połowie drogi. W ten sposób supermarkety dołączą do kategorii niebezpiecznych. Następny w kolejce jest sklepik na rogu. Potem autobusy, taksówki i metro. Wkrótce nie ma już gdzie pójść. Z czasem chora na agorafobię kobieta może zacząć się bać własnego domu. Uciekłaby z niego, gdyby tylko mogła. Ale nie może. Utknęła w nim na dobre. Powodowana lękiem strategia unikania sprawia, że wszystko to, co do niej doprowadziło, jest jeszcze bardziej lękotwórcze. Strategia unikania czyni nas samych mniejszymi, a coraz groźniejszy świat – większym.

Istnieje wiele systemów interakcji między mózgiem, ciałem i światem społecznym, które mogą podlegać sprzężeniu zwrotnemu dodatniemu. Na przykład: na początkowych etapach depresji ludzie zaczynają czuć się bezużyteczni i uciążliwi dla innych oraz pogrążeni w chandrze i niepokoju. W efekcie tego ograniczają swoje kontakty z rodziną i przyjaciółmi. Taka izolacja wzmaga ich samotność, jak również poczucie bezużyteczności i uciążliwości. Izolują się więc jeszcze bardziej. Tym sposobem wpadają w spiralę depresji.

Jeśli ktoś w jakimś momencie życia zostaje boleśnie skrzywdzony – przechodzi traumę – kalkulator dominacji może ulec transformacji w taki sposób, że prawdopodobieństwo doświadczenia dodatkowego bólu wzrośnie, a nie spadnie. Ma to często miejsce w przypadku ludzi, obecnie dorosłych, którzy byli okrutnie nękani w dzieciństwie czy okresie dojrzewania. Stają się strachliwi i łatwo wytrącani z równowagi. Ich formą obrony staje się zamknięta, skulona postawa i unikanie kontaktu wzrokowego, interpretowanego jako wyzwanie.

Oznacza to, że negatywne skutki zastraszania (obniżenia statusu i pewności siebie) mogą utrzymywać się także po tym, jak nękanie ustało[27]. W najprostszych przypadkach osoby, które w młodości miały niski status, dorastają i dochodzą do nowych, lepszych pozycji życiowych. Ale nie zdają sobie sprawy, że piętno z przeszłości pozostało. Ich adaptacja psychologiczna do wcześniejszych uwarunkowań, obecnie kontrproduktywna, przetrwała – i czyni ich bardziej zestresowanymi i niepewnymi niż to potrzebne. W przypadkach bardziej złożonych nabyte poczucie niższości czyni daną osobę bardziej zestresowaną niż wymaga tego sytuacja, a *do tego* jej wyuczona, uległa postawa nieustannie przyciąga uwagę jednego lub więcej prześladowców działających w świecie dorosłych. W takich sytuacjach psychologiczne konsekwencje przeszłego nękania zwiększają prawdopodobieństwo dalszego nękania w teraźniejszości (mimo że, ogólnie rzecz biorąc, z powodu dorosłości, nowego miejsca zamieszkania, zdobycia wykształcenia czy obiektywnej poprawy statusu – nie ma ku temu powodów).

Wspinanie się

Czasami ludzie są nękani, bo nie potrafią się postawić. Dotyczy to osób fizycznie słabszych niż ich oprawcy. To najczęstszy powód prześladowań doświadczanych przez dzieci. Nawet największy twardziel wśród sześciolatków nie poradzi sobie z przeciętnym dziewięciolatkiem. Jednak większość różnic w sile i posturze zanika w życiu dorosłym, wraz z ustabilizowaniem się siły fizycznej na mniej więcej równym poziomie (z wyjątkiem różnicy między kobietami a mężczyznami – ci drudzy są zazwyczaj więksi i silniejsi, w szczególności jeśli chodzi o górną część ciała) oraz

[27] D. Olweus, *Bullying at school: what we know and what we can do*, Nowy Jork, Wiley-Blackwell, 1993.

bardziej surowymi karami stosowanymi w świecie dorosłych wobec tych, którzy nadal dopuszczają się fizycznych prześladowań.

Ale równie często ludzie są nękani, bo *nie chcą* się postawić. Dotyczy to nierzadko osób temperamentalnie skłonnych do współczucia i poświęceń – zwłaszcza jeśli są równocześnie przepełnieni negatywnymi emocjami, a w konfrontacji z sadystycznymi zbirami wydają z siebie odgłosy cierpienia o ponadprzeciętnym natężeniu, zwiększając satysfakcję napastników (na przykład: nękania częściej doświadczają dzieci bardziej skłonne do płaczu[28]). Przytrafia się to również osobom, które z takich czy innych powodów uznały, że wszelkie formy agresji, włączając w to samo uczucie złości, są moralnie niewłaściwe. Znałem ludzi cechujących się tak silnym wyczuleniem na punkcie nieistotnych przejawów władczości czy agresywnej rywalizacji, że blokowali w sobie wszelkie emocje mogące być ich źródłem. Są to często osoby, których ojcowie byli przesadnie nerwowi i despotyczni. Siła psychiki nigdy nie jest jednowymiarowa i nie może być oceniana jednoznacznie: naprawdę odrażająca tendencja do gniewu i agresji równoważy się ze zdolnością wynikającą z tych samych prymitywnych instynktów do przeciwstawiania się opresji, mówienia prawdy i znajdowania w sobie motywacji do stanowczego marszu naprzód w czasie kryzysu, niepewności i zagrożenia.

Gdy zdolność do agresywnych reakcji wsadza się w kaftan bezpieczeństwa zbyt surowych standardów moralnych, ludzie chcący uchodzić za wyłącznie współczujących i altruistycznych (oraz naiwni i łatwi do wykorzystania) nie potrafią wywoływać w sobie autentycznego, słusznego gniewu koniecznego do samoobrony. Jeśli wszyscy wiedzą, że potrafisz komuś oddać – prawdopodobnie nigdy nie będziesz musiał. Gdy potrafimy panować nad złością, zdolność do reakcji agresywnych redukuje, a nie zwiększa prawdopodobieństwo, że agresja faktycznie będzie konieczna. Jeśli powiesz „nie" na wczesnych etapach cyklu opresji, powiesz to w sposób przekonujący i potwierdzisz działaniem, zakres opresji ze strony napastnika zostanie ograniczony. Można powiedzieć, że siły tyranii rozprzestrzeniają się na obszary, które się im udostępnia. Osoby, które rezygnują z uzasadnionych reakcji podejmowanych w samoobronie, wystawiają się na nadużycia tak samo jak ludzie, którzy autentycznie nie są w stanie bronić swojej nietykalności z uwagi na faktyczną niezdolność do walki albo znaczącą przewagę wrogiej siły.

---

[28] Ibidem.

Naiwni, nieszkodliwi ludzie kierują się zazwyczaj kilkoma prostymi zasadami w rozpoznaniu sytuacji i w działaniu: ludzie są z natury dobrzy, nikt tak naprawdę nie chce nikogo skrzywdzić, a groźba (a tym bardziej użycie) siły, fizycznej czy innej, jest niemoralna. Te zasady sypią się jak domek z kart w styczności z jednostkami prawdziwie niegodziwymi[29]. Co gorsza, naiwna postawa może stać się zaproszeniem do nadużyć, ponieważ osoby, których celem jest krzywdzenie innych, wyspecjalizowały się w żerowaniu na ludzkiej słabości. W takiej sytuacji zasadę nieszkodzenia nikomu należy przeprogramować. W mojej praktyce zawodowej pacjentom, którzy twierdzą, że dobrzy ludzie nigdy nie popadają w złość, zwracam uwagę na przykry fakt ich własnych frustracji.

Nikt nie lubi gdy się nim pomiata, lecz mimo to ludzie często zbyt długo się na to godzą. Staram się sprawić, aby dostrzegli swój wewnętrzny sprzeciw wobec takich zachowań, a następnie, aby potraktowali go jako sygnał, że należy zabrać w tej sprawie głos lub coś zrobić (choćby dlatego, że wymaga tego sama uczciwość). Kolejnym krokiem jest uświadomienie im, że takie zdrowe reakcje stanowią barierę dla tyranii – zarówno na poziomie jednostki, jak i społeczeństwa. Biurokracje pełne są małych despotów mnożących niepotrzebne przepisy i procedury tylko po to, aby demonstrować i umacniać swoją władzę. Ludzie tego typu przyczyniają się swoimi działaniami do powstania potężnego gniewu w społeczeństwie, który – gdy ujawniony – ogranicza zakres tej patologicznej władzy. Na tej zasadzie gotowość jednostki do samoobrony zabezpiecza społeczeństwo przed powszechnością korupcji.

Gdy naiwne, dobroduszne osoby odkrywają w sobie zdolność do gniewu, przeżywają szok, często poważny. Wyraźnym dowodem jest podatność nowych żołnierzy na zespół stresu pourazowego, który w wielu przypadkach pojawia się na skutek czegoś, czego oni sami się dopuścili, a nie czegoś, czego ktoś dopuścił się wobec nich. W ekstremalnych okolicznościach panujących na polu bitwy zachowują się jak potwory, a uświadomienie sobie, do czego są zdolni, wywraca ich świat do góry nogami. I trudno się dziwić. Prawdopodobnie myśleli dotąd, że okrutni zbrodniarze, o których uczymy się na lekcjach historii, byli ludźmi zupełnie innymi od nich. Prawdopodobnie nigdy nie dostrzegli w sobie zdolności do prześladowania innych i terroru (być może także zdolności do asertywności i sukcesu). Miewałem pacjentów, u których przez lata

[29] R. Janoff-Bulman, *Shattered assumptions: Towards a new psychology of trauma*, Nowy Jork, The Free Press, 1992.

przerażenie i histeryczne konwulsje wywoływało samo wspomnienie nikczemności wypisanej na twarzach ich wrogów. Takie osoby pochodzą zwykle z nadopiekuńczych rodzin, w których dzieci są kompletnie odizolowane od zła, a wszystko jest baśniowo cudowne.

Gdy dochodzi do przebudzenia – gdy dawniej naiwni ludzie odkrywają w sobie zalążki zła i bestialstwa oraz zaczynają traktować samych siebie jako źródła niebezpieczeństwa (przynajmniej potencjalne) – ich strach maleje. Wykształcają większy szacunek dla samych siebie. Może nawet przestają tolerować prześladowania. Wiedzą już, że potrafią stawić opór, bo także są okrutni. Zdają sobie sprawę, że mogą i muszą zawalczyć o swoje, bo zaczynają rozumieć, jakimi potworami się staną, gdy tego nie zrobią – napędzani gniewem przeobrażą się w najbardziej przeraźliwe wersje samych siebie. Innymi słowy: jest niewielka różnica między zdolnością do okrucieństwa i destrukcji a siłą charakteru. Oto jedna z najtrudniejszych lekcji życia.

Może i jesteś nieudacznikiem, a może i nie, lecz jeśli nim jesteś, nie musisz pozostawać nim już na zawsze. Być może masz po prostu złe nawyki. Może nawet należy cię uznać za jedno wielkie skupisko złych nawyków. Jednak nawet jeśli twojej marnej postury dorobiłeś się nie z własnej woli – nawet jeśli byłeś nielubiany i nękany w domu czy w szkole[30] – te czasy już minęły. Okoliczności się zmieniają. Jeśli nadal będziesz się słaniał i przyjmował postawę pokonanego homara, ludzie przypiszą ci niższy status i zainstalowany u podstawy twojego mózgu, prastary kalkulator, który dzielisz ze skorupiakami, przydzieli ci niską pozycję w hierarchii dominacyjnej. W rezultacie twój mózg będzie produkował mniej serotoniny. To uczyni cię mniej szczęśliwym, a bardziej przygnębionym, znerwicowanym i skłonnym do uległości wtedy, gdy powinieneś zawalczyć o swoje. Obniży to również twoje szanse na życie w dobrej okolicy, dostęp do najwyższej jakości zasobów i zdobycie zdrowej, atrakcyjnej partnerki czy partnera. Twoja skłonność do nadużywania alkoholu, kokainy lub innych używek wzrośnie, bo gdy przyszłość jawi się w ciemnych barwach, żyje się dniem dzisiejszym. Wzrośnie również twoja podatność na choroby serca, raka i demencję. Podsumowując: to po prostu kiepski wybór.

Okoliczności się zmieniają, a więc ty także możesz się zmienić. Sprzężenie zwrotne dodatnie i kumulowanie się efektów może wpędzić nas w spiralę destrukcji wiodącą na samo dno, ale może też dodawać nam

[30] G.E. Weisfeld, J.M. Beresford, *Erectness of posture as an indicator of dominance or success in humans*, „Motivation and Emotion", 6/1982, s. 113–131.

rozpędu w drodze naprzód. Oto inna, zdecydowanie bardziej optymistyczna nauka płynąca z prawa Price'a i rozkładu Pareto: ci, którzy zaczynają odnosić sukcesy, prawdopodobnie odniosą ich więcej. Takie pchające w górę pętle mogą pojawić się w twojej własnej, osobistej przestrzeni. Zmiana języka ciała to dobry przykład. Jeżeli w ramach doświadczenia zostałbyś poproszony o napięcie mięśni twarzy w taki sposób, aby dla postronnego obserwatora wyglądać na zasmuconego, poczułbyś się smutniejszy niż przed momentem. Gdy zaś zostałbyś poproszony o napięcie mięśni twarzy w taki sposób, aby wyglądać na rozradowanego – odczułbyś poprawę nastroju. Emocje to po części ekspresje cielesne – i jako takie mogą być przez te ekspresje wzmacniane (lub osłabiane)[31].

Takie pozytywne sprzężenia zwrotne dodatnie inicjowane językiem ciała mogą zadziałać również poza osobistymi ramami subiektywnych doświadczeń: w przestrzeni społecznej, którą dzielisz z innymi ludźmi. Jeżeli, na przykład, twoja postawa jest kiepska – jeśli snujesz się przygarbiony, z ramionami do przodu, klatką piersiową do wewnątrz, głową skierowaną w dół, sprawiając wrażenie małego, pokonanego i nieudolnego – będziesz się czuł mały, pokonany i nieudolny. Reakcje innych będą dodatkowo wzmacniać te odczucia. Ludzie, tak jak homary, oceniają innych i porównują się do nich, częściowo na podstawie postawy. Jeżeli zaprezentujesz się jako pokonany – ludzie będą cię traktować tak, jakbyś przegrywał. Jeżeli natomiast zaczniesz pilnować prostej postawy, stopniowo zmieni się również ich stosunek do ciebie.

Możesz się z tym nie zgodzić: w końcu dno jest prawdziwe. Bycie na dnie jest równie prawdziwe. Sama zmiana postawy nie wystarcza, aby ten fakt zmienić. A jeżeli jesteś numerem 10, na samym dole skali, to prosta, dominująca postawa może na dodatek przykuć uwagę tych, którzy zechcą ponownie zepchnąć cię w dół. Zgadza się. Rzecz w tym, że pilnowanie prostych pleców i ramion ściągniętych do tyłu to coś więcej niż kwestia wyglądu zewnętrznego, ponieważ człowiek to nie tylko ciało. Jesteś także duszą – jesteś także umysłem. Wyprostowana postawa wymaga wyprostowania się w wymiarze metafizycznym. Wyprostowana postawa oznacza dobrowolną akceptację ciężaru własnego Istnienia. Twój układ nerwowy reaguje zupełnie inaczej, kiedy dobrowolnie stawiasz czoła wymogom życia. Nie szykujesz się, jak dotychczas, na katastrofę – teraz szykujesz się

---

[31] C.L. Kleinke, T.R. Peterson, T.R. Rutledge, *Effects of Self-Generated Facial Expressions on Mood*, „Journal of Personality and Social Psychology", 74/1998, s. 272–279.

na wyzwanie. Nie kulisz się ze strachu, jak dotychczas, na widok smoka – zaczynasz dostrzegać złoto, którego strzeże. Występujesz naprzód, gotów zająć swoje miejsce w hierarchii dominacyjnej, okupować swoje terytorium, manifestując jednocześnie gotowość do jego obrony i ekspansji. Wszystko to może nastąpić w wymiarze praktycznym lub symbolicznym, jako odnowa fizyczna lub konceptualna.

Stanie z wyprostowanymi ramionami to akceptacja przerażającej odpowiedzialności za życie, z szeroko otwartymi oczami. Oznacza decyzję przekształcenia, z własnej woli, chaosu niewykorzystanego potencjału w rzeczywistość nadającego się do zamieszkania porządku. Oznacza przyjęcie ciężaru własnej słabości i pogodzenie się z końcem nieświadomego raju dzieciństwa, gdzie skończoność i śmiertelność izolowane są za zasłoną niewiedzy. Oznacza chęć poczynienia poświęceń koniecznych do stworzenia produktywnej, pełnej sensu rzeczywistości (oznacza postępowanie tak, aby zadowolić Boga, jeżeli posłużymy się starożytnym językiem).

Stanie z wyprostowanymi ramionami oznacza budowę arki ochraniającej świat przed potopem, oznacza poprowadzenie swoich ludzi przez pustynię po ucieczce z domu niewoli, oznacza opuszczenie wygodnego domu i wygłaszanie przemów poruszających sumienia tych, którzy lekceważą sieroty i wdowy. Oznacza dźwiganie krzyża symbolizującego punkt X, w którym ty i twoje Istnienie przecinacie się ze sobą. Oznacza rzucenie martwego, surowego i zbyt despotycznego porządku z powrotem w chaos, gdzie się narodził; oznacza przetrwanie następującej po tym niepewności, a następnie budowę porządku lepszego, bardziej produktywnego i pełnego sensu.

A więc: zwracaj uwagę na swoją postawę. Przestań się snuć przygarbiony i oklapnięty. Mów to, co myślisz. Traktuj swoje marzenia tak, jakbyś miał do nich prawo – przynajmniej takie samo jak inni. Chodź z podniesioną głową i patrz daleko wprzód. Odważ się być groźny. Zachęcaj serotoninę, aby płynęła obficie przez sieć neuronową, która tak łaknie jej uspokajającego wpływu.

Ludzie, w tym także ty sam, zaczną zakładać, że najwidoczniej jesteś kompetentny i zdolny (a przynajmniej nie będą automatycznie zakładać czegoś odwrotnego). Ośmielony pozytywnymi reakcjami, jakich nagle doświadczysz, przestaniesz być tak nerwowy i niespokojny. Łatwiej będzie ci skupić się na subtelnych społecznych sugestiach, które ludzie przesyłają sobie w trakcie komunikacji. Twoje rozmowy będą przebiegać płynniej i rzadziej przeplatać się z okresami niezręcznej ciszy. Wzrośnie liczba okazji do spotykania się z ludźmi, nawiązywania z nimi relacji i imponowania im. To wszystko sprawi nie tylko, że częściej będą ci się przytrafiać dobre rzeczy – lecz także, że te dobre rzeczy będą dawać ci więcej przyjemności, gdy się wydarzą.

Wzmocniony i ośmielony – prędzej zaakceptujesz swoje Istnienie i zaczniesz pracować nad jego udoskonalaniem i rozwojem. Wzmocniony – być może zdołasz stać pewnie, nawet podczas ciężkiej choroby ukochanej osoby czy śmierci rodzica, będąc dodatkowo oparciem i źródłem siły dla innych, którzy w przeciwnym razie pogrążyliby się w rozpaczy. Ośmielony – wyruszysz w podróż życia, pozwolisz swemu światłu rozbłysnąć i podążysz za swoim prawowitym przeznaczeniem. Wówczas sens twojego życia może stać się wystarczającą obroną, która utrzyma na dystans niszczący wpływ rozpaczliwej śmiertelności.

Wówczas będziesz zdolny zaakceptować przerażający ciężar Świata i odnaleźć przy tym radość.

Szukaj inspiracji w zwycięskim homarze, z jego trzystu pięćdziesięcioma milionami lat praktycznej mądrości.

Pilnuj sylwetki. Plecy proste, ramiona wyciągnięte.

Zasada 2

Traktuj siebie tak, jak traktujesz osoby, na których ci zależy

Dlaczego nie weźmiesz tych cholernych tabletek?

Wyobraźmy sobie, że stu osobom zostają przepisane leki. Co dzieje się później? Jedna trzecia z nich w ogóle nie uda się do apteki[1]. Połowa spośród pozostałych 67 procent medykamenty wykupi, ale nie będzie ich zażywać w prawidłowy sposób. Będą zapominać o ich braniu i przedwcześnie zrezygnują z kuracji. Część nie weźmie ich w ogóle.

Lekarze i farmaceuci winą za taki stan rzeczy obarczają lekkomyślnych, nieposłusznych pacjentów. „Możesz zaprowadzić konia do poidła, ale nie zmusisz go, żeby się napił", mówi przysłowie. Psychologowie z kolei patrzą nieprzychylnie na taki osąd. Uczy się nas, że jeśli pacjent nie stosuje się do porad specjalisty, wina leży po stronie tego drugiego. My, psychologowie, uważamy, że kiedy oferujemy usługi z zakresu opieki zdrowotnej, bierzemy na siebie odpowiedzialność za udzielanie rad, które zostaną potraktowane poważnie, za planowanie wraz z pacjentem działań aż do momentu, gdy osiągnięty zostanie pożądany rezultat, oraz za upewnianie się, czy wszystko przebiega właściwie. To jedna z tych rzeczy, która czyni psychologów tak wspaniałymi ludźmi. :) Oczywiście mamy ten luksus, że – w przeciwieństwie do bardziej obleganych specjalistów – spędzamy z pacjentami sporo czasu. Tak czy inaczej – pozostaje pytanie: dlaczego chorzy ludzie nie stosują się do zaleceń lekarzy? Co jest z nimi nie tak? Czy nie chcą, aby ich stan się polepszył?

---

[1] R. Tamblyn, E. Tewodros, A. Huang, N. Winslade, P. Doran, *The incidence and determinants of primary nonadherence with prescribed medication in primary care: a cohort study*, „Annals of Internal Medicine", 160/2014, s. 441–450.

Weźmy jeszcze gorszy przykład. Wyobraźmy sobie, że ktoś przechodzi zabieg przeszczepu, dajmy na to: nerki. Taki zabieg ma zazwyczaj miejsce po długim i nerwowym oczekiwaniu chorego. Tylko niewielki odsetek ludzi zgłasza chęć udostępnienia swoich organów, gdy dowiaduje się, że nie ma dla nich ratunku, a jeszcze mniejszy zostaje dawcami za życia. Tylko niewielka część oddanych organów pasuje do profilów DNA oczekujących pacjentów. Oznacza to, że typowy biorca nerki od lat korzystał z dializoterapii – jedynej dostępnej alternatywy. Zabieg dializy polega na przepuszczeniu całości krwi pacjenta przez specjalne urządzenie. To niewiarygodna, cudowna wręcz metoda, dlatego należy się cieszyć, że istnieje. Nie jest to jednak procedura przyjemna. Przeprowadza się ją kilka razy w tygodniu, podczas snu pacjenta – trwa bowiem aż osiem godzin. To ciężki kawałek chleba. Nikt nie chce pozostawać na dializoterapii.

Opcja przeszczepu też nie jest pozbawiona wad. Jedną z możliwych komplikacji jest odrzucenie przeszczepu przez organizm. Nasze ciała nie lubią, gdy zaszywa się w nich części ciał innych ludzi. Układ immunologiczny atakuje i niszczy obce organy, nawet jeśli są one niezbędne dla naszego przetrwania. Aby temu przeciwdziałać, konieczne jest zażywanie leków immunosupresyjnych, które osłabiają układ odpornościowy, co czyni pacjentów bardziej podatnymi na choroby zakaźne. Większość ludzi chętnie idzie na taki kompromis. A jednak, mimo skuteczności immunosupresantów, biorcy organów nadal cierpią na powikłania związane z odrzuceniem przeszczepu. Nie dlatego, że leki zawodzą (choć to też się czasem zdarza). Częściej dzieje się tak, ponieważ pacjenci nie biorą leków. Aż trudno w to uwierzyć. Niewydolność nerek jest naprawdę niebezpieczna. Dializa to nie bułka z masłem. Zabieg przeszczepu odbywa się po długim okresie oczekiwania, a do tego jest ryzykowny i kosztowny. Narażać się na utratę tego wszystkiego, bo nie chce nam się zażyć lekarstwa? Jak ludzie mogą tak siebie traktować? O co tu chodzi?

W rzeczywistości nie jest to takie proste, jak może się z pozoru wydawać. Wielu ludziom, którym przeszczepia się organy, doskwierają często inne problemy zdrowotne (nie mówiąc o problemach natury psychicznej będących następstwem bezrobocia czy trudnej sytuacji rodzinnej). Mogą być upośledzeni umysłowo lub cierpieć na depresję. Mogą nie mieć pełnego zaufania do swoich lekarzy albo nie w pełni rozumieć istotność stosowania leków. Może nie wystarcza im na nie pieniędzy i decydują się zmniejszyć dawkę, bo nie wiedzą, że taka zmiana uczyni lek bezużytecznym.

A teraz – i to jest tu najbardziej zdumiewające – wyobraź sobie, że to nie ty jesteś chory. Choruje twój pies. Zabierasz go zatem do weterynarza.

Ten wypisuje leki. Co się dzieje później? Masz równie wiele powodów, aby nie ufać specjaliście. Co więcej, gdyby nie zależało ci na twoim zwierzaku na tyle, żeby martwić się o to, czy weterynarz postawił prawidłową diagnozę i przepisał właściwe leki, w ogóle nie wziąłbyś pupila na wizytę. Skoro go tam zabrałeś – zależy ci. Twoje działania tego dowodzą. Mało tego: zazwyczaj zależy ci *bardziej*. Statystycznie rzecz biorąc, ludzie z większą skrupulatnością podchodzą do realizowania zaleceń lekarzy, gdy chodzi o ich zwierzęta domowe – niż gdy chodzi o nich samych. To nic dobrego, również z perspektywy twojego pupila. Prawdopodobnie cię kocha i byłby szczęśliwszy, gdybyś zażywał swoje lekarstwa.

Trudno wyciągać z tego zbioru faktów jakieś definitywne wnioski poza tym, że ludzie wydają się kochać swoje psy, koty, papużki, gryzonie (a może i nawet jaszczurki) bardziej niż siebie samych. To straszne. Jak dużo wstydu i samokrytycyzmu musi istnieć na świecie, aby coś takiego mogło mieć miejsce? Co jest z ludźmi nie tak, że zwierzątka domowe cenią wyżej niż siebie samych?

Odpowiedź na to kłopotliwe pytanie znalazłem w starożytnej opowieści zawartej w Księdze Rodzaju – pierwszej księdze Starego Testamentu.

Najstarsza z opowieści a natura świata

Dwa opisy Stworzenia z dwóch różnych bliskowschodnich źródeł wydają się ze sobą splecione w Księdze Rodzaju. Według tradycji chronologicznie najmłodszej – zwanej „kapłańską" – Bóg stworzył kosmos przez wypowiedzenie Słowa, którym powołał do istnienia światło, wodę, ziemię, rośliny i ciała niebieskie. Następnie stworzył ptaki, zwierzęta i ryby (znów posługując się mową) – a skończył na człowieku: mężczyźnie i kobiecie, których uformował na własne podobieństwo. Wszystko to ma miejsce w rozdziale pierwszym Księgi Rodzaju. W tej drugiej, starszej tradycji „jahwistycznej" znajdujemy inny opis stworzenia, obejmujący losy Adama i Ewy (gdzie szczegóły są nieco inne) oraz opowieści o Kainie i Ablu, Noem oraz Wieży Babel. Zostało to opisane w rozdziałach od 2 do 11. Aby pojąć rozdział pierwszy Księgi Rodzaju, czyli opowieść kapłańską z jej naciskiem na mowę jako podstawową moc stwórczą, najpierw konieczne jest przyjrzenie się kilku fundamentalnym, pradawnym założeniom (wyraźnie różnym w swoim rodzaju i treści od założeń nauki, które – z historycznego punktu widzenia – są względnie nowe).

Prawdy naukowe zyskały status nadrzędnych zaledwie pięćset lat temu, na skutek prac Francisa Bacona, Kartezjusza i Izaaka Newtona.

Jakkolwiek widzieli świat nasi przodkowie w epokach wcześniejszych, nie był to świat postrzegany przez pryzmat metody naukowej (tak jak księżyca i gwiazd nie obserwowali przez – równie niedawno odkryty – teleskop, lecz gołym okiem). Ponieważ dziś rozumowanie mniej lub bardziej naukowe – i materialistyczne – jest powszechne, trudno nam w ogóle pojąć, że inne sposoby patrzenia na świat mogą istnieć i istnieją. Tymczasem ludzie żyjący w zamierzchłych czasach, w których zrodziły się epopeje, tak fundamentalne dla naszej kultury, znacznie większą wagę przykładali do reguł, które warunkowały przetrwanie (i w konsekwencji interpretowali świat w sposób współmierny do tego celu), niż do czegoś bliskiego współczesnej koncepcji obiektywnej prawdy.

Zanim nadszedł świt światopoglądu naukowego, rzeczywistość pojmowano inaczej. Istnienie rozumiano jako miejsce działań, a nie miejsce złożone z różnych obiektów[2]. Myślano o nim jako o czymś zbliżonym do opowieści czy dramatu. Opowieść ta toczyła się w ramach subiektywnych doświadczeń, chwila za chwilą, w świadomości każdej żyjącej osoby. Można to porównać do opowieści, które przekazujemy sobie na temat naszego życia, jego sensu i znaczenia; do ciągów wydarzeń opisywanych przez powieściopisarzy, utrwalających rzeczywistość na kartach książek. Subiektywne doświadczenia obejmują znajome byty, takie jak drzewa czy chmury – które istnieją obiektywnie – lecz także (co ważniejsze) emocje, marzenia, głód, pragnienie czy ból. To te uczucia – doświadczane osobiście – są, z perspektywy wieków, najważniejszymi elementami ludzkiego życia, a nie da się ich łatwo wyizolować i przyrównać do obiektywnych kryteriów – nawet w naszych współczesnych materialistycznych i upraszczających wszystko umysłach. Weźmy na przykład ból – subiektywnie odczuwany ból. Jest czymś tak realnym, że żaden argument nie jest w stanie podważyć jego prawdziwości. Wszyscy zachowujemy się tak, jakby nasz ból był prawdziwy – ostatecznie, bezwzględnie prawdziwy. Ból jest istotny, daleko bardziej niż materia. Z tego powodu uważam, że w wielu ludzkich tradycjach cierpienie towarzyszące egzystencji uważa się za nieuchronną prawdę Istnienia.

Rzecz w tym, że *to, czego subiektywnie doświadczamy*, łatwiej porównać do powieści czy filmu niż do naukowego opisu fizycznej rzeczywistości. To dramat życiowych doświadczeń – tragiczna, osobista śmierć twojego ojca w porównaniu do śmierci formalnie stwierdzonej

[2] Wyjaśniam to bardziej szczegółowo w: J.B. Peterson, *Mapy sensu. Architektura przekonań*, Wrocław, Freedom Publishing, 2021.

w szpitalnych dokumentach; rozpacz po rozpadzie pierwszej miłości; pustka pozostała po zaprzepaszczonych marzeniach; radość na widok sukcesu twojego dziecka.

To nie jest domena materii, lecz znaczenia

Naukowy świat złożony z materii można zredukować, w pewnym sensie, do jego podstawowych składowych: cząsteczek, atomów czy kwarków. Jednak w świecie doświadczeń także można wyróżnić pewne podstawowe elementy, które wchodzą ze sobą w interakcje kształtujące życiową opowieść. Jednym z nich jest chaos. Drugim – porządek. Trzecim (bo są trzy elementy) jest proces, który łączy pierwsze dwa, i który wydaje się tożsamy z tym, co współcześnie nazywamy świadomością. To nasza wieczna podległość dwóm pierwszym elementom – chaosowi i porządkowi – sprawia, że wątpimy w sens i wartość życia. To ona podpowiada nam: „daj sobie spokój". To przez nią przestajemy o siebie dbać. Jedynym możliwym wyjściem z tej niepożądanej sytuacji jest właściwe zrozumienie trzeciego elementu.

Chaos to domena ignorancji. To *niezbadane terytorium*. Chaos to wszystko to, co wykracza, wiecznie i nieustannie, poza granice wszelkich państw, idei czy dyscyplin. To nieznajomy, obcokrajowiec, członek innego gangu, szmer słyszany nocą w zaroślach, potwór czający się pod naszym łóżkiem, skłonność do ataków gniewu u twojej mamy, choroba twojego dziecka. Chaos to rozpacz i trwoga, które odczuwasz po tym, jak zostałeś zdradzony przez bliską osobę. To miejsce, w które trafiasz, gdy wszystko wokół się wali; gdy umierają twoje marzenia, gdy twoja kariera zawodowa rozsypuje się jak domek z kart, gdy rozpada się twoje małżeństwo. To podziemia, zaświaty, mityczne lochy, gdzie smok współistnieje ze złotem, którego strzeże. Chaos otacza nas wszędzie tam, gdzie czujemy się zagubieni, oraz zawsze wtedy, gdy robimy coś, o czym nie mamy pojęcia. Chaos to, krótko mówiąc, wszystkie rzeczy i sytuacje, których nie znamy lub nie rozumiemy.

Porządek, z drugiej strony, to *terytorium zbadane*. To istniejąca od setek milionów lat hierarchia miejsc, pozycji i władzy. To struktura społeczeństwa. To także struktura biologiczna – o tyle, o ile jesteśmy przystosowani do struktury społeczeństwa. Porządek to nasze plemię, religia, ciepło i światło palącego się ogniska, nasz dom i kraj. To wygodny, bezpieczny salon, gdzie słychać dźwięk drewna palącego się w kominku i odgłosy bawiących się dzieci. To flaga państwowa. To wartość waluty. Porządek to podłoga pod twoimi stopami i twój plan na kolejny dzień. To doniosłość tradycji, rzędy ławek w szkolnej sali, pociąg odjeżdżający o czasie, zegar i kalendarz. Porządek to normy społeczne, które akceptujemy i których przestrzegamy, to wzajemna uprzejmość między cywilizowanymi nieznajomymi, cienka pokrywa lodowa, po której jeździmy na łyżwach. Porządek to miejsce, w którym bieg codziennego życia pokrywa się z naszymi oczekiwaniami; w którym wszystko kończy się tak, jak tego chcieliśmy. Jednak, gdy wymóg pewności, standaryzacji i jednomyślności staje się wszechogarniający i przesadzony, porządek może przerodzić się w tyranię i stagnację.

Gdy wszystko wokół jest pewne, znajdujemy się w stanie porządku. Jesteśmy w nim, gdy sprawy toczą się zgodnie z planem, bez niespodziewanych problemów. W domenie porządku wszystko przebiega tak, jak chciałby tego Bóg. Lubimy tam być. Lubimy środowisko, które dobrze znamy. Gdy panuje porządek, możemy myśleć długoterminowo. Nasza sytuacja jest stabilna, a my jesteśmy spokojni i pewni siebie. Dlatego też rzadko decydujemy się opuścić miejsca – geograficzne czy myślowe – które rozumiemy i dlatego nie lubimy, gdy jesteśmy do tego zmuszeni lub odbywa się to samoistnie, dziełem przypadku.

Porządek to sytuacja, gdy masz lojalnego przyjaciela, sojusznika, na którym można polegać. Gdy taka osoba cię zdradza, z jasnego świata dnia przenosisz się w mroczną otchłań chaosu, zagubienia i rozpaczy. Przenosisz się też tam, kiedy firma, w której pracujesz, wpada w kłopoty finansowe i twoje zatrudnienie staje pod znakiem zapytania. Gdy wysyłasz wypełnione zeznanie podatkowe – oto porządek. Gdy Urząd Skarbowy przysyła ci powiadomienie o kontroli – oto chaos. Większość ludzi wolałaby paść ofiarą napadu niż kontroli skarbowej. Przed zniszczeniem World Trade Center jedenastego września 2001 roku panował porządek. Natychmiast po tym pojawił się chaos. Wszyscy to poczuli. Niepewność wisiała w powietrzu. Co dokładnie zostało zniszczone? Niewłaściwe pytanie. Należy zapytać: co przetrwało?

Gdy lód, po którym jeździsz na łyżwach, jest solidny, panuje porządek. Gdy nagle słychać zgrzyt – pojawia się chaos. Porządek to kraina Shire, dom tolkienowskich hobbitów: spokojny, produktywny i bezpieczny nawet dla naiwnych. Chaos to podziemne królestwo krasnoludów, uzurpowane przez Smauga – potężnego gada strzegącego skarbu. Chaos to głębia oceanu, w którą Pinokio musiał się zapuścić, aby uratować swojego ojca przed straszliwym wielorybem Monstro. Wyprawa w ciemność i ocalenie taty to najtrudniejsza rzecz, jaką marionetka musiała wykonać na drodze do stania się prawdziwym chłopcem; na drodze do uwolnienia się od pokus oszustwa, udawania, wiktymizacji, impulsywnych przyjemności i totalitarnego zniewolenia; na drodze do zajęcia swojego miejsca na świecie jako prawdziwe Istnienie.

Porządek to stabilność twojego małżeństwa. Opiera się na przeszłych tradycjach oraz przyszłych oczekiwaniach, ugruntowanych, często nieświadomie, w tychże tradycjach. Chaos pojawia się, gdy wraz z odkryciem niewierności ukochanej osoby owa stabilność wali się pod twoimi stopami. Chaos to uczucie spadania, kiedy się potkniesz, a w zasięgu rąk nie ma niczego, czego można by się złapać. To niekontrolowany, szalony bieg przełajowy przez codzienne życie, w którym bierzesz udział, gdy rutyny i tradycje dotychczas wskazujące kierunek tracą swoją moc.

Porządek to miejsce i czas, gdzie zasady, zgodnie z którymi żyjesz, organizują twoje doświadczenia i działania: dzieje się to, co powinno się dziać. Chaos zaś to nowe miejsce i czas, pojawiające się, gdy nagle zdarza się tragedia lub gdy okrucieństwo objawia swoje przerażające oblicze, być może nawet w twoim własnym domu. Bez względu na okoliczności: nasz plan w dowolnym momencie może zostać zburzony przez nieoczekiwane, niechciane zdarzenia. Gdy tak się dzieje, terytorium, na którym operujemy, ulega zmianie. Należy podkreślić: przestrzeń, ta widoczna, może pozostać taka sama. Ale żyjemy w przestrzeni *oraz* w czasie. W konsekwencji nawet najstarsze i najbardziej znajome miejsca cechuje nieustanna zdolność do zaskakiwania nas. Możesz jechać, w świetnym humorze, samochodem, który znasz i uwielbiasz od lat. Ale czas płynie, a prawdopodobieństwo awarii rośnie. Możesz przechadzać się ulicą – w swoim własnym ciele, na którym dotąd zawsze mogłeś polegać. Ale jeśli twoje serce zawiedzie, choćby na moment, nic już nigdy nie będzie takie samo. Stare, przyjazne psy nadal mogą ugryźć. Starzy, zaufani przyjaciele zawsze mogą oszukać. Nowe idee mogą zniszczyć stare, wygodne normy. To wszystko ma znaczenie. To jest prawdziwe.

Gdy pojawia się chaos, nasze mózgi reagują natychmiastowo przez obwody mózgowe, pochodzące jeszcze z pradawnych czasów, gdy nasi przodkowie żyli na drzewach, a węże atakowały w mgnieniu oka[3]. Po tej błyskawicznej, głęboko odruchowej reakcji cielesnej następuje reakcja

[3] J.W. Van Strien, I.H.A. Franken, J. Huijding, *Testing the snake-detection hypothesis: larger early posterior negativity in humans to pictures of snakes than to pictures of other reptiles, spiders and slugs*, „Frontiers in Human Neuroscience", 8/2014, s. 691–697. Bardziej ogólne omówienie: J. Ledoux, *The emotional brain: The mysterious underpinnings of emotional life*, Nowy Jork, Simon & Schuster, 1998.

emocjonalna: wykształcona później, bardziej skomplikowana, lecz wolniejsza – po niej zaczyna się zaś myślenie wyższej kategorii, które może trwać sekundy, minuty czy lata. Wszystkie te reakcje są w pewnym sensie instynktowne, lecz – generalnie – im reakcja szybsza, tym bardziej instynktowna.

Chaos i porządek. Byty osobowe: żeńskie i męskie

Chaos i porządek to dwa z fundamentalnych elementów przeżywanych doświadczeń – dwa z najbardziej podstawowych składowych samego Istnienia. Nie są jednak rzeczami czy przedmiotami i nie są jako takie doświadczane. Rzeczy i przedmioty to składowe obiektywnie istniejącego świata. Są nieożywione, bezduszne. Są martwe. Inaczej jest z chaosem i porządkiem. Te są postrzegane, doświadczane i rozumiane (w takim wymiarze, w jakim w ogóle można je zrozumieć) jako byty osobowe – i pozostaje to prawdą zarówno w kwestii postrzegania, doświadczania i rozumienia ludzi współczesnych, jak i ich pradawnych przodków. Ci pierwsi po prostu nie zdają sobie z tego sprawy.

Porządek i chaos nie są najpierw rozumiane w sposób obiektywny (jako rzeczy lub przedmioty), a *następnie* personifikowane. Byłoby to prawdą tylko wtedy, gdybyśmy *najpierw* postrzegali obiektywną rzeczywistość, a *potem* wnioskowali co do intencji i celu. Nie tak działa percepcja, mimo naszych uprzedzeń i z góry wyrobionych opinii. Postrzeganie rzeczy jako narzędzi, na przykład, odbywa się przed lub jednocześnie z postrzeganiem rzeczy jako przedmiotów. Widzimy, co dana rzecz znaczy, równie szybko, lub nawet szybciej, niż widzimy, czym jest[4]. Postrzeganie rzeczy jako bytów obdarzonych cechami osobowości ma miejsce również przed postrzeganiem rzeczy jako rzeczy. W szczególności dotyczy to działań innych[5] – innych żyjących – jednak mamy tendencję, aby także nieożywiony

[4] Klasyczny traktat na ten temat: J.J. Gibson, *An ecological approach to visual perception,* Nowy Jork, Psychology Press, 1986. O relacji między mową a działaniem, zobacz: A. Floel, T. Ellger, C. Breitsenstein, S. Knecht, *Language perception activates the hand motor cortex: implications for motor theories of speech perception*, „European Journal of Neuroscience", 18/2003, s. 704–708. Ogólne omówienie związku między działaniem a percepcją, zobacz: F. Pulvermüller, R.L. Moseley, N. Egorova, Z. Shebani, V. Boulenger, *Motor cognition – motor semantics: Action perception theory of cognition and communication*, „Neuropsychologia", 55/2014, s. 71–84.

[5] A. Floel, T. Ellger, C. Breitsenstein, S. Knecht, *Language perception activates the hand motor cortex: implications for motor theories of speech perception*,

„obiektywny świat" postrzegać jako ożywiony, funkcjonujący celowo i intencjonalnie. Przyczyną tego jest działanie pewnego mechanizmu w naszym umyśle, który psychologowie nazywają „hiperaktywnym wykrywaczem celowości"[6] [z ang. *hyperactive agency detector* – przyp. tłum.][7]. Jako przedstawiciele gatunku ludzkiego jesteśmy wynikiem tysięcy lat ewolucji zachodzącej w mocno społecznych okolicznościach. Oznacza to, że najważniejszymi elementami środowiska, z którego się wywodzimy, nie były rzeczy, przedmioty czy sytuacje – lecz byty osobowe.

Byty osobowe, które nauczyliśmy się postrzegać, istniały w przewidywalnych formach i w typowych, hierarchicznych konfiguracjach od zawsze, służąc wszelkim celom i intencjom. Na przykład: od miliarda lat można je dzielić na męskie i żeńskie. To sporo czasu. Podział życia na jego dwie bliźniacze płcie nastąpił przed ewolucją zwierząt wielokomórkowych. Okres pięciokrotnie krótszy, lecz nadal niewyobrażalnie odległy w czasie, dzieli nas od momentu, w którym pojawiły się ssaki, zwierzęta charakteryzujące się wzmożoną opieką nad swoimi młodymi. Wobec tego kategorie „rodziców" i „dzieci" istnieją od dwustu milionów lat. To dłużej niż istnieją ptaki. I kwiaty. To nie miliard lat, ale to nadal sporo czasu. Wystarczająco dużo, aby kategorie takie jak „męskość" i „żeńskość" oraz „rodzic" i „dziecko" służyły za kluczowe i fundamentalne elementy środowiska, do którego się przystosowywaliśmy. W konsekwencji kategorie te są dla nas kategoriami naturalnymi, głęboko zakorzenionymi w naszych strukturach percepcyjnych, emocjonalnych i motywacyjnych.

Nasze mózgi to mózgi głęboko społeczne. Inne stworzenia (w szczególności inni ludzie) były kluczowymi częściami naszego życia, rozmnażania i ewoluowania. Można w zasadzie powiedzieć, że inne stworzenia były naszym środowiskiem. Z darwinowskiego punktu widzenia doborem kieruje natura – czyli rzeczywistość. Środowisko – jest tym, co *dobiera*.

„European Journal of Neuroscience", 18/2003, s. 704–708; L. Fadiga, L. Craighero, E. Olivier, *Human motor cortex excitabillity during the perception of others' action*, „Current Opinions in Neurobiology", 15/2005, s. 213–218; C.E. Palmer, K.L. Bunday, M. Davare, J.M. Kilner, *A causal role for primary motor cortex in perception of observed actions*, „Journal of Cognitive Neuroscience", 28/2016, s. 2021–2029.

[6] Mechanizm naszego mózgu, który ma za zadanie odnajdywanie bytów intencjonalnych w naszym otoczeniu, wykrywający ich obecność nawet w sytuacjach, gdy prawdopodobne jest również inne wyjaśnienie. Stanowi to element nieustannej gotowości poznawczej i typowego działania systemu poznawczego człowieka [przyp. tłum.].

[7] J.L. Barrett, *Why would anyone believe in God?*, Lanham, MD: Altamira Press, 2004.

To najbardziej podstawowa z możliwych definicji środowiska. To nie tylko bezwładna materia. Sama rzeczywistość jest wszystkim tym, z czym zmagamy się w naszych dążeniach do utrzymania się przy życiu i reprodukcji. Dużą jej część stanowią inni ludzie, ich opinie na nasz temat, i zbiorowości, do których należymy. Ma to ogromne znaczenie.

Z biegiem tysiącleci, w miarę jak rosła objętość naszych mózgów, a wraz z nią nasz potencjał intelektualny, stawaliśmy się coraz bardziej świadomi i ciekawi natury świata poza bytami osobowymi wchodzącymi w skład rodziny i plemienia, co ostatecznie doprowadziło do wykształcenia koncepcji obiektywnej rzeczywistości. Przez „poza" rozumieć należy nie tylko nieodkryty obszar geograficzny, lecz także wszystko to, czego w danym momencie nie rozumiemy – a rozumienie polega na *radzeniu sobie z czymś, zmaganiu się z czymś,* nie jedynie na przedstawianiu tego w obiektywny sposób. Jednak nasze mózgi od dawna skupiały większość uwagi na innych ludziach. Z tego powodu wydaje się, że najpierw zaczęliśmy postrzegać nieznany, chaotyczny, nie-ludzki świat za pomocą wrodzonych kategorii naszych społecznych mózgów[8]. To jednak nadal niedopowiedzenie: w naszych pierwszych próbach postrzegania nieznanego, chaotycznego, nie-ludzkiego świata korzystaliśmy z kategorii, które pierwotnie wyewoluowały, aby postrzegać społeczny świat zwierząt sprzed ery człowieka. Nasze umysły są dużo starsze niż nasz gatunek. Nasze kategorie również. Naszą najbardziej podstawową kategorią – w pewnym sensie równie starą jak sam akt seksualny – wydaje się być kategoria płci: męskiej i żeńskiej. Prawdopodobnie byliśmy niejako naturalnie wyposażeni w prymitywną wiedzę o tej trwałej, twórczej opozycji – i zaczęliśmy interpretować wszystko przez jej pryzmat[9].

Porządek, czyli to, co znamy, wydaje się mieć symboliczny związek z męskością (reprezentowaną przez wspomniane już *yang* z taoistycznego symbolu yin-yang). Przyczyną tego może być fakt, że pierwotna, hierarchiczna struktura społeczeństw ludzkich jest męska, podobnie jak wśród większości gatunków, w tym szympansów – najbliższych nam genetycznie i, prawdopodobnie, również behawioralnie. To mężczyźni są i w ciągu wieków byli budowniczymi osad i miast, inżynierami, kamieniarzami,

---

[8] Rzetelny ogląd: J.L. Barrett, A.H. Johnson, *The role of control in attributing intentional agency to inanimate objects*, „Journal of Cognition and Culture", 3/2003, s. 208–217.

[9] W tym temacie bardzo polecam również książkę najwybitniejszego ucznia i współpracownika Carla Junga: E. von Neumann, *Wielka Matka. Fenomenologia kobiecości. Kształtowanie nieświadomości*, Warszawa, Wydawnictwo KR, 2008.

murarzami, stolarzami i operatorami ciężkiej maszynerii[10]. Porządek to Bóg Ojciec, wiekuisty Sędzia przydzielający nagrody i kary. To policja i armia zapewniające pokój. To kultura polityczna, środowisko korporacyjne, system. To bezosobowa większość, stojąca za wyrażeniami typu „mówi się, że..." czy „uważa się, że...". To karty kredytowe, szkolne klasy, system kolejek w supermarketach, przepisy ruchu drogowego, znana jak własna kieszeń droga do pracy. Porządek, posunięty za daleko, może mieć również skutki destruktywne i fatalne. Takie przesadzone formy porządku to na przykład przymusowe migracje, obozy koncentracyjne czy pozbawiający duszy uniformizm kroku defiladowego.

Chaos, czyli to, czego nie znamy, ma zaś symboliczny związek z żeńskością. Po części dlatego, że wszystko to, co mieliśmy okazję poznać, zrodziło się z tego, czego nie znamy, podobnie jak wszystkie istoty przez nas napotykane zrodziły się z matek. Chaos to źródło, matka, materia – substancja, z której wszystko powstaje. To przedmiot rozmyślań i komunikacji. W swojej pozytywnej odmianie chaos to szansa, źródło idei, tajemniczy okres ciąży i narodzin. Jako siła negatywna – chaos to nieprzenikniona ciemność jaskini i wypadek samochodowy mijany po drodze. To matka niedźwiedzica, opiekuńcza i delikatna dla swoich młodych, jednak gotowa rozszarpać na strzępy każdego, kogo uzna za potencjalne zagrożenie.

Chaos, odwiecznie żeński, to także okrutna siła doboru płciowego. Kobiety to wybredne partnerki (w przeciwieństwie do samic szympansa, ich najbliższych zwierzęcych odpowiedników[11]). Większość mężczyzn nie spełnia damskich standardów. To dlatego kobiety na portalach randkowych atrakcyjność fizyczną 85 procent facetów oceniają na poniżej średniej[12]. To dlatego mamy dwa razy więcej przodków płci żeńskiej niż płci męskiej (wyobraź sobie, że wszystkie kobiety, które kiedykolwiek żyły, miały średnio jedno dziecko, a wśród mężczyzn połowa miała dwójkę dzieci, a połowa nie miała ani jednego)[13]. To Kobieta jako Natura ocenia połowę mężczyzn

[10] https://www.dol.gov/wb/stats/occ_gender_share_em_1020_txt.htm.

[11] M.N. Muller, S.M. Kalhenberg, M.E. Thompson, R.W. Wrangham, *Male coercion and the costs of promiscuous mating for female chimpanzees*, „Proceedings of the Royal Society (B)", 274/2007, s. 1009–1014.

[12] Zbiór interesujących statystyk z portalu randkowego OkCupid: C. Rudder, *Dataclysm: Love, Sex, Race & Identity*, Nowy Jork, Broadway Books, 2015. Na takich portalach regułą jest, że niewielki odsetek użytkowników otrzymuje znakomitą większość propozycji (kolejny przykład rozkładu Pareto).

[13] J.A. Wilder, Z. Mobasher, M.F. Hammer, *Genetic evidence for unequal effective population sizes of human females and males*, „Molecular Biology and Evolution", 21/2004, s. 2047–2057.

i mówi „Nie!". Dla mężczyzn to bezpośrednia styczność z chaosem, który przypomina o sobie z potężną siłą za każdym razem, gdy kobieta daje im kosza. Wybredność ludzkich samic to także przyczyna tego, że tak bardzo różnimy się od wspólnego przodka, którego dzielimy z naszymi szympansimi kuzynami, podczas gdy ci ostatni są do niego bardzo podobni. Skłonność kobiet do odmawiania niechcianym mężczyznom, w stopniu większym niż inne czynniki, ukierunkowała naszą ewolucję ku wykształceniu się kreatywnych, pracowitych, wyprostowanych stworzeń z dużymi mózgami (ambicja, agresja, władczość), jakimi dziś jesteśmy[14]. To Natura przemawia ustami Kobiety i mówi: „Posłuchaj młodzieńcze, nadajesz się na kolegę, ale moje dotychczasowe doświadczenia z tobą nie wskazują, aby twój materiał genetyczny mógł dać mojemu potomstwu duże szanse na przetrwanie i dalszą reprodukcję".

Najważniejsze symbole religijne opierają swoją siłę przekazu w dużym stopniu właśnie na tym fundamentalnym, dwoistym podziale pojęciowym. Przykładowo: Gwiazda Dawida to skierowany w dół trójkąt żeńskości oraz skierowany w górę trójkąt męskości[15]. Tak samo jest w przypadku hinduistycznych symboli *yoni* i *lingam* (którym towarzyszą węże, nasi pradawni wrogowie: Shiva Linga przedstawiana jest wraz z wężami-bóstwami zwanymi Naga). Starożytni Egipcjanie przedstawiali Ozyrysa, boga ziemi, i Izydę, boginię zaświatów, jako bliźniacze kobry ze splecionymi ogonami. Identyczny symbol wykorzystywany był w Chinach, aby przedstawiać Fuxi i Nüwę, stwórzycieli ludzkości i pisma. Symbolika chrześcijańska jest mniej abstrakcyjna, bardziej oparta na bytach osobowych, niemniej jednak zachodnie obrazy Maryi Dziewicy z Jezusem Chrystusem wyrażają zarówno dwoistą jedność kobiety i mężczyzny oraz tradycyjne podkreślenie androgynii Chrystusa[16].

---

[14] G. Miller, *The Mating Mind: How Sexual Choice Shaped the Evolution of Human Nature*, Nowy Jork, Anchor, 2001.

[15] Bardzo interesujące jest w tym kontekście, że pięcioczęściowy symbol *taijitu* (wspominany we Wstępie jako pierwowzór prostszego symbolu yin/yang) przedstawia źródło kosmosu jako najpierw wyłaniające się z niezróżnicowanego absolutu, następnie dzielące się na yin i yang (chaos/porządek, żeńskość/męskość), następnie na pięć elementów (drewno, ogień, ziemia, metal, woda), a później po prostu na „dziesięć tysięcy rzeczy". Gwiazda Dawida (chaos/porządek, żeńskość/męskość) w ten sam sposób daje początek czterem podstawowym elementom: ogniu, powietrzu, wodzie i ziemi (z których zbudowane jest wszystko, co istnieje). Podobny heksagram występuje w hinduizmie. Trójkąt skierowany w dół symbolizuje tam Shakti, żeńskość; trójkąt skierowany w górę symbolizuje Shivę, męskość. Te dwie składowe znane są jako *om* i *hrim* w języku sanskryt. Niesamowity przykład symbolicznego podobieństwa.

[16] J.B. Pettis, *Androgyny BT*, w: D.A. Leeming, K. Madden, S. Marlan (red.), *Encyclopedia of Psychology and Religion*, Boston, MA Springer US, 2010, s. 35–36.

Wreszcie, należy też zauważyć, że sama struktura mózgu na poziomie morfologicznym wydaje się odzwierciedlać omawiany dualizm. Jako że nasz mózg ewoluował przez przystosowanie się do otaczającej nas rzeczywistości, jego dwoista budowa wskazuje, moim zdaniem, że symboliczny podział na męskość i żeńskość wykracza poza sens metaforyczny i jest fundamentalnym elementem rzeczywistości (tzn. rzeczywistości definiowanej w quasi-darwinowskim sensie). Elkhonon Goldberg, uczeń wybitnego rosyjskiego neuropsychologa Aleksandra Łurii i specjalista od lateralizacji ludzkiego mózgu, wyraża przekonanie, że sama półkulista budowa kory mózgowej wynika z podstawowego podziału między rutynę (to, co znamy, czyli porządek) oraz novum (to, czego nie znamy, czyli chaos)[17]. W swojej teorii nie odnosi się co prawda do symboli reprezentujących strukturę świata, ale to nawet lepiej: idea jest bardziej wiarygodna, gdy wyłania się jako rezultat badań w wielu sferach[18].

Wszystko to wiemy od dawna, lecz niestety nie wiemy, że to wiemy. Kwestie te rozumiemy jednak bez trudu, gdy przedstawi się je w powyższy sposób. Każdy z nas rozumie porządek i chaos oraz świat i zaświaty, jeśli mówi się o nich takim językiem. Każdy z nas potrafi wyczuwać chaos czający się za wszystkim tym, co nam znane. Dlatego też rozumiemy dziwaczne, surrealistyczne opowieści o Pinokiu, Śpiącej Królewnie, Królu Lwie, Małej Syrence czy Pięknej i Bestii, bazujące na odwiecznym podziale na to, co znane, i to, co nieznane, na świat i zaświaty. Wszyscy znajdowaliśmy się w obu tych miejscach nie raz, czasem przypadkowo, a czasem celowo.

Wiele nagle staje się jasne, gdy zacznie się patrzeć na świat w ten sposób. To tak, jakby wiedza twojego ciała i duszy stała się zbieżna z wiedzą twojego umysłu. Co więcej – taka wiedza nie tylko świat opisuje, lecz także pozwala sprawnie się w nim poruszać. To rodzaj wiedzy o tym: *co*, która pomaga zrozumieć: *jak*. To rodzaj wiedzy o tym, jak *jest*, z której można wnioskować, jak *powinno być*. Taoistyczne zestawienie yin i yang, na przykład, nie przedstawia jedynie chaosu i porządku jako fundamentalnych elementów Istnienia – mówi także, jak należy postępować. *Droga*,

[17] E. Goldberg *The Executive Brain: Frontal Lobes and the Civilized Mind*, Nowy Jork, Oxford University Press, 2003.

[18] Klasyczna praca: D.T. Campbell, D.W. Fiske, *Convergent and discriminant validation by the multitrait-multimethod matrix*, „Psychological Bulletin", 56/1959, s. 81–105. Podobną koncepcję rozwinał: E.O. Wilson, *Consilience: The Unity of Knowledge*, Nowy Jork, Knopf, 1998. To jeden z powodów, dla którego mamy pięć zmysłów – dzięki temu możliwe jest postrzeganie rzeczywistości kilkoma osobnymi kanałami i falsyfikowanie błędnych sygnałów.

taoistyczna ścieżka życia, ukazana jest w postaci (lub istnieje na) granicy między bliźniaczymi wężami. *Droga* to ścieżka właściwego Istnienia. To ta sama droga, o której wspomina Chrystus w Ewangelii wg świętego Jana 14:6: „Ja jestem drogą i prawdą, i życiem"[19]. Ta sama idea pojawia się w Ewangelii wg świętego Mateusza 7:14: „Jakże ciasna jest brama i wąska droga, która prowadzi do życia, a mało jest takich, którzy ją znajdują!"[20].

Od tysiącleci zamieszkujemy porządek otoczony chaosem. Od tysiącleci trzymamy się terytoriów odkrytych otoczonych obszarami niespenetrowanymi. Doświadczamy czegoś wyczuwalnie istotnego, gdy czujnie poruszamy się pomiędzy nimi. Jesteśmy przystosowani, w najgłębszym darwinowskim sensie, nie do świata przedmiotów, lecz do meta-rzeczywistości porządku i chaosu, yang i yin. Chaos i porządek tworzą odwieczne, transcendentne środowisko ludzkiego życia.

Przez ujarzmienie tego fundamentalnego dualizmu osiągamy równowagę: jedną nogą pewnie stoimy w porządku i bezpieczeństwie, drugą wkraczamy zaś w chaos, możliwości, rozwój i przygodę. Gdy życie nagle staje się intensywne, porywające i znaczące; gdy czas leci, a ty jesteś tak pochłonięty tym, co robisz, że w ogóle nie zauważasz jego upływu – to właśnie wtedy znajdujesz się dokładnie na granicy między porządkiem i chaosem. Subiektywny sens, jaki wtedy odczuwamy, jest reakcją naszego neurologicznego, instynktownego, ugruntowanego w ewolucji „ja", a ta reakcja wskazuje, że dbamy o stabilność, lecz także zabiegamy o ekspansję rozpoznanego, zamieszkałego terytorium, naszej przestrzeni osobistej, społecznej i naturalnej. Właśnie w tym stanie należy być. Jesteś w nim, gdy wiesz, że to, czym się zajmujesz, jest ważne. Podpowiada ci to muzyka podczas słuchania – a, być może, jeszcze wyraźniej podczas tańczenia – gdy jej warstwy rytmiczne, przewidywalność i nieprzewidywalność nałożone na siebie sprawiają, że czujesz, jak z głębi twojego Istnienia wyłania się coś naprawdę znaczącego.

Chaos i porządek są elementami fundamentalnymi, ponieważ każda przeżyta sytuacja (a nawet każda sytuacja życiowa, jaką jesteśmy sobie w stanie wyobrazić) składa się z nich obu. Nieważne, gdzie jesteśmy i co robimy: zawsze są rzeczy, które potrafimy rozpoznać, przewidzieć i wykorzystać, oraz rzeczy, których nie znamy i nie rozumiemy. Nieważne, kim jesteśmy – koczownikiem z pustyni Kalahari czy bankierem z Wall Street – na pewne rzeczy mamy wpływ, a na inne nie. Właśnie dlatego członkowie

[19] Ewangelia wg św. Jana 14:6.
[20] Ewangelia wg św. Mateusza 7:14.

obu tych grup rozumieją te same mity i myślą w ramach tych samych odwiecznych prawd. I wreszcie: elementarna rzeczywistość porządku i chaosu jest prawdziwa dla wszystkiego, co żywe, nie tylko dla nas. Organizmy żywe zawsze znajdują się w miejscach, w których mogą czuć się pewnie, otoczone miejscami, sytuacjami i stworzeniami niosącymi ze sobą zagrożenie.

Porządek nie wystarczy. Nie można cały czas żyć stabilnie, bezpiecznie i niezmiennie, ponieważ uniemożliwia to poznanie nowych, ważnych rzeczy. Z drugiej strony z chaosem nie można przesadzać. Nie stawiajmy się w sytuacji, gdzie przez zbyt długi czas będziemy musieli tolerować ciężar lęku i niepewności, które towarzyszą nam, gdy poruszamy się po niepewnym gruncie. Złotym środkiem jest umieszczenie jednej nogi w otoczeniu, które znamy i rozumiemy, a drugiej w otoczeniu, które właśnie odkrywamy i poznajemy. Wtedy znajdujemy się w pozycji, gdzie groza życia jest pod kontrolą i czujemy się bezpiecznie, ale jesteśmy jednocześnie czujni, zaangażowani i podekscytowani. W pozycji, która jest pewna, ale gdzie ciągle można coś odkryć i jest miejsce na postawienie kolejnego kroku. To tam należy szukać sensu życia.

Ogród Eden

Jak wspomniałem wcześniej, Księgę Rodzaju tworzą opowieści zebrane z kilku źródeł. Po chronologicznie młodszej tradycji kapłańskiej (Rozdział 1), opisującej wyłonienie się porządku z chaosu, rozpoczyna się druga, starsza wiekiem, część jahwistyczna (Rozdział 2). Tradycja jahwistyczna, w której Boga określa się imieniem YHWH lub Jahwe, obejmuje losy Adama i Ewy, razem z pełniejszym wyjaśnieniem wydarzeń z szóstego dnia stworzenia świata. Ciągłość między opowieściami wydaje się być rezultatem pieczołowitej edycji dokonanej przez osobę lub osoby, które badacze Biblii zbiorczo nazywają po prostu „Redaktorem" odpowiedzialnym za splecenie ze sobą poszczególnych historii. Mogło do tego dojść, gdy ludzie obu tradycji spotkali się, z takiego czy innego powodu, i zaobserwowane niespójności w zbiorze opowieści tworzonych równocześnie w nieuporządkowany sposób przeszkadzały komuś uważnemu, śmiałemu i dbałemu o szczegóły.

Według jahwistycznej wersji historii Stworzenia Bóg najpierw stworzył ograniczoną przestrzeń znaną jako Eden (co w aramejskim – domniemanym języku Jezusa – oznacza miejsce dobrze nawodnione) lub Raj (*pairidaeza* w staroirańskim i awestyjskim, co oznacza ogród otoczony murem). Następnie Bóg umieścił w niej Adama, razem z wszelkiego rodzaju drzewami owocowymi, z których dwa zostały oznaczone. Jednym z nich było Drzewo Życia, a drugim – Drzewo poznania dobra i zła. Bóg powiedział Adamowi, że może żywić się owocami wszystkich drzew oprócz Drzewa poznania dobra i zła. Wtedy Bóg stworzył Ewę jako partnerkę dla Adama[21].

Adam i Ewa, po umieszczeniu w Raju, początkowo nie wydają się być istotami świadomymi. Jak mówi tekst: pierwsi rodzice byli nadzy, lecz nie odczuwali wstydu. Opis ten wskazuje po pierwsze, że czymś zupełnie normalnym dla ludzi jest wstyd przed własną nagością (w przeciwnym razie wzmianka o braku wstydu nie byłaby potrzebna), a po drugie – czy nam się to podoba czy nie – że z naszymi pierwszymi rodzicami było coś nie tak. Choć znajdą się wyjątki, jedynymi współczesnymi ludźmi, którzy nie byliby zawstydzeni, gdyby nagle ocknęli się nadzy w miejscu publicznym – wyłączając zdziwaczałych ekshibicjonistów – są dzieci w wieku poniżej trzech lat. Warto wspomnieć, że częstym koszmarem jest właśnie nagłe pojawienie się nago na scenie przed liczną widownią.

W trzecim rozdziale Księgi Rodzaju pojawia się wąż – początkowo: rzekomo w wersji z odnóżami. Tylko Bóg wie, dlaczego dopuścił – lub sam umieścił – takie stworzenie w Raju. Długo zastanawiałem się nad wymową Jego decyzji. Częściowo obecność węża wydaje się odzwierciedlać dychotomię porządek/chaos cechującą wszelkie Istnienie, gdzie Raj symbolizuje znany, nadający się do zamieszkania porządek, wąż odgrywa zaś rolę chaosu. Wąż w ogrodzie Eden oznacza to samo, co czarna kropka po stronie yin w taoistycznym znaku – a mianowicie prawdopodobieństwo, że to, co nieznane, może się nagle ujawnić również tam, gdzie wszystko sprawia wrażenie przewidywalnego i bezpiecznego.

Nie wydaje się po prostu możliwe, nawet dla samego Boga, całkowite odizolowanie chronionego obszaru od zewnątrz – przynajmniej nie w świecie rzeczywistym, obarczonym ograniczeniami, a otoczonym transcendencją. Czyhający na zewnątrz chaos zawsze wślizguje się do środka, ponieważ nic nie może być kompletnie odgrodzone od pozostałej części rzeczywistości. A zatem nawet w najbezpieczniejszym z bezpiecznych miejsc nieuchronnie czai się wąż. Przez tysiąclecia nasz gatunek żył w otoczeniu węży zamieszkujących łąki i drzewa naszego pierwotnego,

---

[21] Albo, zgodnie z inną interpretacją, Bóg podzielił pierwotną dwupłciową istotę na dwie części, męską i żeńską. Według tego toku myślenia, Chrystus, „drugi Adam", tak jak pierwsi rodzice, jest Człowiekiem oryginalnym, sprzed podziału płciowego. Symboliczne znaczenie powinno być jasne dla tych, którzy uważnie czytali książkę do tego momentu.

afrykańskiego raju[22]. Jednak nawet gdyby udało się całkowicie wyeliminować węże (w jakiś niepojęty sposób, przez jakiegoś prehistorycznego odpowiednika świętego Jerzego), pozostałyby one obecne jako nasi ówcześni ludzcy rywale (przynajmniej w okresach, gdy widziane były jako wrogowie z naszej plemiennej perspektywy). Na brak konfliktów i wojen nasi przodkowie nie narzekali[23].

Co więcej, nawet gdybyśmy pokonali wszystkie węże, które dręczą nas z zewnątrz, te gadzie oraz te ludzkie, nadal nie bylibyśmy bezpieczni. Teraz też nie jesteśmy. Ostatecznie: widzieliśmy wroga – i to my sami nim jesteśmy. Wąż zamieszkuje duszę każdego z nas. Oto powód, przynajmniej moim zdaniem, osobliwego nacisku chrześcijan, wyrażonego najdobitniej przez Johna Miltona, że wąż w ogrodzie Eden był uosobieniem Szatana, samego Ducha Zła. Istotność tej symbolicznej identyfikacji – jej nadzwyczajnej błyskotliwości – jest nie do przecenienia. To przez takie wykorzystywanie wyobraźni na przestrzeni wieków rozwinęła się idea abstrakcyjnych pojęć moralnych oraz wszystkiego, co one za sobą pociągają. Niepojęty wysiłek musiał zostać zainwestowany w ideę dobra i zła oraz otaczającą ją metaforę niczym ze snu. *Najgorszym ze wszystkich istniejących węży jest odwieczna skłonność człowieka do zła.* Najgorszy ze wszystkich węży to ten psychologiczny, duchowy, osobisty, wewnętrzny. Żadne ściany, choćby nie wiadomo jak wysokie, nas przed nim nie uchronią. Nawet jeśli forteca byłaby zabezpieczona tak dobrze, że – w teorii – zło czające się na zewnątrz nigdy nie zdołałoby sforsować ścian, natychmiast ponownie pojawiłoby się w środku. Jak podkreślał wielki rosyjski pisarz Aleksander Sołżenicyn, linia oddzielająca dobro od zła przebiega przez serce każdego człowieka[24].

---

22 T.N. Headland, H.W. Greene, *Hunter-gatherers and other primates as prey, predators, and competitors of snakes*, „Proceedings of the National Academy of Sciences USA", 108/2011, s. 1470–1474.

23 L.H. Keeley, *War Before Civilization: The Myth of the Peaceful Savage*, Nowy Jork, Oxford University Press, 1996.

24 „Stopniowo pojąłem, że linia oddzielająca dobro od zła przebiega nie między państwami, nie między klasami, nie między partiami – tylko przecina każde ludzkie serce, nie omijając żadnego. Jest to linia ruchoma i z upływem lat jej bieg zmienia się w nas samych. Nawet w sercu omotanym przez zło linia ta odgradza maleńki przyczółek dobra. Nawet w najlepszym sercu – niewykorzenione zło zachowuje swój kącik. Od tego czasu stała się jasna dla mnie zasadność wszystkich religii świata: walczą one z pierwiastkiem zła w człowieku (w każdym człowieku). Nie sposób oczyścić świata z wszelkiego zła, ale można w każdym człowieku zmniejszyć obszar jego władania". A. Sołżenicyn, *Archipelag GUŁag 1918–1956*, Tom 2, Poznań, Dom Wydawniczy REBIS, 2017, s. 559–560.

Po prostu niemożliwe jest odgrodzenie pewnej wyizolowanej części rzeczywistości oraz uczynienie wszystkiego permanentnie przewidywalnym i bezpiecznym w obrębie murów. Cząstka tego, co zostało najdokładniej i najskrupulatniej wydalone, zawsze zakradnie się z powrotem do środka. Wąż, mówiąc metaforycznie, nieubłaganie się pojawi. Nawet najbardziej sumienni rodzice nie mogą w pełni ochronić swoich dzieci, choćby zamknęli je w piwnicy, z dala od alkoholu, narkotyków i pornografii internetowej. W tym ekstremalnym przypadku nadopiekuńczy, zbyt ostrożny rodzic jedynie umieszcza samego siebie w miejscu innych tragicznych problemów życiowych. To tego dotyczy słynny koszmar Freuda i Edypa[25]. *Znacznie lepiej jest tych, którymi się opiekujesz, uczynić kompetentnymi – niż wiecznie ich chronić.*

A nawet jeśli byłoby możliwe całkowite wykorzenienie wszystkiego, co groźne – wszystkiego, co niebezpieczne (a zatem wszystkiego, co ambitne i interesujące) – oznaczałoby to jedynie nadejście kolejnego niebezpieczeństwa: związanego z trwałym ludzkim infantylizmem i bezwartościowością. Jak natura człowieka miałaby osiągnąć swój pełny potencjał bez wyzwań i niebezpieczeństw? Jak nudne i godne pożałowania byłoby życie wyzbyte obiektów zmartwień i starań! Być może Bóg myślał, że jego nowe dzieło poradzi sobie z wężem i uważał jego obecność za mniejsze zło.

Pytanie do rodziców: czy chcecie, aby wasze dzieci były bezpieczne – czy silne?

W każdym razie: w ogrodzie Eden jest wąż, który w starożytnej opowieści przedstawiony jest jako zwierzę przebiegłe (skryte, ulotne, cwane, zdradliwe i podstępne). Nie powinno zatem dziwić, że wkrótce decyduje się oszukać Ewę. Dlaczego Ewę, a nie Adama? Być może po prostu tak wypadło. Szanse wynosiły przecież pięćdziesiąt na pięćdziesiąt, a to całkiem spore prawdopodobieństwo. Z doświadczenia jednak wiem, że prastare historie nie mają w sobie nic przypadkowego. Wszystkie elementy zbędne – wszystko, co nieistotne dla fabuły – były z czasem pomijane w przekazach słownych i już dawno zostały zapomniane. Jak mówił rosyjski prozaik i dramaturg Anton Czechow: „Jeśli w pierwszym akcie na ścianie wisi broń, w następnym musi wystrzelić. W przeciwnym razie nie ma sensu, aby tam

[25] Najlepsze wyjaśnienie tego tematu, na jakie trafiłem, to niesamowity film dokumentalny *Crumb* z 1995 roku, opowiadający losy rysownika Roberta Crumba, a wyreżyserowany przez Terry'ego Zwigoffa. Z tego filmu dowiesz się więcej, niż chcesz wiedzieć: na temat gniewu, fałszu, arogancji, nienawiści do ludzi, wstydu przed seksualnością, przytłaczającej matki i tyranicznego ojca.

wisiała"[26]. Być może pradawna Ewa miała więcej okazji do styczności z wężami niż Adam. Być może węże częściej polowały na jej zamieszkujące drzewa potomstwo. Być może to z tej przyczyny córki Ewy po dziś dzień są bardziej opiekuńcze, strachliwe, nerwowe i świadome ryzyka (nawet, i to w szczególności, w najbardziej egalitarnych spośród współczesnych społeczeństw ludzkich[27]). Idźmy dalej. Wąż mówi Ewie, że jeśli zje zakazany owoc, nie umrze. Zamiast tego – jej oczy się otworzą. Stanie się jak Bóg, świadoma różnicy między dobrem a złem. Rzecz jasna wąż nie mówi jej, że tylko pod tym jednym względem upodobni się do Boga. Ale czego mielibyśmy się spodziewać po podstępnym gadzie! Ponieważ jest człowiekiem i chce wiedzieć więcej, Ewa decyduje się zjeść owoc. Bach! Budzi się: jest świadoma, a może nawet, po raz pierwszy, zawstydzona.

Żadna świadoma, twardo stąpająca po ziemi kobieta nie będzie tolerować faceta bujającego w obłokach, dlatego Ewa natychmiast dzieli się owocem z Adamem. To czyni *jego* zawstydzonym. Niewiele się pod tym względem zmieniło. Kobiety zawstydzają mężczyzn od zarania dziejów, a czynią to głównie poprzez ich odrzucanie i krytykę za brak odpowiedzialności. To zrozumiałe: jako że kobiety ponoszą większość ciężaru reprodukcji, trudno wyobrazić sobie, żeby miało być inaczej. Zdolność kobiet do wzbudzania wstydu u mężczyzn pozostaje pierwotną siłą natury.

Być może zadajesz sobie pytanie: co do licha węże mają wspólnego ze zdolnością widzenia? No cóż, przede wszystkim *widzenie* węży, które mogą na ciebie polować jest niewątpliwie istotną umiejętnością (w szczególności jeśli jesteś dzieckiem żyjącym na drzewach, jak nasi pradawni przodkowie). Dr Lynn Isbell, profesor antropologii i zachowań zwierzęcych na Uniwersytecie Kalifornii, twierdzi, że nadzwyczaj ostry wzrok, cechujący niemal wyłącznie ludzi, jest efektem przystosowania wymuszonego na nas dziesiątki milionów lat temu przez konieczność wykrywania i unikania śmiertelnego zagrożenia ze strony węży, w obecności których ewoluowali nasi przodkowie[28]. Być może między innymi dlatego wąż

---

[26] V.T. Bill, *Chekhov: The Silent Voice of Freedom*, Allied Books Ltd., 1986.

[27] P.T. Costa, A. Teracciano, R.R. McCrae, *Gender differences in personality traits across cultures: robust and suprising findings*, „Journal of Personality and Social Psychology", 81/2001, s. 322–331.

[28] L. Isbell, *The fruit, the tree and the serpent: why we see so well*, Cambridge, MA: Harvard University Press, 2011. Zobacz też: S. Hayakawa, N. Kawai, N. Masataka, A. Luebker, F. Tomaiuolo, A. Caramazza, *The influence of color on snake detection in visual search in human children*, „Scientific Reports", 1/2011, s. 1–4.

występuje w rajskim ogrodzie jako stworzenie, które dało nam umiejętność „widzenia" pewnych rzeczy tak, jak widzi je Bóg (odgrywając przy tym rolę pierwotnego, odwiecznego wroga ludzkości). Być może między innymi dlatego Maryja, archetypowa matka – perfekcyjna Ewa – tak często przedstawiana jest w średniowiecznej i renesansowej ikonografii jako kobieta trzymająca Dzieciątko Jezus na rękach, z dala od drapieżnego gada, którego stara się utrzymać na ziemi, przygniatając go stopą[29]. Na tym nie koniec. Wąż namawia Ewę do zerwania zakazanego owocu, a owoc również ma związek z ewolucją wzroku – nasza zdolność widzenia kolorów to adaptacja, która umożliwia szybkie wykrywanie dojrzałych, a zatem jadalnych darów drzew[30].

Nasi pierwotni rodzice posłuchali węża. Zjedli zakazany owoc. Ich oczy się otworzyły. Oboje się przebudzili. Ktoś mógłby pomyśleć, tak jak początkowo myślała Ewa, że wyjdzie im to na dobre. Czasem jednak dar połowiczny jest gorszy niż żaden. Adam i Ewa owszem, przebudzili się, niestety jedynie na tyle, aby odkryć straszne rzeczy. Pierwszym, co, zauważyli, była ich własna nagość.

Naga małpa

Mój syn odkrył wstyd przed nagością jeszcze przed ukończeniem trzech lat. Koniecznie chciał coś na siebie ubrać. Zwracał uwagę, czy zamknął za sobą drzwi do łazienki, żeby przypadkiem ktoś go tam nie widział. Nie chciał pokazać się przy ludziach bez ubrania. Naprawdę nie mogę powiedzieć, żeby miało to jakikolwiek związek z jego wychowaniem. To było jego własne odkrycie, jego własny wybór reakcji. Jak dla mnie wyglądało to na cechę wrodzoną.

Z czym wiąże się świadomość własnej nagości – lub, nawet gorzej, nagości własnej oraz naszego partnera czy partnerki? Z niczym dobrym – co w dość przerażający sposób uwidocznił renesansowy malarz Hans Baldung Grien, którego obraz zainspirował powstanie ilustracji

[29] Obraz Geertgena tot Sint Jansa (circa 1465–1495), *Madonna z Dzieciątkiem* (circa 1480) jest tego świetnym przykładem. Przedstawia Maryję, Dzieciątko Jezus oraz węża na tle średniowiecznych instrumentów muzycznych (z Dzieciątkiem w roli dyrygenta).

[30] D. Osorio, A.C. Smith, M. Vorobyev, H.M. Buchanan-Smieth, *Detection of fruit and the selection of primate visual pigments for color vision*, „The American Naturalist", 164/2004, s. 696–708.

zamieszczonej na początku tego rozdziału. Bycie nagim to bycie wrażliwym i łatwym do zranienia. Bycie nagim to bycie obiektem osądów dotyczących piękna i zdrowia. Bycie nagim to bycie niezabezpieczonym i nieuzbrojonym w dżungli bezwzględnej natury i bezwzględnych ludzi. Stąd też Adam i Ewa zaczęli odczuwać wstyd natychmiast po tym, jak otworzyli oczy. Nagle nauczyli się patrzeć – a pierwszym, co zobaczyli, byli oni sami. Ich wady przykuwały wzrok. Kruchość i wrażliwość ich ciał były na widoku. W przeciwieństwie do innych ssaków, których delikatne brzuchy osłonięte są dalece silniejszą powierzchnią grzbietu, Adama i Ewę cechowała pozycja stojąca, wyprostowana, przez co najdelikatniejsze fragmenty ich ciał pozostawały odsłonięte. Na tym nie koniec. Adam i Ewa niezwłocznie zrobili sobie przepaski na biodra, aby zakryć najwrażliwsze części ciał – i aby chronić swoje ego. Następnie ulotnili się czym prędzej i schowali. Ich delikatność i bezbronność, nagle w pełni uświadomiona, sprawiła, że poczuli się niewarci, aby znów stanąć przed obliczem Boga.

Jeżeli nie identyfikujesz się z tym uczuciem, po prostu nie myślisz dostatecznie głęboko. Piękno zawstydza brzydotę. Siła zawstydza słabość. Śmierć zawstydza życie. Ideał zawstydza zaś nas wszystkich. Dlatego się go boimy, mamy do niego żal – a nawet go nienawidzimy (ten temat zostaje poruszony w kolejnym fragmencie Księgi Rodzaju, w opowieści o Kainie i Ablu). Co możemy zrobić z tym przygnębiającym faktem? Porzucić wszelkie ideały piękna, zdrowia, siły i intelektu? To raczej kiepskie rozwiązanie. Zagwarantowałoby jedynie, że czulibyśmy się zawstydzeni przez cały czas – na dodatek bardziej zasłużenie. Nie chciałbym, aby kobiety, które potrafią oszałamiać samą swoją obecnością, zniknęły tylko dlatego, aby inne mogły przestać czuć się nieśmiałe i skrępowane. Nie chciałbym, aby potęgi intelektu w rodzaju Johna von Neumanna zniknęły tylko z powodu mojego własnego, marnego pojęcia o matematyce. Ten genialny umysł jeszcze przed ukończeniem dwudziestu lat zredefiniował liczby[31]. Liczby! Bogu dzięki za Johna von Neumanna! Bogu dzięki za Grace Kelly, Anitę Ekberg i Monicę Bellucci! Jestem dumny, że mogę czuć się niegodzien w obecności ludzi takich jak oni. To cena, jaką wszyscy płacimy za cele, osiągnięcia i ambicje. Trudno się więc dziwić Adamowi i Ewie, że chcieli się okryć – im przyszło przecież obcować z najwyższym Ideałem.

---

[31] N. Macrae, *John von Neumann: the scientific genius who pioneered the modern computer, game theory, nuclear deterrence, and much more*, Nowy Jork, Pantheon Books, 1992.

Dalsza część historii to, w mojej opinii, połączenie farsy z tragedią. Tego wieczoru, gdy w Edenie zrobiło się trochę chłodniej, Bóg udał się na spacer. Ale nie spotkał Adama. Zdziwiło to Boga, bo zwykli spacerować wspólnie. „Adamie – zawołał więc Bóg, najwyraźniej zapomniawszy, że potrafi widzieć przez zarośla – gdzie jesteś?". Adam natychmiast wyszedł z ukrycia, lecz nie zaprezentował się najlepiej: najpierw jako neurotyk, później jako kapuś. Na wołania Stwórcy wszechświata Adam odpowiedział: „Słyszałem Cię Boże, ale byłem nagi, więc się ukrywałem". Co należy przez to rozumieć? To, że ludzie, niepogodzeni ze swoją słabością i niedoskonałością od wieków boją się mówić prawdę, poruszać się między porządkiem a chaosem i wypełniać swoje przeznaczenie. Innymi słowy: boją się stanąć przed Bogiem. Nie jest to może godne pochwały, ale za to zupełnie zrozumiałe. Bóg to krytyczny ojciec. Jego standardy są wysokie. Niełatwo go zadowolić.

Bóg mówi: „Kto powiedział ci, że jesteś nagi? Czy zjadłeś coś, czego nie powinieneś?". Wtedy Adam, w przejawie desperacji, wskazuje na Ewę – swoją miłość, swoją partnerkę, swoją bratnią duszę – i na nią donosi. Następnie oskarża Boga. „Kobieta, którą stworzyłeś, dała mi ten owoc (a ja go zjadłem)", mówi. Jakże żałosne, a jednocześnie prawdziwe. Pierwsza kobieta uczyniła pierwszego mężczyznę zawstydzonym i oburzonym. W reakcji pierwszy mężczyzna przeklął pierwszą kobietę oraz Boga. Po dziś dzień dokładnie tak zachowuje się każdy odtrącony facet. Najpierw czuje się mały, stojąc przed obiektem swojej miłości, gdy ta umniejszy jego potencjał reprodukcyjny. Następnie przeklina Boga za to, że uczynił ją tak jędzowatą, jego tak bezwartościowego (o ile jest zdolny do samokrytyki), a Istnienie tak głęboko niedoskonałe. Kolejnym krokiem są myśli o zemście. Zachowanie równie godne pożałowania, co zrozumiałe w tej sytuacji. Kobieta mogła przynajmniej zrzucić winę na węża, który – jak się później okazało – był wcieleniem samego Szatana. Sprawia to, że błąd Ewy mniej bulwersuje i wzbudza współczucie. Uwiódł ją najlepszy z oszustów. Ale Adam? Jego nikt do niczego nie namawiał i nie zmuszał.

Niestety, najgorsze miało dopiero nadejść – zarówno dla Człowieka, jak i dla Zwierzęcia. Najpierw Bóg przeklina węża: oznajmia, że odtąd będzie pełzał bez odnóży, ciągle zagrożony zdeptaniem przez rozzłoszczonych ludzi. Następnie mówi kobiecie, że odtąd będzie rodzić dzieci w cierpieniu oraz pożądać niewartych, często zakompleksionych mężczyzn, którzy w konsekwencji po wsze czasy będą patrzeć na nią z góry z uwagi na jej biologiczne przeznaczenie. Co to może oznaczać? Być może to, że – zgodnie z wieloma interpretacjami tej prastarej opowieści motywowanymi politycznie – Bóg to patriarchalny tyran. Dla mnie słowa Boga mają w tym wypadku charakter czysto opisowy. Nic więcej. Oto dlaczego: w miarę, jak nasz gatunek ewoluował, mózg, który z czasem dał początek emocjom takim jak wstyd, zasadniczo zwiększał swoje rozmiary. Proces ten doprowadził do ewolucyjnego wyścigu zbrojeń między wielkością głowy płodu i kobiecej miednicy[32]. Kobieta łaskawie poszerzyła swoje biodra, niemalże do punktu, w którym bieganie stałoby się niemożliwe. Dziecko z kolei zgodziło się opuszczać łono matki ponad rok wcześniej niż inne ssaki o podobnych cechach oraz wykształciło częściowo elastyczną głowę[33]. To kosztowne modyfikacje dla obu stron. Przez ten pierwszy rok po urodzeniu dzieci ludzkie, w zasadzie ciągle w stanie płodowym, są zupełnie niesamodzielne i zależne od opieki swoich rodzicielek. Specyfika ich ogromnych mózgów sprawia, że muszą być uczone do około osiemnastego (żeby nie powiedzieć trzydziestego) roku życia, zanim zostaną wypchnięte z gniazda. Nie wspominając o problemach wynikających z tego ewolucyjnego kompromisu: poród pociąga za sobą ogromny ból kobiet oraz wysokie ryzyko śmierci zarówno matki, jak i dziecka. Wniosek z tego wszystkiego jest taki, że kobiety płacą wysoką cenę za ciążę i wychowywanie dzieci, szczególnie w początkowych etapach procesu, oraz że jednym ze skutków takiego, a nie innego stanu rzeczy jest zwiększona zależność od dobrej woli czasem nieodpowiedzialnych i zawsze problematycznych mężczyzn.

Po tym, jak Bóg oznajmił Ewie, z czym wiąże się jej przebudzenie, zwraca się do Adama, który swoim męskim potomkom zgotował równie niełatwy los. Upraszczając – Bóg mówi Adamowi: „Mężczyzno, gdy wraz z kobietą złamałeś mój zakaz, twoje oczy się otworzyły. Dzięki wężowi, owocowi i partnerce możesz teraz widzieć tak jak Bóg, widzieć daleko. Możesz nawet wybiegać wzrokiem w przyszłość. Jednak ci, którzy potrafią spoglądać w przyszłość, zawsze dostrzegać będą nadchodzące problemy, muszą zatem być gotowi na wszelkie ewentualności. Aby tak było, będziesz musiał na wieczność poświęcić teraźniejszość dla przyszłości. Będziesz musiał odłożyć na bok przyjemność na rzecz bezpieczeństwa. Mówiąc krótko:

---

[32] A.B. Wittman, L.L. Wall, *The evolutionary origins of obstructed labor: bipedalism, encephalization, and the human obstetric dilemma*, „Obstetrical & Gynecological Survey", 62/2007, s. 739–748.

[33] Są też inne wyjaśnienia: H.M. Dunsworth, A.G. Warrener, T. Deacon, P.T. Ellison, H. Pontzer, *Metabolic hypothesis for human altriciality*, „Proceedings of the National Academy of Sciences of the United States of America", 109/2012, s. 15212–15216.

będziesz musiał pracować. I nie będzie to łatwe. Mam nadzieję, że lubisz kolce i ciernie, bo będziesz miał z nimi sporo do czynienia".

Po czym Bóg wypędza pierwszego mężczyznę i pierwszą kobietę z Raju, ze stanu dzieciństwa, z nieświadomego, zwierzęcego świata, prosto ku potwornościom historii. Dla pewności, aby uniemożliwić ludziom dostęp do owoców Drzewa Życia, na jego straży stawia cheruba z ognistym mieczem. Ten ruch wydaje się wyjątkowo małoduszny. Dlaczego od razu nie uczynić ludzi, nieszczęsnych w świetle ich wielkiej tragedii, nieśmiertelnymi? W szczególności biorąc pod uwagę, że – jak mówi Biblia – co by nie było: taki jest boski plan na ostateczną przyszłość. Któż jednak śmiałby kwestionować decyzje Boga?

Najwyraźniej Niebo to coś, co musimy zbudować, a nieśmiertelność to coś, na co musimy zasłużyć.

I tak oto wracamy (wreszcie) do pytania postawionego na początku: dlaczego ktoś miałby wykupić i skrupulatnie podawać swojemu psu leki przepisane przez weterynarza, skoro nie robiłby tego w przypadku własnej choroby? Teraz znamy odpowiedź zawartą w jednym z fundamentalnych tekstów ludzkości. Dlaczego ktoś miałby zaopiekować się czymś tak nagim, brzydkim, zawstydzonym, przerażonym, bezwartościowym, tchórzliwym, obrażalskim, nieznoszącym obiektywnej krytyki i oskarżycielskim jak potomek Adama? Nawet jeśli tym czymś, tą istotą, jest on sam? I choć napisałem o Adamie – to samo odnosi się do kobiet.

Wszystkie rozważane przez nas jak dotąd negatywne cechy człowieka odnoszą się nie tylko do nas samych, lecz do wszystkich ludzi. Stanowią jedynie uogólnienia na temat ludzkiej natury. Jednak o nas samych wiemy znacznie więcej niż o innych. Ludzie, którzy nas znają, widzą w nas wiele wad, to prawda. Ale tylko my znamy pełny zakres naszych niedoskonałości, niegodziwych myśli i podłych występków. Nikt nie jest równie świadomy ułomności naszych ciał i umysłów, co my sami. Nikt nie ma tylu powodów, aby uznać cię za osobę żałosną i godną litości – a rezygnując z czegoś, co mogłoby ci pomóc, masz możliwość ukarania się za wszystkie swoje braki. Natomiast pies – niewinny, nieszkodliwy, nieświadomy niczego pies – zdecydowanie bardziej zasługuje na opiekę.

Jeśli nadal nie jesteś przekonany, rozważmy kolejną istotną kwestię. Porządek, chaos, życie, śmierć, grzech, praca i cierpienie: to nie wystarczało autorom Księgi Rodzaju. Historia biegnie dalej, natrafia na kolejne tragedie, a ludzie, których ona dotyczy (czyli my sami), muszą pogodzić się z kolejną bolesną prawdą. Zastanówmy się teraz nad samą moralnością.

Dobro i Zło

Gdy ich oczy się otworzyły, Adam i Ewa uświadomili sobie nie tylko własną nagość oraz konieczność pracy. Poznali także Dobro i Zło (wąż mówi o zakazanym owocu: „Ale wie Bóg, że gdy spożyjecie owoc z tego drzewa, otworzą się wam oczy i tak jak Bóg będziecie znali dobro i zło"[34]). Co możemy przez to rozumieć? Co jeszcze mielibyśmy odkryć w Księdze Rodzaju, po dokonanej już obszernej analizie? No cóż, należy szukać czegoś związanego z ogrodami, wężami, nieposłuszeństwem, owocami, seksualnością i nagością. To ta ostatnia – nagość – ostatecznie naprowadziła mnie na odpowiedź, której poszukiwałem latami.

Psy to drapieżniki. Tak samo koty. Zabijają inne zwierzęta, a następnie je zjadają. Nie brzmi to dobrze. Ale – mimo to – jesteśmy skłonni brać je na zwierzęta domowe, opiekować się nimi i regularnie podawać im lekarstwa, gdy zachorują. Dlaczego? Ponieważ choć są drapieżnikami – to taka po prostu jest ich natura. Nie ponoszą za to odpowiedzialności. Są głodne, a nie złe. Nie mają rozumu czy kreatywności – a przede wszystkim samoświadomości – niezbędnych dla wystąpienia natchnionego okrucieństwa człowieka.

Dlaczego nie? To proste. Inaczej niż my, drapieżniki nie rozumieją swoich podstawowych słabości, swojej podatności na obrażenia, ból i śmierć. My z kolei wiemy dokładnie, jak, gdzie i dlaczego możemy zostać zranieni. To zresztą świetna definicja samoświadomości. Zdajemy sobie sprawę z naszej bezbronności, skończoności i śmiertelności. Odczuwamy ból, wstręt do samych siebie, wstyd, strach – i wiemy o tym. Wiemy, co sprawia, że cierpimy. Wiemy, jak wzbudzić w sobie lęk i wyrządzić sobie krzywdę – a to oznacza, że wiemy również, jak terroryzować i krzywdzić innych. Wiemy, że jesteśmy nadzy i jak ta nagość naraża nas na niebezpieczeństwo – dzięki czemu wiemy też, że inni są nadzy oraz że można to wykorzystać.

Jesteśmy zdolni do świadomego wzbudzania strachu u innych ludzi. Jesteśmy skłonni ich ranić i upokarzać za winy, które sami doskonale znamy. Potrafimy torturować powoli, okrutnie, z premedytacją. To coś zgoła innego niż drapieżnictwo. To jakościowa zmiana w rozumieniu. To kataklizm na równi z wykształceniem samoświadomości. To wstąpienie w świat wiedzy o tym, co dobre i co złe. To już drugie, jak dotąd niezasklepione, pęknięcie w strukturze Istnienia. To przemiana zwykłej egzystencji w moralne przedsięwzięcie – a to zależy całkowicie od rozwinięcia zaawansowanej samoświadomości.

---

[34] Księga Rodzaju 3:5.

Tylko człowiek mógł wpaść na pomysł łamania kołem, żelaznej dziewicy czy hiszpańskich butów. Tylko człowiek może krzywdzić dla samego krzywdzenia. To najlepsza definicja zła, jaką udało mi się sformułować. Zwierzęta nie są do tego zdolne, ale ludzie, ze swymi potwornymi, półboskimi możliwościami, z pewnością tak. Uzbrojeni w tę wiedzę, dostrzegamy niemalże pełną legitymizację idei – bardzo niepopularnej w kręgach współczesnych intelektualistów – grzechu pierworodnego. Kto śmiałby twierdzić, że w naszej ewolucyjnej, indywidualnej i teologicznej transformacji nie było elementu dobrowolnego wyboru? Nasi przodkowie dobierali partnerów seksualnych przykładając wagę do... czego? Świadomości? Wstydu? Moralności? Kto zaprzeczy poczuciu egzystencjalnej winy, przenikającemu ludzkie doświadczenia? I kto podważy pogląd, że bez tego poczucia winy – poczucia wrodzonego zepsucia i zdolności do czynienia zła – człowiek jest o krok od psychopatii?

W ludziach drzemie olbrzymi potencjał do czynienia zła. To cecha unikalna w świecie organizmów żywych. Potrafimy i nie wahamy się pogarszać sytuacji, dobrowolnie, dysponując pełną wiedzą o tym, co robimy (czasem też przypadkowo bądź świadomie odrzucając tę wiedzę). Biorąc pod uwagę tę okropną zdolność, tę skłonność do odrażających czynów, nie ma co się dziwić, że trudno nam zdobyć się na wysiłek i o siebie zadbać – czy nawet: że powątpiewamy w wartość wszelkiej ludzkiej działalności. A o te niecne skłonności podejrzewaliśmy samych siebie, i słusznie, od tysiącleci. Mieszkańcy starożytnej Mezopotamii wierzyli na przykład, że ludzkość stworzona została z krwi Kingu, najokrutniejszego potwora, jakiego wielka bogini Chaosu powołała do życia w momencie skrajnej wściekłości[35]. Stając przed takimi wnioskami, jak mielibyśmy nie kwestionować wartości naszego istnienia czy nawet Istnienia jako takiego? Kto wobec tego, stojąc przed chorobą, własną czy kogoś innego, nie będzie wątpił w moralną użyteczność podania odpowiedniego lekarstwa? A przecież nikt nie rozumie mroku tkwiącego w danej osobie lepiej niż ta konkretna osoba. Kto zatem, w przypadku choroby, będzie w pełni zaangażowany w opiekę nad sobą samym?

Być może Człowiek jest istotą, która nigdy nie powinna zaistnieć. Być może świat powinien zostać oczyszczony z ludzkiej obecności, aby Istnienie i świadomość mogły powrócić do stanu brutalnej niewinności spotykanej u zwierząt. Twierdzę, że ktoś, kto nigdy nie miał takich myśli – albo niedokładnie przeszukał swoją pamięć, albo nie skonfrontował się jeszcze ze swoimi najciemniejszymi wyobrażeniami.

---

[35] A. Heidel, *The Babylonian Genesis: The story of the creation*, Chicago, University of Chicago Press, 1963.

Iskra Boża

W Rozdziale 1 Księgi Rodzaju Bóg powołuje do istnienia świat i, poprzez Słowo, z przedkosmogonicznego chaosu tworzy rajski porządek nadający się do zamieszkania. Następnie tworzy Mężczyznę i Kobietę na Swoje Podobieństwo – oraz daje im zdolność czynienia tego samego: kreowania porządku z chaosu i kontynuowania Jego dzieła. Na każdym z etapów stworzenia, w tym także na etapie pojawienia się pierwszej ludzkiej pary, Bóg wypowiada się na temat kolejnych pojawiających się bytów i określa je dobrymi.

Zestawienie Rozdziału 1 z Rozdziałami 2 i 3 (te ostatnie przedstawiają upadek człowieka oraz wyjaśniają, dlaczego nasz los jest tak tragiczny i etycznie zawiły) tworzy sekwencję narracyjną niemal nie do zniesienia w swojej głębi. Morał z Rozdziału 1 mówi, że Istnienie powołane przez Słowo Boże jest dobre. Dotyczy to również człowieka – do momentu jego separacji z Bogiem. Dobro zostaje drastycznie zaburzone wydarzeniami Upadku (a także dziejami Kaina i Abla, Potopu i Wieży Babel), ale udaje nam się zachować oznaki stanu poprzedzającego zbłądzenie. Pamiętamy, tak to ujmę. Z wiecznym utęsknieniem patrzymy na niewinność dzieciństwa, boskość, zwierzęcą nieświadomość i nietknięty ludzką ręką pierwotny las. Znajdujemy w tych rzeczach ulgę i wytchnienie. Czcimy je, nawet jeśli jesteśmy najbardziej antyludzkimi ateistycznymi ekologami. Pierwotny stan Natury uznajemy w tym sensie za rajski. Lecz niestety nie stanowimy już jedności z Bogiem i Naturą i nie ma ku temu szybkiej drogi powrotnej.

Pierwotny Mężczyzna i Kobieta, istniejący w niezachwianej jedności ze Stwórcą, nie wydawali się świadomi (z pewnością nie byli samoświadomi, a więc nie znali wstydu czy nieśmiałości). Ich oczy nie były otwarte. Jednak w swojej doskonałości pod pewnym względem ustępowali swoim krewnym z czasów po Upadku. Ich dobroć była czymś, czym zostali obdarowani, a nie czymś, na co się samodzielnie zdecydowali. Nie dysponowali wolną wolą, a to zasadniczo ułatwia sprawę. Być może czymś szlachetniejszym i bardziej wartościowym jest dobroć szczerze wybrana. Kto może wypowiadać się w takich kwestiach z jakąkolwiek pewnością? Ja osobiście nie godzę się na ignorowanie tego typu pytań – tylko dlatego, że nie należą do najłatwiejszych. A więc oto moja propozycja: Być może to nie tylko wykształcenie samoświadomości oraz nabycie wiedzy moralnej o Śmierci i Upadku nękają nas i sprawiają, że wątpimy w samych siebie. Być może to raczej nasz brak chęci – uwidoczniony przez Adama, gdy ukrywał się przepełniony wstydem – aby mimo delikatności i skłonności do zła znaleźć odwagę i stanąć przed Bogiem.

Biblia ma tak ułożoną strukturę, że wszystko, co dzieje się po Upadku – historia Izraela, prorocy, nadejście Chrystusa – przedstawiane jest jako remedium dla Upadku, drogę odejścia od zła. Początki świadomej historii, wykształcenie się instytucji państwa ze wszystkimi jego patologiami dumy i bezwzględności, pojawienie się wybitnych jednostek służących za wzorce moralne, próbujących naprowadzić ludzkość na właściwy tor, na czele z samym Mesjaszem – wszystko to są próby ludzkości naprawienia katastrofalnego błędu z jej początków. A jak naprawić ten błąd?

I to jest niesamowite: odpowiedź podana jest już w Rozdziale 1 Księgi Rodzaju: należy postępować na wzór Boga – wydobyć z chaosu Istnienie niosące dobro – lecz trzeba czynić to świadomie, z własnej woli. Droga do przodu wiedzie wstecz – jak słusznie radził T.S. Eliot – jednak przez ten krok wstecz nie należy rozumieć powrotu do stanu błogiej nieświadomości, lecz powrót jako istoty przebudzone, świadomie korzystające z wolności wyboru:

Nie ustawajmy w dociekaniach,
A kresem wszelkich naszych poszukiwań
Będzie dojście tam, skąd wyruszyliśmy
I poznanie tego miejsca po raz pierwszy.
Przez nieznaną, pamiętaną bramę
Gdy na ziemi pozostanie do odkrycia
Tylko to, co było początkiem;
U źródła najdłuższej rzeki
Głos ukrytego wodospadu
A wśród liści jabłoni dzieci

Nieznane nam, gdyż nikt ich nie szukał
Lecz słyszane, jako półgłos, w ciszy
Między dwiema falami morza.
Żwawo teraz, tutaj, teraz, zawsze –
Stan całkowitej prostoty
(Kosztujący nie mniej niż wszystko)
I wszystko będzie dobrze i
Wszelkie sprawy ułożą się dobrze
Gdy płatki płomienia splotą się
W koronowany węzeł ognia
I ogień i róża staną się jednym[36].

[36] Fragment *Czterech dramatów*, 1943, w przekładzie K. Boczkowskiego.

Jeśli chcemy właściwie dbać o siebie samych, musimy mieć do siebie szacunek. Nie mamy go, ponieważ jesteśmy – zwłaszcza w naszych własnych oczach – istotami upadłymi. Gdybyśmy żyli w Prawdzie; gdybyśmy mówili Prawdę – moglibyśmy ponownie iść ręka w rękę z Bogiem, szanować siebie, innych oraz świat. Wtedy moglibyśmy traktować samych siebie tak, jak traktujemy osoby, na których nam zależy. Bylibyśmy skłonni walczyć o naprawę świata. Moglibyśmy skierować go w stronę Nieba, gdzie chętnie widzielibyśmy przyszłość naszych najbliższych, a nie Piekła, gdzie wszyscy skazani jesteśmy na wzajemną złość i nienawiść.

Na obszarach, gdzie dwa tysiące lat temu narodziło się chrześcijaństwo, ludzie byli daleko bardziej barbarzyńscy niż dziś. Konflikty były wszechobecne, a trup ścielił się gęsto. Składanie ofiar z ludzi, w tym z dzieci, było powszechną praktyką nawet w zaawansowanych technologicznie społeczeństwach takich jak starożytna Kartagina[37]. W Rzymie gladiatorzy walczyli na śmierć i życie, a krew przelewano codziennie. Prawdopodobieństwo, że osoba żyjąca dziś, w rozwiniętym kraju demokratycznym, dokona zabójstwa lub sama zostanie zabita – jest nieskończenie niskie w porównaniu do standardów dawnych społeczeństw (oraz niezorganizowanych, anarchicznych społeczeństw współczesnych)[38]. W tamtych czasach głównym problemem moralnym stojącym przed społeczeństwem była kontrola agresywnego, impulsywnego egoizmu, bezmyślnej chciwości oraz towarzyszącej tym cechom brutalności. Ludzie z takimi tendencjami nadal istnieją. Dziś jednak ogólnie wiadomo, że takie zachowania nie są optymalne i tego typu osoby próbują panować nad swoimi żądzami. Jeśli tego nie robią, natrafiają na istotne społeczne utrudnienia.

Współcześnie pojawił się natomiast inny kłopot, raczej mniej dotkliwy w naszej krwawej przeszłości. Łatwo wierzyć, że ludzie są aroganccy, samolubni i zawsze dbają o własny interes. Cynizm stojący za powszechnością tej opinii jest popularny i widoczny wszędzie wokół. Tymczasem wielu ludzi takie nastawienie do świata wcale nie cechuje. Doskwiera im odwrotny problem: dźwigają przerastający ich ciężar wstydu, wstrętu i pogardy dla samych siebie. Z tego powodu, zamiast narcystycznie przeceniać swoje własne znaczenie, uznają się za bezwartościowych, a w konsekwencji nie dbają o siebie z właściwym zaangażowaniem i motywacją. Ludzie często nie wierzą, że zasługują na najlepszą

[37] J.E. Salisbury, *Perpetua's passion: The death and memory of a young Roman woman*, Nowy Jork, Routledge, 1997.

[38] S. Pinker, *Zmierzch przemocy: lepsza strona naszej natury*, Warszawa, Zysk i S-ka, 2015.

opiekę. Są zbyt świadomi własnych wad i ułomności, tych prawdziwych i tych przesadzonych, wstydzą się ich i powątpiewają we własną wartość. Uważają, że inni nie powinni cierpieć – i skłonni są pilnie, altruistycznie pracować, aby ulżyć im w ich bólu. Taką dobrotliwością obdarzają nawet domowe zwierzęta – ale nie tak łatwo samych siebie.

Prawdą jest, że idea szlachetnego poświęcenia się dla innych jest głęboko zakorzeniona w kulturze Zachodu (przynajmniej o tyle, o ile ta kształtowała się pod wpływem chrześcijaństwa, zachęcającego do naśladowania Chrystusa, który zdobył się na akt ostatecznego poświęcenia). Złotą regułę etyczną można zatem interpretować jako „poświęcaj siebie dla innych". Jednak archetypiczna śmierć Jezusa ma służyć za przykład, jak z heroizmem zaakceptować skończoność, zdradę i tyranię – jak iść u boku Boga mimo tragicznej i zawstydzającej wiedzy o nas samych – nie zaś za przykazanie, aby gnębić samego siebie w służbie innym. Poświęcić się Bogu (lub, jak ktoś woli, najwyższemu Dobru) nie oznacza milcząco i ochotniczo cierpieć, podczas gdy jakiś człowiek lub organizacja żądają od nas więcej niż oferują w zamian. Taka postawa równałaby się popieraniu tyranii i pozwalaniu na traktowanie siebie jak niewolnika. Nie ma nic godnego pochwały w uleganiu tyranowi, nawet jeśli tym tyranem jesteśmy my sami.

Od Carla Junga, słynnego szwajcarskiego psychologa podświadomości, nauczyłem się dwóch arcyistotnych rzeczy na temat złotej reguły, brzmiącej zależnie od wersji: „traktuj innych tak, jak ty chciałbyś być traktowany" albo „miłuj bliźniego jak siebie samego". Po pierwsze, te stwierdzenia nie mają nic wspólnego z byciem miłym. Po drugie, oba są równaniami, a nie nakazami. Jako czyjś przyjaciel, członek rodziny czy partner, jestem moralnie zobligowany do negocjowania we własnym imieniu równie uparcie, co oni w swoim. W przeciwnym wypadku ja skończę jako niewolnik, a oni jako tyrani. Co w tym dobrego? Każda relacja jest zdrowsza, gdy obie strony są silne. Co więcej, jest niewielka różnica między postawieniem się a zawalczeniem o swoje, gdy jesteśmy przez kogoś zastraszani czy w inny sposób dręczeni, a postawieniem się i zabraniem głosu w imieniu kogoś innego, kto tego potrzebuje. Jak zauważył Jung: chodzi o akceptację i miłość dla grzesznika, którym sam jesteś, a jednocześnie przebaczenie i pomoc komuś niedoskonałemu i błądzącemu.

Jak twierdzi sam Bóg (zgodnie z Biblią): „Do Mnie należy pomsta. Ja wymierzę zapłatę"[39]. Według tej filozofii nie należysz jedynie do siebie. Nie jesteś jedynie swoją własnością, którą możesz maltretować. A to

[39] List do Rzymian 12:19.

dlatego, że twoje Istnienie jest nierozerwalnie splecione z Istnieniem innych i gdy właściwie o siebie nie zadbasz, możesz obciążyć przykrymi konsekwencjami swoich zaniedbań osoby trzecie. Najskrajniejszym przykładem są samobójstwa, na skutek których bliscy osób, które odebrały sobie życie, latami zmagają się z wyrzutami sumienia, traumą i osamotnieniem. Jest jeszcze jedna kwestia. Ujmując to metaforycznie: nosisz w sobie iskrę Bożą, która nie należy do ciebie, tylko do Niego. Jakby nie było: zostaliśmy stworzeni na Jego podobieństwo – tak mówi Księga Rodzaju. Posiadamy półboską zdolność świadomego patrzenia na świat. Jesteśmy ograniczoną (co wyjaśnia pojęcie „kenozy"[40]) wersją Boga. Potrafimy tworzyć porządek z chaosu – i odwrotnie – zgodnie z naszą wolą, przy pomocy naszych słów. A zatem, choć nie możemy stawiać się na równi z Bogiem, nie powinniśmy też stawiać się na równi z niczym.

W moich własnych okresach zwątpienia, w zaświatach duszy, zadziwia mnie często zdolność ludzi do okazywania sobie przyjaźni, kochania swoich najbliższych i czynienia tego, co konieczne, aby choć w ich kąciku na tym świecie panował porządek. Znałem człowieka z niepełnosprawnością nabytą w wyniku wypadku samochodowego, zatrudnionego w lokalnym pogotowiu elektrycznym. Po wypadku przez lata pracował ręka w rękę z innym człowiekiem, który cierpiał z kolei na chorobę zwyrodnieniową stawów. Współpracowali przy naprawie usterek sieci elektrycznej i wzajemnie uzupełniali swoje niedoskonałości. Tego typu codzienny heroizm to raczej reguła, tak przynajmniej wierzę, a nie wyjątek. Większość ludzi zmaga się z takim czy innym poważnym problemem zdrowotnym, lecz mimo to produktywnie i bez narzekania robi to, co trzeba. Nawet jeśli ktoś ma na tyle szczęścia, aby znajdować się w ulotnym okresie zdrowia i urody, prawdopodobnie ma w rodzinnych kręgach przynajmniej jednego bliskiego w kryzysie. A jednak ludzie potrafią sobie z tym radzić i dźwigać ciężkie brzemię utrzymywania siebie samych, swoich rodzin oraz społeczeństwa we względnym porządku. To dla mnie istny cud – do tego stopnia, że osłupiała wdzięczność jest jedyną właściwą reakcją. Sprawy mogą rozpaść się i pójść w diabły na wiele sposobów, a zapobiegają temu zwykli ludzie swoimi codziennymi staraniami. Za tę postawę zasługują na szczery, serdeczny podziw. To nieustanny cud wytrwałości i hartu ducha.

W mojej praktyce klinicznej zachęcam pacjentów, aby cenili samych siebie oraz bliskich za produktywne życie oraz za autentyczną troskę

[40] Pojęcie teologiczne interpretujące Wcielenie jako dobrowolne, zbawcze uniżenie się Chrystusa, będące wyrazem jego woli [przyp. tłum.].

i życzliwość, jaką manifestują względem innych. Ludzie są tak dręczeni przez niedoskonałość i skończoność Istnienia, że zdumiewa mnie, jak w ogóle mogą być zdolni postępować właściwie i zwracać uwagę na coś więcej niż własne korzyści. A jednak czyni to wystarczająco wielu z nich, abyśmy mogli cieszyć się centralnym ogrzewaniem, bieżącą wodą, nieskończonymi mocami obliczeniowymi, energią elektryczną, obfitością żywności, a nawet możliwością kontemplowania społeczeństwa czy natury. Cała ta skomplikowana maszyneria, która chroni nas przed mrozem, głodem i śmiercią z pragnienia nieustannie podąża w kierunku awarii i niesprawności – zgodnie z zasadą entropii – i jedynie stała czujność porządnych i dzielnych sprawia, że funkcjonuje tak niezawodnie. Niektórzy ludzie staczają się do piekła frustracji i nienawiści, jednak większość, mimo cierpienia, porażek, rozczarowania, niedoskonałości i brzydoty – nie godzi się na to. Jeszcze raz podkreślę: trzeba być ślepym, aby nie dostrzegać doniosłości tego faktu.

Mając na uwadze szeroki wachlarz przeszkód pokonywanych przez ludzkość, zarówno rozpatrywaną jako całość, jak i jako zbiór jednostek, naprawdę zasługuje ona na uznanie. Ludzkości należy się współczucie za zmagania ze śmiertelnością i skończonością, tyranią państwa oraz okrucieństwem natury. Żadne ze zwierząt nie ma do czynienia z egzystencjalnym ciężarem tak poważnym, że tylko Bóg jest w stanie w pełni go unieść. To właśnie współczucie powinno być skutecznym lekarstwem na świadome samopotępienie, które nie jest zupełnie bezzasadne, lecz niesie ze sobą tylko połowiczną prawdę. Pogardę dla samego siebie i ludzkości należy równoważyć wdzięcznością za tradycję i wspaniałe instytucje społeczne oraz podziwem dla codziennych dokonań zwyczajnych ludzi – nie wspominając już o fascynujących osiągnięciach najwybitniejszych jednostek.

Zasługujemy na pewien szacunek. Ty również zasługujesz na pewien szacunek. Jesteś kimś ważnym – zarówno dla innych, jak i dla siebie. Masz do odegrania jakąś rolę w dziejach świata. Z tego powodu jesteś moralnie zobligowany do dbania o siebie. Powinieneś sobie pomagać i być dla siebie dobry, tak samo, jak pomagasz i jesteś dobry dla kogoś, kogo kochasz i cenisz. Oczywiście: aby mieć szacunek dla własnego Istnienia, musisz postępować zgodnie z pewnymi standardami. Pamiętaj jednak, że nikt z nas nie dorównuje boskiemu Ideałowi. Wszyscy bowiem zgrzeszyli i pozbawieni są chwały bożej[41]. Jednak gdyby ten ponury fakt miał implikować porzucenie odpowiedzialności za dbanie o samych siebie, z zaangażowaniem równym co przy dbaniu o innych, świat na zawsze pogrążyłby się w chaosie.

[41] List do Rzymian 3:23.

Powszechne przyjęcie takiej postawy uczyniłoby niedoskonałości świata – które mogą wzbudzać wątpliwości co do sensu samego Istnienia – gorszymi pod każdym względem. Z pewnością nie jest to właściwa droga naprzód.

Zamiast tego, traktując siebie tak, jak traktujesz osoby, na których ci zależy, zwracasz uwagę na to, co dla ciebie rzeczywiście dobre. Nie na to, „czego chcesz". Nie na to, co „uczyni cię szczęśliwym". Za każdym razem, gdy dajemy dziecku słodycze, sprawiamy, że jest szczęśliwe. Nie znaczy to jednak, że powinniśmy ciągle dawać dziecku słodycze. „Szczęśliwy" nie jest synonimem „dobrego". Musimy uczyć dzieci, aby myły zęby. Musimy skłaniać, je aby ubrały ciepłą kurtkę, gdy zimą wychodzą na dwór, bez względu na to, jak zaciekle protestują. Musimy pomóc dzieciom wyrosnąć na szlachetne, odpowiedzialne, świadome istoty zdolne do pełnej wzajemności – zdolne dbać o siebie samych i o innych, skutecznie i z podniesionym czołem pokonywać życiowe przeszkody. Dlaczego siebie samego miałbyś traktować choćby odrobinę gorzej?

Pomyśl o swojej przyszłości i zastanów się: „Jak wyglądałoby moje życie, gdybym właściwie o siebie dbał? Jaka kariera wydobyłaby ze mnie to, co najlepsze, oraz uczyniła mnie produktywnym, przydatnym i zdolnym dźwigać moje osobiste brzemię, a przy tym wszystkim – cieszyć się życiem? Co robiłbym, gdybym znalazł w sobie motywację do poprawy mojego zdrowia, poszerzenia mojej wiedzy i wzmocnienia mojego ciała?". Świadomość aktualnego położenia może być niezbędna, aby zacząć planować nowy szlak. Świadomość tego, kim jesteś, może być niezbędna do prawidłowego rozpoznania twoich silnych i słabych stron, rozwijania tych pierwszych i naprawy tych drugich. Świadomość tego, dokąd zmierzasz, może być niezbędna, aby ograniczyć zakres chaosu w twoim życiu, przywrócić porządek i dawać światu cudowną siłę Nadziei.

Musisz ustalić, dokąd zmierzasz, aby móc walczyć o marzenia; aby nie skończyć rozżalonym, mściwym i okrutnym. Musisz wyartykułować swoje racje, aby odpierać próby wykorzystania cię; aby w pracy i czasie wolnym czuć się spokojnie i przyjemnie. Musisz nauczyć się ostrożnej dyscypliny. Musisz dotrzymywać obietnic, które sobie składasz, i odpowiednio się nagradzać, abyś samemu sobie ufał i sam siebie motywował. Musisz określić, jak postępować względem siebie tak, aby stać się i już na zawsze pozostać dobrym człowiekiem. Będzie to twoja osobista cegiełka w budowie lepszego świata. Niebo samo z siebie się przecież nie pojawi. Będziemy musieli zapracować, aby nastało, i wzmocnić samych siebie, aby stawić czoła zabójczym cherubom dzierżącym ognisty miecz sądu, którym Bóg nakazał strzec jego bram.

Nie lekceważ potęgi wizji i celu. To przemożne siły zdolne przekształcać nieprzekraczalne, wydawałoby się, przeszkody w drożne szlaki pełne szans i możliwości. Wzmocnijmy jednostkę. Zacznijmy od nas samych. Zadbaj o siebie. Zdefiniuj, kim jesteś. Pracuj nad swoją osobowością. Wybierz swój cel i wyartykułuj swoje Istnienie. Jak wspaniale ujął to wybitny dziewiętnastowieczny filozof niemiecki Friedrich Nietzsche: „Jeśli mamy *dlaczego?* swojego życia, to godzimy się z niemal każdym *jak?*"[42].

Możesz pomóc przekierować pędzący świat troszeczkę w stronę Nieba i troszeczkę dalej od Piekła. Gdy lepiej zrozumiesz Piekło, przeanalizujesz je – w szczególności swoje własne, indywidualne Piekło – łatwiej będzie ci zdecydować przeciwko podążaniu ku niemu bądź tworzeniu go. Znajdziesz cel gdzie indziej. Co więcej: łatwiej będzie ci poświęcić życie dążeniu do tego celu. To dałoby ci Sens – przez wielkie „S". Uzasadniłoby marność twojej egzystencji. Zadośćuczyniło za twoją grzeszną naturę oraz pozwoliło zastąpić wstyd i zażenowanie – naturalną dumą i poczuciem własnej wartości kogoś, kto znów nauczył się iść u boku Boga.

Zacznij od traktowania siebie tak, jak traktujesz osoby, na których ci zależy.

[42] F. Nietzsche, *Zmierzch bożyszcz czyli jak filozofuje się młotem*, Kraków, Wydawnictwo Zielona Sowa, 2004, s. 6.

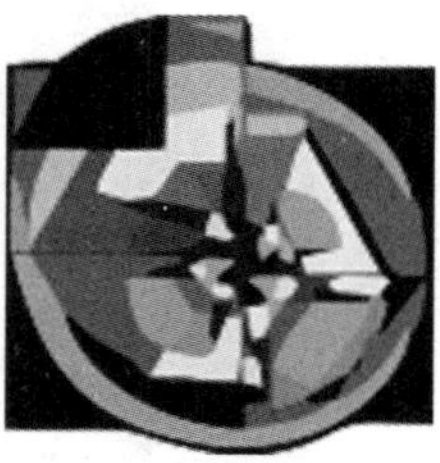

Zasada 3

Przyjaźnij się z ludźmi, którzy życzą ci jak najlepiej

Rodzinne strony

Miasteczko, w którym dorastałem, wydarto spod panowania bezkresnej kanadyjskiej prerii ledwie pięćdziesiąt lat wcześniej. Fairview, położone w prowincji Alberta, było częścią pogranicza, a na dowód tego nadal stało tam kilka kowbojskich barów. W sklepie w centrum miasta ciągle sprzedawano bobrze, wilcze i kojocie skóry dostarczane przez lokalnych traperów. W odległości ponad sześciuset kilometrów od najbliższego dużego miasta żyło trzy tysiące mieszkańców. Kablówka, gry komputerowe i internet jeszcze nie istniały. Znalezienie w Fairview rozrywki było sprawą niełatwą, szczególnie podczas pięciu miesięcy zimy, gdy normą były długie okresy temperatur sięgających minus 40 stopni Celsjusza za dnia, a jeszcze niższych w nocy.

Przy takich mrozach świat jest zupełnie innym miejscem. Osoby mające tendencję do nadużywania alkoholu często kończyły tu żywot w smutny sposób. Zamarzały na śmierć gdzieś w przydrożnych zaspach o trzeciej nad ranem. Przy minus 40 stopniach, zanim wyjdziesz z domu, trzy razy zastanawiasz się, czy aby na pewno musisz. Wraz z pierwszym oddechem suche, pustynne powietrze ściska płuca. Lód zbiera się na rzęsach i łączy je w kryształowe stożki. Długie włosy, niedosuszone po kąpieli, zamarzają na amen, po czym po ogrzaniu sterczą na wszystkie strony świata. Dzieci tylko raz w życiu dotykają językiem metalowych huśtawek na placu zabaw. Dym z kominów nie wznosi się w górę jak na sielankowych obrazkach. Pokonany przez chłód, dryfuje w dół i zbiera się na dachach i podwórkach. Samochodów nie zostawia się tak po prostu przed domem. Na noc do silnika trzeba podłączyć grzałkę, inaczej rano samochód nie odpali. Zresztą, czasem i z grzałką nie odpali. Męczysz wtedy rozrusznik ze złudną nadzieją, aż w końcu ten stuka po raz ostatni i milknie na dobre. Wówczas wyciągasz zamarznięty akumulator, odkręcając śruby palcami sztywniejącymi w przeszywającym chłodzie, i zanosisz go do domu. Leży tam i poci się godzinami, aż ogrzeje się na tyle, żeby zatrzymać w sobie odpowiedni ładunek elektryczny. Przez tylną szybę w aucie niczego nie widać. Zamarza w listopadzie i zostaje już taka do maja. Nie ma po co jej skrobać, szczególnie od wewnątrz. Zmoczymy tylko tapicerkę i ona też zamarznie. Pewnego wieczoru, kiedy jechaliśmy do kolegi, zepsuło się nam ogrzewanie i przez dwie godziny siedziałem na skraju fotela pasażera, trzymałem się gałki skrzyni biegów i wycierałem przednią szybę ręcznikiem nasączonym wódką, żeby kierowca cokolwiek widział. Postój nie wchodził w grę. Nie było gdzie się zatrzymać.

Koty też nie miały łatwo. Wszelkiego rodzaju kotowate w Fairview miały krótkie uszy i ogony, ponieważ traciły ich końcówki na skutek odmrożeń. Przypominały arktyczne lisy, które wykształciły te cechy w procesie ewolucji, aby lepiej radzić sobie ze skrajnym zimnem. Zdarzyło się kiedyś, że nasz kot niezauważenie wymknął się z domu. Znaleźliśmy go później z futrem przymarzniętym do cementowych schodów, na których nieszczęśnik przysiadł. Udało się ostrożnie oddzielilić kota od betonu bez trwałych obrażeń – choć mocno ucierpiała jego duma. Zimą zamieszkujące Fairview koty były też szczególnie narażone na niebezpieczeństwo ze strony samochodów – ale nie z powodów, które przychodzą ci do głowy. Nie groziły im auta wpadające w poślizg i rozjeżdżające je na miazgę. Tylko koty-frajerzy ginęły w ten sposób. Źródłem niebezpieczeństwa były samochody dopiero co zaparkowane. Zziębnięty kot łatwo ulega pokusie wkradnięcia się pod maskę takiego samochodu i położenia się na ciągle rozgrzanym silniku. Ale co jeśli kierowca ponownie odpali samochód, zanim silnik się ochłodzi, a kot odejdzie? Nie wdając się w szczegóły powiedzmy tylko, że poszukujące ciepła zwierzaki domowe, które znajdą się zbyt blisko szybko obracającego się wentylatora chłodnicy, nie żyją długo i szczęśliwie.

Ponieważ miasteczko leży tak daleko na północy, te cholernie mroźne zimy były też cholernie ciemne. Od grudnia słońce nie wschodziło przed 9.30. Droga do szkoły wiodła przez ciemność. Powrót, tuż przed wczesnym zmierzchem, niewiele się pod tym względem różnił. Młodzi ludzie w Fairview nie bardzo mieli co robić, nawet podczas lata. Ale zimy były gorsze. Wtedy liczyli się przyjaciele. Bardziej niż wszystko inne.

Kolega Chris i jego brat

Miałem wtedy kumpla, którego na potrzeby tej książki nazwiemy Chris. Był sprytnym gościem. Dużo czytał. Lubował się w gatunku science fiction, którym ja też byłem zafascynowany (Bradbury, Heinlein, Clarke). Był kreatywny. Interesował się sprzętem elektronicznym, maszynami i silnikami. Taki inżynier z natury. Wszystko to zostało jednak przyćmione przez problemy rodzinne. Nie wiem, czego dotyczyły. Jego starsze siostry były dobrymi uczennicami, tata wydawał się bardzo spokojny, a mama bardzo miła. Dziewczyny wydawały się zupełnie OK, jednak Chrisowi (i jego bratu również) ewidentnie coś doskwierało. Mimo inteligencji i ciekawości w jego umyśle było zbyt dużo gniewu i rozgoryczenia, a za mało nadziei.

Kondycję psychiczną Chrisa w materialnej formie dobrze oddawał stan jego samochodu, niebieskiego pickupa marki Ford z 1972 roku. Ten niesławny pojazd miał przynajmniej jedno wgniecenie na każdym elemencie nadwozia. Co gorsza, jego wnętrze było równie poobijane. Wszystkie te „blizny" to rezultat notorycznych stłuczek. Pickup Chrisa był istnym egzoszkieletem nihilisty. Na zderzaku dumnie widniała naklejka z hasłem „Jedź ostrożnie!". W kombinacji z wszechobecnymi wgnieceniami tworzyła szczyt absurdu. Niewiele było tutaj dziełem (że się tak wyrażę) przypadku.

Za każdym razem, gdy Chris uderzył w coś pickupem, jego ojciec naprawiał samochód, a oprócz tego kupował mu coś ekstra. Chris miał motocykl i vana do sprzedaży lodów. O ten pierwszy w ogóle nie dbał. Żadnych lodów też nigdy nie sprzedał. Często za to narzekał na ojca i wyrażał niezadowolenie z ich relacji. Niestety jego tata był starszy niż przeciętni ojcowie dzieci w naszym wieku, a do tego schorowany, co zdiagnozowano zdecydowanie za późno. Przez lata zwyczajnie brakowało mu energii potrzebnej przy wychowaniu młodego chłopca. Może poświęcał synowi za mało uwagi. Może samo to wystarczyło, aby oddalić ich od siebie.

Chris miał brata Eda, o dwa lata młodszego. Lubiłem go na tyle, na ile można lubić młodszego brata kumpla z dzieciństwa. Był wysokim, sprytnym, uroczym, przystojnym chłopcem. Miał też fajne poczucie humoru. Każdy, kto znał Eda, gdy ten miał dwanaście lat, widział przed nim świetlaną przyszłość. Niestety, z wiekiem Ed zaczął stopniowo dziwaczeć i stawać się samotnikiem. Nie było u niego widać gotującej się wewnątrz złości, tak jak u Chrisa, lecz raczej totalne zagubienie. Jeśli poznało się kolegów Eda, jego problemy można było tłumaczyć presją rówieśników.

Ci byli prawdopodobnie nie mniej zagubieni niż Ed, tyle że mniej inteligentni. Jakby tego było mało, sytuacji Eda – oraz Chrisa – nie poprawiło odkrycie marihuany. Marihuana nie dla wszystkich staje się destruktywna, tak samo jak alkohol nie każdemu rujnuje życie. Ta pierwsza czasem wydaje się mieć nawet pozytywne efekty. Niestety, nie w przypadku Eda i Chrisa.

Aby rozerwać się w długie ciemne noce, ja, Chris, Ed i reszta chłopaków jeździliśmy po okolicznych drogach naszymi rozlatującymi się autami. Woziliśmy się po Main Street, wzdłuż Railroad Avenue, mijaliśmy budynek szkoły, zahaczaliśmy o północny kraniec miasta, dalej na zachód, z powrotem w kierunku centrum – i tak w kółko. Sto lat wcześniej geodeci dali podwaliny pod gęstą sieć dróg przecinających niezmierzone połacie prerii. Co trzy kilometry w kierunku północnym biegła żwirowa szosa ze wschodu na zachód. Co trzy kilometry, prostopadle do równika, taka szosa biegła z południa na północ. Było gdzie jeździć.

Kraina młodzieńczej pustki

Drugim sposobem wypełniania długich wieczorów, oprócz bezlitosnego i bezcelowego zajeżdżania naszych samochodów, było imprezowanie. Zawsze trafiał się jakiś relatywnie młody dorosły (lub zdziwaczały starszy dorosły), skłonny zorganizować domówkę. Jego lokum niczym magnes przyciągało wtedy wszelkiego rodzaju podejrzanych typków, z których wielu było niemile widzianych od początku imprezy albo stawało się takimi w wyniku styczności z alkoholem. Impreza mogła też zaistnieć nieprzewidzianie, gdy nieświadomi niczego rodzice jakiegoś nastolatka wyjeżdżali na dłużej z miasta. W takim wypadku, prędzej czy później, kierowcy krążących po okolicy samochodów dostrzegali brak auta przed domem, a zapalone światło w środku. Nie wróżyło to nic dobrego. Takie libacje często wymykały się spod kontroli.

Osobiście nie przepadałem za imprezami z młodzieńczych czasów. Nie wspominam ich z nostalgią. Były to raczej marne przedsięwzięcia. Odbywały się zazwyczaj przy przygaszonych światłach. To pozwalało wyzbyć się wstydu. Zbyt głośna muzyka uniemożliwiała jakąkolwiek rozmowę. Zwykle nie było zresztą o czym rozmawiać. Zawsze obecnych było paru lokalnych psychopatów. Wszyscy pili i palili za dużo. W powietrzu wisiało ponure i dokuczliwe poczucie bezsensu. Nie licząc masowego nadużywania alkoholu i innych środków odurzających, generalnie niewiele się działo (może poza sytuacją, gdy mój skądinąd spokojny kolega z klasy nachlał się i przyniósł z piwnicy naładowaną dubeltówkę; albo gdy dziewczyna, która w przyszłości została moją żoną, rzucała najgorszymi wyzwiskami w kierunku gościa grożącego jej nożem; albo kiedy inny nawalony kumpel postanowił wejść na drzewo i pohuśtać się na gałęzi, z której spadł prosto na plecy tuż obok ogniska, przy którym wszyscy siedzieliśmy, po czym chwilę później tę samą sekwencję powtórzył jego bezmózgi towarzysz).

Jako uczestnicy tych balang sami nie wiedzieliśmy, co my tam właściwie robimy. Liczyliśmy na cheerleaderki? Czekaliśmy na Godota[1]? Choć bardziej pożądane były te pierwsze (niestety w trzytysięcznej mieścinie należały do dóbr rzadkich), bliżej prawdy było to drugie. Bardziej romantyczne, jak mniemam, byłoby usprawiedliwienie, zgodnie z którym wszyscy bez zastanowienia i przy pierwszej możliwej okazji zajęlibyśmy się czymś bardziej produktywnym, ale takich alternatyw brakowało, a nuda już nas wykańczała. To nieprawda. Byliśmy zwyczajnie zbyt niedojrzali, cyniczni i niezdyscyplinowani, aby regularnie uczęszczać do klubów dyskusyjnych, do szkoły lotniczej czy na treningi sportowe, które dorośli starali się dla nas organizować. Zajmowanie się *czymś* nie było po prostu cool. Niezajmowanie się niczym – *to* było cool. Nie wiem, jak wyglądało życie nastolatków, zanim pokolenie buntowników późnych lat sześćdziesiątych zaczęło doradzać młodym ludziom, żeby olali edukację i pracę, a skupili się na „korzystaniu z życia", „odkrywaniu siebie" i „miłości bez zobowiązań". Czy sumienne chodzenie na kółko naukowe było wyśmiewane przez rówieśników w roku 1955? Bo niewątpliwie było dwadzieścia lat później. Mnóstwo z nas „korzystało z życia" i „miłości bez zobowiązań". Niewielu „odkryło siebie".

Ja chciałem czegoś innego. Nie tylko ja. Każdy, kto ostatecznie wyjechał z Fairview, w którym dorastałem, już mniej więcej w wieku dwunastu lat wiedział, że prędzej czy później wyjedzie. Ja wiedziałem. Moja żona, która wychowywała się na tej samej ulicy, wiedziała. Moi znajomi – ci, którzy wyjechali, i ci, którzy zostali – również wiedzieli, bez względu na ścieżkę, jaką ich życie dalej się potoczyło. W rodzinach dzieci, przed którymi nie widziano przyszłości innej niż studia w dużym mieście, dało się odczuć milczące oczekiwanie, że to naturalny bieg rzeczy. Uniwersytet nie należał z kolei po prostu do zbioru pojęciowego osób z mniej wykształconych rodzin. Nie chodziło o niedostatek pieniędzy. Czesne za wyższą edukację były w tych czasach bardzo niskie, a Alberta oferowała mnóstwo

[1] Godot – postać nierzeczywista, na którą się czeka, lecz która nigdy nie nadejdzie, bohater przysłowia. Tytułowa postać z filozoficznego dramatu Samuela Becketta *Czekając na Godota* [przyp. tłum.].

możliwości dobrze płatnej pracy. W 1980 roku pracowałem w tartaku i zarabiałem więcej, niż we wszystkich pracach, którymi parałem się przez kolejne 20 lat. Nikt nie rezygnował ze studiów z powodu braku funduszy w tryskającej ropą Albercie lat siedemdziesiątych.

Kilku innych znajomych – oraz więcej takich jak wszyscy

W szkole średniej, po tym jak pierwsza fala moich kumpli nie przeszła do następnej klasy lub w ogóle dała sobie spokój z nauką, zaprzyjaźniłem się z dwójką „nowych". Uczyli się w Fairview i mieszkali w internacie. W ich jeszcze bardziej odludnej pipidówie, trafnie zwanej Niedźwiedzim Kanionem, nie było nawet szkoły ponadpodstawowej. Na tle naszych rówieśników był to raczej ambitny duet; mówili prosto z mostu, można było na nich polegać, a przy tym byli fajni i zabawni. Gdy później wyjechałem z miasta, aby kontynuować kształcenie w Grande Prairie Regional College, 150 kilometrów dalej, jeden z nich został moim współlokatorem. Ten drugi przeniósł się gdzie indziej w poszukiwaniu dalszej edukacji. Oboje celowali wyżej i motywowali mnie do tego samego.

Trafiłem do college'u jako szczęśliwy młodzik. Szybko znalazłem kolejną, szerszą grupkę podobnych duchem towarzyszy, do której dołączył także kolega z Niedźwiedziego Kanionu. Łączyło nas zainteresowanie literaturą i filozofią. Z czasem przejęliśmy zarządzanie samorządem studenckim. Po raz pierwszy w historii szkoły uczyniliśmy go zyskownym: dzięki organizowaniu dyskotek. Nie trzeba być wybitnym handlowcem, żeby sprzedawać piwo studentom. Założyliśmy też gazetę. Uczestniczyliśmy w dodatkowych seminariach już na pierwszym roku, dzięki czemu zapoznaliśmy się z naszymi profesorami politologii, literatury i biologii. Wykładowców cieszył nasz entuzjazm i widać było, że chcą nas czegoś nauczyć. Budowaliśmy dla siebie lepszą przyszłość.

Odciąłem się wtedy od dużej części mojej przeszłości. W małym miasteczku wszyscy wiedzą, kim jesteś. Ciągniesz za sobą swoje przeszłe lata niczym biegnący pies, któremu niesforne dzieciaki przywiązały do ogona kilka puszek po piwie. Nie możesz ukryć tego, co zrobiłeś. Nie możesz uciec przed tym, kim byłeś. Nie istniały wtedy co prawda – i dzięki Bogu – internet i portale społecznościowe, ale twoja przeszłość równie trwale przechowywana była w zbiorowym, lokalnym banku pamięci.

Każde twoje posunięcie generowało echo słyszalne dla wszystkich wokół, przynajmniej przez chwilę. To stresujące, ale, jak już mówiłem, to chaos oferuje nowe szanse. Ludzie, w tym ty sam, nie mogą ograniczać cię swoimi przedawnionymi opiniami. Nawet z głębokich kolein da się zboczyć i wyrobić nowe, lepsze, dzielone z ludźmi aspirującymi do czegoś ambitniejszego. Traktowałem to jako naturalny bieg rzeczy. Myślałem, że każdy, kto zdobędzie się na zdecydowany ruch, oczekuje – i doświadczy – takiego feniksowego odrodzenia. Myliłem się. Nie było to regułą.

Pewnego razu, kiedy miałem jakieś piętnaście lat, wybraliśmy się z Chrisem i jeszcze jednym kolegą, Johnem, do Edmonton – miasta będącego domem dla 600 000 ludzi. John nigdy wcześniej nie był w dużym mieście. Nie było w tym nic dziwnego. Fairview i Edmonton dzieliło ponad 1000 kilometrów. Ja wielokrotnie miałem okazję pokonywać tę trasę, czasem z rodzicami, czasem bez. Lubiłem anonimowość, jaką zapewnia miasto. Lubiłem nowe początki. Lubiłem wyrywać się z przytłaczającej, ciasnej atmosfery dorastania, z jaką kojarzyłem wtedy Fairview. Przekonałem więc kolegów do wyprawy. Jednak z jakiegoś powodu – ich wrażenia były zupełnie inne. Gdy tylko dotarliśmy na miejsce, Chris i John chcieli kupić marihuanę. Udaliśmy się do dzielnicy Edmonton, która niewiele się różniła od najgorszych zakątków Fairview. Spotkaliśmy takich samych podejrzanych dilerów trawki grasujących ukradkiem po ciemnych uliczkach. Spędziliśmy weekend na piciu alkoholu w pokoju hotelowym. Choć przebyliśmy daleką drogę, tak naprawdę zostaliśmy w tym samym miejscu.

O tym, że nowe sytuacje w odmienny sposób oddziałują na różnych ludzi, życie przekonało mnie jeszcze mocniej kilka lat później. Przeniosłem się do Edmonton, aby tam ukończyć studia licencjackie. Wynajmowane mieszkanie dzieliłem z siostrą, która studiowała pielęgniarstwo. Ona również nie należała do osób przywiązujących się do miejsca zamieszkania (w niedalekiej przyszłości zbierała truskawki w Norwegii, była przewodnikiem safari w Afryce, pomagała przemycać ciężarówki przez Saharę, unikając styczności z groźnymi Tuaregami, i opiekowała się osieroconymi gorylami w Kongo). Za skromne pieniądze udało nam się znaleźć naprawdę wyjątkowe mieszkanko w wieżowcu, z którego rozpościerał się widok na szeroką dolinę rzeki North Saskatchewan. Na horyzoncie rysowała się sylwetka miasta. Rozentuzjazmowany, kupiłem sobie piękne pianino Yamahy. Zapowiadało się świetnie.

Obiło mi się o uszy, że Ed – młodszy brat Chrisa – także przeniósł się do Edmonton. Potraktowałem to jako dobrą wiadomość. Pewnego dnia zadzwonił. Zaproponowałem, żeby nas odwiedził. Chciałem wiedzieć, co u niego. Miałem nadzieję, że udało mu się choć częściowo zrealizować potencjał, który dawniej w nim widziałem. Niestety, było zupełnie odwrotnie.

Pojawił się, wyraźnie starszy, łysiejący i przygarbiony. Młodzieńczy potencjał kompletnie zanikł – zastąpiła go beznadziejna marność i rozpacz. Jego oczy były zaczerwienionymi szczelinami, co wskazywało na to, że ćpał. Pracował dorywczo przy koszeniu trawników, co nie jest żadną ujmą w przypadku dorabiających studentów lub ludzi nieszczególnie uzdolnionych, ale przyprawia o przygnębienie, gdy kończy tak osoba inteligentna.

Towarzyszył mu jego kumpel.

To on szczególnie mocno utkwił mi w pamięci. Był pod wpływem narkotyków. Inaczej: był naćpany w kosmos. Jego umysł i nasze przytulne, cywilizowane mieszkanie ewidentnie znajdowały się w innych wymiarach. Moja siostra też była wtedy w domu. Znała Eda i wiedziała, czego się spodziewać. Mnie jednak rozzłościł fakt, że przyprowadził ze sobą tego osobnika. Ed wszedł i usiadł. Jego kumpel też usiadł, choć nie było jasne, czy w ogóle wie, co robi. Istna tragikomedia. Choć również był naćpany, Ed zachował na tyle trzeźwości umysłu, żeby czuć się zażenowany całą sytuacją. Sączyliśmy piwo i czas jakoś leciał. Kompan Eda nagle podniósł głowę do góry i wymamrotał: „Cząsteczki mnie rozrzucone są po całym suficie". Prawdziwszych słów nigdy nie wymówiono.

Wziąłem Eda na stronę i poprosiłem, żeby już poszli. Powiedziałem jasno, że nie powinien przyprowadzać swojego bezużytecznego koleżki. Pokiwał głową. Rozumiał. To tylko pogorszyło sytuację. Wiele lat później jego starszy brat Chris napisał do mnie list, w którym poruszył tę sprawę. Wspomniałem o tym w mojej pierwszej książce, *Mapy sensu*, opublikowanej w 1999 roku: „Wcześniej miewałem przyjaciół – napisał. Ktokolwiek, kto miał wystarczająco wiele pogardy dla samego siebie, by mógł mi wybaczyć moją"[2].

Co sprawiło, że Chris, John i Ed nie byli zdolni (lub, co gorsza, być może nie chcieli) odciąć się od przeszłości, zmienić towarzystwa na inne i spróbować odmienić swojego życia na lepsze? Czy musiało tak być – czy była to konsekwencja ich własnych ograniczeń, wrodzonych wad czy traumatycznych doświadczeń z przeszłości? Co by nie mówić, ludzie różnią się od siebie pod wieloma względami, które wydają się zasadnicze i deterministyczne. Różnimy się pod względem inteligencji, która w olbrzymiej mierze odpowiada za zdolność do uczenia się i wyciągania wniosków. Różnimy się pod względem osobowości. Niektórzy są aktywni, inni pasywni. Niektórzy nerwowi, inni spokojni. Na każdego człowieka

---

[2] J.B. Peterson, *Mapy sensu. Architektura przekonań*, Wrocław, Freedom Publishing, 2021, s. 449.

dążącego do osiągnięcia swoich celów przypada ktoś leniwy. Stopień, w jakim różnice te są nieodwracalnie zakorzenione w naszej naturze, jest większy, niż zakładają (a raczej łudzą się) optymiści. Kolejny czynnik to choroby nabyte, fizyczne i psychiczne, zdiagnozowane i niewykryte, które dodatkowo ograniczają lub kształtują nasze życie.

Chris flirtował z obłędem przez wiele lat, aż ostatecznie, po trzydziestce, przeszedł załamanie nerwowe. Niedługo później popełnił samobójstwo. Czy częste palenie marihuany odegrało w tym procesie rolę wzmacniającą czy też można je uznać za zrozumiałą kurację na własną rękę? Faktem jest, że po zalegalizowaniu marihuany w stanach takich jak Kolorado spożycie leków przeciwbólowych na receptę spadło[3]. Być może w przypadku Chrisa trawka choć trochę poprawiała i tak już fatalną sytuację. Być może nie potęgowała jego chwiejności, a redukowała cierpienie. Czy przez regularne odurzanie się pielęgnował nihilistyczną postawę, która utorowała drogę do nieszczęśliwego finału? Czy ten nihilizm był reakcją na faktyczne problemy zdrowotne czy może następstwem odmowy wpuszczenia odpowiedzialności do własnego życia? Dlaczego stale wybierał – podobnie jak jego brat i wielu innych moich znajomych – miejsca i ludzi mających na niego ewidentnie negatywny wpływ?

Czasem gdy ludzie mają o sobie niskie mniemanie – albo, być może, gdy odmawiają wzięcia na siebie odpowiedzialności za własne życie – wybierają na swoich znajomych osoby o problematycznej przeszłości. Tacy ludzie nie uważają, że zasługują na cokolwiek lepszego – nie próbują więc sięgać po lepsze. A może po prostu nie chcą zawracać sobie głowy zdyscyplinowaniem, jakiego wymaga przestrzeganie wysokich standardów moralnych. Freud nazywał to „przymusem powtarzania". Miał na myśli podświadomy popęd do ponownego przeżywania nieprzyjemnych sytuacji z przeszłości – czasem być może po to, żeby dokładniej odtworzyć te sytuacje, czasem w ramach prób dowiedzenia swojej władzy lub kontroli czy wreszcie z braku alternatyw. Ludzie kreują swoje własne światy – przy pomocy narzędzi, które mają akurat pod ręką. Korzystanie z niewłaściwych narzędzi daje niewłaściwe rezultaty. Wielokrotne korzystanie z niewłaściwych narzędzi jedynie te niewłaściwe rezultaty powiela. W ten sposób ludzie, którzy nie wyciągają wniosków z przeszłości, skazują się na ich powtarzanie. W pewnym stopniu to los, w pewnym… niechęć do nauki? Odmowa wiedzy? *Motywowana* odmowa wiedzy?

---

[3] G. Miller, *Could pot help solve U.S. opioid epidemic?*, „Science", listopad 2016. Pobrano z: http://www.sciencemag.org/news/2016/11/could-pot-help-solve-us-opioid-epidemic.

Ratując skazanych na potępienie

Ludzie wybierają na znajomych osoby toksyczne także z innych powodów. Czasem ich motywacją jest chęć niesienia pomocy komuś zagubionemu. To postawa typowa dla ludzi młodych, choć taki pęd spotyka się również u osób starszych, które cechuje przesadna ugodowość, naiwność lub wręcz rozmyślna ślepota na zło. Ktoś może się nie zgodzić i stwierdzić, że jak najsłuszniejszym jest widzieć w ludziach to, co w nich najlepsze, i że chęć pomagania jest najwyższą wartością. Rzecz w tym, że nie każdy, komu się nie wiedzie, jest ofiarą; nie każdy, kto żyje na dnie, pragnie się podnieść, choć wielu rzeczywiście chce i wielu się to udaje. Niemniej jednak ludzie często akceptują lub nawet potęgują cierpienia, swoje własne oraz innych, o ile tylko mogą przedstawiać je jako dowody niesprawiedliwości świata. Pośród uciskanych nie brakuje takich, którzy sami odpowiadają za swoją pozycję społeczną. To najłatwiejsza droga, jaką mamy do wyboru w danym momencie. Niestety w dłuższej perspektywie prowadzi do piekła.

Wyobraź sobie kogoś, kto nie radzi sobie w życiu najlepiej. Potrzebuje pomocy. Może nawet po cichu na nią czeka. Niełatwo jest jednak rozpoznać, kto faktycznie pragnie i potrzebuje pomocy, a kto jedynie wykorzystuje naiwnego dobroczyńcę. Rozróżnienie to może być trudne nawet dla osoby w potrzebie. Ktoś taki, kto próbuje, zawodzi i prosi o wybaczenie, po czym znów próbuje, zawodzi i prosi o ponowne wybaczenie, często potajemnie pielęgnuje złudzenie autentyczności całego procesu.

Gdy nie chodzi tylko o naiwność, próby ratowania innych motywowane są często próżnością i narcyzmem. Taki przypadek ze szczegółami opisał wybitny pisarz Fiodor Dostojewski w słynnej, ponurej powieści *Notatki z podziemia*, która zaczyna się słowami: „Jestem człowiekiem chorym… Człowiekiem złym. Niepociągającym. Myślę, że cierpię na wątrobę”[4]. Oto spowiedź nędznego, żałosnego, aroganckiego mieszkańca zaświatów chaosu i rozpaczy. Poddaje się bezlitosnej krytyce, lecz płaci w ten sposób za ledwie sto grzechów, popełniwszy wcześniej tysiąc. Następnie, przekonany o własnym odkupieniu, popełnia najgorsze z możliwych przestępstw. Oferuje pomoc osobie w sytuacji prawdziwie godnej pożałowania, kobiecie o imieniu Liza, która znalazła się na – zbyt powszechnej w XIX wieku – drodze do prostytucji. Zaprasza ją i obiecuje,

[4] F. Dostojewski, *Notatki z podziemia*, ze zbioru *Fiodor Dostojewski: Gracz. Opowiadania 1862–1863*, Warszawa, Państwowy Instytut Wydawniczy, 1964, s. 7.

że pomoże przywrócić jej życie na właściwy tor. Kiedy oczekuje jej przyjścia, jego fantazje nabierają iście mesjanistycznego wydźwięku:

> Minął jednak jeden dzień, drugi, trzeci – Liza nie zjawiała się, a ja zaczynałem się uspokajać. Zwłaszcza po dziewiątej nabierałem otuchy i niekiedy zaczynałem marzyć, dosyć nawet słodko: „Oto na przykład ratuję Lizę właśnie przez to, że ona mnie odwiedza, a ja do niej mówię... Rozwijam ją, kształcę. W końcu spostrzegam, że Liza mnie kocha, kocha namiętnie. Udaję, że nie rozumiem (nie wiem zresztą, dlaczego udaję; a tak, widocznie żeby było ładniej). Wreszcie Liza, do cna zmieszana, prześliczna, drżąc i łkając, pada mi do nóg i powiada, że jestem jej zbawcą i że mnie kocha ponad wszystko w świecie[5].

Takie wizje człowieka z podziemi mają jeden cel: kultywować jego narcyzm. Samą Lizę pozostawiają zdruzgotaną. Zbawienie, które nikczemnik oferuje, wymaga od niej – pod względem zaangażowania i dojrzałości – znacznie więcej, niż on sam chce lub może jej dać. Ten człowiek nie ma zwyczajnie dość silnego charakteru, żeby udzielać tego rodzaju wsparcia – co szybko sobie uświadamia i równie szybko racjonalizuje. Liza zjawia się w końcu w jego obskurnym mieszkaniu z desperacką nadzieją na pomoc, za którą gotowa jest poświęcić wszystko, co ma. Mówi człowiekowi z podziemi, że nie chce już dalej tak żyć. Jego odpowiedź?

> – Po coś przyszła? Odpowiadaj! Odpowiadaj! – wykrzykiwałem, ledwie przytomny. – Ja ci powiem, siostruniu, po co przyszłaś. Przyszłaś dlatego, żeś wtedy usłyszała ode mnie *litosne słowa*. No i rozrzewniłaś się, i znów ci się zachciało „litosnych słów". Otóż wiedz, że wtedy kpiłem sobie z ciebie. I teraz także kpię. Czemu tak drżysz? A jakże, kpiłem! Mnie wtedy obrazili przy obiedzie właśnie tamci, co przede mną przyjechali. Ja tam do was przyjechałem, żeby sprać jednego z nich, oficera; nie udało się, nie zastałem go; ale trzeba było przecie na kimś się odegrać za doznaną zniewagę, znaleźć zadośćuczynienie, ty się nawinęłaś, więc na ciebie wylałem swoją złość i zadrwiłem z ciebie. Mnie poniżono, więc i ja chciałem kogoś poniżyć; mnie zgnieciono jak szmatę, no więc i ja chciałem okazać swoją władzę... Oto jak było, a ty już myślałaś, że umyślnie tam wtedy przyjechałem, żeby cię ratować, co? Tak myślałaś? Tak myślałaś?

[5] Ibidem, 90–91.

> Wiedziałem, że Liza może zagubi się i nie zrozumie pewnych szczegółów; wiedziałem jednak również, że doskonale zrozumie istotę sprawy. Tak się też stało. Liza zbladła jak chusta, chciała coś powiedzieć, wargi jej wykrzywiały się boleśnie; ale jak podcięta runęła na krzesło. I później przez cały czas słuchała mnie z rozchylonymi ustami, z szeroko otwartymi oczyma, drżąc z okropnego lęku. Cynizm, cynizm moich słów przygniatał ją...[6].

Rozdęte mniemanie o sobie, bezceremonialność i czyste zło ze strony człowieka z podziemi niszczą ostatnie resztki nadziei Lizy. On jest tego w pełni świadomy. Co więcej: jakaś jego cząstka miała dokładnie taki zamiar. Tego też jest świadom. Lecz fakt, że łajdak rozpacza nad swym łajdactwem – nie czyni go bohaterem. Bohaterstwo to coś pozytywnego, a nie jedynie nieobecność zła.

Ktoś jednak może zwrócić uwagę, że sam Chrystus przyjaźnił się z poborcami podatkowymi i prostytutkami. Jak zatem śmiem krytykować motywy tych, którzy próbują pomagać? Różnica polega na tym, że Chrystus był archetypem człowieka doskonałego. A ty jesteś sobą. Co daje ci pewność, że twoje próby podźwignięcia kogoś w górę nie zepchną go – lub ciebie – dalej w dół? Wyobraź sobie osobę odpowiedzialną za kierowanie zespołem wybitnych profesjonalistów, z których każdy z entuzjazmem zabiega o realizację wspólnego celu. Ciężko pracują, są kreatywni, wspierają się nawzajem. Ich przełożonemu, prywatnie, zależy na losie kogoś problematycznego, kto nie radzi sobie w życiu. Nie chcąc pozostać obojętnym, pełen dobrych intencji menedżer załatwia podopiecznemu pracę w swoim wybitnym zespole, licząc, że weźmie on przykład z jego członków i zmieni swoje postępowanie. Co następuje? Literatura psychologiczna jest w tej kwestii bezsporna[7]. Czy zagubiony intruz zwiera szyki i dostosowuje się do obowiązujących standardów? Nie. Zamiast tego degeneracji ulega cały zespół. Nowicjusz pozostaje cyniczny, arogancki i impulsywny. Narzeka. Obija się. Nie zjawia się na ważnych spotkaniach. Zaniedbuje swoje obowiązki, czym powoduje opóźnienia, które muszą

---

[6] Ibidem, 98–99.

[7] M.R. Barrick, G.L. Stewart, M.J. Neubert, M.K. Mount, *Relating member ability and personality to work-team processes and team effectiveness*, „Journal of Applied Psychology", 83/1998, s. 377–391. Podobne efekty obserwowane u dzieci opisali: T.J. Dishion, J. McCord, F. Poulin, *When interventions harm: Peer groups and problem behavior*, „American Psychologist", 54/1999, s. 755–764.

być nadrabiane przez resztę grupy. Mimo to zarabia tyle samo co inni. U ciężko pracujących członków zespołu pojawia się poczucie niesprawiedliwości. „Dlaczego miałbym nadal pracować ponad siły, żeby tylko dokończyć ten projekt – myśli każdy z nich – skoro ten nowy ma to gdzieś i w ogóle się nie przykłada?". To samo dzieje się, gdy młodociany chuligan umieszczony zostaje przez szkolnych psychologów pośród relatywnie cywilizowanych rówieśników. To łobuzerstwo się szerzy, a nie przyzwoitość[8]. Droga w dół jest łatwiejsza niż w górę.

Być może pomagasz komuś, ponieważ jesteś silną, hojną, dobrze zorganizowaną osobą, która po prostu czuje, że tak należy postępować. Ale możliwe jest również – i chyba bardziej prawdopodobne – że zwyczajnie szukasz sposobu, aby zwrócić uwagę na twoje niewyczerpalne rezerwy współczucia i dobrej woli. A może wyciągasz do kogoś rękę, aby przekonać samego siebie, że siła twojego charakteru jest czymś więcej niż tylko efektem ubocznym szczęśliwego zbiegu okoliczności – urodzenia się w bogatym kraju i w szczęśliwej rodzinie. A może chodzi o to, że łatwiej sprawiać wrażenie człowieka szlachetnego, kiedy stoi się przy kimś wyjątkowo nieudolnym.

Załóżmy najpierw najprostszą opcję.

Twój niekontrolowany alkoholizm czyni moje okazjonalne pijackie wyskoki błahostką. Nasze długie, poważne rozmowy na temat twojego rozpadającego się małżeństwa utwierdzają nas obu w przekonaniu, że ty robisz wszystko, co możliwe, aby sprawy naprawić, a ja wspomagam cię wszelkimi możliwymi sposobami. Wygląda to, jakby nam zależało. Wygląda to, jakbyśmy się starali. Wygląda to, jakbyśmy posuwali się naprzód. Jednak prawdziwy postęp wymagałby znacznie większego wysiłku ze strony obu z nas. Czy jesteś taki pewny, że osoba wołająca o pomoc nie pogodziła się już, tysiące razy, ze swoim losem i z bezcelowym, nasilającym się cierpieniem, zwyczajnie dlatego, że to nadal łatwiejsze niż wzięcie na siebie prawdziwej odpowiedzialności? Czy specjalnie pozostajesz ślepy na ułudę? Czy dopuszczasz możliwość, że twoja pogarda byłaby bardziej pożyteczna niż twoja litość?

A może nie masz w ogóle zamiarów, szczerych czy nie, nikogo ratować. Zadajesz się z ludźmi mającymi na ciebie negatywny wpływ nie dlatego, że tak jest lepiej dla wszystkich, lecz dlatego, że tak jest łatwiej. Wiesz

---

[8] J. McCord, W. McCord, *A follow-up report on the Cambridge-Somerville Youth Study*, „Annals of the American Academy of Political and Social Science", 32/1959, s. 89–96.

o tym. Twoi znajomi też to wiedzą. Jesteście związani niewypowiedzianą, lecz jednogłośnie zaakceptowaną umową – zakładającą nihilizm, porażkę i cierpienie najgłupszego rodzaju. Wszyscy zdecydowaliście poświęcić przyszłość dla teraźniejszości. Nie rozmawiacie o tym. Nie uzgodniliście planu typu: „Idźmy najłatwiejszą drogą. Płyńmy z prądem. Cieszmy się chwilą. I umówmy się, że nie będziemy wypominać sobie tego nawzajem. Dzięki temu będzie nam prościej zapomnieć, co robimy". O tych cichych założeniach nie wspominacie. Ale wszyscy jesteście świadomi, co tak naprawdę jest grane.

Zanim zaoferujesz komuś pomoc, powinieneś dowiedzieć się, dlaczego ten ktoś ma problemy. Nie można z góry zakładać, że on czy ona jest bezgrzeszną ofiarą pechowych okoliczności. To najbardziej wątpliwe wyjaśnienie, a nie najbardziej prawdopodobne. Na podstawie własnych doświadczeń – klinicznych i, bardziej ogólnie, życiowych – uważam, że odpowiedź nigdy nie jest tak prosta. Poza tym, jeśli zgadzasz się z narracją, według której wszystko, co niefortunne, przydarza się samo z siebie, tak po prostu, bez żadnej osobistej odpowiedzialności po stronie ofiary – pozbawiasz tę osobę jakiegokolwiek wpływu na jej życie w przeszłości, a tym samym, logicznie rzecz biorąc, w teraźniejszości i przyszłości. W ten sposób odbierasz jej całą siłę sprawczą.

O wiele bardziej prawdopodobne jest, że człowiek postanowił zwyczajnie odrzucić ścieżkę prowadzącą w górę z uwagi na napotykane na niej przeszkody. Być może nawet powinno to być w takiej sytuacji założeniem domyślnym. Nie, to zbyt bezduszne, myślisz sobie. Może masz rację. Może to krok za daleko. Ale zastanów się nad tym: porażkę łatwo zrozumieć. Nie trzeba wyjaśniać, skąd się wzięła. Tak samo jak wyjaśnienia nie wymagają strach, nienawiść, uzależnienie, rozwiązłość, zdrada czy oszustwo. To nie uleganie namiętnościom nas dziwi czy choćby zastanawia. Pofolgować sobie to rzecz prosta. Podobnie jest z porażką. Łatwiej jest nie ponosić odpowiedzialności. Łatwiej jest nie myśleć, nic nie robić i o nic nie dbać. Łatwiej jest odłożyć na jutro to, co miało być załatwione dziś, i zmarnować kolejne miesiące i lata na próżne pokusy dnia dzisiejszego. Jak powiedział niesławny ojciec klanu Simpsonów, tuż przed wypiciem słoika z mieszanką wódki i majonezu: „To już problem przyszłego Homera. Cholera, nie zazdroszczę temu facetowi!"[9].

[9] Zobacz pod adresem https://www.youtube.com/watch?v=jQvvmT3ab80 (od *MoneyBART*: odcinek 3, sezon 23 *The Simpsons*).

Jaką mam pewność, że twoje cierpienie nie jest oczekiwaniem na męczeństwo i poświęcanie moich zasobów, abyś ty mógł tymczasowo odwlec w czasie to, co nieuchronne? Być może zabrnąłeś już w stan, w którym przestałeś przejmować się nadchodzącym upadkiem, ale nie chcesz się jeszcze do tego przyznać. Być może moja pomoc niczego nie naprawi – bo nie może niczego naprawić – lecz chwilowo odsunie w przyszłość zbyt przerażający moment uświadomienia sobie tego faktu. Być może twoja niedola jest wystosowanym wobec mnie oczekiwaniem, abym i ja zawiódł, aby tak doskwierająca ci różnica między nami zmniejszyła się, mimo że ty nadal będziesz upadlać się i marnieć. Skąd mam wiedzieć, że nie zależy ci właśnie na takiej grze? Skąd mam wiedzieć, że ja sam nie pozoruję jedynie odpowiedzialnej postawy, bezsensownie „pomagając" ci, a tak naprawdę unikam czegoś autentycznie trudnego – lecz jak najbardziej możliwego?

Być może twoja niedola jest bronią, którą wymachujesz w swojej nienawiści wobec tych, którzy wzbili się ku czemuś lepszemu, podczas gdy ty marnowałeś czas i tonąłeś. Być może twoja niedola jest zarazem próbą dowiedzenia, że winowajcą jest niesprawiedliwość świata, a nie twoje własne niepowodzenia, występki, świadoma odmowa starań o życie, które ma sens. Być może twoja skłonność do cierpienia i ponoszenia porażek jest niewyczerpalna, jeśli weźmie się pod uwagę czego chcesz dowieść tymi cierpieniami. Być może to twoja zemsta na Istnieniu. Jak miałbym przyjaźnić się z osobą, która zabrnęła w tak ciemne i straszne miejsce? Jak mógłbym?

Sukces: oto tajemnica. Cnota: oto niewytłumaczalne. Aby zawieść, musisz jedynie kultywować kilka złych nawyków i marnować czas. Gdy już ktoś poświęcił temu wystarczająco dużo czasu, ulega egzystencjalnemu skarleniu. Wiele z tego, kim ten ktoś mógł się stać, przepadło bezpowrotnie, za to wiele z tego, kim się stał, jest jak najbardziej prawdziwe. Oczywiście – bywa tak, że nasze życie wali się z powodów od nas niezależnych, ale grzechy ludzkie mogą znacznie ten proces przyspieszyć. A wtedy nadchodzi potop.

Nie chcę być źle zrozumiany – nie twierdzę, że nie ma nadziei na odkupienie. Ale trudniej jest wydobyć kogoś z otchłani niż pomóc mu wyjść z rowu. Niektóre otchłanie są bardzo głębokie, a na ich dnie niewiele już z człowieka zostaje.

Może powinienem przynajmniej poczekać do momentu, aż upewnię się, czy ty sam chcesz, żeby ci pomóc. Carl Rogers, słynny przedstawiciel psychologii humanistycznej, uważał, że jeśli osoba szukająca wsparcia sama nie zapragnie poprawy, niemożliwe jest rozpoczęcie relacji terapeutycznej[10]. Według Rogersa niemożliwe jest przekonanie drugiej osoby do zmiany na lepsze. Wewnętrzne pragnienie poprawy uznawał za warunek wstępny całego procesu. Ja osobiście miałem do czynienia z wieloma pacjentami, którym terapię nakazał sąd. W takich przypadkach nigdy nie działała. Kompletna strata czasu.

Jeśli, przykładowo, pozostaję z tobą w niezdrowej relacji, być może robię to dlatego, że brak mi silnej woli i decyzyjności, żeby odejść, ale wolę odpychać od siebie tę świadomość. I tak stale cię wspieram, a sobie samemu gratuluję mojego bezcelowego poświęcenia. W konsekwencji mogę myśleć o sobie: „Ktoś tak altruistycznie nastawiony, tak skłonny do pomocy – niezaprzeczalnie jest dobrym człowiekiem". Nie do końca. Możemy mieć do czynienia z osobą, która próbuje po prostu sprawiać dobre wrażenie przez udawanie, że rozwiązuje coś, co jedynie wydaje się złożonym problemem – zamiast autentycznie czynić dobro i zajmować się czymś prawdziwym.

Może zamiast utrzymywać naszą przyjaźń powinienem zwyczajnie odejść, pozbierać się do kupy i dać ci dobry przykład.

Dla jasności dodam, że nie chodzi tutaj o usprawiedliwienie porzucania tych, którzy znajdują się w realnej potrzebie, aby gonić za błahymi, krótkowzrocznymi ambicjami.

Umowa wzajemna

Oto coś do przemyślenia. Jeśli masz kolegę czy koleżankę, z którymi kontaktu nie poleciłbyś swojej siostrze, swojemu ojcu czy swojemu synowi – po co sam miałbyś utrzymywać taką znajomość? Możesz powiedzieć: z lojalności. No cóż, lojalności nie należy mylić z naiwnością. I głupotą. Lojalność powinna być negocjowana, uczciwie i sprawiedliwie. Przyjaźń to umowa wzajemna. Nie jesteś moralnie zobligowany do wspierania kogoś, kto czyni świat gorszym. Wręcz przeciwnie. Powinieneś wybierać ludzi, którzy chcą sprawy polepszać, a nie pogarszać. Jest czymś zasadnym, a nie samolubnym, dobierać ludzi, którzy są dla ciebie dobrzy. Postępowaniem właściwym i godnym pochwały jest zadawanie się z ludźmi, których życie stanie się lepsze, gdy twoje życie stanie się lepsze.

---

[10] Rogers wymienił sześć warunków koniecznych do wystąpienia konstruktywnej zmiany osobowości. Jako drugi podał „stan niezgodności" pacjenta, oznaczający, krótko mówiąc, świadomość, że coś jest nie tak i powinno ulec zmianie. Zobacz: C.R. Rogers, *The necessary and sufficient conditions of therapeutic personality change*, „Journal of Consulting Psychology", 21/1957, s. 95–103.

Jeśli otoczysz się osobami, które kibicują ci w twoich ambicjach, nie będą one tolerować twojego cynizmu i użalania się nad sobą. Zamiast tego będą cię chwalić, gdy zrobisz coś dobrego dla siebie i dla innych, a ganić (z umiarem) w sytuacjach odwrotnych. Wzmocni to twoją determinację, aby robić to, co powinieneś, we właściwy, uważny sposób. Zupełnie inaczej wygląda to po przeciwnej stronie spektrum. Przyjaciele cyniczni, bez ambicji i kręgosłupa moralnego, nie zawahają się zaproponować papierosa komuś, kto niedawno rzucił palenie, albo piwa komuś, kto odstawił alkohol. Będą zazdrościć, gdy osiągniesz sukces lub dokonasz czegoś wzniosłego. Tymczasowo zerwą kontakt, wycofają poparcie, a nawet bezceremonialnie cię skrytykują. Gdy oznajmisz im, że udało ci się coś, na czym ci zależało, nie pogratulują ci, lecz postarają się przelicytować cię ich własnym przeszłym sukcesem (prawdziwym lub zmyślonym). Być może próbują tylko cię sprawdzić, dowiedzieć się, czy twoje postanowienie jest szczere. Jednak w większości przypadków po prostu ciągną cię w dół, ponieważ twoje kolejne osiągnięcia rzucają jeszcze jaśniejsze światło na ich wady.

To dlatego każdy dobry przykład to wyzwanie, a każdy bohater to jednocześnie sędzia. Wspaniały, perfekcyjny, marmurowy *Dawid* Michała Anioła krzyczy do obserwatora: „Mógłbyś być kimś lepszym niż jesteś". Gdy ośmielasz się aspirować do czegoś więcej, obnażasz niedoskonałość teraźniejszości, ukazując potencjał przyszłości. Uwiera to innych, w głębi ich dusz, gdzie rozumieją, że ich cynizmu i obojętności nie da się usprawiedliwić. Ty odgrywasz rolę Abla, a oni Kaina. Przypominasz im, że poddali się nie na skutek życiowych tragedii, których wszechobecności nikt nie neguje, lecz dlatego, że nie chcą wziąć ciężaru świata na własne barki, gdzie jego miejsce.

Nie myśl, że łatwiej jest otoczyć się dobrymi, zdrowymi ludźmi, niż ich przeciwieństwami. Nie jest. Dobra, szlachetna, ambitna osoba to ideał. Przebywanie w obecności ideału wymaga siły i śmiałości. Miej trochę pokory. Miej trochę odwagi. Używaj rozsądku, aby chronić samego siebie przed bezkrytycznym współczuciem i litością.

Przyjaźnij się z ludźmi, którzy życzą ci jak najlepiej.

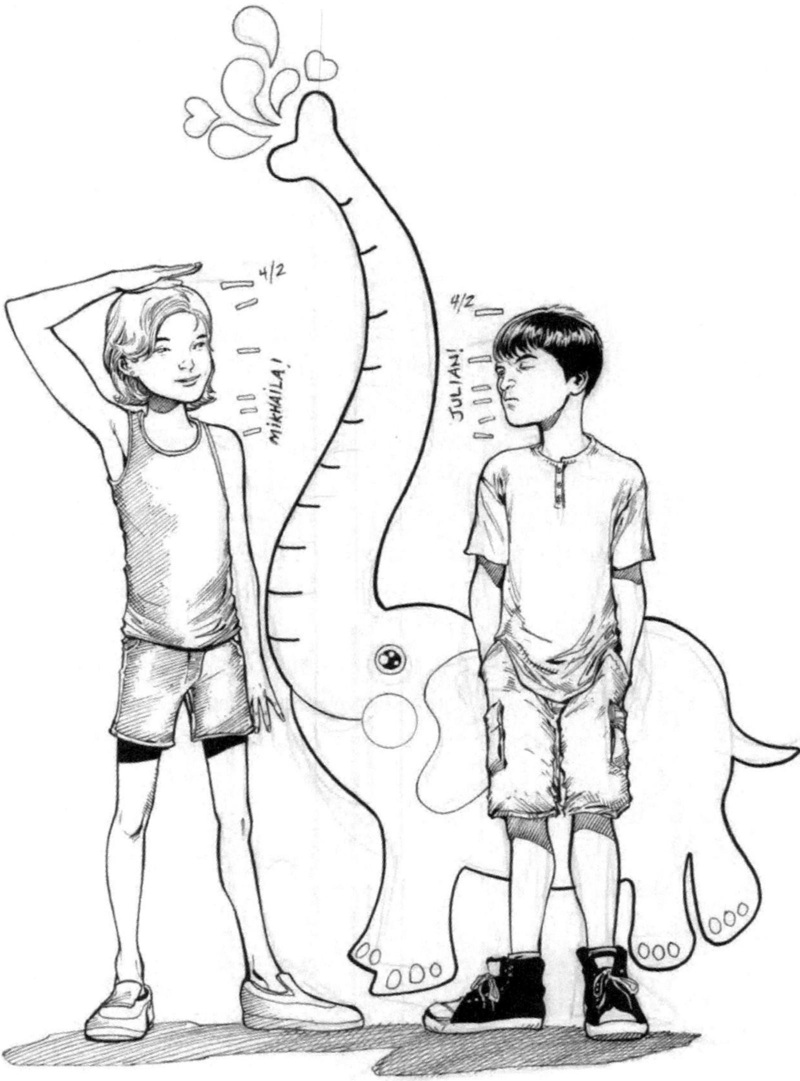
4/2
MIKHAILA!
4/2
JULIAN!

Zasada 4

Nie porównuj się z tym, kim inni są dzisiaj, ale z tym, kim ty byłeś wczoraj

Wewnętrzny krytyk

Ludziom łatwiej było się w czymś wyróżniać w czasach, gdy większość z nas żyła w małych wiejskich społecznościach. Ktoś mógł być miss lokalnej szkoły, ktoś inny mistrzem ortografii, geniuszem matematyki czy gwiazdą koszykówki. W okolicy pracowało tylko jeden czy dwóch mechaników samochodowych i kilkoro nauczycieli. W poszczególnych dziedzinach ci miejscowi bohaterowie mogli cieszyć się opartą na stałym dopływie serotoniny pewnością siebie charakteryzującą zwycięzców. Być może to z tego powodu osoby dorastające w małych miejscowościach są statystycznie nadreprezentowane w gronie ludzi wybitnych[1]. Jeśli jesteś w czymś lepszy od miliona ludzi, ale mieszkasz w Nowym Jorku, takich jak ty jest dwudziestu – a większość z nas żyje dziś w dużych miastach. Co więcej, staliśmy się cyfrowo połączeni ze wszystkimi siedmioma miliardami ludzi zamieszkującymi tę planetę. Nasze hierarchie dokonań są dziś przerażająco pionowe.

Nieważne, jak dobry w czymś jesteś ani jak wysoko oceniasz swoje osiągnięcia – jest na świecie ktoś, w porównaniu z kim wyglądasz jak amator. Możesz nieźle grać na gitarze, ale daleko ci do Jimmy'ego Page'a czy Jacka White'a. Pewnie nigdy nie występowałeś nawet w lokalnym pubie. Możesz być dobrym kucharzem, ale na świecie jest wielu wspaniałych szefów kuchni. Przepis na pierogi twojej mamy, wychwalany przez wszystkich jej krewnych,

[1] A.T. Poffenberger, *The development of men of science*, „Journal of Social Psychology", 1/1930, s. 31–47.

znajomych i sąsiadów, nie zrobi furory w czasach pianki grejpfrutowej i lodów o smaku whisky. Jakiś mafijny boss ma bardziej luksusowy jacht. Jakiś pazerny prezes dużej firmy ma droższy markowy zegarek, który przechowuje w bardziej stylowej szkatułce wykonanej z cenniejszego drewna. Nawet najbardziej oszałamiająca swoim pięknem aktorka Hollywood z czasem przeobraża się w Złą Królową pochłoniętą wiecznym, paranoicznym lękiem przed pojawieniem się nowej Królewny Śnieżki. A ty? Twoja kariera zawodowa jest nudna i bezcelowa. W twoim domu zawsze panuje bałagan. Masz okropny gust. Jesteś grubszy niż twoi znajomi, którzy, nawiasem mówiąc, nie odwiedzają cię, mimo częstych zaprosin. Kogo obchodzi, że jesteś premierem Kanady, skoro ktoś inny jest prezydentem Stanów Zjednoczonych?

Nasze umysły zamieszkuje wewnętrzny głos, który to wszystko wie. Gdy tylko ma taki kaprys, głośno nam o sobie przypomina. Potępia nasze niemrawe wysiłki. Niełatwo ten głos stłumić czy choćby zignorować. Co gorsza, tego rodzaju krytyka jest konieczna. Na świecie nie brakuje artystów bez gustu, muzyków bez słuchu, kucharzy bez smaku, nadgorliwych menedżerów-służbistów, przynudzających pisarzy i zideologizowanych, monotonnych profesorów. Okropna muzyka jest udręką dla wszystkich wokół. Źle zaprojektowane budynki walą się przy najsłabszych trzęsieniach ziemi. Kiepskiej jakości samochody, w razie wypadku, stają się trumnami swoich kierowców. Porażka to cena, jaką płacimy za istnienie standardów, a jako że przeciętność niesie za sobą realne, bolesne konsekwencje, standardy są niezbędne.

Nie jesteśmy równi pod względem posiadanych umiejętności czy osiąganych rezultatów – i nigdy nie będziemy. Bardzo niewielki odsetek ludzi tworzy i produkuje bardzo dużą część… wszystkiego. Zwycięzcy nie zgarniają co prawda całej puli, ale niewątpliwie przypada im jej lwia część, a dno tabeli wyników to miejsce, którego lepiej unikać. Ludzie nie są tam szczęśliwi. Źle się czują, pozostając nieznani i odtrącani. Marnują tam swoje życie na powolnym umieraniu. W konsekwencji samokrytyczny głos w ludzkim umyśle dyktuje druzgocącą opowieść. Życie jest grą o sumie zerowej. Stan wyjściowy to bezwartościowość. Co innego niż świadome odwrócenie wzroku może oszczędzić ludziom tak przygnębiającej i tak prawdziwej krytyki? To z tej przyczyny całe pokolenie psychologów społecznych jako jedyną skuteczną drogę do zdrowia psychicznego zalecało „pozytywne iluzje"[2]. Ich credo? „Pozwól kłamstwu być twoim

[2] S.E. Taylor, J. Brown, *Illusion and well-being: A social psychological perspective on mental health*, „Psychological Bulletin", 103/1988, s.193–210.

parasolem ochronnym". Trudno wyobrazić sobie bardziej ponurą, godną pożałowania, pesymistyczną filozofię: sprawy mają się tak fatalnie, że pozostaje tylko uciec w urojenia.

A oto podejście alternatywne, niewymagające karmienia się złudzeniami. Jeśli stale trafiają ci się kiepskie karty, być może gra jest w jakiś sposób ustawiona przeciwko tobie (być może przez ciebie, choć o tym nie wiesz). Jeśli krytyczny głos z wewnątrz sprawia, że wątpisz w wartość swoich przedsięwzięć – swojego życia czy nawet Życia w ogóle – być może powinieneś przestać słuchać. Skoro krytyczny głos z wewnątrz ciągle wyszeptuje umniejszające komentarze o wszystkim dookoła, niezależnie od tego, jak solidne i wartościowe by to nie było... Może to, co mówi ów głos, to nic mądrego, a jedynie zwykła paplanina. *Ktoś zawsze będzie lepszy od ciebie* – to przecież nihilistyczny slogan, podobnie jak fraza: *kogo to będzie obchodziło za milion lat?* Właściwa odpowiedź na to stwierdzenie nie brzmi: *No cóż, to prawda. A zatem to wszystko jest bez znaczenia.* Właściwa odpowiedź brzmi: *Każdy idiota może dobrać przedział czasowy tak, że wszystko przestaje się liczyć.* Wmawianie samemu sobie wszechobecnego bezsensu nie jest konstruktywną krytyką Istnienia. To raczej tani chwyt racjonalnego umysłu.

Liczne pola do popisu

Standardy pozwalające odróżnić lepsze od gorszego nie są iluzoryczne, czy zbędne. Gdybyś nie uznał, że to, czym się teraz zajmujesz, jest lepsze niż dostępne alternatywy – nie robiłbyś tego. Idea wyboru bez wartościowania jest wewnętrznie sprzeczna. Sądy wartościujące są warunkiem wstępnym działania. Ponadto każda aktywność, gdy już zostanie wybrana, przyczynia się do powstania standardów oceny. Jeśli coś w ogóle da się zrobić, to da się to zrobić lepiej lub gorzej. Wobec tego jeśli robimy cokolwiek, to angażujemy się w konkurencję ze zdefiniowanym i cenionym przez nas celem, który zawsze można osiągnąć w sposób mniej lub bardziej skuteczny i elegancki. Każda konkurencja niesie za sobą szanse na sukces i porażkę. Różnice jakościowe są wszechobecne. Co więcej, gdyby nie one, nic nie byłoby warte zachodu. Nie byłoby wartości i w konsekwencji nie byłoby sensu. Po co się wysilać, skoro niczego to nie poprawi? Sam sens wymaga istnienia różnicy między lepszym a gorszym. Jak zatem uciszyć głos krytycznej samoświadomości? Gdzie tkwi błąd w spójnej, wydawałoby się, logice jego przekazu?

Zacznijmy od rozważenia fundamentalnych w tej materii terminów – „sukcesu" i „porażki" – które przybrały zbyt zero-jedynkowego, czarno-białego wydźwięku. Możemy mieć do czynienia albo z sukcesem: pełnym, wielkim, niewątpliwie dobrym, albo z jego przeciwieństwem: niewątpliwie złą, dotkliwą, dojmującą porażką. Dychotomia ta implikuje brak alternatyw i stanowisk kompromisowych. Tymczasem w świecie tak skomplikowanym jak nasz taka generalizacja (a mówiąc ściślej: nieumiejętność rozróżniania) to świadectwo naiwnej, prostolinijnej, a może nawet złowieszczej analizy. Taki binarny system zamazuje stopniowalność wartości, z wszelkimi negatywnymi tego konsekwencjami.

Przede wszystkim: to nie tak, że jest tylko jedna konkurencja, w której możemy odnieść sukces lub ponieść porażkę. Konkurencji jest wiele. Co więcej, wiele z nich pasuje do naszych talentów, w produktywny sposób angażuje nas we współpracę z innymi ludźmi, a przy tym te konkurencje same się napędzają albo nawet ulepszają. Bycie prawnikiem to dobra konkurencja. Tak samo bycie hydraulikiem, lekarzem, stolarzem czy nauczycielem. Świat umożliwia wiele wersji Istnienia. Jeśli nie powiedzie ci się w jednej z nich, możesz spróbować sił w innej. Możesz wybrać coś, co w większym stopniu pokrywa się z twoją własną unikalną kombinacją silnych i słabych stron oraz okoliczności. Oprócz tego, jeśli zmiany konkurencji nic nie dają, możesz wymyślić kompletnie nową. Oglądałem niedawno talent show z udziałem mima, który zakleił sobie usta taśmą klejącą, a potem wyprawiał przezabawne rzeczy rękawicami kuchennymi. Jego występ był zaskakujący i oryginalny. Ewidentnie był dobry w tym, co robił, i ludzie chcieli to oglądać.

Po drugie, prawdopodobnie nie rywalizujesz tylko w jednej konkurencji. Oprócz kariery zawodowej masz przyjaciół, rodzinę, osobiste cele, parasz się muzyką, sztuką czy sportem. Warto oceniać całokształt swoich osiągnięć i uwzględniać szerokie spektrum konkurencji, w których bierzesz udział. Uznajmy, że w część jesteś bardzo dobry, w część przeciętny, a w całej reszcie fatalny. Być może tak być powinno. Możesz się z tym nie zgodzić: powinienem wygrywać we wszystkim! Ale wygrywanie we wszystkim oznaczałoby jedynie, że nie zajmujesz się niczym nowym czy trudnym. Mógłbyś wygrywać, ale nie rozwijałbyś się, a rozwijanie się jest być może najważniejszą formą wygrywania. Czy teraźniejsze wygrane powinny mieć pierwszeństwo nad trendem wznoszącym w dłuższym okresie?

I wreszcie, po trzecie, powinieneś zdać sobie sprawę, że specyfika wielu konkurencji, w których rywalizujesz, jest tak unikalna dla ciebie, tak indywidualna, że porównania z innymi są zwyczajnie bezsensowne. Być może przeceniasz to, czego nie masz, a nie doceniasz tego, co masz. A warto cieszyć się tym, co mamy. Chroni to nas przed groźbą zawiści, frustracji i poczucia pokrzywdzenia. Kolega z pracy lepiej radzi sobie z codziennymi obowiązkami. Jednak jego żona ma romans, a twoje małżeństwo ma się świetnie. Zazdrościsz mu? Aktor, którego podziwiasz, regularnie jeździ samochodem po pijanemu, a do tego jest zadufanym w sobie snobem. Czy naprawdę uważasz jego życie za lepsze od twojego?

Gdy wewnętrzny krytyk dołuje cię takimi porównaniami, działa to następująco: najpierw wybiera pojedynczą, arbitralną domenę porównania (na przykład sławę lub władzę). Następnie operuje tak, jakby ta właśnie domena była jedyną istotną. Dalej przyrównuje cię nieprzychylnie do kogoś absolutnie wybitnego w tej domenie. Czasem dochodzi jeszcze jeden krok, w którym wewnętrzny głos demonstruje ogromną przepaść dzielącą cię od obiektu porównania – jako dowód fundamentalnej niesprawiedliwości życia. Tym sposobem twoja motywacja do zrobienia czegokolwiek może zostać skutecznie podkopana. Ludzi, którzy akceptują takie podejście do samooceny, z pewnością nie można oskarżać o ułatwianie sobie życia. Jednak równie problematyczne może być przesadne utrudnianie go.

Gdy jesteśmy młodzi, nie jesteśmy ani doświadczeni, ani oczytani. Nie zdążyliśmy jeszcze nabrać mądrości pozwalającej wykształcić nasze własne standardy. Dlatego też musimy porównywać się z innymi – ponieważ jakieś standardy mieć trzeba. Bez nich nie ma dokąd zmierzać ani do czego dążyć. W miarę dojrzewania stajemy się coraz bardziej unikalnymi istotami. Nasza sytuacja życiowa staje się coraz bardziej złożona i wyjątkowa oraz coraz mniej porównywalna do sytuacji życiowej innych. Można to przedstawić symbolicznie jako konieczność opuszczenia domu, w którym obowiązują zasady naszego ojca, i stawienia czoła chaosowi indywidualnego Istnienia. Musimy uświadomić sobie nasz własny nieład i uporządkować go, bez całkowitego porzucania ojcowskich wzorców. Następnie musimy ponownie odkryć cnoty cenione w naszej kulturze – przysłonięte nam przez ignorancję, skrywane w zakurzonej skrzyni ze skarbami przeszłych tradycji – wydobyć je i wdrożyć w nasze własne życie. Nadaje to egzystencji pełnego i tak potrzebnego sensu.

Kim jesteś? Myślisz, że wiesz, ale możliwe, że jednak nie wiesz. Nie jesteś, na przykład, ani własnym panem, ani własnym niewolnikiem. Nie możesz łatwo powiedzieć sobie, co masz zrobić i wymusić swojego własnego posłuszeństwa (nie w większym stopniu niż możesz takie posłuszeństwo wymusić na mężu, żonie, synu czy córce). Pewne rzeczy cię interesują, a inne nie. Możesz te zainteresowania kształtować, ale tylko w ograniczonym zakresie. Pewne aktywności zawsze będą cię cieszyć i angażować, a inne – nie, i koniec.

Masz swoją własną naturę. Możesz próbować obchodzić się z nią jak tyran, lecz ona z pewnością prędzej czy później się zbuntuje. Na ile jesteś zdolny zmusić się do pracy i podtrzymywać do niej ochotę? Na ile możesz poświęcać się dla swojego partnera, zanim oddanie przemieni się w gniew i frustrację? Co naprawdę kochasz? Czego szczerze pragniesz? Aby wyartykułować swoje własne standardy wartości, musisz spojrzeć na siebie jak na nieznajomego – a następnie poznać siebie od nowa. Co uznajesz za cenne czy przyjemne? Jak wiele czasu wolnego i rozrywki potrzebujesz, aby nie czuć się jak zwierzę pociągowe? Jak powinieneś traktować samego siebie, aby nie zbuntować się i nie rzucić wszystkiego w cholerę? Możesz przymuszać się do odbębniania codziennej harówki, a po powrocie do domu, żeby sobie ulżyć, dawać kopniaka własnemu psu. Możesz patrzeć, jak cenne dni uciekają ci przez palce. Lecz możesz też zapytać siebie samego: czego tak naprawdę chcesz? Czy negocjujesz ze sobą uczciwie? Czy może odgrywasz tyrana, z sobą samym w roli niewolnika?

Co sprawia, że masz dość swoich rodziców, swojego partnera czy swoich dzieci – i dlaczego? Co można z tym zrobić? Czego potrzebujesz i oczekujesz od swoich przyjaciół i współpracowników? Nie chodzi jedynie o to, czego *powinieneś* oczekiwać. Nie chodzi o to, czego inni oczekują od ciebie, ani o twoje obowiązki wobec innych. Chodzi o ustalenie natury twoich moralnych zobowiązań wobec siebie. *Powinność* może wkroczyć na tę scenę, ponieważ przynależysz do sieci zobowiązań społecznych. Powinność to odpowiedzialność, którą wypadałoby, abyś wziął na swoje barki. Nie znaczy to, że masz przyjąć rolę posłusznego, bezbronnego pachołka. Takich ludzi dyktator chciałby mieć za niewolników.

Wręcz przeciwnie: miej odwagę być niebezpieczny. Miej odwagę głosić prawdę. Miej odwagę wypowiadać swoje poglądy i nie bać się mówić (a przynajmniej być świadomym) tego, co naprawdę nadałoby sens twojemu życiu. Na przykład, jeśli ujawnisz swoje mroczne, sekretne pragnienia wobec partnerki czy partnera – po dogłębnej introspekcji – być może odkryjesz, że wcale nie były takie mroczne, szczególnie po wyjściu na światło dzienne. Zamiast tego mogłoby się okazać, że po prostu się bałeś i z tego powodu udawałeś moralnego. Mogłoby się okazać, że spełnienie twoich skrytych pragnień uodporniłoby cię na pokusy i żądze. Skąd masz pewność, że gdy więcej prawdziwego ciebie wypłynie na powierzchnię, twoja partnerka czy partner zareagują negatywnie? Nie bez powodu mężczyźni mają słabość do femme fatale, a kobiety do temperamentnych czarnych charakterów…

Jak należy z tobą rozmawiać? Czego potrzebujesz od innych? Co tolerujesz czy nawet udajesz, że lubisz – tylko dlatego, że tak wypada? Wsłuchaj się w swoje poczucie urazy. Choć to emocja podatna na patologizację, jest także odkrywcza. Jest częścią trójcy zła: arogancji, zakłamania i urazy. Nic nie powoduje więcej krzywdy niż ta nikczemna triada. Niemniej jednak uraza zawsze oznacza jedną z dwóch rzeczy. Osoba przepełniona poczuciem urazy albo jest po prostu niedojrzała, a w takim wypadku powinna przestać narzekać i robić, co do niej należy, albo mamy do czynienia ze stanem o krok od tyranii – a wtedy osoba uciskana ma moralny obowiązek się sprzeciwić. Dlaczego? Ponieważ konsekwencje milczenia są jeszcze gorsze. Oczywiście, w danym momencie podporządkowanie się i uniknięcie konfliktu jest drogą łatwiejszą. Niestety: w dłuższej perspektywie zabójczą. Gdy masz coś do powiedzenia, milczenie jest kłamstwem – a tyrania karmi się kłamstwami. W jakim momencie powinieneś przeciwstawić się opresji mimo zagrożenia? Gdy tylko zauważysz, że w głębi duszy pielęgnujesz sekretne fantazje o zemście; gdy poczujesz, że twoje życie jest zatruwane, a twoją wyobraźnię wypełnia chęć niszczenia i pustoszenia.

Lata temu miałem pacjenta cierpiącego na nerwicę natręctw. Przed pójściem spać musiał prasować sobie piżamę. Następnie równomiernie rozprowadzał pierze w poduszce. Równiutko układał prześcieradło. I tak co dzień. Powiedziałem mu: „A może ta część ciebie, ta szaleńczo uparta część, czegoś chce, ale nie potrafi wyrazić tego wprost? Dajmy jej to. Co to może być?". „Kontrola", odpowiedział. „Zamknij oczy i pozwól powiedzieć sobie, czego konkretnie ta część chce. Nie obawiaj się odpowiedzi. Nawet jak sobie to sekretne pragnienie uświadomisz, nie musisz go przecież spełniać". Po chwili zdradził mi odpowiedź: „Ta część mnie pragnie złapać mojego ojczyma za fraki, przycisnąć do ściany i potrząsnąć nim jak szczurem". Być może rzeczywiście był to właściwy moment, aby potrząsnąć kimś jak szczurem, choć ja zasugerowałem mu mniej prymitywne remedium. Rzecz jednak w tym, że Bóg jeden wie, jakie bitwy muszą zostać stoczone, dobrowolnie, z przekonaniem, na drodze do pokoju. Jak daleko posuwasz się, ponieważ chcesz uniknąć konfliktu, choć gdzieś w głębi duszy czujesz, że jest nieunikniony? Na ile jesteś skłonny żyć w kłamstwie, bo zakładasz, że prawda może okazać się nie do przyjęcia? Co udajesz?

Niemowlę jest zależne od rodziców w zasadzie we wszystkim. Nieco starsze dziecko – takie, które dobrze sobie radzi – może na krótki czas zostawiać rodziców i nawiązywać przyjaźnie. Kiedy tak robi, poświęca, co prawda, niewielką część siebie, ale ma wiele do zyskania. Właściwe przejście w stan dorosłości musi doprowadzić ten proces do jego logicznej konkluzji. Młoda osoba musi opuścić rodziców i stać się taka jak wszyscy.

Gdy już zintegruje się ze społeczeństwem, musi następnie odkryć, jaki jest właściwy stopień wyjątkowości i na ile dobrze jest różnić się od innych.

Bądź ostrożny, kiedy porównujesz się do innych ludzi. Gdy dorastasz, stajesz się osobnym bytem. Masz swoje własne, specyficzne problemy – finansowe, psychologiczne, intymne etc. Są one osadzone w unikalnym, szerszym kontekście twojej egzystencji. Twoja kariera czy praca odpowiada ci lub nie na twój własny, szczególny sposób, w ramach unikalnego zbioru oddziaływań wszystkich dziedzin twojego życia. To ty musisz decydować, ile posiadanego czasu przeznaczać na to, a ile na tamto. Ty musisz decydować, co sobie odpuścić, a o co walczyć za wszelką cenę.

Na co kierujemy wzrok. Zróbmy audyt

Nasz wzrok zawsze niejako automatycznie kieruje się w stronę obiektów, które wzbudzają nasze zainteresowanie, które chcielibyśmy zbadać, znaleźć lub mieć. Zawsze patrzymy, ale aby patrzeć, musimy wybrać cel, a więc zawsze w coś celujemy. Nasze umysły zbudowane są w oparciu o zbieracko-łowieckie funkcje naszych ciał. Polować – to znaczy wybrać cel, śledzić go i rzucić coś w jego stronę. Zbierać – to znaczy wybrać cel i chwycić. Dawniej ciskaliśmy kamieniami, dzidami i bumerangami. Dziś rzucamy lotkami do tarczy, piłką do kosza lub kulą w kręgle. Dawniej strzelaliśmy do celu z łuków, a dziś z pistoletów, strzelb czy wyrzutni rakiet. Rzucamy też obelgi, pomysły i plany. Udaje nam się, gdy zdobywamy punkt lub trafiamy w cel. Ponosimy porażkę lub grzeszymy w sytuacji przeciwnej (czasownik *grzeszyć* oznacza bowiem *nie trafić w cel, nie zdołać czegoś osiągnąć*[3]). Nie możemy nawigować bez czegoś, co wyznacza kierunek, a póki jesteśmy na tym świecie, musimy nawigować bez przerwy[4].

W każdym momencie jednocześnie znajdujemy się *w* punkcie A (który daje pole do poprawy) i *kierujemy się ku* punktowi B (który uznajemy za bardziej pożądany zgodnie z naszymi świadomymi i nieświadomymi wartościami). Stale napotykamy świat niedoskonały, niewystarczający – i próbujemy go naprawić. Nawet gdy wchodzimy w posiadanie wszystkiego, co wcześniej uznawaliśmy za potrzebne, potrafimy wymyślać nowe

---

[3] Mówiąc ściślej, pochodzi on od greckiego słowa ἁμαρτάνειν (*hamartanein*), które oznacza właśnie *nie trafić w cel, nie zdołać czegoś osiągnąć*. Konotacje: błędny osąd, fatalny błąd. Zobacz: http://biblehub.com/greek/264.htm.

[4] Zobacz: J.J. Gibson, *The ecological approach to visual perception*, Boston, Houghton Mifflin, 1979.

opcje ulepszania. Nawet gdy osiągamy stan chwilowego zaspokojenia, pozostajemy ciekawi. Żyjemy w obrębie pewnych ram pojęciowych, które definiują teraźniejszość jako wiecznie niekompletną, przyszłość zaś jako zawsze potencjalnie lepszą. Gdybyśmy nie patrzyli na świat w ten sposób, nie przedsiębralibyśmy żadnych działań. Nie bylibyśmy nawet zdolni widzieć, ponieważ – aby widzieć – musimy skupić na czymś uwagę, a to wymaga wybrania jako obiektu uwagi jednej rzeczy ponad wszystkie inne.

A jednak widzimy. Potrafimy nawet widzieć coś, czego nie ma. Potrafimy wyobrażać sobie zmiany na lepsze. Potrafimy tworzyć nowe, hipotetyczne światy, w których problemy nieobecne w świecie rzeczywistym mogą się ujawniać i być rozpatrywane. Zalety zdolności przewidywania i kreatywności są oczywiste: możemy wpływać na świat w taki sposób, aby w przyszłości eliminować teraźniejszy dyskomfort. Z drugiej strony pociągają one za sobą chroniczne uczucie niepokoju i niezadowolenia. Ponieważ nieustannie porównujemy stan faktyczny ze stanem pożądanym, musimy celować w ten drugi. Może się jednak zdarzyć, że będziemy mierzyć zbyt wysoko. Albo zbyt nisko. Albo zbyt chaotycznie. To dlatego ponosimy porażki i doskwiera nam poczucie rozczarowania, nawet gdy w oczach innych prowadzimy udane życie. Jak sprawić zatem, aby na kombinacji wyobraźni, kreatywności oraz zdolności do budowy lepszej przyszłości korzystać, bez ciągłego umniejszania naszego obecnego, niedostatecznie szczęśliwego i bezwartościowego życia?

Pierwszym krokiem może być zrobienie audytu. Kim jesteś? Po zakupie domu, w którym masz zamiar zamieszkać, wynajmujesz inspektora, żeby sporządził ci listę rzeczy wymagających naprawy – opisał jego stan rzeczywisty, a nie wymarzony; taki, jakim jest, a nie taki jakim chciałbyś, żeby był. Jesteś nawet gotów zapłacić temu posłańcowi złych wieści. Chcesz wiedzieć. Chcesz poznać ukryte wady budynku. Chcesz ustalić, czy wymaga jedynie kosmetycznych poprawek czy może zawiera defekty konstrukcyjne. Chcesz poznać prawdę, ponieważ aby cokolwiek naprawić, musisz wiedzieć, czy to coś jest zepsute – a ty jesteś zepsuty. Potrzebujesz inspektora. Wspomniany już wewnętrzny głos krytyki może pełnić tę rolę, o ile potrafisz właściwie ustawić jego natężenie, o ile ty i on potraficie współpracować. Wtedy może się przydać właśnie w roli audytora. Ale tylko pod warunkiem, że oprowadzisz go po swoim psychologicznym domu i uważnie wysłuchasz, co ma do powiedzenia. Być może okaże się, że jesteś totalną ruderą, zleceniem, o którym marzą firmy remontowe. Jak miałbyś rozpocząć renowację bez motywującego impulsu, jaki zapewni ci druzgocący raport wewnętrznego krytyka na temat twoich wad?

Oto podpowiedź. Przyszłość pod wieloma względami podobna jest do przeszłości. Z jedną kluczową różnicą. Przeszłość jest niezmienna, a przyszłość wciąż można zmienić na lepsze. Zanim nadejdzie, możesz zrobić krok do przodu, niewielki krok osiągalny, powiedzmy, w jeden dzień przy minimalnym zaangażowaniu. Teraźniejszość nigdy nie jest taka, jak byśmy chcieli. Ale ważniejszy niż punkt startowy może okazać się kierunek, w którym zmierzasz. *Być może szczęścia należy szukać na drodze prowadzącej w górę, a nie w ulotnym poczuciu satysfakcji czekającym na szczycie*. Szczęście to w dużej mierze nadzieja, bez względu na to, jak głęboko w otchłani chaosu ta nadzieja kiełkuje.

Gdy twój wewnętrzny krytyk funkcjonuje jak należy, zasugeruje ci do naprawienia coś, co *jesteś zdolny* naprawić i co *jesteś skłonny* naprawić – z własnej woli, bez żalu, a nawet z przyjemnością. Zapytaj siebie: czy jest w twoim życiu jakaś jedna, szczególna rzecz wymagająca uporządkowania i poprawy? Czy możesz i chcesz naprawić tę jedną rzecz, która skromnie sygnalizuje taką potrzebę? Czy możesz zrobić to już teraz? Wyobraź sobie, że jesteś osobą, z którą musisz negocjować. Następnie wyobraź sobie, że jesteś leniwy, kłótliwy i obrażalski. Z takim charakterem przekonanie cię do czegokolwiek nie będzie łatwe. Nie obejdzie się bez odpowiedniej dozy uroku i zaraźliwego entuzjazmu. „Przepraszam bardzo – możesz powiedzieć do samego siebie, bez ironii czy sarkazmu – próbuję zredukować ilość odczuwanego w okolicy cierpienia. Przydałaby się pomoc". Nie dopuść do siebie drwin. „Zastanawiam się, czy byłbyś skłonny mnie w tym wesprzeć? Byłbym bardzo wdzięczny". Pytaj szczerze i troskliwie. To delikatna sprawa.

Być może będziesz musiał negocjować dalej – to zależy od twojej kondycji psychicznej. Być może sobie nie ufasz. Obawiasz się, że poprosisz samego siebie o jedną rzecz, a po jej wykonaniu natychmiast zażądasz następnej. Co więcej, zrobisz to z pozycji wyższości i zignorujesz to, co sam wcześniej obiecałeś sobie jako nagrodę. Kto chciałby pracować dla takiego tyrana? Na pewno nie ty. Dlatego właśnie nie robisz tego, co chciałbyś robić. Jesteś kiepskim pracownikiem – ale jeszcze gorszym szefem. Być może musisz powiedzieć samemu sobie: „OK. Zdaję sobie sprawę, że w przeszłości nie dogadywaliśmy się najlepiej. Przepraszam. Próbuję się zmienić, poprawić. Pewnie po drodze nie uniknę kolejnych błędów, ale obiecuję, że będę słuchał twoich obiekcji. Postaram się zrozumieć. Dziś na przykład zauważyłem, że nie garnąłeś się do pomocy, gdy cię o nią prosiłem. Może jest coś, co mogę zaoferować w zamian za współpracę? Może gdybyś pozmywał, poszlibyśmy na kawę? Przecież lubisz espresso. Taki układ pasuje? Chyba że wolisz coś innego?". Przy takim podejściu jest szansa, że posłuchasz. Może usłyszysz wewnętrzny głos (kto wie, może to nawet głos dawno zatraconego dziecka). Może odpowiesz: „Naprawdę? Naprawdę chcesz zrobić dla mnie coś miłego? To nie żart? Naprawdę masz zamiar to zrobić?".

Tutaj musisz być uważny.

Ten nieśmiały odzew – to głos kogoś, kto w przeszłości przeżył zawód i teraz jest podwójnie nieufny. Możesz więc powiedzieć, bardzo delikatnie: „Naprawdę. Może nie zrobię tego idealnie i może nie jestem wymarzonym kompanem do towarzystwa, ale zrobię dla ciebie coś miłego. Obiecuję". Odrobina szczerej dobroci czyni cuda, a roztropna nagroda to potężny motywator. W ten sposób możesz wziąć siebie samego za rękę i iść pozmywać naczynia. A później nie mów sobie, że skoro tak, to za jednym zamachem umyjesz łazienkę i zapomnisz o obiecanej kawie, wyjściu do kina czy na piwo, bo inaczej będzie ci coraz trudniej przywoływać te części ciebie z odległych zakątków zaświatów.

Zapytaj siebie: „Co mógłbym powiedzieć do osoby, z którą mam stały kontakt – przyjaciela, brata, szefa, asystenta – co choć w minimalnym stopniu poprawiłoby naszą relację? Jaką cząstkę chaosu mógłbym dziś uporządkować – w domu, na biurku, w kuchni – aby utorować drogę ku czemuś lepszemu? Które węże jestem w stanie wypędzić z mojej szafy – i mojego umysłu?". Pięćset błahych decyzji, pięćset drobnych działań – kształtuje twój dzień, dzisiejszy i każdy następny. Czy choćby w przypadku dwóch z nich nie mógłbyś celować wyżej? Spróbować osiągnąć lepszy rezultat – w swoich oczach, według swoich własnych indywidualnych standardów? Czy mógłbyś porównać pewną jutrzejszą wersję siebie z wersją obecną, dzisiejszą? Czy potrafiłbyś oprzeć się na własnym rozsądku i zapytać siebie, co zrobić, aby wersja jutrzejsza była lepsza?

Zacznij z umiarem. Biorąc pod uwagę twoje ograniczone talenty, tendencję do oszukiwania, nagromadzone pokłady frustracji i skłonność do uchylania się od odpowiedzialności, początkowo lepiej nie przesadzać z postanowieniami. Postaw więc sobie taki oto cel: na koniec dnia chcę, aby moja sytuacja życiowa była choć troszeczkę lepsza niż ta, w jakiej ten dzień zacząłem. Następnie zadaj sobie pytanie: „Co takiego mógłbym wybrać, abym faktycznie to osiągnął, i jakim drobiazgiem chciałbym sobie to wynagrodzić?". Następnie wykonaj to, co sobie ustaliłeś, choćbyś nawet miał wykonać to niezdarnie i z kiepskim skutkiem. A wtedy podaruj sobie tę cholerną kawę – zasłużyłeś. Możesz uważać całe to przedsięwzięcie za infantylne, ale mimo to: zrób, co zaplanowałeś. Zrób to również kolejnego dnia, i kolejnego, i kolejnego. W ten sposób z każdym kolejnym dniem nieco wyżej stawiasz sobie poprzeczkę. I w tym tkwi cała magia – w procencie składanym. Postępuj tak przez trzy lata, a twoje życie zupełnie się odmieni. Wypowiedziałeś życzenie. Zacząłeś mierzyć wyżej. Od nowa uczysz się widzieć. A to, w co mierzysz, determinuje to, co widzisz. Warto to powtórzyć. *To, w co mierzysz determinuje to, co widzisz.*

Czego pragniesz, a co widzisz

Fakt, że to, co widzimy, zależy od celu (a więc od wartości – celujemy bowiem w to, co cenimy), zademonstrował psycholog kognitywista Daniel Simons ponad piętnaście lat temu[5]. Simons badał coś, co nazywamy „ślepotą pozauwagową". Sadzał badanych przed ekranem, na którym wyświetlał, na przykład, zdjęcie pola pszenicy. Następnie, podczas gdy badani przypatrywali się obrazowi, Simons zaczynał go powoli, niepostrzeżenie przekształcać. Stopniowo na polu pojawiała się droga przecinająca je przez środek. Nie mówię tu o wkomponowaniu w obraz jakiejś małej ścieżki, którą łatwo przegapić. Była to solidna szosa zajmująca dobrą jedną trzecią ekranu. Co niesamowite, obserwatorzy często w ogóle jej nie zauważali. Doświadczenie, które przyniosło doktorowi Simonsowi sławę, badało ten sam fenomen, ale w sposób jeszcze bardziej zaskakujący – wręcz nie do uwierzenia. Najpierw wyprodukował nagranie, w którym wzięło udział sześciu aktorów podzielonych na dwie drużyny[6]. Jedna drużyna miała na sobie koszulki białe, a druga czarne. Wszyscy członkowie zespołów byli dobrze widoczni – cała szóstka wypełniała większość pola widzenia kamery. Każda drużyna miała swoją własną piłkę, a ich członkowie wymieniali się podaniami krążąc chaotycznie na niewielkiej przestrzeni korytarzowej z wejściami do wind w tle. Kiedy miał już gotowe nagranie, Dan wyświetlił je uczestnikom badania. Poprosił ich, aby policzyli liczbę podań wykonanych przez zespół biały. Po kilku minutach badani mieli podać wyniki. Większość odpowiedziała: „15" – prawidłowo. Byli z siebie dumni: „Ha! Zdaliśmy test!". Wtedy doktor Simons zadał im drugie pytanie: „A widzieliście goryla?".

Jakiego goryla? To jakiś żart?

„No dobrze – powiedział – w takim razie obejrzyjcie nagranie jeszcze raz, tym razem już bez liczenia podań". Faktycznie, na filmie, po mniej

---

5 D.J. Simons, C.F. Chabris, *Gorillas in Our Midst: Sustained inattentional blindness for dynamic events*, „Perception", 28/1999, s. 1059–1074.

6 http://www.dansimons.com/videos.html.

więcej minucie, między wymieniającą się piłką szóstkę graczy wchodzi człowiek w kostiumie goryla i w sposób charakterystyczny dla tych małp bije się pięściami w wyprężoną klatkę piersiową. Na samym środku ekranu. Wielki, czarny, kosmaty goryl. Rzucający się w oczy jak mało co. Na tym nie koniec. Doktor Simons przeprowadził kolejny eksperyment. Tym razem, pokazał jego uczestnikom nagranie, w którym pojedyncze osoby obsługiwane są kolejno przy sklepowej ladzie. W pewnym momencie ekspedient schyla się po coś, znika na moment za ladą i po chwili pojawia się z powrotem. No i co? Większość badanych niczego podejrzanego nie zauważa. Tymczasem okazuje się, że za ladą przykucnęła jedna osoba, a chwilę później wyłonił się stamtąd ktoś inny! „Nie ma mowy – myślisz sobie – zorientowałbym się". A jednak istnieje wysokie prawdopodobieństwo, że niczego byś nie dostrzegł, nawet jeśli obsługujący byliby różnej płci czy rasy. Ty też jesteś ślepy.

Częściowo wynika to z faktu, że wzrok jest kosztowny – psychofizjologicznie i neurologicznie kosztowny. Dołek środkowy – małe zagłębienie w centrum plamki żółtej odpowiadające za widzenie w wysokiej ostrości (przykładowo: za rozpoznawanie twarzy) – stanowi bardzo niewielką część siatkówki oka. Każda z rzadkich komórek dołka środkowego potrzebuje dziesięciu tysięcy komórek kory wzrokowej tylko po to, aby obsłużyć pierwszą część wieloetapowego procesu widzenia[7]. Następnie, każda z tych dziesięciu tysięcy komórek potrzebuje kolejnych dziesięciu tysięcy na drugim etapie. Gdyby cała twoja siatkówka zbudowana była tak jak dołek środkowy, aby pomieścić nasze mózgi potrzebowalibyśmy czaszki większej niż mają kosmici w filmach klasy B. W konsekwencji patrzymy selektywnie. Większość tego, co widzimy, to widzenie peryferyjne w niskiej rozdzielczości. Dołek środkowy oszczędzamy na to, co najistotniejsze. Naszą zdolność widzenia w wysokiej rozdzielczości wykorzystujemy do generowania obrazu kilku konkretnych obiektów, na które kierujemy wzrok. Cała reszta – czyli prawie wszystko – rozmywa się w tle niezauważone.

Jeżeli coś, na co nie zwracasz uwagi, pojawi się nagle w polu widzenia w trybie, który bezpośrednio zaburzy twoje wąskie skupienie, dostrzeżesz to. W przeciwnym razie zwyczajnie pozostanie to dla ciebie niewidoczne. Piłka, na której utrzymywali wzrok uczestnicy eksperymentu Simonsa, nawet na moment nie została zasłonięta ani przez goryla, ani przez któregoś z szóstki podających. W efekcie – ponieważ goryl nie zaburzył

[7] P. Azzopardi, A. Cowey, *Preferential representation of the fovea in the primary visual cortex*, „Nature", 361/1993, s. 719–721.

wykonywanego w skupieniu i szczegółowo zdefiniowanego zadania – wszedł w skład nierozróżnialnego tła pozostającego poza uwagą zorientowanych na piłce badanych. Wielgachną małpę można więc było bezpiecznie zignorować. W taki właśnie sposób radzimy sobie z nieprawdopodobną złożonością świata: ignorujemy ją przez koncentrowanie się na naszych najważniejszych, prywatnych sprawach. Dostrzegamy rzeczy, które mają wpływ na nasz ruch naprzód, ku obranym celom. Wykrywamy przeszkody, gdy takie pojawią się na drodze. Na całą resztę pozostajemy ślepi (a jako że tej reszty jest sporo, cierpimy na zaawansowaną ślepotę). I tak też być musi, ponieważ cały świat jest dla nas nie do ogarnięcia. Musimy rozsądnie alokować nasze ograniczone zasoby. Widzenie jest bardzo trudne, a więc musimy skupiać wzrok na tym, co ważne, a wszystko inne ignorować.

Fundamentalna idea zawarta w starożytnych tekstach wedyjskich (najstarszych pismach hinduizmu i jednym z filarów hinduskiej kultury) mówi, że świat, jakim go postrzegamy, to *maya* – iluzja. Oznacza to, po części, że ludzie pozostają zaślepieni przez swoje pragnienia (oraz po prostu niezdolni widzieć rzeczy takimi, jakimi naprawdę są). Jest w tym dużo prawdy wykraczającej poza sens metaforyczny. Nasze oczy to narzędzia. Mają nam pomóc zdobyć to, czego chcemy. Ceną, jaką płacimy za tę zdolność skupienia uwagi na konkretnym celu, jest ślepota na wszystko dookoła. Nie ma to większego znaczenia, gdy sprawy mają się dobrze i osiągamy swoje cele (choć nawet wtedy może to rodzić problemy, ponieważ zdobywanie czegoś, czego pragniemy w danej chwili, może zaślepić nas na inne, wyższe cele). Cały ten zignorowany świat staje się doprawdy poważnym problemem dopiero, gdy wpadamy w kryzys i nic nie idzie tak, jak sobie założyliśmy. Na szczęście problem ten zawiera w sobie narzędzie umożliwiające jego rozwiązanie. Skoro tak wiele ze świata dotąd ignorowałeś, w zasięgu twojego wzroku istnieje multum nowych możliwości.

Wyobraź sobie, że jesteś nieszczęśliwy. Cierpisz na notoryczną niemoc w zaspokajaniu swoich potrzeb. Przewrotnie: powodem takiego stanu rzeczy mogą być właśnie twoje potrzeby. Jesteś nimi zaślepiony. Być może to, czego naprawdę pragniesz, jest tuż przed twoimi oczami, ale nie potrafisz tego dostrzec, bo skupiasz się aktualnie na innym celu. Tutaj dochodzimy do kolejnej kwestii: ceny, jaką trzeba zapłacić, aby zdobyć to, czego się pragnie (albo, nawet lepiej, czego się potrzebuje). Pomyśl o tym tak: obserwujesz świat na swój własny szczególny sposób. Wykorzystujesz zestaw narzędzi, z pomocą których ignorujesz wszystko, co wydaje ci się nieistotne, a skupiasz się na kilku najważniejszych rzeczach. Poświęciłeś wiele czasu na wykształcenie i dostrojenie tych narzędzi. Na tym etapie działają już niemal instynktownie, automatycznie. Nie są to już jedynie abstrakcyjne myśli, lecz część ciebie. Narzędzia te pomagają ci orientować się w świecie. Bezwarunkowo i podświadomie wyznaczają ci wartości, które cenisz. Stały się elementem twojej biologicznej struktury. Są żywe. I nie chcą zniknąć, przekształcić się lub umrzeć. Ale czasem przychodzi na nie pora; czas zmian, narodzin czegoś nowego. Z tego powodu (choć nie tylko z tego) podczas drogi w górę pewne rzeczy należy sobie odpuścić. Jeśli sprawy nie układają się po twojej myśli, a ty nie wiesz dlaczego – no cóż, być może odpowiedź zawiera się w jednym z najbardziej cynicznych aforyzmów: życie jest do bani, a potem się umiera. Jednak zanim życiowy kryzys popchnie cię ku tej okropnej konkluzji, być może powinieneś rozważyć, co następujące: *to nie życie ma problem. Ty masz.* Uświadomienie sobie tego faktu daje ci przynajmniej jakieś opcje. Jeśli twoje życie nie biegnie tak, jak byś tego chciał, być może to twoja obecna wiedza jest niewystarczająca, a nie samo życie. Być może twoja struktura wartości wymaga poważnej reorganizacji. Być może to, na czym się skupiasz, czyni cię ślepym na alternatywy. Być może twoich teraźniejszych pragnień trzymasz się tak zaciekle, że niczego innego nie dostrzegasz – w tym nawet twoich prawdziwych potrzeb.

Wyobraź sobie, że zawistnie rozmyślasz: „To ja powinienem mieć posadę mojego szefa". Jeśli twój szef będzie uparcie i kompetentnie tkwił na twoim upragnionym stanowisku, tego typu myśli doprowadzą cię do stanu frustracji, depresji i złości. Jesteś tego świadom. Myślisz sobie: „Tak, jestem nieszczęśliwy. Jednak zaspokojenie moich ambicji by to zmieniło". Tok myślenia idzie o krok dalej: „Ale zaraz, być może nie jestem nieszczęśliwy dlatego, że nie mam posady mojego szefa. Być może jestem nieszczęśliwy, ponieważ nie potrafię przestać chcieć tej posady". Nie oznacza to, że możesz po prostu, w jakiś magiczny sposób przekonać siebie, aby to pragnienie wygasić. Nie zdołasz się tak łatwo zmienić. Musisz sięgnąć głębiej. Nie obejdzie się bez bardziej fundamentalnej zmiany tego, kim jesteś.

Po głowie mogą ci chodzić myśli typu: „Nie wiem, co począć z tym głupim cierpieniem. Nie potrafię tak po prostu porzucić własnych ambicji. To droga donikąd. Ale ciągłe marzenie o stanowisku, którego nie mogę mieć, też do niczego nie prowadzi". Proponuję przyjąć inny kurs. Możesz zamiast tego poszukać w głębi siebie nowej wizji – takiej, która umożliwiłaby ci spełnienie pragnień i zaspokojenie ambicji w realnym sensie, ale która jednocześnie usunęłaby z twojego życia rozgoryczenie i frustrację. Powiedz sobie: „Stworzę nowy plan. Postaram się przyjmować za obiekty pragnień cokolwiek, *co uczyni moje życie lepszym* – obojętnie, czym by to nie było – i natychmiast będę dążyć do ich realizacji. Jeśli miałoby to oznaczać cel inny niż starania o posadę mojego szefa, zaakceptuję to i ruszę do przodu".

Wprowadzi cię to na zupełnie nową trajektorię. Dotąd, to, co uznawałeś za pożądane, słuszne i warte zachodu, było czymś konkretnym, specyficznym. Niestety często zdarzało ci się ugrzęznąć w tych wąskich ramach, uziemionym i nieszczęśliwym. Ale zostawiłeś to za sobą. Dokonałeś niezbędnego poświęcenia i dopuściłeś do siebie nowy świat możliwości, wcześniej ukryty, bo przysłonięty ówczesnymi ambicjami. To jeszcze nie wszystko. Jak wyglądałoby twoje życie, *gdyby było lepsze*? Jak wyglądałoby Życie w ogóle? Co tak naprawdę znaczy „lepsze"? Nie wiesz. Ale nie przejmuj się, ponieważ dostrzegać to, co „lepsze", zaczniesz stopniowo, gdy tylko prawdziwie tego zapragniesz. Dojrzysz to, co pozostawało w ukryciu za twoimi domysłami, uprzedzeniami i z góry przyjętymi osądami – wytwarzanymi przez stare mechanizmy widzenia. Zaczniesz się uczyć.

Może się to jednak udać tylko wtedy, gdy szczerze zapragniesz poprawy swojej sytuacji życiowej. Nie możesz oszukać twoich podświadomych struktur percepcyjnych. Ani o jotę. Celują one w to, co ty im wskażesz. Aby przeprowadzić reorganizację czy audyt, aby celować w coś lepszego – musisz to wszystko wnikliwie przemyśleć. Musisz przeszukać własną psychikę. Gruntownie ją uprzątnąć. Zrobić generalne porządki. Tylko uważaj, bo uczynienie twojego życia lepszym wiąże się z przyjęciem na siebie dużej odpowiedzialności, co wymaga znacznie więcej wysiłku i uwagi niż głupkowata egzystencja w arogancji, oszustwie, cierpieniu i rozgoryczeniu.

Co jeśli świat odkrywał przed tobą jedynie część zawartego w nim dobra, dokładnie proporcjonalną do twojego pragnienia tego, co lepsze? Co jeśli im szersza, wznioślejsza i bardziej wyszukana twoja koncepcja „lepszego", tym więcej szans i korzyści potrafisz dostrzegać? Nie oznacza to, że możesz mieć wszystko, czego chcesz, i wystarczy jedynie, abyś tego zapragnął, ani też że, jak twierdzą postmodernistyczni nihiliści, wszystko może być przedmiotem interpretacji i nie ma czegoś takiego jak obiektywna rzeczywistość. Świat pozostaje tam, gdzie był, razem ze swoimi strukturami i ograniczeniami. W miarę jak podejmujesz jakieś działania, świat albo współpracuje, albo się sprzeciwia. Możesz jednak próbować z nim zatańczyć, jeśli taki jest twój cel – i, jeśli masz na tyle umiejętności i wdzięku, być może zdołasz nawet w tym tańcu prowadzić. To nie teologia. To nie mistycyzm. To wiedza empiryczna. Nie ma w tym żadnej magii – w każdym razie nic poza wyjaśnioną już magią świadomości.

Widzimy tylko to, w co celujemy wzrokiem. Reszta świata (czyli, jak już mówiłem, jego większość) pozostaje ukryta. Jeżeli zaczniemy celować w coś innego – coś w stylu „chcę, aby moje życie było lepsze" – nasze umysły zaczną ukazywać nam nowe informacje pozyskiwane z uprzednio przysłoniętego świata, aby wesprzeć nas w dążeniu do tego celu. My zaś możemy te dodatkowe informacje wykorzystać: obserwować, działać i rozwijać się. A gdy to osiągniemy, gdy uda nam się zrealizować taką pozytywną zmianę, możemy obrać sobie za cel coś bardziej wzniosłego, coś w stylu: „chcę czegoś więcej, niż tylko, aby moje życie było lepsze". Wtedy wstępujesz w wyższy, bardziej kompletny wymiar rzeczywistości.

Na czym możemy się skupić, gdy trafimy w takie miejsce? Co możemy zobaczyć?

Pomyśl o tym w taki sposób. Zacznij od obserwacji, że my, ludzie, niewątpliwie pragniemy różnych rzeczy – a nawet, że ich potrzebujemy. Taka jest nasza ludzka natura. Łączy nas odczuwanie głodu, samotności, pragnienia, popędu seksualnego, agresji, strachu i bólu. Te odczucia i emocje są elementami Istnienia – pradawnymi, aksjomatycznymi elementami Istnienia. Musimy jednak te pierwotne pragnienia porządkować i organizować, świat to bowiem skomplikowane i ostentacyjnie prawdziwe miejsce. To nie jest tak, że możemy zdobyć tę jedną rzecz, której aktualnie szczególnie pragniemy, razem ze wszystkim innym, czego pragniemy, ponieważ nasze pragnienia mogą generować konflikty z naszymi innymi pragnieniami, a także z pragnieniami innych ludzi oraz ze światem. A zatem musimy podchodzić do naszych pragnień z rozsądkiem, definiować je i hierarchizować. Taka analiza pozwala koordynować je ze sobą nawzajem i z pragnieniami innych oraz dostosowywać do ograniczeń rzeczywistego świata. To w ten sposób nasze najlepsze pragnienia pną się na szczyt. To w ten sposób przeobrażają się w wartości i stają się moralne. Nasze wartości i nasza moralność – to one są wskaźnikami naszej społecznej dojrzałości.

Filozoficzne rozważania nad moralnością – nad tym co właściwe i niewłaściwe, słuszne i niesłuszne – nazywamy etyką. Rozważania takie mogą uczynić nas bardziej wyrafinowanymi w naszych wyborach. Jednak starsza i głębsza od etyki jest religia. Religia zajmuje się podziałem ważniejszym niż ten na słuszne i niesłuszne – dotyczy podziału na dobro i zło, a te stanowią archetypy tego, co słuszne i niesłuszne. Religia bada domenę wartości, i to wartości najwyższych. Nie jest to domena naukowa. Nie jest to obszar empirycznych doświadczeń. Autorzy, którzy spisali Biblię, nie byli naukowcami. Nie mogli nimi być, nawet gdyby chcieli – w okresie powstania Biblii metody i praktyki naukowe nie zostały jeszcze sformułowane.

Religia, zamiast tego, zajmuje się *właściwym zachowaniem*. Tym, co Platon nazywał „Dobrem". Oddany religii akolita nie próbuje tworzyć precyzyjnych opisów obiektywnej natury świata. Zależy mu natomiast na tym, aby być „dobrym człowiekiem". Może być tak, że w jego przypadku „dobry" oznacza to samo, co „posłuszny" – nawet ślepo posłuszny. Taka postawa przedstawicieli wielu religii była źródłem impulsu, jaki zrodził epokę Oświecenia, inaczej zwaną „wiekiem rozumu", w którym klasyczno-liberalny świat Zachodu wystosował swoją obiekcję wobec wiary: posłuszeństwo to za mało. Pewnie tak, ale to przynajmniej coś, od czego można zacząć (o tym dziś zdążyliśmy już zapomnieć): *Jeśli będziesz kompletnie niezdyscyplinowany i niewykształcony, niczego nie osiągniesz.* Nie będziesz wiedział, jaki obrać cel, a nawet jeśli przypadkiem wybierzesz właściwie, nie zdołasz utrzymać prawidłowego kursu. Zrezygnowany, dojdziesz do wniosku, że nie ma o co się starać. Jeśli w to uwierzysz, jesteś zgubiony.

Pewien stopień dogmatyzmu jest zatem nieodłącznym i pożądanym elementem religii. Na co komu system wartości, który nie zapewnia stabilnej struktury? Na co komu system wartości, który nie wyznacza drogi do wyższego porządku? I wreszcie na co komu ty, jeśli nie potrafisz lub nie chcesz tej struktury uwewnętrznić, zaakceptować tego porządku – niekoniecznie jako ostatecznego celu, lecz przynajmniej jako punktu startowego? Bez tego jesteś niczym więcej niż dorosłym dwulatkiem, pozbawionym wdzięku i potencjału. Nie oznacza to, jeszcze raz podkreślę, że wystarczy samo posłuszeństwo. Niemniej jednak osoba zdolna do posłuszeństwa – nazwijmy ją, zamiast tego, osobą dobrze zdyscyplinowaną – jest solidnie wykonanym narzędziem. Chociaż tyle, a to już coś. Oczywiście oprócz dyscypliny i dogmatyzmu – potrzebna jest wizja. Narzędzie potrzebuje celu, przeznaczenia. To dlatego w Ewangelii Tomasza Chrystus mówi: „Królestwo Ojca rozszerza się na ziemi, a ludzie go nie widzą"[8].

Czy należy przez to rozumieć, że to, co widzimy, zależy od naszych przekonań religijnych? Tak! Podobnie to, czego nie widzimy! Możesz się nie zgodzić: „Ale ja jestem ateistą". Nie, *nie* jesteś (jeśli chcesz to zrozumieć, polecam przeczytać *Zbrodnię i karę* Dostojewskiego, być może najwspanialszą powieść, jaką kiedykolwiek napisano, w której główny bohater, Raskolnikow, decyduje się potraktować swój ateizm ze skrajną powagą, popełnia morderstwo, które racjonalizuje sobie jako społecznie korzystne, i płaci za to cenę). Po prostu nie jesteś ateistą w swoich działaniach, a to właśnie

8 www.wtl.us.edu.pl/pdf/Biblioteka_z_Nag_Hammadi.pdf. To werset 113 Ewangelii Tomasza, zaliczanej do apokryfów Nowego Testamentu [przyp. tłum.].

twoje działania z największą dokładnością odzwierciedlają twoje najgłębsze przekonania – te skryte, zakorzenione w twoim Istnieniu, poniżej świadomych poglądów, możliwych do wyrażenia postaw i powierzchownej znajomości siebie. W co naprawdę wierzysz (a nie, w co myślisz, że wierzysz) – dowiesz się obserwując swoje działania. Bez tego zwyczajnie nie wiesz, w co wierzysz. Jesteś zbyt skomplikowany, aby zrozumieć samego siebie.

Aby choć powierzchownie poznać własne przekonania, potrzeba uważnej obserwacji, edukacji, refleksji i komunikacji z innymi. Wszystko, co cenisz, jest efektem niewyobrażalnie długich procesów rozwojowych – osobistych, kulturowych i biologicznych. Nie masz pojęcia, w jak dużym stopniu to, czego pragniesz – a w konsekwencji także to, co widzisz – warunkowane jest przez bezkresną, zamgloną niemożliwą do ogarnięcia przeszłość. Nie masz pojęcia, w jak dużym stopniu każdy obwód neuronalny, przez który postrzegasz świat, ukształtowany został (bezlitośnie) przez etyczne cele milionów lat ludzkich przodków oraz wszelkiego życia obecnego na naszej planecie miliardy lat wcześniej.

Tak naprawdę to nie masz pojęcia o niczym.

Nie wiedziałeś nawet, że jesteś ślepy.

Część naszej wiedzy na temat naszych poglądów została udokumentowana. Przyglądamy się naszym działaniom, dumamy nad tymi obserwacjami i opowiadamy sobie motywowane nimi mity od dziesiątek, a może i setek tysięcy lat. Wszystko to w ramach naszych prób, indywidualnych i kolektywnych, odkrycia i wyartykułowania tego, w co tak naprawdę wierzymy. Część powstałej w ten sposób wiedzy zawiera się w fundamentalnych naukach naszych kultur, w starożytnych pismach takich jak *Daodejing*, wspomniane już hinduskie Wedy czy opowieści biblijne. Biblia, czy to się komuś podoba czy nie, jest takim właśnie fundamentalnym dokumentem dla cywilizacji Zachodniej (Zachodnich wartości, Zachodniej moralności, Zachodniej koncepcji dobra i zła). Jest owocem procesów, które w dużej mierze wykraczają poza naszą zdolność pojmowania. Biblia jest zbiorem wielu ksiąg, z których każdą pisało i redagowało wiele osób. Jest dokumentem doprawdy wyjątkowym – dostępne świadectwa przebrano i uszeregowano tak, że ostatecznie stworzyły spójną opowieść napisaną przez nikogo i przez wszystkich, przez okres wielu tysięcy lat. Ta święta księga o tak nadzwyczajnej genezie jest tworem zbiorowej ludzkiej wyobraźni, która sama stanowi produkt niewyobrażalnych sił działających przez niepojętą otchłań czasu. Jej dokładna i poważna analiza może odkrywać przed nami prawdy dotyczące tego, w co wierzymy, a także tego, jak działamy oraz jak powinniśmy działać; prawdy w zasadzie niemożliwe do uzyskania z innych źródeł.

Bóg Starego Testamentu i Bóg Nowego Testamentu

Bóg Starego Testamentu może sprawiać wrażenie srogiego, krytycznego, nieprzewidywalnego i niebezpiecznego, szczególnie przy pobieżnym czytaniu Biblii. Można argumentować, że stopień, w jakim jest to prawdą, został nieco wyolbrzymiony przez chrześcijańskich komentatorów, próbujących podkreślić rozróżnienie między starszą a nowszą częścią Pisma Świętego. Taka postawa pociągnęła jednak za sobą niemałą cenę: tendencję współczesnych ludzi do reagowania na imię Jahwe z niechęcią: „Nigdy nie uwierzyłbym w takiego Boga". Tymczasem starotestamentowego Boga mało obchodziło, co współcześni ludzie będą o Nim myśleć. Często zresztą nie obchodziło go również, co będą o Nim myśleć ludzie z czasów opisanych w Starym Testamencie (choć dało się z Nim targować i to w zaskakującym zakresie, co widać ewidentnie w opowieściach o Abrahamie). Gdy Jego ludzie zbaczali z drogi – gdy nie przestrzegali Jego nakazów, naruszali przymierze z Nim czy łamali Jego przykazania – wiadomo było, czego należy się spodziewać. Jeśli nie robiłeś tego, czego żądał starotestamentowy Bóg – cokolwiek by to nie było i jakkolwiek sprytnie nie próbowałbyś tego przed nim zataić – ty, twoje dzieci i dzieci twoich dzieci: wszyscy mieliście poważny problem.

Osoby, które wykreowały lub dostrzegły starotestamentowego Boga, były realistami. Gdy członkowie tych pradawnych społeczeństw zbłądzili lekkomyślnie na złą ścieżkę, kończyli w niewoli i nędzy – czasem na stulecia – o ile nie byli eliminowani do ostatka. Czy było to rozsądne? Słuszne? Sprawiedliwe? Autorzy Starego Testamentu zadawali tego typu pytania z najwyższą ostrożnością. Zamiast tego zakładali, że Stwórca Istnienia wiedział, co robi, że to On dysponował wszelką mocą, i że Jego dyktatów należało ściśle przestrzegać. Taka postawa dowodzi mądrości. Bóg był Siłą Natury. Czy głodny lew postępuje rozsądnie, słusznie i sprawiedliwie? Co to za idiotyczne pytanie? Starotestamentowi Izraelici i ich przodkowie rozumieli, że z Bogiem lepiej nie zadzierać i że Piekło (cokolwiek by ono nie oznaczało), jakie rozzłoszczony Stwórca mógłby rozpętać na Ziemi, było prawdziwe. Na podstawie relatywnie niedawnych doświadczeń XX wieku – masowych, niewyobrażalnych potworności ery Hitlera, Stalina i Mao – moglibyśmy dojść do podobnej konkluzji.

Z drugiej strony Bóg Nowego Testamentu ukazywany jest często jako postać zasadniczo różna (chociaż Księga Objawienia z Sądem Ostatecznym przestrzega przed przesadnie naiwnym samozadowoleniem). Bardziej przypomina pełnego życzliwości Dżepetta, mistrza w swoim fachu i łaskawego ojca. Chce dla nas wszystkiego, co najlepsze. Kocha nas i gotów jest nam wiele wybaczyć. Oczywiście, jeśli przekroczysz jakąś granicę łajdactwa, wyśle cię do Piekła. Generalnie jednak jest Bogiem Miłości. Ta Jego wersja wydaje się bardziej optymistyczna, bardziej zachęcająca, ale też (w równej proporcji) mniej wiarygodna. W świecie, w którym żyjemy – w tym tyglu cierpienia i rozpaczy – do kogo przemówi taka narracja? Jak niby pogodzić Boską wszechdobroć i obozy koncentracyjne w Auschwitz? To z tego powodu filozof Friedrich Nietzsche, być może najbardziej przenikliwy krytyk, jaki kiedykolwiek rzucił wyzwanie chrześcijaństwu, uznawał Boga Nowego Testamentu za najpoważniejszą zbrodnię literacką w zachodniej historii. W *Poza dobrem i złem* Nietzsche pisze[9]:

> W Starym Testamencie żydowskim, w księdze sprawiedliwości bożej bywają ludzie, rzeczy i mowy w tak wielkim stylu, iż piśmiennictwo greckie i indyjskie niczem dorównać mu nie może. Z czcią staje się i grozą przed tymi olbrzymimi szczętami tego, czem człowiek był ongi, i przychodzą do głowy posępne myśli o starej Azyi i o jej wysuniętym naprzód półostrówku Europie [...] Połączenie tego Nowego Testamentu, stanowiącego pod każdym względem rodzaj rokoka smaku, ze Starym Testamentem w jedną całość, w biblię, w »księgę w samą w sobie«: jest snadź największem zuchwalstwem i »grzechem przeciw duchowi«, jaki Europa literacka ma na sumieniu.

Kto poza najbardziej naiwnymi pośród nas mógłby sugerować, że taki wszechdobry, miłościwy Bóg rządzi takim okrutnym światem? Tymczasem rzeczy niepojęte dla niewidzących mogą być zupełnie ewidentne dla kogoś, kto otworzył oczy.

Wróćmy do przykładu, w którym twój cel determinowany jest przez coś małostkowego – twoją zazdrość wobec szefa. Przez tę zazdrość świat, w którym żyjesz, objawia się jako miejsce rozgoryczenia, zawodu i złości. Wyobraźmy sobie, że w jakimś momencie reflektujesz się i dostrzegasz źródło swojego niezadowolenia. Następnie postanawiasz wziąć na siebie odpowiedzialność za taki stan rzeczy i odważasz się przyznać, że masz nad nim choć częściową kontrolę. Odważasz się delikatnie rozewrzeć powieki i, choćby przez moment, widzieć. Szukasz czegoś lepszego. Odrzucasz swoje krytykanctwo, odganiasz od siebie zawiść i otwierasz serce. Zamiast

---

[9] F. Nietzsche, *Poza dobrem i złem*, w zbiorze *Dzieła Fryd. Nietzschego*, Warszawa – Kraków, Nakład Jakóba Mortkowicza, 1912, s. 77–78.

przeklinać ciemność, wpuszczasz do wnętrza odrobinę światła. Postanawiasz zabiegać o lepsze życie – a nie o lepsze biuro.

To jednak nie koniec przemiany. Uświadamiasz sobie, że błędem jest zabiegać o lepsze życie dla siebie, jeśli poprawa miałaby się odbyć kosztem pogorszenia życia kogoś innego. Uruchamiasz zatem kreatywność. Decydujesz się wziąć udział w nieco trudniejszej konkurencji. Postanawiasz zabiegać o lepsze życie w taki sposób, aby pozytywne zmiany miały również korzystny wpływ na życie twojej rodziny. Albo życie twojej rodziny i twoich przyjaciół. Albo życie twojej rodziny, twoich przyjaciół oraz nieznajomych członków lokalnej społeczności. A co z twoimi wrogami? Czy ich też uwzględnić? Nie masz zielonego pojęcia, jak to ugryźć. Ale trochę historii w szkole liznąłeś. Zdajesz sobie sprawę z tego, że z biegiem czasu wrogość nasila się i ostatecznie wymyka spod kontroli. A więc niechętnie, ale z rozsądku, nawet twoim wrogom zaczynasz dobrze życzyć, przynajmniej dla zasady.

I tak zmienia się kierunek twojego spojrzenia. Sięgasz nim poza ograniczenia, które wcześniej cię otaczały, a których nie byłeś w ogóle świadomy. Nowe szanse życiowe zaczynają się ukazywać, a ty chwytasz je i wykorzystujesz. W twoim życiu następuje wyraźnie odczuwalna poprawa. A ty zaczynasz myśleć w dłuższej perspektywie: „Zmiana na lepsze? Być może ma to oznaczać coś lepszego dla mnie, dla mojej rodziny, moich przyjaciół – a nawet moich wrogów. Ale to nie wszystko. To także coś lepszego dziś, uzyskane w sposób, który czyni świat wokół nas lepszym jutro, w przyszłym tygodniu, w przyszłym roku, za dziesięć lat, za sto lat. I za tysiąc lat. Na zawsze".

Z takim nastawieniem „lepiej" oznacza zabieganie o Rozwój (przez duże „R") naszego Istnienia (przez duże „I"). Myśląc o tym wszystkim – uświadamiając sobie to wszystko – ryzykujesz. Postanawiasz zacząć traktować Boga Starego Testamentu, z całą Jego okrutną i często, wydawać by się mogło, apodyktyczną potęgą tak, jak gdyby mógł On być również Bogiem Nowego Testamentu (choć rozumiesz, że pod wieloma względami to pogląd absurdalny). Innymi słowy: postanawiasz działać tak, jak gdyby egzystencja mogła być uzasadniona jej dobrem – jeśli tylko będziesz postępować właściwie. I to ta właśnie decyzja, ta deklaracja egzystencjalnej wiary, umożliwia ci przezwyciężenie nihilizmu, frustracji i arogancji. To ta deklaracja wiary utrzymuje na dystans nienawiść do Istnienia, wraz z całym towarzyszącym jej diabelstwem. A co do wiary: w żadnym razie nie chodzi tu o to, aby dogmatycznie wierzyć w coś, o czym doskonale wiesz, że jest fałszem. Nie chodzi tu o dziecięcą wiarę w magię. To ignorancja, a wręcz rozmyślna ślepota. Chodzi zamiast tego o uświadomienie sobie, że dla tragicznej nieracjonalności życia musimy znaleźć przeciwwagę w proporcjonalnie racjonalnym zaangażowaniu na rzecz fundamentalnej dobroci Istnienia. To jednocześnie odwaga, aby postawić sobie za cel to, co nieosiągalne, oraz poświęcić wszystko, w tym także (i co najważniejsze) swoje życie. To zrozumienie, że nie istnieje żadna lepsza alternatywa. Jak jednak tego wszystkiego dokonać? Jeśli założymy, że jesteś na tyle głupi, aby spróbować.

Dobrym początkiem będzie o tym nie myśleć – albo, mówiąc bardziej precyzyjnie, a mniej dobitnie, nie pozwolić, aby twoja wiara została zniewolona przez twoją racjonalność i jej wąskie horyzonty. Nie pomyl tego z „przyzwoleniem na głupotę". Jest dokładnie na odwrót. Oznacza to, że musisz przestać kombinować, knuć, przymykać oczy, mącić, wymuszać, wymagać, unikać, ignorować i karać. Oznacza to, że musisz odłożyć na bok twoje dotychczasowe strategie. Oznacza to wreszcie, że musisz skupić się tak mocno, jak jaszcze nigdy przedtem.

Skup się

Skup się. Uważnie obserwuj otoczenie, fizyczne i psychologiczne. Dostrzeż coś, co ci przeszkadza, co cię martwi, co nie daje ci spokoju, a co *potrafisz* naprawić i *będziesz skłonny* naprawić. Zidentyfikowanie takich trosk ułatwi ci zadanie sobie trzech pytań i szczere odpowiedzenie na nie: „Co dokładnie nie daje mi spokoju?", „Czy jest to coś, co mogę naprawić?" i „Czy naprawdę gotów jestem to naprawić?". Jeśli okaże się, że odpowiedź na dowolne z tych pytań brzmi „nie", poszukaj gdzie indziej. Obniż nieco poprzeczkę. Szukaj, aż znajdziesz coś, co ci przeszkadza, ale co możesz naprawić i co będziesz skłonny naprawić, a następnie to napraw. Na dziś wystarczy.

Może na twoim biurku leży plik papierkowej roboty, której od dawna unikasz? Nie chcesz nawet na niego spojrzeć, gdy wchodzisz do swojego pokoju. Iście koszmarna sterta: dokumenty podatkowe, rachunki, listy od ludzi upominających się o przysługi, które niekoniecznie masz ochotę wyświadczyć. Dostrzeż swój strach i okaż mu trochę zrozumienia. Być może w tej stercie papieru czają się węże. Być może zostaniesz ukąszony. Być może czają się tam nawet hydry. Utniesz jedną głowę, a na jej miejsce wyrośnie siedem nowych. Jak niby miałbyś sobie z tym poradzić?

Zapytaj siebie: „Czy jest cokolwiek, co byłbym skłonny zrobić z tą stertą papieru? Czy dam się namówić na przejrzenie choćby części z nich? Choćby przez dwadzieścia minut?". Być może odpowiedź zabrzmi: „Nie!". Spróbuj zatem z dziesięcioma minutami albo nawet z pięcioma. Od czegoś trzeba zacząć. Szybko zauważysz, że cały ten plik przestał przerażać tylko dlatego, że na niego spojrzałeś. Zdasz sobie sprawę, że całość złożona jest z części. A co gdyby tak w ramach nagrody pozwolić sobie na smaczny obiad z lampką dobrego wina albo wieczór z dobrą książką na wygodnym fotelu, albo seans filmowy z idiotyczną komedią? A co gdyby tak poprosić żonę czy męża, aby mówili „dobra robota" po tym, jak naprawiłeś, cokolwiek akurat naprawiałeś? Czy znalazłbyś w tym motywację? Osoby, które poprosiłbyś o miłe słowo w zamian za wysiłek, niekoniecznie od razu będą w tej roli biegłe i pilne, ale nie pozwól, aby cię to zatrzymało. Ludzie są zdolni do nauki, nawet gdy początkowo nie wykazują specjalnych predyspozycji. Szczerze zadaj sobie pytanie, czego potrzeba ci jako motywacji do zajęcia się tą czy inną sprawą, i wysłuchaj, co masz do powiedzenia. Nie zbywaj samego siebie odpowiedziami typu: „Nie powinienem tego potrzebować, aby być zmotywowanym. Powinienem robić to, co do mnie należy, bez jakichś głupich nagród!". A co ty niby o sobie wiesz? Jesteś z jednej strony najbardziej skomplikowaną istotą w całym wszechświecie, a drugiej strony kimś, kto nie umie nawet nastawić zegarka na wyświetlaczu piekarnika. Nie przeceniaj swojej znajomości siebie.

Pozwól codziennym obowiązkom i zadaniom dawać ci sygnały. Być może odpowiednim momentem na to jest ranek, gdy zaraz po przebudzeniu siadasz na krawędzi łóżka. Możesz też spróbować obmyślić plan na następny dzień wieczorem dnia poprzedniego. Poproś samego siebie o dobrowolny wkład na rzecz zmiany na lepsze. Jeśli poprosisz uprzejmie, zechcesz wysłuchać informacji zwrotnej i powstrzymasz się od wymądrzania, być może otrzymasz ofertę pomocy. Rób tak każdego dnia przez jakiś czas. A potem rób tak przez całe życie. Nie minie dużo czasu, a znajdziesz się w zupełnie innym miejscu. W nawyk wejdzie ci pytanie samego siebie: „Co mógłbym i byłbym gotów zrobić, by uczynić Życie odrobinę lepszym?". Nie ograniczaj się w tym, co owo „lepsze" ma tutaj oznaczać. Nie bądź totalitarystą ani utopistą, nawet wobec siebie – naziści, Sowieci czy maoiści, a także i twoje własne doświadczenia przekonały cię, że totalitarne ciągoty do niczego dobrego nie prowadzą. Mierz wysoko. Skieruj swój wzrok na rozwój Istnienia. W głębi duszy stań po stronie Prawdy i Najwyższego Dobra. Niezmierzone połacie złowrogiego chaosu czekają na przekształcenie w nadający się do zamieszkania porządek, tak jak niezliczone pokłady brzydoty czekają na przekształcenie w piękno.

Na świecie nie brakuje zła, które można pokonać i cierpienia, któremu można ulżyć – w tobie zaś nie brakuje skaz, które można stale ulepszać.

To właśnie, w mojej ocenie, jest kulminacją kanonu zachodniej etyki. To właśnie przekazują nam również enigmatyczne strofy Kazania na górze wygłoszonego przez Chrystusa – zwieńczenia, można by rzecz, mądrości Nowego Testamentu. To podjęcie przez Ducha Ludzkości próby zmiany rozumienia etyki z wstępnego, koniecznego etapu dziecka, Dziesięciu Przykazań i narracji w trybie „Nie będziesz..." – w stronę w pełni wyrażonej, pozytywnej wizji prawdziwego indywiduum. To ekspresja nie tylko godnego pochwały opanowania i samokontroli, lecz także fundamentalnego pragnienia skierowania świata na właściwe tory. To nie eliminacja grzechu, lecz jego przeciwieństwo – dobro. Kazanie na górze podkreśla prawdziwą naturę człowieka oraz słuszny cel ludzkości: skoncentruj się na dniu dzisiejszym, tak abyś mógł żyć chwilą obecną; poświęcaj się całkowicie temu, co masz tuż przed sobą – lecz postępuj tak dopiero po podjęciu decyzji, aby pozwolić swemu wewnętrznemu dobru lśnić – niech uzasadnia Istnienie i rozświetla świat. Postępuj tak dopiero po zdobyciu się na poświęcenie czegokolwiek, co musi zostać poświęcone, abyś mógł zabiegać o najwyższe dobro.

> Przypatrzcie się liliom, jak rosną: nie pracują i nie przędą.
>
> A powiadam wam: Nawet Salomon w całym swym przepychu nie był tak ubrany jak jedna z nich.
>
> Jeśli więc ziele na polu, które dziś jest, a jutro do pieca będzie wrzucone, Bóg tak przyodziewa, o ileż bardziej was, małej wiary!
>
> I wy zatem nie pytajcie, co będziecie jedli i co będziecie pili, i nie bądźcie o to niespokojni!
>
> O to wszystko bowiem zabiegają narody świata, lecz Ojciec wasz wie, że tego potrzebujecie.
>
> Starajcie się raczej o Jego królestwo, a te rzeczy będą wam dodane[10].

> Nie troszczcie się więc zbytnio o jutro, bo jutrzejszy dzień sam o siebie troszczyć się będzie. Dosyć ma dzień swojej biedy[11].

Zaczynasz dostrzegać sens przemiany. Zamiast odgrywać rolę tyrana – skupiasz się. Zamiast manipulować – zaczynasz mówić prawdę. Porzucasz

---

10 Ewangelia wg św. Łukasza 12:27–31.

11 Ewangelia wg św. Mateusza 6:34.

podział na oprawcę i ofiarę i zapraszasz do negocjacji. Nie musisz już być zazdrosny, bo rozumiesz, że nie masz pojęcia, czy twój obiekt zazdrości faktycznie jest w lepszej sytuacji. Nie musisz już być sfrustrowany, bo nauczyłeś się mierzyć niżej i cierpliwie czekać na rezultaty. Stopniowo odkrywasz, kim jesteś, czego chcesz i czego gotów jesteś dokonać. Uświadamiasz sobie, że rozwiązania twoich unikalnych problemów muszą być dostosowane bezpośrednio i precyzyjnie do ciebie. Mniej obchodzi cię, co robią inni, bo sam robisz bardzo dużo.

Podchodzisz z zaangażowaniem do każdego dnia i celujesz w najwyższe dobro.

Odtąd znajdujesz się na trajektorii prowadzącej w stronę Nieba. To rozpala nadzieję. Nawet pasażer tonącego okrętu może odczuwać szczęście, kiedy wdrapuje się do szalupy! Kto wie, dokąd dotrze w przyszłości. Być może więcej szczęścia niż samo dotarcie do celu daje szczęśliwa podróż…

Poproś, a będzie ci dane. Zapukaj, a drzwi się otworzą. Jeśli poprosisz tak, jakbyś szczerze czegoś pragnął, jeśli zapukasz tak, jakbyś naprawdę chciał wejść, jest szansa, że zaoferujesz samemu sobie pomoc w poprawie swojego życia: minimalną, znaczącą, kompletną. A wraz z twoim rozwojem zmiany na lepsze doświadczy samo Istnienie.

Nie porównuj się z tym, kim inni są dzisiaj, ale z tym, kim ty byłeś wczoraj.

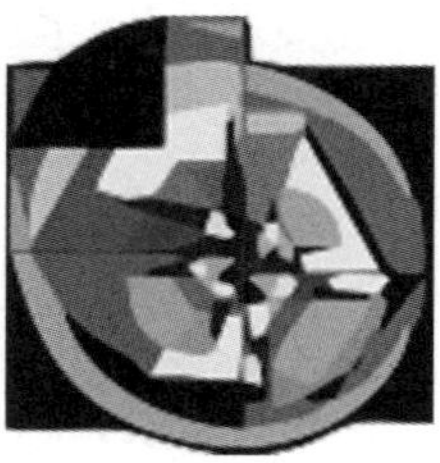

THE COMMON LAW
HERE THE COMMON LAW OF ENGLAND WAS ESTABLISHED ON THIS CONTINENT WITH THE ARRIVAL OF THE FIRST SETTLERS ON MAY 13, 1607. THE FIRST CHARTER GRANTED BY JAMES I TO THE VIRGINIA COMPANY IN 1606 DECLARED THAT THE INHABITANTS OF THE COLONY "...SHALL HAVE AND ENJOY ALL LIBERTIES, FRANCHISES AND IMMUNITIES... AS IF THEY HAD BEEN ABIDING AND BORNE WITHIN THIS OUR REALME OF ENGLANDE...". SINCE MAGNA CARTA THE COMMON LAW HAS BEEN THE CORNERSTONE OF INDIVIDUAL LIBERTIES, EVEN AS AGAINST THE CROWN. SUMMARIZED LATER IN THE BILL OF RIGHTS ITS PRINCIPLES HAVE INSPIRED THE DEVELOPMENT OF OUR SYSTEM OF FREEDOM UNDER LAW, WHICH IS AT ONCE OUR DEAREST POSSESSION AND PROUDEST ACHIEVEMENT.
PRESENTED BY THE VIRGINIA STATE BAR MAY 17, 1959

Zasada 5

Nie pozwól swoim dzieciom robić niczego, co wzbudza twoją niechęć

Jest problem

Jakiś czas temu byłem świadkiem, jak trzyletni chłopiec ciągnął za sobą swoich rodziców przez zatłoczone lotnisko. Co jakieś pięć sekund wydzierał się wniebogłosy – i, co ważniejsze, robił to celowo. To nie był płacz motywowany zmęczeniem, głodem czy zniecierpliwieniem. Jako rodzic potrafię to poznać po tonie. Chłopiec umyślnie irytował swoich rodziców – oraz, przy okazji, setki innych ludzi – aby zwrócić na siebie uwagę. Być może czegoś chciał. Cokolwiek to było, najwyraźniej w danej chwili nie dało się spełnić jego zachcianki i rodzice powinni byli wyraźnie dać mu to do zrozumienia. Możesz uważać inaczej uzasadniając, że „mogli być wykończeni podróżą i doświadczać jet lagu". Owszem, mogli, ale nie zmienia to faktu, że trzydzieści sekund działań nakierowanych na rozwiązanie problemu zakończyłoby ten żenujący spektakl. Bardziej rozmyślni rodzice nie pozwoliliby, aby ktoś im tak bliski stał się obiektem pogardy tłumu.

Widziałem też niedawno pewną parę, niechętną lub niepotrafiącą powiedzieć „nie" swojemu dwuletniemu dziecku. Rodzice poczuwali się do podążania wszędzie tam, gdzie zechciał podreptać ich maluch. Cały czas, który w zamyśle miał zostać spędzony na przyjemnej wizycie u znajomych, poświęcali dziecku, a ono zachowywało się tak skandalicznie, że nie można było ani na chwilę pozostawiać go bez nadzoru nie narażając zdrowia jego i innych dzieci. Zgoda tej pary, aby ich dziecko mogło swobodnie realizować każdą zachciankę, jak na ironię doprowadziła do odwrotnego efektu: pogubieni, pozbawiali malucha wszelkich szans na niezależne działanie. Ponieważ nie potrafili nauczyć go znaczenia słowa

„nie", szkrab nie wykształcił żadnej koncepcji rozsądnych ograniczeń umożliwiających maksymalny zakres autonomii, jakim można obdarzyć dziecko w takim wieku. Był to klasyczny przykład tego, jak niekontrolowany chaos rodzi przesadny porządek (w dłuższej perspektywie sytuacja nieuchronnie się odwróci). Uczestniczyłem też w spotkaniu z rodzicami zupełnie niezdolnymi do prowadzenia normalnej rozmowy przy obiedzie, ponieważ ich dzieci, w wieku czterech i pięciu lat, psuły atmosferę, wyjadały środki z krojonego chleba i wtykały palce do ciast – mówiąc krótko: wszyscy goście zostali poddani dziecięcej tyranii, podczas gdy mama i tata przyglądali się temu z zażenowaniem, niezdolni do interwencji.

Gdy moja córka – dziś dorosła – była małą dziewczynką, inne dziecko uderzyło ją w głowę metalowym samochodzikiem-zabawką. Rok później widziałem, jak to samo dziecko złośliwie pchnęło swoją młodszą siostrę, która upadła plecami na stolik do kawy ze szklanym blatem. Jego matka szybko podbiegła do niego (zamiast do przerażonej córki) i przyciszonym tonem powiedziała, aby więcej tak nie robił, klepiąc go przy tym pocieszająco, w sposób dla zewnętrznego obserwatora ewidentnie wskazujący aprobatę. Tak właśnie wychowuje się Boga-Imperatora Wszechświata. To niewypowiedziany cel wielu matek, w tym także tych, które uważają siebie za adwokatki pełnej równości płci. Tego rodzaju kobiety reagują histerią za każdym razem, gdy w trybie rozkazującym przemówi do nich jakiś dorosły mężczyzna, za to natychmiast gnają zrobić synkowi kanapkę z masłem orzechowym, jeśli on tylko zażyczy sobie tego w czasie grania na komputerze. Przyszłe partnerki takich chłopców będą miały wszelkie powody, żeby nienawidzić swoich teściowych. Szacunek do kobiet? To dla innych chłopców, innych mężczyzn – nie dla ich najdroższych syneczków.

Podobne zjawisko może być przyczyną, przynajmniej częściową, preferowania dzieci płci męskiej, którego najjaskrawsze przykłady widzimy w krajach takich jak Indie, Pakistan czy Chiny, gdzie aborcje motywowane płcią płodu praktykowane są najszerzej. Wpis na Wikipedii na temat tego procederu tłumaczy jego istnienie „normami kulturowymi" faworyzującymi dzieci płci męskiej nad dziećmi płci żeńskiej (cytuję Wikipedię, ponieważ jest tworzona i edytowana kolektywnie, dzięki czemu stanowi świetne źródło powszechnie akceptowanej wiedzy). Nie ma tymczasem dowodów na to, aby takie praktyki miały podłoże czysto kulturowe. Jest za to wiele wiarygodnych psychobiologicznych powodów ewolucji takiej postawy u rodziców, które – ze współczesnego, egalitarystycznego punktu widzenia – mogą wydawać się okrutne. Jeśli okoliczności zmuszają cię, abyś włożył wszystkie jajka do jednego koszyka, wedle surowych standardów ewolucyjnej logiki, gdzie wszystko sprowadza się do rozpowszechniania twoich genów, syn jest niewątpliwie lepszym wyborem.

Dlaczego?

Cóż, córka wydajna pod względem reprodukcyjnym może dać ci ośmioro, może dziewięcioro wnucząt. Ocalała z Holokaustu Yitta Schwartz, autorytet w tej dziedzinie, dała początek trzem pokoleniom potomków, którym udało się osiągnąć wyniki tego rzędu. W momencie śmierci w roku 2010 była przodkiem niemal dwóch tysięcy ludzi[1]. Tym niemniej w przypadku syna cieszącego się powodzeniem – potencjał reprodukcyjny jest w zasadzie nieograniczony. Stosunki z wieloma partnerkami to jego furtka do powielania genów w tempie wykładniczym (biorąc pod uwagę cechujące nasz gatunek limity natury praktycznej, wynikające z pojedynczych porodów). Aktor Warren Beatty i koszykarz Wilt Chamberlain przespali się podobno z kilkoma tysiącami kobiet (wyczyn ten przypisywany jest także niektórym gwiazdom rocka). Nie spłodzili, rzecz jasna, takiej liczby dzieci. Współczesne metody antykoncepcji pozwalają nad tym panować. Ale podobni celebryci w przeszłości – owszem, płodzili tysiące. Na przykład, protoplasta dynastii Qing, Giocangga (urodzony w okolicach roku 1550), jest męskim przodkiem około półtora miliona dzisiejszych mieszkańców północnowschodnich Chin[2]. Średniowieczna dynastia Uí Néill dała początek męskim potomkom w liczbie sięgającej trzech milionów, dziś będących głównie mieszkańcami północnozachodniej Irlandii oraz potomkami irlandzkich imigrantów w Stanach Zjednoczonych[3]. Absolutny czempion reprodukcji, Czyngis-chan, zdobywca większości terytorium Azji, jest zaś przodkiem ośmiu procent mężczyzn żyjących w Azji Centralnej – szesnastu milionów męskich potomków, trzydzieści cztery pokolenia później[4]. Jak więc widzimy, z biologicznego punktu widzenia można doszukać się powodów, dla których rodzice mogli faworyzować synów na tyle, aby eliminować żeńskie płody (choć chcę wyraźnie zaznaczyć: nie twierdzę, że istnieje bezpośredni związek

1 http://www.nytimes.com/2010/02/21/nyregion/21yitta.html.

2 P. Balaresque, N. Poulet, S. Cussat-Blanc, P. Gerrard, L. Quintana-Murci, E. Heyer, M.A. Jobling, *Y-chromosome descent clusters and male differential reproductive success: young lineage expansions dominate Asian pastoral nomadic populations*, „European Journal of Human Genetics", 23/2015, s. 1413–1422.

3 L.T. Moore, B. McEvoy, E. Cape, K. Simms, D.G. Bradley, *A Y-chromosome signature of hegemony in Gaelic Ireland*, „American Journal of Human Genetics", 78/2006, s. 334–338.

4 T. Zerjal, Y. Xue, G. Bertorelle, *The genetic legacy of the Mongols*, „American Journal of Human Genetics", 72/2003, s. 717–721.

przyczynowo-skutkowy ani też nie sugeruję braku innych czynników, bliżej związanych z kulturą).

Preferencyjne traktowanie syna w okresie dziecięcym może sprzyjać wychowaniu atrakcyjnego, pewnego siebie mężczyzny. Zdarzyło się tak w przypadku ojca psychoanalizy, Sigmunda Freuda, co ten sam przyznawał: „Mężczyzna będący niekwestionowanym faworytem matki na całe życie zachowuje poczucie bycia zdobywcą; pewność sukcesu, która często przekłada się na realne osiągnięcia"[5]. Zgoda. Jednak „poczucie bycia zdobywcą" łatwo może przeobrazić się w „rzeczywistego zdobywcę". Nieprawdopodobny sukces reprodukcyjny Czyngis-chana mógł mieć miejsce tylko kosztem braku sukcesu reprodukcyjnego innych mężczyzn z jego czasów (w tym milionów martwych Chińczyków, Persów, Rosjan i Węgrów). Rozpieszczanie syna może być zatem taktyką właściwą z punktu widzenia „samolubnego genu", jeśli posłużymy się słynnym wyrażeniem biologa ewolucyjnego Richarda Dawkinsa (zwiększa szanse genów faworyzowanego dziecka na replikację dzięki licznemu potomstwu). Może też jednak wywołać okrutny, bezwzględny spektakl tu i teraz i ulec mutacji w coś skrajnie niebezpiecznego.

Nie oznacza to, że wszystkie matki faworyzują wszystkich synów w stosunku do córek (ani że córki nie są czasem faworyzowane zamiast synów, ani też że ojcowie nie faworyzują synów). Inne czynniki mogą być dominujące. Czasem, na przykład, nieświadoma nienawiść (nie zawsze zresztą nieświadoma) przyćmiewa wszelką troskę, jaką rodzic może odczuwać wobec dziecka, niezależnie od płci, osobowości czy okoliczności. Miałem styczność z czteroletnim chłopcem, któremu matka ustawicznie pozwalała chodzić głodnym. Wyszło to na jaw, gdy jego niania zachorowała i matka przez jakiś czas podrzucała go sąsiadom, aby się nim zajęli. Gdy przyszła kolej na nas, przywiozła chłopca i stwierdziła, że on w zasadzie nie je nic przez cały dzień. „Nie przejmujcie się tym, nie ma problemu", rzuciła na odchodnym. Otóż jest problem (jakby to nie było dla kogoś oczywiste). Malec całymi godzinami, kurczowo, w absolutnej desperacji i pełnym skupieniu trzymał się mojej żony, po tym jak ta nieustępliwie, uparcie, lecz miłosiernie nie pozwoliła mu postawić na swoim – zdołała nakarmić go pełną porcją obiadową i nagrodziła za współpracę. Zaczęło się od tego, że – usiadłszy przy stole razem z moją żoną, ze mną, dwójką naszych dzieci oraz dwójką innych dzieci z okolicy, którymi się tego dnia opiekowaliśmy – niejadek ostentacyjnie odmawiał otwarcia buzi. Żona

[5] E. Jones, *The life and work of Sigmund Freud* (Tom I), Nowy Jork, Basic Books, s. 5.

przystawiła mu pełną łyżeczkę do ust i czekała cierpliwie i niezachwianie, podczas gdy chłopiec kręcił głową na znak protestu. Stosował metody obronne typowe dla nieposłusznych, krnąbrnych, fatalnie wychowywanych dwulatków.

Jednak, tak jak powiedziałem, moja żona nie pozwoliła mu postawić na swoim. Za każdym razem, gdy przełknął kolejną porcję, czule klepała go po głowie i powtarzała, że jest „dobrym chłopcem". Tak też zresztą o nim myślała – był uroczym, lecz zaniedbanym dzieckiem. Dziesięć – wcale nie takich trudnych – minut później malec miał przed sobą pustą miskę. Wszyscy przyglądaliśmy się z przejęciem. To była sprawa życia lub śmierci. „Zobacz – powiedziała – zjadłeś całą miskę". Gdy zobaczyłem go po raz pierwszy, ten chłopiec stał samotnie w kącie pokoju, z własnej woli, nieszczęśliwy; nie potrafił nawiązać relacji z innymi dziećmi; ciągle krzywił się i marudził; nie reagował, gdy próbowałem zachęcić go do zabawy – ten sam chłopiec rozpromienił się nagle szerokim, szczerym uśmiechem. Ucieszyło to wszystkich przy stole. Dwadzieścia lat później, kiedy opisuję to wspomnienie, nadal trudno mi powstrzymać łzy. Po tym przełomie przez cały dzień podążał za moją żoną niczym szczenię, i ani na chwilę nie pozwolił jej zniknąć z zasięgu wzroku. Gdy siadała, wskakiwał jej na kolana, wtulał się i przymilał – ponownie otwierał się na świat w desperackim poszukiwaniu miłości, której ciągle mu odmawiano. Później tego dnia, choć zdecydowanie za wcześnie, wróciła jego mama. Weszła po schodach do pokoju, w którym przebywaliśmy wszyscy razem. „Och, patrzcie: jaka Super Mama", rzuciła zawistnie, kiedy zobaczyła swojego syna wtulonego w moją żonę. Wyszła najszybciej jak się dało, z lodowatym sercem i pogrążonym w rozpaczy dzieckiem na rękach. Była psychologiem. Są sprawy, które widać od razu, gołym okiem... Nic dziwnego, że ludzie wolą pozostać ślepi.

Nikt nie lubi arytmetyki

Moi pacjenci często przychodzą do mnie porozmawiać o swoich codziennych problemach rodzinnych. Tego rodzaju systematyczne, stale powracające zmartwienia są podstępne. Ich regularność i przewidywalność czyni je pozornie niewinnymi. Ale pozory mylą: to właśnie sprawy, którymi zajmujemy się każdego dnia, w przeważającym stopniu wypełniają nasze życie, a czas spędzany w ten sam sposób na okrągło przyrasta w alarmującym tempie. Pewien ojciec niedawno opowiadał mi o trudnościach, jakie pociągają za sobą próby położenia jego syna do snu[6] – codzienny rytuał obejmujący zazwyczaj trzy kwadranse kłótni. Zrobiliśmy trochę obliczeń. 45 minut dziennie, siedem dni w tygodniu – to 300 minut, czyli pięć godzin tygodniowo. Pięć godzin każdego z czterech tygodni w miesiącu to 20 godzin miesięcznie. 20 godzin co miesiąc przez cały rok – mamy 240 godzin rocznie. To półtora ustawowego, stusześćdziesięciogodzinnego miesiąca pracy.

Mój pacjent spędzał półtora miesiąca pracy rocznie na żałosnych i nieefektywnych sprzeczkach ze swoim synem. Nie trzeba mówić, że obaj na tym cierpieli. Bez względu na to, jak dobre masz intencje albo jak słodki i tolerancyjny jesteś z natury – nie zdołasz utrzymać dobrych relacji z osobą, z którą kłócisz się przez półtora miesiąca czasu rocznie. Gniew i złość będą nieubłaganie narastać. Ale nawet nie biorąc tego pod uwagę – cały ten stracony czas mógł przecież zostać poświęcony aktywnościom bardziej produktywnym i przyjemnym, a mniej stresującym. Jak rozumieć takie sytuacje? Po czyjej stronie leży wina? Rodzica czy dziecka? Czy należy jej szukać w ludzkiej naturze czy w społeczeństwie? No i przede wszystkim: jak, o ile to w ogóle możliwe, radzić sobie z takimi problemami?

Niektórzy doszukują się ich źródła wyłącznie w dorosłych – czy to w rodzicach czy w szerszej zbiorowości. „Nie ma złych dzieci – twierdzą tacy ludzie – tylko źli rodzice". Gdy wyobrażamy sobie obraz nieskazitelnego dziecka, pogląd ten wydaje się w pełni uzasadniony. Piękno, otwartość, radość, zaufanie i zdolność kochania cechujące dzieci sprawiają, że niejako instynktownie przypisujemy całą winę dorosłym. Tymczasem taka romantyczna postawa jest niebezpiecznie naiwna. Zbyt jednostronna w przypadku rodziców, którym przytrafił się wyjątkowo trudny syn czy córka. Z drugiej strony równie kiepskim pomysłem jest bezkrytyczne wskazywanie społeczeństwa jako odpowiedzialnego za wszelkie ludzkie przywary. Taka konkluzja jedynie odwleka problem w czasie. Niczego nie wyjaśnia i niczego nie rozwiązuje. Jeśli to społeczeństwo jest zepsute, a nie należące do niego jednostki, to gdzie to zepsucie się zrodziło? Jakim sposobem się rozprzestrzenia? Nie trzeba wnikliwej analizy, aby dostrzec, jak tendencyjna i zideologizowana jest ta teoria.

Jeszcze bardziej problematyczne jest przekonanie, logicznie związane z koncepcją społecznego zepsucia, że rozwiązanie wszelkich problemów

[6] Przywołuję tutaj (i niejednokrotnie w dalszej części książki) moje doświadczenia kliniczne (podobnie jak wcześniej moje wspomnienia z dzieciństwa i okresu młodzieńczego). Starałem się możliwie najdokładniej oddać przesłanie tych opowieści, a jednocześnie nie ujawniać szczegółów w trosce o prywatność osób zaangażowanych. Mam nadzieję, że udało mi się znaleźć odpowiedni balans.

jednostek, nieważne jak rzadko spotykanych i unikalnych, tkwi w społecznej restrukturyzacji, nieważne jak radykalnej. Od naszego społeczeństwa wymaga się dziś dekonstrukcji stabilizujących je tradycji w sposób przewidujący włączanie w nie coraz mniejszych i mniejszych grup ludzi, które nie pasują lub nie chcą wpasowywać się w istniejące kategorie, stanowiące bazę dla naszych społecznych zasad i poglądów. Nie jest to dobry kierunek. Pojedynczych problemów każdego z nas nie da się rozwiązać przez rewolucję społeczną – z prostego powodu: rewolucje są destabilizujące i niebezpieczne. Jako ludzie nauczyliśmy się żyć razem i organizować nasze skomplikowane społeczeństwa, powoli i stopniowo, przez niewyobrażalnie długi czas. Sami nie do końca rozumiemy, dlaczego stworzony przez nas model działa. W związku z tym nierozważne majstrowanie przy naszych instytucjach społecznych, w imię jakichś ideologicznych sloganów (przychodzi na myśl hasło: różnorodność), prawdopodobnie przyniesie znacznie więcej złego niż dobrego. Tym bardziej, że ludzkość niejednokrotnie miała okazję się przekonać, ile cierpienia pociągają zazwyczaj za sobą nawet względnie niewielkie rewolucje.

Na przykład, czy słuszną decyzją była dramatyczna liberalizacja prawa rozwodowego w latach sześćdziesiątych XX wieku? Nie wiem, czy pozytywnie oceniają ją dzieci, których stabilizacja życiowa została poświęcona na rzecz hipotetycznej wolności ich rodziców, jaką rzekomo przyniosła zmiana przepisów. Groza i terror czają się tuż za ogrodzeniami mądrze wzniesionymi przez naszych przodków. Burzymy je na naszą własną zgubę. Stąpamy, nieświadomie, po cienkim lodzie pokrywającym głębokie, lodowate wody, w których czają się niewyobrażalne potwory. Służalcza postawa dzisiejszych rodziców wobec dzieci wydaje mi się zrozumiała: nie dość, że rodzice zostali uznani za szeregowych przedstawicieli tej domniemanej tyranii społecznej, to jeszcze odmawia im się bycia dobroczynnymi posłańcami dyscypliny, porządku i konwenansów. Kryją się ze wstydem w cieniu rewolucyjnego etosu dorastania spopularyzowanego w latach sześćdziesiątych – w dekadzie, której ekscesy przyniosły generalną niechęć do dorosłości, lekkomyślne podważanie istnienia kompetentnej władzy oraz niezdolność do rozróżnienia między chaotyczną niedojrzałością a odpowiedzialną wolnością. Wszystko to spowodowało wzrost wrażliwości rodziców na krótkoterminowe emocjonalne cierpienia dzieci oraz wzbudziło bezsensowne obawy przed nieumyślnym skrzywdzeniem pociech przez przesadną dyscyplinę. Lepiej przesadzić w tę stronę niż odwrotnie, możesz argumentować. Owszem, ale należy pamiętać, że katastrofy czają się na obu ekstremach każdego moralnego kontinuum.

Wcale nie taki szlachetny dzikus

Mówi się, że każdy człowiek jest świadomym bądź nieświadomym przedstawicielem idei jakiegoś wielkiego filozofa. Przekonanie, że dzieci rodzą się z nieskażoną naturą, psutą dopiero przez kulturę i społeczeństwo, jest w dużej mierze pochodną myśli osiemnastowiecznego filozofa Jeana-Jacquesa Rousseau[7]. Rousseau głęboko wierzył w demoralizujący wpływ społeczeństwa i prywatnej własności. Twierdził, że nie ma nic cudowniejszego i łagodniejszego niż człowiek sprzed cywilizacji. Dokładnie w czasie, gdy głosił swoje poglądy, zdał sobie sprawę ze swojej niezdolności do pełnienia roli ojca, porzucił pięcioro swoich dzieci i skazał je na koszmar życia w sierocińcach tamtej ery.

Szlachetny dzikus opisany przez Rousseau służył jednak za ideał – abstrakcję archetypową i religijną – a nie za odzwierciedlenie rzeczywistości. Mitologiczne, perfekcyjne Dziecię Boże na stałe zamieszkuje naszą wyobraźnię. Jest symbolem potencjału młodości, nowo urodzonego bohatera, niewinnie skrzywdzonego dziecka, dawno zaginionego prawowitego króla. Jest poczuciem nieśmiertelności towarzyszącym naszym wczesnym doświadczeniom. To Adam, perfekcyjny człowiek, wolny od grzechu, idący ramię w ramię z Bogiem w Edenie sprzed Upadku. Jednak ludzie są zarówno dobrzy, jak i źli, a ciemność, wiecznie zamieszkująca nasze dusze, była tam już, gdy byliśmy dziećmi. Ogólnie rzecz biorąc, ludzie z wiekiem stają się coraz lepsi, a nie coraz gorsi – coraz milsi, coraz bardziej sumienni i coraz stabilniejsi emocjonalnie[8]. Znęcanie się nad słabszymi bez litości praktykowane na szkolnych korytarzach i placach zabaw[9] rzadko występuje w społeczności dorosłych. Nie bez powodu anarchistyczna, mroczna powieść Williama Goldinga *Władca much* należy do klasyki.

Poza tym jest wiele konkretnych dowodów na to, że ludzkiego okrucieństwa nie da się łatwo przypisać historii i społeczeństwu. Być może na najbardziej przygnębiające potwierdzenie trafiła prymatolog Jane Goodall, która w latach siedemdziesiątych odkryła, że jej ukochane szympansy są zdolne – i skłonne – mordować się nawzajem ze szczególnym okrucieństwem

---

[7] Omówienie tej idei można znaleźć tutaj: https://pl.wikipedia.org/wiki/Szlachetny_dzikus.

[8] Dobrze omówione w: W.B. Roberts, D. Mroczek, *Personality Trait Change in Adulthood*, „Current Directions in Psychological Science", 17/2008, s. 2008.

[9] Całościowa, ugruntowana empirycznie, solidna dyskusja na ten temat: D. Olweus, *Bullying at school: What we know and what we can do*, Malden, Blackwell Publishing, 1993.

(ujmując to w terminologii właściwej dla ludzi)[10]. Z uwagi na szokującą naturę tego odkrycia oraz jego olbrzymią wagę antropologiczną Goodall przez lata nie ujawniała swoich obserwacji, ponieważ obawiała się, że to jej kontakt ze zwierzętami poskutkował manifestacją nienaturalnych zachowań. Nawet po publikacji jej raportu wielu nie chciało w niego wierzyć. Wkrótce jednak stało się oczywiste, że to, co widziała Goodall, nie było anomalią.

Mówiąc bez ogródek: szympansy prowadzą międzyplemienne wojny. Co więcej, walczą z niewyobrażalną niemal brutalnością. Przeciętny w pełni rozwinięty szympans jest, mimo mniejszych rozmiarów, ponad dwukrotnie silniejszy od dorosłego człowieka[11]. Goodall ze zgrozą opisała, jak szympansy, które badała, potrafiły łamać stalowe dźwignie i rozrywać sporej średnicy kable[12]. Szympansy dysponują siłą fizyczną pozwalającą im dosłownie rozszarpywać się wzajemnie na kawałki – i nie mają oporów, aby z niej korzystać. Nie da się obarczyć winą za to ludzkich społeczeństw i ich skomplikowanych technologii[13]. „Często budziłam się w nocy – wspomina Goodall – i stawały mi przed oczami przerażające obrazy: Satan [obserwowany przez długi czas szympans] nadstawiający dłoń pod rozciętą szyję Sniffa, żeby napić się krwi tryskającej z głębokiej rany; stary Rodolf, zwykle tak łagodny, ciskający dwukilowym kamieniem w rozciągane ciało Godiego; Jomeo odrywający pasmo skóry z uda De; Figan uderzający raz za razem powalone, drgające ciało Goliata, jednego z bohaterów jego dzieciństwa"[14]. Niewielkie bandy młodych szympansów, głównie samców, grasują na obrzeżach swoich terytoriów. Jeśli napotkają obcych (w tym także znane im osobniki, które odeszły ze stada, gdy stało się zbyt liczne) i jeśli dysponują przewagą liczebną, niczym gang napadają ich i katują bez litości. Szympansy nie dysponują prawdopodobnie niczym na kształt ludzkiego superego; zresztą roztropnie jest mieć świadomość, że ludzka zdolność samokontroli także może być przeceniana. Uważna lektura książki tak szokującej i przerażającej jak *Rzeź Nankinu* autorstwa Iris Chang[15], gdzie opisany jest bestialski najazd

---

[10] J. Goodall, *Przez dziurkę od klucza. 30 lat obserwacji szympansów nad potokiem Gombe*, Warszawa, Prószyński i S-ka, 1995.

[11] G. Finch, *The bodily strength of chimpanzees*, „Journal of Mammalogy", 24/1943, s. 224–228.

[12] J. Goodall, *In the shadow of a man*, Nowy Jork, Basic Books, 1990.

[13] M.L. Wilson i inni, *Lethal aggression in Pan is better explained by adaptive strategies than human impacts*, „Nature", 513/2014, s. 414–417.

[14] J. Goodall, *Przez dziurkę od klucza. 30 lat obserwacji szympansów nad potokiem Gombe*, Warszawa, Prószyński i S-ka, 1995, s. 123.

[15] I. Chang, *Rzeź Nankinu*, Warszawa, Wielka Litera, 2013.

Japończyków na tytułowe miasto w przededniu drugiej wojny światowej, pozbawi złudzeń nawet najbardziej idealistycznego romantyka. A im mniej wiesz na temat Jednostki 731, tajnej japońskiej sekcji badawczej działającej również w tym czasie, tym lepiej. Jeśli masz zamiar dowiedzieć się o niej czegoś więcej, robisz to na własne ryzyko. Ostrzegałem.

Podobnie więcej przemocy obserwuje się wśród członków społeczności zbieracko-łowieckich niż wśród jednostek ze społeczeństw zurbanizowanych i uprzemysłowionych, i to mimo wspólnotowego życia tych pierwszych. Roczna stopa zabójstw w dzisiejszej Wielkiej Brytanii to około 1 na 100 000 mieszkańców[16]. To cztery do pięciu razy mniej niż w Stanach Zjednoczonych i około dziewięćdziesiąt razy mniej niż w Hondurasie, odznaczającym się najwyższym wskaźnikiem pośród wszystkich współczesnych krajów, w jakich zbiera się takie dane. Statystyki silnie wskazują, że wraz ze wzrostem wielkości i stopnia zorganizowania społeczeństw ludzie stawali się coraz bardziej pokojowi. Buszmeni z afrykańskiego ludu !Kung, idealizowani w latach pięćdziesiątych przez pisarkę Elisabeth Marshall Thomas jako „łagodny lud"[17], odznaczali się rocznym wskaźnikiem 40 morderstw na 100 000 osób, który spadł o ponad 30 procent, odkąd zostali objęci jurysdykcją państwa[18]. To bardzo pouczający przykład tego, jak rosnący stopień złożoności struktur społecznych służy tłumieniu, a nie nasilaniu, agresywnych tendencji ludzi. Roczne stopy morderstw na poziomie 300 na 100 000 raportowano dla słynącego z brutalności brazylijskiego ludu Janomamów – ale to ciągle nie rekord. Rdzenni mieszkańcy Papui-Nowej Gwinei zabijają się przy rocznej średniej od 140 do 1000 na 100 000[19]. Niechlubny prym wydają się jednak wieść autochtoniczni mieszkańcy Kalifornii z plemienia Kato – w okolicach 1840 roku 1450 na 100 000 jego członków corocznie spotykała okrutna śmierć[20].

Jako że dzieci, tak jak wszyscy ludzie, mają w sobie zarówno dobro, jak i zło, nie można zwyczajnie pozostawić ich samym sobie, wolnych od

---

[16] United Nations Office on Drugs and Crime, *Global study on homicide*, 2013. Pobrano z: https://www.unodc.org/documents/gsh/pdfs/2014_GLOBAL-HOMICIDE_BOOK_web.pdf.

[17] E.M. Thomas, *The harmless people*, Nowy Jork, Knopf, 1959.

[18] M. Roser, *Ethnographic and archaeological evidence on violent deaths*. Pobrano z: https://ourworldindata.org/ethnographic-and-archaeological-evidence-on-violent-deaths/.

[19] Ibidem; zobacz też: A. Brown, *The Darwin wars: The scientific battle for the soul of man*, Nowy Jork, Pocket Books, 1997.

[20] L.H. Keeley, *War before civilization: the myth of the peaceful savage*, USA, Oxford University Press, 1997.

wpływu społeczeństwa, z oczekiwaniem, że rozkwitną pełnią człowieczeństwa. Nawet psy muszą być socjalizowane, aby stały się akceptowanymi członkami sfory. Dzieci to istoty znacznie bardziej skomplikowane niż psy. Oznacza to, że bez odpowiedniego wychowania, opieki, dyscypliny i zachęt prawdopodobne jest, że się w tym skomplikowaniu pogubią. Wobec tego twierdzenie, że przypisywanie ludzkich skłonności do agresji patologiom struktur społecznych jest błędne, to zbyt delikatne postawienie sprawy – to pogląd wręcz absurdalny. Żywotny proces socjalizacji krzewi dobro i zapobiega wielu krzywdom. Dzieci trzeba kształtować i uczyć, bo inaczej nie mogą się właściwie rozwijać. Wyraźnie przejawia się to w ich zachowaniu: dzieci cechuje desperackie pragnienie uwagi zarówno ze strony rówieśników, jak i dorosłych, ponieważ uwaga ta, czyniąca ich efektywnymi członkami wspólnoty, jest tak niezmiernie ważna.

Wyrządzić dziecku krzywdę można nie tylko przez maltretowanie – psychiczne lub fizyczne – lecz także z powodu niepoświęcania mu należytej uwagi. To krzywda zaniedbania, równie poważna i długotrwała. Dzieci są krzywdzone, gdy ich „miłosiernie" lekceważący rodzice – zamiast wychować je na bystre, spostrzegawcze i czujne – pozostawiają je w stanie nieświadomości i zobojętnienia. Dzieci są krzywdzone, gdy ich opiekunowie, z obawy przed jakimkolwiek konfliktem lub urazą, nie mają odwagi ich pouczać i nie oferują żadnych wytycznych dotyczących właściwego postępowania. Łatwo rozpoznać takie dzieci na ulicy. Są jakby zamknięte i nieobecne. Nijakie i pochmurne. Nigdy nie są szczęśliwe i rozpromienione. Są jak nieoszlifowane diamenty, wiecznie oczekujące, aż ktoś nada im połysku.

Takie dzieci są nieustannie ignorowane przez rówieśników, ponieważ zabawa z nimi nie sprawia przyjemności. Dorośli często prezentują wobec nich podobną postawę (choć desperacko się tego wypierają, gdy zwróci się im uwagę). Gdy na początku kariery zawodowej pracowałem w przedszkolach, zaniedbane dzieci rozpaczliwie lgnęły do mnie na swój niezgrabny, ofermowaty sposób, rozkojarzone i bez właściwego wyczucia dystansu. Biegały w pobliżu albo wskakiwały mi na kolana – bez zwracania najmniejszej uwagi na to, co akurat robiłem – bezwolnie popychane potężną potrzebą uwagi ze strony dorosłych, która jest niezbędnym katalizatorem dalszego rozwoju. Czymś bardzo trudnym było powstrzymanie się od reagowania z rozdrażnieniem czy nawet niesmakiem na tego typu dzieci, zbyt duże na taką formę infantylizmu. Trudno było wręcz ich nie odepchnąć (mimo że bardzo im współczułem i dobrze rozumiałem ich sytuację). Myślę, że taka reakcja, choć surowa i okrutna, była niemal uniwersalnie odczuwanym wewnętrznym sygnałem ostrzegającym przed niebezpieczeństwem nawiązania relacji ze słabo uspołecznionym dzieckiem: prawdopodobieństwem natychmiastowej, całkowitej, patologicznej zależności (która powinna być odpowiedzialnością rodzica) oraz olbrzymiej ilości czasu i zasobów, których poświęcenia wymagałaby akceptacja takiej relacji. Skonfrontowani z taką sytuacją, skądinąd przyjaźni rówieśnicy i zatroskani dorośli, prędzej skierują uwagę gdzie indziej, ponieważ będą preferowali interakcje z innymi dziećmi o, mówiąc bez ogródek, znacznie mniejszej dysproporcji kosztów względem korzyści.

Rodzic czy przyjaciel

Zaniedbanie czy znęcanie się, będące częścią źle dobranych lub kompletnie nieobecnych postaw dyscyplinarnych, może być celowe – i wynikać z jawnych, świadomych, choć błędnych decyzji rodzicielskich. Jednak dużo częściej mamy do czynienia z paraliżującą współczesnych rodziców obawą, że jeśli będą karać niegrzeczne zachowania dzieci ostrymi reprymendami, dzieci przestaną ich lubić czy nawet kochać. Tacy rodzice ponad wszystko łakną przyjaźni ze strony swoich pociech i, aby ją zyskać, gotowi są poświęcić szacunek. To niedobrze. Dziecko będzie miało wielu przyjaciół, ale tylko dwoje rodziców – w wariancie optymistycznym – a rodzice są czymś więcej niż przyjaciółmi, nie odwrotnie. Przyjaciele rzadko kiedy dysponują autorytetem na tyle silnym, aby krytykować i wymagać poprawy. Każdy rodzic musi zatem nauczyć się tolerować chwilowy gniew, a nawet nienawiść, z jakimi dzieci – ze względu na mocno ograniczoną świadomość i dbałość o długoterminowe konsekwencje – reagują na konieczne działania dyscyplinujące. Rodzice pełnią w społeczeństwie rolę arbitrów. Uczą dzieci, jak mają się zachowywać, aby inni ludzie mogli nawiązywać z nimi wartościowe, produktywne relacje.

Dyscyplinowanie dziecka ma być wyrazem odpowiedzialności. To nie to samo, co gniew za złe zachowanie. To nie to samo, co zemsta za zły występek. Wręcz przeciwnie: to rozważna kombinacja litości i długoterminowego osądu. Odpowiednia dyscyplina wymaga wysiłku – jest w zasadzie równoznaczna z wysiłkiem. Niełatwym wyzwaniem jest formułowanie strategii dyscyplinujących, które będą sprawiedliwe, a zarazem pełne empatii, oraz negocjowanie ich stosowania z innymi osobami zaangażowanymi w opiekę nad dzieckiem. Z uwagi na to połączenie odpowiedzialności i stopnia trudności sugestia, że wszelkie ograniczenia i zakazy nakładane na dzieci są szkodliwe, może być przewrotnie przyjmowana z ulgą. Ten pogląd, raz zaakceptowany, pozwala nierozważnym rodzicom porzucić obowiązek służenia jako instruktorzy socjalizacji, na dodatek z przekonaniem, że to dla dobra ich dzieci. Taka postawa jest przejawem głębokiego, zgubnego samooszukiwania. Leniwego, tchórzliwego, okrutnego i niewybaczalnego. Co gorsza, nasza skłonność do racjonalizowania na tym się nie kończy.

Wydaje nam się, że zasady i normy nieodwracalnie osłabią, naturalnie bezgraniczną, wrodzoną kreatywność naszych dzieci. Tymczasem literatura naukowa ewidentnie wskazuje, że – po pierwsze – ponadprzeciętna kreatywność wykraczająca poza trywializm jest szokująco rzadka[21] i – po drugie – rygorystyczne ograniczenia sprzyjają (a nie szkodzą) kreatywnym dokonaniom[22]. Wierze w czysto destrukcyjny pierwiastek zasad i struktur towarzyszy często przekonanie, że dzieci będą dokonywać słusznych wyborów co do pory snu czy posiłków, jeśli tylko pozwoli im się kierować ich perfekcyjną, nieskazitelną naturą. To równie bezpodstawne założenia. Dzieci bez zastanowienia będą zasilać swoją egzystencję hot dogami, kanapkami z kremem czekoladowym i żelkami, o ile uznają to za sposób na przyciągnięcie uwagi, zyskanie kontroli lub uniknięcie próbowania czegoś nowego. Zamiast mądrze i posłusznie kłaść się spać, gdy przyjdzie na to pora, wolą odpychać uczucie senności, aż padną z wycieńczenia. Uwielbiają także prowokować dorosłych, a tym samym badać skomplikowane ramy przestrzeni społecznej, podobnie jak młode szympansy dokuczające dorosłym członkom stada[23]. Obserwowanie konsekwencji, jakie niesie ze sobą drażnienie innych, to sposób, w jaki dzieci i młode szympansy odkrywają granice wolności, która w przeciwnym wypadku mogłaby okazać się zbyt nieskrępowana i przerażająca. Granice, raz odkryte, dają poczucie bezpieczeństwa, mimo że samo odkrycie powoduje chwilowy zawód lub frustrację.

Przychodzi mi na myśl sytuacja, która wydarzyła się, gdy pewnego razu zabrałem moją dwuletnią córkę na plac zabaw. Bawiła się na ustawionych poziomo drabinkach, wisząc nad ziemią. Wyjątkowo prowokatorski mały czort w podobnym wieku stał nad nią, dokładnie na tym szczeblu, na którym ona wisiała. Widziałem, jak przesuwa stopę ku jej ręce. Nasze

---

[21] S.H. Carson, J.B. Peterson, D.M. Higgins, *Reliability, validity and factor structure of the Creative Achievement Questionnaire*, „Creativity Research Journal", 17/2005, s. 37–50.

[22] P.D. Stokes, *Creativity from Constraints: The Psychology of Breakthrough*, Nowy Jork, Springer, 2005.

[23] R.W. Wrangham, D. Peterson, *Demonic males: apes and the origins of human violence*, Nowy Jork, Houghton Mifflin, 1996.

spojrzenia się spotkały. Smarkacz powoli, z premedytacją deptał jej palce, raz za razem, z coraz większą siłą, a przy tym cały czas patrzył mi w oczy. Dokładnie wiedział, co robi. Spadaj, facet – miał wypisane na twarzy. Zdążył już widać dojść do wniosku, że dorośli zasługują jedynie na pogardę i że może bez konsekwencji ich ignorować (przykre, że kiedyś będzie musiał jednym z nich zostać). Taką to beznadziejną przyszłość zapewnili mu jego rodzice. Ku jego olbrzymiemu zdziwieniu, zdjąłem go z huśtawki i rzuciłem na ziemię kilka metrów dalej.

Oczywiście żartuję. Po prostu zabrałem stamtąd swoją córkę. Chociaż lepiej byłoby dla małego łobuza, gdybym zrealizował ten pierwszy wariant.

Wyobraź sobie małe dziecko wielokrotnie uderzające swoją mamę w twarz. Dlaczego to robi? Głupie pytanie. Skrajnie naiwne. Odpowiedź jest oczywista. Aby zdominować matkę. Żeby sprawdzić, czy ujdzie mu to na sucho. Przemoc nie jest przecież żadną tajemnicą – to pokój jest tajemnicą. Przemoc to stan domyślny, nie jest o nią trudno. Pokój z kolei to rzecz niełatwa: wykształcona, wdrożona, wypracowana. (Generalnie wiele zagadnień psychologicznych pojmowanych jest zupełnie na opak. Dlaczego ludzie biorą narkotyki? To nie tajemnica. Tajemnicą jest dlaczego cała ludzkość nie żyje na ciągłym haju. Dlaczego ludzie nie radzą sobie ze stresem? Żadna tajemnica. Tajemnicą jest, jak większość ludzi zachowuje opanowanie. Jesteśmy delikatni i śmiertelni. Milion złych rzeczy może się stać, na milion różnych sposobów. Powinniśmy odczuwać nieustanne przerażenie. A nie odczuwamy. To samo można powiedzieć o depresji, lenistwie i przestępczości).

Jeśli mogę cię zranić i pokonać – mogę robić, co tylko chcę, kiedy tylko chcę, nawet gdy jesteś w pobliżu. Mogę cię dręczyć tylko po to, aby zaspokoić własną ciekawość. Mogę cię zdominować i skupić całą uwagę na sobie. Dzieci biją innych, ponieważ – po pierwsze – agresja jest wrodzonym popędem, choć u różnych jednostek objawia się z różnym nasileniem, oraz – po drugie – agresja pozwala dzieciom uzyskiwać to, czego pragną. Naiwnością jest zakładanie, że takie zachowania muszą być wyuczone. Węża nie trzeba uczyć kąsać. Taka jego natura. A, statystycznie rzecz ujmując, okolice drugiego roku życia to najbardziej agresywny okres w życiu człowieka[24]. Dwulatki kopią, biją, gryzą i kradną własność in-

[24] J.B. Peterson, J. Flanders, *Play and regulation of aggression*, w zbiorze pod redakcją R.E. Tremblay, W.H. Hartup, J. Archer, „Development origins of aggression", Nowy Jork, Guilford Press, 2005, s. 133–157; D. Nagin, R.E. Tremblay, *Trajectories of boys' physical aggression, opposition, and hyperactivity on the path to physically violent and non-violent juvenile delinquency*, „Child development", 70/1999, s. 1181–1196.

nych. Postępują tak w ramach eksploracji otoczenia, wyrażania gniewu i frustracji oraz gratyfikacji impulsywnych zachcianek. Co ważniejsze dla naszego wywodu, postępują tak, aby poznawać realne granice dozwolonych zachowań. Jak inaczej miałyby odkryć, co jest akceptowalne? Małe dzieci są jak ślepcy kroczący z rękami wyciągniętymi przed siebie w poszukiwaniu ściany. Prą naprzód i testują, gdzie leżą rzeczywiste granice (a te zbyt rzadko znajdują się tam, gdzie deklarowano).

Konsekwentny brak przyzwolenia na dane zachowanie sugeruje dziecku, że napotkana została granica akceptowalnej agresji. Z kolei brak sprzeciwu jedynie wzmacnia ciekawość – i dlatego agresywne, dominujące dziecko będzie kopać, bić i gryźć, aż coś wskaże mu granicę. Jak mocno mogę uderzyć Mamusię? Aż się sprzeciwi. Jeśli jest się tego świadomym, lepiej interweniować wcześniej niż później (o ile oczekiwanym rezultatem rodzica jest nie być uderzanym). Zdecydowana interwencja pomaga też dziecku zrozumieć, że bicie innych to suboptymalna strategia społeczna. Bez wyraźnego sprzeciwu żadne dziecko nie uruchomi niełatwego procesu organizacji i regulacji swoich impulsów tak, aby mogły bezkonfliktowo współistnieć w jego psychice oraz w szerszym środowisku społecznym. Poukładanie sobie w głowie nie jest dla dziecka wcale taką prostą sprawą.

Mój syn, jako mały brzdąc, był szczególnie uparty. Gdy moja córka była malutka, mogłem sparaliżować jej ruchy samym groźnym spojrzeniem. Niestety, na synu metoda ta nie wywierała żadnego efektu. Już w wieku dziewięciu miesięcy dawał nieźle popalić mojej żonie (która sama jest twardą sztuką). Walczył z nią o kontrolę nad łyżką. „Dobrze!", myśleliśmy. Nie chcieliśmy go karmić ani minuty dłużej niż to konieczne. Ale ten mały nicpoń zjadał ledwie trzy czy cztery kęsy. Później już tylko się bawił. Mieszał i grzebał łyżką w miseczce. Zrzucał jedzenie ze swojego krzesełka i bacznie obserwował, jak spada na podłogę. Eksplorował otoczenie. Niestety, zazwyczaj więcej niż w jego brzuchu lądowało na posadzce – i przez to niedojadał. Zła dieta przekładała się na problemy ze snem. Noce przerywane płaczem pozbawiały snu jego rodziców. Przez to byliśmy za dnia zrzędliwi i nie w humorze. Malec frustrował swoją mamę, a ona wyładowywała się na mnie. Trajektoria, na której się znaleźliśmy, nie napawała optymizmem.

Po kliku dniach pogłębiającego się problemu postanowiłem odebrać synowi to, co pierwotnie należało do nas, rodziców – łyżkę. Przygotowałem się do wojny. Uzbroiłem się w czas. Cierpliwy dorosły może pokonać dwulatka, choć co niektórym może być trudno w to uwierzyć. Jak mówi przysłowie: „Wiek i perfidia górują nad młodością i umiejętnościami". Po części dlatego, że gdy ma się dwa lata, czas wlecze się nieubłaganie. Pół godziny dla mnie było jak tydzień dla mojego syna. Byłem pewny zwycięstwa. On był uparty i złośliwy, ale ja mogłem być gorszy. Siedzieliśmy nad miską z jedzeniem, twarzą w twarz, niczym *W samo południe*. Obaj wiedzieliśmy, co nadchodzi. Podniósł łyżkę. Odebrałem mu ją i nabrałem porcję przepysznej papki marchewkowej. Skierowałem ją pewnie w stronę jego buzi. Spojrzał na mnie dokładnie tak, jak ten wredny dzieciak depczący palce mojej córki. Ścisnął usta z zawzięciem, którym dawał mi do zrozumienia, że łatwo się nie podda. Ganiałem łyżką za jego jadaczką w miarę, jak on wierzgał się na wszystkie strony.

Miałem jednak kilka asów w rękawie. Trąciłem go w brzuszek drugą ręką. Nie ustąpił. Trąciłem go ponownie. I jeszcze raz. I jeszcze raz. I jeszcze raz. Lekko i z wyczuciem – ale na tyle mocno, aby go to irytowało. Dziesięć trąceń później otworzył buzię z zamiarem wyemitowania z siebie wściekłego krzyku. Ha! Jego błąd. Szybko wsadziłem mu łyżkę w usta. Dzielnie próbował wypchnąć niechciane jedzenie językiem. Ale z tym także wiedziałem, jak sobie poradzić. Przystawiłem mu do ust ułożony poziomo palec wskazujący. Trochę zdołał wypluć, ale trochę też połknął. Jeden – zero dla taty. Pogłaskałem go po głowie i powiedziałem, że jest dobrym chłopcem. Zupełnie szczerze. Gdy ktoś robi coś, do czego próbujesz go skłonić, nagródź go. Wystarczy, zwyciężyłeś, nie musisz już żywić urazy. Godzinę później było po sprawie. Nie obyło się bez płaczu. Nie obyło się bez wrzasków. Moja żona nie mogła tego znieść i musiała wyjść z pokoju. Ale dziecko zostało nakarmione. Syn osunął się wycieńczony na moją klatkę piersiową. Ucięliśmy sobie wspólną drzemkę. Po obudzeniu lubił mnie bardziej niż przed naszą potyczką.

Często obserwowałem taki właśnie efekt konfrontacji – nie tylko z moim synem. Jakiś czas później dogadaliśmy się z zaprzyjaźnionym małżeństwem, że będziemy zostawiać sobie nawzajem dzieci pod opiekę. Gdy jedna z par miała ochotę na wyjście do kina czy restauracji, zawoziła dzieciaki (wszystkie nasze dzieci były w wieku poniżej trzech lat) drugiej parze. Pewnego wieczoru nasi przyjaciele poprosili nas o zaopiekowanie się dodatkowo dzieckiem ich znajomych, z którymi zamierzali spędzić wieczór – dużym, silnym jak na swój wiek dwulatkiem.

„Naszego małego bardzo trudno uśpić – powiedział jego ojciec. – Kładziesz go do łóżka, a ten po chwili wyłazi i schodzi na dół. Zwykle włączamy mu bajki, które ogląda, aż zaśnie. Uwielbia Elma z Ulicy Sezamkowej".

„Nie ma mowy, żebym nagradzał tego krnąbrnego malca za niewłaściwe zachowanie – pomyślałem sobie – i co jak co, ale nikomu nie zamierzam włączać Elma z Ulicy Sezamkowej". Nigdy nie znosiłem tej odrażającej, marudnej kukły. Uważam ją za hańbę na dorobku Jima Hensona[25]. Krótko mówiąc, nagradzanie nieposłuszeństwa seansem z Elmem nie wchodziło w grę. Oczywiście nie wyjawiłem moich planów ojcu dziecka. Rodzicom po prostu nie mówi się krytycznych opinii na temat ich dzieci – dopóki nie są gotowi ich wysłuchać.

Dwie godziny później położyliśmy dzieci do łóżek. Czwórka z piątki zasnęła momentalnie – ale nie wielbiciel muppetów. Położyłem go w kołysce, więc uciec, co prawda, nie mógł, mógł jednak wstać i, trzymając się brzegów, wyć w niebogłosy. Tak właśnie zrobił. Sprytne. Trzeba mu przyznać, że przyjął dobrą strategię. Wrzaski były irytujące i groziły obudzeniem innych dzieci, które wzmocniłyby natężenie dźwięku. Jeden – zero dla dzieciaka. Wróciłem więc do pokoju dziecięcego. „Połóż się", powiedziałem. Nie poskutkowało. „Połóż się – powtórzyłem – albo ja cię położę". Przekonywanie dzieci często nie ma najmniejszego sensu, szczególnie w takich okolicznościach, tym niemniej uważam, że każdemu należy się najpierw ostrzeżenie. Oczywiście malec się nie uspokoił i dalej wydzierał się, ile tylko sił w płucach.

Dzieci robią to nagminnie. Przestraszeni rodzice myślą, że źródłem płaczu zawsze jest smutek lub ból. To zupełna nieprawda. Złość jest równie częstym powodem płaczu. Potwierdza to staranna analiza ruchów mięśni twarzy płaczących dzieci[26]. Płacz powodowany złością i płacz powodowany strachem lub smutkiem nie wyglądają tak samo. Inaczej też brzmią i uważna obserwacja pozwala je rozróżnić. Płacz powodowany złością jest często aktem dominacji i jako taki powinien być traktowany. Podniosłem go i ułożyłem do snu. Delikatnie i cierpliwie, ale stanowczo. Wstał. Położyłem go jeszcze raz. Wstał. Jeszcze raz. Znów wstał. Tym razem położyłem go na brzuchu i przytrzymałem rękę na jego plecach. Szamotał się z godną podziwu zawziętością, ale bez efektu. Jakby nie było, był ode mnie z dziesięć razy mniejszy. Mogłem unieść go jedną ręką. Trzymałem go więc, głaskałem po plecach i szeptałem, że jest dobrym chłopcem. Dałem mu smoczek. Przestał walczyć i rozluźnił się. Oczy zaczęły mu się kleić. Zabrałem rękę.

Szkrab natychmiast się podniósł. Skubaniec! Miał zapał! Wytrwały gość! Jeszcze raz podniosłem go i położyłem. „Kładź się potworze", ostrzegłem. Zacząłem delikatnie klepać go po plecach. Niektóre dzieci to odpręża.

[25] Jim Henson to twórca *Muppetów* i *Ulicy Sezamkowej* [przyp. tłum.].

[26] M.W. Sullivan, *Emotional expression of young infants and children*, „Infants and Young Children", 16/2003, s. 120–142.

Robił się zmęczony. Był gotów się poddać. Zamknął oczy. Wstałem i cichutko ruszyłem w stronę drzwi. Przed wyjściem jeszcze raz spojrzałem w stronę kołyski, żeby upewnić się, że śpi. Był już z powrotem na nogach. Wskazałem na niego palcem. „Leż potworze", powiedziałem zdecydowanym tonem. Padł jak postrzelony. Zamknąłem drzwi. Między nami powstała nić porozumienia. Cichutko i grzecznie przeleżał cały wieczór.

„Jak zachowywał się nasz mały?", zapytał ojciec, gdy wrócili odebrać dzieci kilka godzin później.

„Bardzo grzecznie – odpowiedziałem. – Żadnych problemów. W tej chwili śpi".

„Wyłaził z sypialni?".

„Nie – odrzekłem spokojnie – przespał cały wieczór".

Facet spojrzał na mnie z niedowierzaniem. Chciał wiedzieć. Ale nie zapytał. A ja mu nie powiedziałem.

Nie rzucaj pereł przed wieprze, mówi stare przysłowie. Możesz uznać taką postawę za bezduszną. Ale uczenie własnego dziecka niespania i nagradzanie go wygłupami marudnej maskotki? To również bezduszne. Wybierz mniejsze zło. Ja swoje wybrałem.

Dyscyplina i kara

Dzisiejszych rodziców przerażają dwa często zestawiane ze sobą słowa: dyscyplina i kara. Przywołują wyobrażenia więzień, żołnierzy i mundurów wojskowych. Faktycznie, granicę między dyscypliną a tyranią oraz między karą a torturami łatwo przekroczyć. *Dyscyplinę* i *karę* trzeba stosować ostrożnie. Obawy o nadużycia są uzasadnione. Niemniej jednak obie są konieczne. Mogą być egzekwowane rozmyślnie lub bezwiednie, właściwie lub niewłaściwie, ale nie ma od nich ucieczki.

Rzecz nie w tym, że dyscyplina przy pomocy nagród jest niemożliwa. Nagradzanie dobrych zachowań może być bardzo skuteczne. Najsłynniejszy spośród psychologów behawioralnych, B.F. Skinner, był wielkim orędownikiem takiego podejścia. Opanował je na poziomie eksperckim. Zdołał, na przykład, nauczyć gołębie grać w ping-ponga[27]. Co prawda jedynie toczyły one piłeczkę tam i z powrotem przez uderzanie jej dziobami, ale – biorąc pod uwagę, że mówimy o gołębiach – to i tak nieźle.

27 Zobacz: B.F. Skinner Foundation: https://www.youtube.com/watch?v=vGazyH6fQQ4.

Skinner uczył nawet swoje ptaki pilotować rakiety podczas drugiej wojny światowej w ramach „Projektu Gołąb" przemianowanego później na „Projekt Orcon"[28]. Poczynił spore postępy, zanim wynalezienie systemów elektronicznego sterowania uczyniło jego wysiłki zbędnymi.

Skinner z wyjątkową uwagą przyglądał się zwierzętom wykonującym czynności, które chciał u nich wytrenować. Każde działanie, które choć w minimalnym stopniu przypominało pożądany efekt, automatycznie pociągało za sobą odpowiedniego rozmiaru nagrodę: na tyle dużą, żeby wyzwalała pożądanie, na tyle małą, żeby nie demotywowała do starań o następne porcje. Takie podejście można wykorzystywać także w stosunku do dzieci – z dobrymi skutkami. Wyobraź sobie, że chciałbyś, aby twoje małe dziecko pomagało nakryć do stołu. To przydatna funkcja. Sprawiałoby ci przyjemność, gdyby twoja pociecha wyręczała cię w takich drobiazgach. Miałoby to również pozytywny efekt dla (wciąż niepewnego) poczucia własnej wartości dziecka. Rozłóż zatem oczekiwaną czynność na części składowe. Nakrycie do stołu, na przykład, obejmuje wyjęcie talerzy z szafki i zaniesienie ich na stół. Jednak nawet to może okazać się zbyt trudne. Być może twoje dziecko ledwie kilka miesięcy temu nauczyło się chodzić. Nadal idzie mu to niezdarnie i niepewnie. Najpierw naucz je, aby odbierało od ciebie talerz i od razu ci go oddawało. Pogłaszcz je po głowie po każdej udanej próbie. Zrób z tego zabawę. Podaj talerz lewą ręką, odbierz prawą, przekaż z powrotem do lewej i tak w kółko. Gdy to zostanie opanowane, podaj dziecku talerz i zrób kilka kroków w tył, aby musiało, przebyć dzielące was parę metrów. Wytrenuj go na wirtuoza w podawaniu talerzy. Nie zostawiaj go samego z jego niezdarnością.

Dzięki tej metodzie w zasadzie każdego możemy nauczyć, czego tylko chcemy. Najpierw dokładnie ustal, co chcesz uzyskać. Następnie obserwuj ludzi wokół ciebie niczym jastrząb. I wreszcie, kiedykolwiek dojrzysz, jak ktoś robi coś zbliżonego do tego, na czym ci zależy, migiem leć do niego (pamiętaj: jastrząb) i dostarcz nagrodę. Twoja dorastająca córka w pewnym momencie zamknęła się w sobie? Chciałbyś, żeby więcej się odzywała? A zatem oto cel: bardziej komunikatywna córka. Któregoś ranka, przy śniadaniu, opowiada jakąś historię ze szkoły. To idealny moment, aby jej uważnie posłuchać. To jest tutaj nagrodą. Odłóż smartfona i poświęć jej uwagę. Chyba że nie chcesz, żeby jeszcze kiedykolwiek coś ci opowiedziała.

[28] *Organic Control* (ang.) – organiczna kontrola [przyp. tłum.].

Interwencje rodziców, które uszczęśliwiają dzieci, zdecydowanie mogą i powinny być stosowane w celu kształtowania zachowań. To samo odnosi się do mężów, żon, współpracowników i rodziców. Skinner był jednak realistą. Przyznawał, że metoda nagradzania jest bardzo trudna: obserwator musi cierpliwie czekać, aż obiekt obserwacji spontanicznie zachowa się w oczekiwany sposób. To wymaga zaś dużo czasu i dużo czekania, co może być problematyczne. Co więcej, musiał głodzić swoje zwierzęta do 75 procent ich normalnej wagi, dopiero wtedy wykazywały bowiem na tyle silne zainteresowanie nagrodami w postaci jedzenia, aby wytężać umysł w celu ich zdobycia. To jednak jeszcze nie wszystkie wady czysto pozytywnego podejścia do procesu wychowania.

Emocje negatywne, tak jak ich pozytywne odpowiedniki, pomagają nam w nauce. A musimy się uczyć, bo jesteśmy głupi i łatwo możemy zrobić sobie krzywdę. Możemy się nawet niechcący zabić. To przykra, niepokojąca świadomość. Gdyby taką nie była, sami szukalibyśmy śmierci i popełniali samobójstwa. Sama *ewentualność* przyszłej śmierci wystarcza, aby nas przerazić. A ta może przecież nadejść w każdej chwili. Tym sposobem negatywne emocje, mimo że ogólnie nieprzyjemne, pełnią funkcję ochronną. Strach, ból, wstyd i obrzydzenie odczuwamy, aby unikać rozmaitych zagrożeń. A odczuwamy je często i mocno. W rzeczy samej: strata czegoś powoduje silniejsze negatywne emocje – niż zyskanie dokładnie tego samego wywołuje emocji pozytywnych. Ból góruje nad przyjemnością, a lęk nad nadzieją.

Emocje, pozytywne i negatywne, objawiają się na dwa użyteczne sposoby. Satysfakcja (technicznie: nasycenie) mówi nam, że to, co zrobiliśmy było przyjemne, podczas gdy nadzieja (technicznie: motywacja z uwagi na przewidywaną nagrodę) podpowiada, że zbliża się coś przyjemnego. Ból jest tak nieprzyjemnym odczuciem, abyśmy nie powtarzali czynności, które doprowadziły do okaleczenia ciała lub społecznej izolacji (samotność, z technicznego punktu widzenia, także zaliczamy do bólu). Lęk sprawia, że trzymamy się z dala od niebezpiecznych ludzi i miejsc, tak abyśmy nie musieli odczuwać bólu. Wszystkie te emocje należy wzajemnie równoważyć i ostrożnie osądzać w zależności od kontekstu, niewątpliwie jednak każda z nich pełni istotną funkcję dla naszego przetrwania i rozwoju. W związku z tym jeśli nie korzystamy ze wszystkich dostępnych nam narzędzi wspierających dzieci w procesie uczenia się, w tym z negatywnych emocji, wyrządzamy naszym pociechom krzywdę. Inna rzecz, że negatywne emocje powinny być obecne w ich życiu w możliwie najłagodniejszej odsłonie.

Skinner miał świadomość, że groźby i kary mogą eliminować niechciane zachowania tak samo, jak nagrody wzmacniają zachowania pożądane. W świecie, gdzie sama myśl o interwencji w ścieżkę naturalnego rozwoju dziecka wywołuje paraliż, o tych pierwszych technikach trudno nawet rozmawiać. Tymczasem gdyby nie było potrzeby kształtowania zachowań ludzkich dzieci, nie wyróżniałyby się one w świecie zwierząt tak długim okresem rozwoju poprzedzającego pełną dojrzałość. Wyskakiwałyby z łona matki, gotowe handlować akcjami na giełdzie. Nie można też zupełnie izolować dzieci od strachu i bólu. Dzieci są małe i łatwo je zranić. Mają niewielkie pojęcie o otaczającym je świecie. Nawet podczas czynności tak naturalnej jak nauka chodzenia – zostają przez ten świat mocno poturbowane. Nie wspominając nawet o frustracji i odrzuceniu, jakich niewątpliwie doświadczą w relacjach z rodzeństwem, rówieśnikami i niechętnymi do współpracy, upartymi dorosłymi. Mając to wszystko na uwadze, fundamentalnym pytaniem natury moralnej nie jest: jak zapewnić dzieciom całkowitą ochronę przed niepowodzeniem i porażką, aby nigdy nie musiały odczuwać strachu czy bólu – ale: w jaki sposób maksymalizować efektywność procesu uczenia się, aby przydatną wiedzę nabywały minimalnym kosztem?

W bajce Disneya *Śpiąca królewna* Królowi i Królowej, po długich staraniach, rodzi się córeczka Aurora. Rodzice chcą przedstawić dziecko światu i organizują huczne chrzciny. Drzwi pałacu królewskiego są w ten uroczysty dzień otwarte dla każdego, kto kocha i szanuje ich córkę. Zaproszenia nie dostaje Zła Wróżka, którą możemy traktować jako symboliczną Królową Zaświatów lub Naturę w jej złowieszczej odsłonie. Mamy tu do czynienia z metaforą nadopiekuńczych rodziców, którzy tworzą wokół ukochanej córki świat idealny, wolny od zła. Taka strategia jednak jej nie chroni – zamiast tego: czyni ją słabą. Zła Wróżka rzuca klątwę na księżniczkę i skazuje ją na śmierć w dzień szesnastych urodzin, na skutek ukłucia się wrzecionem kołowrotka. Kołowrotek symbolizuje tu koło fortuny; wrzeciono, przyczyna krwawienia, to zaś symboliczne przedstawienie utraty dziewictwa, oznaka przemiany dziecka w kobietę.

Na szczęście, Dobra Wróżka (dobroczynna odsłona Natury) redukuje karę do głębokiego snu, który można przerwać miłosnym pocałunkiem. Przerażeni Król i Królowa w panice wydają rozkaz spalenia wszystkich kołowrotków znajdujących się na terenie królestwa, a opiekę nad Aurorą powierzają trzem zdecydowanie zbyt dobrym wróżkom. Te z kolei kontynuują strategię wychowawczą polegającą na usuwaniu wszelkich niebezpieczeństw z życia księżniczki. Jednak przez to pozostawiają ją wiecznie naiwną, niedojrzałą i słabą. Pewnego dnia, tuż przed szesnastymi urodzinami, spacerująca po lesie Aurora spotyka księcia, w którym momentalnie się zakochuje. Wedle jakichkolwiek rozsądnych standardów – to lekka przesada. Następnie głośno lamentuje nad koniecznością poślubienia Księcia Filipa, z którym została zaręczona jako dziecko. Po przybyciu do zamku rodziców na bal wyprawiany z okazji jej urodzin dziewczyna przechodzi załamanie emocjonalne. W tym właśnie momencie ujawnia się klątwa Złej Wróżki. W zamku otwiera się portal, przez który Aurora przechodzi do pomieszczenia z kołowrotkiem. Dotyka palcem wrzeciona i upada nieprzytomna. Staje się Śpiącą Królewną. Czyniąc to (znów: symbolicznie), wybiera nieświadomość ponad okrucieństwa dorosłego życia. Coś egzystencjalnie podobnego zachodzi często w przypadku dzieci nadopiekuńczych rodziców, doświadczających szoku – rozpalającego nostalgię za błogą nieświadomością – na skutek pierwszego zetknięcia z porażką lub (w gorszym wypadku) ze szczerym, autentycznym złem, którego nie potrafią i nie chcą zrozumieć i przed którym nie mają żadnej obrony.

Weźmy przypadek trzylatki, która nie nauczyła się z nikim dzielić. Swoje samolubne zachowania demonstruje w obecności rodziców, ci jednak nie chcą być dla niej niemili i nie interweniują. W rzeczywistości nie chcą dostrzec i przyznać, co naprawdę się dzieje, ani wskazać dziecku, jak postępować właściwie. W głębi duszy reagują irytacją za każdym razem, gdy mała nie chce podzielić się z siostrą, ale mimo to udają, że wszystko jest OK. Nie jest. Rozdrażnieni warkną na nią później, za coś zupełnie niezwiązanego z problemem. Dziecko odczuje smutek i zamieszanie, ale niczego się nie nauczy. Co gorsza, jej brak wyczucia w relacjach społecznych zemści się na niej, gdy przyjdzie jej nawiązywać przyjaźnie z innymi dziećmi. Jej niezdolność do współpracy będzie działać odpychająco na potencjalnych kolegów i koleżanki. Albo będą się z nią kłócić, albo po prostu wybiorą do zabawy kogoś innego. Rodzice tych dzieci zauważą przejawy jej samolubstwa i powiedzą im, aby trzymały się od niej z daleka. Będzie samotna i odrzucona. To może wywołać lęk, urazę i depresję. To z kolei doprowadzi do odwrócenia się od życia, co jest ekwiwalentem tęsknoty za nieświadomością.

Rodzicom, którzy odmawiają wzięcia na siebie odpowiedzialności za dyscyplinowanie swoich dzieci, wydaje się, że mogą po prostu wyeliminować konflikty niezbędne dla prawidłowego wychowania. Unikają w ten sposób bycia nielubianymi (w krótkim okresie). Jednak w żadnym razie nie ratują czy nie chronią swoich dzieci przed strachem i bólem. Wręcz przeciwnie: krytyczny, bezduszny świat społeczny wepchnie je w konflikty i wymierzy kary dalece surowsze niż te, za którymi stałby rozsądny rodzic. Możesz sam dyscyplinować swoje dzieci, a możesz zrzucić odpowiedzialność za to na krytyczny, bezduszny świat – lecz wyboru tej drugiej opcji w żadnym wypadku nie należy mylić z miłością.

Możesz zaprotestować, tak jak wielu współczesnych rodziców: „Dlaczego niby dzieci miałyby podlegać ich arbitralnemu dyktatowi?". W rzeczy samej, istnieje nawet nowy nurt poprawności politycznej, który taki pogląd uznaje za „adultyzm"[29]: formę uprzedzenia i opresji analogiczną do, powiedzmy, seksizmu czy rasizmu. Odpowiedź na pytanie o zakres władzy dorosłych nie należy do łatwych. Wymaga często dogłębnego zastanowienia się nad samym pytaniem. Akceptacja tak sformułowanej obiekcji to już połowa drogi do akceptacji jej słuszności, a to rodzi zagrożenie w przypadku, gdy pytanie zostało niewłaściwie postawione. Przeanalizujmy je.

Po pierwsze: dlaczego w ogóle dzieci miałyby komuś lub czemuś *podlegać*? To proste. Każde dziecko musi słuchać dorosłych i wykonywać ich polecenia, ponieważ jego życie uzależnione jest od opieki, jaką dorośli skłonni są je otoczyć. W związku z tym korzystniej dla dziecka jest postępować w sposób, który wzbudza szczerą sympatię i życzliwość. Można sobie nawet wyobrazić coś jeszcze lepszego. Dziecko może postępować w sposób, który zapewnia optymalną troskę dorosłych, a przy tym jednocześnie korzystnie wpływa zarówno na jego obecną kondycję życiową, jak i przyszły rozwój. To wysoko ustawiona poprzeczka, ale leżąca w najlepszym interesie dziecka, więc warto do niej aspirować.

Oprócz tego każde dziecko powinno być uczone postępowania zgodnego z oczekiwaniami społeczeństwa obywatelskiego. Proszę nie mylić tego z wbijaniem mu do głowy bezmyślnego konformizmu. Chodzi po prostu o to, aby rodzice nagradzali te działania i maniery, które przełożą się na sukces dziecka w świecie poza rodziną oraz, gdy to konieczne, stosowali groźby i kary niezbędne do wykorzenienia zachowań, które przyniosą porażki i niedolę. Ważne jest, aby taki system nagród i kar wprowadzić szybko, ponieważ na wyuczenie możliwie najbliższej pożądanej postawy dziecka nie ma dużo czasu. Nienauczone właściwego zachowania przed osiągnięciem wieku czterech lat już do końca życia będzie miało problemy z nawiązywaniem przyjaźni. Literatura naukowa jest w tej kwestii bezsporna. To bardzo istotne, ponieważ od czwartego

[29] J. Flasher, *Adultism*, „Adolescence", 13/1978, s. 517–523; A. Fletcher, *Ending discrimination against young people*, Olympia, CommonAction Publishing, 2013.

roku życia to kontakty z rówieśnikami są głównym motorem procesu socjalizacji. Dzieci wyalienowane, na skutek odrzucenia przez kolegów i koleżanki, przestają się rozwijać. Tym sposobem dziecko pozbawione przyjaciół często wyrasta na samotnego, antyspołecznego lub, w najgorszym wypadku, cierpiącego na depresję nastolatka i dorosłego. Tego byśmy nie chcieli. Nasze zdrowie psychiczne jest w znacznie większym stopniu konsekwencją udanego przystąpienia i przynależności do wspólnoty społecznej niż większość z nas zdaje sobie sprawę. Potrzebujemy ciągłego przypominania nam, abyśmy właściwie myśleli i postępowali. Gdy błądzimy, bliscy nam ludzie, którym na nas zależy, subtelnie bądź – gdy to konieczne – dosadnie dają nam do zrozumienia, że zboczyliśmy z prawidłowego kursu. Warto mieć wokół siebie takie osoby.

Nie jest również prawdą (wracając do pytania), że dyktaty dorosłych są całkowicie arbitralne. Takie obowiązują tylko w dysfunkcjonalnych, totalitarnych państwach. Natomiast w cywilizowanych, otwartych społeczeństwach większość operuje w ramach działającej umowy społecznej, wypracowywanej od pokoleń dla korzyści ogółu – lub przynajmniej aby umożliwić ludziom życie w dużym zagęszczeniu przy minimalnej ilości przemocy. Jednak nawet jeśli zgodzimy się, że obecny porządek społeczny w sporym zakresie pozbawia obywateli swobody, nie można go w żadnym razie uznać za arbitralny, jeśli weźmie się pod uwagę alternatywy. Gdyby społeczeństwo nie oferowało odpowiednich korzyści za produktywne, prospołeczne zachowania, a zamiast tego dystrybuowałoby zasoby w niesprawiedliwy sposób i pozwalało na kradzież i wyzysk, nie pozostałoby długo wolne od konfliktów. Jeśli obowiązujące w nich hierarchie miałyby polegać jedynie (lub głównie) na sile, a nie na umiejętnościach i doświadczeniu niezbędnych do rozwiązywania istotnych problemów, również byłoby zagrożone upadkiem. Takie prawidłowości, w ich prostszej formie, są potwierdzane przez obserwacje hierarchii w stadach szympansich, co wyjaśnia stojącą za nimi fundamentalną, biologiczną, niearbitralną prawdę[30].

Dzieci, które nie przeszły właściwie procesu socjalizacji, mają okropne życie. Zdecydowanie lepszym wyjściem jest poddanie ich optymalnej socjalizacji. Przez wynagradzanie ich można to osiągnąć częściowo, ale nie w pełni. Zasadniczą kwestią nie jest zatem to, czy groźby i kary powinno się stosować. Zasadniczą kwestią jest to, jak powinniśmy stosować je

[30] F. de Waal, *Chimpanzee politics: power and sex among apes*, Baltimore, Johns Hopkins University Press, 1998.

świadomie i roztropnie. Jak zatem należy dyscyplinować dzieci? Pytanie to jest niezwykle trudne, ponieważ dzieci (i rodzice) różnią się zasadniczo pod względem temperamentu. Niektóre dzieci są ugodowe. Cechuje je silna chęć do zadowalania innych, za którą płacą jednak tendencją do unikania konfliktów i podległości. Inne są bezkompromisowe i bardziej niezależne. Tego typu dzieci zawsze pragną robić to, co chcą i kiedy chcą. Mogą być konfrontacyjne, nieposłuszne i uparte. Niektóre dzieci desperacko łakną jasno określonych zasad i dobrze czują się otoczone surowymi strukturami. Inne, nieprzepadające za przewidywalnością i rutyną, nie reagują nawet na minimalny zestaw narzucanych im reguł. Niektóre obdarzone są nadzwyczajną wyobraźnią i kreatywnością, a inne rozumują w sposób bardziej typowy i konserwatywny. Wszystko to newralgiczne, bardzo istotne różnice, w dużym stopniu determinowane czynnikami biologicznymi i w dużym stopniu odporne na oddziaływanie społeczne. W obliczu takiej różnorodności wszyscy możemy skorzystać na głębszej refleksji nad właściwym stosowaniem społecznej kontroli.

Przemoc. Konieczne minimum

Oto prosta reguła na dobry początek: zasad nie powinno się mnożyć ponad konieczne minimum. Inaczej mówiąc, złe przepisy podkopują szacunek dla dobrych przepisów. To taki etyczny – a nawet prawny – odpowiednik brzytwy Ockhama, popularnej w świecie nauki zasady ekonomii myślenia, która mówi, że najprostszą możliwą hipotezę należy traktować jako najbardziej preferowaną. Nie obciążaj zatem dzieci – ani ich opiekunów – zbyt wieloma zasadami. To droga wiodąca do frustracji.

Ogranicz liczbę zasad. Następnie ustal, jakie powinny być konsekwencje za ich łamanie. Stworzenie całościowego systemu surowości kar, uwzględniającego różne okoliczności, to kolejne niełatwe zadanie. Pomocne normy zostały już jednak wypracowane w ramach anglosaskiego prawa zwyczajowego, jednego z najwspanialszych osiągnięć cywilizacji Zachodu. Jego analiza może pomóc nam ustalić drugą skuteczną regułę dyscyplinowania.

Anglosaskie prawo zwyczajowe umożliwia ci obronę swoich praw, ale tylko rozsądnymi metodami. Ktoś włamuje się do twojego domu. Ty posiadasz naładowany pistolet. Masz prawo się bronić, ale stosownie jest korzystać z tego prawa etapowo. Co jeśli to pijany sąsiad pomylił budynki? „Zastrzelić go", możesz pomyśleć. Ale to nie takie proste. Zamiast tego ostrzegasz: „Stój! Mam broń". Jeśli nie zaowocuje to ani wyjaśnieniem, ani odwrotem, uzasadnione jest oddanie strzału ostrzegawczego. Następnie, jeśli to także nie przekonało włamywacza do wycofania się, możesz strzelić mu w nogi[31]. Pojedyncza, nadzwyczaj praktyczna reguła umożliwia nam generowanie wszystkich tych coraz bardziej stanowczych reakcji: reguła koniecznego minimum przemocy. Mamy już więc dwie ogólne reguły dyscyplinowania. Pierwsza: ogranicz liczbę zasad. Druga: stosuj minimalną ilość przemocy konieczną, aby wymusić przestrzeganie tych zasad.

Odnośnie do reguły pierwszej, możesz zapytać: „OK, ogranicz liczbę zasad, ale do ilu dokładnie?". Oto kilka sugestii. Nie bij, nie kop, nie gryź, chyba że w samoobronie. Nie znęcaj się nad innymi dziećmi, żebyś nie skończył w poprawczaku. Jedz w cywilizowany, wdzięczny sposób, tak aby ludzie chętnie zapraszali cię do swoich domów i karmili. Naucz się dzielić, aby inne dzieci chciały się z tobą bawić. Gdy mówią do ciebie dorośli, słuchaj – inaczej ich rozzłościsz, a tak może się czegoś przydatnego dowiesz. Chodź spać o właściwej porze i bez humorów, aby twoi rodzice mieli czas na życie prywatne i nie żałowali, że się urodziłeś. Dbaj o swoje rzeczy, dlatego że przyda ci się to na przyszłość – i dlatego że masz szczęście w ogóle je posiadać. Gdy dzieje się coś przyjemnego i ciekawego, bądź dobrym kompanem, żeby następnym razem też cię zaproszono. Zachowuj się tak, aby ludzie cieszyli się z twojego towarzystwa – często będą cię wtedy chcieli w swoim towarzystwie. Dziecko znające te zasady wszędzie będzie mile widziane.

Odnośnie do drugiej, równie ważnej reguły, twoje pytanie może brzmieć: „Skąd mam wiedzieć, jakie jest konieczne minimum przemocy?". To trzeba ustalić doświadczalnie, poczynając od możliwie najbardziej powściągliwej interwencji. Są dzieci, które nieruchomieją na samo spojrzenie. Inne powstrzyma słowna komenda. Inne lekki pstryczek w rękę palcem wskazującym. Taka strategia jest szczególnie przydatna w miejscach publicznych, na przykład w restauracjach. Może być egzekwowana natychmiast, dyskretnie i skutecznie, bez ryzyka eskalacji. Jaka jest alternatywa? Rozwścieczone, płaczące, domagające się uwagi dziecko wzbudza raczej niechęć niż sympatię. Nicpoń, który biega od stolika do stolika i zakłóca spokój wszystkim dookoła, przynosi hańbę (stare słowo, ale dobre) sobie i swoim rodzicom. To rezultaty dalekie od optymalnych, a dzieci ogólnie gorzej zachowują się w miejscach publicznych niż

[31] Nie traktuj tego jako porady prawnej, a jedynie jako przykład.

w domu, ponieważ eksperymentują: próbują ustalić, czy zasady, których się je uczy, obowiązują też w nowych miejscach. Nie potrafią sobie tego uporządkować, nie przed ukończeniem trzech lat.

Gdy nasze dzieci były małe i zabieraliśmy je z żoną do restauracji, wywoływały u ludzi uśmiechy. Zachowywały się grzecznie i cicho. Takie taktowne sprawowanie miało co prawda limit czasowy, więc – mając to na uwadze – nie trzymaliśmy ich tam zbyt długo. Gdy po 45 minutach spokojnego siedzenia zaczynały marudzić, wiedzieliśmy, że czas wracać do domu. Taka była niepisana umowa. W pobliskich restauracjach często mówiono nam, jak krzepiący jest widok szczęśliwej rodziny. To nie tak, że zawsze byliśmy szczęśliwi, a nasze dzieci zawsze zachowywały się grzecznie – bądźmy realistami. Ale zachowywały się grzecznie przez większość czasu i wspaniale było widzieć, jak obcy ludzie pozytywnie reagują na ich obecność. Miało to też korzystny wpływ na dzieciaki. Dostrzegały, że ludzie je lubią. To z kolei wzmacniało dobre zachowania. Sympatia innych była ich nagrodą.

Ludzie naprawdę polubią twoje dzieci, jeśli tylko dasz im szansę. Odkryłem to zaraz po narodzinach naszego pierwszego dziecka, córki Mikhaili. Gdy zabieraliśmy ją na spacer w wózku po naszej robotniczej dzielnicy francuskiej części Montrealu, napotykani ludzie, wyglądem przypominający niewylewających za kołnierz drwali, zatrzymywali się i uśmiechali do niej. Gruchali, chichotali i robili śmieszne miny. Przyglądanie się, jak ludzie reagują na dzieci, pozwala odbudować wiarę w ludzkość. Wszystkie te pozytywy dodatkowo potęguje dobre zachowanie dziecka w miejscu publicznym. Aby upewnić się, że tak będzie, musisz rozsądnie i skutecznie dyscyplinować swoje dzieci – a aby to robić, musisz wiedzieć to i owo na temat nagród i kar. Unikanie tej wiedzy do niczego dobrego nie prowadzi.

Jednym z etapów tworzenia relacji z synem czy córką jest ustalenie, jak ten mały człowieczek reaguje na interwencje dyscyplinarne; kolejnym – skuteczne interweniowanie. Łatwo chować się za sloganami typu: „kary fizycznej nie da się usprawiedliwić" albo „bicie dzieci jedynie uczy je, jak bić". Weźmy to pierwsze twierdzenie: *kary fizycznej nie da się usprawiedliwić*. Po pierwsze, chciałbym zauważyć, że istnieje powszechny konsensus wokół idei, według której pewne formy niewłaściwych zachowań, w szczególności te kwalifikowane jako kradzież lub napaść, powinny podlegać jakimś sankcjom. Po drugie, chciałbym zauważyć, że niemal każdy rodzaj stosowanych w takich wypadkach sankcji obejmuje karę, w jej wielu psychologicznych i/lub bezpośrednio fizycznych wariantach.

Pozbawienie wolności powoduje ból na sposób mocno przypominający ten odczuwany wskutek urazów fizycznych. To samo można powiedzieć o stosowaniu izolacji społecznej (w tym popularnej wśród rodziców metody time-out, znanej również jako „karny jeżyk", lub o wysyłaniu dzieci do kąta). Wiemy to dzięki dokonaniom neurobiologii. Pozbawienie wolności, izolacja społeczna i ból fizyczny aktywują te same obszary mózgu, a ich nieprzyjemne objawy można uśmierzyć jednym rodzajem leków – opiatami[32]. Kara więzienia to bez wątpienia kara fizyczna – w szczególności odsiadywana w izolatce – nawet gdy odbywa się bez użycia przemocy. Po trzecie, chciałbym zauważyć, że niektóre niewłaściwe zachowania powinny być przerywane skutecznie i natychmiastowo, aby na ich skutek nie stało się coś jeszcze gorszego. Jaka jest odpowiednia kara dla dziecka, które za nic w świecie nie chce przestać wkładać widelca do gniazdka elektrycznego? Albo dla dziecka, które roześmiane ucieka nam na ruchliwym parkingu przy supermarkecie? Odpowiedź jest prosta: cokolwiek, co wymusi na dziecku posłuch i mieści się w granicach rozsądku. Alternatywy mogą być tragiczne.

Każdy się z tym zgodzi, jeśli wyobrazi sobie dziecko igrające z prądem czy biegające między jeżdżącymi autami. Jednak ta sama logika pozostaje w mocy, gdy chodzi o zachowania dzieci w sferze społecznej. W ten sposób dochodzimy do punktu czwartego odnośnie wymówek dla kar fizycznych. Negatywne konsekwencje złych zachowań (podobnych w rodzaju do tych, które można skutecznie wykorzenić w dzieciństwie) wraz z dorastaniem stają się coraz poważniejsze – a pośród części nastolatków i młodych dorosłych, surowo dyscyplinowanych przez społeczeństwo, niewspółmiernie duży odsetek to właśnie dzieci niepoddane efektywnemu procesowi socjalizacji przed ukończeniem czwartego roku życia. Natomiast te niesforne czterolatki to często dzieciaki, które wyróżniały się ponadprzeciętną agresją w wieku dwóch lat. Statystycznie częściej niż ich rówieśnicy pozwalali sobie kopać, uderzać, gryźć i zabierać zabawki innym (co w świecie dorosłych nazywamy kradzieżą). Dotyczy to mniej więcej pięciu procent chłopców i znacznie mniejszego odsetka dziewczynek[33]. Bezmyślne powtarzanie sloganu: „kary fizycznej nie da się usprawiedliwić" jedynie wzmacnia błędne przekonanie, według którego

[32] J. Panksepp, *Affective neuroscience: the foundations of human and animal emotions*, Nowy Jork, Oxford University Press, 1998.

[33] R.E. Tremblay, D.S. Nagin, J.R. Séguin, M. Zoccolillo, P.D. Zelazo, M. Boivin, … C. Japel, *Physical aggression during early childhood: trajectories and predictors*, „Pediatrics", 114/2004, s. 43–50.

nastoletni chuligani wyrastają z niewinnych maluchów-aniołków. Nie myśl sobie, że gdy jako rodzic przymykasz oko na złe zachowanie swojego dziecka (w szczególności jeśli jest ono ponadprzeciętnie agresywne z temperamentu), to stajesz po jego stronie.

Podpisywanie się pod hasłem „kary fizycznej nie da się usprawiedliwić" to także (po piąte) zakładanie, że słowo *nie*, któremu nie towarzyszy groźba użycia przemocy, zostanie uszanowane. W rzeczywistości kobieta może powiedzieć *nie* silnemu mężczyźnie tylko dlatego, że ma za sobą normy społeczne, przepisy prawa oraz instytucję państwa. Rodzic może powiedzieć *nie* dziecku chcącemu zjeść trzeci kawałek ciasta, ponieważ jest większy i silniejszy (a dodatkowo jego autorytet czerpie niejako z autorytetu prawa i państwa). W ostatecznym rozrachunku *nie* zawsze oznacza: „jeśli nie przestaniesz robić tego, co robisz, doświadczysz nieprzyjemnych konsekwencji". W innych przypadkach nie znaczy nic. Albo gorzej: oznacza „kolejny wymamrotany przez dorosłych nonsens, który można bezkarnie zignorować". To szczególnie toksyczna lekcja, jeśli weźmie się pod uwagę, że przeznaczeniem każdego dziecka jest stać się dorosłym oraz że większość tego, czego uczymy się bez udziału silnego bólu, to skutek nauk dorosłych bądź ich naśladowania. Jak niby dziecko, które ignoruje dorosłych lub wręcz nimi gardzi, miałoby z optymizmem patrzeć w przyszłość? Po co w ogóle dorastać? Odpowiedź znajdujemy w opowieści o Piotrusiu Panie, który myśli, że wszyscy dorośli są podobni do Kapitana Haka – despotyczni i przerażeni świadomością własnej śmiertelności (symbolicznie przedstawionej jako krokodyl z tykającym zegarkiem w brzuchu). *Nie* może oznaczać *nie* bez udziału przemocy tylko wówczas, gdy wypowiada je jedna cywilizowana osoba do drugiej.

No dobrze, a co ze sloganem numer dwa: *bicie dzieci jedynie uczy je, jak bić*? Po pierwsze, *błąd. Zła odpowiedź.* Uproszczenie. Przede wszystkim, „bicie" to wyjątkowo płytka charakterystyka czynności dyscyplinarnej podejmowanej przez rozsądnego rodzica. Jeśli słowo „bicie" adekwatnie opisywałoby cały zakres, w jakim można stosować siłę fizyczną, nie widzielibyśmy istotnej różnicy między kroplami deszczu a bombardowaniem z powietrza. Skala i kontekst mają znaczenie – i trzeba być totalnie zaślepionym naiwnością, aby tego nie dostrzegać. Każde dziecko rozumie różnicę między ugryzieniem przez rozwścieczonego psa a zabawą z własnym czworonogim ulubieńcem, w której dojdzie do lekkiego zranienia przez brak wyczucia psiaka. Mówiąc o biciu, nie można tak po prostu zignorować tego, jak mocno i dlaczego ktoś jest bity. Najwyższej wagi jest również moment wymierzenia kary. Jeśli twój dwulatek dostanie od ciebie pstryczka palcem wskazującym natychmiast po tym, jak uderzy inne dziecko w głowę drewnianym klockiem, dostrzeże związek między jednym a drugim i powinien odtąd choć częściowo stracić chęć do powtarzania ataku w przyszłości. Można to chyba uznać za dobry rezultat. Z pewnością nie dojdzie do wniosku, że powinien bić inne dzieci częściej i nie uzna pstryczka od rodzica za nagrodę za właściwe postępowanie. Dzieci nie są głupie. Są po prostu zazdrosne, impulsywne i prostolinijne. Jakim innym sposobem zapewnisz bezpieczeństwo jego młodszego rodzeństwa? Jeżeli twoje kary nie będą skuteczne, młodsze dzieci będą cierpieć. Być może latami. Znęcanie się nad słabszymi będzie trwać tylko i wyłącznie przez twoje tchórzostwo. Wolisz unikać konfliktu koniecznego dla ustanowienia pokoju. Wolisz być ślepym. A później, gdy młodsze dziecko ci to wypomni (być może już jako osoba dorosła), odpowiesz: „Nie miałem pojęcia, że coś takiego miało miejsce". Tak naprawdę nie chciałeś wiedzieć. Wyparłeś tę wiedzę. Wyparłeś odpowiedzialność za karanie i dyscyplinowanie starszego dziecka, którą usprawiedliwiałeś ideą „fajnego" rodzica. W każdym domku z pierników mieszka wiedźma, która pożera dzieci.

Do czego prowadzą nas całe te powyższe rozważania? Stajemy przed wyborem: dyscyplinować skutecznie czy dyscyplinować nieskutecznie – niemożliwy jest jednak zupełny brak dyscypliny, ponieważ wszelkie błędy w zachowaniach dziecka nieskorygowane przez jego opiekunów karać będzie w drakoński sposób natura i społeczeństwo. Oto zatem kilka praktycznych podpowiedzi: wysłanie do kąta może być niezwykle skuteczną formą kary, szczególnie przy założeniu, że rozrabiające dziecko jest z powrotem mile widziane, jak tylko się uspokoi. Rozzłoszczone dziecko powinno zostać samo, aż opanuje emocje. Wtedy może wrócić do normalnego życia. W takim układzie to dziecko wygrywa – a nie jego złość. Zasada mówi: „Wróć do nas, jak tylko nauczysz się właściwie zachowywać". To dobre rozwiązanie zarówno dla dziecka i rodziców, jak i dla społeczeństwa. Będziesz potrafił rozpoznać, czy twoja pociecha naprawdę nad sobą zapanowała. Znów będziesz ją lubił, mimo jej wcześniejszych poczynań. Jeśli nadal będziesz na nią zły, być może nie w pełni okazała skruchę – a może to ty powinieneś zreflektować się nad swoją tendencją do chowania urazy.

Jeśli twoje dziecko to urwis z natury, który postawiony w kącie po prostu ucieka i śmieje się złowieszczo, konieczne będzie dodanie do tej metody fizycznego ograniczenia. Dziecko można z wyczuciem, acz pewnie, złapać za ramiona i przytrzymać w miejscu, aż przestanie szaleć i zacznie cię słuchać. Jeśli to także zawiedzie, niezbędne może okazać się przełożenie go przez kolano. Dla dziecka, które pozwala sobie na zdecydowanie za dużo, a w dodatku rozrabia z ewidentnym zapałem, klaps w tyłek może być warunkiem koniecznym odpowiedzialnego rodzicielstwa. Mogą się zdarzyć sytuacje, w których nie wystarczy nawet to, po części ponieważ niektóre dzieci bywają nadzwyczaj zdeterminowane i zaciekłe albo z uwagi na powagę dokonanej psoty. Jeśli nigdy wcześniej nie przemyślałeś sobie takich spraw, nie możesz uważać się za odpowiedzialnego rodzica. Zwalasz brudną robotę na kogoś innego, kto takich skrupułów mieć nie będzie.

Podsumowanie reguł

Reguła dyscyplinowania nr 1: *ogranicz liczbę zasad.* Reguła nr 2: *stosuj minimalną ilość przemocy konieczną, aby wymusić przestrzeganie tych zasad.* Oto reguła nr 3: *rodzice powinni występować parami*[34]. Wychowywanie dzieci to zajęcie wymagające i wyczerpujące. W związku z tym w czynnościach rodzicielskich łatwo o błąd. Brak snu, głód, zdenerwowanie po kłótni, syndrom dnia poprzedniego, zły dzień w pracy – wszystkie te czynniki już pojedynczo mogą osłabić osąd każdego z nas, a co dopiero, kiedy pojawią się w kombinacji! W takich warunkach rzeczą nieocenionej wagi jest partner – ktoś, kto będzie współuczestniczył we wszystkim, kto w razie potrzeby zainterweniuje i z kim można przedyskutować aktualne sprawy. Redukuje to szansę na wystąpienie sytuacji, kiedy marudne, prowokacyjne dziecko i jego nerwowy, doprowadzony do granic wyrozumiałości rodzic dadzą się ponieść emocjom o krok za daleko. Rodzice powinni występować parami, aby ojciec nowonarodzonego dziecka mógł wspierać świeżo upieczoną mamę, odciążyć ją z części niezliczonych obowiązków i pocieszać, gdy jej ukochany dzidziuś co noc, przez miesiąc czasu, będzie płakał męczony kolką. Nie chcę przez to powiedzieć, że powinniśmy patrzeć krytycznie na samotne matki, których

[34] S.F. Krein, A.H. Beller, *Educational attainment of children from single-parent families: Differences by exposure, gender, and race*, „Demography", 25/1988, s. 221; V.C. McLoyd, *Socioeconomic disadvantage and child development*, „The American Psychologist", 53/1998, s. 185–204; Y.C. Lin, D.C. Seo, *Cumulative family risks across income levels predict deterioration of children's general health during childhood and adolescence*, „PLOS ONE", 12(5)/2017, e0177531. https://doi.org/10.1371/journal.pone.0177531; P.R. Amato, B. Keith, *Parental divorce and the well-being of children: A meta-analysis*, „Psychological Bulletin", 110/1991, s. 26–46.

wiele z poświęceniem godnym podziwu wychodzi naprzeciw trudnemu wyzwaniu wychowywania potomstwa w pojedynkę i których część musiała wyzwolić się z patologicznych związków. Z drugiej strony nie powinniśmy udawać, że wszelkie warianty rodziny są równie owocne, sprawne i pożyteczne. Nie są. Kropka.

Kolejna, reguła numer 4, najbardziej ze wszystkich zanurzona w psychologii: *rodzice powinni być świadomi swoich własnych pokładów surowości, mściwości, arogancji, gniewu, zła i skłonności do oszustwa*. Mało kto rozmyślnie planuje być kiepskim ojcem czy matką, a jednak kiepskie rodzicielstwo spotykamy na co dzień. Powodem jest fakt, że w ludziach tkwi zarówno skłonność do dobra, jak i do zła – a wielu pozostaje rozmyślnie ślepymi na drugą połowę tej prawdy. Ludzie są nie tylko mili i rozsądni, lecz także agresywni i samolubni. Dlatego też żaden dorosły człowiek – żaden hierarchiczny, drapieżny człekokształtny – nie jest w stanie tolerować bycia zdominowanym przez zarozumiałe dziecko. Prędzej czy później nadejdzie czas zemsty. Dziesięć minut po tym, jak przesadnie mili i wyrozumiali rodzice nie zdołali zapobiec napadowi histerii w lokalnym supermarkecie, odpłacają się swojemu brzdącowi chłodnym potraktowaniem, gdy ten, podekscytowany, podbiega pochwalić się swoim najnowszym osiągnięciem. Wystarczy dostateczna ilość zażenowania, nieposłuszeństwa i wyzwań o dominację, a nawet największy altruista wśród rodziców przegra z frustracją i gniewem. A wtedy zaczną się prawdziwe kary. Gniew i frustracja rodzą pragnienie zemsty. Dziecko będzie doświadczać coraz mniej spontanicznych wyrazów miłości, a rodzic w coraz bardziej zawiły sposób będzie racjonalizować swoją oschłość. Szanse na rozwój osobisty dziecka przestaną być tak ochoczo poszukiwane i wykorzystywane. Zacznie się subtelny proces odtrącania. A to tylko początek drogi do totalnej wojny w rodzinie, toczonej głównie w zaświatach, pod fałszywą fasadą normalności i bliskości.

Tej wydeptanej przez wielu drogi lepiej unikać. Rodzic z powagą i realizmem podchodzący do swojej ograniczonej tolerancji oraz skłonności do niepohamowanych reakcji na prowokacje może zatem, i powinien, zaplanować odpowiednią strategię dyscyplinarną – w szczególności jeśli jego poczynania monitoruje równie rozsądny partner – i nie dopuszczać, aby relacje rodzinne uległy zdegenerowaniu na tyle, że pojawi się szczera nienawiść. Przestrzegam. Gdzie nie spojrzymy – znajdziemy jakąś toksyczną rodzinę. W takich nie obowiązują żadne zasady czy granice złego zachowania. Rodzice biją bez powodu, zależnie od humoru. Dzieci żyjące w takim chaosie załamują się, jeśli są bojaźliwe, albo buntują, jeśli są nieustępliwe. To nic dobrego. Tragedia jest o krok.

Czas na regułę numer 5, ostatnią i najbardziej ogólną. *Rodzice mają obowiązek odgrywać rolę pełnomocników realnego świata* – pełnomocników miłościwych, troskliwych – ale jednak pełnomocników. Obowiązek ten ma znaczenie nadrzędne nad obowiązkiem zapewnienia szczęścia, rozbudzania kreatywności czy wzmacniania poczucia własnej wartości. Głównym obowiązkiem rodziców jest uczynić dzieci pożądanymi społecznie. Dzięki temu dzieciom nie zabraknie szans, pewności siebie i bezpieczeństwa. Jest to ważniejsze nawet od pielęgnowania indywidualnej tożsamości. Warunkiem zdobycia tak zdefiniowanego Świętego Graala rodzicielstwa jest uprzednie nauczenie dziecka wysokiego stopnia społecznej dojrzałości.

Dobre dziecko – i odpowiedzialny rodzic

Właściwie zsocjalizowana trzylatka jest sympatyczna i zachowuje się grzecznie. Nie do przesady – nie daje sobą pomiatać. Wzbudza zainteresowanie ze strony innych dzieci oraz podziw ze strony dorosłych. Żyje w świecie, w którym inne dzieci ją lubią i konkurują o jej uwagę oraz gdzie na jej widok dorośli nie chowają się za fałszywymi uśmiechami, lecz szczerze się cieszą. W kolejne stopnie skomplikowania świata ludzie wprowadzą ją z przyjemnością. Uczyni to więcej dobrego w jej rozwoju niż wszelkie podejmowane przez rodziców tchórzliwe próby unikania codziennych konfliktów, dyscypliny i kar.

Na temat tego, co w swoich dzieciach cenisz, a co spędza ci sen z powiek, dyskutuj z twoim partnerem albo, w przypadku jego braku, z bliskim przyjacielem. Spróbujcie oddzielić pożądane od niepożądanego, ziarna od plew. Nakreślcie granicę między tym, co dobre, a tym, co złe. Po doprecyzowaniu stanowiska – obejmującym również refleksję nad własnym czepialstwem, arogancją i impulsywnością – zrób następny krok i dopilnuj, aby twoje dzieci zachowywały się tak, jak należy. Weź na siebie odpowiedzialność za ich dyscyplinowanie. Weź na siebie odpowiedzialność za błędy, które nieuchronnie przy tym popełnisz. Przepraszaj za te błędy i wyciągaj z nich wnioski.

Z pewnością bardzo kochasz swoje dzieci. Jeśli ich działania sprawiają, że nawet ciebie zaczynają irytować, pomyśl, jak na ich towarzystwo zareagują inni ludzie, mniej do nich przywiązani i darzący je mniejszą sympatią. To właśnie ci inni ludzie wymierzą im surowe kary – uczynkiem lub zaniedbaniem. Nie pozwól na to. Lepiej jest nauczyć twoje małe potworki, co jest pożądane, a co nie – tak aby wyrosły na cywilizowanych członków społeczności poza rodziną.

Dziecko, które jest energiczne i radosne, a nie smutne i nieobecne, które umie się bawić bez marudzenia, które jest zabawne, ale nie cyniczne, któremu można zaufać – takie dziecko znajdzie sobie przyjaciół wszędzie, gdzie się uda. Nauczyciele będą je lubić, tak jak rodzice. Jeśli uprzejmie zapyta o coś dorosłego, ten z uśmiechem udzieli mu odpowiedzi. Świetnie poradzi sobie w świecie, który łatwo może przeobrazić się w zimne, bezlitosne, wrogie miejsce. Jasne reguły owocują przyjemnymi dziećmi i spokojnymi, racjonalnymi rodzicami. Jasne zasady stosowania dyscypliny i kar równoważą litość ze sprawiedliwością tak, że rozwój społeczny i dojrzałość psychologiczna mogą osiągać optimum. Jasne reguły i odpowiednia dyscyplina pomagają dziecku, rodzinie i społeczeństwu ustanawiać, utrzymywać i rozszerzać porządek chroniący nas wszystkich przed chaosem i grozą zaświatów – krainy niepewności, lęku, beznadziei i rozpaczy.

Nie pozwól swoim dzieciom robić niczego, co wzbudza twoją niechęć.

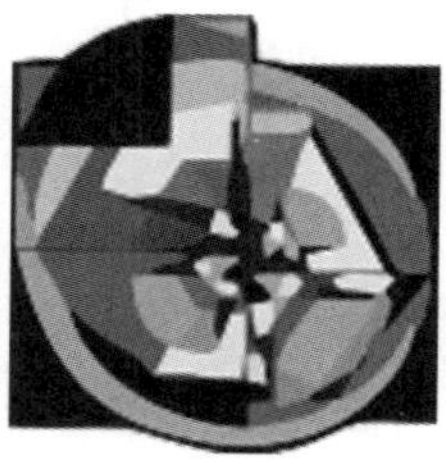

31614

Zasada 6

Zanim zaczniesz krytykować świat — zaprowadź porządek we własnym domu

Problem religijny

Nie wydaje się rozsądne nazywać osobą religijną młodego człowieka, który w 2012 roku zastrzelił dwadzieścioro dzieci i szóstkę pracowników szkoły podstawowej Sandy Hook w Newtown, w stanie Connecticut. Podobnie w przypadku sprawców strzelaniny w kinie w Aurorze, w stanie Kolorado, czy masakry w szkole średniej w Columbine, tamże. Jednak ci młodociani mordercy mieli problem z rzeczywistością, który dotyka także sfery religii. Jak napisał jeden z dwójki napastników z Columbine:

> O rasę ludzką nie warto już walczyć, ludzi warto tylko zabijać. Oddajmy Ziemię z powrotem we władanie zwierząt. One zasługują na nią nieskończenie bardziej niż my. Dziś nic nie ma już znaczenia[1].

Osoby o takich poglądach widzą samo Istnienie jako niesprawiedliwe i okrutne do cna, a *ludzkie* Istnienie za szczególnie godne pogardy. Sami siebie mianują arbitrami rzeczywistości i orzekają, że jest niedoskonała. Przyznają sobie pozycję najwyższych krytyków. Skrajnie cyniczny młodzieniec pisze dalej:

> Jak pamiętacie z historii, naziści opracowali „ostateczne rozwiązanie kwestii żydowskiej"... Zabić ich wszystkich. No cóż, jeśli nadal nie

[1] Pamiętnik Erica Harrisa: http://melikamp.com/features/eric.shtml.

rozumiecie, moja propozycja brzmi: „ZABIĆ LUDZKOŚĆ". Nikt nie powinien ocaleć.

Dla takich jednostek świat, którego doświadczają, jest niezadowalający i zły – a zatem do diabła z tym wszystkim!

Co dzieje się, gdy ktoś dochodzi do takich konkluzji? Johann Wolfgang von Goethe, wielki niemiecki poeta, porusza tę kwestię we wspaniałej sztuce *Faust*. Jej główny bohater, uczony o nazwisku Heinrich Faust, sprzedaje swoją nieśmiertelną duszę diabłu, Mefistofelesowi. Ten obiecuje spełniać w zamian wszystkie zachcianki Fausta do końca jego życia na Ziemi. Mefistofeles jest w sztuce Goethego odwiecznym przeciwnikiem Istnienia. Oto jego credo:

Ja jestem duchem, który wciąż zaprzecza!
I mam prawo! Bo wszystko, co powstaje,
słusznie się pastwą zatracenia staje;
więc lepiej, żeby nic nie powstawało.
A wszystko to, co wy zbyt śmiało
zowiecie grzechem, złem przeklętem –
moim jest właśnie elementem[2].

Goethe uznał tę nienawistną postawę za tak ważną – tak kluczową dla centralnego pierwiastka mściwej ludzkiej destrukcyjności – że w drugiej części sztuki, napisanej wiele lat później, ustami Mefistofelesa powtórzył ten przekaz w nieco innej formie[3].

Ludziom często zdarza się miewać takie diaboliczne myśli, rzadko natomiast wprowadzają je w życie w sposób tak brutalny jak wspomniani masowi mordercy. Ilekroć doświadczamy niesprawiedliwości, faktycznej czy urojonej; ilekroć dotyka nas tragedia lub padamy ofiarą czyichś knowań; ilekroć odczuwamy grozę i ból naszych własnych, pozornie arbitralnych ograniczeń – pokusa, aby podważyć sens Istnienia i przekląć je, w pełnej krasie wyłania się z ciemności. Dlaczego niewinni ludzie muszą cierpieć? Co to za potworna planeta, na której przyszło nam żyć?

Życie faktycznie bywa okrutne. Każdemu z nas pisane są ból i śmierć. Czasem cierpienie jest w oczywisty sposób rezultatem naszych własnych

[2] Źródło: http://wolnelektury.pl/katalog/lektura/goethe-faust. Tekst opracowany na podstawie: J.W. von Goethe, *Faust*, tom I, tom II, przekł. E. Zegadłowicz, Państwowy Instytut Wydawniczy, Warszawa 1953, s. 33.

[3] Ibidem, s. 324.

działań – rozmyślnej ślepoty, podejmowania nierozsądnych decyzji albo złej woli. W takich sytuacjach, kiedy czujemy, że sami jesteśmy sobie winni, cierpienie może nawet wydawać się uzasadnione. Ludzie mają to, na co zasłużyli, możesz stwierdzić. Marna to pociecha, nawet jeśli prawdziwa. Owszem, w niektórych przypadkach gdyby cierpiący zachowali się inaczej, ich żywot nie potoczyłby się takim torem. Ludzie mają jednak ograniczoną kontrolę nad własnym losem. Podatność na rozpacz, choroby, starzenie i śmierć jest uniwersalna. W ostatecznym rozrachunku to nie my jawimy się jako architekci naszej kruchości. A zatem: czyja to wina?

Ludzie poważnie chorzy (lub gorzej – mający poważnie chore dzieci) niejednokrotnie zadadzą sobie to pytanie, bez względu na to, czy są osobami wierzącymi czy nie. Podobnie osoby, którym rękaw wkręci się między koła zębate olbrzymiej biurokratycznej machiny – przechodzące przez piekło kontroli skarbowej, wlokącego się procesu sądowego czy toczącej się w paskudny sposób sprawy rozwodowej. Co więcej, nie tylko cierpiących gnębi nieodparta chęć oskarżania kogoś lub czegoś o niemożliwe do zniesienia realia Istnienia. Sam Lew Tołstoj, u szczytu swej sławy, wpływu i kreatywności, zaczął powątpiewać w wartość ludzkiej egzystencji:

> Położenie moje było straszne. Wiedziałem, że nic nie znajdę na drodze wiedzy prócz negacji życia, a tam w religii – nic prócz negacji rozumu, co było jeszcze gorsze niż negacja życia. Według wiedzy życie jest złem i ludzie to wiedzą – od ludzi zależy nie żyć, a oni żyli i żyją i ja sam żyłem, chociaż wiedziałem dawno, że życie jest złe i bezsensowne[4].

Nieważne, jak bardzo się starał, Tołstojowi przychodziły na myśl jedynie cztery warianty ucieczki od takich myśli. Pierwszy z nich polegał na wycofaniu się w stan dziecięcej ignorancji. Drugi na pogoni za bezmyślnymi, trywialnymi przyjemnościami. Trzeci polegał na tym, „żeby rozumiejąc zło i bezsens życia, nadal je wieść, wiedząc z góry, że nic z tego wyjść nie może"[5]. Tę drogę ucieczki uznawał za wynik słabości: „Ludzie tego pokroju wiedzą, że śmierć jest lepsza od życia, ale nie mając sił postąpić rozumnie, prędzej skończyć oszustwo i zabić się, czegoś jeszcze jakby oczekują"[6].

---

[4] L. Tołstoj, *Spowiedź*, Warszawa, Wydawnictwo Aletheia, 2011, s. 114.

[5] Ibidem, s. 102.

[6] Ibidem.

Tylko czwarty i ostatni wariant ucieczki zakładał „siłę i energię. Polega on na tym, żeby zrozumiawszy, że życie jest złe i bezsensowne, unicestwić je”[7]. Tołstoj bezwzględnie kontynuował ten tok myślenia:

> Tak postępują wyjątkowi, silni i konsekwentni ludzie. Zrozumiawszy całą głupotę żartu, to, że szczęście zmarłych jest wyższe od szczęścia żywych i że najlepiej jest nie być, robię tak i kończę od razu głupi żart; toć są sposoby: pętla na szyję, woda, nóż, który przebija serce, pociągi na drogach żelaznych[8].

Pesymizm Tołstoja nie osiągnął, jak widać, możliwego ekstremum. Bezsens ponurego żartu, którego jesteśmy obiektem, nie zawsze skłania do odebrania życia jedynie sobie. Czasem motywuje do popełniania morderstw – masowych morderstw, często zwieńczanych samobójstwem. To zdecydowanie silniejszy protest egzystencjalny. Choć trudno w to uwierzyć, w ciągu 1260 dni liczonych wstecz od czerwca roku 2016, w Stanach Zjednoczonych miało miejsce ponad 1000 masowych morderstw[9] (definiowanych jako takie, w których zginęły co najmniej cztery osoby, nie licząc zabójcy). Inaczej rzecz ujmując, to pięć takich incydentów przypadające na każde sześć dni przez ponad trzy lata. W reakcji słyszymy powtarzane jak mantrę słowa: „Nie rozumiem”. Jak możemy nadal udawać, że mamy tu do czynienia z czymś niepojętym? Tołstoj zrozumiał to już ponad sto lat temu. Starożytni autorzy opowieści biblijnej o Kainie i Ablu jeszcze wcześniej – ponad dwa tysiące lat temu. Opisali morderstwo jako pierwszy akt historii po Upadku: i to nie zwykłe morderstwo, lecz morderstwo bratobójcze, dokonane świadomie, na złość Stwórcy wszechświata. Współcześni zabójcy przekazują nam to samo przesłanie, tyle że na swój własny sposób. Kto śmie zaprzeczyć, że to właśnie jest sednem problemu? Niestety wolimy odwracać wzrok, ponieważ prawda jest zbyt bolesna. Nawet umysł tak potężny, jak ten należący do słynnego rosyjskiego pisarza, nie potrafił rozwikłać tej tragicznej zagadki. Jak my, zwykli śmiertelnicy, mielibyśmy sobie z nią poradzić, skoro nawet człowiek pokroju Tołstoja uznał wygraną beznadziei?

---

[7] Ibidem, s. 101.

[8] Ibidem.

[9] „The Guardian” (4 czerwca, 2016), *1000 mass shootings in 1260 days: this is what America's gun crisis looks like*. Pobrano z: https://www.theguardian.com/us-news/ng-interactive/2015/oct/02/mass-shootings-america-gun-violence.

Tołstoj przez lata kazał ukrywać własną broń przed samym sobą i unikał sznurów, w obawie że jeśli będzie miał jakieś na podorędziu, to prędzej czy później targnie się na własne życie.

Jak osoba świadoma może uniknąć nienawiści wobec świata?

Zemsta i transformacja

Osoba religijna może w desperacji pogrozić Bogu pięścią, zarzucić mu niesprawiedliwość i bezczynność. Sam Chrystus – jeśli wierzyć Pismu – kiedy pojął, że jego śmierć na krzyżu jest nieunikniona, poczuł się porzucony. Człowiek bliższy agnostycyzmu czy ateizmu może przeklinać los lub użalać się nad brutalnością przypadku. Ktoś inny może wyniszczyć się od wewnątrz, ponieważ powodów cierpienia i rozkładu będzie się doszukiwał we własnej osobie. To wszystko warianty tej samej rozgrywki. Zmienia się obiekt oskarżeń, natomiast psychologia stojąca za całym procesem pozostaje niezmienna. Dlaczego? Dlaczego musi istnieć tyle cierpienia i okrucieństwa?

No cóż, być może po prostu taka jest wola Boża – lub wynik ślepego, bezsensownego losu, jeśli skłaniasz się ku tej wersji. Czego by nie powiedzieć, wydaje się, że mamy wszelkie powody, aby przyjąć postawę obojętną, nihilistyczną. Jednak co dzieje się, gdy ją przyjmujemy? Masowi mordercy wierzą, że cierpienie obecne w naszym życiu uzasadnia dokonywanie przez nich osądu i zemsty, co bez ogródek wyznał jeden ze sprawców masakry w Columbine:

> Prędzej zginę niż zdradzę moje własne myśli. Zanim odejdę z tego bezwartościowego padołu, zabiję każdego, kogo uznam za nienadającego się do czegokolwiek, w szczególności do życia. Każdy, kto w przeszłości mnie wkurzył, zginie, jeśli tylko go spotkam. Być może zadzieranie z innymi uchodzi wam na sucho, ale nie ze mną te numery. Ja nie wybaczam ludziom, którzy mnie skrzywdzili[10].

Jeden z najokrutniejszych morderców XX wieku, bestialski Carl Panzram, gdy był młodym chłopcem, został zgwałcony, pobity i oszukany w instytucji odpowiedzialnej za jego „rehabilitację". Wyrósł na rozwścieczonego ponad miarę włamywacza, podpalacza, gwałciciela i seryjnego mordercę.

[10] Słowa Erica Harrisa: https://schoolshooters.info/sites/default/files/harris_journal_1.3.pdf.

Jako cel swego życia obrał świadomą i konsekwentną destrukcję – zapisywał nawet wartość dolarową majątku, który spalił. Początkowo nienawidził osób, które go skrzywdziły. Z czasem jego gniew przybierał na sile, aż objął całą ludzkość. Ale na tym nie koniec. Jego niszczycielstwo kierowane było, w pewnym głębokim sensie, w stronę samego Boga. Nie ma tu miejsca na inną interpretację. Panzram gwałcił, mordował i podpalał, aby wyrazić swoją złość wobec Istnienia. Działał tak, jak gdyby uznawał, że ktoś ponosił odpowiedzialność za krzywdy, które go spotkały. Ten sam motyw jest obecny w opowieści o Kainie i Ablu. Ofiary składane przez Kaina są odrzucane, co jest powodem jego nieustannego smutku. Woła więc Boga i krytykuje Istnienie, jakie stworzył. Bóg odrzuca jego zażalenie. Mówi Kainowi, że sam jest przyczyną swoich problemów. Rozzłoszczony Kain zabija Abla, boskiego ulubieńca (i, co łatwo poznać, idola Kaina). Kain bez wątpienia przepełniony był zazdrością wobec brata, który świetnie sobie radził. Zabija go jednak przede wszystkim, aby zrobić na złość Bogu. Oto najbardziej autentyczne świadectwo pragnienia zemsty w jego ekstremalnym wymiarze.

Reakcja Panzrama była (i to jest tutaj najbardziej przerażające) zupełnie zrozumiała. Szczegóły jego autobiografii ujawniają, że zaliczał się do ostatniej z grup wyszczególnionych przez Tołstoja – ludzi silnych umysłowo, spójnych logicznie, konsekwentnych i nieustraszonych. Miał odwagę postępować zgodnie ze swoimi poglądami. No bo niby jak, biorąc pod uwagę, co ten człowiek przeszedł, mielibyśmy oczekiwać, aby wszystkim przebaczył i o wszystkim zapomniał? Ludziom przydarzają się naprawdę straszne rzeczy. Nie ma nic dziwnego w tym, że wypełnia ich gniew i złość. W takich okolicznościach zemsta wydaje się moralną koniecznością. Czym miałaby się różnić od żądania sprawiedliwości? Czyż miłosierdzie, w następstwie okrucieństwa, nie jest zwyczajnie tchórzostwem i brakiem siły woli? Takie pytania nie dają mi spokoju. A jednak są jednostki, które – choć wydaje się to osiągnięciem niemal nadludzkim – potrafią zostawić potworną przeszłość za sobą, aby przyszłość poświęcić czynieniu dobra.

Sam spotkałem w życiu ludzi, którym się to udało. Znam człowieka, wspaniałego artystę, który dorastał w „szkole" podobnej do tej opisanej przez Panzrama – ale trafił do niej jako pięciolatek, prosto ze szpitala, gdzie chorował na odrę, ospę wietrzną i świnkę jednocześnie. Niezdolny przystosować się do patologicznego środowiska szkolnego, z premedytacją odizolowany od rodziny, maltretowany, głodzony i nękany na wiele innych sposobów, wyrósł na przepełnionego nienawiścią, złamanego młodzieńca. Przez kilka lat wyniszczał swój organizm narkotykami, alkoholem i innymi formami autodestrukcyjnych zachowań. Pogardzał wszystkim, co tylko możliwe – wliczając w to Boga, siebie samego i ślepy los. Zdołał jednak przerwać tę tragiczną pętlę. Przestał pić. Przestał nienawidzić (choć nadal miewa wybuchy gniewu). Odrodził kulturę artystyczną swojej rodzimej, indiańskiej tradycji i zaczął uczyć młodych ludzi, aby podążyli jego śladem. Stworzył wysoki na 15 metrów słup totemiczny upamiętniający wydarzenia jego życia oraz kajak, długi na 12 metrów, wyrzeźbiony z jednego kawałka drewna. Aby wyrazić swój żal i pogodzić się z przeszłością, zgromadził całą swoją rodzinę i zorganizował huczny potlacz[11], z setkami uczestników i szesnastogodzinnymi tańcami. Postanowił być dobrym człowiekiem i dokonał rzeczy niemożliwych, aby nim zostać.

Pomagałem kiedyś pacjentce, która nie miała szczęścia do opiekunów. Jej mama zmarła niedługo po jej urodzeniu. Babcia, która zajęła się jej wychowaniem, była rozgoryczoną wiedźmą, przewrażliwioną na punkcie własnego wyglądu. Znęcała się nad wnuczką i karała ją za jej atuty: kreatywność, wrażliwość i inteligencję. Nie potrafiła odeprzeć od siebie pokusy odreagowania na podopiecznej frustracji powodowanej ciężkim (to trzeba przyznać) życiem. Lepsze relacje łączyły moją pacjentkę z ojcem, który niestety nie radził sobie z uzależnieniem od narkotyków i na jej oczach zmarł na skutek przedawkowania. Miała jednak syna i dołożyła wszelkich starań, aby oszczędzić mu tak koszmarnego życiowego startu. Chłopak wyrósł na osobę niezależną, prawdomówną, pracowitą i mądrą. Zamiast pogłębiać ranę w tkance społecznej, która jątrzyła się od lat i promieniowała bólem na wszystkich wokół, ta kobieta zdołała ją wyleczyć. Odrzuciła grzechy swoich przodków. To jest możliwe.

> Cierpienie, czy to psychiczne, fizyczne czy intelektualne, nie musi prowadzić do nihilizmu (to jest radykalnego wyparcia się wartości, znaczenia i atrakcyjności). Cierpienie zawsze można interpretować na wielorakie sposoby.

To słowa Nietzschego[12]. Ujmując to nieco jaśniej: Nietzsche uważał, że ludzie doświadczający zła niewątpliwie mogą odczuwać pragnienie jego utrwalania lub pomnażania. Możliwe jest jednak wykorzystać doświadczane zło, aby nauczyć się dobra. Chłopiec, nad którym znęcają się jego starsi koledzy ze szkoły, może zacząć ich naśladować. Może też jednak

[11] Ceremonia wymiany darów popularna wśród członków północnoamerykańskich Indian [przyp. tłum.].

[12] Cytowane w: W. Kaufmann, *Existentialism from Dostoevsky to Satre*, Nowy Jork, Meridian, 1975, s. 130–131.

zrozumieć, na podstawie własnej udręki, że dokuczanie innym i uprzykrzanie im życia jest czymś złym. Ktoś zaniedbany przez matkę może na podstawie własnych, przykrych doświadczeń dojść do wniosku, że bycie dobrym rodzicem jest niezmiernie ważne. Wielu dorosłych, którzy wykorzystują swoje dzieci, sami byli wykorzystywani przez opiekunów. Ale większość ludzi wykorzystywanych w młodości nie wykorzystuje własnych dzieci. To fakt, którego prawdziwości można dowieść w prosty sposób przy pomocy arytmetyki: gdyby jakiś rodzic wykorzystywał trójkę dzieci, a każde z nich również miało trójkę dzieci, i tak dalej, mielibyśmy troje oprawców w pierwszym pokoleniu, dziewięciu w drugim, dwudziestu siedmiu w trzecim, i tak dalej – przyrost następowałby w postępie geometrycznym. Po dwudziestu pokoleniach liczba ofiar sięgnęłaby dziesięciu miliardów: więcej niż wynosi obecna populacja naszej planety. Problem ten oczywiście nigdy nie osiągnął takiej skali. Ludzie potrafią ograniczać jego występowanie. Można to uznać za testament dominacji dobra nad złem w ludzkich sercach.

Pragnienie zemsty, jakkolwiek motywowane, blokuje nam także drogę do innych produktywnych myśli. Słynny poeta T.S. Eliot porusza tę kwestię w sztuce *The Cocktail Party* [*Spotkanie towarzyskie* – przyp. tłum.]. Jedna z bohaterek jest w kiepskiej kondycji psychicznej. Rozmawia z psychiatrą o tym, że jest pogrążona w głębokiej rozpaczy. Ma nadzieję, tłumaczy mu, że to ona sama jest odpowiedzialna za wszelkie swoje cierpienie. Psychiatra nie kryje zaskoczenia tym wyznaniem. Pyta: dlaczego? Kobieta odpowiada, że długo rozmyślała na ten temat i doszła do następującej konkluzji: jeśli to ona jest winna, nadal może coś w tej sprawie zrobić. Natomiast jeśli to wina Boga – jeśli to rzeczywistość jest popsuta i zdeterminowana, aby utrzymać ją w niedoli – nie ma dla niej nadziei. Zdała sobie sprawę, że nie może zmienić struktury rzeczywistości, ale własne życie – owszem.

Aleksander Sołżenicyn, kiedy w połowie barbarzyńskiego XX wieku trafił do sowieckiego obozu pracy, miał wszelkie powody, aby kwestionować strukturę Istnienia. Wcześniej, jako żołnierz niewyszkolonej i marnie wyposażonej armii sowieckiej, walczył na froncie przeciw nazistowskiej inwazji. To jego właśni kompani aresztowali go, pobili i wtrącili do więzienia. Osiem lat niewyobrażalnej katorgi później, już po uwolnieniu, zdiagnozowano u niego raka żołądka. Po każdym z tych etapów mógł poddać się złości i zgorzknieniu. Dwóch z najgorszych tyranów w historii ludzkości – Hitler i Stalin – uczynili jego życie istną serią koszmarów. Na co dzień walczył o przetrwanie w fatalnych warunkach. Ogromna część jego cennego czasu została mu odebrana i zmarnowana.

Musiał przyglądać się bezcelowemu, poniżającemu cierpieniu oraz śmierci swoich przyjaciół i znajomych. Przetrwawszy to wszystko, przyszło mu stawić czoła śmiertelnie groźnej chorobie. Podsumowując, Sołżenicyn miał powody, aby przekląć Boga. Pod względem wyroków losu niewiele ustępował samemu Hiobowi.

Jednak ten wybitny pisarz, ten natchniony, nieustraszony obrońca prawdy nie pozwolił swojemu umysłowi pogrążyć się w pragnieniu zemsty i destrukcji. Zamiast tego otworzył oczy. Podczas swojej katorgi Sołżenicyn spotkał ludzi, którzy z godnością znosili potworne okrucieństwa. Głęboko zastanawiał się nad ich postawą. Następnie zadał sobie najtrudniejsze z pytań: czy on sam w jakimś stopniu przyczynił się do katastrofalnego biegu swego życia? Jeśli tak, to w jaki sposób? Przypomniał sobie niekwestionowane poparcie, jakiego w młodości udzielał Partii Komunistycznej. Dokładnie przeanalizował całe swoje życie. Czasu na rozmyślanie w łagrach nie brakowało. Gdzie w przeszłości popełnił błędy? Ile razy postąpił wbrew swojemu sumieniu i zaangażował się w działania, o których wiedział, że są niewłaściwe? Ile razy zdradzał i okłamywał samego siebie? Czy istniał jakiś sposób, w jaki mógłby odpokutować grzechy i zapłacić za błędy w błotnistym piekle sowieckich gułagów?

Sołżenicyn szczegółowo przeczesał swoje życie. Zadał sobie drugie ważne pytanie, a potem trzecie. Czy mogę odtąd przestać popełniać takie błędy? Czy mogę jeszcze naprawić krzywdy zaistniałe na skutek moich przeszłych porażek? Nauczył się uważnie słuchać i obserwować. Dostrzegł ludzi godnych najwyższego podziwu: ludzi nade wszystko uczciwych, na przekór wszelkim przeciwnościom. Kawałek po kawałku dokonał własnej dekonstrukcji: wszystkiemu, co niepotrzebne i szkodliwe, pozwolił umrzeć, po czym odrodził się na nowo. Następnie napisał *Archipelag GUŁag*, relację historyczną na temat systemu sowieckich obozów koncentracyjnych[13]. Podniosłe, monumentalne dzieło stworzone pod egidą potężnej siły moralnej i nieskazitelnej prawdy. Setki jego stron aż kipią mieszaniną gniewu i rozpaczy. Książkę, zakazaną z wiadomych powodów w ZSRR, przemycono na Zachód w latach siedemdziesiątych i puszczono w świat. *Opus magnum* Sołżenicyna kompletnie i ostatecznie zburzyło wiarygodność intelektualną komunizmu jako ideologii i ustroju społecznego. W pojedynkę zaatakował siekierą pień drzewa, którego trujące owoce jemu i wielu innym zamąciły w głowie – i którego zasadzenia był kiedyś świadkiem i orędownikiem.

[13] Zobacz: A. Sołżenicyn, *Archipelag GUŁag 1918–1956*, Poznań, Dom Wydawniczy REBIS, 2017.

Decyzja jednego człowieka, aby zmienić swoje życie zamiast przeklinać los – wstrząsnęła na wskroś całym patologicznym systemem komunistycznej tyranii. Niewiele lat później ustrój zawalił się doszczętnie, a odwaga Sołżenicyna odegrała w tym niemałą rolę. Nie był on zresztą jedynym, któremu udało się dokonać cudu na taką skalę. Na myśl przychodzą Václav Havel, prześladowany pisarz, który później został prezydentem ówczesnej Czechosłowacji, a następnie Republiki Czeskiej, oraz Mahatma Gandhi.

Wszystko się wali

Całym ludom zdarzało się kategorycznie odmawiać oskarżania o własną niedolę rzeczywistości, Istnienia czy Boga. Za interesujący przykład mogą tu posłużyć starotestamentowi Hebrajczycy. Ich bolesne losy toczą się według pewnego konsekwentnego wzoru. Dzieje Adama i Ewy, Kaina i Abla, Noego i Wieży Babel są rzeczywiście pradawne. Zagubiły się gdzieś w odmętach czasu. Dopiero po opowieści o potopie z Księgi Rodzaju mamy do czynienia z czymś, co rozumiemy obecnie jako historię. Zaczyna się ona wraz z Abrahamem. Jego potomkowie tworzą lud Hebrajczyków ze Starego Testamentu, inaczej zwanego Tanachem lub Biblią hebrajską. Hebrajczycy zawierają przymierze z Jahwe – z Bogiem – i tak zaczyna się ich historia.

Pod przywództwem wielkiego człowieka Hebrajczycy organizują się w społeczeństwo, a następnie przeradzają w imperium. W miarę, jak rosną ich fortuny, sukces rodzi dumę i arogancję. Zepsucie unosi swój paskudny łeb. Coraz bardziej przepełnione pychą państwo ogarnia żądza władzy. Stopniowo zapomina ono o swoich obowiązkach wobec wdów i sierot, przez co zbacza z kursu obranego przed laty wspólnie z Bogiem. Pojawia się prorok, który bezceremonialnie krytykuje na forum publicznym autorytarnego króla i wiarołomny kraj za niedopełnianie woli Bożej oraz ostrzega przed nadejściem dnia surowej kary. Choć jego mądre słowa nie zostały całkowicie zignorowane, potraktowano je poważnie zbyt późno. Bóg nakłada klątwę na swój krnąbrny lud: niechybna przegrana w wojnie i pokolenia poddaństwa. Hebrajczycy długie lata żyją w niewoli, pogrążeni w żalu za grzechy, a przyczynę swojego nieszczęścia upatrują w nieprzestrzeganiu warunków przymierza z Bogiem. Odmawiają uznania, że ich los był z góry przesądzony, a oni nie mieli na niego wpływu. Z czasem odbudowują państwo i cykl zaczyna się od nowa.

Oto życie w pigułce. Tworzymy struktury, w których żyjemy. Tworzymy rodziny, miasta i państwa. Tworzymy abstrakcyjne reguły, na których opieramy te struktury, i formułujemy systemy przekonań. W początkowej fazie akceptujemy te struktury i przekonania, tak jak Adam i Ewa w Raju. Jednak sukces czyni nas zadufanymi w sobie. Zapominamy o tym, co ważne. Nie doceniamy tego, co mamy, bo uznajemy to za pewnik. Dajemy się zaślepić zuchwałości. Nie dostrzegamy, że zaczynają zachodzić pewne zmiany i że zaczyna szerzyć się korupcja. Ostatecznie wszystko się wali. Czy to wina rzeczywistości – albo Boga? A może jednak wszystko szlag trafia, bo nie dopilnowaliśmy, aby do tego nie doszło?

Czy w 2005 roku, gdy huragan Katrina uderzył w Nowy Orlean i miasto zalała woda, mieliśmy do czynienia z katastrofą naturalną? Holendrzy, na przykład, projektują infrastrukturę przeciwpowodziową tak, aby wytrzymała sztorm silniejszy niż wszystkie, jakie dotąd odnotowano. Gdyby Nowy Orlean wziął z nich przykład – do tragedii by nie doszło. Takiego typu klęski żywiołowe da się przecież przewidzieć. W *The Flood Control Act* [Ustawie przeciwpowodziowej – przyp. tłum.] z roku 1965 eksperci zalecali ulepszenie systemu wałów przeciwpowodziowych od strony jeziora Pontchartrain. Prace miały zostać ukończone do 1978 roku. Czterdzieści lat później wykonano tylko 60 procent projektu. To rozmyślna ślepota i zepsucie zatopiły miasto.

Huragan to akt Boży. Natomiast zaniechanie przygotowań, kiedy ewidentne jest, że są one konieczne – to już grzech. A zapłatą za grzech jest śmierć[14]. Starożytni Żydzi, gdy sprawy przybierały niekorzystny obrót, zawsze winili samych siebie. Uważali, że Boska dobroć – dobroć rzeczywistości – była czymś aksjomatycznym, a więc odpowiedzialność za porażki spoczywała na nich samych. Taką postawę należy uznać za skrajnie, szalenie wręcz odpowiedzialną. Jednak alternatywą jest uznanie świata za potwora, krytykowanie samego Istnienia oraz popadnięcie w odmęty frustracji i żądzy zemsty.

Jeśli cierpisz – no cóż, to normalne. Jako istoty ludzkie jesteśmy ograniczeni, a życie jest tragiczne. Jeśli natomiast twoje cierpienie staje się nie do zniesienia i czujesz, że w twoje myśli wkrada się zepsucie, oto kilka spraw do przemyślenia.

---

[14] List do Rzymian 6:23.

Zaprowadź porządek we własnym życiu

Przeanalizuj zastane okoliczności. Zacznij od małych kroków. Czy w pełni wykorzystałeś szanse, jakie zaoferowało ci życie? Czy ciężko pracujesz nad swoją karierą, choćby w zwykłej pracy, czy może pozwalasz, aby twoje rozgoryczenie i frustracja trzymały cię w miejscu lub ciągnęły w dół? Czy pogodziłeś się z bratem? Czy traktujesz swoją żonę i dzieci z godnością i szacunkiem? Czy masz nawyki, które niszczą twoje zdrowie i samopoczucie? Czy naprawdę bierzesz na siebie odpowiedzialność za to, co robisz? Czy powiedziałeś swoim bliskim i przyjaciołom to, co powinni usłyszeć? Czy są rzeczy, które mógłbyś załatwić i które wiesz, że potrafisz załatwić, a które poprawiłyby wiele wokół ciebie?

Czy zaprowadziłeś porządek we własnym życiu?

Jeśli odpowiedź brzmi: „nie", polecam przyjąć następującą strategię: *Spróbuj przestać robić to, o czym wiesz, że jest złe*. Zacznij od dziś. Nie trać czasu na zastanawianie się, jak być pewnym, co ci służy, a co nie – przecież co do pewnych szkodliwych rzeczy nie masz najmniejszych wątpliwości. Nieodpowiednie pytania mogą powodować zamieszanie i nie prowadzić do niczego konstruktywnego, a jedynie opóźniać podjęcie stosownych działań. Możesz mieć pewność, że coś jest właściwe lub niewłaściwe, nawet jeśli nie wiesz dlaczego. Twoje Istnienie może przekazywać ci wiedzę, której nie potrafisz ani wyjaśnić, ani wyartykułować. Każdy z nas jest zbyt skomplikowany, aby całkowicie zrozumieć samego siebie i w każdym z nas drzemie mądrość, której nie potrafimy pojąć.

A zatem ilekroć dostrzeżesz w głębi siebie czerwoną lampkę, choćby przyćmioną i niewyraźną, a jednak sygnalizującą, byś czegoś nie robił – przestań to robić. Posłuchaj własnego sumienia i zaniechaj działań, które ono uznaje za niewłaściwe. Przestań wypowiadać słowa, które czynią cię słabym i przynoszą ci wstyd. Mów tylko to, co czyni cię silnym. Rób tylko to, o czym możesz mówić z dumą.

Możesz posługiwać się własnymi standardami oceny. Możesz polegać na sobie samym w kwestii wskazówek. Nie musisz stosować się do jakichś zewnętrznych, arbitralnych kodeksów postępowania (nie lekceważ jednak podpowiedzi, jakie daje ci twoja kultura i tradycja. Życie jest krótkie i nie masz czasu, aby do wszystkiego dochodzić sam. Twoi nieżyjący przodkowie słono zapłacili za mądrość, którą zakumulowali, abyś ty nie musiał powtarzać ich błędów).

Nie obwiniaj kapitalizmu, radykalnej lewicy czy niegodziwości twoich wrogów. Nie próbuj reorganizować państwa, zanim nie zbierzesz bogatej kolekcji życiowych doświadczeń. Miej pokorę. Jeśli nie potrafisz sprawić, aby członkowie twojej własnej rodziny byli szczęśliwi i spełnieni, jak śmiesz pchać się do rady miasta? Pozwól, aby twoja dusza była ci drogowskazem. Obserwuj, co wydarzy się wraz z upływem kolejnych dni i tygodni. Zobaczysz, że zaczniesz w pracy mówić to, co naprawdę myślisz. Żonie czy mężowi, dzieciom czy rodzicom również zaczniesz wyjawiać, czego naprawdę chcesz i potrzebujesz. Mając świadomość, że zapomniałeś zająć się czymś, co wymagało uwagi, poczynisz kroki w kierunku naprawy tego przeoczenia. W miarę, jak przestaniesz wypełniać głowę kłamstwami, zapanuje w niej względny porządek. W miarę, jak przestaniesz udawać kogoś, kim nie jesteś, zaczniesz czerpać z życia pełnymi garściami. Wtedy zaczniesz dostrzegać nowe, mniej oczywiste rzeczy, które robisz źle. Zaniechaj także ich. Po kilku miesiącach czy latach szczerego wysiłku w tym zakresie twoje życie stanie się prostsze i mniej skomplikowane. Poprawi się twój osąd. Zrozumiesz wiele ze swojej przeszłości. Zgorzknienie ustąpi miejsca sile i wigorowi. Zaczniesz pewniej kroczyć w przyszłość. Przestaniesz sam sobie utrudniać życie. Jego nieuchronnie tragiczna odsłona nadal będzie ci towarzyszyć, jednak już bez frustracji i rozpaczy, które utrudniają pogodzenie się z nim.

Być może odkryjesz, że twoja dusza, obecnie mniej zepsuta, znacznie wzmocniona w porównaniu do jej wcześniejszej kondycji, zdolna będzie odtąd znosić te pozostałe, konieczne, nieuniknione tragedie. Być może nawet nauczysz się stawiać im czoła na tyle skutecznie, że pozostaną tragediami – jedynie tragediami – zamiast zamieniać się w istne piekło. Być może twój lęk, poczucie beznadziejności, frustracja i złość – jakkolwiek rozszalałego poziomu by nie osiągnęły – ustąpią. Być może twoja niezdeprawowana dusza uzna swoje Istnienie za prawdziwe dobro, powód do celebrowania, nawet w obliczu własnej kruchości. Być może staniesz się coraz potężniejszą siłą działającą na rzecz porządku i wszystkiego, co dobre.

Wtedy stanie się dla ciebie jasne, że gdyby wszyscy ludzie zreformowali swoje życie w ten sposób, świat mógłby przestać być siedliskiem zła. W kolejnym kroku, dzięki dalszym wysiłkom, być może mógłby nawet przestać być siedliskiem tragedii. Kto wie, jaki bieg mogłoby przybrać życie, gdybyśmy wszyscy zaczęli dążyć do tego, co najlepsze. Kto wie, jakie wiekuiste niebo mogłyby zbudować tutaj, na upadłej Ziemi, nasze oczyszczone prawdą dusze celujące w to, co nad nimi.

Zanim zaczniesz krytykować świat – zaprowadź porządek we własnym domu.

Zasada 7

Podążaj za tym, co wartościowe (a nie za tym, co wygodne)

Odejść na własnych warunkach

Życie jest cierpieniem. Co do tego nie ma wątpliwości. Nie istnieje bardziej podstawowa, niezbita prawda. W zasadzie właśnie to Bóg mówi Adamowi i Ewie zaraz po wygnaniu ich z Raju:

> Do niewiasty powiedział: »Obarczę cię niezmiernie wielkim trudem twej brzemienności, w bólu będziesz rodziła dzieci, ku twemu mężowi będziesz kierowała swe pragnienia, on zaś będzie panował nad tobą«.
>
> Do mężczyzny zaś [Bóg] rzekł: »Ponieważ posłuchałeś swej żony i zjadłeś z drzewa, co do którego dałem ci rozkaz w słowach: Nie będziesz z niego jeść – przeklęta niech będzie ziemia z twego powodu: w trudzie będziesz zdobywał od niej pożywienie dla siebie po wszystkie dni twego życia.
>
> Cierń i oset będzie ci ona rodziła, a przecież pokarmem twym są płody roli. W pocie więc oblicza twego będziesz musiał zdobywać pożywienie, póki nie wrócisz do ziemi, z której zostałeś wzięty;
>
> Bo prochem jesteś i w proch się obrócisz«[1].

Co u licha w takim razie począć?

Jakie odpowiedzi wydają się najprostsze i przychodzą nam na myśl jako pierwsze? Szukaj przyjemności. Podążaj za impulsami. Żyj chwilą. Rób to, co wygodne w danym momencie. Kłam, zdradzaj, kradnij, oszukuj, manipuluj – tylko nie daj się złapać. Jakie to ma znaczenie w pozbawionym

[1] Księga Rodzaju 3:16–19.

sensu wszechświecie? Czymś się przejmować? To postawa stara jak świat. Tragiczność życia oraz cierpienie będące jego nieodłączną częścią od dawien dawna wykorzystywano jako pretekst do pogoni za natychmiastowymi, cielesnymi przyjemnościami.

> Nasze życie jest krótkie i smutne!
> Nie masz lekarstwa na śmierć człowieczą,
> nie znamy nikogo, kto by wrócił z Otchłani.
> Urodziliśmy się niespodzianie
> i potem będziemy, jakby nas nigdy nie było.
> Dech w nozdrzach naszych jak dym,
> myśl jak iskierka z uderzeń serca naszego:
> gdy ona zgaśnie, ciało obróci się w popiół,
> a duch się rozpłynie jak niestałe powietrze.
> Imię nasze pójdzie z czasem w niepamięć
> i nikt nie wspomni naszych poczynań.
> Przeminie życie nasze jakby ślad w obłoku
> i rozwieje się jak mgła,
> ścigana promieniami słońca
> i żarem jego przybita.
> Czas nasz jak cień przemija,
> śmierć nasza nie zna odwrotu:
> pieczęć przyłożono i nikt nie powraca.
> Nużę więc! Korzystajmy z tego, co dobre,
> skwapliwie używajmy świata w młodości!
> Upijmy się winem wybornym i wonnościami
> i niech nam nie ujdą wiosenne kwiaty:
> uwijmy sobie wieniec z róż, zanim zwiędną.
> Nikogo z nas braknąć nie może w swawoli,
> wszędzie zostawmy ślady uciechy:
> bo to nasz dział, nasze dziedzictwo!
> Udręczmy sprawiedliwego biedaka,
> nie oszczędźmy wdowy
> ani wiekowej siwizny starca nie uczcijmy.
> Nasza siła będzie nam prawem sprawiedliwości,
> bo to, co słabe, gani się jako nieprzydatne[2].

[2] Księga Mądrości 2:1–11.

Przyjemność, jaką dają doraźne rozkosze, może być ulotna, ale to nadal przyjemność, a gdy alternatywą jest egzystencjalne cierpienie i melancholia – ulotna przyjemność jawi się jako coś znacznie lepszego. Kto pierwszy – ten lepszy, kto zajmie miejsce ostatnie, tego diabeł haratnie, mówi powiedzenie. Dlaczego po prostu nie wykorzystywać do maksimum każdej nadarzającej się okazji? Dlaczego za życiową strategię nie przyjąć tego rodzaju hedonizmu?

A może istnieje lepsza, bardziej doniosła alternatywa?

Nasi przodkowie odnaleźli wyrafinowane odpowiedzi na te pytania, ale do dziś nie rozumiemy ich zbyt dobrze. Chodzi o to, że to w dużej mierze odpowiedzi nie wprost – znajdują wyraz przede wszystkim w mitach i rytuałach, ale nie zostały jeszcze w pełni wyartykułowane. Działamy zgodnie z ich wytycznymi i przedstawiamy je w opowieściach, nadal nie jesteśmy jednak zdolni ubrać ich w słowa z dostateczną precyzją. Pod tym względem pozostajemy szympansami w stadzie czy wilkami w watasze. Wiemy, jak się zachowywać. Wiemy, kto jest kim i dlaczego. Nauczyliśmy się tego z doświadczenia. Naszą wiedzę ukształtowały nasze interakcje z innymi. Wypracowaliśmy przewidywalne procedury i schematy zachowań, ale nie do końca je rozumiemy i nie znamy dokładnie przebiegu ich powstawania. Ich ewolucja trwała niewyobrażalnie długo. Nikt nie ubierał tych odpowiedzi w konkretne słowa (przynajmniej w najdalszych odmętach przeszłości), mimo że wskazówki i sygnały, jak postępować, przekazywaliśmy sobie od zawsze. Jednak pewnego dnia, wcale nie tak dawno, doznaliśmy przebudzenia. Zaczęliśmy nie tylko instynktownie wykonywać codzienne czynności, lecz także *zdawać sobie sprawę*, że je wykonujemy. Zaczęliśmy wykorzystywać nasze ciała jako narzędzia służące do realizowania naszych zamysłów. Zaczęliśmy naśladować innych i obierać pewne stereotypowe role. Wymyśliliśmy rytuały. Zaczęliśmy odgrywać nasze własne doświadczenia. Następnie zaczęliśmy opowiadać sobie historie. Zakodowaliśmy w nich własne przeżycia. Tym sposobem informacje, które pierwotnie zakorzenione były jedynie w naszych zachowaniach, znalazły odzwierciedlenie w mitach. Nie zmienia to jednak faktu, że ani wtedy, ani dziś, nie rozumieliśmy, co to wszystko znaczy.

Biblijny opis Raju i Upadku to jedna z takich opowieści – stworzona przez zbiorową ludzką wyobraźnię i dopracowywana przez stulecia. Zawiera głębokie wyjaśnienie natury Istnienia i wskazuje drogę ku sposobowi konceptualizacji i działania zbieżnego z tą naturą. W Ogrodzie Eden, przed nastaniem samoświadomości – mówi opowieść – istoty ludzkie były bezgrzeszne. Nasi pierwotni rodzice, Adam i Ewa, bez wstydu stawali przed Bogiem. Potem, skuszona przez węża, pierwsza para zjadła zakazany owoc z Drzewa poznania dobra i zła, odkryła Śmierć oraz delikatność ludzkiego ciała i odwróciła się od Stwórcy. Ludzkość została wygnana z Raju i rozpoczęła swą mozolną, śmiertelną egzystencję. Zaraz po tym na scenę wchodzi idea poświęcenia, która pojawia się w Biblii wraz z opowieścią o Kainie i Ablu, a później jest kontynuowana w dziejach Abrahama i w Księdze Wyjścia: po długich przemyśleniach strudzona ludzkość uświadamia sobie, że Boską przychylność można zyskać, a jego gniewu uniknąć dzięki składaniu właściwych ofiar. Co więcej, krwawe mordy mogą być rezultatem frustracji tych, którzy nie potrafią lub nie chcą skutecznie angażować się w tę sferę.

Odroczona gratyfikacja

Przez dokonywanie poświęceń nasi przodkowie zaczęli wdrażać w życie koncept, który można przedstawić następująco: *jeśli poświęci się coś wartościowego teraz, można osiągnąć coś bardziej wartościowego w przyszłości*. Przypomnijmy, że konieczność pracy jest jedną z klątw nałożonych przez Boga na Adama i jego potomków jako kara za Grzech Pierworodny. Moment, w którym Adam zrozumiał fundamentalne ograniczenia swego Istnienia – delikatność ciała, podatność na choroby i nieuchronną śmierć – to inaczej moment odkrycia idei przyszłości. Przyszłość: to tam się udajesz, aby umrzeć (oby jak najpóźniej). Swój koniec możesz oddalić dzięki pracy; przez poświęcenie *chwili obecnej* celem uzyskania dostępu do *chwil późniejszych*. To między innymi z tego powodu koncepcja poświęcenia zaprezentowana jest w Biblii zaraz po tragedii Upadku. Różnica między poświęceniem a pracą jest bowiem niewielka. Ponadto oba te pojęcia znane są tylko człowiekowi. W świecie zwierząt można co prawda doszukać się zachowań przypominających pracę, jednak w rzeczywistości wynikają one wyłącznie z podporządkowania się dyktatowi natury. Owszem, bobry budują tamy, ale czynią to, ponieważ są bobrami, a bobry budują tamy. W trakcie pracy nie myślą sobie: „Cholera, wolałbym być teraz z dziewczyną na jakiejś plaży w Meksyku".

W praktyce poświęcenie dokonywane przez pracę jest równoznaczne z odroczeniem gratyfikacji. To jednak oburzająco prozaiczne ujęcie czegoś o tak fundamentalnym znaczeniu. Odkrycie, że gratyfikację można odroczyć, nastąpiło równocześnie z odkryciem idei czasu i – wraz z nią – przyczynowości (a przynajmniej siły będącej przyczyną celowego ludzkiego działania). Dawno temu, gdzieś w odmętach prehistorii, *zaczęliśmy sobie uświadamiać, że struktura rzeczywistości umożliwia nam coś na kształt pertraktacji.* Nauczyliśmy się, że odpowiednie postępowanie w tej chwili, w teraźniejszości – kontrola nad naszymi impulsami, branie pod uwagę sytuacji innych – może przynieść nagrody w przyszłości, w czasie i miejscu, które jeszcze nie istnieją. Zaczęliśmy hamować i organizować nasze instynkty tak, aby nie kolidowały z potrzebami innych oraz naszymi własnymi – tyle że przyszłymi. Przełom ten dał początek procesowi organizowania się społeczeństw: odkrycie zależności przyczynowej łączącej nasze teraźniejsze wysiłki z jakością życia w przyszłości dało podstawy dla koncepcji umowy społecznej – a ta umożliwia dziś ludziom „magazynowanie" owoców swoich wysiłków bez obaw o ich utratę (głównie w formie obietnic udzielonych przez innych w ramach obopólnych kontraktów).

Rozumienie często przejawia się w działaniu jeszcze przed wykształceniem się zdolności jego wyartykułowania (podobnie jak w przypadku dzieci, z których zachowań można odczytać, że rozumieją role „matki" i „ojca" na długo przed osiągnięciem zdolności opisania tychże ról słowami)[3]. Akt rytualnego poświęcenia dla Boga był wczesnym i wyrafinowanym wprowadzeniem w życie użytecznej idei odroczenia gratyfikacji. Długa konceptualna droga dzieli instynktowne, łapczywe pożywianie się od dostrzeżenia korzyści z odkładania części uwędzonego nad ogniem mięsa na później, dla siebie bądź dla kogoś nieobecnego w trakcie uczty (obie te czynności w zasadzie się od siebie nie różnią, ponieważ, jak już powiedzieliśmy, w tym pierwszym przypadku chodzi o podzielenie się z „przyszłym sobą"). Dużo łatwiejsze jest natychmiastowe pochłonięcie wszystkiego, co wpadło nam w ręce i jest jadalne. Podobnie długa droga wiedzie ku rozumnemu przyjęciu kolejnych stopni odraczania gratyfikacji: krótkoterminowe dzielenie się, gromadzenie zapasów na przyszłość, ujmowanie tych zapasów w formie zapisków oraz, na dalszym etapie, w postaci pieniędzy – i, ostatecznie, trzymanie oszczędności w banku czy innej instytucji społecznej. Niektóre z tych konceptualizacji musiały posłużyć jako formy pośrednie, bez których pełny zakres naszych zwyczajów i idei towarzyszących poświęceniu i pracy mógłby nigdy się nie wykształcić.

Nasi przodkowie odgrywali opowieść i tworzyli fikcję: spersonifikowali siłę rządzącą losem i przedstawili ją jako ducha z którym można negocjować

[3] J. Piaget, *The moral judgement of the child*, Londyn, Kegan Paul, Trench, Trubner and Company, 1932; zobacz też: J. Piaget, *Play, dreams and imitation in childhood*, Nowy Jork, W.W. Norton and Company, 1962.

i handlować, tak jak gdyby był po prostu człowiekiem, jednym z nas. I, co niesamowite, to *zadziałało*. Po części dlatego, że na przyszłość składają się w dużej mierze interakcje z innymi ludźmi – często dokładnie tymi, którzy obserwowali i oceniali najmniejsze szczegóły twoich przeszłych zachowań. Od takiego modelu niedaleko zaś do idei Boga przypatrującego się twojemu postępowaniu z nieba oraz zapisującemu dobre i złe uczynki w olbrzymiej księdze, aby u kresu życia je podsumować i wystawić notę końcową. Oto przydatna symboliczna idea: *przyszłość jest jak krytyczny ojciec*. To dobry start. Tu jednak powstały dwa dodatkowe, archetypiczne, fundamentalne pytania, będące bezpośrednią pochodną odkrycia koncepcji poświęcenia i pracy. Oba dotyczą ostatecznego wniosku płynącego z logiki pracy – czyli *poświęcenia teraźniejszości, aby zyskać w przyszłości.*

Pytanie pierwsze. Co powinno zostać poświęcone? Niewielkie poświęcenia mogą wystarczyć do uporania się z drobnymi, pojedynczymi problemami. Możliwe jednak, że poświęcenia większe i znaczniejsze pomogą rozwiązać szereg poważniejszych i bardziej złożonych problemów jednocześnie. To trudniejsze wyzwanie, ale może przełożyć się na lepsze efekty. Na przykład wdrożenie w życie rygorystycznej dyscypliny niezbędnej dla ukończenia studiów medycznych z pewnością udaremni prowadzenie rozwiązłego stylu życia studenta–imprezowicza. Rezygnacja z niego jest poświęceniem. Jednak kariera w zawodzie lekarza pozwala naprawdę dobrze żyć. Gwarantuje kilkadziesiąt lat względnego spokoju, jeśli chodzi o kwestie finansowe, będące źródłem wielu kłopotów dużego odsetka gospodarstw domowych. Podsumowując: jeśli zależy nam na lepszej przyszłości, poświęcenia są konieczne, a czym te poświęcenia większe, tym korzystniejsze mogą być ich skutki.

Pytanie drugie (a raczej kilka związanych ze sobą pytań). Ustaliliśmy już podstawową regułę: *poświęcenia przekładają się na lepszą przyszłość*. Przeanalizujmy ją teraz dogłębnie, aby w pełni zrozumieć treść, którą niesie. Co implikuje idea, zgodnie z którą poświęcenie przełoży się na lepszą przyszłość, gdy zastosuje się ją w jej ekstremalnym wymiarze? Gdzie znajdują się granice tej podstawowej reguły? Na początek należy zapytać: „Jakie byłoby największe, najskuteczniejsze – najbardziej zadowalające – ze wszystkich możliwych poświęceń?", a następnie: „Jak mogłaby wyglądać przyszłość, gdyby dokonanie takiego najskuteczniejszego poświęcenia było możliwe?".

Jak już wspomniałem, biblijna opowieść o Kainie i Ablu, synach Adama i Ewy, przedstawiona jest jako pierwsza po wygnaniu z Raju. Jako że pierwotni rodzice nie urodzili się w sposób naturalny, lecz zostali stworzeni bezpośrednio przez Boga, to Kaina i Abla można uznać de facto za pierwszych ludzi. Kain i Abel nie żyją w raju – żyją *w rzeczywistości historycznej*. Muszą pracować. Muszą składać ofiary, aby zadowolić Boga, i tak też robią, wykorzystując do tego ołtarz i właściwe rytuały. Sprawy się jednak komplikują. Bóg akceptuje daniny Abla, ale Kaina nie. Abel jest hojnie wynagradzany, Kain nie. Nie jest do końca jasne dlaczego (choć narracja karze się domyślać, że ofiary Kaina są nieszczere). Być może jakość tego, co oferował Kain, pozostawiała wiele do życzenia. Może w duchu skrywał jakieś niecne intencje. A może Bóg był poirytowany z innych, nieznanych powodów. Cała sytuacja, w tym skąpe wyjaśnienia przyczyn zastanych okoliczności, jest jak najbardziej realistyczna. Nie wszystkie poświęcenia są równie wartościowe. Ponadto często można odnieść wrażenie, że poświęcenia, które wydają się wartościowe, nie są wynagradzane lepszą przyszłością – i nie bardzo wiadomo dlaczego. Skąd w takich przypadkach bierze się boskie niezadowolenie? Co musiałoby się zmienić, aby zostało zastąpione ukontentowaniem? To niełatwe pytania – i wszyscy stale je zadajemy, nawet jeśli tego nie zauważamy.

Samo myślenie jest równoznaczne z zadawaniem takich pytań.

Uświadomienie sobie, że odkładanie przyjemności na później może być korzystne, nie było procesem ani prostym, ani naturalnym – musiało dokonać się na przekór naszym pradawnym zwierzęcym instynktom, domagającym się niezwłocznej satysfakcji (szczególnie w warunkach niemożności zaspokojenia podstawowych potrzeb, powszechnych na całym świecie w przeszłości, a i dziś niestety aktualnych w wielu jego miejscach). Poza tym, co jeszcze bardziej komplikuje sprawę, takie odraczanie gratyfikacji staje się korzystne dopiero w momencie, gdy cywilizacja osiąga stopień stabilności pozwalający oczekiwać, że przyszła nagroda faktycznie trafi w nasze ręce. Jeśli wszystko, co uda ci się zaoszczędzić, zostanie zniszczone lub, co gorsza, skradzione, oszczędzanie nie ma sensu. Z tego właśnie powodu, o ile tylko zdarzy się okazja, wilk gotów jest pożreć dziesięć kilogramów surowego mięsa na raz. Nie ma wyrzutów sumienia w rodzaju: „Cholera, nie powinienem się tak objadać. Mogłem zostawić trochę na przyszły tydzień". Jak doszło zatem do tego, że – mimo tak niskiego prawdopodobieństwa – oba warunki konieczne (wykształcenie się zdolności odraczania gratyfikacji i ustabilizowanie się społeczeństwa) zostały spełnione jednocześnie?

Oto progresja rozwojowa od zwierzęcia do człowieka. Uproszczona, rzecz jasna, ale na potrzeby naszego wywodu wystarczająco poprawna. Wszystko zaczęło się od nadwyżki jedzenia. Zapewniały ją na przykład ciała dużych roślinożerców, takich jak mamuty (jedliśmy mnóstwo mamutów, być może wyjedliśmy doszczętnie cały gatunek). Po udanym polowaniu, jeśli zdobycz była dostatecznych rozmiarów, sporo mięsa zostawało na później. Początkowo te nadwyżki żywności mogły być przypadkowym skutkiem ubocznym łowów – jednak z czasem użyteczność „na później" zaczęła być doceniana. Równocześnie zrodziła się prymitywna forma koncepcji poświęcenia: „Jeśli część sobie zostawię, choć z chęcią zjadłbym wszystko teraz, później nie będę musiał chodzić głodny". Z czasem pogląd ten wskoczył na kolejny poziom („Jeśli część zostawię na później, nie tylko ja nie będę musiał chodzić głodny, lecz także osoby, na których mi zależy") i na jeszcze następny („Nie jestem w stanie zjeść całego mamuta, ale nie mogę też przechowywać jego mięsa zbyt długo, bo się zepsuje. Może powinienem podzielić się nim z innymi? Może zapamiętają ten gest i odwdzięczą się, gdy w przyszłości im uda się coś upolować, a mnie nie. W takim układzie najem się teraz, *a także* zapewnię sobie pożywienie na później – i całkiem nieźle na tym wyjdę. Co więcej, może ci, z którymi się podzielę, zaczną darzyć mnie zaufaniem. Być może będziemy mogli odtąd już zawsze wspierać się w taki sposób"). Tą drogą „mamut" staje się „mamutem w przyszłości", a „mamut w przyszłości" staje się „osobistą reputacją". Oto jak wykształciła się umowa społeczna.

Dzielenie się nie oznacza oddania czegoś wartościowego i nieuzyskania niczego w zamian. Dokładnie takiego obrotu spraw boją się dzieci, które nie chcą się dzielić. Dzielenie się, właściwie rozumiane, oznacza inicjowanie procesu wymiany. Dziecko, które nie potrafi się dzielić – wymieniać się – nie będzie miało przyjaciół, bo już sama przyjaźń jest formą wymiany. Benjamin Franklin zasugerował kiedyś, że nowy mieszkaniec danej okolicy powinien czym prędzej poprosić sąsiada o przysługę. Amerykanin powołał się przy tym na starą maksymę: „Ten, kto raz ci wyrządził przysługę, będzie bardziej skory oddać ci nową, niż ktoś, komuś ty usłużył"[4]. Zdaniem Franklina poproszenie kogoś o coś (nie nazbyt wymagającego, rzecz jasna) to najskuteczniejsze i najszybsze zaproszenie do społecznej interakcji. Taka prośba ze strony nowo przybyłego daje sąsiadowi szansę ukazania się jako dobry człowiek już przy pierwszej styczności. Oznacza także, że – z racji powstałego długu wdzięczności – ten drugi może odtąd poprosić pierwszego o odwzajemnienie przysługi, co zwiększa ich wzajemną zażyłość i zaufanie. W ten sposób obie strony mogą przezwyciężyć naturalną nieśmiałość i obawę przed obcymi.

[4] B. Franklin, *Żywot własny*, Warszawa, Państwowy Instytut Wydawniczy, 1960, s. 131.

Lepiej jest mieć coś niż nic. Jeszcze lepiej jest dzielić się hojnie tym, co masz. Najlepiej jednak zyskać sobie renomę człowieka, który hojnie się dzieli. To coś trwałego. To coś, na czym można polegać. Dopiero na tym poziomie abstrakcji możemy zrozumieć, jak powstały fundamenty pod koncepcje *uczciwości*, *hojności* czy *wiarygodności*. Albo – ujmując to inaczej – fundamenty pod jasno określoną moralność. Produktywny, prawdomówny i skłonny do dzielenia się członek społeczności to prototyp dobrego obywatela i dobrego człowieka. Iście fascynujące jest, jak prosty wniosek: „resztki mogą się przydać" – zapoczątkował proces wykształcania się najwyższych zasad moralnych.

Wydaje się, że wraz z rozwojem ludzkości przebiegał następujący tok ewolucyjny. Najpierw miały miejsce długie dziesiątki czy setki tysięcy lat przed wykształceniem się historii pisanej. W okresie tym powoli i boleśnie ewoluowały bliźniacze zwyczaje odraczania gratyfikacji i wymiany. Następnie zaczęto je przedstawiać w formach metaforycznych i abstrakcyjnych, takich jak rytuały czy opowieści o poświęceniu, ubrane w narrację w rodzaju: „Najwyraźniej w Niebie urzęduje pewien potężny Byt, który wszystko widzi i wszystko ocenia. Oddanie czegoś, co cenisz, wydaje się Go uszczęśliwiać – a powinno ci zależeć na Jego uszczęśliwianiu, bo w przeciwnym razie rozpętuje się Piekło. Tak więc praktykuj poświęcenia i dzielenie się, aż zostaniesz w tym ekspertem, a w życiu będzie ci się układało"[5]. Nikt niczego takiego nie mówił, a przynajmniej nie ujmował tego w słowa tak otwarcie i bezpośrednio. Niemniej jednak takie założenie kryło się w standardach zachowań i potem w opowieściach.

Najpierw było *działanie* (bo być musiało, jako że zwierzęta, z których wyewoluowaliśmy, mogły jedynie działać, nie mogły myśleć). Najpierw była *wartość rozumiejąca się sama przez się, nie do końca rozpoznana* (wprowadzana w życie w formie działań, które poprzedzały wartości ubrane w myśli i słowa). Ludzie przez dziesiątki tysięcy lat przyglądali się jak ci, którzy radzą sobie dobrze, odnoszą sukcesy, a ci, którzy radzą sobie kiepsko, ponoszą porażki. Po przemyśleniach doszli do następującego wniosku: *Ci spośród nas, którzy radzą sobie najlepiej, odraczają gratyfikację. Ci spośród nas, którzy radzą sobie najlepiej, negocjują z przyszłością*. Rodzi się podniosła idea, przyjmująca coraz to wyraźniejszą formę i coraz wierniej ujmowana w popularnych opowieściach: co odróżnia tych, którzy sobie radzą, od tych, którzy sobie nie radzą? Ci pierwsi *dokonują poświęceń*.

[5] I zauważ, że to wszystko prawda bez względu na to czy „Niebo" *rzeczywiście* zamieszkuje taki potężny Byt czy nie ☺.

Wyrobienie takiego nawyku w pozytywny sposób wpływa na przyszłą sytuację życiową. Nasze pytanie robi się coraz bardziej precyzyjne i szersze zarazem: jakie jest największe z możliwych poświęceń? Dla największego możliwego dobra? Odpowiedzi nabierają fundamentalnego znaczenia.

Bóg w tradycji Zachodu, jak wielu innych bogów, wymaga od wiernych ofiar. Zastanawialiśmy się już, skąd u niego to umiłowanie. Czasem jednak idzie jeszcze dalej. Wymaga nie tyle poświęcenia per se, lecz poświęcenia dokładnie tego, co najmocniej kochamy. Najbardziej szokującym przykładem (tak dobitnym, że niemal niepojętym) jest opowieść o Abrahamie i Izaaku. Abraham, Boży ulubieniec, od dawna pragnął mieć syna. Ostatecznie, po wielu latach modłów i czekania, Bóg obiecuje mu potomka, mimo warunków niemal uniemożliwiających, wydawałoby się, spełnienie tej obietnicy – starczego wieku i od dawna niepłodnej żony. Ku własnemu zdumieniu Abraham doczekuje się syna, któremu nadaje imię Izaak. Jednak niedługo po tym, gdy ten jest jeszcze dzieckiem, Bóg zmienia zdanie i w niezrozumiałym, barbarzyńskim na pierwszy rzut oka posunięciu żąda od Swego wiernego sługi, aby złożył syna w ofierze. Całe zajście kończy się szczęśliwie: Bóg w ostatniej chwili wysyła Anioła, aby powstrzymał posłuszną rękę Abrahama, a zamiast Izaaka akceptuje ofiarę z baranka. Całe szczęście, ale nie wyjaśnia to nurtującej nas kwestii: dlaczego Bóg posuwa się tak daleko? Dlaczego On – dlaczego życie – stawia nam takie wymagania?

Nasze rozważania zaczniemy od truizmu – oczywistego, lecz bagatelizowanego: *czasem życie nie biegnie tak, jakbyśmy chcieli*. Przyczyną może być tutaj okrutna natura świata, z jego plagami, klęskami głodu, tyraniami i zdradami. Sęk w tym, że *czasem, gdy życie nie biegnie tak, jakbyśmy chcieli, to nie świat jest temu winien. Prawdziwą przyczyną jest to, co aktualnie najbardziej cenimy, subiektywnie i osobiście*. Dlaczego? Ponieważ w umiarkowanym, lecz znaczącym stopniu świat ujawnia się przed nami przez pryzmat naszych wartości (więcej o tym przy okazji Zasady 10). Jeśli świat, który mamy przed oczami, nie jest światem, jaki chcielibyśmy widzieć, to sygnał, aby przyjrzeć się naszym wartościom. To sygnał, aby pozbyć się naszych obecnych założeń. To sygnał, aby pewnych rzeczy zaniechać, pewnym myślom pozwolić odejść. Być może to nawet sygnał, aby poświęcić to, co najmocniej kochamy, aby stać się tym, kim możemy się stać, a nie być jedynie tym, kim jesteśmy.

Ten zestaw idei dobrze ilustruje pewna stara, być może apokryficzna historyjka o tym, jak schwytać małpę. Najpierw należy znaleźć duży słoik z wąskim otworem – o średnicy, która ledwie pomieści małpią rękę.

Następnie trzeba częściowo wypełnić słój kamieniami, żeby małpa nie była w stanie go unieść. Później wokół słoika rozrzucamy kilka atrakcyjnych dla małp łakoci – celem zwrócenia uwagi jednej z nich – a resztę smakołyków umieszczamy w słoju. Gdy małpa się zjawi, najpewniej wsunie rękę przez wąski otwór i zaczerpnie garść łakoci. Nie będzie jednak zdolna wyciągnąć ze słoika tej odtąd szerszej – bo pełnej pyszności – garści. Nie bez jej uprzedniego rozluźnienia i wypuszczenia zdobyczy. Nie bez rezygnacji z tego, co jest już prawie jej. I, choć trudno w to uwierzyć, jedyne, co musi wtedy zrobić łowca małp, to podejść, złapać ją i wsadzić do klatki. Zwierzę nie poświęci części, aby uratować całość.

Poświęcenie czegoś cennego zapewnia pomyślność w przyszłości. Poświęcenie czegoś cennego uszczęśliwia Pana. A co jest najcenniejsze i najlepiej nadaje się na ofiarę? – albo przynajmniej coś takiego *symbolizuje*? Wyborny kawałek mięsa. Najlepsze zwierzę w stadzie. Najbardziej wartościowy przedmiot. Co może stać jeszcze wyżej w hierarchii wartości? Coś mocno osobistego, coś trudnego do oddania. Być może tak należy odczytywać nacisk Boga na obrzezanie jako element procedury ofiarnej Abrahama, gdzie część oferowana jest, symbolicznie, celem odkupienia całości. Co jest ponad tym? Co silniej niż z częścią związane jest z całą osobą? Co stanowi poświęcenie najwyższe – otwierające drogę do najwyższej nagrody?

To trudny wybór między dzieckiem a samym sobą. Poświęcenie dokonane przez matkę, oferującą swoje dziecko światu, we wzruszający sposób uchwycił Michał Anioł w swojej wspaniałej rzeźbie *Pietá watykańska*, której ilustracja została zamieszczona na początku tego rozdziału. Artysta przedstawił Maryję trzymającą w ramionach swojego Syna, ukrzyżowanego i zniszczonego. To *jej wina*. To przez nią zstąpił na świat, aby wziąć udział w tragicznym dramacie Istnienia. *Czy urodzenie dziecka na tym okrutnym świecie jest słuszną decyzją?* Każda kobieta zadaje sobie to pytanie. Niektóre uznają, że nie, i mają ku temu swoje powody. Maryja odpowiada: „tak", dobrowolnie, w pełni świadoma tego, co nadchodzi – jak wszystkie matki, które podchodzą do rzeczywistości realistycznie. Akt ten, gdy czyniony z własnej woli, dowodzi iście bohaterskiej odwagi.

Z kolei Jezus, syn Maryi, oferuje Siebie Bogu i światu, godzi się na zdradę, tortury i śmierć – niewyobrażalne męczarnie, u których szczytu, przybity do krzyża, umierający, wykrzykuje w rozpaczy: *Boże mój, Boże mój, czemuś Mnie opuścił?*[6]. To archetypowa opowieść o człowieku, który poświęca wszystko, co ma, dla czegoś lepszego – który oferuje swoje życie

[6] Ewangelia wg św. Mateusza 27:46.

dla rozwoju Istnienia – który pozwala Boskiej woli ujawnić się w pełni w ramach pojedynczej, śmiertelnej jednostki. To model czcigodnego człowieka. W przypadku Chrystusa jednak – wraz z Jego poświęceniem samego Siebie – Bóg, Jego Ojciec, poświęca tym samym *Swego* Syna. To z tego powodu chrześcijańska opowieść o jednoczesnym poświęceniu Syna i Siebie jest archetypowa. To opowieść o ekstremum – granicy nieprzekraczalnej nawet w wyobraźni. To wręcz podręcznikowy przykład „archetypu", rdzeń tego, co rozumiemy przez słowo „religijny".

Ból i cierpienie definiują świat. Co do tego nie ma wątpliwości. Poświęcenia pozwalają ten ból i cierpienie mniej lub bardziej skutecznie odpierać – a większe poświęcenia sprawdzają się w tym lepiej niż mniejsze. Co do tego również nie ma wątpliwości. Każdy z nas przechowuje tę wiedzę w swojej duszy. Wobec tego osoba, która pragnie złagodzić cierpienie; która pragnie skorygować wady Istnienia; która pragnie zapewnić najlepszą z możliwych przyszłości; która pragnie stworzyć Niebo na Ziemi – skłonna będzie dokonać największych poświęceń – siebie i swojego potomstwa, wszystkiego, co kocha – celem życia skierowanego ku Bogu. Taka osoba porzuci komfort. Taka osoba będzie podążać ścieżką najwyższej istotności. W ten sposób sprowadzi zbawienie do tego pogrążonego w depresji świata.

Czy jednak coś takiego jest w ogóle możliwe? Czy to nie nazbyt duże oczekiwania wobec jednostki? Czy nie prosimy o zbyt wiele? Nie było to zbyt wiele dla Chrystusa – ktoś powie. Warto jednak mieć na uwadze, że Chrystus był Synem Boga – to pewne odstępstwo od normy. Ale mamy również inne przykłady, nie tak mitologiczne i archetypowe. Weźmy przypadek Sokratesa, starożytnego greckiego filozofa. Po dekadach poświęconych poszukiwaniu prawdy i nauczaniu swoich rodaków Sokratesa czekał proces, jaki wytoczono mu za rzekome zbrodnie przeciwko Atenom, miastu-państwu, w którym spędził całe swoje życie. Jego oskarżyciele, prawdopodobnie umyślnie, pozostawili mu wiele możliwości ucieczki i uniknięcia problemów[7]. Jednak wielki mędrzec, po namyśle, wykluczył taki bieg wydarzeń. Jego przyjaciel Hermogenes, widząc, że w okresie tym Sokrates „rozprawia o wszystkim innym, tylko nie o procesie sądowym"[8], zapytał, skąd ta obojętność. Sokrates najpierw odpowiedział, że przez całe swoje życie przygotowywał się do tego rodzaju obrony[9], a po tym

[7] Ksenofont, *Obrona Sokratesa* w zbiorze *Pisma Sokratyczne*, Warszawa, Państwowe Wydawnictwo Naukowe, 1967, s. 10.

[8] Ibidem, s. 3.

[9] Ibidem.

dodał coś jeszcze bardziej istotnego i tajemniczego zarazem: gdy próbował ze szczegółami rozważyć możliwe strategie, zarówno uczciwe, jak i nieuczciwe, które zaowocowałyby uniewinnieniem – czy choćby jedynie zastanawiał się, jak argumentować w trakcie przesłuchań[10] – przerywał mu jego wewnętrzny duch (*daimonion*), przemawiający do niego głosem Bożym. Sokrates wspomina nawet o tym głosie w trakcie procesu[11]. Stwierdza, że jedną z cech, która odróżnia go od innych ludzi[12], jest posłuszeństwo wobec ostrzeżeń tego głosu – *rezygnacja z wszelkich działań*, które uznaje on za niewłaściwe. Między innymi z tego powodu, jak twierdziła słynna Wyrocznia Delficka, uważana za wiarygodną w takich ocenach, sami bogowie widzieli w Sokratesie najmądrzejszego pośród ludzi[13].

Ponieważ ten wewnętrzny głos, na którym zawsze jak dotąd mógł polegać, sprzeciwiał się pomysłowi ucieczki (czy nawet próbie przekonania sędziów o niewinności), Sokrates radykalnie zmienił swoje nastawienie do całego procesu. Przestał widzieć w nim przekleństwo, a dostrzegł błogosławieństwo. Oznajmił Hermogenesowi, do jakich doszedł konkluzji: że być może wewnętrzny głos, którego zawsze słuchał, wskazuje mu drogę pożegnania się z życiem w sposób „najłatwiejszy i najmniej kłopotu sprawiający przyjaciołom"[14] z „ciałem zdrowym i duszą zdolną do pogodnego nastroju"[15], bez „mąk choroby i starości będących sumą wszelkiego cierpienia i stanem pozbawionym radości"[16]. Decyzja Sokratesa o zaakceptowaniu swojego losu umożliwiła mu wyzbycie się paraliżującego strachu w obliczu samej śmierci, zarówno przed, jak i podczas procesu, po ogłoszeniu wyroku[17], a nawet później, w trakcie egzekucji[18]. Zdał sobie sprawę, że jego życie było pełne i bogate i może usatysfakcjonowany odejść z podniesionym czołem. Otrzymał szansę uporządkowania wszystkich swoich spraw przed śmiercią. Zrozumiał, że może w ten sposób uniknąć odpychającej starczej degeneracji. Pojął, że tok wydarzeń, w które został uwikłany, był darem od bogów. W efekcie nie musiał bronić się przed oskarżycielami – a przynajmniej stawać przed nimi z zamiarem dowiedzenia swojej niewinności

[10] Ibidem, s. 4.
[11] Ibidem, s. 6.
[12] Ibidem.
[13] Ibidem.
[14] Ibidem, s. 4–5.
[15] Ibidem, s. 5.
[16] Ibidem.
[17] Ibidem.
[18] Ibidem, s.13.

i uniknięcia śmieci. Zamiast tego odwrócił całą sytuację na niekorzyść swoich adwersarzy. Obnażył ich obłudę tak dobitnie, że po zapoznaniu się z relacją z procesu czytelnik przestaje się dziwić, dlaczego rada miasta chciała się pozbyć tego człowieka. A później bez wahania, po męsku, zażył truciznę.

Sokrates odrzucił najłatwiejszy wybór i towarzyszącą mu konieczność manipulacji, a skupił się na wyższych celach. Postanowił nie zbaczać, choćby i w tak dramatycznych okolicznościach, z drogi ku temu, co istotne i prawdziwe. Dwa i pół tysiąca lat później nadal pamiętamy jego decyzję i czerpiemy z niej przykład. Czego możemy się nauczyć z historii Sokratesa? Jeśli przestaniesz szerzyć fałsz i zaczniesz żyć w zgodzie z podpowiedziami swojego sumienia, zdołasz zachować godność nawet w obliczu spraw ostatecznych; jeśli będziesz postępować szczerze i dzielnie, na wzór najwyższych ideałów, zostaniesz obdarowany siłą i spokojem ducha o trwałości większej, niż może ci dać krótkowzroczne skupianie się na własnym bezpieczeństwie; jeśli zaczniesz prowadzić życie właściwe, autentyczne, możesz odkryć sens tak głęboki, że pozwalający przezwyciężyć wszelki strach – nawet przed śmiercią.

Czy to w ogóle może być prawdą?

Śmierć, znój i zło

Tragiczne realia świadomego Istnienia niosą ze sobą cierpienie, nieuniknione cierpienie. To z kolei rodzi pragnienie samolubnej, natychmiastowej gratyfikacji – pragnienie pogoni za doraźnymi uciechami. Z drugiej strony poświęcenie – i praca – zdecydowanie lepiej niż krótkoterminowe, impulsywne dogadzanie sobie, pomagają utrzymywać na dystans cierpienie bezustannie próbujące wedrzeć się w nasze życie. Co jednak ważne, sama tragiczność Istnienia (mająca źródło w kombinacji arbitralnej surowości natury i społeczeństwa oraz kruchości i słabości pojedynczego człowieka) nie jest jedynym – ani być może nawet głównym – źródłem cierpienia. Ogromny udział ma tutaj świadome, ludzkie zło. Niewątpliwie świat nas nie rozpieszcza, ale bestialstwo ludzi wobec siebie nawzajem to coś jeszcze gorszego. Czyni to kwestię poświęcenia złożoną i dodatkowo pogarsza sprawy: praca – oraz gotowość do dzielenia się – powinny być odpowiedzią nie tylko wobec powszechnego niedostatku i śmiertelnych ograniczeń, lecz także wobec problemu zła.

Wróćmy raz jeszcze do opowieści o Adamie i Ewie. Po Upadku i przebudzeniu naszych archetypowych rodziców życie ich potomnych (czyli nas) staje się bardzo ciężkie. Każdemu z mieszkańców historycznego świata po wygnaniu z Raju los przygotowuje okrutną przeprawę przez życie. Nie bez powodu Goethe pisał o „wiecznym tworzeniu i uganianiu"[19]. My, ludzie, musimy pracować. Musimy pracować, ponieważ doznaliśmy przebudzenia – poznaliśmy prawdę na temat naszej kruchości oraz podatności na choroby i śmierć, i chcemy te przygnębiające aspekty człowieczeństwa odsuwać w czasie najdalej jak się da. Gdy nauczyliśmy się spoglądać w przyszłość, stanęliśmy przed wyborem: przygotować się na jej nadejście lub żyć w stanie ciągłego wyparcia i strachu. Z tej przyczyny poświęcamy doraźne przyjemności na rzecz lepszej przyszłości. Jednak uświadomienie sobie własnej śmiertelności i konieczności pracy to nie jedyne smutne realia, jakie odsłoniło przed Adamem i Ewą zjedzenie zakazanego Owocu. Otrzymali również wiedzę o tym, co Dobre i co Złe.

Całe dekady zabrało mi zrozumienie (bodaj częściowe) morału tej historii. Oto on: wraz z uświadomieniem sobie własnej kruchości zaczynamy rozumieć naturę kruchości człowieka w ogóle. Zaczynamy rozumieć, jak to jest być przestraszonym, sfrustrowanym, rozdrażnionym i zgorzkniałym. Zaczynamy rozumieć, czym jest ból. A gdy już sami naprawdę zrozumiemy te emocje oraz zasady rządzące ich powstawaniem, *rozumiemy też, jak wywoływać je u innych*. To w ten sposób w świadomych istotach, jakimi jesteśmy, pojawia się gotowość do umyślnego dręczenia innych (a także, rzecz jasna, nas samych – tutaj jednak skupiamy się na innych). Ponure oblicze konsekwencji tej nowej wiedzy obserwujemy wraz z pojawieniem się na kartach Biblii Kaina i Abla, synów Adama i Ewy.

Gdy rozpoczyna się ich historia, ludzkość nauczyła się już składać Bogu ofiary. Na kamiennych ołtarzach, budowanych specjalnie w tym celu, odprawiany był następujący rytuał: poświęcenie czegoś wartościowego, dorodnego zwierzęcia lub jego części, oraz jego przemiana przez ogień w dym, unoszący się w górę, do Nieba. Ten obrzęd stanowi symboliczne przedstawienie idei odroczenia gratyfikacji celem otwarcia drogi ku lepszej przyszłości. Bóg akceptuje ofiary Abla i obdarza go pomyślnością. Ofiary Kaina natomiast odrzuca. W tym drugim kiełkuje zazdrość i rozgoryczenie – i trudno się temu dziwić. Jeśli odrzucony zostałby ktoś, kto odmówiłby składania ofiar, byłoby to przynajmniej uzasadnione. Taka osoba nadal mogłaby mieć do Boga żal, jednak w głębi

[19] Źródło: http://wolnelektury.pl/katalog/lektura/goethe–faust. Tekst opracowany na podstawie: J.W. von Goethe, *Faust*, op. cit., s. 324.

serca czułaby, że powinna mieć pretensje do samej siebie. Wiedza ta nakładałaby limit na jej gniew. Z przypadkiem znacznie gorszym mamy do czynienia, gdy ktoś faktycznie poświęca doraźne uciechy; gdy ktoś jest skory do pracy, a mimo to mu się nie układa; gdy jest odrzucony ktoś, kto dokłada starań, aby odrzuconym nie zostać. Taki człowiek traci *zarówno teraźniejszość, jak i przyszłość*. Okazuje się, że jego praca – jego poświęcenie – poszło na marne. W takich warunkach świat pogrąża się w mroku, a w duszy rodzi się bunt.

Kain jest rozwścieczony. Staje twarzą w twarz z Bogiem, obwinia Go i przeklina świat, który stworzył. Nie wychodzi mu to na dobre. Bóg odpowiada, w surowym tonie, że cała wina leży po stronie Kaina – i, co gorsza, że Kain świadomie i z własnej woli igrał z grzechem[20], a teraz ponosi tego konsekwencje. To zupełnie nie to, co Kain chciał usłyszeć. Bóg ani myśli przepraszać. Wręcz przeciwnie: do niedoli dołożył jeszcze obrazę. Dogłębnie rozgoryczony taką odpowiedzią Kain snuje plan zemsty. Ma zamiar bezczelnie pogwałcić Boskie nakazy. Nie można mu odmówić odwagi. Doskonale wie, jak zadać ból. Jest przecież świadomy – a cierpienia i wstyd ostatniego czasu jeszcze tę świadomość wzmocniły. Z zimną krwią zabija więc Abla. Zabija swego brata, swój ideał (Abel uosabia bowiem wszystko to, czym Kain chciał być). Popełnia najokrutniejszą z możliwych zbrodni, na złość sobie, całej ludzkości i samemu Bogu jednocześnie. Zależy mu jedynie na krzywdzie i zemście. Jego czyn jest zgłoszeniem fundamentalnego protestu względem życia – sprzeciwem wobec nieznośnych kaprysów Istnienia. Dzieci Kaina – dziedzice jego ciała i decyzji – są jeszcze gorsze. W swojej egzystencjalnej furii Kain zabija raz. Lamek, potomek bratobójcy, idzie o krok dalej. „Gotów jestem zabić człowieka dorosłego, jeśli on mnie zrani, i dziecko – jeśli mi zrobi siniec! Jeżeli Kain miał być pomszczony siedmiokrotnie, to Lamek siedemdziesiąt siedem razy!"[21], ogłasza. Tubul–Kain – którego według tradycji od niechlubnego przodka dzieli siedem pokoleń – jest pierwszym w historii ludzkości wytwórcą oręża, „sporządzającym wszelkie narzędzia z brązu i żelaza"[22]. Co wymowne, następna w kolejności w Księdze Rodzaju jest opowieść o potopie. To zestawienie w żadnym razie nie jest przypadkowe.

---

[20] Pod adresem http://biblehub.com/commentaries znaleźć można pouczające komentarze na temat każdego z biblijnych wersetów. Szczególnie polecam poczytać o tym wersecie: http://biblehub/commentaries/genesis/4–7.htm.

[21] Księga Rodzaju 4:23–24.

[22] Księga Rodzaju 4:22.

Wraz z pojawieniem się u ludzi świadomości – do świata wkracza zło. Już sam codzienny znój, na który Bóg skazuje Adama, czyni los ciężkim. Brzemię nałożone na Ewę – męki i zagrożenie życia towarzyszące ciąży i porodowi oraz wynikająca z roli matki konieczność polegania na mężu – stanowi nie mniej srogą karę. Razem podkreślają one wrodzone, często niemożliwe do zniesienia tragedie niedostatku, nędzy oraz podatności na problemy zdrowotne i śmierć, które zarazem definiują i komplikują żywot ludzki. Już samo zdanie sobie z nich sprawy może wystarczyć, aby nawet skądinąd dzielna osoba obróciła się przeciwko życiu. Z mojego doświadczenia wynika jednak, że ludzie mają w sobie na tyle siły, aby tolerować nieuchronnie związane z Istnieniem tragedie i nie dawać za wygraną – nie załamywać się ani, co gorsza, nie schodzić na drogę zła. Wielokrotnie widziałem tego dowody, zarówno w życiu prywatnym, w pracy jako profesor na uniwersytecie, jak też w roli praktykującego lekarza. Trzęsienia ziemi, powodzie, ubóstwo, śmiertelne choroby – jesteśmy dość twardzi, aby radzić sobie z tym wszystkim. Czym innym natomiast jest czyste ludzkie zło – ono nadaje obecnemu na świecie cierpieniu nowy wymiar. To dlatego narodziny świadomości, a dalej – zrozumienie własnej śmiertelności oraz różnicy między dobrem i złem przedstawione są w pierwszych rozdziałach Księgi Rodzaju jako kataklizm o niebagatelnym znaczeniu.

Celowa ludzka niegodziwość może złamać nawet silną psychikę, która nie poddała się pospolitym tragediom, niemotywowanym ludzkimi przywarami. Pamiętam odkrycie dokonane wspólnie z moją pacjentką, że została ona wtrącona w stan poważnego stresu pourazowego – rozedrganie i ciągłe przerażenie za dnia oraz bezsenność nocą – przez sam obraz nienawistnej twarzy pijanego partnera, którego nie potrafiła usunąć z pamięci. Jego „ponure oblicze”[23] odzwierciedlało wyraźną, umyślną chęć wyrządzenia jej krzywdy. Za wyborami życiowymi mojej pacjentki stało mylenie dobroci z naiwnością – jej własny błąd, który okazał się zgubny i stał się przyczyną jej traumy – ale nie w tym rzecz. Chodzi o to, że celowe zło, jakie sobie nawzajem wyrządzamy, może trwale i głęboko złamać nawet najsilniejszych pośród nas. W czym dokładnie tkwi źródło tego rodzaju zła?

Nie ma ono w zwyczaju ujawniać się jedynie jako konsekwencja ciężkiego losu. Nie rodzi się również po prostu jako pokłosie porażki czy goryczy i rozczarowania, jakie porażka często wywołuje. No dobrze, a co z ciężkim losem, potęgowanym przez skutki ustawicznie nieprzyjmowanych ofiar (niezależnie od tego, jak nieprzemyślanych i czy realizowanych

[23] Księga Rodzaju 4:5.

na pół gwizdka)? To może namieszać ludziom w głowach i obudzić w nich doprawdy potworne myśli. Takie osoby, w takim stanie, skłonne są świadomie czynić zło; generować dla siebie i swojego otoczenia jedynie ból i cierpienie (a postępują tak dla samego bólu i cierpienia właśnie). I tak oto zatacza się iście nikczemny krąg: niechętne poświęcenie, dokonane na pół gwizdka; odrzucenie tego poświęcenia przez Boga lub rzeczywistość (jak kto woli); gniew i frustracja wywołane tym odrzuceniem; pogrążenie się w zgorzknieniu i pragnieniu zemsty; poświęcenie dokonane jeszcze bardziej na odczepnego bądź zupełna odmowa jego dokonania. Końcowym wynikiem tej spirali w dół jest dno ostateczne – Piekło.

Życie faktycznie jest „samotne, biedne, bez słońca, zwierzęce i krótkie", jak ujął to słynny angielski filozof Thomas Hobbes. Niemniej jednak ludzka skłonność do zła czyni je jeszcze gorszym. Oznacza to, że za centralny problem egzystencji – właściwe podejście do jego bezwzględnej natury – uznać należy pytanie nie tylko o to, co i w jaki sposób poświęcać, aby redukować cierpienie, lecz także – zwłaszcza – o to, co i w jaki sposób poświęcać, aby redukować cierpienie *i zło – świadome, umyślne, motywowane mściwością źródło najgorszego cierpienia.* Opowieść o Kainie i Ablu to jedno z przedstawień archetypu wrogich braci, bohatera i jego adwersarza: dwóch elementów indywidualnej psychiki człowieka, jednego skierowanego ku górze, w stronę Dobra, a drugiego ku dołowi, w stronę Piekła. Abel to bohater, owszem – ale bohater, który zostaje ostatecznie pokonany przez Kaina. Abel potrafił uszczęśliwić Boga – nie byle jakie, mało prawdopodobne osiągnięcie – nie zdołał jednak pokonać ludzkiego zła. Z tego powodu archetyp Abla jest niekompletny. Być może był zbyt naiwny, lecz nie zapominajmy, że pochłonięty żądzą zemsty brat zdolny jest do nieprawdopodobnego podstępu i *przebiegłości*[24] – niczym wąż w Księdze Rodzaju. Niemniej wymówki, choćby zawierały zrozumiałe i uczciwe powody, nie mają znaczenia; nie w ostatecznym rozrachunku. Mimo boskiej akceptacji poświęceń Abla problem zła pozostał nierozwiązany. Minęły tysiące lat, zanim ludzkość zdołała zaproponować jakąkolwiek alternatywę mogącą ubiegać się o status wyjaśnienia tej zagadki. Ta sama kwestia ponownie staje na piedestale w opowieści o Chrystusie wiedzionym na pokuszenie przez Szatana. Tym razem jednak przedstawiona jest w pełniejszej formie – i bohater zwycięża.

[24] Księga Rodzaju 3:1.

Zło trafia na opór

Zgodnie z opowieścią, przed ukrzyżowaniem Jezus został wyprowadzony na pustynię, „aby być kuszony przez diabła”[25]. To opowieść o Kainie, tyle że ukazana w abstrakcyjny sposób. Kain, jak widzieliśmy, jest nieszczęśliwy. Ciężko pracuje (tak przynajmniej mu się wydaje), lecz Bóg nie jest usatysfakcjonowany. Tymczasem Abel sprawia wrażenie ciągle niesionego pomyślnym wiatrem. Cieszy się dostatkiem. Kobiety go kochają. Co najgorsze, jest naprawdę dobrym człowiekiem. Wszyscy to wiedzą. Zasługuje na ten sprzyjający los. To dodatkowe dowody, aby go nienawidzić i aby mu zazdrościć. W życiu Kaina jest odwrotnie: nie dzieje się dobrze. Rozpamiętuje swoje nieszczęście, a rozgoryczenie psuje go od środka. Miotany frustracją i rozpaczą, usiłuje dać początek czemuś piekielnemu, a gdy to czyni, wkracza na pustynię własnego umysłu. Popada w obsesję na punkcie swojej niedoli, będącej efektem sprzeniewierzenia się boskim ideałom. Pielęgnuje swój gniew. Coraz chętniej oddaje się fantazjom o zemście. Stopniowo jego arogancja urasta do poziomu porównywalnego z samym Lucyferem. „Jestem ofiarą gnębienia i opresji”, stwierdza w myślach. „Nie zależy mi na tym cholernym świecie. Jeśli o mnie chodzi, niech go Piekło pochłonie”. Pogrążony w takich czarnych myślach, Kain napotyka na pustyni Szatana i pada ofiarą jego pokus. Ostatecznie robi, co może, aby uczynić tyle zła, ile tylko możliwe. Targające nim emocje w nieśmiertelnych słowach opisał John Milton:

> *gdyż w kim jak nie w twórcy*
> *Zła wszelakiego mogłaby tak wstrętna*
> *Rzecz zakiełkować, aby rodzaj ludzki*
> *Zniszczyć w zaraniu, a Ziemię i piekło*
> *Zmieszać i złączyć dlatego jedynie,*
> *By złość uczynić najwyższemu Stwórcy?*[26].

Kain zwraca się ku Złu, aby zyskać to, czego Dobro mu odmówiło, i czyni to świadomie, z własnej woli z i umyślną złośliwością.

Chrystus obiera inną drogę. Jego krótki pobyt na pustyni należy rozumieć jako ciemną noc duszy – uniwersalne, głęboko ludzkie przeżycie. To podróż w miejsce, gdzie udaje się każdy z nas, gdy wszystko się wali,

---

[25] Ewangelia wg św. Mateusza 4:1.

[26] J. Milton, *Raj utracony*, Kraków, Wydawnictwo Zielona Sowa, 2002, s. 49.

rodzina i przyjaciele są daleko, świat wypełnia się rozpaczą i beznadzieją, a pustka nihilizmu otwiera przed nami drzwi. Wspomnijmy tu dla ścisłości: czterdzieści dni i nocy głodu i samotności na pustyni w zupełności wystarczą, aby się w takim miejscu znaleźć. To w ten sposób świat obiektywny i subiektywny zderzają się ze sobą. Czterdzieści dni to symboliczny okres czasu nawiązujący do czterdziestu lat, jakie Izraelici spędzili, błąkając się po pustyni po wyzwoleniu się spod tyranii Faraona w Egipcie. Czterdzieści dni to bardzo długo jak na wizytę w zaświatach kasandrycznych myśli, zwątpienia i strachu – wystarczająco długo, aby zawędrować do ich centrum, w którym znajduje się samo Piekło. W tę podróż może wybrać się każdy – lub raczej każdy, kto skłonny jest z dostateczną powagą potraktować zło drzemiące w nim oraz w każdym człowieku. Pomaga tu choćby pobieżna znajomość historii. Zastanowienie się nad horrorami dwudziestowiecznych totalitaryzmów, z ich obozami koncentracyjnymi, przymusową pracą i morderczymi, ideologicznymi patologiami, to dobry punkt, aby takie refleksyjne tournée zacząć – nie zaszkodzi też zastanowić się nad tym, że nawet najgorsi ze strażników w obozach śmierci byli ludźmi. Wszystko to ma na celu urealnienie opowieści o wyprawie na pustynię; uaktualnienie jej na potrzeby współczesnego umysłu.

„Po Auschwitz nie powinno się już tworzyć poezji", powiedział Theodor Adorno, specjalista od autorytaryzmu. Mylił się. Poezja powinna nadal powstawać i rozprawiać o Auschwitz. W następstwie ponurych wydarzeń ostatniego stulecia przerażająca destruktywność człowieka stała się problemem, którego powaga w oczywisty sposób przytłacza nawet kwestię wszechobecnego cierpienia. A żadnemu z tych problemów nie uda się zaradzić bez odkrycia rozwiązania dla drugiego z nich. W tym miejscu idea Chrystusa przyjmującego na siebie grzechy ludzkości tak, jak gdyby były Jego własnymi, staje się kluczem otwierającym drzwi do pełnego zrozumienia pustynnego spotkania z samym diabłem. *Homo sum, humani nihil a me alienum puto*, powiedział Terencjusz, rzymski dramaturg: człowiekiem jestem i nic, co ludzkie, nie jest mi obce.

„W Niebie nie rośnie żadne drzewo – dodaje znakomity psychoanalityk Carl Gustav Jung – chyba że jego korzenie sięgają Piekieł"[27]. Zetknąwszy się z tej wagi stwierdzeniem, każdy powinien poświęcić chwilę na refleksję. Według opinii wybitnego psychiatry, wyrobionej na podstawie gruntownych, holistycznych przemyśleń, nie ma możliwości ruchu

[27] C.G. Jung, *Aion: Przyczynki do symboliki jaźni*, Warszawa, Wydawnictwo KR, 2016, s. 58.

w górę – bez odpowiadającego mu ruchu w dół. To dlatego ludzie tak rzadko doświadczają oświecenia. Kto bowiem skłonny jest zapłacić za nie taką cenę? Jesteś pewien, że chcesz spotkać władcę krainy umiejscowionej na samym dnie najczarniejszych z myśli? Co Eric Harris, masowy morderca z Columbine, w tak niejasny sposób próbował opisać w swoim pamiętniku na dzień przed rzezią dokonaną na kolegach i koleżankach ze szkoły? *Co interesujące, gdy jestem w mojej ludzkiej formie, świadomy tego, że umrę, wszystko wydaje się trywialne*[28]. Kto śmiałby wyjaśnić takie słowa – lub, co gorsza, usprawiedliwić je?

Na pustyni Chrystus spotyka Szatana (zobacz: Ewangelia wg św. Łukasza 4:1–13 i Mateusza 4:1–11). Oprócz jej wydźwięku materialnego i metafizycznego, opowieść ta niesie ewidentny przekaz psychologiczny. Mówi nam, że Jezus *na zawsze będzie Tym, który decyduje się wziąć osobistą odpowiedzialność za pełny zakres ludzkiej nieprawości*. Mówi nam, że Jezus na zawsze będzie Tym, który gotów jest przeciwstawić się ryzyku pokuszenia przez najbardziej niegodziwe elementy ludzkiej natury. Mówi nam, że Jezus na zawsze będzie Tym, który gotów jest stanąć twarzą w twarz ze złem – świadomie i z pełnym zaangażowaniem – tkwiącym zarówno w Jego wnętrzu, jak i otaczającym go świecie. Nie należy tej opowieści traktować jako stricte abstrakcyjnej (choć jest abstrakcyjna). Dotyka ona kwestii nie tylko intelektualnych.

Żołnierze, którzy cierpią na zespół stresu pourazowego, często doznają go nie na skutek okrucieństw, których byli świadkami, lecz okrucieństw, których się dopuścili[29]. Na polu bitwy człowiek styka się z wieloma demonami. Udział w działaniach wojennych to coś, co może otworzyć wrota Piekieł. Od czasu do czasu jakiś upiorny byt wypełza, wstępuje w przypadkowego, prostego młodzieńca z rolniczych rejonów stanu Iowa – i przemienia go w potwora. Ten dopuszcza się czynów makabrycznych. Gwałci i zabija kobiety oraz morduje dzieci w wiosce My Lai w Wietnamie. Jest świadom popełnionych okrucieństw. Jakaś jego mroczna cząstka czerpie z nich przyjemność – i tego właśnie nie potrafi zapomnieć. Po powrocie do normalności taka osoba nie wie, jak pogodzić się z rzeczywistą odsłoną samego siebie oraz świata, która została mu wtedy ujawniona. Czy kogoś to dziwi?

---

[28] http://www.acolumbinesite.com/dylan/writing.php.

[29] J.A. Schapiro, S.M. Glynn, D.W. Foy, M.A. Yavorsky, *Participation in war–zone atrocities and trait dissociation among Vietnam veterans with combat–related PTSD*, „Journal of Trauma and Dissociation", 3/2002, s. 107–114; R. Yehuda, S.M. Southwick, E.L. Giller, *Exposure to atrocities and severity of chronic PTSD in Vietnam combat veterans*, „American Journal of Psychiatry", 149/1992, s. 333–336.

W mitologii starożytnego Egiptu bóg Horus – często uznawany za prekursora Chrystusa, zarówno pod względem chronologicznym, jak i konceptualnym[30] – doświadcza czegoś podobnego, gdy wdaje się w konflikt ze swoim złym wujem Setem[31] – uzurpatorem na tronie swojego ojca, Ozyrysa. Horus, wszystkowidzący egipski bóg–sokół, obdarzony najbystrzejszym wzrokiem w całym Egipcie, wcielenie samego skupienia, ma odwagę przeciwstawić się prawdziwej naturze Seta i stawić mu czoła w bezpośredniej walce. W zmaganiach z budzącym postrach wujem okaleczona zostaje jego świadomość. Traci jedno oko. Tak poważnego uszczerbku doznaje mimo statusu boga i niezrównanej zdolności widzenia. Z jakimi obrażeniami skończyłby zwykły śmiertelnik stający w obliczu podobnej próby? Być może jednak mógłby zyskać wewnętrzne wejrzenie i świadomość proporcjonalne do utraty wzroku.

Szatan reprezentuje odmowę poświęcenia; uosobienie arogancji; okrucieństwo, niechęć, fałsz i świadome zło. Jest wcieloną nienawiścią wobec Człowieka, Dobra i Istnienia. Nie okazuje pokory nawet wtedy, gdy dobrze wie, że powinien. Co więcej, pochłonięty pragnieniem destrukcji dokładnie wie, co robi, i robi to celowo, umyślnie i z zapałem. Zrozumiałe jest zatem, że to on – sam archetyp Zła – staje naprzeciw i kusi Chrystusa – archetyp Dobra. To on, w niewyobrażalnie trudnych, sprzyjających zwątpieniu okolicznościach, oferuje Zbawcy Ludzkości to, czego wszyscy ludzie gorliwie, choć skrycie, pragną.

Najpierw Szatan kusi głodującego Chrystusa, aby przemienił pustynne kamienie w chleb i się pożywił. Następnie namawia Go do rzucenia się w przepaść i wezwania Boga i aniołów, aby nie dopuścili do Jego upadku. Na pierwszą pokusę Jezus dopowiada słowami: „Nie samym chlebem żyje człowiek, lecz każdym słowem, które pochodzi z ust Bożych"[32]. Jak rozumieć tę odpowiedź? Mówi ona, że nawet w warunkach ekstremalnej nędzy są rzeczy ważniejsze od jedzenia. Innymi słowy: chleb na nic zda się komuś, kto zdradził własną duszę, nawet jeśli aktualnie

---

[30] Zobacz: T. Harpur, *The pagan Christ: recovering the lost light*, Thomas Allen Publishers, 2004. Omówienie tej kwestii znaleźć można także w: J.B. Peterson, *Mapy sensu. Architektura przekonań*, Wrocław, Freedom Publishing, 2021.

[31] Oto kolejny argument na poparcie tej tezy: słowo Set jest etymologicznym prekursorem słowa Szatan. Zobacz: D.M. Murdock, *Christ in Egypt: the Horus–Jesus connection*, Seattle, Stellar House, 2009, s. 75.

[32] Ewangelia wg św. Mateusza 4:7.

doskwiera mu głód[33]. Chrystus niewątpliwie mógł skorzystać ze swojej niemal nieskończonej mocy i zgodnie z podpowiedzią Szatana zdobyć chleb – przerwać swój post lub (w szerszym ujęciu) rozdać go światu (co teoretycznie rozwiązałoby problem głodu na stałe). Jednak jakim kosztem? I dla jakich korzyści? Dla obżarstwa pośrodku moralnego pustkowia? To najuboższa i najbardziej ponura z uczt. Chrystus mierzy zatem wyżej: opisuje sposób Istnienia, który nareszcie i na zawsze rozwiązałby problem głodu. Co by się stało, gdybyśmy wszyscy, zamiast skupiania się na własnym komforcie, zaczęli spożywać Słowo Boże? Wymagałoby to od każdego żyjącego człowieka, aby tworzył bogactwo i dzielił się z innymi (dokonywał poświęceń) w sposób, który na stałe sprawiłby, że niedostatek żywności na świecie istniałby tylko w podręcznikach do historii. Tak właśnie problem głodu pośród trudów życia na pustyni zostaje ostatecznie potraktowany.

W ewangeliach znajdujemy więcej dowodów takiej postawy. Chrystus po wielokroć przedstawiany jest jako dostarczyciel niewyczerpanych środków do życia. W cudowny sposób mnoży chleb i ryby. Przemienia wodę w wino. Jak to rozumieć? To nawoływanie do aspirowania o wyższe cele – jako stylu życia, który jest jednocześnie najbardziej praktyczny i jakościowo najlepszy. To ujęte w formie literackiej nawoływanie: żyj tak, jak żył archetypowy Zbawca, a ty i ci wokół ciebie nie zaznają więcej głodu. Wspaniałomyślność tego świata objawia się tym, którzy żyją właściwie. To coś więcej niż chleb. To coś więcej niż pieniądze, które pozwalają kupić chleb. I tak Chrystus, symbol idealnej jednostki, opiera się pierwszej pokusie. Czekają go jeszcze dwie.

„Jeśli jesteś Synem Bożym, rzuć się z urwiska – mówi Szatan, uparcie namawiając do złego – Jeśli Bóg istnieje, z pewnością Cię uratuje. Jeśli naprawdę jesteś Jego Synem, na pewno przyjdzie Ci na ratunek". Dlaczego Bóg miałby się nie ujawniać, gdy chodziło o uchronienie Jego jedynego Dziecka przed głodem, osamotnieniem i wpływem wielkiego zła? Takie wyjście z sytuacji nie daje jednak rozwiązania, na którym człowiek mógłby polegać w życiu. Nie sprawdza się zresztą nawet w literaturze. *Deus ex machina* – niespodziewane pojawienie się siły wyższej, która w magiczny sposób ratuje bohatera z trudnego położenia – to najtańszy

[33] Każdemu, kto uważa taki pogląd za nierealistyczny, biorąc pod uwagę materialną rzeczywistość i autentyczny ból związany z poważnym niedożywieniem, raz jeszcze sugeruję przeczytać *Archipelag GUŁag* Sołżenicyna, w którym znajduje się wiele wyjątkowo głębokich rozważań dotyczących właściwych etycznie zachowań i ich większej, a nie mniejszej istotności w sytuacjach skrajnej nędzy i cierpienia.

trik w warsztacie kiepskiego pisarzyny. Ośmiesza idee niezależności, odwagi, przeznaczenia, wolnej woli i odpowiedzialności. Ponadto Boga nie należy w żadnym razie traktować jako siatki bezpieczeństwa dla ślepców; jako kogoś, kogo można przymuszać do odgrywania magicznych sztuczek czy objawienia się – nawet gdy chodzi o Jego własnego Syna.

„Nie będziesz wystawiał na próbę Pana, Boga swego"[34] – tą odpowiedzią Jezus zwięźle odpycha od siebie drugą pokusę. Nie zamierza wymagać od Boga, ba, nie śmie Go nawet prosić, aby interweniował w jego imieniu. Odmawia wyzbycia się odpowiedzialności za bieg Swego własnego życia. Odmawia wymagania od Boga okazania dowodu Jego istnienia. Odmawia również rozwiązania problemu ludzkiej kruchości jedynie we własnym przypadku – przez wymuszenie na Bogu, aby Go ocalił – ponieważ nie byłoby to rozwiązanie obejmujące wszystkich ludzi po wsze czasy. W odmowie tej wybrzmiewa także echo odrzucenia komfortu szaleństwa. Kuszące, lecz psychotyczne rozpoznanie w sobie potężnego Mesjasza z pewnością przeszło Chrystusowi przez myśl na pustyni, w tak trudnych okolicznościach. Odrzuca On jednak ideę zakładającą, że zbawienie – czy nawet, na krótką metę, przetrwanie – zależy od narcystycznych przejawów wyższości i dopominania się o specjalne względy u Boga.

Wtem przed Chrystusem otwiera się trzecia pokusa, najbardziej pociągająca ze wszystkich. Widzi przed sobą królestwa ziemskiego świata rozpostarte przed Nim na wyciągnięcie ręki. To syreni śpiew potęgi i władzy: możliwość kontrolowania wszystkiego i rozkazywania każdemu. Chrystusowi oferowany jest szczyt hierarchii dominacyjnej, przedmiot zwierzęcych pragnień wszystkich nagich małp: absolutne posłuszeństwo, budząca największy podziw posiadłość, moc budowania i podboju, dostęp do nieograniczonych przyjemności cielesnych. To właśnie Wygoda pisana wielkimi literami. Ale na tym nie koniec. Taka ekspansja statusu daje również nieograniczone pole do popisu wewnętrznemu mrokowi. Żądza krwi, gwałtu i destrukcji niewątpliwie składa się na atrakcyjność władzy. Ludzie nie pragną władzy tylko po to, aby uwolnić się od własnych cierpień. Nie pragną jej tylko po to, aby uwolnić się spod dyktatu popędów, chorób i śmierci. Władza daje także możliwość zemsty, zniewalania i miażdżenia wrogów. Powierzmy dość władzy Kainowi, a ten nie zadowoli się samym zabiciem Abla. Najpierw podda go długim i wymyślnym torturom. Dopiero wtedy zada ostatni cios. Następnie wypowie wojnę wszystkim i wszystkiemu.

---

[34] Ewangelia wg św. Mateusza 4:7.

Istnieje coś, co góruje nawet nad szczytem najwyższej hierarchii dominacyjnej, do czego dostępu nie powinno się poświęcać na rzecz przejściowych sukcesów. To realne miejsce, choć nie należy go sobie wyobrażać w tradycyjnym geograficznym sensie, z którego zwykle korzystamy przy orientowaniu się w terenie. Miałem kiedyś wizję bezgranicznego krajobrazu, rozpościerającego się przede mną na kilometry aż po horyzont. Znajdowałem się wysoko nad ziemią, co gwarantowało mi widok z lotu ptaka. Wszędzie wokół mnie znajdowały się warstwowe, wielopiętrowe szklane piramidy, niektóre małe, inne duże, niektóre nachodzące na siebie, inne widniejące niezależnie – wszystkie przypominające współczesne drapacze chmur; wszystkie pełne ludzi próbujących wedrzeć się na sam szczyt. Było jednak coś ponad ich szczytami, zupełnie odrębna domena, w której każda z nich była umocowana. To uprzywilejowana pozycja oka dysponującego swobodą spoglądania sponad areny zmagań; oka, które zdecydowało się nie walczyć o dominację nad konkretną grupą czy kategorią, ale zamiast tego niejako prześcignąć je wszystkie jednocześnie. To samo skupienie, czyste i nieskrępowane: odrębne, czujne, uważne skupienie, gotowe działać, gdy nadarzą się ku temu odpowiednie czas i miejsce. Jak mówi *Daodejing*:

> Rób, a zrobisz źle
> trzymaj, a stracisz
> Nie działając, mądra dusza
> nie popełnia błędu,
> A nie trzymając, nie traci[35].

W opowieści o trzeciej pokusie zawarte jest wezwanie do właściwego sposobu Istnienia. Aby posiąść największą z dostępnych nagród – ustanowienie Królestwa Niebieskiego na Ziemi, odrodzenie Raju – jednostka musi prowadzić swoje życie w sposób wymagający odrzucenia natychmiastowej gratyfikacji oraz naturalnych i perwersyjnych pragnień (bez względu na to, jak przekonująco i realistycznie są oferowane), a także oparcia się pokusom zła. Zło potęguje katastrofalny odcień Istnienia, silnie wzmaga skłonność do oddawania się doraźnym przyjemnościom, istniejącą jako skutek nieuniknionej tragiczności życia. Prozaiczne poświęcenia mogą mniej lub bardziej skutecznie zaradzić tragiczności, jednak

[35] Lao–Tsy, *Tao Te King czyli Księga Drogi*, Warszawa, Wydawnictwo Sic!, 2010, s. 82.

aby przezwyciężyć zło, potrzeba wyrzeczeń specjalnego rodzaju. To właśnie charakterystyka tych drugich zajmowała chrześcijańską (i nie tylko chrześcijańską) wyobraźnię od stuleci. Dlaczego nie przyniosła oczekiwanych efektów? Dlaczego pozostajemy nieprzekonani co do tego, że nie ma lepszego planu niż uniesienie naszych głów w górę, skierowanie ich ku Dobru, i całkowite poświęcenie się czynieniu go? Czy zwyczajnie nie zrozumieliśmy przekazu – czy może świadomie zboczyliśmy z tej ścieżki?

Chrześcijaństwo i jego problemy

Carl Jung wysunął hipotezę, według której europejski umysł znalazł motywację do rozwijania sposobów naukowego poznania – do badania materialnego świata – na skutek podświadomego uznania, że chrześcijaństwo, z jego absolutnym skupieniem na zbawieniu duchowym, niedostatecznie poważnie potraktowało problem cierpienia tu i teraz. Konkluzja ta stała się nieznośnie trafna na kilka wieków przed epoką renesansu. W konsekwencji w zbiorowej psychice Zachodu zaczęła wykształcać się osobliwa, głęboka kompensująca fantazja: najpierw ujawniła się w postaci dziwacznych mrzonek o alchemii, po czym, po kilkuset latach rozwoju, przybrała formę w pełni ukształtowaną: nauki[36]. To alchemicy jako pierwsi na poważnie zajęli się badaniem transmutacji pierwiastków, ponieważ liczyli, że uda im się odkryć sekrety zdrowia, bogactwa i długowieczności. Ci wielcy marzyciele (z Newtonem na czele[37]) snuli domysły, jakoby świat materialny, przeklęty przez Kościół, skrywał tajemnice, których poznanie mogłoby wyzwolić ludzkość z ziemskich cierpień i ograniczeń. To ta wizja, motywowana wątpliwościami, dała potężny zbiorowy i indywidualny bodziec, niezbędny dla rozwoju nauki, który nie byłby możliwy bez nadzwyczajnych zdolności odraczania gratyfikacji i sumienności najwybitniejszych z myślicieli.

Nie twierdzę tu, że chrześcijaństwo, nawet w swojej nie w pełni urzeczywistnionej formie, było porażką. Wręcz przeciwnie: chrześcijaństwo osiągnęło coś niemal niemożliwego. Doktryna chrześcijańska podniosła rangę jednostki i umiejscowiła pana i niewolnika, arystokratę i zwykłego człowieka na równym metafizycznym poziomie, czyniąc wszystkich równymi wobec Boga i prawa. Chrześcijaństwo było nieprzejednane

[36] C.G. Jung, op. cit.

[37] B.J.T. Dobbs, *The foundations of Newton's Alchemy*, Nowy Jork, Cambridge University Press, 2008.

w poglądzie, że nawet król jest tylko jednym z wielu. Aby koncepcja tak radykalnie przeciwstawna względem wszelkich obserwowalnych realiów mogła na stałe zagościć w ludzkich umysłach, musiała równocześnie stracić na popularności ta obowiązująca, według której ziemska władza i wysoki status społeczny implikują szczególne względy u Boga. Po części zostało to osiągnięte dzięki upartemu podkreślaniu w doktrynie chrześcijańskiej przesłania, że zbawienia nie da się osiągnąć przez ziemskie wysiłki czy majątek – nie przez „uczynki"[38]. Niezależnie od jej ograniczeń, rozpowszechnienie takiej doktryny uniemożliwiło królom, arystokratom i bogatym kupcom uznawanie się za moralnie lepszych od zwyczajnych ludzi. W konsekwencji metafizyczna koncepcja wrodzonej, transcendentnej wartości każdej pojedynczej duszy przyjęła się, na przekór niemożliwym barierom, jako fundamentalna zasada zachodniego prawa i społeczeństwa. Zupełnie inne były reguły gry w przeszłości i zupełnie inne są one w wielu miejscach świata jeszcze dziś. W rzeczy samej fakt, że hierarchiczne, bazujące na niewolnictwie społeczeństwa naszych przodków przeorganizowały się pod wpływem etyczno-religijnego objawienia w taki sposób, że odtąd własność i absolutna dominacja nad drugą osobą zaczęły być uznawane za godne potępienia, graniczy z cudem. Mało kto zdaje sobie sprawę, na jakie ryzyko narażamy się, lekceważąc to lub o tym zapominając.

Nie zaszkodzi również pamiętać, że natychmiastowa i krótkotrwała użyteczność niewolnictwa jest ewidentna, a argument, według którego silni powinni dominować nad słabszymi, jest przekonujący, wygodny i wysoce praktyczny (przynajmniej dla silnych). Oznacza to, że zanim zwyczaje te mogły zostać podważone, nie mówiąc nawet o ich wykorzenieniu, konieczna była rewolucyjna krytyka wszystkiego, co ceniły społeczeństwa ze zinstytucjonalizowanym niewolnictwem (w tym idei, zgodnie z którą dzierżenie władzy nadaje właścicielowi niewolników szlachetny status czy idei jeszcze bardziej fundamentalnej: że władza dzierżona przez właściciela niewolników jest prawomocna, a nawet godna pochwały). Chrześcijaństwo wypromowało zaskakujące twierdzenie, że nawet osoba żyjąca na dnie hierarchii społecznej ma prawa, autentyczne prawa – oraz że suweren i państwo są moralnie zobowiązani te prawa

[38] List do Efezjan 2:8–9: „Łaską bowiem jesteście zbawieni przez wiarę. A to pochodzi nie od was, lecz jest darem Boga: nie z uczynków, aby się nikt nie chlubił". Podobny ton spotykamy w Liście do Rzymian 9:15–16: „Ja wyświadczam łaskę, komu chcę, i miłosierdzie, nad kim się lituję. Wybranie więc nie zależy od tego, kto go chce lub o nie się ubiega, ale od Boga, który okazuje miłosierdzie".

uznawać i szanować. Chrześcijaństwo zaproponowało dodatkowo pogląd jeszcze bardziej niewiarygodny, a mianowicie głoszący, że akt posiadania drugiego człowieka upadla właściciela (na którego wcześniej patrzono z podziwem i uznaniem) być może nawet bardziej niż niewolnika. Nie zdajemy sobie sprawy, jak abstrakcyjna i trudna do objęcia rozumiem jest to idea. Zapominamy, że przez przytłaczającą większość ludzkiej historii poglądy przeciwne uznawane były za oczywiste i bezdyskusyjne. Wydaje nam się, że to dążenie do zniewalania i dominacji wymaga wyjaśnienia. Kolejny już raz wszystko widzimy na opak.

Nie znaczy to, rzecz jasna, że chrześcijaństwo było wolne od wad. Warto po prostu mieć na uwadze, że wynikłe z niego dylematy to takie, które powstają dopiero po rozwiązaniu zupełnie innych, poważniejszych problemów. Społeczeństwa wyrosłe na chrześcijaństwie były dalece mniej barbarzyńskie niż te pogańskie, a także niż społeczeństwo rzymskie, które zastąpiły. Co by nie mówić, choć w społeczeństwach chrześcijańskich obecne były barbarzyńskie zwyczaje, przynajmniej rzucanie niewolników na pożarcie wygłodniałym lwom w celu zapewnienia rozrywki ludowi uważano za coś niewłaściwego. Potępiano dzieciobójstwo, prostytucję, a co do zasady możemy to pochwalić. Podkreślano, że mężczyźni i kobiety są sobie równi (choć do dziś poszukujemy politycznych rozwiązań dla tego poglądu). Żądano, aby nawet członków wrogich społeczeństw traktować jak ludzi. I, wreszcie, wprowadzono w nich rozdział Kościoła od państwa tak, aby aż nazbyt ludzcy cesarzowie nie mogli już dłużej domagać się rangi bożych pomazańców. Wszystko to można uznać za domaganie się niemożliwego: a jednak się ziściło.

W miarę postępu chrześcijańskiej rewolucji te problemy, wydawałoby się niemożliwe do rozwiązania, zostały zażegnane i zniknęły. Po jakimś czasie *w zapomnienie odszedł sam fakt, że takie problemy kiedykolwiek istniały*. Dopiero wtedy pozostałe problemy, mniej podatne na rychły wpływ doktryny chrześcijańskiej, zaczęły okupować centralną pozycję w świadomości Zachodu – i dały bodziec między innymi do rozwoju nauki nakierowanej na ograniczenie cielesnego, materialnego cierpienia będącego, niestety, ciągle powszechnym w schrystianizowanych społeczeństwach. Fakt, że samochody generują zanieczyszczenia, staje się problemem na tyle istotnym, aby skupić uwagę opinii publicznej dopiero po tym, jak dzięki wynalezieniu silnika spalinowego znacznie bardziej dokuczliwe problemy przestały uprzykrzać ludzkie życie. Cierpiący skrajną biedę mają gdzieś dwutlenek węgla. Nie chodzi o to, że poziom dwutlenku węgla jest bez znaczenia. Chodzi o to, że jest bez znaczenia w sytuacji, gdy zapracowujesz się na śmierć, głodujesz i z najwyższym trudem wyskrobujesz z gliniastej, pełnej kamieni, nieurodzajnej ziemi minimum żywności niezbędne do podtrzymania życia. Jest bez znaczenia przed wynalezieniem traktora i uchronieniem milionów istnień ludzkich przed śmiercią głodową. Tak czy owak, gdy pod koniec XIX wieku na scenie pojawia się Nietzsche, problemy, które chrześcijaństwo pozostawiło nierozwiązane, stały się dominujące.

Nietzsche nie bez powodu określał swoją działalność „filozofowaniem młotem"[39]. Jego dewastująca krytyka chrześcijaństwa – już wtedy osłabionego konfliktem z nauką, którą samo zrodziło – opierała się na dwóch głównych kierunkach natarcia. Po pierwsze, Nietzsche twierdził, że to dokładnie poczucie prawdy rozwinięte w najwyższym sensie przez samo chrześcijaństwo ostatecznie zapoczątkowało kwestionowanie, a dalej podkopywanie fundamentalnych założeń tej wiary. Po części wynikało to z tego, że różnica między prawdą moralną, narracyjną, pragmatyczną a prawdą naukową, obiektywną nie została jeszcze w pełni zrozumiana (a przez to niepotrzebnie założono między nimi sprzeczność) – ale nie to było decydujące. Nawet gdy współcześni ateiści przeciwni chrześcijaństwu poniżają fundamentalistów religijnych obstających, przykładowo, przy poglądzie, że opis stworzenia w Księdze Rodzaju jest obiektywnie prawdziwy – korzystają w takich dyskusjach z definicji prawdy rozwijanej przez stulecia w obrębie kultury chrześcijańskiej. Dekady później Carl Jung podjął argumenty Nietzschego i wskazał, że w epoce Oświecenia Europa przebudziła się, niczym z chrześcijańskiego snu, i zauważyła, że wszystko, co dotychczas uznawane było za pewnik, mogło i powinno zostać podważone. „Bóg umarł! – mówi Nietzsche – Bóg pozostaje umarły! I my go uśmierciliśmy! Jak mamy się pocieszyć, mordercy nad mordercami? Największa moc i świętość, jaką świat dotąd posiadał, wykrwawiła się pod ciosami naszych noży – kto zetrze z nas tę krew?"[40].

Według Nietzschego podstawowe dogmaty zachodniej religii straciły wiarygodność, jeśli weźmie się pod uwagę to, co zachodnie umysły uznawały teraz za prawdę. Jednak to za sprawą jego drugiego ataku – wobec odrzucenia prawdziwego moralnego brzemienia chrześcijaństwa w procesie rozwoju Kościoła – zadany został najdotkliwszy cios. Władający młotem filozof przypuścił szarżę na wczesny i bardzo wpływowy w chrześcijaństwie tok rozumowania, zgodnie z którym *chrześcijaństwo*

---

[39] F. Nietzsche, *Zmierzch bożyszcz, czyli jak filozofuje się młotem*, Kraków, Wydawnictwo Zielona Sowa, 2004.

[40] F. Nietzsche, *Wiedza radosna*, Gdańsk, Wydawnictwo Słowo/Obraz Terytoria, 2008, s. 138.

sprowadzało się do akceptacji założenia, że poświęcenie Chrystusa – i tylko ono – odkupiło grzechy ludzkości. Absolutnie nie należało przez to rozumieć, że chrześcijanin – wierzący, że Chrystus pozwolił się ukrzyżować, aby zbawić ludzkość – był przeto zwolniony z wszelkich osobistych moralnych zobowiązań. Niemniej jednak silnie wskazywało to, że główna odpowiedzialność za odkupienie grzechów została już poniesiona przez Zbawiciela, a więc ludziom, ciągle niedoskonałym i upadłym, nie pozostało już nic ważnego do zrobienia.

Nietzsche uważał, że św. Paweł, a później protestanccy zwolennicy Lutra, zdjęli moralną odpowiedzialność z wyznawców Jezusa. Rozwodnili ideę *naśladowania Chrystusa.* Naśladowanie nie miało polegać na tym, aby każdy wierzący propagował (lub jedynie powtarzał) zestaw regułek dotyczących abstrakcyjnej wiary, lecz na tym, aby rzeczywiście reprezentował sobą ducha Zbawiciela w szczególnych, unikalnych warunkach swojego własnego życia – aby, jak mawiał Jung, urzeczywistniał lub wcielał się w archetyp; aby w swoim ziemskim ciele ugościł wieczną duszę. Nietzsche stwierdza: „Chrześcijanie nigdy nie praktykowali tych postępków, które Jezus im nakazał, i bezczelne gadanie o »usprawiedliwieniu przez wiarę« i o jej najwyższem i jedynem znaczeniu jest tylko następstwem tego, że Kościół nie miał ani odwagi, ani woli uprawiać *uczynków,* których Jezus żądał"[41]. Nietzsche rzeczywiście nie ma sobie równych wśród krytyków.

Dogmatyczna wiara w główne aksjomaty chrześcijaństwa (ukrzyżowanie Chrystusa odkupiło grzechy świata; jego wyznawcy mogą liczyć na zbawienie z uwagi na fakt samej wiary; zbawienia nie da się osiągnąć przez uczynki)[42] miała trzy wzajemnie się wzmacniające konsekwencje. Po pierwsze, *jako że tylko życie pozagrobowe ma znaczenie, istotność życia doczesnego została zdewaluowana.* Jednocześnie stworzyło to warunki sprzyjające milczącej akceptacji tego, że pomija się problem cierpienia istniejącego tu i teraz. Po drugie, *jako że w żadnym razie nie sposób dostąpić zbawienia przez uczynki w życiu doczesnym, wykształciła się pasywna akceptacja dla status quo* (konsekwencję tę wyśmiewał później Marks, kiedy

[41] F. Nietzsche, *Wola mocy*, Kraków, Wydawnictwo vis–á–vis/Etiuda, 2009, s. 113.

[42] Autor opiera się tutaj na protestanckiej doktrynie łaski – sola gratia, która ma być niezależna od ludzkich czynów. Implikuje ona, że Boga nie można do niczego zobowiązać uczynkami. W takim ujęciu Bóg już z góry wie, kto dostąpi łaski zbawienia: wynikiem czego pojawia się problem demotywacji do wysiłku na rzecz moralnego życia. Powszechniejsza w naszej kulturze katolicka koncepcja mówi, że człowiek jest zobowiązany do dobrych czynów w swojej wolności, współdziałając z Bożą łaską [przyp. red.].

twierdził, że religia to opium mas); i, wreszcie, po trzecie, *jako że Syn Boży wykonał już najważniejsze z zadań, wierzący nie musieli brać na siebie żadnej moralnej odpowiedzialności* (poza wiarą w zbawienie przez Chrystusa). To z tych powodów Dostojewski, który wywarł ogromny wpływ na Nietzschego, także krytykował zinstytucjonalizowane chrześcijaństwo (choć jego krytyka miała zdecydowanie bardziej wyrafinowany, niejednoznaczny charakter). W swoim arcydziele zatytułowanym *Bracia Karamazow* Dostojewski, ustami ateistycznego bohatera Iwana, opowiada „Legendę o Wielkim Inkwizytorze". Warto ją tutaj streścić.

Iwan rozmawia ze swoim bratem Aloszą – którego pozycją nowicjusza zakonnego szczerze pogardza – o powrocie Chrystusa na Ziemię w czasach hiszpańskiej inkwizycji. Jak można by się spodziewać, przybyły Zbawca robi wokół siebie sporo szumu. Uzdrawia chorych, przywraca życie zmarłym. Nie mija dużo czasu, a Jego poczynania zwracają uwagę samego Wielkiego Inkwizytora, który bezzwłocznie rozkazuje aresztować Chrystusa i wtrącić go do więzienia. Niedługo później Inkwizytor składa Mu wizytę. Informuje Chrystusa, że nie jest już potrzebny i następnego dnia zostanie stracony. Jego powrót na Ziemię jest po prostu zbyt niebezpieczny dla Kościoła. Inkwizytor mówi Chrystusowi, że ciężar, jakim obarczył ludzkość – ciężar egzystencji w wierze i prawdzie – przerastał możliwości zwykłych śmiertelników. Według Inkwizytora Kościół, w swoim miłosierdziu, przeformułował nieco przekaz i ściągnął wymóg perfekcyjnego Istnienia z ramion wyznawców, a zamiast tego dał im proste i litościwe drogi ucieczki w wiarę i życie pozagrobowe. Taka formuła sprawdza się od stuleci, twierdzi Inkwizytor, i ostatnią rzeczą, jakiej po tych wszystkich wysiłkach potrzebuje Kościół, jest powrót Człowieka, który to przed wiekami obciążył ludzkość odpowiedzialnością i stworzył cały problem. Chrystus wysłuchuje swego gościa w milczeniu. Następnie, gdy Inkwizytor zbiera się do wyjścia, Chrystus zbliża się do niego i całuje go. Zszokowany Inkwizytor momentalnie blednie. Po czym wychodzi i zostawia za sobą otwarte drzwi.

Głębi tej historii oraz wielkości ducha niezbędnej do jej stworzenia nie sposób przecenić. Dostojewski, jeden w najwybitniejszych geniuszy literackich, jakich zrodził świat, w swoich dziełach stawiał czoła najtrudniejszym z egzystencjalnych problemów i wykazywał się w tym nieocenioną odwagą i szczerością, bez względu na konsekwencje. Niewątpliwie chrześcijanin, lecz mimo to kategorycznie odmawiał ignorowania swoich adwersarzy z grona racjonalistów i ateistów. Wręcz przeciwnie: w *Braciach Karamazow*, na przykład, bohater-ateista Iwan przedstawia swoje argumenty przeciwko aksjomatom chrześcijaństwa z niedoścignioną jasnością, logiką i pasją. Alosza, oddany chrześcijaństwu z wyboru i temperamentu, nie potrafi odeprzeć żadnego z zarzutów brata (jego wiara pozostaje jednak niezachwiana). Dostojewski wiedział i przyznawał, że chrześcijaństwo zostało pokonane przez racjonalizm – czy może nawet przez intelekt – lecz (i to jest tutaj najważniejsze) *nie chował się przed tym faktem*. Nie próbował chwytać się negacji, zakłamania czy nawet satyry w celu osłabienia stanowiska sprzeciwiającego się wierze, którą uznawał za prawdziwą i wartościową. Zamiast tego umieścił działania ponad słowami i skutecznie odniósł się do krytyki. Przy końcu powieści Dostojewski sprawia, że wcielenie moralnej dobroci pod postacią Aloszy – jego dzielne naśladowanie Chrystusa – odnosi zwycięstwo nad spektakularną, lecz koniec końców prowadzącą do nihilizmu zdolnością krytycznego myślenia Iwana.

Kościół chrześcijański opisany przez Wielkiego Inkwizytora to ten sam Kościół, który napiętnował Nietzsche. Dziecinny, świętoszkowaty, patriarchalny, podlizujący się państwu – oto Kościół przegniły, nadal atakowany przez współczesnych krytyków chrześcijaństwa. Nietzsche, mimo wybitnej błyskotliwości, pozwala sobie na gniew, który zaburza trzeźwość jego osądów. W mojej opinii pod tym względem Dostojewski przewyższa Nietzschego – wspaniała literatura Rosjanina góruje nad czystą filozofią niemieckiego myśliciela. Wykreowany przez Dostojewskiego Inkwizytor to genialny symbol – w każdym znaczeniu tego słowa. Jest oportunistą, cynikiem, manipulatorem, okrutnym przesłuchującym, bezlitosnym prześladowcą heretyków – których nie waha się torturować i mordować. Szerzy dogmaty, o których dobrze wie, że są fałszywe. Jednak Chrystus Dostojewskiego, archetyp człowieka idealnego, mimo tych wszystkich przywar Inkwizytora – obdarza go pocałunkiem. Co równie ważne, w następstwie pocałunku Wielki Inkwizytor pozostawia drzwi uchylone, aby Chrystus mógł uciec i uniknąć nadchodzącej egzekucji. Dostojewski dostrzegał, że potężny, ale skorumpowany gmach chrześcijaństwa nadal pozostawiał wolną przestrzeń dla ducha swojego Założyciela. Oto wdzięczność rozważnej, przenikliwej duszy za nieprzemijającą mądrość Zachodu, mimo jej wad.

Nie jest też tak, że Nietzsche odmawiał przyznania wierze – a konkretniej: katolicyzmowi – należnych zasług. Nietzsche uważał, że długa tradycja „niewoli" [„unfreedom" – przyp. tłum.] charakteryzująca dogmatyczne chrześcijaństwo – jej nacisk na to, aby wszelkie wyjaśnienia mieściły się w ramach jednej, spójnej teorii metafizycznej – była warunkiem koniecznym wykształcenia się zdyscyplinowanego, lecz wolnego współczesnego umysłu. Jak mówi w *Poza dobrem i złem*:

> Długa niewola ducha [...] długa dążność duchowa, by wszystkie zjawiska wedle chrześcijańskiego tłumaczyć schematu, by w każdym z kolei wypadku na nowo odkrywać i usprawiedliwiać chrześcijańskiego Boga – wszystek ten gwałt, samowola, srogość, okropność, nierozum – okazały się środkiem, dzięki któremu duch europejski urósł w siłę, nabył bezwzględnej swej ciekawości i subtelnej ruchliwości; nie przeczę zresztą wcale, iż wiele nieocenionych przejawów ducha i siły musiało ulec przytem zgnębieniu, zdławieniu i zagładzie[43].

Zarówno według Nietzschego, jak i Dostojewskiego, wolność – a nawet sama zdolność działania – wymaga ograniczeń. Z tej przyczyny obaj dostrzegali żywotną rolę dogmatów Kościoła. Jednostka musi być ograniczona, uformowana – może nawet doprowadzona niemal do destrukcji – przez restrykcyjną, spójną strukturę dyscyplinarną, i dopiero wtedy zyskuje zdolność działania wolnego i kompetentnego zarazem. Dostojewski, hojny z natury, patrzył na dorobek niezaprzeczalnie skorumpowanego Kościoła z pewną dawką litości i pragmatyzmu. Przyznawał, że duch Chrystusa – będący źródłem świata Logos – historycznie, a być może i współcześnie znajduje swoje miejsce spoczynku – a nawet suwerenność – w obrębie struktury dogmatycznej.

Gdy ojciec właściwie dyscyplinuje swoje dziecko, w oczywisty sposób narusza jego wolność, szczególnie w domenie tu i teraz. Nakłada ograniczenia na dobrowolną ekspresję Istnienia swojego syna i zmusza go do zaakceptowania roli uspołecznionego członka świata. Tego rodzaju ojciec wymaga, aby nieskończony dziecięcy potencjał skierować do lejka i przepuścić przez wąski otwór. Nakładając takie ograniczenia na dziecko może być uznany za źródło destrukcyjnej siły, która uparcie próbuje zastąpić cudowną mnogość szans cechującą dzieciństwo pojedynczym wariantem rzeczywistości. Jeśli jednak rodzic nie podejmie takich działań, pozwoli synowi pozostać Piotrusiem Panem, wiecznym Chłopcem, Przywódcą grupki Zagubionych Chłopców, Władcą nieistniejącej Nibylandii. Nie jest to moralnie akceptowalna alternatywa.

Dogmaty Kościoła zostały zakwestionowane przez ducha prawdy, który został rozwinięty w dużej mierze właśnie przez Kościół. Podkopywanie ich słuszności osiągnęło punkt kulminacyjny w śmierci Boga. Tym niemniej dogmatyczna struktura Kościoła była niezbędną strukturą dyscyplinującą.

---

[43] F. Nietzsche, *Poza dobrem i złem*, Kraków, Wydawnictwo vis–á–vis/Etiuda, 2017, s. 87–88.

Dla wykształcenia się wolnego umysłu konieczny był długi okres niewoli – przywiązania do pojedynczej struktury interpretacyjnej. Chrześcijański dogmatyzm zapewnił tę niewolę. Ale według współczesnego zachodniego umysłu dogmaty są martwe. Umarły razem z Bogiem. Niestety zza ich zwłok wyłoniło się coś – i jest to kwestia najwyższej wagi – co jest jeszcze bardziej martwe; coś, co nigdy nie było żywe: *nihilizm oraz równie niebezpieczna podatność na nowe, kolektywne i utopijne idee*. To w następstwie śmierci Boga wielkoskalowe kolektywne zbrodnie komunizmu i faszyzmu ukazały swoje paskudne oblicze (co Dostojewski i Nietzsche przewidzieli). Jeśli chodzi o Nietzschego, stwierdził on, że po śmierci Boga jednostki ludzkie same będą musiały tworzyć swoje własne systemy wartości. To jednak z psychologicznego punktu widzenia najsłabsze ogniwo jego łańcucha myślowego: *nie jesteśmy zdolni wymyślać własnych wartości, ponieważ nie jesteśmy zdolni narzucać naszym duszom dowolnych przekonań*. Powyższa obserwacja to największe odkrycie Carla Junga – dokonane w niemałym stopniu jako owoc wnikliwych rozmyślań nad problemami wskazanymi przez Nietzschego.

Buntujemy się przeciw własnemu totalitaryzmowi równie zajadle, co przeciw totalitaryzmom narzucanym nam przez innych. Nie mogę po prostu nakazać ci wykonania danego działania i ty także nie możesz sobie tego nakazać. „Przestanę odkładać sprawy na później", przyrzekam sobie, a jednak nie przestaję. „Będę się zdrowo odżywiał", postanawiam, ale nic z tego. „Skończę z nadużywaniem alkoholu", zarzekam się, po czym w kolejny weekend wypijam o kilka drinków za dużo. Nie jesteśmy w stanie przekształcić się w lepsze wersje samych siebie zaprojektowane w wyobraźni (tym bardziej gdy nasze umysły owładnięte są ideologiami). Mam pewną naturę, podobnie jak ty i my wszyscy. Zanim pogodzimy się ze sobą, musimy odkryć tę naturę i odbyć z nią konfrontację. Czym tak naprawdę jesteśmy? Czym tak naprawdę możemy się stać, kiedy już się dowiemy, czym jesteśmy? Zanim uda się konstruktywnie odpowiedzieć na te pytania, musimy dotrzeć do sedna tych spraw.

Zwątpienie. Wykraczając poza nihilizm

Trzysta lat przed Nietzschem wielki francuski filozof Kartezjusz obrał sobie za intelektualny cel poważnie potraktować swoje wątpliwości; rozłożyć na czynniki pierwsze zagadnienia, które analizował; sięgnąć tego, co w nich kluczowe – postanowił sprawdzić, czy zdoła poczynić bądź odkryć choćby jedno twierdzenie, które oprze się jego sceptycyzmowi.

Poszukiwał fundamentu, na którym możliwe byłoby usadowienie właściwego Istnienia. Kartezjusz odnalazł ten fundament – w „Ja", które myśli – „Ja", które jest świadome – co wyraża jego słynna maksyma: *cogito ergo sum* (myślę, więc jestem). Tymczasem podobna koncepcja „Ja" została już dawno zaproponowana. Tysiące lat wcześniej świadomym „Ja" było wszechwidzące oko Horusa, potężnego egipskiego boga nieba, który odbudował państwo przez skonfrontowanie się z jego wszechogarniającą korupcją. Przed tym był wielbiony w starożytnej Mezopotamii bóg Marduk z oczami dookoła głowy i mocą tworzenia świata przy pomocy magicznych słów. W erze chrześcijaństwa koncepcja „Ja" przeobraziła się w Logos – Słowo, które na początku czasu powołuje do Istnienia porządek. Można powiedzieć, że Kartezjusz jedynie zsekularyzował Logos przez obniżenie jego poziomu abstrakcyjności do „czegoś, co jest i myśli". Oto współczesne „Ja", w dużym uproszczeniu. Czym jednak dokładnie jest to „Ja"?

Jeśli nam na tym zależy, do pewnego stopnia potrafimy zrozumieć jego ciemną odsłonę, jednak jego dobroć pozostaje trudniejsza do zdefiniowania. „Ja" to wielki przedstawiciel zła, który udostępnił scenę nikczemnym formom Istnienia w rodzaju nazistów i stalinistów; który urzeczywistnił Auschwitz, Buchenwald, Dachau oraz mnogość sowieckich gułagów. Wszystko to należy traktować śmiertelnie poważnie. Czym natomiast jest jego przeciwieństwo? Czym jest dobro będące koniecznym odpowiednikiem tego zła; dobro, które samo istnienie tegoż zła czyni bardziej cielesnym i zrozumiałym? I tutaj możemy z przekonaniem i jasnością stwierdzić, że nawet racjonalny intelekt – talent tak wielbiony przez tych, którzy odczuwają pogardę wobec tradycyjnej mądrości – jest czymś co najmniej blisko spokrewnionym z archetypicznym, umierającym i zmartwychwstałym na wieki bogiem, wiecznym zbawcą ludzkości, samym Logos. Filozof nauki Karl Popper, daleki od mistycyzmu, uważał sam akt myślenia za logiczne przedłużenie procesu darwinowskiej ewolucji. Stworzenie, które niezdolne jest myśleć, musi jedynie ucieleśniać własne Istnienie. Może tylko odgrywać swoją naturę, w konkretny sposób, tu i teraz. Jeżeli nie będzie potrafiło dopasować swoich zachowań do wymogów środowiska, po prostu zginie. Nie jest to jednak prawdą w przypadku ludzi. My umiemy tworzyć abstrakcyjne reprezentacje potencjalnych trybów Istnienia. Możemy odgrywać idee na scenie teatru wyobraźni. Możemy weryfikować je w konfrontacji z innymi ideami, ideami innych lub z samą rzeczywistością. Jeżeli się nie sprawdzą, możemy je porzucić. Posługując się słowami Poppera, różnimy się od innych zwierząt tym, że *zamiast nas, ludzi, umierają nasze idee*[44]. Następnie – to najważniejsza część – twórca danej idei może żyć dalej, świadomy błędu, lecz nie uśmiercony w jego rezultacie. *Wiara w tę naszą część, która istnieje nieprzerwanie mimo śmierci kolejnych idei, jest warunkiem wstępnym samego myślenia.*

Zaznaczmy w tym miejscu, że idea to nie to samo co fakt. Fakt to coś martwego samorzutnie. Nie dysponuje świadomością, żądzą władzy, nie motywuje, nie działa. Takich martwych faktów są miliardy. Internet jest jednym wielkim cmentarzyskiem martwych faktów. Tymczasem idea, która owładnie człowieka, jest żywa. Chce znaleźć ujście, zaistnieć w świecie. To z tego powodu psychologowie głębi – z Freudem i Jungiem na czele – podkreślali, że ludzka psychika jest areną walki między ideami. *Idea ma cel. Pragnie czegoś. Niesie ze sobą strukturę wartości.* Idea wierzy, że to, o co zabiega, jest lepsze niż stan obecny. Redukuje świat do tego, co sprzyja lub przeszkadza jej realizacji, wszystko inne uznaje zaś za nieistotne. Idea definiuje, co jest figurą, a co tłem[45]. *Idea to nie fakt, a byt osobowy.* Gdy zagnieżdża się w człowieku, ma upartą skłonność czynienia go swoim reprezentantem: do wzbudzania w nim chęci działania na rzecz jej urzeczywistnienia. Chęć ta (inaczej zwana opętaniem) może czasem stać się tak silna, że człowiek prędzej umrze, niż pozwoli, aby umarła jego idea. To, generalnie rzecz biorąc, kiepski pomysł, jeśli weźmiemy pod uwagę, że często w efekcie śmierci idei człowiek służący dotąd za jej „awatar" zmienia poglądy i żyje dalej.

Posługując się narracyjną konceptualizacją naszych przodków: gdy relacja z Bogiem zostaje zaburzona (gdy, na przykład, obecność niezasłużonego i dotkliwego cierpienia podpowiada nam, że należy coś zmienić), najbardziej fundamentalne z naszych przekonań muszą umrzeć – muszą zostać poświęcone. To po prostu inne ujęcie stwierdzenia, że aby przyszłość można było uczynić lepszą, konieczne jest złożenie właściwych ofiar w teraźniejszości. Żadne inne zwierzę nie stworzyło takiej koncepcji, a nam samym zajęło to setki tysięcy lat. Aby natomiast przedstawić ją w formie opowieści, musiał upłynąć kolejny bezkres czasu obserwacji

---

[44] „Niech nasze hipotezy, nasze teorie umierają zamiast nas samych! Nadal możemy nauczyć się zabijać nasze teorie zamiast zabijać siebie nawzajem [...] Być może czymś więcej niż utopijnym marzeniem jest dzień, w którym zwycięży stanowisko (to jest stanowisko racjonalne czy też naukowe) zakładające eliminowanie naszych teorii, naszych opinii, drogą racjonalnej krytyki, zamiast eliminowania siebie nawzajem". Z wykładu Karla Poppera: *Natural selection and the emergence of mind*, wygłoszonego w roku 1977 w Darwin College, Cambridge, UK.

[45] https://pl.wikipedia.org/wiki/Psychologia_postaci [przyp. tłum.].

i wielbienia herosów, a następnie tysiące lat rozmyślań. I kolejne, aby tę podświadomą prawdę pojąć i dziś móc po prostu powiedzieć: „Jeśli będziesz zdyscyplinowany oraz nadasz przyszłości prymat nad teraźniejszością, możesz zmienić strukturę rzeczywistości na swoją korzyść".

Jaki jest jednak najskuteczniejszy sposób, aby to osiągnąć?

W 1984 roku zacząłem podążać tą samą drogą, co Kartezjusz. Nie wiedziałem wtedy, że to ta sama droga i nie stawiam się na równi z Kartezjuszem, który słusznie uważany jest za jednego z największych filozofów w historii. Byłem po prostu pełen wątpliwości. Zdążyłem już wyrosnąć z płytkiej wersji chrześcijaństwa, z jaką zostałem zapoznany w młodości, i rozumiałem podstawy teorii Darwina. Na tym etapie główne założenia chrześcijaństwa niczym nie różniły się dla mnie od myślenia życzeniowego. Doktryna socjalizmu, którą niedługo po tym uznałem za atrakcyjną alternatywę, szybko okazała się równie bezzasadna; z czasem stało się dla mnie jasne, w dużej mierze wskutek styczności z twórczością George'a Orwella, że poglądy socjalistyczne częściej motywowane są nienawiścią wobec bogatych niż szczerą troską o biednych. Poza tym, gdy się nad tym zastanowić, socjaliści są bardziej kapitalistyczni niż kapitaliści. Ich wiara w pieniądz jest co najmniej równie silna. Ich zdaniem jeśli tylko inni ludzie posiadaliby pieniądze, trapiące ludzkość problemy odeszłyby w zapomnienie. To po prostu nieprawda. Jest wiele problemów, których pieniądze nie rozwiązują oraz wiele innych, które jedynie potęgują. Ludzie bogaci także się rozwodzą, nie dogadują się z dziećmi, cierpią na depresję, chorują na raka i demencję oraz umierają samotnie i bez miłości. Alkoholicy czy narkomani próbujący wyrwać się z nałogu, gdy wpadnie im w ręce majątek, rozpuszczają pieniądze w szale nieustającego odurzenia. A nuda jest nie do zniesienia dla ludzi, którzy nagle (po odstawieniu używek) nie wiedzą, co zrobić z wolnym czasem.

Jednocześnie spokoju nie dawała mi tocząca się wtedy zimna wojna. Miałem obsesję na jej punkcie. Śniłem o niej koszmary. Zaprowadziła mnie w długą ciemną noc, na pustynię ludzkiej duszy. Nie potrafiłem pojąć, jak doszło do tego, że dwa najpotężniejsze światowe mocarstwa mierzą do siebie nawzajem groźbami totalnej destrukcji. Czy oba systemy były równie arbitralne i skorumpowane? Czy było to jedynie kwestią opinii? Czy wszelkie struktury wartości są tylko przykrywką dla żądzy władzy?

Czy wszyscy oszaleli?

Jeśli już jesteśmy przy trudnych pytaniach, to co dokładnie wydarzyło się w XX wieku? Jak to się stało, że dziesiątki milionów ludzi musiało zginąć i oddać życie za nowe dogmaty i ideologie? Jak to się stało, że odkryliśmy coś gorszego, znacznie gorszego, niż arystokracja i skorumpowane systemy religijne, które ideologie komunizmu i faszyzmu, odrzucające irracjonalizm, miały zastąpić? Jak dla mnie – nikt na te pytania nie odpowiedział. Czułem się podobnie jak Kartezjusz – targały mną wątpliwości. Poszukiwałem czegoś – czegokolwiek – co mógłbym uznać za niepodważalne. Poszukiwałem skały, na której mógłbym postawić mój dom. Doprowadziło mnie do niej zwątpienie.

Czytałem kiedyś o wyjątkowo podłej rozrywce praktykowanej przez strażników w Auschwitz. Polegała na rozkazywaniu więźniom, aby zanieśli czterdziestokilowe wory wilgotnej soli z jednego końca obozu na drugi – a następnie, aby przynieśli je z powrotem. *Arbeit macht frei*, mówił napis nad tamtejszą bramą wejściową – „praca czyni wolnym" – gdzie przez wolność należało rozumieć śmierć. Noszenie soli było w tym przypadku aktem bezcelowej udręki. Owocem nikczemnej sztuki. Uzmysłowiło mi to z całkowitą pewnością, że pewne działania są niewłaściwe.

Aleksander Sołżenicyn w druzgocący sposób opisał potworności XX wieku, w którym dziesiątki milionów ludzi pozbawione zostały pracy, rodzin, tożsamości i życia. W drugim tomie swojego *opus magnum Archipelag GUŁag* rozprawia na temat procesów norymberskich, które uznawał za najważniejsze wydarzenie tego stulecia. Jakie były konkluzje tych procesów? *Istnieją działania tak dojmująco okrutne, że w oczywisty sposób niezgodne z właściwą naturą ludzką.* Jest to fundamentalna prawda niezależna od kultury, czasu czy miejsca. *Istnieją działania złe, dla których nie ma usprawiedliwienia.* Odczłowieczenie drugiego człowieka, zredukowanie go do statusu pasożyta, torturowanie i zabijanie go bez rozważenia jego indywidualnej winy bądź niewinności, robienie sztuki z zadawania bólu – to coś absolutnie, definitywnie złego.

Czym było to, co do czego nie mogłem mieć wątpliwości? To prawdziwość cierpienia. Żadne argumenty nie są w stanie go zakwestionować. Nihiliści nie mogą podważać go na mocy sceptycyzmu. Totalitaryści nie mogą go zakazać. Cynicy nie mogą uciec przed jego realnością. Cierpienie jest prawdziwe, a umyślne zadawanie cierpienia drugiemu człowiekowi, dokonywane dla samego jego zadawania, to coś złego. Konkluzja ta stała się fundamentem moich przekonań. W trakcie przeszukiwania najgłębszych czeluści ludzkich myśli i działań oraz rozważania mojej własnej zdolności do postępowania jak nazistowski strażnik obozowy, zarządca sowieckiego gułagu czy dręczyciel własnych dzieci więzionych w piwnicy – pojąłem, co to znaczy „przyjąć na siebie grzechy świata". Każdy człowiek ma w sobie bezgraniczną zdolność do czynienia zła. Jako ludzie może niekoniecznie instynktownie czujemy, co jest dobre, ale z pewnością czujemy, co dobre nie jest. A skoro istnieje coś, co *nie jest dobre*, musi zatem istnieć coś, co *jest*. Jeżeli najgorszym grzechem jest zadawanie innym cierpienia dla samego cierpienia, dobrem jest wszystko to, co jest diametralnie temu przeciwne. Dobrem jest wszystko to, co temu zapobiega.

Sens jako dobro wyższe

Na tym toku rozumowania oparłem moje podstawowe przekonania moralne. Mierz w górę. Bacznie obserwuj. Napraw to, co możesz naprawić. Wyzbądź się arogancji. Zdobądź się na pokorę, ponieważ totalitarna duma objawia się w nietolerancji, opresji, torturach i mordach. Zdaj sobie sprawę ze swoich własnych niedoskonałości – swojej tchórzliwości, niegodziwości, rozgoryczenia i nienawiści. Zanim zaczniesz oskarżać innych i zabierzesz się za naprawę świata, zastanów się nad bestialstwem swojego własnego ducha. Być może wina nie leży w świecie, lecz w tobie. Nie osiągasz tego, co zamierzyłeś. Nie realizujesz właściwych celów. Nie zasłużyłeś na łaskę Bożą. Grzeszyłeś. To wszystko twój osobisty wkład w pokłady zła tego świata. Ale przede wszystkim nie kłam. Nie kłam nigdy, bez wyjątku. Kłamstwo prowadzi do Piekła. To suma małych i wielkich kłamstw państw nazistowskich i komunistycznych doprowadziła do śmierci milionów ludzi.

Uznajmy zatem, że eliminacja niepotrzebnego bólu i cierpienia to coś dobrego. Uczyńmy to aksjomatem: przyrzekam dokładać wszelkich starań, aby postępować w sposób, który prowadzi do eliminacji niepotrzebnego bólu i cierpienia. Tym samym na szczycie swojej hierarchii moralnej umieściłeś zestaw założeń i działań skierowanych ku poprawie Istnienia. Dlaczego? Dlatego, że znamy alternatywę. Alternatywą był XX wiek. Alternatywa ta była tak bliska Piekłu, że na dociekania, co ją od niego dzieliło, nie warto poświęcać czasu. A przeciwieństwem Piekła jest Niebo. Umieścić eliminację niepotrzebnego bólu i cierpienia na szczycie swojej hierarchii wartości oznacza zabiegać o stworzenie Królestwa Bożego na Ziemi. Oto docelowy stan społeczeństwa i stan umysłu jednocześnie.

Jung zauważył, że wykształcenie się takiej hierarchii moralnej było nieuniknione – choć mogła ona pozostać wadliwie skonstruowana i wewnętrznie sprzeczna. Dla Junga, cokolwiek mieściło się na szczycie moralnej hierarchii jednostki, było zasadniczo najwyższą wartością tej osoby, jej bogiem. Było czymś, czemu ta osoba dawała świadectwo. Czymś, w co najmocniej wierzyła. A coś, co reprezentujemy w ten sposób, nie jest faktem czy nawet zbiorem faktów. Jest bytem osobowym – albo, mówiąc ściślej, wyborem między dwoma przeciwstawnymi bytami osobowymi. To wybór między Sherlockiem Holmesem a Moriartym. Batmanem a Jokerem. Supermanem a Lexem Luthorem. Charlesem Xavierem a Magneto. Thorem a Lokim. Ablem a Kainem. I wreszcie Chrystusem a Szatanem. Jeśli taki byt osobowy przyczynia się do uszlachetnienia Istnienia, do ustanowienia Raju na Ziemi – to naśladuje Chrystusa. Jeśli działa na rzecz destrukcji Istnienia oraz przynosi niepotrzebny ból i cierpienie – naśladuje Szatana. Oto nieunikniona, archetypiczna rzeczywistość.

Podążanie za tym, co wygodne, oznacza podporządkowanie się ślepym impulsom. Daje krótkoterminowe zyski. Jest to postawa płytka i samolubna. Zakłada kłamstwo, byle tylko osiągnąć cel. Nie liczy się z niczym. Uosabia niedojrzałość i nieodpowiedzialność. I odwrotnie – podążanie za tym, co wartościowe, to jego dojrzała alternatywa. To, co wartościowe, wyłania się, gdy panujemy nad impulsami i potrafimy je zorganizować. To, co wartościowe, wyłania się jako efekt wzajemnego oddziaływania między możliwościami, jakie otwiera przed nami świat a strukturą wartości operującą w jego obrębie. Jeśli struktura wartości nakierowana jest na poprawę Istnienia, ukażą się nam cele istotne i wzbogacające życie. Takie, które posłużą jako antidotum na chaos i cierpienie. Sprawią, że wszystko nabierze znaczenia. Sprawią, że wszystko stanie się lepsze.

Jeśli będziesz postępować właściwie, twoje działania przyniosą ci psychologiczną harmonię dziś, jutro i w dalszej przyszłości, na czym skorzystasz zarówno ty, jak i twoja rodzina oraz szerszy świat wokół ciebie. Twoje sprawy uporządkują się, co ułatwi ci orientację w tym, co ważne a co nie. Wszystko się ułoży. Zaowocuje to życiem pełnym sensu. Tego rodzaju harmonia jest miejscem w czasie i przestrzeni, którego istnienie potrafimy wyczuwać dzięki zdolności doświadczania czegoś więcej niż to, co ukazuje się tu i teraz naszym zmysłom, ograniczonym (jak wiadomo) do zbierania informacji i przedstawiania ich w figuratywny sposób. To, co wartościowe, góruje nad tym, co wygodne. To, co wartościowe, zaspokaja wszelkie impulsy, teraz i zawsze. To dlatego potrafimy to wyczuwać.

Jeśli uznasz, że twój gniew wobec Istnienia, mimo bólu i niesprawiedliwości, jakie za sobą pociąga, jest nieusprawiedliwiony, być może dostrzeżesz sprawy, które możesz naprawić, aby choć odrobinę zredukować niepotrzebne cierpienie. Być może zadasz sobie pytanie: „Co powinienem dziś zrobić?" – tak, aby oznaczało: „Jak powinienem wykorzystać mój czas, aby nie pogarszać sytuacji, tylko ją poprawić?". Odpowiednie zadania mogą objawić się w postaci sterty papierkowej roboty odstawionej na później, do której mógłbyś przysiąść już teraz; pokoju, którego posprzątanie umiliłoby czas, jaki w nim spędzasz; czy posiłku, który mógłby być nieco smaczniejszy i ładniej podany twojej rodzinie.

Prawdopodobne jest, że – gdy zaczniesz przykładać wagę do tego typu moralnych obowiązków, gdy cel pod hasłem „spraw, aby świat był lepszym miejscem" umieścisz na szczycie swojej hierarchii wartości – poczujesz, jak twoje życie nabiera głębszego sensu. Nie myl tego ze szczęściem czy rozkoszą. To coś bardziej przypominającego pokutę za karygodne czyny twojego złamanego, pękniętego Istnienia. To spłata długu, jaki winien jesteś za nieprawdopodobny cud, że żyjesz. To twoje upamiętnienie Holokaustu. To twój wkład w naprawę patologii historii. To odpowiedzialna reakcja na fakt, że jesteś potencjalnym kandydatem do Piekła. To gotowość posługi w roli anioła Raju.

Podążanie za tym, co wygodne, to chowanie trupów w szafie. To usuwanie z dywanu plam krwi, którą przelałeś. To unikanie odpowiedzialności. To postawa tchórzliwa, płytka i niewłaściwa. Niewłaściwa, ponieważ bezmyślna pogoń za tym, co wygodne, przekuta w nawyk, tworzy charakter demona. Niewłaściwa, ponieważ pogoń za tym, co wygodne, to zwyczajne przerzucanie wiszącej nad tobą klątwy na kogoś innego lub na siebie samego w przyszłości – w sposób, który czyni twoją przyszłość oraz przyszłość ogółem gorszą, a nie lepszą.

W podążaniu za tym, co wygodne, nie ma ani krzty wiary, odwagi czy poświęcenia. Nie ma w tym świadomości, że założenia i działania mają znaczenie ani że świat złożony jest właśnie z tego, co ma znaczenie. Odnaleźć w życiu sens to coś lepszego niż zdobyć w nim to, czego pragniesz, ponieważ są spore szanse, że sam nie wiesz, czego chcesz ani czego naprawdę potrzebujesz. Gdy twoje życie nabiera sensu, pojawia się on w nim sam z siebie. Możesz stworzyć ku temu warunki, możesz podążać za nim, gdy już się objawi, ale nie możesz po prostu wytworzyć go w ramach aktu woli. Obecność sensu w życiu oznacza, że jesteś w odpowiednim miejscu, w odpowiednim czasie, w odpowiedniej równowadze między porządkiem a chaosem i w możliwie największym stopniu panujesz nad sytuacją.

Podążanie za tym, co wygodne, cieszy tylko przez chwilę. Natychmiastowe zaspokajanie impulsów daje jedynie złudzenie wolności, a w rzeczywistości ogranicza. Podążanie za tym, co wartościowe, dla odmiany, organizuje kłębowisko naszych potrzeb i pragnień w zgrabną symfonię Istnienia. Obecność sensu w życiu lepiej niż jakiekolwiek słowa oddaje *Oda do radości* Beethovena – triumfalne skoordynowanie dźwięków w wiele warstw przepięknych melodii, każdy instrument odgrywający swoją partię, nałożony na całość porywający śpiew chóralny, muzyka żonglująca pełną gamą ludzkich emocji od rozpaczy po euforię.

Sens w życiu to stan, w którym poszczególne poziomy Istnienia zostają skoordynowane w perfekcyjnie funkcjonującą harmonię – od nanoskali atomów, przez komórki, organy, jednostkę, społeczeństwo, naturę, aż po wszechświat – tak, że działanie na dowolnym z tych poziomów płynnie uruchamia działania na innych, w czego konsekwencji przeszłość, teraźniejszość i przyszłość zostają pojednane. Sens w życiu to coś, co wypełnia nas poczuciem piękna i głębi, niczym pąk róży otwierający się z nicości ku słońcu i Bogu. Sens w życiu to lotos pnący się z ciemnych głębin przez mętne wody, aby – rozkwitając na powierzchni – symbolizować świadectwo Złotego Buddy, który sam w pojednaniu z Istnieniem osiągnął perfekcję i każdym słowem oraz gestem reprezentował Wolę Bożą.

Sens w życiu to stan, w którym wszystko, co wartościowe, jednoczy się w entuzjastycznym tańcu pojedynczego celu – gloryfikacji rzeczywistości, przejawiającej się w pewności, że bez względu na to, jak wspaniała się stanie, nadal może być lepsza i lepsza, i lepsza, i tak w nieskończoność. Sens w życiu to stan, gdy ten taniec osiąga intensywność, przy której wszelkie okrucieństwa przeszłości, cała rozpaczliwa walka o przetrwanie wszelkiego życia, mozolny znój i wysiłki przeszłych pokoleń ludzkości stają się konieczną i wartą zachodu częścią coraz to bardziej udanej próby wzniesienia czegoś monumentalnie Silnego i Dobrego.

Sens w życiu to idealny balans między, z jednej strony, chaosem zmiany i możliwości a, z drugiej strony, dyscypliną nieskazitelnego porządku, którego celem jest stworzenie z obecnej dawki chaosu nowego, jeszcze doskonalszego porządku, zdolnego zrodzić jeszcze bardziej zrównoważoną i produktywną mieszankę obu domen. Sens w życiu to właściwa Droga, ścieżka bogatych doświadczeń, miejsce, w którym prowadzi cię Miłość i w którym mówisz Prawdę; gdzie nie ma niczego, co skłoniłoby cię do sprzeniewierzenia się tym dwóm ideałom.

Podążaj za tym, co wartościowe (a nie za tym, co wygodne).

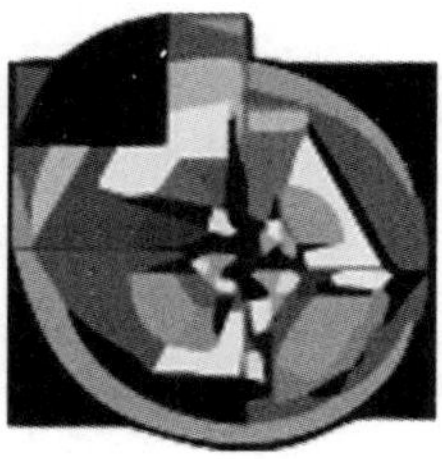

Zasada 8

Mów prawdę — a przynajmniej nie kłam

Prawda na ziemi niczyjej

Aby zostać psychologiem klinicznym, uczęszczałem na McGill University w Montrealu. Oprócz tradycyjnych zajęć w salach wykładowych czasem odbywały się one również w lokalnym szpitalu Douglas Hospital, i tam właśnie jako studenci mieliśmy pierwszą styczność z osobami chorymi umysłowo. Kompleks szpitalny rozciąga się na dużym obszarze, a w jego skład wchodzą dziesiątki budynków. Wiele z nich połączono podziemnymi tunelami, aby oszczędzić pracownikom i pacjentom okazji obcowania z niekończącą się srogą montrealską zimą. Szpital był kiedyś domem dla setek chorych zamieszkujących go na stałe. Sytuacja zmieniła się w latach sześćdziesiątych wraz z wynalezieniem leków przeciwpsychotycznych i popularyzacją ruchów na rzecz deinstytucjonalizacji. Na skutek tych czynników większość tego rodzaju placówek zamknięto, najczęściej skazując odtąd „uwolnionych" pacjentów na znacznie cięższy żywot na ulicach. Gdy po raz pierwszy odwiedziłem gmachy szpitalne w latach osiemdziesiątych, wypisani zostali już wszyscy poza rezydentami o najpoważniejszych dolegliwościach. Ci, którzy pozostali, byli naprawdę chorzy. Zbierali się w grupach i godzinami wpatrywali w automaty do sprzedaży batoników porozstawiane na terenie całego kompleksu. Wyglądali niczym z fotografii Diane Arbus lub obrazów Hieronima Boscha.

Pewnego razu grupę studentów, do której należałem również ja, ustawiono w linii. W takiej konfiguracji mieliśmy oczekiwać dalszych instrukcji od purytańskiego niemieckiego psychologa kierującego programem praktyk. Jedna ze stałych pacjentek, niecierpliwa, nieśmiała, delikatna kobieta, podeszła do mojej koleżanki, skrytej, zachowawczej młodej studentki. Tonem przyjaznym i dziecinnym zarazem pacjentka zapytała: „Dlaczego wszyscy tak tutaj stoicie? Co tu w ogóle robicie? Mogę się do was przyłączyć?". Koleżanka obróciła się w moją stronę i spytała: „Co mam jej odpowiedzieć?". Oboje byliśmy kompletnie zbici z tropu spontaniczną propozycją od kogoś tak osamotnionego i cierpiącego. Żadne z nas nie chciało powiedzieć niczego, co mogłoby zostać odczytane jako reprymenda lub odrzucenie.

Znajdowaliśmy się chwilowo na ziemi niczyjej, gdzie społeczeństwo nie oferuje żadnych wytycznych czy wskazówek. Byliśmy świeżo upieczonymi studentami psychologii w budynku szpitala psychiatrycznego, zupełnie nieprzygotowanymi na kontakt z pacjentką chorą na schizofrenię, zadającą naiwne pytania o możliwość społecznej przynależności. Kompromisowości, naturalnej w dialogu między osobami rozumiejącymi kontekst i bezsłowne sygnały towarzyszące komunikacji międzyludzkiej, także nie należało się tutaj spodziewać. Jakie zasady regulowały tę sytuację, wykraczającą daleko poza obszar typowych interakcji społecznych. Jakie mieliśmy możliwości?

Według mnie były tylko dwie opcje. Mogłem powiedzieć pacjentce jakąś zmyśloną wymówkę, która z dużym prawdopodobieństwem załatwiłaby sprawę, albo po prostu odpowiedzieć szczerze. „Niestety, w grupie może być tylko osiem osób", zaliczałoby się do pierwszej kategorii, podobnie jak: „Wiesz, właśnie mieliśmy zbierać się do wyjścia". Odpowiedzi te nie zraniłyby niczyich uczuć, przynajmniej nie w pierwszej chwili, a istnienie dzielącej nas różnicy w statusie pozostałoby niezauważone. Ale żadna nie byłaby w pełni prawdziwa – więc postanowiłem z nich nie skorzystać.

Wyjaśniłem pacjentce, tak prosto, zrozumiale i bezpośrednio, jak tylko umiałem, że byliśmy studentami na kierunku psychologicznym i to z tego względu nie może do nas dołączyć. Odpowiedź ta podkreślała rozbieżność między jej a naszą sytuacją, co uczyniło dzielącą nas przepaść jeszcze większą i bardziej ewidentną. Była brutalniejsza niż zręcznie dobrane niewinne kłamstewko. Jednak już wtedy miałem przeczucia, oparte na doświadczeniach życiowych, że nieprawda, choćby stały za nią najlepsze intencje, może wywołać niezamierzone skutki. Twarz pacjentki przybrała strapiony, smutny wyraz, ale tylko na moment. Po chwili zrozumiała i nie żywiła urazy. Tak po prostu było.

Kilka lat przed zapisaniem się na studia psychologiczne przytrafił mi się osobliwy zestaw doświadczeń[1]. Zawładnęły mną dość gwałtowne

---

[1] Opisuję je dokładnie we wstępie do: J.B. Peterson, *Mapy sensu. Architektura przekonań*, Wrocław, Freedom Publishing, 2021.

wewnętrzne żądze (za którymi zdołałem nie podążać) i w konsekwencji zdałem sobie sprawę, że tak naprawdę niewiele wiem na temat tego, kim jestem i do czego mogę być zdolny. Zacząłem więc przykładać większą uwagę do moich czynów i słów. Informacje zwrotne były co najmniej niepokojące. Z czasem wyodrębniłem dwie części samego siebie: jedną, która mówiła, i drugą, bardziej obiektywną, która przyglądała się i oceniała. Wkrótce dotarło do mnie, że większość tego, co wychodzi z moich ust, jest nieprawdą. Miałem co prawda powody, aby z nieprawdy korzystać: chciałem wygrywać spory, zyskiwać wyższy status, imponować innym i osiągać to, na czym mi zależało. Przebiegle posługiwałem się językiem i zniekształcałem świat tak, aby mój przekaz zawierał to, co uznawałem za korzystne. Byłem jednak łgarzem, wydmuszką. Z tą świadomością zacząłem ćwiczyć w sobie nawyk wypowiadania tylko tego, czemu nie sprzeciwiał się mój wewnętrzny głos. Zacząłem ćwiczyć w sobie nawyk mówienia prawdy – a przynajmniej niekłamania. Szybko stało się dla mnie jasne, że taka umiejętność okazywała się niezwykle przydatna, zwłaszcza w sytuacjach, gdy nie wiedziałem, jak się zachować. Co powinieneś zrobić, kiedy nie wiesz, co zrobić? Powiedz prawdę. I tak też postąpiłem mojego pierwszego dnia w szpitalu Douglas Hospital.

Kilka lat później, już jako praktykujący lekarz, miałem pacjenta paranoika, bardzo niebezpiecznego. Praca z paranoikami to nie lada wyzwanie. Tacy ludzie wierzą, że stali się celem tajemniczych, złowrogich sił, spiskujących złośliwie za ich plecami. Są niezwykle czujni i ponadprzeciętnie uważni. Na sygnały niewerbalne reagują z przejęciem niespotykanym w kontaktach z normalnymi ludźmi. Popełniają błędy w interpretacji (na tym polega paranoja), niemniej jednak jeśli chodzi o zdolność wykrywania skrywanych intencji, osądów czy kłamstw – bywają doprawdy zdumiewający. Jeśli chcesz skłonić osobę cierpiącą na paranoję, aby otworzyła się przed tobą, musisz rozmawiać szczerze i bardzo uważnie słuchać tego, co mówi.

Słuchałem więc mojego pacjenta uważnie i szczerze mu odpowiadałem. Od czasu do czasu opisywał swoje krwawe fantazje, w których w ramach zemsty żywcem obdzierał wrogów ze skóry. W skupieniu obserwowałem własne reakcje – zachowywałem w pamięci myśli i obrazy powstające w mojej wyobraźni podczas jego wypowiedzi – i bez ogródek opowiadałem mu, co widziałem. Nie próbowałem kontrolować czy kierować jego myśli i działań (ani też swoich). Moim zamysłem było jedynie uświadomienie mu, w sposób możliwie najbardziej przejrzysty, że jego postawa i czyny mają bezpośredni wpływ na przynajmniej jednego człowieka – na mnie. Skupiona uwaga, jaką mu poświęcałem, oraz szczerość, jaką kierowałem się w naszej rozmowie, nie oznaczały, że jego słowa nie wzbudzały u mnie zaniepokojenia i dezaprobaty. Owszem: wzbudzały, i to niejednokrotnie. Gdy wytwory jego umysłu zaczynały mnie przerażać (a zdarzało się to często), mówiłem mu, że takie słowa i zachowania są skrajnie niewłaściwe i że mogą wpakować go w poważne tarapaty.

Jednak, mimo moich krytycznych reakcji, pacjent skłonny był ze mną rozmawiać właśnie z uwagi na to, że nasza rozmowa była szczera. Ufał mi, choć (a może raczej: właśnie dlatego że) miałem obiekcje i śmiało je wyrażałem. Był paranoikiem, nie głupcem. Wiedział, że jego zachowania były społecznie nieakceptowalne. Wiedział, że każdy przyzwoity człowiek zareaguje na jego szalone fantazje bojaźnią i przerażeniem. Ufał mi i chciał ze mną rozmawiać właśnie dlatego, że reagowałem tak, a nie inaczej. Zaufanie było warunkiem koniecznym zrozumienia problemów tego człowieka.

A te zaczynały się u niego od styczności z biurokracją – na przykład w banku lub podobnej instytucji, gdzie próbował załatwić jakąś prostą sprawę w rodzaju otwarcia konta, zapłacenia rachunków czy wyjaśnienia drobnych niezgodności. Czasami trafiał na typowego złośliwego urzędnika, którego od czasu do czasu wszyscy w takich miejscach spotykamy. Ten nie akceptował na przykład dowodu tożsamości, który przedstawił, bądź wymagał informacji, które były niepotrzebne albo trudne do pozyskania. Czasem, jak sądzę, nieustępliwość biurokracji bywa uzasadniona – często jednak urzędnicy niepotrzebnie komplikują błahe sprawy i nadużywają urzędniczej władzy. Mój pacjent był bardzo wyczulony na takie sytuacje. Miał obsesję na punkcie honoru. Cenił go wyżej niż własne bezpieczeństwo, wolność czy majątek. Kierując się tą logiką (paranoicy są nieskazitelnie logiczni), w żadnym wypadku nie potrafił przymknąć oczu na bodaj najmniejsze przejawy wywyższania się, upokarzania czy wyszydzania, podczas gdy po większości ludzi takie drobne nieuprzejmości spłynęłyby jak po kaczce. Nieugięta postawa mojego pacjenta zdążyła już doprowadzić do objęcia go sądowymi zakazami zbliżania się do kilku osób. Przy czym zakazy takie najlepiej sprawdzają się w przypadku ludzi, wobec których ich stosowanie nie jest w ogóle potrzebne.

„Stanę się twoim najgorszym koszmarem", mówił w takich sytuacjach do irytujących go osób. Sam niejednokrotnie marzyłem, aby zdobyć się na odwagę i dać w ten sposób upust emocjom wygenerowanym przez bezsensowne biurokratyczne przeszkody. Ale prawda jest taka, że najlepiej jest sobie takie sprawy darować. Mój pacjent natomiast nie żartował i faktycznie czasem stawał się koszmarem dla ludzi, którzy nadepnęli mu na odcisk. Był jak czarny charakter w filmie *To nie jest kraj dla starych ludzi.*

Był niczym typ spod ciemnej gwiazdy, którego spotyka się w niewłaściwym miejscu, w niewłaściwym czasie. Jeśli ktoś stanął mu na drodze, choćby przypadkowo, zaczynał tego kogoś prześladować i zamieniał jego życie w piekło. Był po prostu gościem, którego nie należało okłamywać. Ja powiedziałem mu, jak jest, i to go uspokoiło.

Wielki Denis

Mniej więcej w tym samym czasie wynajmowałem mieszkanie od lokalnego szefa gangu motocyklistów. Wraz z moją żoną Tammy wprowadziliśmy się do lokalu tuż obok Wielkiego Denisa (bo taki miał pseudonim), w bloku mieszkalnym należącym do jego rodziców. Dziewczyna Denisa nosiła blizny po samookaleczeniach typowych dla osób cierpiących na zaburzenie osobowości z pogranicza. Popełniła samobójstwo, gdy byliśmy jej sąsiadami.

Denis, ogromny, silny Kanadyjczyk francuskiego pochodzenia z długą siwą brodą, był zdolnym elektrykiem-amatorem. Miał również talent artystyczny i utrzymywał się z wykonywania laminowanych drewnianych plakatów podświetlanych neonami. Był wtedy świeżo po wyjściu z więzienia i walczył z nałogiem alkoholowym. Przez większość czasu pozostawał trzeźwy, ale raz na kilka tygodni oddawał się wielodniowym pijatykom. Był jednym z tych, którzy dysponują cudowną tolerancją dla niesamowitych ilości alkoholu; potrafił w ciągu dwóch dni wlać w siebie 50 czy 60 piw i przez cały czas zachować zdolność chodzenia. Niektórym może być trudno w to uwierzyć, ale to prawda. Prowadziłem wtedy badania nad problemem alkoholizmu w okolicznych rodzinach i nierzadko moi rozmówcy szacowali, że ich ojcowie spożywają około litra wódki dziennie. Taka głowa rodziny kupuje jedną butelkę każdego wieczora, od poniedziałku do piątku, i później dwie w sobotę, aby wystarczyły na niedzielę, kiedy to obowiązuje zakaz sprzedaży alkoholu.

Wielki Denis miał małego psa. Czasem musieliśmy z żoną wysłuchiwać, jak w trakcie alkoholowych maratonów, w środku nocy wychodzi z nim na podwórko przed blokiem i w duecie wyją do księżyca. Zdarzało się, że – gdy wpadł w ciąg alkoholowy – przepijał swoje wszystkie oszczędności co do centa. Wtedy miał w zwyczaju nas odwiedzać. Dźwięk pukania mógł pojawić się o każdej porze dnia i nocy. Wielki Denis stał przed drzwiami naszego mieszkania, kolebiąc się na boki, ale w cudowny sposób utrzymując nie tylko równowagę, lecz także względną trzeźwość umysłu.

Stał tak z tosterem, mikrofalówką czy jednym ze swoich drewnianych plakatów w rękach. Proponował nam odkupienie czegokolwiek, byle tylko nie musiał przestawać pić. Kilka rzeczy tak kupiłem, udając dobroduszność. Ostatecznie Tammy przekonała mnie, żebym tego więcej nie robił. Martwiła się o mnie, gdy pertraktowałem z pijanym olbrzymem pilnie potrzebującym pieniędzy, a w dodatku cierpiał na tym również Denis, którego generalnie lubiła. Jej prośba, choć najzupełniej słuszna, a przy tym nieodwołalna, postawiła mnie w trudnym położeniu.

Co możesz powiedzieć nachlanemu, agresywnemu byłemu szefowi gangu motocyklistów z kiepskim angielskim, który o drugiej w nocy pojawia się u progu twojego mieszkania z ofertą sprzedaży tostera? Pytanie było jeszcze trudniejsze od tych stawianych przez pacjentkę szpitala dla umysłowo chorych i paranoicznego prześladowcę. Jednak odpowiedzią było to samo: prawda. Z jednym zastrzeżeniem: w takiej sytuacji przydaje się wiedzieć, co jest tą prawdą.

Niedługo po mojej rozmowie z żoną Wielki Denis zapukał ponownie. Gdy otworzyłem drzwi, przyjrzał mi się podejrzliwie, mrużąc oczy w sposób charakterystyczny dla niestroniącego od alkoholu twardziela, któremu nieobce są nocne bijatyki. To takie spojrzenie, które mówi: „Udowodnij mi swoją niewinność". Chwiejąc się to do przodu, to do tyłu, zapytał – uprzejmie – czy nie byłbym zainteresowany kupnem jego magnetofonu. Momentalnie wyzbyłem się cechującej ssaki naczelne dążności do dominacji oraz wyższości moralnej. Odpowiedziałem, że nie, tak bezpośrednio i prostolinijnie, jak tylko potrafiłem. Nie planowałem żadnych sztuczek. W tym momencie nie byłem wykształconym, mówiącym po angielsku, sprawnie wspinającym się po szczeblach drabiny społecznej młodym człowiekiem z dobrej rodziny. On zaś nie był harleyowcem-recydiwistą z Quebeck ze sporym stężeniem alkoholu we krwi. Nie, obaj byliśmy po prostu ludźmi dobrej woli próbującymi wesprzeć się we wspólnej próbie zrobienia tego, co słuszne. Przypomniałem mu, że deklarował chęć rzucenia alkoholu. Powiedziałem, że uzyskanie ode mnie pieniędzy mu w tym nie pomoże. Dodałem, że jego nocny handel obnośny po pijaku niepokoił moją żonę, którą szanował.

Wielki Denis wpatrywał się we mnie milcząco przez jakieś piętnaście sekund. W takich sytuacjach to cholernie długo. Miałem świadomość, że dopatrywał się na mojej twarzy najmniejszego bodaj śladu sarkazmu, kłamstwa, pogardy czy samozadowolenia. Ja jednak dobrze przemyślałem tę odpowiedź i zawarłem w niej jedynie to, co naprawdę uważałem. Wiedziałem, że stąpam po kruchym lodzie, i rozważnie dobrałem słowa. Po chwili Denis odwrócił się i odszedł. Co więcej, mimo wysokiego poziomu odurzenia alkoholowego, zapamiętał naszą rozmowę. Nigdy więcej nie próbował mi niczego sprzedawać. Nasza relacja, która – biorąc pod uwagę dzielącą nas przepaść kulturową – już wcześniej była niezła, została tym incydentem dodatkowo wzmocniona.

Kiedy szukamy wyjścia z trudnych sytuacji, możemy pójść na łatwiznę albo po prostu powiedzieć prawdę. Nie należy jednak traktować tego jako dwóch różnych wyborów. Chodzi o coś więcej. Mówimy tu o dwóch różnych drogach przez życie, dwóch różnych modelach egzystencji.

Manipulowanie światem

Możesz używać słów do manipulowania światem w taki sposób, aby maksymalizować szanse uzyskania tego, czego pragniesz. To właśnie oznacza: „działać politycznie". Inaczej mówiąc: konfabulować, kręcić. Sztukę tę do perfekcji opanowują niemający skrupułów sprzedawcy, marketingowcy, mistrzowie podrywu, utopijni ideolodzy i psychopaci. To typ retoryki, którą ludzie posługują się, kiedy chcą wpływać na innych, a w gorszym przypadku: manipulować innymi. Tego dokładnie dopuszczają się studenci, gdy przy pisaniu eseju starają się trafić w gusta profesora zamiast artykułować i uzasadniać swoje własne poglądy. Do tego tricku uciekają się oportuniści gotowi dla obranych celów sprzeniewierzyć się samemu sobie, byle tylko zadowolić kogo trzeba. To świat intryg, sloganów i propagandy.

Przyjęcie takiego modelu życia oznacza regularne przyjmowanie za cel jakichś niecnych pragnień, a następnie zręczne dobieranie słów i działań tak, aby maksymalizować prawdopodobieństwo ich urzeczywistnienia. W zbiorze typowych oczekiwanych rezultatów mogą zawierać się: „narzucić innym moje przekonania ideologiczne", „udowodnić, że mam (bądź miałem) rację", „sprawiać wrażenie kompetentnego", „wspiąć się wyżej w hierarchii dominacyjnej", „unikać odpowiedzialności" (lub, bliźniacze, „przypisywać sobie zasługi innych"), „zdobyć awans", „skupiać na sobie większość uwagi", „sprawić, aby wszyscy mnie lubili", „zbierać korzyści z udawania poszkodowanego", „usprawiedliwić własny cynizm", „racjonalizować własne antyspołeczne poglądy", „minimalizować szanse na natychmiastowy konflikt", „pozostawać naiwnym", „korzystać na własnej nieudolności", „zawsze wychodzić na świętoszka" czy (a to przykład wyjątkowo niegodziwy) „za każdym razem zrzucać winę na dziecko, którego nie kocham". To wszystko przejawy zjawiska, które rodak Sigmunda

Freuda, mniej znany austriacki psycholog Alfred Adler nazywał „życiowymi kłamstwami”[2].

Kiedy ktoś chowa się za takim życiowym kłamstwem, próbuje manipulować rzeczywistością przy pomocy percepcji, myśli i działań w sposób, który umożliwia istnienie tylko ściśle określonych, wcześniej zdefiniowanych, oczekiwanych rezultatów. Życie w takim trybie opiera się (czy jesteśmy tego świadomi czy nie) na dwóch założeniach. Pierwsze mówi, że nasza obecna wiedza wystarcza do jednoznacznego zdefiniowania, co jest dobre i to na długi czas. Drugie, że rzeczywistość pozostawiona samej sobie byłaby niemożliwa do zniesienia. Założenie pierwsze jest z filozoficznego punktu widzenia bezpodstawne. Nasze aktualne cele mogą być niewarte zachodu, tak samo jak to, co aktualnie robimy, może być błędne czy bezproduktywne. Założenie drugie jest jeszcze bardziej szkodliwe. Potraktowanie go jako prawdziwego wymaga uznania rzeczywistości za nieakceptowalną z natury, a jednocześnie dającą się skutecznie kształtować i modelować. Takie przekonania mogą wykiełkować tylko na gruncie arogancji i zuchwałości, czyli przymiotów, jakie genialny angielski poeta John Milton przypisywał Szatanowi – najwyższemu rangą aniołowi, który postanowił obrócić się przeciwko samemu Bogu. Wiedza i rozum niebezpiecznie przybliżają do pychy: *wszystko, co wiem, jest wszystkim, co wiedzieć należy*. Pycha natomiast każe kochać własną twórczość i nadawać jej status absolutu.

Widziałem, jak ludzie definiują własne utopie, po czym poświęcają się w zupełności ich urzeczywistnianiu. Lewicującemu studentowi przypada do gustu modny w jego czasach bunt przeciw autorytetom, spędza więc kolejne dwadzieścia lat na gorliwej walce z wiatrakami wzniesionymi we własnej wyobraźni. Osiemnastolatek podejmuje decyzję, że zamierza przejść na emeryturę przed ukończeniem pięćdziesiątki. Aby tego dokonać, pracuje bez wytchnienia przez trzy dekady, ale nie dostrzega, że podjął tę decyzję jeszcze jako – w zasadzie – dziecko. Co jako nastolatek mógł wiedzieć o sobie w wieku pięćdziesięciu lat. Nawet teraz, wiele lat później, ma jedynie blade, mgliste pojęcie o długo wyczekiwanej, złotej jesieni życia. Wypiera to ze swojej świadomości. Jaki sens miała jego dotychczasowa egzystencja, jeśli jej początkowy cel był chybiony? Strach otwierać puszkę Pandory, w której czyhają wszystkie problemy tego świata. A tymczasem puszka ta skrywa również nadzieję. Zamiast tego

[2] A. Adler, *Life-lie and responsibility in neurosis and psychosis: a contribution to melancholia*, w: P. Radin, *The practice and theory of Individual Psychology*, Totawa, Littlefield, Adams & Company, 1973.

wybór pada na przykrycie rzeczywistości złudzeniami zbieżnymi z fantazją podstarzałego chłopca.

Naiwnie sformułowany cel przeobraża się z czasem w złowieszczą formę życiowego kłamstwa. Pewien czterdziestoparoletni pacjent wyjawił mi wizję przyszłego życia, którą stworzył jako młodzieniec: „Widzę siebie wolnego od pracy, siedzącego na słonecznej plaży i popijającego drinki". A przecież to żaden plan. To plakat reklamowy biura podróży. Po ośmiu margaritach jedyne, czego możesz się spodziewać, to kac. A po trzech tygodniach popijania drinków na plażowym leżaku każdy racjonalny człowiek będzie śmiertelnie znudzony i zawiedziony samym sobą. Jeśli ktoś jest w stanie żyć w ten sposób przez rok, osiąga wybitny poziom żałosności. Taki styl życia na dłuższą metę po prostu nie jest satysfakcjonujący. Podatność na tego rodzaju uproszczenia i fantazje jest szczególnie powszechna wśród ideologów. Przyjmują oni dany aksjomat: państwo jest złe, imigracja jest zła, kapitalizm jest zły, patriarchat jest zły. Następnie odpowiednio filtrują swoje doświadczenia i racjonalizują niedające się zlekceważyć nieścisłości tak, aby wszystko dało się wyjaśnić w oparciu o dany aksjomat. Trzymają się fałszywego paradygmatu i narcystycznie wierzą, że jeśli tylko dostaliby taką możliwość, potrafiliby zmienić świat na lepszy.

Z życiowymi kłamstwami związany jest również inny problem, szczególnie jeśli bazują one na unikaniu prawdy. Gdy robimy coś i wiemy, że postępujemy niewłaściwie, grzeszymy uczynkiem. Gdy pozwalamy zaś, aby wydarzyło się coś złego, mimo że mogliśmy spróbować temu zapobiec, grzeszymy zaniedbaniem. To pierwsze wykroczenie uważane jest z reguły za poważniejsze niż to drugie. Osobiście nie jestem co do tego przekonany.

Weźmy na przykład osobę, która zarzeka się, że w jej życiu wszystko jest w najlepszym porządku. Unika konfliktów, robi to, co do niej należy, a uśmiech nie znika z jej twarzy. Znajduje sobie niszę i się w niej zaszywa. Nie kwestionuje status quo, nie forsuje swoich poglądów ani też nie narzeka, gdy ktoś potraktuje ją nieuprzejmie. Łaknie niewidzialności niczym ryba w centrum tłoczącej się ławicy. W sercu dręczy ją jednak skrywane wzburzenie. Nadal cierpi, ponieważ życie jest cierpieniem. Jest samotna, odizolowana i niespełniona. Jej posłuszeństwo i umniejszanie samej sobie odbierają jej życiu wszelki sens. Stała się niewolnikiem, narzędziem, którym posługują się inni ludzie. Nie realizuje swoich marzeń czy nawet potrzeb, ponieważ wymagałoby to od niej mówienia tego, co myśli. Nie ma więc w jej życiu niczego pozytywnego, czym mogłaby zrównoważyć egzystencjalne problemy. Tam, gdzie jest miejsce na sens życia, ona odczuwa nieustanną pustkę.

Gdy firma czy instytucja, dla której pracujesz, popada w kłopoty, w pierwszym rzucie eliminowani są z reguły ludzie hałaśliwi i problematyczni. Ale w drugiej kolejności żegna się tych niewidzialnych. Ktoś, o kim nikt nie wie, nie może być nikim znaczącym. Aby coś znaczyć, niezbędny jest oryginalny wkład własny. Pozostawanie w ukryciu nie gwarantuje konformistom ochrony przed chorobami, szaleństwem, śmiercią czy podatkami. Oprócz tego ukrywanie się przed innymi pociąga za sobą tłumienie drzemiącego w nas potencjału. A to jest problem.

Jeśli zamykasz się przed innymi, zamykasz się także przed samym sobą. Nie oznacza to jedynie tłumienia tego, kim jesteśmy, choć to także. Co ważniejsze, takie zamknięcie uniemożliwia nam urzeczywistnienie sporej części naszego potencjału, jeśli nie zapuszczamy się bowiem na nieznane wody, rzeczywistość nie ma wielu okazji, aby zmuszać nas do skorzystania z drzemiących w nas zdolności. To prawda zarówno biologiczna, jak i konceptualna. Gdy eksplorujemy nieznane, gdy dobrowolnie wkraczamy w chaos – zbieramy nowe dane i na ich podstawie aktualizujemy samych siebie. To element konceptualny. Natomiast niedawne odkrycia naukowe mówią, że gdy organizm zostaje postawiony (lub sam stawia się) w nowej sytuacji, aktywowane zostają nowe geny w centralnym układzie nerwowym. Geny te kodują nowe białka. One z kolei służą jako budulec dla nowych struktur w naszym mózgu. Oznacza to, że drzemie w nas mnóstwo uśpionego potencjału, który obudzić można tylko przez zrezygnowanie ze stagnacji. Trzeba udawać się w nowe miejsca, poznawać nowe idee i wykonywać nowe czynności. W przeciwnym razie pozostajemy niekompletni, a życie jest wtedy trudniejsze niż mogłoby być.

Jeśli odważysz się powiedzieć „nie" swojemu szefowi, partnerowi czy swojej matce, w okolicznościach, które takiej postawy wymagają, zmieniasz się w kogoś, kto – gdy zajdzie taka potrzeba – *potrafi* powiedzieć „nie". Jeśli natomiast mówisz „tak", gdy należy powiedzieć „nie", zmieniasz się w kogoś zdolnego jedynie przytakiwać, nawet gdy sprzeciw jest bezdyskusyjnie właściwym posunięciem. Osoby, którym nie mieści się w głowie, jak zupełnie zwyczajni, porządni ludzie postawieni w roli strażników w obozach koncentracyjnych mogli dopuszczać się tak potwornych czynów, teraz znają odpowiedź. Gdy doszło do momentu, w którym należało powiedzieć stanowcze „nie", nie było już nikogo zdolnego to powiedzieć.

Za każdym razem, gdy sprzeniewierzasz się własnym wartościom, mówisz nieprawdę lub działasz w oparciu o kłamstwo, osłabiasz swój charakter. Jeśli będziesz miał słaby charakter, przytłoczą cię pierwsze przeciwności losu, na jakie natrafisz – a prędzej czy później, takie czy inne, na pewno się w twoim życiu pojawią. Możesz się ukrywać, lecz z czasem odnajdą twoją ostatnią kryjówkę. A wtedy ujrzysz siebie robiącego straszne rzeczy.

Tylko skrajnie cyniczna, pozbawiona nadziei filozofia może twierdzić, że jedyną drogą ulepszenia rzeczywistości jest jej fałszowanie. Taka filozofia osądza i potępia Istnienie. Potępia prawdę jako niewystarczającą, a człowieka uczciwego jako żyjącego złudzeniami. Taka filozofia zarazem krzewi i usprawiedliwia powszechną korupcję.

W takich okolicznościach to nie wizja jako taka czy też plan obmyślony dla urzeczywistnienia tejże wizji są winne niepowodzeń. Wizja przyszłości, jej stanu pożądanego, jest niezbędna. Łączy ona działania podejmowane tu i teraz z ważnymi, długoterminowymi, podstawowymi wartościami. Nadaje znaczenia teraźniejszości. Zapewnia ogólne ramy ograniczające niepewność i lęk.

Problem nie tkwi w wizji. Tkwi w rozmyślnej ślepocie. To najgorszy rodzaj kłamstwa żerującego na naiwnych racjonalizacjach. Rozmyślna ślepota to odmowa wiedzy dostępnej na wyciągnięcie ręki. To odmowa przyznania, że dźwięk pukania oznacza kogoś stojącego za drzwiami. To odmowa dostrzeżenia krwi rozlanej na dywanie czy trupa w szafie. To odmowa przyznania się do błędu w realizacji planu.

W każdej konkurencji obowiązują pewne zasady. Część z nich jest w te konkurencje wpisana – wyrażasz na nie zgodę samym udziałem. Pierwsza z tych zasad mówi, że konkurencja, w której uczestniczysz, jest dla ciebie ważna. Gdyby było inaczej, nie brałbyś w niej udziału. Udział w danej konkurencji definiuje ją więc jako ważną. Druga zasada mówi, że jeśli ruchy, które wykonujesz, przybliżają cię do zwycięstwa, są to ruchy właściwe. Jeżeli wykonany ruch osłabia twoje szanse na wygraną, jest to ruch z definicji zły. Powinieneś spróbować czegoś innego. Przypomnij sobie stare powiedzenie: szaleństwem jest robić wciąż to samo i oczekiwać różnych rezultatów.

Jeśli szczęście ci sprzyja, po popełnieniu błędu idziesz dalej i próbujesz czegoś innego. Jeśli to także się nie sprawdza, wprowadzasz kolejne korekty i znów próbujesz. W sprzyjających okolicznościach niewielkie usprawnienia mogą wystarczyć. Rozważne jest zatem zaczynać od drobnych zmian i obserwować, czy przynoszą pozytywne efekty. Czasem jednak błędna jest po prostu hierarchia wartości i konieczne jest wyburzenie jej całego gmachu. Nie obejdzie się bez przeformułowania danej konkurencji od podstaw. Oznacza to rewolucję, a tej zawsze towarzyszą chaos i strach. Decyzji o rewolucji nie należy podejmować pochopnie, ale w pewnych sytuacjach jest ona konieczna. Błędy wymagają poświęceń na rzecz ich naprawy, a poważne błędy wymagają poważnych poświęceń. Akceptacja prawdy równoznaczna jest z poświęceniem, a jeśli ta pierwsza odrzucana była przez długi czas, zdążyło się prawdopodobnie nazbierać sporo długu do spłacenia. Pożary lasów wypalają obumarłe drzewa i zwracają uwięzione w nich pierwiastki glebie. Bywa jednak, że pożary są sztucznie ugaszane. A przecież nie zatrzymuje to akumulacji obumarłych drzew. Prędzej czy później pożar wybuchnie ponownie, a wtedy las zapłonie ogniem tak potężnym, że zniszczy wszystko, co obejmie – nawet glebę, fundament leśnego ekosystemu.

Zaślepiony pychą racjonalny umysł, rozkochany we własnej bystrości i nieomylności, łatwo ulega pokusie ignorowania błędów i zamiatania problemów pod dywan. Przedstawiciele filozofii egzystencjalizmu, poczynając od Sørena Kierkegaarda, nazywali taki tryb Istnienia „nieautentycznym". Człowiek nieautentyczny nie przestaje postrzegać i działać w sposób, którego wadliwość obnażyły jego własne wcześniejsze doświadczenia. Człowiek nieautentyczny nie mówi własnym głosem.

„Czy ziściło się to, czego chciałem? Nie. Wobec tego mój cel lub metody jego osiągania najwidoczniej były błędne. Muszę się jeszcze wiele nauczyć" – oto głos autentyczności.

„Czy ziściło się to, czego chciałem? Nie. A zatem świat jest niesprawiedliwy. Ludzie są zazdrośni oraz zbyt głupi, aby mnie docenić. Ktoś lub coś jest winne, ale na pewno nie ja" – a oto głos nieautentyczności. Od niego niedaleko już do: „należy ich powstrzymać", „należy ich skrzywdzić" lub nawet „należy ich zniszczyć". Ilekroć słyszymy o czymś niesłychanie brutalnym, możemy być pewni, że takie właśnie idee znalazły gdzieś ujście.

Nie ma tutaj mowy o zrzucaniu winy za tego rodzaju postawę na podświadomość czy wyparcie. Zakłamana jednostka wie, kiedy kłamie. Może zamknąć oczy na konsekwencje swoich działań. Może odmawiać refleksji nad swoją przeszłością, której nie rozumie. Może nawet zapomnieć, że skłamała, a więc być nieświadoma tego faktu. Niemniej jednak w momencie popełniania każdego z błędów i unikania odpowiedzialności za poszczególne sprawy była doskonale świadoma tego, co robi. A grzechy nieautentycznych jednostek kumulują się i demoralizują społeczeństwo.

Ktoś głodny władzy ustanawia nową zasadę w twoim miejscu pracy. Niepotrzebną. Kontrproduktywną. Irytującą. Odbierającą część satysfakcji i poczucia własnej wartości, jakie czerpiesz z pracy. Ale ty wmawiasz sobie, że nie ma sensu się o to kłócić i nic z tym nie robisz. Za jakiś czas sytuacja się powtarza. Ale wskutek braku odwagi na reakcję poprzednim razem zdążyłeś już przywyknąć do takich ustępstw. Jesteś nieco mniej śmiały. Twój przeciwnik z kolei jest nieco silniejszy, a cała instytucja jest nieco bardziej zepsuta. Proces biurokratycznej stagnacji i ucisku zostaje uruchomiony, a ty, dołożyłeś do tego własną cegiełkę, ponieważ udawałeś, że wszystko jest w porządku.

Dlaczego się nie postawisz? Dlaczego nie powiesz: dość? Jeśli zobaczyliby to inni, równie bojaźliwi, być może znaleźliby odwagę cię poprzeć. Jeśli nie, być może przyszedł czas na rewolucję? Być może powinieneś poszukać pracy gdzie indziej, w środowisku, które nie deprawuje twojej duszy.

Cóż bowiem za korzyść stanowi dla człowieka zyskać świat cały, a swoją duszę utracić?[3].

Archipelag GUŁag to wielki dar Aleksandra Sołżenicyna dla ludzkości. Jedna z jego najcenniejszych części zawiera analizę bezpośredniego związku przyczynowo-skutkowego między patologią sowieckiego państwa zależnego od przymusowych obozów pracy (w których ginęły miliony ludzi) a niemal uniwersalną skłonnością szeregowych obywateli do fałszowania swoich codziennych osobistych doświadczeń, negowania własnego cierpienia generowanego przez aparat państwa, a tym samym – podtrzymywania dyktatów racjonalnego, owładniętego ideologią systemu komunistycznego. W opinii Sołżenicyna to właśnie samooszukiwanie i zakłamanie ułatwiało paranoicznemu masowemu mordercy, jakim był Józef Stalin, popełnianie jego przerażających zbrodni. Sołżenicyn okazał się tym odważnym i napisał prawdę, swoją własną, sowicie opłaconą katuszami w obozach prawdę, ukazując całemu światu kłamstwa sowieckiego państwa. Po publikacji *Archipelagu GUŁag* nikt rozumny nie śmiał już bronić ideologii komunistycznej. Nikt nie może już nigdy twierdzić, że „ZSRR za Stalina to nie był prawdziwy komunizm".

Victor Frankl, ocalały z nazistowskich obozów koncentracyjnych psychiatra i autor słynnej książki *Człowiek w poszukiwaniu sensu*, doszedł do podobnej konkluzji: *występowanie zakłamanych, nieautentycznych jednostek jest zwiastunem społecznego totalitaryzmu*. Sigmund Freud również uważał, że mechanizm wyparcia w istotny sposób przyczynia się do rozwoju chorób umysłowych (a różnica między wyparciem prawdy a kłamstwem jest kwestią stopnia, a nie kategorii). Alfred Adler zgadzał się, że kłamstwa szerzą chorobę. C.G. Jung zgadzał się, że problemy natury moralnej dręczyły jego pacjentów oraz że problemy te wynikały z życia w kłamstwie. Wszyscy ci myśliciele, wszyscy zajmujący się patologią sensu stricto, zarówno na poziomie jednostki, jak i kultury, doszukali się tej samej odpowiedzi: kłamstwa wypaczają strukturę Istnienia. Nieprawda

[3] Ewangelia wg św. Marka 8:36.

deprawuje duszę i społeczeństwo zarazem, a – co gorsza – obie te formy zepsucia wzajemnie się wzmacniają.

Ja również niejednokrotnie na własne oczy widziałem, jak początkowo zwyczajne egzystencjalne nieszczęście w połączeniu ze zdradą i oszustwem przeobraża się w istne piekło. Na przykład ledwie możliwy do opanowania kryzys rodzinny spowodowany wieściami o nieuleczalnej chorobie jednego z jej członków może przerodzić się w trudny do opisania koszmar powstały na skutek bezsensownych, małostkowych kłótni dorosłych dzieci chorego czy chorej. Nękani niezażegnanymi zaszłościami, gromadzą się wokół łoża śmierci niczym upiory i zamieniają tragedię w haniebny pokaz tchórzostwa i zgorzknienia.

Innym przykładem może być niezdolność syna do usamodzielnienia się, wykorzystywana przez matkę pragnącą ochronić go przed bólem i niepowodzeniami. On nigdy nie odchodzi, ona nigdy nie jest samotna. To toksyczna relacja wykształcająca się powoli w miarę postępu patologii pielęgnowanej tysiącami machnięć ręką i przytaknięć. Ona odgrywa rolę męczenniczki, skazanej na wieczne utrzymywanie swojego syna, niczym wampir żywiąc się współczuciem okazywanym jej przez przyjaciół. On przesiaduje w specjalnie dla niego zaadaptowanej do celów mieszkalnych piwnicy i użala się nad sobą samym oraz matczynym uciskiem. Z rozkoszą fantazjuje na temat zniszczenia, jakie mógłby zasiać na świecie, który odrzucił go za bojaźliwość i brak zaradności. Emocje kipią, aż przychodzi moment, w którym frustrat to zniszczenie rozsiewa. Wszyscy pytają wtedy: „Dlaczego?". A przecież mogli wiedzieć – po prostu nie chcieli.

Oczywiście nawet właściwie prowadzone życie może zostać przewrócone do góry nogami przez chorobę, zniedołężnienie czy inny rodzaj tragedii będącej poza naszą kontrolą. Depresja, zaburzenie dwubiegunowe i schizofrenia, podobnie jak rak, zależą od czynników biologicznych, na które jednostka nie ma natychmiastowego wpływu. Problemy nieodłącznie towarzyszące życiu wystarczają, aby osłabić, a czasem i złamać każdego z nas. Przypierają do muru, a później dobijają w chwili największej słabości. Nawet ten, kto maszeruje przez życie najpewniejszym krokiem, powinien brać pod uwagę możliwość potknięcia się o jakąś życiową przeszkodę i bolesnego upadku w egzystencjalne błoto. Jednak rodzinie, którą trzęsienie ziemi pozostawiło w ruinach, trudniej będzie się podnieść niż rodzinie zabezpieczonej silnymi więziami zaufania i solidarności. Naturalny słaby punkt czy życiowa rozterka, nieważne jak błahe, przy odpowiedniej dawce zakłamania zgromadzonego w jednostce, rodzinie czy społeczeństwie mogą ulec spotęgowaniu i przerodzić się w poważny kryzys.

Uczciwy duch ludzkości może nigdy nie zdołać utworzyć Raju na Ziemi. Może jednak zredukować cierpienie towarzyszące Istnieniu do akceptowalnego poziomu. Tragiczność Istnienia jest konsekwencją ograniczeń i kruchości definiujących ludzkie życie. Być może jest ono nawet ceną, jaką płacimy za samo Istnienie – jako że rzeczywistość musi być ograniczona, żeby w ogóle istnieć.

Byłem świadkiem, jak pewien mąż z wielką odwagą i realizmem zreformował swoje życie, aby poradzić sobie z postępującą, nieuleczalną demencją swojej żony. Krok po kroku wprowadzał kolejne zmiany. Zaczął akceptować oferty pomocy w sferach, w których jej potrzebował. Zamiast oszukiwać samego siebie co do pogarszającego się zdrowia żony, pogodził się ze stanem faktycznym i przyjął na własne barki brzemię, które na niego spadło. Widziałem, jak członkowie rodziny tej kobiety, w jej ostatnie dni, zgromadzili się i w pokrzepiający sposób odbudowali wzajemne relacje – bracia, siostry, wnuki oraz ojciec – w ramach częściowej, lecz cennej kompensaty za tę stratę. Byłem świadkiem, jak moja nastoletnia córka zmaga się z poważnymi problemami biodra i kostki i przez dwa lata cierpi nieustający, silny ból, po czym wychodzi z tego z duszą w jednym kawałku. Widziałem, jak jej młodszy brat dobrowolnie i bez skrywanej złości poświęca przyjaźnie i wiele okazji do udziału w rozmaitych atrakcjach towarzyskich, ponieważ woli być przy niej i przy nas w tym trudnym czasie. Otoczony miłością i wsparciem, podtrzymywany niezdeprawowanym charakterem, człowiek potrafi wykazać się niewyobrażalnym hartem ducha. Tym, czego unieść nie zdoła, jest kompletna ruina spowodowana tragedią i zakłamaniem.

Zdolność racjonalnego umysłu do oszukiwania, manipulowania, spiskowania, fałszowania, minimalizowania, wprowadzania w błąd, zdradzania, mijania się z prawdą, zaprzeczania, pomijania, racjonalizowania i wyolbrzymiania jest tak nieskończona, tak nieprawdopodobna, że przez stulecia myśli przednaukowej ludzie badający naturę moralności uznawali ją za jawnie demoniczną. Winowajcą nie jest tutaj racjonalizm. Racjonalizm może owocować jasnością i postępem. Problem bierze się z tego, że racjonalizm podlega zgubnej, acz potężnej pokusie – aby nadawać temu, co wie, status absolutu.

Aby doprecyzować, co to oznacza, raz jeszcze zwróćmy się do wybitnego poety Johna Miltona. W przeciągu tysięcy lat historii, świat Zachodu usnuł wokół swojego religijnego rdzenia fantazję o naturze zła rodem ze snu. Fantazja ta miała swojego protagonistę, antybohatera kompletnie oddanego dążeniom do zepsucia Istnienia. Milton wziął na siebie zadanie ustrukturyzowania i zawarcia esencji tej kolektywnej fantazji w formie opowieści i tchnął w nią życie w postaci Szatana – Lucyfera, „Nosiciela Światła". W swoim dziele opisuje elementarną pokusę Lucyfera oraz jej natychmiastowe konsekwencje:

Ponad równymi sobie i uwierzył,
Że Najwyższemu dorówna, gdy zechce
Opór Mu stawić; mając ów cel dumny
Rozpoczął wojnę bezbożną w Niebiosach,
Przeciw tronowi i królestwu Boga
Bój tocząc próżny. Moc najwyższa wówczas
W dół go strąciła i runął płonący
W bezdenną zgubę żaru i ruiny
Ohydnej, aby tam zostać w okowach
I ogniu kary, jako że się ważył
Wszechmogącego wyzywać do boju[4].

Lucyfer, w oczach Miltona – duch rozumu – był najbardziej niezwykłym spośród aniołów, które Bóg powołał do istnienia. Można to interpretować z perspektywy psychologicznej. Rozum to coś żywego. Żyje w każdym z nas. Jest od nas wszystkich starszy. Postrzegamy go jako byt osobowy, nie jako zdolność. Ma swoje cele, pokusy i słabości. Potrafi wznosić się wyżej i widzieć dalej niż jakikolwiek inny duch. Ale niestety rozum ma tendencję do zakochiwania się w samym sobie. Co gorsza, zakochuje się również w swoich własnych tworach. Wywyższa je i wielbi niczym prawdy absolutne. Dlatego właśnie Lucyfer jest duchem totalitaryzmu. Zostaje wygnany z Nieba i wtrącony do Piekła, ponieważ taka adoracja dla własnych poglądów, taka rebelia przeciw temu, co Najwyższe i Niepojęte, nieuchronnie prowadzi do Piekła.

Powtórzę raz jeszcze: najbardziej niebezpieczną pokusą wynikającą ze zdolności rozumowania jest gloryfikacja jej własnych możliwości, w skrajnym wydaniu prowadząca do przekonania, że w obliczu teorii stworzonych przez rozum niepotrzebne jest nic, co wykracza poza granice jego domeny. Taka gloryfikacja rozumu może pchnąć do przekonania, że wszystko, co istotne, zostało już odkryte; nic istotnego nie pozostaje dla nas tajemnicą. Jednak, co najważniejsze, oznacza to odrzucenie konieczności śmiałej, indywidualnej konfrontacji z Istnieniem. Co może nas ocalić? Totalitaryści odpowiedzą zasadniczo: „Musimy polegać na wierze

[4] J. Milton, *Raj utracony*, Kraków, Wydawnictwo Zielona Sowa, 2002, s. 11.

w to, co już wiemy". A przecież nie to daje ocalenie. *Ocalenia należy szukać w gotowości do uczenia się na podstawie tego, czego nie wiemy.* To wiara w możliwość przemiany człowieka. To wiara w poświęcenie naszej obecnej formy, aby otworzyć drzwi dla zaistnienia formy przyszłej, lepszej. Totalitaryści odrzucają tę ostateczną odpowiedzialność jednostki za Istnienie.

Odrzucenie to jest osią rebelii przeciw „Najwyższemu". To sama *definicja totalitaryzmu.* Wszystko, co należało odkryć, zostało już odkryte. Wszystko potoczy się dokładnie tak, jak zaplanowano. Wszelkie problemy znikną na zawsze, gdy tylko wprowadzi się idealny system. Wspaniały poemat Miltona okazał się proroczy. W miarę, jak rosnący na zgliszczach chrześcijaństwa racjonalizm przybierał na sile, widmo totalitaryzmu robiło się coraz wyraźniejsze. Mowa przede wszystkim o komunizmie, który uwiódł nie tyle uciskanych robotników – jego rzekomych beneficjentów – ile intelektualistów, czyli ludzi, którym ślepa wiara w potęgę intelektu dawała złudzenie wiecznej nieomylności. Niestety, obiecana utopia nigdy nie zaistniała. Zamiast niej ludzkość doświadczyła gehenny rosyjskiego stalinizmu, chińskiego maoizmu i reżimu Pol Pota w Kambodży; obywatele tych krajów zmuszeni byli okłamywać samych siebie, występować przeciwko własnym rodakom i umierać dziesiątkami milionów.

Jest taki stary dowcip o komunistycznej Rosji. Amerykanin umiera i trafia do piekła. Oprowadza go sam Szatan. Mijają wielki kocioł. Amerykanin zagląda do środka, gdzie widzi multum nieszczęśników, smażących się w gorącej smole. Ilekroć próbują wydobyć się na zewnątrz, stojące na brzegach demony niższej rangi zaciekle dźgają ich widłami i zrzucają z powrotem w bulgocącą maź. Amerykanin jest wyraźnie wstrząśnięty. Widząc to, Szatan wyjaśnia: „Tutaj umieszczamy grzesznych Anglików". Ruszają dalej. Wkrótce napotykają drugi kocioł, większy i bardziej rozgrzany. Amerykanin zagląda do środka. Ten także jest pełen nieszczęśników, z tym że wszyscy mają na głowach berety. Podobnie jak przedtem, tak i tu demony nie pozwalają nikomu wydostać się na zewnątrz. „Tutaj umieszczamy grzesznych Francuzów", mówi Szatan. Nieopodal widnieje kolejny, trzeci kocioł. Jest jeszcze większy i rozgrzany do czerwoności. Bije od niego taki żar, że Amerykanin ledwie może się do niego zbliżyć. Szatan jednak nalega, więc nowicjusz i tam zagląda. Kocioł aż po brzegi wypełniony jest grzesznikami ledwie widzialnymi pod powierzchnią gotującej się cieczy. Od czasu do czasu komuś udaje się desperacko wynurzyć i dosięgnąć wierzchniej krawędzi. Co dziwne, brzegów tego największego z kotłów nikt nie pilnuje, a mimo to niedoszli uciekinierzy po chwili znów znikają pod powierzchnią smoły. Amerykanin pyta: „A gdzie demony pilnujące, aby nikt nie uciekł?". „Tutaj umieszczamy Rosjan. Gdy jakiś próbuje się wydostać, inni wciągają go z powrotem", wyjaśnia Szatan.

Milton był zdania, że uparta odmowa zmiany w obliczu błędu oznaczała nie tylko wydalenie z nieba i, co za tym idzie, coraz głębszy upadek w czeluści piekła, lecz także odrzucenie zbawienia w ogóle. Szatan doskonale wie, że nawet gdyby gotów był poszukać pojednania, a Bóg byłby skłonny go nim obdarzyć, powtórna rebelia byłaby jedynie kwestią czasu, ponieważ on sam nie chce się zmienić. Być może to właśnie ten motywowany pychą upór kryje się za tajemniczym, niewybaczalnym grzechem przeciwko Duchowi Świętemu:

Żegnajcie, szczęśliwe Pola,
gdzie radość żyje wiekuista:
Witaj mi, grozo, witaj, świecie piekieł;
A ty, najgłębsza z piekielnych otchłani,
Przyjmij nowego pana, gdyż przybywa,
Przynosząc umysł, którego nie zmienią
Czas ni siedziba[5].

To wizja daleka od wymarzonego życia pozagrobowego. To nie żadna patologiczna kraina poegzystencjalnych tortur dla wrogów politycznych. To abstrakcyjna idea, a abstrakcje są często bardziej prawdziwe niż to, co reprezentują. Idea zakładająca, że w jakimś metafizycznym sensie piekło istnieje, jest nie tylko pradawna i przekonująca, lecz także zwyczajnie prawdziwa. Piekło jest wieczne. Istniało zawsze i istnieje nadal. To najbardziej pusty, pozbawiony nadziei i przesiąknięty złem rejon zaświatów chaosu pełen sfrustrowanych, zgorzkniałych ludzi.

Umysł jest dla siebie siedzibą
Może sam w sobie przemienić
Piekło w Niebiosa, a Niebiosa w piekło[6].
[...]
Możemy władać tu bezpiecznie. Sądzę,
Że warto władać w piekle, bowiem lepiej
Być władcą w piekle niż sługą w Niebiosach[7].

---

[5] Ibidem, 17.
[6] Ibidem.
[7] Ibidem, 18.

Ci, którzy dostatecznie długo dopuszczali się kłamstw, w słowie i czynach, żyją tam, w piekle – w tym momencie. Spotkasz ich na każdej zatłoczonej ulicy. Miej oczy otwarte i bacznie obserwuj. Prędko ich dostrzeżesz. To ludzie, których instynktownie omijasz z daleka. To ludzie, którzy na samo spojrzenie momentalnie zmieniają wyraz twarzy na groźny. Jest też drugi rodzaj przeklętych, którzy w takiej sytuacji, zawstydzeni, pośpiesznie odwracają wzrok. Widziałem, jak doszczętnie zniszczony życiem alkoholik zareagował dokładnie w ten sposób, spostrzegłszy, że przygląda mu się moja kilkuletnia córka. W jej oczach zobaczył mieszankę szoku i smutku będącą odzwierciedleniem jego znędzniałego stanu – a tego widoku zwyczajnie nie potrafił znieść.

To zakłamanie spycha ludzi do poziomu żałosności, który przekracza nawet ich własne granice tolerancji. To zakłamanie wypełnia ludzkie dusze frustracją i mściwością. To zakłamanie jest źródłem tragicznego cierpienia ludzkości: nazistowskich obozów śmierci; ludobójstw Stalina; i tych jeszcze gorszego potwora, Mao. To zakłamanie zabiło setki milionów ludzi w XX wieku. To zakłamanie omal nie zgubiło całej cywilizacji. To zakłamanie nadal pozostaje jednym z najpoważniejszych zagrożeń wiszących dziś nad człowiekiem.

Antidotum: Prawda

Co następuje, gdy zamiast tego postanawiamy przestać kłamać? Co to w ogóle oznacza? Dysponujemy przecież ograniczoną wiedzą. Musimy podejmować decyzje, tu i teraz, mimo że najlepszych celów i najskuteczniejszych metod ich osiągania nigdy nie da się ustalić z całkowitą pewnością. Obrany cel czy ambicja zapewniają strukturę niezbędną do działania. Cel wyznacza kierunek, punkt odniesienia względem teraźniejszości oraz kontekst, w obrębie którego należy wszystko rozpatrywać. Cel definiuje postęp i czyni ten postęp ekscytującym. Cel redukuje egzystencjalny niepokój, ponieważ gdy nie mamy celu, każde działanie może znaczyć dla nas wszystko lub nie znaczyć nic, a żadna z tych alternatyw nie sprzyja spokojowi ducha. Musimy zatem myśleć, planować i ryzykować, aby w ogóle żyć. Jak w takim razie wyobrażać sobie przyszłość i obierać drogę bez popadania przy tym w pułapkę totalitarnej pychy rozumu?

Pomocne w doborze celów może być poleganie na tradycji, przynajmniej częściowe. Dopóki nie ma bardzo silnych przesłanek wskazujących inaczej, rozsądnie jest robić to, co inni ludzie robili od zawsze. Rozsądne jest zdobyć wykształcenie i pracę, pokochać kogoś i założyć rodzinę. W ten sposób kultura zachowuje ciągłość. Ważne jest jednak, abyś mierzył w swój cel, jakkolwiek zgodny z tradycją, z szeroko otwartymi oczami. Obrałeś kierunek, ale nie masz pewności, czy właściwy. Mogłeś zostać wywiedziony na manowce przez własną ignorancję – lub, co gorsza, przez wewnętrzne, niedostrzeżone zepsucie. Staraj się więc przykładać wagę nie tylko do tego, co wiesz, lecz także do tego, co pozostaje ci nieznane. Zachowuj czujność i obserwuj swoje działania. Nie zajmujmy się drzazgą w oku brata, kiedy mamy belkę we własnym[8]. Oto droga do wzmocnienia własnego ducha, aby potrafił unieść brzemię egzystencji, a pośrednio wzmocnił również społeczeństwo.

Starożytni Egipcjanie rozumieli to już przed tysiącami laty, choć wiedza ta pozostawała u nich wcielona w tradycyjną narrację[9]. Wyznawali Ozyrysa, mitologicznego twórcę państwa i boga tradycji. Ozyrys okazał się jednak nie dość przenikliwy i został obalony, a następnie wygnany w zaświaty przez Seta, swojego spiskującego brata stojącego po stronie zła. Egipcjanie zawarli w tym micie fakt, że organizacje społeczne z czasem ulegają skostnieniu i rozmyślnej ślepocie. Ozyrys, chociaż mógł, nie chciał dostrzec nikczemnego charakteru swojego brata. Set cierpliwie wyczekiwał, po czym, gdy nadarzył się odpowiedni moment, przypuścił atak. Rozbił Ozyrysa w drobny pył i rozrzucił jego boskie cząstki po całym królestwie. Ducha pokonanego brata zesłał do zaświatów. Dołożył wszelkich starań, aby maksymalnie utrudnić Ozyrysowi odzyskanie sił.

Na szczęście prawowity król nie musiał stawiać czoła Setowi w pojedynkę. Egipcjanie wyznawali także Horusa, syna Ozyrysa. Horus przybrał bliźniacze formy sokoła – stworzenia o najbystrzejszym wzroku – oraz do dziś słynnego hieroglificznego oka (o którym wspominałem już w Zasadzie 7). Ozyrys symbolizuje tradycję, przestarzałą i rozmyślnie ślepą. Jego syna, Horusa, cechowała natomiast zarówno zdolność, jak i skłonność do widzenia. Był bogiem uwagi i skupienia. To nie to samo co racjonalizm. Dzięki uwadze i skupieniu Horusowi udało się przejrzeć i zwyciężyć złego wuja, choć za wygraną przyszło mu zapłacić wysoką cenę. Zanim Set został pokonany i wygnany z królestwa, pozbawił bratanka jednego oka. Ostatecznie triumfujący Horus nie tylko odzyskał oko, lecz także zdobył się na coś doprawdy niebywałego: *dobrowolnie udał się do zaświatów i obdarował okiem swojego ojca.*

---

8 Ewangelia wg św. Łukasza 6:41.

9 Opisuję to dokładnie w: J.B. Peterson, *Mapy sensu. Architektura przekonań*, Wrocław, Freedom Publishing, 2021.

Co przez to rozumieć? Po pierwsze, styczność ze złem i niegodziwością niesie ze sobą dość grozy, aby okaleczyć nawet wzrok boga; po drugie, *baczny syn może przywrócić wzrok swojemu ojcu*. Choć kulturę stworzył duch wielkich ludzi żyjących w odległej przeszłości, wiecznie pozostaje ona w stanie bliskim śmierci. Między przeszłością a teraźniejszością biegnie bowiem czas. Przeszłe mądrości ulegają erozji lub stają się przestarzałe w odniesieniu do daleko idących różnic między warunkami aktualnymi a dawnymi. To konsekwencje samego upływu czasu oraz zmian, jakie za sobą pociąga. Oprócz tego kultura i zakumulowana w niej mądrość podatna jest na korupcję – rozmyślą ślepotę i diaboliczne intrygi. W efekcie nieunikniony spadek przydatności instytucji pozostawionych nam w schedzie przez przodków zostaje dodatkowo przyspieszony przez nasze niewłaściwe postępowanie w teraźniejszości.

Naszą odpowiedzialnością jest widzieć to, co jawi się przed naszymi oczami, patrzeć na to ze śmiałością i wyciągać stosowne do sytuacji wnioski, nawet jeśli widok jest przerażający – nawet jeśli samo patrzenie wzbudza grozę, która rani naszą świadomość i częściowo nas oślepia. Zdolność widzenia jest szczególnie istotna, gdy podkopuje poglądy, które znamy i na których polegamy, irytuje nas i burzy nasz obraz świata. To akt widzenia informuje jednostkę i aktualizuje społeczeństwo. Będąc tego świadomym, Nietzsche powiedział kiedyś, że wartość człowieka determinowana jest ilością prawdy, jaką zdolny jest znieść. W żadnym razie nie jesteś jedynie tym, co już wiesz. Jesteś też tym wszystkim, co mógłbyś wiedzieć, gdybyś tylko zechciał. Dlatego nigdy nie powinieneś poświęcać tego, czym możesz być, na rzecz tego, czym jesteś. Nie powinieneś rezygnować z drzemiącego w tobie potencjału dla osiągniętego już bezpieczeństwa – tym bardziej, jeżeli choćby na moment udało ci się już dostrzec, co leży w twoim zasięgu.

W tradycji chrześcijańskiej Chrystus utożsamiany jest z Logos. Logos to Słowo Boże. Słowo, które u zarania świata przemieniło chaos w porządek. W Swojej ludzkiej formie Chrystus dobrowolnie poświęcił Swoje życie w imię prawdy, w imię dobra, w imię Boga. Umarł, aby potem się odrodzić. Słowo, które tworzy Porządek z Chaosu, poświęca wszystko, nawet samo siebie, dla Boga. To pojedyncze zdanie, zawierające mądrość, której nie sposób objąć rozumem, wyraża sedno chrześcijaństwa. Uczenie się to proces śmiercionośny. Każda nowa informacja podważa dotychczasowe poglądy, spycha je w chaos, z którego rodzą się na nowo, w odmienionej, lepszej postaci. Bywa, że takie wewnętrznie przeżyte śmierci kompletnie nas wyniszczają. W takich przypadkach możemy już nigdy nie dojść do siebie, a jeśli nawet, to kompletnie przeobrażeni. Mój dobry przyjaciel odkrył kiedyś, że jego żona, z którą żył od wielu lat, ma romans. Był to dla niego kompletny szok, który wtrącił go w głęboką depresję. Przeniósł się w zaświaty. Pewnego razu powiedział mi: „Zawsze myślałem, że ludzie cierpiący na depresję powinni po prostu odrzucić negatywne myśli i zacząć żyć. Nie miałem pojęcia, o czym mówię". Ostatecznie udało mu się powrócić z otchłani załamania. Pod wieloma względami jest innym człowiekiem – myślę, że mądrzejszym i lepszym. Zrzucił dwadzieścia kilogramów wagi. Przebiegł maraton. Udał się w podróż do Afryki i wspiął na Kilimandżaro. Zamiast zejścia do Piekła – wybrał odrodzenie.

Bądź ambitny, nawet jeśli nie jesteś pewien, do czego dążyć. Na pewno lepiej jest, gdy ambicje dotyczą rozwoju charakteru i umiejętności, a nie statusu czy władzy. Status możesz stracić. Charakter zabierasz ze sobą wszędzie, gdzie się udajesz; wspomaga cię w walce z wszelkimi trudnościami. Skoro to wiesz, przywiąż linę do skały. Wybierz spory kamień, ciśnij go przed siebie i podciągaj się ku niemu. Krocząc naprzód, obserwuj otoczenie. Precyzyjnie objaśniaj to, czego doświadczasz, zarówno samemu sobie, jak i innym. Dzięki temu nauczysz się skuteczniej i wydajniej podążać w kierunku swoich celów. A w trakcie drogi trzymaj się prawdy, przy czym przede wszystkim – nie okłamuj samego siebie.

Jeżeli zaczniesz przykładać uwagę do tego, co robisz i mówisz, nauczysz się odczuwać stan wewnętrznego podziału i słabości, ilekroć przyłapiesz się na niewłaściwych czynach lub słowach. Rozpoznasz go jako odczucie cielesne, nie jako myśl. Sam, kiedy robię albo mówię coś nieroztropnego, czuję się, jak gdybym tonął lub, w gorszych przypadkach, jak gdybym był rozrywany na pół. Zmysł ten wydaje się ulokowany w moim splocie słonecznym, gdzie znajduje się spore zagęszczenie wiązek nerwów. Nauczyłem się rozpoznawać, kiedy kłamię, w rzeczy samej, przez zwracanie uwagi na pojawiający się tam dyskomfort, który świadczy o nieprawdzie. Często mijało sporo czasu, zanim udało mi się wykryć oszustwo. Niekiedy próbowałem zasłonić swoją własną ignorancję na dany temat. Niekiedy posługiwałem się cudzymi słowami, aby unikać odpowiedzialności samodzielnego myślenia.

Jeżeli będziesz uważny w dążeniu do celu, zbliżysz się do niego. Co jednak ważniejsze, pozyskasz informacje, które umożliwią modyfikację samego celu. Totalitarysta nigdy nie zadaje sobie pytania: „A co, jeśli moja aktualna ambicja jest błędna?". Skądże – on ją uznaje za Absolut. Na dobrą sprawę staje się ona jego Bogiem. Przybiera status jego najwyższej wartości. Reguluje jego emocje i motywację oraz determinuje jego myśli. Wszyscy ludzie służą swoim ambicjom. W tym sensie ateiści nie istnieją. Są tylko ci, którzy wiedzą, jakiemu Bogu się poświęcają, i ci, którzy tego nie wiedzą.

Jeśli oddajesz się całkowicie, uparcie i ślepo realizacji obranego celu, przymykając oczy na wszystko inne, pozbawiasz się szansy na dostrzeżenie innego celu, który lepiej odpowiada zarówno twoim potrzebom, jak i potrzebom społeczeństwa. Oto, co poświęcasz, gdy nie mówisz prawdy. W sytuacji przeciwnej, gdy pozostajesz wierny prawdzie, ty posuwasz się naprzód, a twoje wartości ewoluują. Jeśli otworzysz się na sygnały wysyłane ci przez rzeczywistość za każdym razem, gdy napotykasz trudności, twój obraz tego, co wartościowe, będzie się zmieniał. Czasem wystarczy nieznaczne skorygowanie kursu, a czasem nie obejdzie się bez radykalnej zmiany kierunku.

Wyobraź sobie, że uczęszczasz na studia techniczne, bo tak wymarzyli sobie twoi rodzice – ale nie ty. Zabiegasz o realizację celów innych od twoich własnych preferencji, trudno więc będzie ci znaleźć motywację i działać owocnie. Napotkasz problemy z koncentracją i samodyscypliną, na które nie znajdziesz lekarstwa. Twoja dusza odrzuci tyranię twojej woli (bo tak chyba najtrafniej to ująć). Dlaczego w ogóle się na to godzisz? Zapewne nie chcesz sprawić zawodu swoim rodzicom (choć, jeśli wylecisz ze studiów, wyjdzie na to samo). Być może brakuje ci odwagi, aby wywołać konflikt będący niezbędnym krokiem na drodze ku wolności. Być może nie chcesz porzucić dziecinnej wiary w omnipotencję rodziców i gotów jesteś nadal łudzić się, że jest ktoś, kto zna cię lepiej niż ty sam i kto w dodatku doskonale rozumie świat. Skłonny jesteś izolować się w ten sposób od totalnego egzystencjalnego osamotnienia towarzyszącego indywidualnemu Istnieniu oraz wynikającej z niego odpowiedzialności. To wszystko powszechne i zrozumiałe powody. Co nie zmienia faktu, że cierpisz – ponieważ w głębi serca czujesz, że nie jest ci pisane zostać inżynierem.

Przychodzi jednak dzień, gdy mówisz: dość. Rzucasz studia. Robisz przykrość rodzicom. Uczysz się z tym żyć. Zaczynasz konsultować się tylko z samym sobą, mimo że wiąże się to z koniecznością polegania na własnych decyzjach. Zapisujesz się na kierunek, o którym zawsze marzyłeś – filozofię. Akceptujesz ciężar własnych błędów. Stajesz się pełnowartościową osobą. Odrzucasz wizję swego ojca i tworzysz własną. Taka wersja zdarzeń gwarantuje, że zanim twoich rodziców dosięgnie ząb czasu, zdążysz usamodzielnić się i nabrać pewności w dorosłym życiu – dzięki czemu, gdy przyjdzie moment, w którym zaczną potrzebować oparcia, znajdą je w tobie. Jak widać – oni też zyskują. Obie te korzyści należało opłacić ceną konfliktu wywołanego przez twój szacunek do prawdy. W relacji św. Mateusza Chrystus następującymi słowami podkreśla rolę prawdy wypowiadanej: „Nie sądźcie, że przyszedłem pokój przynieść na ziemię. Nie przyszedłem przynieść pokoju, ale miecz”[10].

Jeśli chcesz wieść życie w zgodzie z prawdą objawiającą ci się na co dzień, będziesz musiał zaakceptować i radzić sobie z konfliktami, jakie niesie ze sobą taki tryb Istnienia. Dzięki takiemu postępowaniu będziesz stawał się coraz dojrzalszy i coraz bardziej odpowiedzialny, zarówno w sprawach drobnych (nie lekceważ ich znaczenia), jak i tych najwyższej wagi. Przez konsekwentne wykrywanie i korygowanie błędów, które niewątpliwie wystąpią, z większą skrupulatnością będziesz podchodził do swoich nowych, mądrzej obieranych celów, i nabierzesz wprawy w ich formułowaniu. W miarę przekuwania kolejnych doświadczeń w mądrość, twoje pojęcie na temat tego, co wartościowe, stanie się coraz trafniejsze. Twój chwiejny krok zmieni się w pewny marsz w stronę dobra – dobra, którego nie byłbyś w stanie pojąć czy nawet zidentyfikować, gdybyś na przekór wszelkim dowodom zawzięcie tkwił w przekonaniu, że od początku miałeś absolutną rację.

Jeśli rzeczywistość to coś dobrego, najczystsza i najwłaściwsza forma relacji z nią również musi być dobra. Jeśli natomiast rzeczywistość to coś złego, jesteś zgubiony. Nic ci nie pomoże – z pewnością nie małostkowe bunty, mętne myśli i obskurancka ślepota towarzyszące zakłamaniu. Czy rzeczywistość to coś dobrego? Aby się tego dowiedzieć, musisz narazić się na ogromne ryzyko. Wybierz między życiem w prawdzie a życiem w zakłamaniu. Następnie zmierz się z konsekwencjami tego wyboru i wyciągnij własne wnioski.

Oto tak zwany akt wiary, na którego konieczność wskazywał duński filozof Kierkegaard. Niczego, co należy do domeny przyszłości, nie można być pewnym. Nawet najbardziej adekwatny z przykładów nie jest dostatecznym dowodem, jeśli weźmie się pod uwagę unikalność okoliczności. Każdą historię sukcesu podawaną jako wzór do naśladowania można wyjaśnić uśmiechem losu. Dlatego też, aby znaleźć odpowiedź na to egzystencjalne pytanie, musisz zaryzykować własne wyjątkowe i niepowtarzalne, indywidualne życie. To właśnie ten szczególny rodzaj ryzyka starożytni określali poświęceniem woli osobistej na rzecz woli Bożej. Nie należy tego postrzegać jako aktu poddaństwa (przynajmniej nie w dzisiejszym rozumieniu tego słowa). Wręcz przeciwnie – to akt najwyższej odwagi. To wiara w korzystny wiatr, który zaniesie twój statek do nowego, lepszego portu. To wiara w naprawę Istnienia przez rozwój. To sam duch eksploracji.

Być może pomocne okaże się wyobrażenie sobie tego w następujący sposób: każdy potrzebuje konkretnego, zdefiniowanego celu – ambicji – aby

[10] Ewangelia wg św. Mateusza 10:34.

ograniczyć chaos i znaleźć w życiu wyraźny, odczuwalny sens. Jednak wszystkie tego typu konkretne cele mogą i powinny podlegać pod coś, co można określić meta-celem, polegającym na obraniu przemyślanego, kompleksowego systemu formułowania i osiągania celów. Ten meta-cel mógłby brzmieć: „żyj w zgodzie z prawdą", przez co rozumie się: „sumiennie podążaj w kierunku jakiegoś precyzyjnie zdefiniowanego, aktualnego planu. Przyjmij jasne i adekwatne kryteria oceny wyników (niezbędne jest, aby były one jasne dla ciebie, ale jeszcze lepiej byłoby, gdyby ludzie wokół także wiedzieli, dokąd zmierzasz, potrafili osądzić, jak ci idzie, i mogli wspomóc cię radą). Reprezentuj prawdę w czynach i słowach, ale nie zapominaj, aby zwracać uwagę na okazje oferowane ci przez świat i twojego ducha". Oto kombinacja pragmatycznej ambicji i najodważniejszej formy wiary.

Życie jest cierpieniem. Budda stwierdził to wyraźnie. Chrześcijanie wyrażają to samo stanowisko symbolicznie, za pomocą krzyża. Wiara żydowska również nasycona jest tym przeświadczeniem. Nierozłączność życia i jego ograniczeń to podstawowy, nieunikniony fakt towarzyszący egzystencji. Kruchość naszego Istnienia czyni nas podatnymi na udręki powodowane społeczną krytyką lub pogardą oraz nieuchronnym rozpadem naszych ciał. Jednak nawet wszystkie te odmiany cierpienia, choć bezsprzecznie zatrważające, nie wystarczają, aby skazić świat zepsuciem i przeobrazić go w Piekło, tak jak uczynili to naziści, maoiści i staliniści w XX wieku. Aby tak doszczętnie zdeprawować świat, jak bez ogródek pisał Hitler, potrzebne jest kłamstwo:

> W wielkim kłamstwie zawsze drzemie swoista moc wiarygodności; ponieważ szerokie masy narodu łatwiej skorumpować na głębszym poziomie ich emocjonalnej natury niż w sposób świadomy czy dobrowolny; a przeto w prymitywnej prostocie ich umysłów bardziej skłonni są padać ofiarami wielkiego kłamstwa niż kłamstwa małego – sami regularnie dopuszczają się bowiem małych kłamstw w drobnych sprawach, lecz wstydziliby się uciekać do fałszu na dużą skalę. Nigdy nie przyszłaby im do głowy fabrykacja kolosalnych nieprawd, nie uwierzyliby też, że inni mogą być na tyle zuchwali, aby w tak haniebny sposób wypaczać prawdę. Nawet skonfrontowani z faktami dowodzącymi takiej możliwości powątpiewaliby w prawdziwość tych faktów i doszukiwali się jakiegoś innego wyjaśnienia[11].

[11] A. Hitler, *Mein Kampf*, przekł. na j. ang., M. Roberto, Independently Published, 1925/2017, s. 172–173.

Aby zaś wielkie kłamstwo trafiło na podatny grunt, najpierw muszą pojawić się mniejsze kłamstwa. Małe kłamstwo to metaforyczny odpowiednik przynęty, na którą Ojciec Kłamstwa łapie swoje ofiary. Ludzka zdolność wyobraźni sprawia, że potrafimy tworzyć w naszych umysłach alternatywne światy. Jest ona największym źródłem naszej kreatywności. Niestety, zdolność ta ma swoją ciemną stronę: potrafimy zwodzić siebie i innych i wierzyć oraz zachowywać się tak, jak gdyby rzeczywistość była inna, niż faktycznie jest.

No bo niby dlaczego nie mielibyśmy korzystać z talentu do kłamania? Dlaczego nie mielibyśmy mącić i manipulować dla własnych korzyści, dla złagodzenia atmosfery czy celem uniknięcia konfliktu bądź zranienia czyichś uczuć? Rzeczywistość ma swoje okrutne oblicze: czy naprawdę musimy stawiać czoła jej paskudnej paszczy w stanie pełnej świadomości, dwadzieścia cztery godziny na dobę, siedem dni w tygodniu, przez całe życie, bez chwili wytchnienia? Dlaczego nie odwrócić wzroku, przynajmniej wtedy, gdy widok jest zwyczajnie nie do zniesienia?

Powód jest prosty. *Nic nie jest wieczne*. Co działało wczoraj, nie musi nadal działać dziś. Odziedziczyliśmy po naszych przodkach wspaniałą maszynerię instytucji kulturowych i społecznych, która sama w sobie jest jednak martwa, a tym samym – niezdolna do reagowania na zachodzące zmiany. *Tylko żywi potrafią reagować*. My możemy otworzyć oczy i zmodyfikować to, co konieczne, a jednocześnie wykonalne – i w ten sposób utrzymać cały system na chodzie. Możemy też jednak udawać, że wszystko jest w najlepszym porządku, ignorować ewidentne usterki, a potem przeklinać los, gdy nic nie idzie po naszej myśli.

Nic nie jest wieczne: oto jedno z największych odkryć ludzkości. Co więcej, przez ślepotę, bezczynność i zakłamanie sami dodatkowo przyspieszamy naturalny proces niszczenia. Bez stałego doglądu, opieki i dbałości kultura ulega rozkładowi i umiera, a zło zwycięża.

Gdy postępujesz kłamliwie (a większość kłamstw znajduje reprezentację właśnie w czynach, a nie w słowach), dostrzegasz ledwie ułamek swojego występku. Kłamstwo natychmiast wypuszcza swoje macki w wielu kierunkach. Jego toksyczny wpływ na świat można porównać do pojedynczej kropli ścieków w butelce najbardziej wykwintnego szampana. Kłamstwo najlepiej traktować jako coś żywego i rosnącego.

Gdy kłamstwa nabierają dostatecznej wagi i częstości występowania, świat ulega zepsuciu. Jeśli jednak przyjrzymy się wystarczająco dokładnie, największe z kłamstw składają się z mniejszych, te zaś z jeszcze mniejszych – a docierając do najmniejszego z nich znajdujemy jednocześnie źródło największego. Nie chodzi o samo przeinaczanie faktów. Chodzi o akt noszący w sobie pierwiastek najbardziej wywrotowego spisku, jaki kiedykolwiek zawładnął rasą ludzką. Jego rzekoma nieszkodliwość, trywialna podłość, płytka arogancja, która daje mu początek, pozornie błahe uchylanie się od odpowiedzialności będące jego celem – wszyscy ci sekundanci kłamstwa skutecznie kamuflują jego prawdziwą naturę, poważne zagrożenie, jakie niesie ze sobą, oraz jego podobieństwo do potężnych aktów zła, jakich człowiek się dopuszcza, nierzadko z satysfakcją. Kłamstwa wnoszą do świata zepsucie. Co gorsza, zepsucie to nie jest efektem ubocznym kłamstw, lecz ich prawdziwym celem.

Najpierw niewinne kłamstewko, po nim kilka kolejnych niewinnych kłamstewek, aby prawda nie wyszła na jaw. Dalej – wypaczone myślenie jako mechanizm obronny przed poczuciem wstydu, jakie te kłamstwa wzbudzają, i kolejne kłamstwa, aby ukryć konsekwencje tego wypaczonego myślenia. Następny krok to przemiana tych odtąd niezbędnych kłamstw, przez ich powtarzalność, w zautomatyzowane, wyspecjalizowane, osadzone w neurobiologicznej strukturze umysłu „podświadome" przekonania i działania. W dalszej kolejności zepsucie obejmuje nasze doświadczenia, ponieważ działania oparte na fałszu nie przekładają się na oczekiwane rezultaty. Możesz nie wierzyć w murowane ściany, ale nie uchroni cię to od obrażeń odniesionych na skutek zderzenia z takową. Aby zachować spójność przekonań, będziesz wtedy przeklinał rzeczywistość – za to, że ściana istnieje.

Następnym etapem jest arogancja i poczucie wyższości, które niechybnie towarzyszą płodzeniu skutecznych kłamstw (*hipotetycznie* skutecznych kłamstw – i tu leży jedno z największych zagrożeń: z pozoru wszyscy wydają się oszukani, a zatem wszystkich poza mną można uznać za głupców. Skoro wszyscy są głupi i nie potrafią przejrzeć *moich* kłamstw – mogę robić, co chcę, i za nic nie odpowiadać). Z czasem do naszej podświadomości przesiąka wniosek niedający się zignorować: „samo Istnienie jest podatne na moje manipulacje. Wobec tego nie zasługuje na szacunek".

Oto moment, w którym wszystko rozsypuje się, jak Ozyrys, w drobny pył. Oto, jak struktura człowieka lub społeczeństwa rozpada się pod wpływem złowieszczej siły. Oto chaos zaświatów wyłaniający się niczym potop, aby wchłonąć pobliski ląd. To jednak nadal nie Piekło.

Piekło pojawia się później. Piekło pojawia się, gdy kłamstwa zniszczą więzi między jednostką lub społeczeństwem a rzeczywistością. Wszystko się wali. Życie ulega degeneracji. Gdzie nie spojrzeć, widać frustrację i zawód. Nadzieja raz za razem okazuje się zdradliwa. Kłamliwy człowiek w desperacji próbuje odzyskać względy Boga, ale – tak jak Kain – bez skutku. Wtedy rozpoczyna się ostatni akt tego przygnębiającego spektaklu.

Człowieka dręczonego ciągłymi porażkami ogarnia zgorzknienie. Z mieszanki niepowodzeń i rozczarowań powstaje fantazja: *światu zależy na moim cierpieniu, na mojej klęsce, na mojej zgubie.* A ja potrzebuję zemsty – zasługuję na nią i pożądam jej. Oto wrota Piekieł. Oto moment, w którym zaświaty – obce, przerażające miejsce – stają się cierpieniem.

Według wspaniałej tradycji Zachodu u zarania dziejów Słowo Boże zmieniło chaos w Istnienie przez akt mowy. Aksjomatem w tej tradycji jest, że mężczyzna i kobieta zostali stworzeni na obraz i podobieństwo Boga. My także potrafimy mową zmieniać chaos w Istnienie. Przekształcamy mnogość przyszłych szans w rzeczywistość – przeszłą i teraźniejszą.

Mówić prawdę oznacza powoływać do istnienia najlepszą z dostępnych rzeczywistości. Na fundamencie prawdy wznosi się gmachy tak trwałe, że zdolne przetrwać tysiące lat. Prawda karmi i odziewa ubogich, narody zaś czyni bogatymi i bezpiecznymi. Prawda redukuje przytłaczającą złożoność człowieka do jego słów, dzięki czemu może stać się partnerem, a nie wrogiem. Prawda sprawia, że przeszłość faktycznie odchodzi w przeszłość i nie przeszkadza w najlepszym wykorzystywaniu przyszłego potencjału. Prawda jest podstawowym, niewyczerpalnym bogactwem naturalnym – światłem w ciemności.

Dostrzegaj prawdę. Mów prawdę.

Prawda nie ukaże ci się w przebraniu opinii innych, ponieważ nie jest ani zbiorem sloganów, ani ideologią. Prawda nie ma postaci innej niż osobista. Twoja prawda to coś, co tylko ty możesz wypowiedzieć, coś wynikłego z unikalnych okoliczności twojego życia. Pojmij ją. Przekazuj ją uważnie, językiem konkretnym i zrozumiałym, zarówno sobie, jak i innym. Zapewni ci to poczucie bezpieczeństwa i pełniejszego życia zgodnego ze strukturą twoich aktualnych przekonań. A oprócz tego obdarzy cię szczodrobliwością przyszłości zastępującej pewniki przeszłości.

Prawda nieprzerwanie tryska z najbardziej fundamentalnych źródeł Istnienia. Będzie zapobiegać więdnięciu i śmierci twojej duszy szarganej tragediami życia. Pomoże ci odpierać potężną żądzę zemsty za te tragedie – część straszliwego grzechu Istnienia, które wszystkie te tragedie winno znosić z wdzięcznością po prostu za to, że istnieje.

Jeśli twoje życie nie jest takie, jakie mogłoby być, zacznij mówić prawdę. Jeśli uparcie trwasz przy ideologii bądź toniesz w nihilizmie, zacznij mówić prawdę. Jeśli czujesz się słaby, odrzucony, zagubiony i zdesperowany, zacznij mówić prawdę. W Raju wszyscy ją mówią. To właśnie czyni go Rajem.

Mów prawdę – a przynajmniej nie kłam.

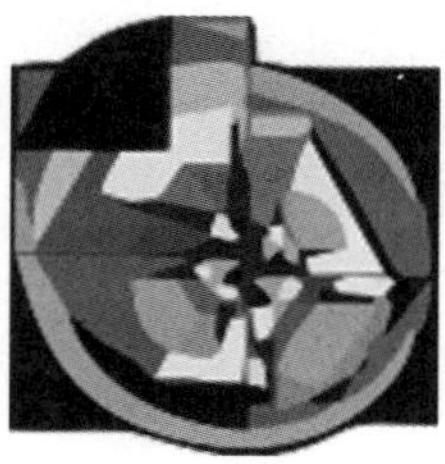

Zasada 9

Zakładaj, że twój rozmówca może wiedzieć coś, czego ty nie wiesz

Nie mylić z radą

Psychoterapia nie polega na udzielaniu rad. Rada to coś, co dostajesz, gdy osoba, z którą rozmawiasz o jakichś nieprzyjemnych i skomplikowanych sprawach, marzy tylko o tym, abyś się już zamknął i sobie poszedł. Rada to coś, co dostajesz, gdy twojemu rozmówcy zależy na okazaniu wyższości jego inteligencji nad twoją. Bo przecież gdybyś nie był tak głupi, nie miałbyś tych twoich głupich problemów.

Właściwie rozumiana psychoterapia to szczera rozmowa obejmująca poszukiwanie, rozpoznanie i planowanie. Kiedy bierzesz udział w szczerej rozmowie, generalnie słuchasz i mówisz – jednak z naciskiem na to pierwsze. Słuchanie to poświęcanie uwagi. To niesamowite, co ludzie będą skłonni ci powiedzieć, gdy zobaczą, że ich słuchasz. Czasem zdradzą ci nawet, co z nimi nie tak. Zdarzy się też, że wyjawią, jak mają zamiar to naprawić. Pewnego razu zostałem wprawiony w osłupienie (a to tylko jedna z wielu podobnych sytuacji), gdy pacjentka, której uważnie słuchałem, już po kilku minutach wyznała mi: a) że jest czarownicą i b) że na ostatnim sabacie razem z kompankami poświęciły sporo czasu na dyskusję o tym, jak sprawić, aby na świecie zapanował pokój. Zawodowo ta kobieta od lat pracowała na niskim stanowisku urzędniczym. Za żadne skarby nie domyśliłbym się jej sekretnego hobby. Rzecz jasna nie podejrzewałem również, że czarownice zaprzątają sobie głowę pacyfizmem. Nie wiem, co o tym wszystkim myśleć, ale czego by nie powiedzieć, ta pacjentka nie pozwoliła mi się nudzić – a to już coś.

Moja praca w roli psychologa klinicznego polega w zasadzie na słuchaniu i rozmawianiu. Do części pacjentów więcej mówię, innych więcej słucham. Wielu z tej drugiej grupy nie ma nikogo poza mną, z kim mogliby porozmawiać. Niektórzy są na tym świecie naprawdę samotni – i takich osób jest znacznie więcej, niż myślisz. Nie masz z nimi styczności, bo oni nie mają styczności z nikim. Inni nękani są gdzieś w ukryciu przez tyranów, narcyzów i alkoholików. Wielu nie radzi sobie najlepiej z wyrażaniem własnego zdania czy potrzeb. Przeskakują z tematu na temat. Powtarzają się. Wypowiadają się nieprecyzyjnie i często niespójnie. Trudno się ich słucha. Są też tacy, których dotyka tyle okropnych nieszczęść – rodzice chorzy na Alzheimera, dzieci chore na białaczkę czy jeszcze inne tragedie – że nie zostaje im dużo czasu, aby odpowiednio zadbać o siebie.

Pewnego razu pacjentka, z którą pracowałem od kilku miesięcy, przyszła do mojego gabinetu[1] na umówioną wcześniej wizytę i po krótkiej wymianie uprzejmości ni stąd, ni zowąd oznajmiła: „Myślę, że zostałam zgwałcona". Nigdy nie mam pewności, jak reagować na tego rodzaju oświadczenia, tym bardziej, że wydarzenia, których dotyczą, zazwyczaj przynajmniej do pewnego stopnia owiane są tajemnicą. W większości przypadków napaści na tle seksualnym w sprawę uwikłany jest alkohol, a ten wprowadza w relacje międzyludzkie pewną dwuznaczność. Po części właśnie dlatego ludzie go piją. Alkohol tymczasowo ściąga z ludzkich barków ciężar samoświadomości i wstydu. Osoby pijane zdają sobie sprawę, że istnieje coś takiego jak przyszłość, ale mają ją gdzieś. To ekscytujące. To podniecające. Osoby pijane mogą się bawić, jak gdyby jutra miało nie być. A tu proszę – jak na złość jutro jednak nadchodzi (przynajmniej w większości przypadków), przez co ludziom nadużywającym alkoholu zdarza się wpadać w kłopoty. Zaczyna się od „urwanego filmu", jak to mówią. Trafiają w niebezpiecznie miejsca i nierozważne towarzystwo. Świetnie się bawią. I w trakcie zabawy zostają zgwałceni. Znałem te realia i instynktownie do głowy przyszła mi taka właśnie wersja wydarzeń. No bo jak niby rozumieć: „*Myślę*, że zostałam zgwałcona"? Tymczasem historia miała swój dalszy ciąg. Po chwili dodała istotny szczegół: „pięciokrotnie". Już pierwsze zdanie było dostatecznie niepokojące, jednak razem z uzupełnieniem wykreowało coś iście upiornego. Pięciokrotnie? Co, u diabła, miałoby to oznaczać?

Pacjentka opowiedziała mi, że zwykła chadzać do klubów nocnych na kilka drinków. Prędzej czy później jakiś mężczyzna zaczepiał ją, chcąc pogadać lub potańczyć. Po kilku godzinach trafiali do jego bądź jej mieszkania.

---

[1] Tak jak wcześniej, aby uszanować prywatność przywoływanych tu osób, pozwoliłem sobie pozmieniać wiele detali tej sprawy, starając się jednocześnie w pełni oddać przesłanie, jakie niesie.

Wieczór toczył się dalej standardowym trybem z punktem kulminacyjnym w łóżku. Następnego dnia budziła się niepewna, co zaszło – niepewna co do motywów własnych i kochanka oraz, głębiej, niepewna co do sensu życia. Panna S., bo tak ją nazwiemy, była tak nieokreślona, tak niewyraźna, że w zasadzie nie istniała jako osobna jednostka. Była cieniem człowieka. Ubierała się natomiast wzorowo. Dobrze wiedziała, jak zaprezentować się tak, aby wywrzeć oszałamiające pierwsze wrażenie. Ponadprzeciętny urok do spółki z umiejętnością eksponowania atutów zaprowadziły ją na stanowisko członka rządowej rady doradczej zajmującej się szacowaniem użyteczności wielkich projektów infrastrukturalnych (mimo że nie miała zielonego pojęcia ani o zarządzaniu, ani o doradztwie, ani o budownictwie). Udzielała się także w roli gospodarza cyklicznej audycji nadawanej w lokalnym radiu, w której poruszano tematykę małej i średniej przedsiębiorczości (mimo że nigdy nie pracowała poza sektorem publicznym, o prowadzeniu własnej firmy nie mówiąc). Odkąd rozpoczęło się dorosłe życie Panny S., nieprzerwanie pozostawała na garnuszku państwa.

Jej rodzice nigdy nie poświęcili jej ani chwili uwagi. Miała czterech braci i nie można powiedzieć, żeby traktowali ją dobrze. Nie miała przyjaciół – ani teraz, ani nigdy wcześniej. Nie miała partnera. Nie miała nikogo, z kim mogłaby porozmawiać, i nie potrafiła myśleć po swojemu (wcale nierzadka przypadłość). Nie miała własnego „ja". Była czymś w rodzaju kakofonii niezorganizowanych doświadczeń. Jakiś czas wcześniej próbowałem pomóc jej znaleźć pracę. Zapytałem, czy sporządziła CV. Powiedziała, że tak. Poprosiłem, aby przyniosła je na następną sesję. I przyniosła – plik kilkudziesięciu kartek papieru. W segregatorze! Całość podzielona była na sekcje kolorowymi kartkami z wystającymi zakładkami. W sekcjach znajdowały się na przykład „Moje sny", gdzie z detalami opisała kilkadziesiąt najciekawszych, czy „Przeczytane książki", z krótkimi streszczeniami poszczególnych pozycji. Oto, co zamierzała wysłać do potencjalnych pracodawców (a może już wysłała, kto wie?). Nie sposób pojąć, na ile ktoś musi być zupełnie nikim, aby istnieć w świecie, w którym segregator z pięćdziesięcioma kartkami, spisem treści, listą książek i dziennikiem snów może uchodzić za CV. Panna S. nie wiedziała o sobie samej absolutnie nic. Tyle samo wiedziała o innych. I o świecie. Była jak film nagrany w zbyt niskiej rozdzielczości. Desperacko czekała, aż w jej historii pojawi się coś, co połączy wszystkie porozrzucane wątki i nada całości jakiś sens.

Jeśli wsypiemy trochę cukru do szklanki zimnej wody i zaczniemy ją mieszać, cukier się rozpuści. W wodzie o wyższej temperaturze możemy rozpuścić go więcej. We wrzątku da się rozpuścić tego cukru bardzo dużo.

A jeśli później pozwolimy gorącemu roztworowi cukru w wodzie powoli ostygnąć, pilnując przy tym, aby nie uderzyć ani nie wstrząsnąć szklanką, możemy go oszukać (nie wiem, jak inaczej to ująć), tak że utrzyma znacznie większą ilość rozpuszczonego cukru, niż gdybyśmy chcieli rozpuścić go w zimnej wodzie bez jej podgrzewania. Powstałą miksturę nazywamy roztworem przesyconym. Gdy do roztworu przesyconego wrzuci się choćby jeden kryształek cukru, cały jego rozpuszczony „nadmiar" ulegnie nagłej, gwałtownej krystalizacji. Zupełnie jak gdyby aż prosił się o uporządkowanie. Oto obraz mojej pacjentki. Istnienie ludzi takich jak ona to powód, dla którego wszystkie spośród wielu praktykowanych dziś odmian psychoterapii działają. Tego rodzaju ludzie są tak zagubieni, że ich psychika ulega poukładaniu, a życie poprawie, na skutek dowolnego, w miarę ustrukturyzowanego systemu interpretacji. To, co ma miejsce, to po prostu zbieranie chaotycznie rozsypanych cząstek ich życia i układanie ich w uporządkowany sposób – dowolny uporządkowany sposób. Jeśli więc twoje życie znalazło się w totalnej rozsypce (albo jeśli zawsze takie było), możesz pozbierać je do kupy dzięki metodom zalecanym czy to przez Freuda, Junga, Adlera, Rogersa czy jeszcze innego psychologa. Dowolna profesjonalnie prowadzona terapia wprowadzi pewien poziom rozsądku i spójności. Prawdopodobnie nie sprawi, że nagle staniesz się dobry we wszystkim, ale przynajmniej przestaniesz być we wszystkim beznadziejny. Siekiera nie przyda się przy naprawie samochodu, ale do ścięcia drzewa już tak. To zawsze coś.

W czasie, gdy pracowałem z tą pacjentką, w mediach huczało od głośnych przypadków „odzyskanych wspomnień" – w szczególności tych dotyczących napaści na tle seksualnym. Rozpętała się publiczna dyskusja: czy takie wspomnienia można traktować jako szczere relacje traumatycznych przeżyć z przeszłości czy raczej były one konstruktami myślowymi generowanymi post-hoc, na skutek presji umyślnie bądź nieumyślnie wywieranej przez nieostrożnych terapeutów, których pacjenci desperacko łudzą się, że ktoś poda im na tacy proste przyczyny wszystkich ich problemów? Prawdopodobnie, jak to w życiu bywa, prawda leżała po obu stronach. Ja jednak, jako psycholog, byłem świadom, jak łatwo jest wstawić fałszywe wspomnienie w psychiczny horyzont człowieka i gdy tylko pacjentka wyjawiła mi swoją niepewność co do jej seksualnych doświadczeń, zacząłem prowadzić dalszą rozmowę ze szczególną ostrożnością. Przeszłość wydaje się niezmienna, lecz taka nie jest – przynajmniej nie w bardzo istotnym, psychologiczny sensie. Jakby nie było, w przeszłości sporo się wydarzyło i sposób, w jaki porządkujemy wspomnienia, może podlegać gruntownym korektom.

Wyobraź sobie na przykład film, którego fabuła przyprawia o dreszcze, ale na końcu wszystko się układa. Intryga zostaje rozwiązana, sprawca ujęty, świat ocalony. Dostatecznie szczęśliwe zakończenie może zmienić wydźwięk wszystkich wcześniejszych wydarzeń. Choć początkowo nieznośny, film może zostać uznany za warty czasu poświęconego na wyczekiwanie tego zakończenia. A teraz wyobraź sobie inny film. Dużo się dzieje. Fabuła wciąga i ekscytuje, ale poziom zagmatwania lekko przytłacza. Po 90 minutach zaczynasz się martwić. „To fajny film – myślisz sobie – ale reżyser trochę przesadził z liczbą wątków. Liczę, że uda mu się to jakoś logicznie zakończyć". Niestety, łudziłeś się na próżno. Historia urywa się gwałtownie, bez rozwiązania, lub wieńczy ją jakiś płytki, banalny finał. Wychodzisz z kina zawiedziony i głęboko poirytowany – i zapominasz, że z pełnym zaciekawieniem i ekscytacją przesiedziałeś przed ekranem dobre kilkadziesiąt minut. Teraźniejszość może zmienić przeszłość, a przyszłość może zmienić teraźniejszość.

Również gdy wspominasz przeszłość, część przeżyć pamiętasz, a część zdążyłeś już zapomnieć. Masz dokładne wspomnienia pewnych wydarzeń oraz mgliste innych, często równie istotnych – podobnie jak w teraźniejszości jesteś świadomy niektórych aspektów swojego otoczenia i zupełnie nieświadomy wszystkich pozostałych. Kategoryzujesz doświadczenia, łączysz je ze sobą i przyporządkowujesz do różnych grup. Jest w tym pewna tajemnicza arbitralność. Nie formułujesz przecież całościowego, obiektywnego rejestru. Nie potrafisz. Zbyt mało wiesz i zbyt mało zdolny jesteś postrzegać. Obiektywizmu również ci brak. Żyjesz, a więc myślisz subiektywnie. Masz żywotne interesy – zazwyczaj dotyczące własnych korzyści. Co więc przydzielić do tej grupy wspomnień, a czego już nie? Gdzie dokładnie przebiega granica między wydarzeniami?

Wykorzystywanie seksualne dzieci jest zasmucająco powszechne[2]. Nie jest jednak tak powszechne, jak twierdzą niedokształceni psychoterapeuci, a towarzysząca mu trauma nie zawsze rodzi trwale zrujnowanych psychicznie dorosłych[3]. Ludzie cechują się różną odpornością na takie przeżycia. Zdarzenie, które jednego człowieka może pozostawić doszczętnie zdruzgotanego, na innym może nie wywrzeć większego wrażenia.

2 D. Finkelhor, G. Hotaling, I.A. Lewis, C. Smith, *Sexual abuse in a national survey of adult men and women: prevalence, characteristics, and risk factors*, „Child Abuse & Neglect", 14/1990, s. 19–28.

3 B. Rind, P. Tromovitch, R. Bauserman, *A meta-analytic examination of assumed properties of child sexual abuse using college samples*, „Psychological Bulletin", 124/1998, s. 22–53.

Nieświadomi tego terapeuci bazujący na pobieżnej znajomości Freuda często aksjomatycznie zakładają, że każdy pogrążony w depresji dorosły pacjent, jaki trafi do ich gabinetu, musiał w przeszłości paść ofiarą wykorzystania seksualnego. Bo niby jakie miałyby być inne powody ich problemów psychicznych? A więc drążą ten temat, dedukują, sugerują, dają do myślenia i polaryzują. Wyolbrzymiają istotność niektórych wydarzeń, inne lekceważą. Obrabiają fakty tak, aby pasowały do ich teorii[4]. Takimi zabiegami przekonują swoich pacjentów, że byli wykorzystywani seksualnie – jednak podświadomie wyparli wspomnienia o tym. Pacjenci zaś stopniowo dają się przekonać i zaczyna im się wydawać, że faktycznie coś pamiętają. Kilka sesji później gotowi są wysunąć oskarżenia. Bywa tak, że zdarzenia, które sobie przypominają, nigdy nie miały miejsca, a wskazywani sprawcy są niewinni. Kto na tym zyskuje? Terapeuci, którzy zdołali ocalić spójność swoich teorii. To nic, że wygenerowanych zostaje wiele skutków ubocznych, które mogą zmienić życie niesłusznie oskarżonych w piekło – ludzie są często skłonni akceptować przypadkowe szkody, byleby móc nadal wierzyć w słuszność swoich poglądów.

Wiedziałem to wszystko, gdy Panna S. przyszła porozmawiać ze mną o swoich doświadczeniach seksualnych. Kiedy słuchałem jej relacji z wieczorów w klubach dla singli oraz ich następstw, w mojej głowie pojawiło się kilka myśli na raz. Myślałem: „Kobieto, nie ma w tobie nic z ciebie. Jesteś mieszkanką zaświatów i sojuszniczką chaosu. Podążasz w dziesięciu różnych kierunkach jednocześnie. Każdy może chwycić cię za rękę i poprowadzić, dokąd tylko zechce". W końcu jeśli nie gramy głównej roli we własnym przedstawieniu, przypada nam rola poboczna w przedstawieniu kogoś innego – i może nam się trafić epizod ponury, samotny, z tragicznym zakończeniem. Gdy Panna S. dotarła do końca swojej historii, siedzieliśmy przez moment w milczeniu. Myślałem: „Targają tobą zupełnie normalne seksualne pragnienia. Jesteś samotna. Seksualnie niespełniona. Boisz się mężczyzn, nie rozumiesz świata i nie znasz samej siebie. Błąkasz się bez celu niczym wypadek, który szuka okazji, aby się zdarzyć – i prędzej czy później się zdarza. I tak w kółko. Oto twoje życie".

Myślałem: „Część ciebie pragnie zostać zdobyta. Część ciebie pragnie pozostać dzieckiem. Byłaś źle traktowana przez swoich braci oraz ignorowana przez swojego ojca, przez co część ciebie pragnie zemsty na mężczyznach. Część ciebie dręczy poczucie winy. Inna część tonie we wstydzie. Jeszcze inna jest podekscytowana. Kim jesteś? I jak trafiłaś w miejsce,

[4] E.F. Loftus, *Creating false memories*, „Scientific American", 277/1997, s. 70–75.

w którym się znajdujesz?". Jaka była tu obiektywna prawda? Nie sposób tego ustalić. To zwyczajnie niemożliwe ze względu na brak obiektywnego obserwatora. Nikt nie miał dostępu do kompletnej i prawdziwej wersji tej historii. Nic takiego nigdy nie istniało i istnieć nie mogło. Dostępne były jedynie fragmentaryczne zeznania i tendencyjne punkty widzenia. Nawet pośród nich niektóre były bardziej wiarygodne od innych. Pamięć nie jest opisem obiektywnej przeszłości. *Pamięć jest narzędziem*. Pamięć to sporządzony na podstawie przeszłości poradnik na przyszłość. Jeśli pamiętasz, że kiedyś stało się coś złego i potrafisz ustalić, dlaczego to się stało, możesz skutecznie unikać powtarzania podobnych błędów. Oto rola pamięci. Nie polega ona na „zapamiętywaniu przeszłości", lecz na niedopuszczaniu, aby wielokrotnie cierpieć z tych samych cholernych powodów.

Myślałem: „Mógłbym uprościć życie Panny S. Mógłbym powiedzieć, że jej podejrzenia gwałtu były w pełni uzasadnione, a jej wątpliwości co do tych zajść to jedynie dodatkowy dowód długotrwałej krzywdy. Mógłbym stwierdzić, że jej partnerzy seksualni mieli prawny obowiązek upewnić się, że nie była ona pod wpływem zbyt dużej ilości alkoholu, aby jej decyzje można było traktować jako świadome. Mógłbym utwierdzić ją w przekonaniu, że o ile nie udzieliła wyraźnej zgody werbalnej na każdy z tych stosunków, niewątpliwie padła ofiarą czynów zabronionych. Mógłbym poświadczyć, że była niewinną pokrzywdzoną". Mógłbym powiedzieć jej to wszystko. I byłoby to prawdą. Panna S. zaakceptowałaby to jako prawdę i pamiętała do końca życia. Byłaby odtąd nowym człowiekiem, z nową historią i nowym przeznaczeniem.

Z drugiej strony myślałem też: „Mógłbym powiedzieć Pannie S., że jest chodzącą katastrofą. Mógłbym jej powiedzieć, że szlaja się po klubach niczym lunatykująca kurtyzana. Mógłbym jej powiedzieć, że jest zagrożeniem dla samej siebie i musi przejrzeć na oczy; że jeśli chodzi do klubów dla singli, upija się, ląduje w łóżku z przypadkowymi mężczyznami i uprawia z nimi ostry, brutalny seks (czy nawet seks czuły i delikatny), to czego do diabła oczekuje?". Innymi słowy, mógłbym powiedzieć jej, jeśli posłużymy się filozoficznym językiem, że była nietzscheańskim „bladym przestępcą" – osobą, która w jednej chwili nie ma skrupułów łamać świętych praw, aby zaraz później wzdrygać się na samo wspomnienie popełnionego występku. To także byłaby prawda i jako taka zostałaby przez nią zaakceptowana i zapamiętana.

Gdybym sympatyzował z lewicową ideologią sprawiedliwości społecznej, wybrałbym tę pierwszą wersję. Gdybym zaś był zwolennikiem ideologii konserwatywnej, wybór padłby na wersję drugą. Natomiast jej reakcje na poszczególne warianty tej historii, ku satysfakcji obojga z nas, potwierdziłyby, że to, co powiedziałem, było prawdą – kompletną i niepodważalną. I to moglibyśmy uznać za radę.

Zrozum to sam

Zdecydowałem się postąpić inaczej – słuchać. Doświadczenie nauczyło mnie nie odbierać moim pacjentom ich problemów. Staram się nie przybierać roli bohatera-zbawcy na zasadzie *deus ex machina* – nie w życiu innych ludzi. To ich historie i oni muszą grać w nich główne role. Poprosiłem więc, aby opowiedziała mi jej własne przemyślenia na ten temat i cierpliwie ich wysłuchiwałem. Panna S. należała do osób, które lubią sobie pogadać. Gdy opowieść dobiegła końca, ani ona, ani ja nadal nie wiedzieliśmy, czy ją zgwałcono. Życie potrafi być niezwykle skomplikowane.

Czasem, aby właściwie zrozumieć jedną rzecz, musisz zmienić sposób, w jaki rozumiesz wszystkie. „Czy zostałam zgwałcona?" – może okazać się bardzo złożonym pytaniem. Sam fakt, postawienia go wskazuje, że mamy do czynienia z przypadkiem o nieskończonej liczbie poziomów skomplikowania – nie mówiąc już o uzupełnieniu: „pięciokrotnie". Pytanie: „czy zostałam zgwałcona?" zawiera w sobie cały zestaw pytań pochodnych: Czym jest gwałt? Czym jest zgoda? Do czego obliguje należyta ostrożność seksualna? Jak ofiara powinna się bronić? Po której stronie leży wina? „Czy zostałam zgwałcona?" – to pytanie-hydra. Zetnij jedną głowę, a w jej miejsce wyrośnie siedem nowych. Tak to w życiu jest. Panna S. musiałaby opowiadać na tego typu pytania przez dwadzieścia lat, zanim udałoby się ustalić, czy faktycznie doszło do gwałtu lub gwałtów. A ktoś inny musiałby jej przez cały ten czas słuchać. Ja uruchomiłem ten proces, jednak okoliczności uniemożliwiły mi jego dokończenie. Przerwała terapię tylko trochę mniej zagubiona, niż była, gdy spotkaliśmy się po raz pierwszy. Ale przynajmniej nie skończyła jako żyjące uosobienie jakiejś drogiej mi, przeklętej ideologii.

Bardzo ważne jest, aby pacjenci, których wysłuchuję, dużo mówili, ponieważ mówienie skłania ich do myślenia. A ludzie muszą myśleć. Inaczej błądzą na ślepo, potykają się i obijają o każdą napotkaną przeszkodę. Kiedy ludzie myślą, symulują świat i planują, jak w nim działać. Jeśli ich symulacje są realistyczne, mogą wyróżnić szkodliwe czy nawet niebezpieczne ścieżki, w które lepiej się nie zapuszczać. Mogą unikać głupich błędów oraz ich konsekwencji. Oto funkcja myślenia. Ale nie możemy zrobić tego sami. Tylko ludzie potrafią tworzyć symulacje świata i w oparciu o nie planować swoje działania. Tacy jesteśmy bystrzy. Kreujemy identyczne nam awatary i umieszczamy je w fikcyjnych światach. Następnie obserwujemy, jak sobie radzą. Jeśli nasz awatar odnosi sukcesy, próbujemy postępować tak jak on, tyle że w świecie realnym. Wtedy my także odnosimy sukcesy (miejmy nadzieję). Jeśli awatar wypada zaś kiepsko, nie naśladujemy go. Pozwalamy mu umrzeć w świecie fikcyjnym, abyśmy nie musieli umierać naprawdę tu i teraz.

Wyobraźmy sobie dwójkę dzieci rozmawiających ze sobą w ogródku przed domem. Młodsze z nich mówi: „Ej, a może byśmy tak weszli na dach?". Ten malec właśnie umieścił swojego małego awatara w fikcyjnym świecie. Ale jego starsza siostra sprowadza go na ziemię. „To głupi pomysł – mówi. – Co, jeśli się poślizgniesz i spadniesz? Co, jeśli tato przyłapie cię tam na górze?". Usłyszawszy to, młodszy brat może zmodyfikować pierwotną symulację, wyciągnąć właściwe wnioski i pozwolić temu fikcyjnemu światu odejść w zapomnienie. Albo i nie – może uznać, że w tym wypadku frajda warta jest ryzyka. Najważniejsze, że teraz może przynajmniej to ryzyko uwzględnić. Fikcyjny świat stał się dzięki temu bardziej kompletny, a awatar nieco mądrzejszy.

Ludzie generalnie myślą, że myślą, ale to nieprawda. Tym, co zazwyczaj uchodzi za myślenie, jest samokrytyka. Prawdziwe myślenie to rzecz rzadka – tak jak prawdziwe słuchanie. Można zresztą powiedzieć, że myślenie to słuchanie samego siebie – wcale nie taka prosta czynność. Aby myśleć, musisz być co najmniej dwiema osobami jednocześnie. Punkt widzenia A reprezentuje awatar w symulowanym świecie. Ma on swoje specyficzne wizje przeszłości, teraźniejszości i przyszłości oraz własną strategię działania. Podobnie punkty widzenia B, C i D – one też reprezentowane są przez awatary w ich fikcyjnych światach. Myślenie to proces, w ramach którego te wyimaginowane awatary opowiadają sobie nawzajem o swoich doświadczeniach. Nie należy też kwalifikować jako myślenia zestawiania preferowanych przez siebie tez z umyślnie słabo uargumentowanymi tezami przeciwnymi, tak aby można było z czystym sumieniem nie zmieniać zdania. Taki zabieg nazywamy racjonalizacją post-hoc. To nic innego niż propaganda nakierowana na oszukanie samego siebie. Pustosłowie. Wykorzystywanie wniosków w celu uzasadnienia dowodów. Mówiąc krótko, to tchórzliwe chowanie się przed prawdą.

Prawdziwe myślenie jest skomplikowane i wymagające. Aby je praktykować, niezbędne są umiejętności klarownego wypowiadania się oraz uważnego, krytycznego słuchania. Pociąga za sobą nieuniknione wewnętrzne spory. Dlatego trzeba nauczyć się tolerować konflikty. Te z kolei wymagają umiejętności negocjowania i zawierania kompromisów – niezbędne jest zatem wyrobić w sobie zdolność modyfikowania założeń, weryfikowania opinii – a nawet zmieniania poglądów na świat. Myślenie będzie często prowadzić do porażki i eliminacji jednego lub więcej wewnętrznych awatarów. A zarówno one, jak i ty, nie lubicie, gdy awatary przegrywają i umierają. Niełatwo je tworzyć. Są cenne. Są żywe i chcą, aby tak pozostało. Gotowe są walczyć o życie. Lepiej słuchaj, co mają do powiedzenia. W przeciwnym razie udadzą się do zaświatów, przemienią w demony i rozpętają piekło w twojej psychice. Z uwagi na to wszystko myślenie niesie ze sobą dyskomfort emocjonalny i wysiłek fizjologiczny; w stopniu większym niż cokolwiek innego – za wyjątkiem niemyślenia. Aby jednak wszystkie te procesy mogły zachodzić w ludzkim umyśle, wymagany jest pewien stopień intelektualnego wyrafinowania. Co zatem ma zrobić ktoś, komu myślenie – bycie dwiema osobami jedocześnie – nie idzie? To proste. Niech mówi. Potrzebuje jedynie kogoś, kto będzie go słuchał. Taki słuchacz pełni jednocześnie rolę sojusznika i przeciwnika.

Osoba słuchająca może sprawdzać to, co mówisz (i to co myślisz), sama w ogóle się nie odzywając. Osoba słuchająca jest reprezentantem powszechnego człowieczeństwa. Jest przedstawicielem tłumu. Co prawda tłum nie ma monopolu na słuszność, *przeważnie* jednak ma rację. Jeśli więc coś powiesz i wszyscy obecni zareagują stanowczym sprzeciwem, potraktuj to jako znak, że powinieneś tę sprawę ponownie przemyśleć. Mówię to, choć mam pełną świadomość, że kontrowersyjne opinie bywają słuszne – i to czasem w kwestiach tak istotnych, że odrzucając je tłum staje się autorem własnej zguby. To z tej przyczyny każdy człowiek jest moralnie zobligowany mówić prawdę i nie uginać się pod presją większości. Jednak wszystko, co nowe i radykalne, niemal zawsze okazuje się błędne. Potrzeba naprawdę przekonujących, wiarygodnych powodów, aby ignorować czy postępować wbrew dominującej opinii. To przecież głos kultury, do której przynależysz. To stary wielki dąb. Przesiadujesz na jednej z jego gałęzi. Gdy się złamie, na dół wiedzie daleka droga – zapewne dalsza niż ci się wydaje. Skoro czytasz tę książkę, prawdopodobnie należysz do ludzi dobrze sytuowanych, którym się w życiu poszczęściło – uprzywilejowanej mniejszości populacji tej planety. Umiesz czytać i masz na to czas. Już te dwie rzeczy świadczą, że twoja gałąź rośnie wysoko w chmurach. Nie sposób zliczyć, ile pokoleń zajęło umieszczenie cię tam, gdzie jesteś. Wypadałoby okazać nieco wdzięczności. Jeśli mimo to zamierzasz nalegać, aby świat usłuchał twoich zaleceń, lepiej, żebyś miał swoje powody. Lepiej, żebyś miał je gruntownie przemyślane. W przeciwnym razie może cię czekać wyjątkowo twarde lądowanie. O ile nie odkryłeś czegoś naprawdę szczególnego, powinieneś postępować zgodnie ze zwyczajami większości. Koleina, w której utkwiłeś, daje ci przynajmniej pewność, że inni ludzie podążali wcześniej tą drogą. Poza koleiną oznacza zbyt często również w ogóle poza drogą. A stamtąd blisko już do pustyni skrywającej potwory.

Tak głosi mądrość.

Osoba słuchająca

Osoba słuchająca może służyć za „wypadkową" przekonań tłumu. I nie potrzebuje do tego słów. Wystarczy, że pozwoli rozmówcy mówić i słuchać siebie samego. Tak zalecał Freud. Prosił swoich pacjentów, aby położyli się na kanapie, zawiesili wzrok na suficie, pozwolili swoim umysłom błąkać się, gdzie tylko poniosą je myśli, i opowiadali o wszystkim, co widzą oczami wyobraźni. To tak zwana metoda *wolnych skojarzeń*. Tym sposobem freudowski psychoanalityk unika przenoszenia do psychiki pacjenta własnych uprzedzeń czy opinii. To również z tego powodu Freud nie rozmawiał ze swoimi pacjentami twarzą w twarz. Nie chciał, aby ich spontaniczne wywody wypaczane były na skutek jego emocjonalnych ekspresji, choćby i ledwie zauważalnych. Słusznie obawiał się, że jego własne poglądy – i, co gorsza, jego własne nierozwiązane problemy – znajdą podświadome odzwierciedlenie w jego reakcjach i odpowiedziach. Zakładał, że mogłoby to niekorzystnie wpływać na przebieg terapii. Dlatego też Freud nalegał, żeby psychoanalitycy analizowali również samych siebie. Chciał, aby specjaliści praktykujący jego metodę odkrywali i eliminowali niektóre z ich własnych ślepych punktów i uprzedzeń, które wykluczają rzetelną terapię. Freud miał tu dużo racji. W końcu, czego by o nim nie mówić, był geniuszem. Dowodzi tego sam fakt, że wielu ludzi nienawidzi go po dziś dzień. Niemniej jednak takie bezstronne i poniekąd zdystansowane podejście ma swoje wady. Duża część pacjentów szukających terapii pragnie i potrzebuje bliższej, bardziej osobistej relacji (choć to także niesie ze sobą pewne zagrożenia). Między innymi z tej przyczyny w mojej praktyce lekarskiej – tak jak większość współczesnych psychologów klinicznych – postawiłem na konwersacje, a nie metodę freudowską.

Niewątpliwie moi pacjenci mogą sporo wyczytać z moich reakcji. Aby chronić ich przed niezamierzonymi konsekwencjami, jakie mogłoby to wygenerować, skupiam się na tym, aby właściwie dobrać cele terapii i w ten sposób zadbać, żeby moje odzewy były prawidłowo umotywowane. Robię, co mogę, aby chcieć dla nich wszystkiego, co najlepsze (cokolwiek miałoby to oznaczać). Albo inaczej: robię wszystko, co możliwe, aby chcieć wszystkiego, co najlepsze, kropka – częścią tej ambicji jest bowiem dobro moich pacjentów. Staram się oczyścić umysł i tymczasowo zapomnieć o moich własnych troskach. Pozwala mi to w pełni skoncentrować się na pacjencie, a jednocześnie zachować czujność, czy aby na pewno właściwie odnajduję się w jego unikalnej sytuacji. Cała interakcja między nami nie polega na automatycznym uznaniu mojej opinii za słuszną, ale na czymś bliższym negocjacjom. Trzeba przy tym bardzo uważać, aby współpraca terapeutyczna nie przerodziła się w bliską, osobistą relację. Pacjent opowiada. Ja słucham. Od czasu do czasu reaguję, zwykle w sposób bardzo subtelny i często niewerbalny. Sadzam pacjentów naprzeciw siebie. Utrzymujemy kontakt wzrokowy. Twarz wiele mówi – moi pacjenci mogą obserwować wpływ ich słów na mnie, a ja wpływ moich na nich. Mogą reagować na moje reakcje.

Załóżmy, że pacjent powie: „Nienawidzę swojej żony". Coś takiego, raz wyznane, trwale zmienia kontekst. Wypełzło z zaświatów, zmaterializowało się z chaosu, ujawniło w tym świecie i wisi w powietrzu. Przybrało widzialną postać i odtąd nie daje się zignorować. Stało się prawdziwe. Sam pacjent przeląkł się, kiedy usłyszał własne słowa. Ten sam niepokój dostrzega w moich oczach. Świadomy powagi sytuacji czym prędzej wraca na ścieżkę rozsądku. „Zaraz, zaraz – mówi. – Trochę przesadziłem. Cofam to. Chciałem powiedzieć: *czasami* nienawidzę swojej żony. Nienawidzę jej, gdy nie mówi mi, czego ode mnie oczekuje. Z moją matką było tak samo. Ojca też doprowadzało to do szału. Prawdę mówiąc, doprowadzało to do szału całą rodzinę, łącznie z mamą. Była miłą osobą, ale cholernie obrażalską. Patrząc na to z tej strony, moja żona aż takich scen mi raczej nie robi. Co to, to nie. Gdy teraz tak o tym myślę, wychodzi na to, że moja żona wcale nie jest taka najgorsza, jeśli chodzi o mówienie mi o swoich potrzebach. Po prostu gdy zdarza jej się tego nie robić, instynktownie wpadam w irytację, bo mama przez tyle lat torturowała nas robieniem z siebie męczennicy. Najwyraźniej do dziś mi nie przeszło i wkurzam się, kiedy widzę najmniejsze przejawy takiej postawy. A niech to! Zachowuję się dokładnie tak samo jak ojciec, gdy mama go wkurzała! Przecież ja taki nie jestem. Nie chcę taki być! To nie ma nic wspólnego z moją żoną! Muszę jej to powiedzieć". Taki monolog mówi mi, że mój pacjent nie potrafił jak dotąd wprowadzić właściwego rozróżnienia między swoją żoną a swoją matką. Dodatkowo był podświadomie „opętany" przez ducha swego ojca. Teraz on też to widzi. Odtąd stał się nieco wyraźniejszą jednostką, bardziej odrębnym Istnieniem. Udało mu się zabliźnić od dawna jątrzącą się ranę. „To była udana sesja, doktorze Peterson", rzuca na koniec. Przytakuję. Czasem można sprawiać wrażenie mądrego, jeśli po prostu trzyma się gębę na kłódkę.

Pełnię rolę sojusznika i przeciwnika nawet, gdy w ogóle się nie odzywam. Nic na to nie poradzę. Ekspresje mimiczne transmitują moje reakcje. Komunikuję się więc, jak słusznie zauważył Freud, również gdy milczę. Co nie znaczy, że w trakcie moich sesji nic nie mówię. Skąd zatem wiem, kiedy się odezwać? Po pierwsze, jak już powiedziałem, wprawiam się w odpowiedni stan umysłu. Obieram właściwy cel. Chcę, aby sprawy uległy poprawie. Moje myśli nakierowują się na ten cel. Próbują generować reakcje, które sprawią, że terapeutyczny dialog przybliży pacjenta do tego celu. Stale monitoruję moje własne wewnętrzne sygnały i ujawniam je pacjentowi. To reguła pierwsza. Czasem na przykład, natychmiast po tym, jak pacjent coś powie, przez moją głowę przewinie się jakaś myśl czy fantazja. Zwykle dotyczą one czegoś, co ten sam pacjent powiedział jakiś czas wcześniej bądź podczas jednej z poprzednich sesji. Wyjawiam mu wtedy tę myśl czy fantazję. Wprost i bez emocji. Mówię: „Gdy wspomniałeś o A, przyszło mi do głowy B". Następnie o tym dyskutujemy. Próbujemy ocenić znaczenie oraz istotność mojej reakcji. Zdarza się, że więcej mówi ona o mnie niż o moim rozmówcy. Wskazywał na to Freud. Ale często jest to reakcja obiektywnego, lecz pozytywnie usposobionego człowieka, na osobiste wyznanie innego człowieka. Jako taka może być bardzo pomocna – aprobująca lub korekcyjna. Niejednokrotnie zdarzało się też, że to ja byłem korygowany.

Trzeba umieć rozmawiać z innymi ludźmi. Terapeuta jest jednym z tych innych ludzi. Dobry terapeuta powie ci prawdę o tym, co myśli (to nie to samo, co powiedzenie tego, co wydaje mu się, że jest prawdą). Dzięki temu dysponujesz przynajmniej szczerą opinią jednej osoby. To cenny zasób, wcale niełatwy do uzyskania. W tym cały klucz procesu psychoterapeutycznego: dwie osoby mówią sobie prawdę – i obie słuchają.

Jak powinieneś słuchać?

Carl Rogers, jeden z najwybitniejszych psychoterapeutów XX wieku, wiedział to i owo na temat słuchania. Zauważył kiedyś: „Znakomita większość z nas nie potrafi słuchać; odczuwamy nieodpartą potrzebę oceniania, ponieważ samo słuchanie jest zbyt niebezpieczne. Warunkiem wstępnym jest odwaga, a tej nie zawsze wystarcza”[5]. Rogers miał świadomość, że słuchanie może zmieniać ludzi: „Wielu z was może się wydawać, że słucha innych z uwagą, a mimo to takich rezultatów nie zaobserwowało. Jest jednak duże prawdopodobieństwo, że wasze rozumienie słuchania nie pokrywa się z tym jego rodzajem, który ja opisałem”. Zasugerował czytelnikom, aby przy okazji następnej rozmowy przeprowadzili eksperyment: „Wstrzymajcie na moment dyskusję i ustalcie taką oto zasadę: Każdy z rozmówców może wyrażać swoje zdanie dopiero po uprzednim powtórzeniu idei i opinii przedmówcy w sposób na tyle autentyczny, że ten je zaakceptuje”. Technika ta okazała się niezwykle przydatna zarówno w moim życiu prywatnym, jak i w zawodzie psychologa. Rutynowo podsumowuję to, co zostało mi właśnie powiedziane, i pytam, czy wszystko dobrze zrozumiałem. Zwykle moje streszczenia spotykają się z aprobatą. Czasem słyszę drobne zastrzeżenia. Od czasu do czasu dowiaduję się, że zrozumiałem wszystko na opak. A warto to wiedzieć.

Takie podsumowania mają kilka zalet. Po pierwsze, pozwalają faktycznie pojąć, co ktoś do nas mówi. Na ten temat Rogers zauważa: „Brzmi banalnie, prawda? Gdy jednak spróbujesz stosować tę technikę, odkryjesz, że należy ona do najtrudniejszych rzeczy, jakich się podejmowałeś. Jeśli naprawdę zrozumiesz daną osobę w ten sposób, jeśli jesteś skłonny wkroczyć w jej prywatny świat i spojrzeć na życie z jej punktu widzenia, narażasz się na ryzyko, że i ty się zmienisz. W świecie widzianym oczami innej osoby mogą ujawnić się przed tobą błędy w twoim myśleniu. A ryzyko trwałej przemiany to jedna z najbardziej przerażających perspektyw, przed jaką staje większość z nas”. Niewiele mądrzejszych słów kiedykolwiek zapisano.

Druga zaleta takich podsumowań związana jest z konsolidacją i zdolnościami pamięciowymi. Rozpatrzmy następującą sytuację: podczas wizyty w moim gabinecie pacjent zdaje długą, zawiłą, pełną emocji relację z trudnego okresu w jego czy jej życiu. Podsumowujemy ją wte i wewte. Streszczenia stają się coraz krótsze. Zarówno w mojej głowie, jak i głowie mojego pacjenta relacja utrwala się w tej skonsolidowanej wersji. Pod wieloma względami to odtąd nowe wspomnienie – przy odrobinie szczęścia wspomnienie *lepsze*. Uległo destylacji – okrojono je ze zbędnych elementów, tak aby pozostało samo sedno. Wydobyto z niego morał. Przetrwało jako opis związku przyczynowo-skutkowego sformułowanego w sposób, który redukuje szansę jego powtórzenia się w przyszłości. „Stało się *A*. Oto *dlaczego*.

[5] Fragment zaczerpnięty z C.R. Rogers, *Communication: its blocking and its facilitation*, „ETC: A Review of General Semantics”, 9/1952, s. 83–88.

Aby unikać takich błędów w przyszłości, muszę robić *B*" – tak wygląda pożyteczne wspomnienie. Na tym polega sam cel pamięci. Przypomnę raz jeszcze: pamiętamy przeszłość nie po to, aby była „wiernie zachowana", lecz aby być odpowiednio przygotowanymi na przyszłość.

Trzecia zaleta stosowania rogersowskiej metody bierze się z trudności, jaką stawia ona nieprecyzyjnemu konstruowaniu argumentów. Gdy ktoś się z nami nie zgadza, mamy tendencję do upraszczania, parodiowania czy przeinaczania jego lub jej stanowiska. To szkodliwa taktyka mająca na celu postawienie dyskutanta w niekorzystnym świetle przy jednoczesnej (nieuzasadnionej) poprawie naszego statusu. Dla kontrastu, jeśli zostajemy przywołani do streszczenia czyjegoś poglądu, przy czym jego autor musi to streszczenie zaakceptować, może się zdarzyć, że przedstawimy go jaśniej i przystępniej niż on sam. Przyjmując postawę fair wobec opozycji (1) możemy dostrzec wartość w jej stanowisku i dowiedzieć się czegoś nowego lub (2) dopracować nasze argumenty przeciwne (jeśli, mimo uczciwego wysłuchania, nadal uważamy, że nie ma racji). To doda nam pewności. Nie będziemy już musieli przeinaczać kontrargumentów rywali (a może nawet uda się zasypać część dzielącej nas przepaści). Ponadto uodpornimy się na własne wątpliwości.

Aby rozgryźć, o co faktycznie chodzi osobie, z którą rozmawiamy, potrzeba nieraz dużo czasu. Po części dlatego, że w wielu przypadkach ludzie wyrażają swoje poglądy po raz pierwszy. Nie obejdzie się wtedy bez błądzenia w ślepe uliczki lub wypowiadania sprzecznych, a nawet nonsensownych stwierdzeń. Warto zdać sobie sprawę, że mówienie (i myślenie) ma często więcej wspólnego z zapominaniem niż z pamiętaniem. Kiedy rozmawiamy o danym zdarzeniu, w szczególności o czymś emocjonalnym, jak na przykład śmierć lub ciężka choroba, stopniowo decydujemy, co pominąć. Początkowo jednak wiele z tego, co nieistotne, musi zostać ubrane w słowa. Targany emocjami mówca potrzebuje odtworzyć sobie całe doświadczenie z detalami. Dopiero wówczas centralna treść, przyczyny i konsekwencje, stają się wyraźne i utrwalają w ostatecznej formie. Dopiero wówczas z historii można wyciągnąć zawarty w niej morał.

Wyobraź sobie kogoś trzymającego w ręku plik banknotów studolarowych, z których część jest podrobiona. Aby można było odróżnić te prawdziwe od tych sfałszowanych konieczne jest rozłożenie ich wszystkich na stole i przejrzenie w poszukiwaniu różnic oraz innych śladów matactwa. Tego samego rodzaju metodyczne podejście należy stosować w trakcie prawdziwego słuchania osoby odsłaniającej przed nami swoje problemy i rozterki. Gdybyśmy – dowiedziawszy się, że niektóre banknoty są podrobione – z automatu odrzucili wszystkie (tak jak postąpilibyśmy w sytuacji pośpiechu, bez możliwości oględzin lub z innych powodów niechętni poświęcenia swojego czasu), nasz rozmówca nigdy nie nauczyłby się odróżniać ziarna od plew.

Gdy zaś dla odmiany postanowimy posłuchać bez osądzania z góry, ludzie zazwyczaj zdradzą nam wszystkie swoje myśli i niewiele przy tym zatają czy przekłamią. Ujawnią nam najbardziej niesamowite, absurdalne i interesujące sprawy. Nieliczne z takich konwersacji okażą się nudne (na tej podstawie można nawet stwierdzić, czy rzeczywiście słuchaliśmy. Jeśli rozmowa wydaje nam się nudna, to najprawdopodobniej nie).

Manewrowanie w hierarchii dominacyjnej – i poczucie humoru

Mówienie nie zawsze idzie w parze z myśleniem. Podobnie słuchanie nie zawsze owocuje zmianami. Wszystkie te czynności mogą być motywowane różnymi czynnikami i znajdą się wśród nich takie, które generują mniej korzystne, kontrproduktywne a nawet niebezpieczne rezultaty. Za przykład mogą posłużyć konwersacje, w których jeden z rozmówców uczestniczy tylko i wyłącznie w celu ustanowienia bądź potwierdzenia swojej pozycji w hierarchii dominacyjnej. Ktoś z biorących udział w rozmowie zaczyna od opowiedzenia o jakimś ciekawym zdarzeniu, co zarówno ze względu na treść, jak i styl okazuje się zabawne bądź z innych względów przyjemne dla ucha. Osoba obawiająca się o swój potencjalnie niższy status kogoś mniej interesującego natychmiast szuka w pamięci czegoś bardziej szokującego, imponującego lub śmieszniejszego, co daje się mniej lub bardziej płynnie powiązać z usłyszaną właśnie historią. Proszę tego nie mylić z sytuacją, gdzie dwoje rozmówców wymienia się wspomnieniami czy żartami i improwizuje na bazie tych samych motywów, świetnie się przy tym bawi i umila czas wszystkim dookoła. Tutaj mamy do czynienia z czystą przepychanką o pozycję i nic poza tym. Każdy z nas momentalnie rozpoznaje taki typ dialogu. Towarzyszy mu poczucie zażenowania pośród wszystkich obecnych, wszyscy bowiem mają świadomość przesady i fałszywości wypowiedzi.

Jest też inna, acz blisko spokrewniona forma konwersacji, w której rozmówcy w ogóle siebie nawzajem nie słuchają. Zamiast tego czas zajęty wypowiedziami innych każdy z osobna wykorzystuje na przemyślenie, co powiedzieć, gdy uda mu się przejąć głos – przy czym to najczęściej nic związanego z aktualnie omawianym tematem, ponieważ niecierpliwe wyczekiwanie na swoją kolej nie idzie w parze z słuchaniem. Taka postawa uczestników nieuchronnie prowadzi dialog ku krępującemu końcowi. Nadchodzi on, gdy poczucie bezsensu całej rozmowy przesiąka wreszcie do umysłów dyskutantów i po entym publicznym monologu wszyscy obecni zastygają w milczeniu rozglądając się po sobie z zażenowaniem. W końcu ktoś stwierdza, że musi już iść lub rzuca coś zabawnego, aby przerwać krępującą ciszę i zacząć żenujący spektakl od nowa.

Inną wypaczoną formą rozmowy jest taka, w której jeden z uczestników próbuje wymusić zwycięstwo swojej idei czy opinii. To po prostu jedna z odmian dialogu z hierarchią dominacyjną w tle. Podczas takich konwersacji, przepełnionych zazwyczaj ideologią, dyskutant usiłuje (1) oczernić lub ośmieszyć poglądy wyznawane przez osoby, które się z nim nie zgadzają, (2) dobierać dowody pod własne tezy i co najważniejsze (3) zaimponować innym obecnym (spośród których wielu należy już do tej samej ideologicznej drużyny) słusznością swoich twierdzeń. Celem jest nic innego niż zyskanie uznania za całościowy, spójny, nazbyt uproszczony światopogląd. Innymi słowy: celem takiej konwersacji jest dowiedzenie, że właściwą taktyką jest *rezygnacja* z myślenia. Osoba posługująca się nią przekonana jest, że wygranie sporu oznacza bezdyskusyjną poprawność jej rozumowania, a tym samym potwierdza strukturę jej założeń należącą do hierarchii dominacyjnej, z którą się identyfikuje. Tak się składa, że jest to zwykle – kto by pomyślał! – hierarchia, w której ramach dany człowiek odniósł największe sukcesy lub z którą jest najsilniej związany emocjonalnie. Niemal wszystkie dyskusje na tematy polityczne i ekonomiczne toczą się właśnie tym torem – każdy z uczestników stara się uzasadnić słuszność stanowiska, które od dawna popiera, bez najmniejszej ochoty dowiedzenia się czegoś nowego czy też przyjęcia innej perspektywy (choćby dla gimnastyki intelektualnej). To dlatego zarówno konserwatyści, jak i liberałowie uważają swoje racje za oczywiste tym bardziej, im bliżej krańców politycznego spektrum się znajdują. Po obraniu określonych założeń, często wynikających z typu osobowości, takie a nie inne koncepcje czy postawy wydają się ewidentne – jednak tylko pod warunkiem zignorowania tego, że krytyce mogą też podlegać same założenia.

Wymienione tu przykładowe rodzaje wynaturzonych konwersacji diametralnie różnią się od jej pożądanego modelu, w którym w danym momencie wypowiada się jedna osoba, a wszystkie pozostałe uważnie jej słuchają. Mówiący ma więc możliwość dokładnego przedyskutowania jakiegoś zdarzenia, z reguły nieszczęśliwego czy nawet tragicznego. Rozmówcy odpowiadają z zaangażowaniem i na temat. Takie konwersacje są bardzo ważne, ponieważ opowiadanie o danej sytuacji jest okazją do uporządkowania myśli. Fakt ten wart jest powtórzenia: przez rozmowy ludzie organizują swoje umysły. Jeśli nie mają nikogo, komu mogliby wyznać coś, co nie daje im spokoju, tracą głowę. Ich psychika przypomina zagracone piwnice ciułaczy chomikujących tony zbędnych przedmiotów. Aby zachować psychiczną integralność, jednostka potrzebuje społeczności. Ujmując to inaczej: aby zorganizować ludzki umysł, potrzeba całej wioski[6].

Duża część tego, co uznajemy za zdrowie psychiczne, jest rezultatem naszej zdolności do wykorzystywania reakcji innych w celu zachowania sprawności umysłowej. Można powiedzieć, że dokonujemy swoistego outsourcingu naszego zdrowia psychicznego na innych ludzi. Dlatego właśnie fundamentalnym obowiązkiem rodziców jest wychować dzieci na jednostki społecznie akceptowane. Jeśli postawa danej osoby daje się tolerować, jedyne, co pozostaje jej uczynić, to umieścić się w kontekście społecznym. Wtedy zobaczy, jak ludzie sygnalizują – będąc zainteresowanymi bądź znudzonymi tym, co mówi; śmiejąc się bądź nie śmiejąc z jej żartów; a nawet unosząc bądź nie unosząc brwi czy kącików ust – czy jej działania oraz wypowiedzi spotykają się z aprobatą czy dezaprobatą. Wszyscy, w każdej chwili, wysyłamy do wszystkich nasze pragnienie styczności z ideałem. Karzemy i nagradzamy się nawzajem dokładnie w stopniu, w jakim każdy z nas zbliża się bądź oddala od tego ideału – poza przypadkami, gdzie ktoś zwyczajnie szuka guza.

Jeśli podczas szczerej rozmowy przekaz spotyka się z sympatycznym odbiorem, można wnioskować, że osoba zabierająca głos jest ceniona, a to, o czym mówi, uznaje się za ważne, warte namysłu i zrozumiałe. Gdy rozmowy skupiają się na konkretnym problemie, dochodzi często do nieporozumień między mężczyznami i kobietami. Tym pierwszym zarzuca się, że chcą zazwyczaj „załatwić sprawę" na przedwczesnym etapie dyskusji. Stanowi to dla mężczyzn źródło frustracji, ponieważ – generalnie rzecz biorąc – nie tylko lubią oni rozwiązywać problemy, lecz także lubią być w tym skuteczni i wydajni, a tymczasem przedstawicielki płci pięknej mają do nich pretensje właśnie o to, że nie rozwiązują problemów. Być może męska część czytelników lepiej zrozumie ten międzypłciowy zgrzyt, jeśli zda sobie sprawę i zapamięta na przyszłość, że zanim problem może być rozwiązany, musi zostać precyzyjnie sformułowany. Kobiety często właśnie to próbują osiągnąć w rozmowie i należy je wysłuchać – najlepiej

[6] *It takes a village* (ang.) – potrzeba całej wioski. To amerykańskie powiedzenie nawiązujące do książki Hillary Clinton o takim tytule, traktującej o udziale społeczności w wychowaniu dzieci. Używa się go, aby podkreślić złożoność danego zadania czy procesu [przyp. tłum.].

dopytując o szczegóły – co zapobiegnie nieporozumieniom. Wówczas – dowiedziawszy się, co stanowi problem – można się nim skutecznie zająć (warto tu wspomnieć, że próby przedwczesnego rozwiązania problemu mogą świadczyć o chęci ucieczki przed rozmową na temat jego faktycznego, głębszego sedna).

Jeszcze innym rodzajem rozmowy jest wykład. Choć niektórzy mogą być tym zdziwieni, wykład to rozmowa. Owszem, mówi tylko wykładowca, ale między nim a słuchaczami odbywa się komunikacja niewerbalna. Zaskakująca część interakcji międzyludzkich – szczególnie przekaz informacji dotyczących emocji – bazuje na sygnałach odczytywanych z postawy ciała i wyrazu twarzy (jak wspominaliśmy przy omówieniu metody psychoterapii Freuda). Dobry wykładowca prezentuje nie tylko fakty (które mogą być najmniej ważnym elementem przekazu), lecz także omawia je w sposób dostosowany do poziomu publiczności oraz zainteresowania, jakie okazuje. Z treści wykładu słuchacze powinni dowiedzieć się nie tylko, *jakie* są fakty w danej materii, lecz także *dlaczego* te fakty są ważne – i dlaczego warto wiedzieć pewne rzeczy, w kwestii których aktualnie jest się ignorantem. Demonstracja istotności konkretnego zestawu faktów polega na pokazaniu słuchaczom, jak wiedza ta może zmienić ich zachowanie lub wpłynąć na ich sposób postrzegania świata, aby odtąd potrafili omijać niektóre z przeszkód i pewniej realizować swoje ambicje.

A zatem dobry wykładowca nie mówi do publiczności, ale komunikuje się z nią. W tym celu musi pilnie śledzić każdy jej ruch, gest czy dźwięk. Paradoksalnie, *nie sposób tego osiągnąć przez samo obserwowanie publiczności jako takiej*. Dobry wykładowca, zamiast iść na łatwiznę i „wygłaszać mowę", zwraca się bezpośrednio do pojedynczych, możliwych do rozróżnienia osób[7]. Nie ma żadnego wygłaszania – jest mowa. Wygłaszać to można referaty, a to kiepski sposób komunikacji. Nie ma też czegoś takiego jak „publiczność". Są *jednostki*, które należy uwzględnić w rozmowie. Kompetentny, doświadczony mówca zwraca się do pojedynczego, konkretnego człowieka, obserwuje jak ten przytakuje, kręci głową,

[7] Strategia zakładająca mówienie do pojedynczych słuchaczy jest nie tylko kluczowa dla odbioru przekazu, lecz także pomocna w przezwyciężaniu strachu przed wystąpieniami publicznymi. Nikt nie chce, aby wpatrywały się w niego setki nieprzyjaznych, krytycznych par oczu. Tymczasem praktycznie każdy potrafi mówić do pojedynczej, okazującej zainteresowanie osoby. Jeśli więc czeka cię takie wyzwanie, postępuj zgodnie z tą podpowiedzią. Mów do konkretnych członków publiczności – i nie chowaj się: za podium, za spuszczonym wzrokiem, za cichym mamrotaniem pod nosem, za wymówkami o braku doświadczenia czy przygotowania, za nieswoimi poglądami ani za wyświechtanymi sloganami.

marszczy brwi czy okazuje zmieszanie – i ciągle reaguje odpowiednio do tych gestów i ekspresji. Następnie, po kilku zdaniach lub przy przejściu do nowego wątku, obiera nowego słuchacza i przez chwilę mówi bezpośrednio do niego. W ten sposób odczytuje i reaguje na nastawienie całej grupy (na tyle, na ile można w ogóle o czymś takim mówić).

Są też konwersacje, których główną intencją jest demonstracja poczucia humoru. One również mają w sobie element rywalizacji o status, przy czym w ich przypadku celem jest bycie najzabawniejszą osobą w towarzystwie (tytuł, którego zdobycie implikuje, że sprawiło się przyjemność wszystkim obecnym). Jak zauważył kiedyś mój dowcipny kolega, dialogi tego typu polegają na mówieniu „czegokolwiek, co jest albo zabawne, albo prawdziwe". Jako że prawda i humor to często bliscy sojusznicy, taka kombinacja sprawdza się znakomicie. Bardzo często można ją spotkać w środowiskach inteligentnych pracowników fizycznych. Sam miałem okazję uczestniczyć w wielu takich pojedynkach na sarkazm, satyrę czy uszczypliwości – ogólnie rzecz biorąc w dowcipnych przepychankach słownych – w czasach mojej młodości w północnej Albercie i później, pośród zaprzyjaźnionych żołnierzy amerykańskiej jednostki sił specjalnych Navy SEALs. Tych ostatnich poznałem w Kalifornii przez znajomego pisarza. Byli to goście niemający najmniejszych oporów przed rozmawianiem o rzeczach najbardziej gorszących, bulwersujących i szokujących, jakie można sobie wyobrazić – o ile tylko można było się przy tym pośmiać.

Nie tak dawno miałem przyjemność być na przyjęciu wyprawianym w Los Angeles z okazji czterdziestych urodzin mojego kolegi autora. Zaprosił też jednego ze wspomnianych komandosów. Niestety, kilka miesięcy przed ustalonym terminem u żony solenizanta zdiagnozowano poważną dolegliwość zdrowotną wymagającą niebezpiecznej operacji mózgu. Zadzwonił więc do swojego przyjaciela wojaka, poinformował o zaistniałych okolicznościach i oznajmił, że przyjęcie najprawdopodobniej trzeba będzie odwołać. „I wy niby myślicie, że macie pecha? – odpowiedział komandos. – Ja dopiero co kupiłem bezzwrotny bilet lotniczy na waszą imprezę!". Trudno powiedzieć, jaki odsetek światowej populacji uznałby taką odpowiedź za dowcipną. Jakiś czas temu opowiedziałem tę historię grupie względnie nowych znajomych i zareagowali raczej mieszanką szoku i oburzenia niż rozbawieniem. Próbowałem bronić żartu jako dowodu wiary żołnierza w zdolność pary przyjaciół do stawienia czoła i przetrwania tej tragedii, jednak nikt tego nie kupił. Ja osobiście naprawdę sądzę, że dokładnie ten rodzaj szacunku i wsparcia był jego zamiarem, i dlatego uważam jego ripostę za przejaw wybitnej błyskotliwości. Żart oscylował na pograniczu odwagi i brawury, czyli dokładnie tam, gdzie powaga zaczyna śmieszyć. Mój przyjaciel i jego żona rozpoznali komplement. Rozumieli, że ich wspólny kolega widzi w nich parę twardych charakterów gotowych na taki poziom – cóż, nazwijmy to: ambitnego humoru.

Zauważyłem, że w miarę, jak piąłem się w górę po edukacyjnej i społecznej drabinie, częstość występowania takich konwersacji malała. Co do tego, czy był to atrybut klasowy, pewności mieć nie mogę, ale takie mam przeczucia. A może to po prostu kwestia biegu lat i innej natury przyjacielskich relacji, jakie człowiek buduje na późniejszych etapach życia; relacji, którym brakuje perwersyjnej swawoli i szalonej bliskości z domieszką rywalizacji cechującej młodzieńcze kumpelskie grupki. Gdy jednak wróciłem w rodzinne strony, by świętować pięćdziesiąte urodziny, moi starzy przyjaciele raz za razem rozbawiali mnie do łez – chyba jako dziecko ostatni raz tyle się napłakałem. Ten rodzaj konwersacji daje najwięcej radości i wprawia w nostalgię na wspomnienie młodości. Alternatywy są dwie: wspinać się na wyżyny dowcipu lub ryzykować upokorzenie, nic jednak nie daje większej satysfakcji niż przebicie opowieści, żartu, obrazy czy przekleństwa ostatniego dowcipnisia. Obowiązuje tylko jedna zasada: nie bądź nudny (choć nie wypada również *rzeczywiście* wyśmiewać innych, kiedy jedynie *udaje się*, że się ich wyśmiewa).

Nadchodzi rozmowa

Ostatnim typem konwersacji zakładającej prawdziwe słuchanie jest forma obopólnego odkrywania. Wymaga ona realnej wzajemności zarówno po stronie słuchających, jak i mówiących. Umożliwia wszystkim uczestnikom wyrażanie i organizację myśli. Taka rozmowa dotyczy zazwyczaj zagadnień złożonych i wzbudzających głębokie zainteresowanie dyskutantów. Każdy z nich, zamiast wszelkimi sposobami dowodzić słuszności swoich racji, autentycznie próbuje rozwiązać problem. Nikt nie zakłada, że zjadł już wszystkie rozumy i nikt niczym go nie zaskoczy. Ten rodzaj rozmowy równoważny jest praktykowaniu aktywnej filozofii, najwyższej formy myśli i najlepszego przygotowania do właściwego życia.

Ludzie zaangażowani w taką rozmowę omawiają idee, których sami używają na co dzień do postrzegania świata oraz dobierania słów i czynów. Ich filozofia ma dla nich wagę egzystencjalną: nie tylko wyznają bądź rozumieją takie czy inne idee – oni żyją w zgodzie z tymi ideami. Oprócz tego ludzie rozmawiający w ten szczególny sposób doświadczyli i pojęli aspekty, w których chaos, przynajmniej tymczasowo, góruje nad porządkiem (nie mam tutaj na myśli chaosu rozumianego jako bezmyślny antyspołeczny bunt). Inne typy konwersacji – za wyjątkiem tych, które zakładają słuchanie – mają na celu umacnianie istniejącego porządku. Dla odmiany rozmowa polegająca na wzajemnej eksploracji możliwa jest tylko pośród ludzi, którzy uznali, że to, co nieznane, jest lepszym przyjacielem niż to, co znane.

Jakby nie patrzeć, wiesz już przecież to, co wiesz – i o ile twoje życie nie jest idealne, to, co wiesz, nie wystarcza. Pozostajesz podatny na choroby, samooszukiwanie się, depresję, zło, zdradę, demoralizację, ból i ograniczenia. W ostatecznym rozrachunku grożą ci wszystkie te nieszczęścia, ponieważ twoja ignorancja przysłania ci konieczność ochrony przed nimi. Gdybyś tylko więcej wiedział i więcej rozumiał, mógłbyś być zdrowszy i bardziej uczciwy. Mógłbyś mniej cierpieć. Mógłbyś rozpoznawać, odpierać, a nawet pokonywać zło. Nigdy nie zdradziłbyś przyjaciela i nie postąpił fałszywie w biznesie, polityce czy miłości. Dla porównania: twoja obecna wiedza nie dała ci ani perfekcji, ani bezpieczeństwa. Jest zatem z definicji niewystarczająca – ewidentnie, śmiertelnie niewystarczająca.

Bez akceptacji powyższego filozoficzna rozmowa nie jest możliwa – zostaje co najwyżej przekonywanie, dominowanie czy rozśmieszanie. Zanim posiądziesz zdolność rozmowy przy użyciu Słowa będącego wiecznym pośrednikiem między chaosem a porządkiem, musisz zaakceptować tę prawdę. Aby rozmawiać w tym trybie, musisz szanować osobiste doświadczenia swoich partnerów w dyskusji. Musisz zaufać w to, że zajmują takie, a nie inne stanowiska na skutek gruntownych i wnikliwych przemyśleń. Musisz wierzyć, że gdyby podzielali twoje przekonania, mógłbyś pominąć część bolesnego procesu odkrywania tych samych prawd (jako że nauka na podstawie doświadczeń innych może przebiegać szybciej i przy mniejszym ryzyku). Musisz otworzyć umysł i medytować, a nie rozgrywać partię szachów z nastawieniem na zwycięstwo za wszelką cenę. Jeśli ci się to nie uda albo jeśli w ogóle nie zechcesz spróbować, będziesz zdolny jedynie powtarzać, niczym automat, poglądy, które już wyznajesz, dowodzić ich prawidłowości i upierać się przy ich słuszności. Jeśli jednak zdołasz opanować umiejętność medytowania w trakcie rozmowy, nareszcie usłyszysz drugiego człowieka i odpowiesz mu zupełnie nową, oryginalną refleksją, która sama z siebie wypłynie na powierzchnię twojego umysłu.

To tak, jak gdybyś podczas takich rozmów słuchał nie tylko innych dyskutantów, lecz także z równym skupieniem przysłuchiwał się samemu sobie. Opisujesz swoją reakcję na nowe informacje zaprezentowane przez mówiącego. Wyjaśniasz, jak ta nowa wiedza na ciebie wpłynęła – co w tobie obudziła, które z twoich poglądów zmieniła, jakie wątpliwości sprowokowała. Szczerze ujawniasz to wszystkim obecnym, a tym samym powodujesz u nich analogiczny efekt. W ten sposób wszyscy możecie się zmieniać i pozwalać starym przekonaniom umierać – tak jakbyście zrzucali starą skórę i wykształcali nową.

Oto rozmowa, w której to wręcz samo pragnienie poznania prawdy – dzielone przez wszystkich uczestników – przemawia i wysłuchuje. To dlatego udział w takiej rozmowie podskórnie uznajemy za tak wciągający, interesujący i znaczący. Towarzyszące jej poczucie, które podpowiada nam, że robimy coś ważnego, jest sygnałem z głębokich, pradawnych obszarów Istnienia. Jesteś tam, gdzie powinieneś, z jedną nogą stabilnie osadzoną w porządku, a drugą ostrożnie szukającą punktu oparcia po stronie chaosu. Jesteś zanurzony w Dao i kroczysz wspaniałą Drogą Życia. Tam, gdzie zachowujesz na tyle stateczności, aby czuć się bezpiecznie, a jednocześnie na tyle swobody, aby móc przeistaczać się w coś lepszego. Tam, gdzie pozwalasz nowym informacjom, aby cię *informowały* – przenikały szkielet, na którym zbudowałeś swoją równowagę, naprawiały i usprawniały jej strukturę i poszerzały jej domenę. Tam, gdzie elementy składowe twojego Istnienia mogą eksperymentować i tworzyć bardziej eleganckie ustawienia. Oto rozmowa, która przenosi cię w to samo miejsce, w które przenosisz się podczas słuchania pięknej muzyki – z podobnych zresztą powodów. Oto rozmowa, która przenosi cię w sferę, w której łączą się dusze. Zostawia cię z myślą: „To było niezwykle cenne doświadczenie. W krótkim czasie naprawdę blisko się poznaliśmy". Maski zostają zrzucone i ukazuje się prawdziwe oblicze rozmówców.

Pamiętaj zatem, aby słuchać – zarówno siebie, jak rozmówców. O twojej mądrości nie stanowi wtedy wiedza, jaką udało ci się dotąd zakumulować, ale ciągłe poszukiwanie nowej wiedzy, które jest najwyższą formą mądrości. To dlatego kapłanka Wyroczni Delfickiej w czasach starożytnej Grecji tak wysoko ceniła Sokratesa, nieprzerwanie poszukującego prawdy. Dokładnie z tego względu nadała mu status najmądrzejszego żyjącego człowieka – wiedział on bowiem, że to, co wie, to tak naprawdę nic.

Zakładaj, że twój rozmówca może wiedzieć coś, czego ty nie wiesz.

Zasada 10

Bądź precyzyjny w tym, co mówisz

Dlaczego twój laptop jest zbędny?

Co widzisz, gdy dokładnie przypatrzysz się komputerowi – na przykład swojemu własnemu laptopowi? Widzisz płaskie, szaro-czarne pudełko. Przy dalszej analizie widzisz narzędzie służące do pisania, czytania i oglądania filmów. Jednak, nawet po uwzględnieniu drugiego spostrzeżenia, to, co widzisz, trudno tak naprawdę uznać za komputer. To szaro-czarne pudełko co najwyżej pełni aktualnie funkcję komputera; tu i teraz może nawet uchodzić za drogi model z wyższej półki. Jednakże w niedługim czasie stanie się ono czymś tak od komputera dalekim, że choćbyś chciał oddać je komuś za darmo, prawdopodobnie nie znajdziesz chętnego.

W ciągu pięciu lat wszyscy pozbędziemy się naszych laptopów, nawet jeśli nadal będą działać bez zarzutu – nawet jeśli ekrany, klawiatury i połączenia internetowe będą wzorowo spełniać swoje funkcje. Za pięćdziesiąt lat na laptopy z początku XXI wieku patrzeć będziemy jak na historyczne ciekawostki, tak jak dziś patrzy się na mosiężne przyrządy naukowe z końca wieku XIX. Te drugie, po upływie stulecia, wyglądają bardziej na tajemnicze akcesoria alchemiczne zaprojektowane do obserwacji i pomiarów zjawisk, których współczesna nauka w ogóle nie uznaje. Dlaczego niby najnowocześniejsze komputery, z których każdy dysponuje mocą obliczeniową większą niż cały program kosmiczny Apollo, miałyby kompletnie stracić wartość w tak krótkim czasie? Dlaczego niby miałyby tak szybko utracić status urządzeń ekscytujących, przydatnych, świadczących o wysokich zarobkach, i zmienić się w miszmasz metali z plastikiem nadający się jedynie na złom? Proces ten jest skutkiem natury naszej percepcji oraz często niedostrzegalnych interakcji między naszym postrzeganiem świata a cechującą go złożonością.

Twój laptop jest pojedynczą nutą w symfonii odgrywanej przez orkiestrę o niepojętych rozmiarach. Jest malutką cząstką przeogromnej całości. Źródła funkcjonalności twojego laptopa mieszczą się głównie pod jego twardą skorupą. Jego sprawność uzależniona jest od szeregu innych technologii współpracujących w harmonii. Zasilany jest, na przykład, przez sieć energetyczną, której działanie zależy od stabilności multum skomplikowanych systemów fizycznych, biologicznych, ekonomicznych i międzyludzkich. Fabryki, w których wykonane zostały części do niego, nadal pracują. System operacyjny, który umożliwia ci posługiwanie się laptopem, bazuje na tych, a nie innych elementach. Zainstalowany w nim odtwarzacz video obsługuje formaty, w jakich miliony kreatywnych ludzi udostępniają w sieci swoje nagrania. Twój laptop przynależy do pewnego szczególnego ekosystemu obejmującego wiele innych urządzeń i serwerów.

To wszystko możliwe jest dzięki jeszcze mniej widzialnemu elementowi: dzięki umowie społecznego zaufania – współzależnym i generalnie uczciwym systemom polityczno-ekonomicznym, które sprawiają, że niezawodna sieć energetyczna przestaje być jedynie wizją, a staje się rzeczywistością. Omawiana tu współzależność między częściami całości, choć niewidoczna w systemach, które działają, staje się nad wyraz widoczna w systemach, które zawodzą. Wysoce uporządkowane systemy towarzyszące, które umożliwiają posługiwanie się komputerami osobistymi, w skorumpowanych krajach Trzeciego Świata spotyka się tak rzadko, że oznak dostępności prądu takich jak linie energetyczne, gniazdka czy włączniki światła najczęściej nie ma w ogóle, a jeśli są, to od dawna popsute lub zainstalowane prowizorycznie i w znikomy sposób przyczyniające się do faktycznych dostaw elektryczności do domostw i fabryk. Z tego powodu postrzeganie urządzeń elektrycznych oraz innych, z których elektryczność pozwala korzystać, jako osobnych funkcjonalnych jednostek jest w najlepszym przypadku frustrujące, w najgorszym zaś – niemożliwe. To w pewnym stopniu wina niedoskonałości natury technicznej: część systemów zwyczajnie nie działa. Jednak ważny jest tutaj brak zaufania charakterystyczny dla kulturowo skorumpowanych społeczeństw.

Mówiąc inaczej: to, co postrzegasz jako swój komputer, jest jak pojedynczy liść wyrastający z gałęzi będącej częścią drzewa rosnącego w lesie – lub (nawet bardziej adekwatnie) jak twoje palce pocierające delikatnie ten liść. Taki pojedynczy liść można zerwać i postrzegać jako niezależną jednostkę – jednak sklasyfikowanie go w ten sposób wprowadza więcej zamętu niż jasności. W ciągu kilku tygodni liść ten wyschnie i skruszy się bądź zgnije. Bez drzewa w ogóle by nie zaistniał. Bez niego nie może też kontynuować istnienia. Oto położenie naszych laptopów względem świata. To, czym są te trzymane przez nas na kolanach maszyny, jest tak dalece niezależne od nich, że fasadę komputera mogą zachować przez ledwie kilka krótkich lat.

Niemal wszystko, co widujemy i z czego korzystamy, na co dzień poddaje się temu procesowi, choć często w sposób tak dyskretny, że niemal niedostrzegalny.

Narzędzia, przeszkody i rozszerzanie „ja"

Kiedy patrzymy na świat, zakładamy, że widzimy przedmioty i rzeczy, lecz to nie do końca prawda. Nasze wykształcone w procesie ewolucji systemy percepcyjne zmieniają współzależny, skomplikowany, wielopoziomowy świat, który zamieszkujemy, nie tyle w zbiór *przedmiotów* jako takich, co w zbiór przedmiotów *użytecznych* (lub ich przeciwieństw – *przeszkód*). Na tym polega konieczne i praktyczne upraszczanie postrzegania świata. Zakłada ono redukcję jego nieskończonej złożoności przez przyporządkowanie poszczególnym elementom konkretnych funkcji. Takie uprecyzyjnienie percepcji sprawia, że świat daje się zrozumieć i ogarnąć umysłem. Postrzeganie narzędzi i użyteczności to coś zupełnie innego niż postrzeganie *przedmiotów*.

To nie tak, że najpierw widzimy bezwartościowe obiekty, a następnie przypisujemy im znaczenie. Postrzegamy znaczenie bezpośrednio[1]. Widzimy podłogi, po których można chodzić, drzwi, którymi można wchodzić i wychodzić, oraz krzesła, na których można siadać. To dlatego zarówno drewniane pieńki, jak i modne dziś worki sako zaliczamy do tej samej kategorii, mimo że – obiektywnie patrząc – niewiele mają ze sobą wspólnego. Widzimy kamienie, bo możemy nimi rzucać, chmury, bo mogą zalać nas deszczem, jabłka, bo możemy zjeść je ze smakiem, i cudze samochody, bo zajeżdżają nam drogę i opóźniają powrót z pracy do domu. Nie widzimy przedmiotów i rzeczy, ale narzędzia i przeszkody. Co więcej,

[1] Klasyczne omówienie tej kwestii: J.J. Gibson, *An ecological approach to visual perception*, Nowy Jork, Psychology Press, 1986. Dyskusję na temat związku między mową a czynami znaleźć można w: A. Floel, T. Ellger, C. Breitenstein, S. Knecht, *Language perception activates the hand motor cortex: implications for motor theories of speech perception*, „European Journal of Neuroscience", 18/2003, s. 704–708. Bardziej ogólne omówienie związku między działaniem a percepcją: F. Pulvermüller, R.L. Moseley, N. Egorova, Z. Shebani, V. Boulenger, *Motor cognition – motor semantics: Action perception theory of cognition and communication*, „Neuropsychologia", 55/2014, s. 71–84.

widzimy narzędzia i przeszkody na „przydatnym" poziomie analizy, który czyni je najbardziej użytecznymi (lub niebezpiecznymi), biorąc pod uwagę nasze potrzeby, zdolności i ograniczenia percepcyjne. Świat objawia się przed nami nie jako coś, co po prostu istnieje, lecz jako zbiór obiektów, z których niektóre można wykorzystać do naszych celów, a inne należy omijać z daleka.

Widzimy twarze ludzi, z którymi rozmawiamy, ponieważ musimy się z nimi komunikować i współpracować. Nie widzimy natomiast całego mikrokosmosu ich komórek, subkomórkowych organelli oraz molekuł i atomów składających się na te komórki. Nie widzimy też otaczającego ich makrokosmosu: członków ich rodzin i przyjaciół tworzących kręgi społeczne, do których przynależą, gospodarek, których są częścią, czy ekosystemów, w których wszystko to istnieje. Co równie ważne, nie widzimy ich na przestrzeni czasu. Widzimy ich w wąskim, ulotnym, przytłaczającym *teraz*, a nie otoczonych przez tysiące dni wczorajszych i jutrzejszych, które mogą być znacznie ważniejszą częścią ich życia, niż cokolwiek, co odbywa się w danym momencie. Nie mamy wyjścia, ponieważ jeśli spróbowalibyśmy uwzględnić w naszym postrzeganiu wszystkie te pomijane aspekty rzeczywistości, ilość informacji przerosłaby moc obliczeniową naszych umysłów.

Gdy patrzymy na świat, dostrzegamy jedynie to, co niezbędne do zaspokajania naszych potrzeb i realizacji planów. Nasze środowisko życia tworzą zatem właśnie te *niezbędne* elementy rzeczywistości. To radykalne, acz funkcjonalne, podświadome uproszczenie świata – i niemal niemożliwe jest dla nas nie mylić tego okrojonego obrazu ze światem realnym. Nie wystarczy jednak sama skupiona percepcja nakierowana bezpośrednio na wybrane obiekty[2]. Te istnieją bowiem w ramach złożonych, wielowymiarowych sieci współzależności. Tak naprawdę nie postrzegamy samych obiektów, ale ich funkcjonalną użyteczność; a żeby było to wykonalne, po drodze upraszczamy je do możliwie najniższego poziomu

[2] To dlatego, na przykład, stworzenie robotów zdolnych do samodzielnego funkcjonowania zajęło nam znacznie więcej czasu, niż pierwotnie zakładano. Problem percepcji jako takiej jest dalece trudniejszy niż niewymagający wysiłku dostęp do naszej własnej percepcji mógłby sugerować. W rzeczy samej, problem percepcji jest tak trudny, że niemal kompletnie (z perspektywy tamtych czasów) zahamował postęp w badaniach nad stworzeniem sztucznej inteligencji – okazało się bowiem, że bezcielesny, abstrakcyjny rozum nie potrafił rozwiązywać nawet najprostszych problemów realnego świata. Pionierzy tacy jak Rodney Brooks zaproponowali na przełomie lat 80. i 90. XX wieku tezę, według której ciała podejmujące działania były warunkiem koniecznym dla rozbioru świata na dające się analizować elementy składowe, co pozwoliło rewolucji SI odzyskać entuzjazm i ponownie nabrać rozpędu.

skomplikowania. *To z tego powodu musimy być bardzo precyzyjni w definiowaniu naszych celów.* W przeciwnym razie toniemy w złożoności świata.

Jest to prawdą także, gdy chodzi o nasze postrzeganie nas samych. Zakładamy, że „my" kończymy się w miejscu, gdzie powierzchnia naszej skóry styka się z otoczeniem. Nie przeszkadza nam to jednak w instynktownym dostrzeganiu prowizorycznego charakteru tej granicy. To, co uznajemy za „nas", zmienia się zależnie od aktualnego kontekstu. Nawet gdy wykonujemy czynność tak prostą, jak chwycenie śrubokrętu, nasz mózg automatycznie aktualizuje to, co traktuje jako ciało, aby obejmowało również narzędzie[3]. Możemy dosłownie czuć rzeczy, których dotykamy końcem śrubokręta. Kiedy prostujemy rękę, w której trzymamy śrubokręt, automatycznie uwzględniamy jego długość. Możemy wciskać go w niedostępne dla rąk szczeliny i badać w ten sposób, co skrywają. Co więcej, natychmiast uznajemy trzymany śrubokręt za „nasz" i niejako instynktownie nie chcemy się nim dzielić. Tak samo zachowujemy się, kiedy korzystamy ze znacznie bardziej skomplikowanych narzędzi w znacznie bardziej skomplikowanych sytuacjach. Samochody, które prowadzimy, momentalnie i automatycznie stają się częścią nas. To dlatego, gdy najedziemy na przejście dla pieszych i ktoś poirytowany uderzy pięścią w maskę naszego auta, traktujemy to jako osobistą zniewagę. Nie zawsze jest to reakcja racjonalna. Jednak bez rozszerzenia „ja" tak, aby uwzględniało samochód, prowadzenie go nie byłoby możliwe.

Nasze elastyczne granice mogą również obejmować innych ludzi – członków rodziny, ukochanych i przyjaciół. Matka skłonna jest poświęcić własne życie dla swoich dzieci. Co jest dla nas ważniejsze: ojciec lub syn, żona lub mąż czy może ręka lub noga? Możemy sobie odpowiedzieć przez zadanie pytania: co wolelibyśmy utracić? Czy oddalibyśmy jedną z kończyn za życie bliskiej osoby? Takie rozszerzanie „ja" na innych ludzi ćwiczymy, kiedy identyfikujemy się z fikcyjnymi bohaterami książek i filmów. Ich triumfy i tragedie szybko i w sposób niezwykle przekonujący stają się również naszymi triumfami i tragediami. To, że siedzimy wygodnie w kinowych fotelach, nie przeszkadza nam w przenoszeniu się do różnych alternatywnych rzeczywistości, wyobrażaniu sobie, że jesteśmy ich częścią i rozpatrywaniu wielu potencjalnych biegów wydarzeń. Kiedy zanurzamy się myślami w fikcyjnym świecie, potrafimy wcielać się w sytuacje czy role, które w rzeczywistości nie istnieją. W mgnieniu oka,

---

3 L. Cardinali, F. Frassinetti, C. Brozzoli, C. Urquizar, A.C. Roy, A. Farné, *Tool-use induces morphological updating of the body schema*, „Current Biology", 12/2009, s. 478–479.

w magicznej sali kinowej, możemy się stać fantastycznymi stworzeniami. Siedzimy w ciemności naprzeciw migających obrazów wyświetlanych na ekranie projekcyjnym i wczuwamy się w postaci czarownic, superbohaterów, kosmitów, wampirów, zwierząt, elfów czy drewnianych pajacyków. Odczuwamy wszystko to, co one, i – co nieco dziwne – z przyjemnością za ten przywilej płacimy nawet, gdy spodziewane doświadczenia to smutek czy strach.

Coś podobnego, lecz w bardziej skrajnej odmianie, ma miejsce, gdy identyfikujemy się nie z pojedynczym bohaterem fikcyjnej opowieści, ale z całą grupą ludzi biorących udział w zawodach. Pomyśl, co się dzieje, gdy twoja ulubiona drużyna wygrywa lub przegrywa ważny mecz przeciwko odwiecznemu rywalowi. Zwycięski gol sprawi, że całe rzesze fanów bez namysłu podskoczą z radości perfekcyjnie zsynchronizowani, jak gdyby ich układy nerwowe połączone były bezpośrednio z meczem rozgrywającym się na ich oczach. Fani traktują zwycięstwa i porażki swoich zespołów bardzo osobiście, zakładają nawet koszulki swoich ulubieńców i często świętują wygrane i przegrane z większym entuzjazmem, niż jakiekolwiek wydarzenia w ich „prawdziwym" życiu. Dowody takich identyfikacji znajdujemy bardzo głęboko – nawet na poziomie biochemicznym i neurobiologicznym. Na przykład pośrednie doświadczanie wygrywania i przegrywania podnosi i obniża poziom testosteronu w organizmach fanów „uczestniczących" w rozgrywce[4]. Nasza zdolność identyfikacji ukazuje się na wszystkich poziomach naszego Istnienia.

Na tej samej zasadzie – w takim stopniu, w jakim jesteśmy patriotami – nasz kraj nie tylko jest dla nas ważny, lecz jest wręcz częścią nas. Dla ocalenia integralności terytorialnej państwa jesteśmy nawet skłonni poświęcać się w bitwach. Taka gotowość do oddania życia za ojczyznę zazwyczaj była i jest uważana za postawę godną pochwały i świadczącą o odwadze, niemniej jednak będącą moralnym obowiązkiem każdego człowieka. Paradoksalnie, nie jest to bezpośrednia konsekwencja naszej agresywności, lecz bardzo silnych odruchów społecznych i skłonności do współpracy. Skoro możemy stawać się nie tylko nami samymi, lecz także naszymi rodzinami, drużynami czy krajami – współpraca przychodzi nam łatwo, ponieważ bazuje na tych samych głęboko wrodzonych mechanizmach, które każą nam (i innym stworzeniom) chronić nasze ciała.

---

4 P.C. Bernhardt, J.M. Dabbs Jr., J.A. Fielden, C.D. Lutter, *Testosterone changes during vicarious experiences of winning and losing among fans at sporting events*, „Physiology & Behavior", 65/1998, s. 59–62.

Świat jest prosty tylko wtedy, gdy zachowuje się jak trzeba

Bardzo trudno jest zrozumieć chaos rzeczywistości, kiedy ktoś jedynie mu się przygląda. To wyjątkowo skomplikowane zadanie wymagające zaangażowania – kto wie – być może połowy naszego mózgu. W realnym świecie wszystko podlega ciągłym zmianom. Każda pozornie oddzielna rzecz składa się z mniejszych pozornie oddzielnych rzeczy. Granice między poziomami – oraz między rzeczami na poszczególnych poziomach – nie są ani wyraźne, ani obiektywne. Muszą być ustalane w sposób pragmatyczny, przy czym ustalenia te zachowują zasadność tylko pod pewnymi szczególnymi warunkami. Na przykład świadoma iluzja pełnej, kompletnej percepcji utrzymuje pozory prawdziwości – wydaje się bez zarzutu spełniać swoją funkcję – jedynie dopóki wszystko idzie zgodnie z planem. W takich okolicznościach wszystko, co obserwujemy, wszystko, co dzieje się wokół nas, jest na tyle zgodne z naszymi oczekiwaniami, że nie ma po co wykraczać poza aktualne zasoby wiedzy. Aby skutecznie prowadzić samochód, nie jest nam potrzebne rozumienie ani nawet postrzeganie złożonej maszynerii operującej pod karoserią. Skomplikowane osiągnięcia technologiczne, w oparciu o które działają nasze auta, przypominają nam o sobie dopiero, gdy ta maszyneria się psuje lub gdy niespodziewanie w coś wjedziemy (albo coś wjedzie w nas). Nawet w przypadku zwykłej usterki mechanicznej (nie mówiąc o poważnej kolizji) takie przypomnienie wywołuje w nas, przynajmniej początkowo, uczucie lęku. To wszystko konsekwencja nagle powstałej niepewności.

Samochód, według naszego postrzegania, nie jest rzeczą czy obiektem. Jest czymś, co zabiera nas w miejsce, w którym chcemy się znaleźć. Prawdę mówiąc, dopiero gdy staje zepsuty i przestaje sprawdzać się w tej roli zaczynamy w ogóle postrzegać go jako coś więcej. Dopiero gdy nagle odmawia posłuszeństwa – albo bierze udział w wypadku i trzeba go zepchnąć na pobocze – zmuszeni jesteśmy wziąć pod uwagę i przeanalizować mnogość części, od których zależy funkcjonowanie „samochodu jako poruszającego się obiektu". Gdy psuje nam się auto, nasza niekompetencja w kwestii jego skomplikowania natychmiast wychodzi na jaw. Ma to zarówno konsekwencje praktyczne (nie możemy przemieścić się w miejsce, w które jechaliśmy), jak i psychologiczne: wraz z utratą działającego samochodu tracimy nasz spokój ducha. Zwracamy się wtedy do urzędujących w warsztatach specjalistów z prośbą, aby przywrócili naszemu pojazdowi sprawność, a naszej percepcji – prostotę. Tak oto mechanicy pełnią rolę psychologów.

Dokładnie w takich momentach mamy okazję zdać sobie sprawę (choć rzadko jest to przedmiotem głębszej refleksji) z uderzająco niskiej rozdzielczości naszej wizji świata i towarzyszącego jej mocno ograniczonego rozumienia, jak ten świat funkcjonuje. W chwilach kryzysu, gdy mechanizmy, na których polegamy zawodzą, szukamy pomocy u ludzi, których specjalistyczna wiedza wykracza daleko poza nasze granice pojmowania rzeczywistości. Liczymy, że dzięki nim faktyczny bieg wydarzeń znów zacznie się pokrywać z oczekiwanymi przez nas rezultatami. Wszystko to oznacza, że awaria naszego samochodu może nas również zmusić do skonfrontowania się z niepewnością ujawniającą się w szerszym kontekście społecznym – niepewnością, która przez większość czasu pozostaje przed nami w ukryciu, a której samochód oraz stojące za nim technologie są tylko jednymi z wielu elementów. Zawiedzeni przez nasz samochód stajemy przed szerokim spektrum pytań, na które nie znamy odpowiedzi. Czy to już czas wymienić auto na nowe? Czy zakup tego obecnego był dobrą decyzją? Czy to generalnie dobry samochód i warto przeznaczać pieniądze na jego naprawę? Czy pracownicy warsztatu, do którego go oddaję, to fachowcy, którym można ufać? Czasem musimy oprócz tego rozważyć głębsze, szersze i bardziej niepokojące ewentualności: czy aby ostatnimi czasy nie pogorszył się stan dróg? A może to ja pogorszyłem się w roli kierowcy? Może siadam za kółkiem zbyt zmęczony i rozkojarzony? Może z biegiem lat popsuł mi się wzrok i refleks? Gdy zawodzi coś, na czym zwykle polegamy w naszej uproszczonej wizji rzeczywistości, ograniczenia naszej percepcji zewnętrznego świata i nas samych odsłaniają swoje oblicze, a bardziej złożony świat, który przez cały ten czas nas otaczał, tyle że był dla wygody ignorowany, ukazuje się nam w pełnej krasie. Wtedy też otoczony murem archetypiczny ogród, który zamieszkujemy, ujawnia ukryte, lecz zawsze obecne węże.

Ty i ja jesteśmy prości tylko, gdy świat zachowuje się jak trzeba

Gdy rutynowe schematy, na których polegamy w życiu, przestają działać, wszystko, co było dotychczas ignorowane, wypływa na wierzch. Gdy przedmioty wymykają się swoim precyzyjnym specyfikacjom, mury się walą i do środka wdziera się chaos. Gdy jesteśmy nierozważni i nie pilnujemy naszych spraw z dostateczną czujnością, te – odkładane na później – kumulują się, przybierają podstępną formę i uderzają, najczęściej w najgorszym możliwym momencie. Dopiero wtedy widzimy, przed czym chroni nas precyzyjne formułowanie celów, skupienie na zamiarach i ogólna uwaga.

Wyobraźmy sobie wierną, oddaną żonę skonfrontowaną nagle z dowodami niewierności męża. Żyje z nim od lat. Widzi go takim, jakim zakłada, że jest: odpowiedzialnym, pracowitym, kochającym i godnym zaufania. Jej małżeństwo stoi na skale – ona przynajmniej skłonna jest w to wierzyć. Z czasem jednak on staje się jakby nieobecny, rozkojarzony. Zaczyna – zgodnie z typowym schematem – dłużej zostawać w pracy. Coraz częściej, zupełnie bez powodu, irytują go jej słowa lub zachowanie. Pewnego dnia żona widzi go siedzącego z inną kobietą w kawiarni w centrum miasta. Szybko spostrzega, że relacja tej dwójki nie ma charakteru zawodowego – pewnych gestów nie sposób ani zignorować, ani zracjonalizować. Ograniczenia i niedokładności jej dotychczasowej percepcji nagle stają się boleśnie oczywiste.

Wizja męża, w którą dotąd wierzyła, upada. Co dzieje się dalej? Najpierw w jego miejsce pojawia się ktoś inny: nieprzenikniony, przerażający nieznajomy. Już samo to może stanowić ciężki orzech do zgryzienia, a to tylko połowa problemu. W konsekwencji wykrycia zdrady jednocześnie upada również jej wizja siebie samej – a więc nieznajomych jest dwójka. Jej mąż nie jest osobą, za którą go miała, lecz dotyczy to także jej – zdradzonej żony. Nie jest odtąd „kochaną żoną, wartościową partnerką i bezpieczną kobietą". Może to brzmieć dziwnie, ale przeszłość wcale nie musi być czymś niezmiennym – nie, jeśli mamy w głowie jej fałszywy obraz.

Przeszłość, choć już przeminęła, niekoniecznie była taka, jak myśleliśmy. Teraźniejszość jest chaotyczna i nieokreślona. Ziemia ciągle porusza się pod jej – i pod naszymi – stopami. Na tej samej zasadzie przyszłość, jeszcze niezaistniała, zmienia się często w coś, czym nie miała być. Czy żonę, dawniej zadowoloną z życia, zgubiło cudze oszustwo czy własna łatwowierność? Czy powinna widzieć się w roli ofiary czy raczej współwinnej pielęgnowania małżeńskiego złudzenia? Kim jest jej mąż? Nieusatysfakcjonowanym kochankiem? Obiektem uwiedzenia? Psychopatycznym kłamcą? Diabłem wcielonym? *Jak on mógł zachować się tak okrutnie?* Jak w ogóle można być zdolnym do czegoś takiego? Czym jest wobec tego dom, w którym żyła? Jak mogła być tak naiwna? Jak mogła dać się tak oszukać? Kobieta spogląda w lustro. *Kim jest? Co się właściwie dzieje?* Czy jej pozostałe relacje też opierają się na kłamstwie? Czy opierały się na nim w przeszłości? A co z przyszłością? Gdy głębsze realia świata niespodziewanie objawiają się przed nami, fundamenty naszej egzystencji tracą umocowanie w rzeczywistości.

Wszechobecna złożoność wykracza poza naszą zdolność pojmowania. Wszystko podlega wzajemnym współoddziaływaniom. To, co postrzegamy, to niewielki wycinek gigantycznej przyczynowo-skutkowej macierzy. Choć na co dzień wszystkimi siłami unikamy konfrontacji ze świadomością tej ułomności, cienka błonka percepcyjnych uproszczeń pęka za każdym razem, gdy coś poważnego idzie nie po naszej myśli. Przygnębiająca niedoskonałość naszych zmysłów wychodzi na jaw. Wszystko, co najbardziej cenimy, rozpada się w pył. A my? Zamieramy w bezruchu. Ogarnia nas stupor. Co zatem widzimy? Gdzie mamy patrzeć, skoro dokładnie to, na co dotąd kierowaliśmy wzrok, okazało się złudzeniem?

Co widzimy, gdy nie wiemy, na co patrzymy?

Czym stał się świat po zniszczeniu bliźniaczych wież World Trade Center w Nowym Jorku? Co zostało zburzone, a co, o ile w ogóle cokolwiek, przetrwało? Jakie upiorne bestie wypełzły z ruin po tym, jak zawaliły się niewidzialne filary globalnego systemu finansowego? Co widzimy, gdy ulicami maszerują rozwścieczeni zwolennicy narodowych socjalistów albo gdy w Rwandzie w ciągu kilku miesięcy morduje się około miliona ludzi? Co widzimy, gdy nie potrafimy zrozumieć, co się z nami dzieje i ustalić, gdzie się znaleźliśmy? Gdy nie wiemy już, kim jesteśmy i jak rozumieć nasze otoczenie? Tym, co w takich momentach *przestajemy widzieć*, jest dobrze rozpoznany, podnoszący na duchu świat narzędzi – przydatnych obiektów, bytów osobowych. Nagle nie widzimy nawet pospolitych przeszkód – wystarczająco uciążliwych w normalnych okolicznościach, gdy pewnie poruszamy się w rzeczywistości – które można z łatwością ominąć.

Tym, co postrzegamy, gdy wszystko się wali, nie są już stabilne warunki nadającego się do zamieszkania porządku. Tym, co wtedy postrzegamy, jest odwieczne *tohu-wa-bohu*, bezkształtna próżnia oraz *tehom*, abismo, otchłań, posługując się językiem biblijnym – chaos zawsze czający się pod cienką warstwą bezpieczeństwa. Jak głoszą najstarsze opinie wyrażone przez człowieka, to z tego chaosu, u samego początku czasu, Święte Słowo Boże wydobyło porządek (zgodnie z tymi samymi opiniami, na podobieństwo tego samego Słowa, stworzeni zostaliśmy my, mężczyźni i kobiety). To ten chaos jest pierwotnym źródłem wszelkiej stabilności, jakiej poszczęściło nam się doświadczać – przez ograniczony czas – zaraz po tym, gdy nauczyliśmy się postrzegać. To chaos widzimy, gdy wszystko się wali (choć tak naprawdę nie potrafimy go zobaczyć). Co przez to rozumieć?

To nagłe ujawnienie się jakiegoś wcześniej nieznanego zjawiska z jakiegoś wcześniej nieznanego miejsca (z greckiego *phainesthai*,

„rozbłysnąć"). To ponowne wyłonienie się smoka z jego wiecznej pieczary, po tym, jak coś wybudziło go ze snu. To zaświaty, wraz z zamieszkującymi je potworami, przenikające do naszego życia. Jak mamy przygotować się na zaistnienie sytuacji awaryjnej, gdy nie wiemy, co dokładnie zaistniało ani skąd przybyło? Jak mamy przygotować się na katastrofę, gdy nie wiemy, czego się spodziewać i jakie działania podjąć? W takich okolicznościach przestajemy polegać na naszych umysłach – zbyt powolnych, że tak to ujmę – a zaczynamy polegać na naszych ciałach. One bowiem reagują znacznie szybciej niż nasze umysły.

Gdy szwankują elementy rzeczywistości, na których polegamy w codziennym życiu, nasza percepcja traci nadrzędność nad działaniem. Pierwotne instynktowne reakcje, których automatyczność i skuteczność zawdzięczamy setkom milionów lat ewolucji, chronią nas w chwilach zagrożenia, gdy nie tylko myśli, lecz także percepcja zawodzą. W takich okolicznościach nasze ciała przygotowują się na wszystkie możliwe ewentualności[5]. Najpierw zastygamy w bezruchu. Następnie instynktowne reakcje ciała przechodzą w emocje, kolejną fazę percepcji. Czy chodzi o coś strasznego? Coś przydatnego? Coś, z czym należy walczyć? Coś, co można zignorować? Jak to ustalamy – i kiedy? Nie wiemy. Znajdujemy się w bardzo kosztownym energetycznie stanie gotowości. Nasze ciała zalewa kortyzol i adrenalina. Nasze serca biją szybciej. Nasz oddech przyspiesza. Dociera do nas niepokojąca świadomość, że nasze poczucie kontroli nad losem i pełnego zrozumienia otoczenia przepadło; było tylko ułudą. Czerpiemy z fizycznych i psychologicznych zasobów oszczędzanych pieczołowicie dokładnie na ten moment (o ile mamy na tyle szczęścia, aby je posiadać). Przygotowujemy się na najgorsze – lub na najlepsze. Zajadle wciskamy gaz do dechy, drugą nogą jednocześnie napierając na hamulec. Krzyczymy albo wybuchamy śmiechem. Przypatrujemy się z obrzydzeniem lub przerażeniem. Płaczemy. Dopiero po jakimś czasie gotowi jesteśmy chłodno przeanalizować zaistniały chaos.

A zatem zdradzona żona, która stopniowo traci panowanie nad sobą, odczuwa chęć, aby wszystko ujawnić – sobie, siostrze, najlepszej

[5] Częściowo omawiają to J. Gray, N. McNaughton w: *The neuropsychology of anxiety: an enquiry into the functions of the septal-hippocampal system*, Oxford, Oxford University Press, 2003. Zobacz też: J.B. Peterson, *Three forms of meaning and the management of complexity* w: T. Proulx, K.D. Markman, M.J. Lindberg (red.), *The Psychology of Meaning*, Washington D.C., American Psychological Association, 2013, s. 17–48; J.B. Peterson, J.L. Flanders, *Complexity management theory: motivation for ideological rigidity and social conflict*, „Cortex", 38/2002, s. 429–458.

przyjaciółce, nieznajomemu w autobusie – bądź ucieka w milczenie i obsesyjnie rozmyśla o tym, co zaszło. *Co poszło nie tak? Co takiego sprawiło, że mąż się od niej odsunął? Kim jest osoba, z którą żyła przez te wszystkiego lata? Co to za świat, w którym dochodzi do takich niegodziwości? Jaki Bóg stworzyłby takie miejsce?* Jaką rozmowę miałaby niby zainicjować z tym nowym, doprowadzającym ją do szału człowiekiem, zamieszkującym ciało jej byłego męża? Jakie formy zemsty ukoiłyby jej gniew? Kogo mogłaby uwieść, aby odegrać się za tę zniewagę? Na myśl o potencjale, jaki otwiera przed nią odnaleziona na nowo wolność, przeżywa na przemian złość, lęk, wycieńczenie oraz podekscytowanie.

Jej centralna ostoja bezpieczeństwa okazała się chwiejna i zawodna – w rzeczywistości wyszło na to, że była jedynie atrapą ostoi. Jej dom stał na fundamentach z piasku. Lód, po którym chodziła, był po prostu zbyt cienki. Tafla pękła, a ona tonie w przeraźliwie zimnej wodzie. Los zaśmiał się jej w twarz w sposób tak podły, że gniew, strach i rozpacz pożerają ją od środka. Jej poczucie zdrady nasila się, aż do poziomu, przy którym wali się cały jej świat. Gdzie ona jest? *W otchłani chaosu, otoczona wszystkimi jej lękami.* Jak się tam znalazła? To doświadczenie, ta wyprawa z powrotem do podstaw – to także percepcja, na jej wczesnym etapie rozwoju; te przygotowania; te rozważania o tym, co mogło być, i o tym, co nadal może być; te emocje i fantazja. To wszystko głęboka percepcja, niezbędna, dopóki znajome obiekty, które dawniej rozpoznawała, znów nie zaczną pojawiać się w ich uproszczonej, wygodnej formie. To odmiana percepcji poprzedzająca ponowne wyłonienie się z chaosu możliwości funkcjonalnych realiów porządku.

„Czy naprawdę powinnam być tym taka zaskoczona?", pyta sama siebie oraz przyjaciół, patrząc wstecz. Czy powinna obwiniać się o lekceważenie sygnałów ostrzegawczych, które – choć dyskretne – dało się zauważyć? Wspomina, jak świeżo po ślubie co wieczór z przyjemnością wyczekiwała wieczornego seksu z mężem. Oczywiście utrzymania takiej częstotliwości trudno było oczekiwać, ale raz w ciągu ostatnich sześciu miesięcy? Wcześniej, przez lata, raz na dwa, trzy miesiące? Czy ktokolwiek, kogo darzy szczerym szacunkiem – w tym ona sama – godziłby się na to bez reakcji?

Jest pewna bajka dla dzieci, którą bardzo lubię: *There's No Such Thing as a Dragon* [*Smoki nie istnieją* – przyp. tłum.] autorstwa Jacka Kenta. Ta z pozoru prosta historyjka ma symboliczne znaczenie, które wyjaśniałem kiedyś grupie emerytowanych absolwentów Uniwersytetu Toronto[6].

[6] Nagranie, w oryginale wyemitowane w TVOntario, dostępne jest pod adresem: https://www.youtube.com/watch?v=REjUkEj1O_0.

Bajka opowiada o małym chłopcu, Billym Bixbee, który – obudziwszy się pewnego ranka – widzi przed sobą smoka siedzącego na jego łóżku. Stworzenie jest wielkości domowego kota i zachowuje się bardzo przyjaźnie. Chłopiec mówi o wszystkim mamie, ta jednak odpowiada, że smoki nie istnieją. Tymczasem smok Billy'ego zaczyna rosnąć. Zjada wszystkie naleśniki przygotowywane na śniadanie dla chłopca. Wkrótce staje się tak wielki, że wypełnia niemal cały dom. Gdy mama próbuje odkurzać, musi się nieźle nagimnastykować – obchodzi smoka dookoła, do poszczególnych pomieszczeń wchodzi i wychodzi oknami, wciska ssawkę odkurzacza, gdzie tylko się da. Cała operacja ciągnie się godzinami. Przychodzi moment, gdy smok wstaje i odchodzi... z całym domem na plecach. Tato Billy'ego wraca z pracy, aby w miejscu, gdzie mieszkał od lat, zastać tylko puste miejsce. Na szczęście listonosz mówi mu, gdzie „poszedł" jego dom. Ojciec odnajduje go, wspina się do domu po szyi smoka i dołącza do żony i syna. Mama nadal utrzymuje, że smoki nie istnieją, jednak Billy, któremu skończyła się cierpliwość, stwierdza jasno i wyraźnie: „Mamo! Ten tutaj smok istnieje!". Momentalnie stworzenie zaczyna się kurczyć. Po chwili znów jest rozmiaru kota. Wszyscy zgadzają się, że smoki tego rozmiaru (1) istnieją i (2) są preferowane względem ich gigantycznych odpowiedników. Mama, która wreszcie przejrzała na oczy, pyta płaczliwym tonem, dlaczego ten smok tak urósł, na co Billy odpowiada: „Być może chciał, aby ktoś go zauważył?".

Być może! W tym tkwi sedno wielu historii. Chaos w rodzinie wyłania się niezauważony, po czym przyrasta kawałek po kawałku. Drobne żale, złości i frustracje akumulują się dzień za dniem. Wzajemna zgryźliwość przyrasta z każdą sprzeczką. Wszystkie brudy zamiatane są pod dywan, gdzie smok żeruje na odpadkach. Gdy jednak dzielona przestrzeń domowa i obowiązujący w niej porządek stopniowo stają się toksyczne bądź rozpadają w obliczu czegoś niespodziewanego lub wstrząsającego, nikt nie ma odwagi powiedzieć głośno o tej niewygodnej prawdzie. Zamiast tego każdy z osobna łudzi się, że wszystko będzie dobrze. Komunikacja wymagałaby uznania negatywnych emocji: rozgoryczenia, lęku, samotności, rozpaczy, zazdrości, frustracji, nienawiści czy znudzenia. A wszyscy dobrze wiemy, o ile łatwiej jest nie naruszać status quo i nie wychodzić poza strefę komfortu. Jednak gdzieś w tle, w domu Billy'ego Bixbee i wszystkich mu podobnych, rośnie smok. Któregoś dnia włazi do salonu tak wielki, że nikt nie może go już dłużej ignorować. Wyrywa cały dom z fundamentów. Może przybrać postać romansu jednego z małżonków; rozwodu o rujnujących skutkach finansowych i psychologicznych; ciągnącego się latami sporu o prawa do opieki nad dziećmi; rozlanej czary goryczy, którą można było rozłożyć na małe, tolerowalne dawki, na każdy problem z osobna, przez cały okres pseudo-idealnego związku. Każda z tysięcy skrywanych uraz, których unikano, które zakłamano i które racjonalizowano, wylewa się nagle niczym biblijny potop i zatapia wszystko. Nie ma arki, w której można byłoby szukać schronienia, bo choć wszyscy widzieli, że zbiera się na deszcz, nikt nie zaproponował jej budowy.

Nigdy nie lekceważ niszczącej siły grzechu zaniedbania.

Być może zdradzona kobieta i jej mąż mogli odbyć rozmowę o ich życiu seksualnym – jedną, dwie czy choćby i dwieście. Być może fizyczna intymność, jaką niewątpliwie dzielili, powinna iść w parze (a zwykle nie idzie) *z analogiczną intymnością psychiczną*. Być może powinni wytrwać w swoich rolach. W ciągu ostatnich kilkudziesięciu lat w wielu małżeństwach tradycyjny podział obowiązków został kompletnie zburzony, jednak wbrew powszechnej opinii nie w imię wolności i swobody. Zburzenie to nie pozostawiło po sobie błogiego braku ograniczeń, lecz raczej chaos, konflikt i niezdecydowanie. Uciekających spod tyranii nie czeka zazwyczaj Raj, ale długa droga przez pustynię – wymagająca i bezlitosna. Co więcej, gdy brak dobrowolnie przyjętej tradycji (oraz ograniczeń – często niekomfortowych; często nawet niedorzecznych – które ona nakłada), zostają tylko trzy niełatwe opcje: niewola, tyrania lub negocjacje. Niewolnik jedynie wykonuje polecenia – zadowolony, być może, z wyzbycia się odpowiedzialności za własne życie. To jego sposób na problem złożoności świata. Nie jest to jednak rozwiązanie długoterminowe – dusza niewolnika prędzej czy później wznieca bunt. Sposobem na rozwiązanie złożoności świata przez tyrana jest wysługiwanie się niewolnikiem. Po drugiej stronie nie ma nic, oprócz przewidywalnej, posępnej podległości. Kto wybierze taki model relacji? Natomiast negocjacje – one wymagają od obu stron jasnego przyznania, że smok istnieje. A to jest fakt, któremu trudno stawić czoła nawet wtedy, gdy nie przybrał jeszcze rozmiarów, przy których zdolny jest zwyczajnie pożreć wychodzącego mu naprzeciw rycerza.

Być może zdradzona kobieta i jej mąż mogli bardziej precyzyjnie przedyskutować ich pożądany tryb Istnienia. Być może pozwoliłoby to zapobiec niekontrolowanemu wyciekowi wód chaosu, w których utonęli. Być może okazałoby się to lepszą drogą niż leniwe, uległe, tchórzliwe, przekonywanie samych siebie: „Daj spokój. Nie warto o to walczyć". Niewiele jest w małżeństwie spraw, o które nie warto walczyć. Od dnia ślubu małżonków łączy przysięga, która wygasa dopiero w momencie śmierci jednego lub obojga z nich. Przysięga ta zawierana jest właśnie po to, aby nie poddawać się przy pierwszej lepszej cholernej okazji. Czy naprawdę chcesz pozwolić, aby te same szykany dręczyły cię przez każdy dzień twojego małżeństwa, przez kilka dekad jego trwania?

„Och, nie przesadzajmy, chodzi o drobiazgi, jakoś je zniosę", myślisz. Być może masz rację. Prawdopodobnie nie jesteś wzorem tolerancji. Być może jeśli zwrócisz swojemu partnerowi uwagę, że jego niekontrolowany chichot przypomina dźwięk skrobania paznokciami po tablicy, ten (lub ta) zupełnie słusznie odpowie ci, żebyś spadał. Być może wina leży po twojej stronie i to ty powinieneś dorosnąć, zmądrzeć, nauczyć się trzymać język za zębami. Jednak jeśli najbliższa ci osoba rży jak koń na spotkaniu ze znajomymi, to nie daje się poznać z najlepszej strony i twoja interwencja może być uzasadniona. W takich okolicznościach walka – walka o przyszły pokój – jest jedynym sposobem na osiągnięcie porozumienia. Ty jednak milczysz, bo przekonujesz samego siebie, że jesteś osobą dobroduszną, bezkonfliktową i cierpliwą (choć prawda wygląda zupełnie inaczej). A smok pod dywanem rośnie z każdym dniem.

Być może, w zgodzie z powiedzeniem: „lepiej zapobiegać niż leczyć", podjęta na odpowiednio wczesnym etapie rozmowa o seksualnym niezadowoleniu – choć z pewnością nie należałaby do najłatwiejszych – pomogłaby uratować związek. Być może *madame* skrycie pragnęła końca intymności, ponieważ tak naprawdę zawsze miała wobec seksu ambiwalentny stosunek. Być może *monsieur* był fatalnym, egoistycznym kochankiem. Być może oboje byli. O zażegnanie tego problemu warto chyba powalczyć? To w końcu istotna część życia, czyż nie? Być może przedyskutowanie i (kto wie) rozwiązanie tej kwestii mogłoby okazać się warte dwóch trudnych miesięcy mówienia sobie prawdy (nie celem zwycięstwa nad przeciwnikiem w wojnie totalnej, lecz wspólnej walki o wspólne dobro).

A może nie chodziło o seks. Może rozmowy między mężem i żoną popadły w nudną rutynę, a przygoda i podekscytowanie zniknęły z ich relacji. Być może taki regres w danym momencie, danego dnia, wydawał się łatwiejszy niż dźwiganie ciężaru odpowiedzialności za podtrzymywanie związku przy życiu. A wszystko, co żywe, pozostawione bez opieki – umiera. Życie to proces ciągłej konserwacji. Nikt nie znajduje drugiej połówki tak idealnej, że potrzeba stałej uwagi i starań zanika (a, tak nawiasem mówiąc, nawet gdybyś taką idealną osobę znalazł, uciekłaby od ciebie już po pierwszej styczności – na widok *twoich* niedoskonałości). Prawda jest taka, że tym, czego potrzebujesz – i na co zasługujesz – jest ktoś równie niedoskonały jak ty.

Być może mąż, który dopuścił się zdrady, był uderzająco niedojrzały i samolubny. Być może jego egoizm zwyciężył. Być może jego żona nie sprzeciwiała się jego egocentrycznym skłonnościom dostatecznie stanowczo. Być może nie potrafiła dojść z nim do porozumienia w kwestii właściwego podejścia do dyscyplinowania dzieci, więc całkowicie wyłączyła go z ich życia. Być może jemu umożliwiło to pozbycie się obowiązków, które i tak uważał za nieprzyjemne. Być może w sercach dzieci przez cały ten czas gotowała się nienawiść, bo na skutek tej podziemnej wojny między rodzicami nie dość, że dostawało im się od rozgoryczonej mamy, to krok po kroku traciły bliski kontakt ze starym dobrym tatą. Być może obiady, jakie dla niego przygotowywała – albo on dla niej – były zimne, niedoprawione i jadane z niesmakiem. Być może te nierozwiązywane spory zrobiły z obojga partnerów zgorzkniałych frustratów, tyle że wyrażających swoje nastroje nie w słowach, a w czynach. Być może te niewypowiedziane wyrzuty podcięły niewidzialną sieć podtrzymującą małżeństwo. Być może wzajemny szacunek stopniowo przerodził się we wzajemną pogardę, ale nikt nie raczył nic z tym zrobić. Być może miłość powoli zmieniła się w nienawiść.

Wyjaśnianie motywów pretensji i wyartykułowanie potrzeb umożliwia wskazanie, co jest nie tak; może zatem zarówno mąż, jak i żona, nie chcieli tego ani dostrzec, ani zrozumieć. Być może celowo woleli pozostawiać niewygodne sprawy we mgle. Być może to oni sami tę mgłę wytwarzali, aby przykrywać nią wszystko, czego nie chcieli widzieć. Co zyskała kobieta, gdy z kochanki zmieniła się w sprzątaczkę i matkę? Czy z ulgą przywitała moment, w którym jej życie seksualne umarło? Czy, wraz z odwróceniem się od niej męża, przybyło jej powodów do narzekań przed swoją matką i sąsiadami? Być może sekretnie czerpała z tego więcej przyjemności, niż może dać najlepsze małżeństwo, nawet to idealne. Bo co niby mogłoby się równać z rozkoszami wyrafinowanego, regularnie praktykowanego męczeństwa? „Ona jest przecież taka święta, a przyszło jej poślubić tak okropnego mężczyznę. Zasługiwała na coś więcej". Wokół takiego mitu można zbudować bardzo satysfakcjonujące życie, nawet jeśli decyzja o tym zostaje podjęta podświadomie (wraz z wyparciem prawdy o sytuacji). Być może nigdy tak naprawdę nie lubiła swojego męża. Być może nigdy tak naprawdę nie lubiła mężczyzn – i nadal ich nie lubi. Być może to wina jej matki – albo matki jej matki. Być może naśladowała ich zachowania i powielała ich problemy, przekazywane podświadomie z pokolenia na pokolenie. Być może, wychodząc za mąż, mściła się na swoim ojcu, bracie czy społeczeństwie.

A co z kolei zyskał mąż, gdy zakończyło się jego życie seksualne w rodzinnym domu? Czy ulegle się podporządkował i przyjął rolę męczennika zanudzającego kolegów z pracy swoim narzekaniem? Czy wykorzystał to jako pretekst do znalezienia kochanki, którego od dawna szukał? Czy wykorzystał to jako usprawiedliwienie urazy, wciąż żywionej wobec kobiet ogółem, na skutek wielu odrzuceń, które spotkały go w okresie przedmałżeńskim? Czy gdy wreszcie dopiął swego i trwale się związał, poczuł się pewnie i skorzystał z okazji, aby stać się grubym i leniwym?

A może zarówno mąż i żona zniszczyli swoje małżeństwo, aby zemścić się na Bogu (kto wie, może jedynym Istnieniu, które zdolne było uporządkować ten bałagan)?

Oto bolesna prawda o tych sprawach: każda pojedyncza animozja – świadomie nieporuszona, niewyjaśniona, zignorowana, mogąca być powodem upadku małżeństwa – będzie urastać, konspirować i dręczyć zdradzoną (przez partnera oraz siebie samą) kobietę do końca jej dni. To samo dotyczy jej męża. Jedynym, co musi ona – on – co muszą oni lub musimy my robić, aby zagwarantować taki rezultat, *jest nie robić nic: nie zauważać, nie reagować, nie rozmawiać, nie zastanawiać się, nie pielęgnować zgody, nie brać odpowiedzialności.* Nie stawiać czoła chaosowi i nie przemieniać go w porządek – zamiast tego po prostu czekać, niewinnie i naiwnie, aż ten chaos ogarnie nas w zupełności.

Dlaczego unikać szczerości, skoro unikanie jej ponad wszelką wątpliwość zatruwa przyszłość? Ponieważ pod wszelkimi sporami i błędami mogą czyhać potwory. Być może następna kłótnia, którą wywołasz (lub której nie wywołasz), okaże się początkiem końca waszego związku. Być może wasz związek rozpada się, *ponieważ jesteś złym człowiekiem.* To prawdopodobne, przynajmniej częściowo. Czyż nie? Wywołanie kłótni koniecznej do rozwiązania realnego problemu wymaga zatem gotowości do skonfrontowania dwóch potencjalnych niebezpieczeństw jednocześnie: chaosu (kruchości związku – kruchości wszystkich związków, a także samego życia) oraz Piekła (możliwości, że zarówno ty, jak i twój partner, jesteście osobami na tyle przepełnionymi niegodziwością, lenistwem i robieniem sobie na złość, aby zrujnować wszystko, co razem zbudowaliście). Komu potrzeba więcej powodów, aby unikać konfliktów? To jednak krótkowzroczna strategia.

Po co tkwić w świecie niedopowiedzeń i zakłamania, skoro to świat bierny, apatyczny i mroczny? No cóż, jeśli nie wiesz, kim jesteś, chowanie się za mgłą wątpliwości może wydawać się łatwiejszą drogą. Być może *nie jesteś* złym, niedbałym, bezwartościowym człowiekiem. Kto wie?

Na pewno ty tego nie wiesz. Szczególnie jeśli nie odważysz się o tym myśleć – a jest czego się bać. Jednak wypieranie ze świadomości czegoś, o czym nie chcesz wiedzieć, nie sprawi, że to zniknie. Kiedy postępujesz w ten sposób, wymieniasz jedynie konkretną, precyzyjną wiedzę o prawdopodobnie skończonej liczbie twoich realnych win i wad, na znacznie dłuższą listę potencjalnych, nieokreślonych słabości i ułomności.

Po co odmawiać poszukiwania prawdy, skoro wiedza o rzeczywistości umożliwia władzę nad rzeczywistością (a jeśli tej władzy nie daje, to przynajmniej pozwala pewniej się w niej poruszać)? No cóż, a co jeśli faktycznie źle dzieje się w państwie duńskim[7]? Co wtedy? Czyż w takim wypadku nie lepiej po prostu żyć dalej w rozmyślnej ślepocie i błogiej ignorancji? Nie, jeśli potwór jest prawdziwy! Czy naprawdę uważasz, że odwrót, rezygnacja z możliwości uzbrojenia się na wypadek wkroczenia w twoje życie armii problemów, to dobry pomysł? Czy, patrząc na to na chłodno, nie miałbyś o to pretensji sam do siebie? Czy naprawdę myślisz, że mądrze jest pozwolić katastrofie rosnąć w cieniu, podczas gdy ty karlejesz ze strachu przed tym, co nieuchronnie nadejdzie? Czy nie lepiej rozpocząć przygotowania, naostrzyć miecz, zanurzyć się w ciemność i zmierzyć ze smokiem w jego pieczarze? Możesz zostać ranny. To bardzo prawdopodobne. Życie pełne jest przecież cierpienia. Być może jednak rana nie będzie śmiertelna.

Jeśli zamiast tego postanowisz zwlekać aż to, przed czym uciekasz, zapuka do twoich drzwi, nie oczekuj szczęśliwego zakończenia. Wydarzy się to, czego obawiasz się najbardziej – i to w najmniej spodziewanym momencie. To, czego próbujesz za wszelką cenę uniknąć, zjawi się w pełni sił w momencie twojej słabości. I zostaniesz pokonany.

Kołując coraz to szerszą spiralą,
Sokół przestaje słyszeć sokolnika;
Wszystko w rozpadzie, w odśrodkowym wirze;
Czysta anarchia szaleje nad światem,
Wzdyma się fala mętna od krwi, wszędzie wokół
Zatapiając obrzędy dawnej niewinności;
Najlepsi tracą wszelką wiarę, a w najgorszych
Kipi żarliwa i porywcza moc[8].

---

7 Słowa pochodzą z tragedii *Hamlet* Williama Szekspira (1564–1616). Wypowiada je oficer Marcellus w chwili, gdy książę Hamlet, mimo protestów towarzyszy, podąża za duchem swego ojca, którego widzi tylko on [przyp. tłum.].

8 W.B. Yeats, *Drugie przyjście*, przekł. S. Barańczak, w: W.B. Yeats, *Wiersze wybrane*, Wrocław, Zakład Narodowy Imienia Ossolińskich – Wydawnictwo, 1997, s. 92–93.

Dlaczego odkładać diagnozę problemu, skoro pozwala ona dobrać właściwe rozwiązanie? Ano dlatego, że postawienie diagnozy jest równoznaczne z przyznaniem, że problem istnieje. Postawienie diagnozy równoznaczne jest z dopuszczeniem do siebie wiedzy o tym, czego dokładnie oczekujesz od, powiedzmy, partnera czy przyjaciela – a wtedy, ilekroć tego nie dostaniesz, zawód będzie silniejszy, a ból wyraźniejszy. Jednak każde takie przykre doświadczenie czegoś cię nauczy, a wnioski oszczędzą cierpień w przyszłości. Alternatywą dla tego typu zastrzyku silnego bólu jest długotrwała boleść monotonnej beznadziei i ciągłe wyrzuty sumienia wynikające ze świadomości marnowania cennego czasu.

Po co odkładać diagnozę problemu? Ponieważ jeśli odmawiasz zdefiniowania sukcesu (tym samym czyniąc go nieosiągalnym), jednocześnie odmawiasz zdefiniowania porażki, a więc uwalniasz się od nieprzyjemności przyznawania się do niej przed samym sobą. Nie łudź się jednak, że to zadziała! Nie uda ci się tak łatwo oszukać samego siebie – chyba że zdążyłeś już zawędrować dostatecznie daleko drogą zakłamania. Jedyne, co odnajdziesz, jeśli będziesz żył w ten sposób, to nieustanne poczucie rozczarowania własnym Istnieniem, pogardę dla samego siebie, która idzie z tym poczuciem w parze, oraz gotującą się w tobie nienawiść wobec świata, jaki kombinacja tych problemów generuje (a raczej degeneruje).

Tak, objawienie jakieś się przybliża;
Tak, Drugie Przyjście chyba się przybliża.
Drugie Przyjście! Zaledwie wyrzekłem te słowa,
Ogromny obraz rodem ze Spiritus Mundi
Wzrok mój poraża: gdzieś w piaskach pustyni
Kształt o lwim cielsku i człowieczej głowie,
Z okiem jak słońce pustym, bezlitosnym,
Dźwiga powolne łapy, a wokoło krążą
Pustynnych ptaków rozdrażnione cienie.
Znów mrok zapada; lecz teraz już wiem,
Że dwadzieścia stuleci kamiennego snu
Rozkołysała w koszmar dziecinna kolebka –
I cóż za bestia, której czas wreszcie powraca,
Pełznie w stronę Betlejem, by tam się narodzić?[9].

[9] Ibidem, s. 93.

A co jeśli ona – która została zdradzona – kierowana odtąd desperacją, zdecyduje się stanąć naprzeciw wszelkich uchybień przeszłości, teraźniejszości i przyszłości? Co jeśli zdecyduje się wreszcie uporządkować bałagan, który tak długo ignorowała i w którym życie osłabiło ją i zdezorientowało? Podjęty w tym celu wysiłek może i mógłby ją nawet zabić (ale przecież i tak znajduje się aktualnie na ścieżce ku czemuś gorszemu niż śmierć). Aby uciec, aby się wyzwolić i odrodzić na nowo, musi teraz drobiazgowo przeanalizować rzeczywistość, którą pozostawiła ukrytą za zasłoną niewiedzy i pod pozorem pokoju. Musi nauczyć się odróżniać swoją osobistą katastrofę, do której przynajmniej częściowo się przyczyniła, od szerzej rozumianej tragiczności Istnienia w świecie, w którym wszystko legło w gruzach. Wszystko – byłoby w jej przypadku przesadą. To konkretne elementy jej życia się zawaliły, nie wszystko; wiara w *pewne rzeczy* okazała się złudna, a *pewne działania* – fałszywe i nieautentyczne. Które dokładnie? Jak można je teraz naprawić? Jak w przyszłości może postępować mądrzej? Jeśli nie poukłada sobie tego wszystkiego w głowie, będzie tak dryfować bez końca i nigdy nie postawi nogi na suchym lądzie. Mogłaby przywrócić swojemu światu porządek dzięki precyzji w myśli i precyzji w mowie, precyzji w słowach i precyzji w Słowie. Może jednak lepiej pozostawić sprawy pod zasłoną mgły? Może jest już za późno i pozostało w niej niewiele życia – zbyt duża jego część została zmarnowana i nierozwinięta. Może zwyczajnie nie ma już w niej dość energii...

Minimum uwagi, odwagi i uczciwości oszczędziłoby jej tych wszystkich problemów. Co gdyby zakomunikowała swoje niezadowolenie z kondycji miłosnej ich związku, zaraz gdy coś takiego poczuła? Dokładnie w momencie, gdy po raz pierwszy spostrzegła, że coś dzieje się nie tak? A jeśli niczego takiego nie poczuła – co gdyby uświadomiła sobie fakt, że nie odczuwa niezadowolenia, mimo że ma ku temu podstawy? Co gdyby dzielnie stawiła czoła pogardzie, z jaką jej mąż patrzył na jej rolę pani domu? Czy odkryłaby skrywane głęboko negatywne emocje względem swojego ojca i całego społeczeństwa (oraz fakt zakażenia tymi emocjami własnego małżeństwa)? Co gdyby to wszystko naprawiła? O ile silniejsza by teraz była? O ile mniej skłonna ignorować takie trudności i wyzwania? O ile lepszą byłaby dziś żoną, matką, córką, człowiekiem?

Co gdyby przez te wszystkie lata ryzykowała wybuchem doraźnych konfliktów w służbie długoterminowej prawdy i pokoju? Co gdyby wszystkie, choćby najmniejsze, kłopoty małżeńskie – zamiast tolerować i znosić z wymuszonym uśmiechem – traktowała jako dowody leżącej u podstaw związku niestabilności, wartej uwagi i interwencji? Być może byłaby dziś inną kobietą, a jej mąż innym mężczyzną. Być może nadal stanowiliby małżeństwo, nie tylko na papierze, lecz także w duchu. Być może oboje byliby dużo młodsi i zdrowsi, fizycznie i mentalnie, niż są dziś. Być może jej dom stałby w większej części na skale, a w mniejszej na piasku.

Gdy wszystko się wali i nastaje chaos, możemy nadać mu strukturę i przywrócić porządek dzięki posłużeniu się mową. Precyzyjne wykorzystanie słów pozwala uporządkować sprawy, nadać im odpowiednie miejsce w hierarchii ważności, obrać nowy cel i podążać w jego kierunku – a umiejętności negocjowania i wypracowywania konsensusu sprawiają, że nie musi to być podróż samotna. Natomiast gdy nasza mowa jest nieścisła, sprawy pozostają nieokreślone, a cel nieobrany. Mgła niepewności nie zostaje rozwiana i nie sposób nawigować przez świat.

Konstrukcja duszy i świata

Zarówno psychika (dusza), jak i świat organizowane są na najwyższych poziomach ludzkiej egzystencji przez komunikację przy użyciu języka. Jeśli osiągany rezultat nie jest ani zamierzony, ani oczekiwany, mamy do czynienia z rozbieżnością między aktualnym stanem rzeczywistości a naszym postrzeganiem. Jeśli Istnienie zachowuje się inaczej niż byśmy chcieli, nie zostało najwyraźniej uporządkowane we właściwe kategorie. Gdy coś idzie źle, w wątpliwość należy podać nie tylko myśli i czyny, lecz także samą percepcję. Gdy na jaw wychodzi jakiś błąd, mamy przed sobą bliżej nieokreślony chaos. Jego wężowata postać paraliżuje i dezorientuje. Jednak smoki, które jak najbardziej istnieją (i są, być może, bardziej prawdziwe niż wszystko inne, co istnieje) mają również w zwyczaju strzec złota. Zanurzenie się w okropny bałagan niepojętego Istnienia jest więc jednocześnie okazją do odnalezienia nowego harmonijnego porządku. Klarowność myśli – odważna klarowność myśli – jest warunkiem koniecznym tej transformacji.

Sam problem musi zostać przyjęty do wiadomości możliwie najbliżej momentu jego zaistnienia. Myśl: „Jestem nieszczęśliwy" to dobry początek (nie mylić z myślą: „Mam prawo być nieszczęśliwy", ponieważ to pozostaje nierozstrzygnięte na wstępnym etapie rozwiązywania problemu). Być może twoje marne samopoczucie jest uzasadnione. Być może każdy rozumny człowiek, znalazłszy się w twojej sytuacji, byłby nią przytłoczony i rozgoryczony. Być może jednak jesteś po prostu niedojrzałym malkontentem. Choć niełatwo brać pod rozwagę tę drugą ewentualność, traktuj ją co najmniej jako równie prawdopodobną. Jak bardzo niedojrzały możesz być? To potencjalnie studnia bez dna. Ale przyznanie tego to już dobry pierwszy krok ku dojrzałości.

My, ludzie, rozbieramy złożony, poplątany chaos na czynniki pierwsze, analizujemy je i docieramy do natury rzeczy, w tym naszej. To w ten sposób nasze odkrycia nieustannie organizują i reorganizują świat. Jesteśmy uformowani i wyposażeni w wiedzę zdobytą na skutek zmagań, które sami dobrowolnie podejmujemy, a zamieszkiwany przez nas świat kształtujemy dzięki tym zmaganiom. Tak, ciężka sprawa, ale to bez znaczenia, bo alternatywa jest jeszcze gorsza.

Być może nasz wiarołomny mąż był „nieobecny" w trakcie ostatniej kolacji, ponieważ jest wiecznie zmęczony i sfrustrowany swoją pracą, której nienawidzi. Być może nienawidzi jej, bo zajmuje się czymś, czego nigdy nie lubił, co wymusił na nim jego ojciec, gdyż on był zbyt słaby lub zbyt „lojalny", aby się postawić. Być może ona przymykała oko na jego lekceważący stosunek, bo otwarty sprzeciw uważała za niegrzeczny i niemoralny. Być może ona również zbyt często doświadczała gniewu ojca, wobec czego uznała, w bardzo młodym wieku, że wszelka agresja i asertywność są moralnie niewłaściwe. Być może żyła w przekonaniu, że mąż by jej nie kochał, gdyby miała własne poglądy i opinie. Uporządkowanie takiego zbioru zaszłości to nie lada wyzwanie – jednak bez rozpoznania i rozwiązania problemów nie ma co się łudzić, że uszkodzony mechanizm zacznie działać prawidłowo.

Ziarna od plew

Precyzja umożliwia postawienie właściwej diagnozy. Gdy dochodzi do czegoś strasznego, to precyzja oddziela to unikalne zdarzenie, które faktycznie miało miejsce, od wszystkich innych, równie okropnych zdarzeń, które mogły mieć miejsce – ale nie miały. Jeśli obudzisz się rano z silnym bólem, być może umierasz. Być może jedna z olbrzymiej liczby poważnych chorób uruchomiła właśnie powolny proces, który bez odpowiedniej interwencji medycznej zakończy się twoją śmiercią. Dopóki nie udasz się do lekarza i nie powiesz mu, co ci dolega, twój stan można określić jako niesprecyzowany (możesz cierpieć na *dowolną* z tych chorób) i, rzecz jasna (jako że unikasz rozmowy diagnostycznej), niewyartykułowany. Jeśli jednak porozmawiasz z lekarzem, przy odrobinie szczęścia wszystkie te potencjalnie poważne choroby przeobrażą się w jedną poważną lub może nawet w nic poważnego. Jeśli obawy okażą się nieuzasadnione, przyjmiesz te wieści z ulgą; jeśli zaś zdiagnozują u ciebie coś wstrętnego, będziesz przygotowany. Precyzja może nie uwolni cię od tragedii, ale pozwoli odegnać zbierające się wokół niej upiory i demony.

Gdy w lesie słychać szelest, ale niczego nie widać, w zaroślach może czaić się tygrys. Może to nawet być szwadron tygrysów – jeden bardziej głodny od drugiego – pod dowództwem krokodyla. Albo i nie. Jeśli skierujesz wzrok na miejsce, z którego dochodzi dźwięk, i dobrze mu się przyjrzysz, być może okaże się, że strachu napędziła ci zwykła wiewiórka (nawiasem mówiąc, znam kogoś, kogo wiewiórka przegoniła po lesie). Coś w każdym razie w tych zaroślach siedzi. Co do tego nie masz złudzeń. Zazwyczaj to tylko wiewiórka. Dopóki jednak nie odważysz się spojrzeć i sprawdzić, dopóty jest to smok – a z ciebie żaden rycerz. Wtedy jesteś myszą stającą naprzeciw lwa; królikiem sparaliżowanym na widok wilka. Nie chcę być źle zrozumiany – nie twierdzę, że to zawsze wiewiórka. Czasem nieznane skrywa rzeczy doprawdy upiorne. Ale nawet upiorna rzeczywistość blednie w porównaniu z upiornymi wyobrażeniami. W efekcie w wielu przypadkach coś, czemu nie odważamy się stawić czoła z uwagi na strach, jaki wzbudza to w naszej wyobraźni, bylibyśmy w stanie przezwyciężyć, gdybyśmy zredukowali to do wciąż przerażającej, ale rzeczywistej formy.

Jeżeli będziesz uchylał się od odpowiedzialności wyjścia naprzeciw nieoczekiwanemu chaosowi, nawet jeśli będzie się pojawiał w możliwych do opanowania dawkach, cała rzeczywistość ulegnie dezorganizacji. Wtedy chaos będzie się szerzył, aż pochłonie wszelki porządek, wszelki sens i wszelką przewidywalność. Ignorowana rzeczywistość przeobraża się w potężną Boginię Nieznanego, wielkiego wężowatego Smoka Chaosu – drapieżną bestię, z którą jako ludzie zmagamy się od zarania dziejów. Jeżeli przepaść między pozorami a rzeczywistością pozostanie lekceważona, będzie się zwiększać i kiedyś w nią runiesz – a im bardziej się pogłębi, tym boleśniejszy będzie upadek. Ignorowana rzeczywistość objawia się w postaci otchłani zamętu i cierpienia.

Bądź ostrożny, kiedy mówisz sobie i innym, czego dokonałeś, czym aktualnie się zajmujesz i dokąd zmierzasz. Szukaj właściwych słów. Dobieraj je w poprawne zdania i dalej w składne akapity. Z pomocą precyzyjnego języka przeszłość można odkupić, jeśli wydobędzie się z niej jej esencję. Teraźniejszość, gdy jej realia ubierze się w słowa autentyzmu, może przebiegać płynnie i nie okradać przyszłości z potencjału. Przy jasności myśli i mowy, spośród mnogości mętnych, nieprzyjemnych scenariuszy tym bardziej prawdopodobnych, im większa bezwładność miota twoim życiem, odszukać można pojedynczą, doskonałą ścieżkę, która uzasadnia Istnienie. Oto, jak Oko wraz ze Słowem tworzą nadający się do zamieszkania porządek.

Nie chowaj malutkich potworków pod łóżkiem. Zadomowią się tam i urosną w ciemnościach. Pewnego dnia, w najmniej odpowiednim momencie, wyskoczą, żeby cię pożreć. Pokonany, zamiast wznosić się w stronę nieba ku cnotom i jasności, stoczysz się w mętną otchłań piekła. Na ratunek mogą ci przyjść odważne, szczere słowa – tylko one są zdolne uczynić twoją rzeczywistość ściśle zdefiniowaną, prostą i uporządkowaną.

Rozpoznawanie świata z uwagą i precyzją pozwala postrzegać jego poszczególne elementy jako przydatne, posłuszne człowiekowi obiekty, i izolować je od uniwersalnych sieci współzależności, do których domyślnie należą. Pozwala żyć w ich otoczeniu i nie być śmiertelnie przygniecionym ich złożonością oraz towarzyszącymi jej niepewnością i lękiem. W świecie okrytym mgłą nieprecyzyjności nie sposób odróżnić jednej rzeczy od drugiej – wszystko miesza się ze wszystkim. Taki świat jest zbyt skomplikowany, aby sprawnie się w nim poruszać.

Arcyważne jest, aby świadomie zdefiniować temat rozmowy, szczególnie gdy kwestia jest trudna lub delikatna. Inaczej rozmowa może dotyczyć wszystkiego – a wszystko to zdecydowanie za dużo. W wielu przypadkach to właśnie jest powodem zaniku komunikacji między partnerami. Każda kłótnia przywołuje wszystkie problemy, jakie pojawiły się w przeszłości, wszystkie, jakie istnieją obecnie oraz wszystkie, jakich można się spodziewać w przyszłości. Nikt nie jest w stanie (i nie ma ochoty) roztrząsać „wszystkiego". Zamiast tego lepiej powiedzieć: „Chodzi mi dokładnie o to – dokładnie to wprawia mnie w irytację. Dokładnie tego natomiast życzyłbym sobie jako alternatywy (choć jestem otwarty na inne propozycje, byle precyzyjne). Dokładnie to mogłabyś zmienić czy zacząć robić, żebym przestał uprzykrzać życie tobie i sobie". Jednak aby rozmawiać w ten sposób, musisz najpierw sprawy *przemyśleć*: co *dokładnie* jest nie tak? Czego *dokładnie* chcę? Musisz mówić bezpośrednio i porządkować chaos. Musisz uczciwie i precyzyjnie posługiwać się mową. Jeśli będziesz uciekał i chował się, sprawisz jedynie, że twoje problemy przeobrażą się w ogromnego, straszliwego smoka czającego się pod twoim łóżkiem, w twoim lesie oraz w ciemnych zakątkach twojego umysłu – czyhającego na odpowiedni moment, żeby cię pożreć.

Aby ustalić swoje obecne położenie, musisz prześledzić, gdzie byłeś wcześniej i skąd przychodzisz. Jeśli nie potrafisz precyzyjnie określić, gdzie jesteś – możesz być gdziekolwiek. I, znowu, jeśli znajdujesz się gdziekolwiek, to jesteś w zbyt wielu miejscach na raz – a wielu z tych miejsc lepiej unikać. Musisz prześledzić, gdzie byłeś wcześniej, bo inaczej nigdy nie trafisz tam, dokąd zmierzasz. Nie możesz kierować się z punktu A do punktu B, dopóki nie znajdziesz się w punkcie A, a kiedy jesteś „gdziekolwiek" – szanse, że tam właśnie się znajdujesz, są znikome.

Musisz zdecydować, dokąd chcesz zmierzać w życiu, trafisz tam bowiem tylko, jeśli będziesz podążał w odpowiednim kierunku. Przypadkowe błądzenie cię tam nie zaprowadzi. Poruszając się w ten sposób, znajdziesz tylko zawód i frustrację, a to uczyni cię znerwicowanym, nieszczęśliwym i nieznośnym (a w dalszej kolejności zgorzkniałym, mściwym, czy nawet gorzej).

Mów to, co masz na myśli, żebyś sam mógł się dowiedzieć, co tak naprawdę masz na myśli. Postępuj zgodnie z tym, co mówisz, żebyś sam mógł zobaczyć, co się wtedy dzieje. I uważnie się przyglądaj. Notuj błędy. Precyzyjnie je opisuj. Staraj się je poprawiać. Oto, jak odnajdziesz sens w życiu. Oto, co uchroni cię przed jego tragicznością. Jak mogłoby być inaczej?

Wyjdź naprzeciw chaosowi Istnienia. Obierz cel na przekór morzu problemów. Ustal kierunek, a następnie nakreśl kurs. Przyznaj, czego chcesz. Powiedz ludziom wokół ciebie, kim jesteś. Skup się, wnikliwie obserwuj otoczenie i zdecydowanie poruszaj się naprzód.

Bądź precyzyjny w tym, co mówisz.

Zasada 11

Nie przeszkadzaj dzieciom, gdy jeżdżą na deskorolce

Niebezpieczeństwo a kunszt

Były czasy, gdy po zachodniej stronie Sidney Smith Hall przy Uniwersytecie Toronto, gdzie pracuję, roiło się od dzieciaków jeżdżących na deskorolkach. Zdarzało mi się obserwować je przez okno. Chodnik przy ulicy łączyły z frontowym wejściem szerokie, betonowe schody, długie na kilka metrów, z poręczami wykonanymi z metalowych rur. Ci mali szaleńcy, w zdecydowanej większości chłopcy, ustawiali się kilkanaście metrów od szczytu schodów. Następnie jedną stopę kładli na deskorolce, a drugą odpychali się ile sił w nogach, żeby nabrać maksymalnego rozpędu. Tuż przed schodami wybijali się w górę, podtrzymując deskę rękami wskakiwali na poręcz, ześlizgiwali się wzdłuż jej długości, i przy końcu zeskakiwali. Czasem (co imponujące) utrzymywali się na deskorolce, a czasem lądowali na kolanach, plecach czy tyłku. Tak czy inaczej, nie ustępowali i chwilę później próbowali na nowo.

Ktoś może uznać to za głupotę – i nie bez racji. Ale było w tym także wiele odwagi. Osobiście podziwiałem tych małolatów. Kiedy przechodziłem tamtędy, miałem ochotę poklepać ich po plecach i pogratulować śmiałości i determinacji. Oczywiście, że to, co robili, było niebezpieczne. Dokładnie o to chodziło. Oni próbowali okiełznać niebezpieczeństwo. Liczbę siniaków i zadrapań mogli przecież ograniczyć dzięki ochraniaczom, ale to odebrałoby urok całemu przedsięwzięciu. Oni nie szukali bezpieczeństwa. Oni szukali umiejętności – a to właśnie umiejętności dają ludziom wszelkie poczucie bezpieczeństwa, na jakie mogą w życiu liczyć.

Nie ośmieliłbym się próbować powtórzyć wyczynów tych dzieciaków. Gorzej, nie potrafiłbym ich powtórzyć. Za nic w świecie nie odważyłbym się też wspinać na żurawie wieżowe, kominy czy maszty, w co „bawi się" wielu ryzykantów popularnych dziś na YouTube (i co robi, rzecz jasna, wielu ludzi, którzy pracują na takich konstrukcjach na co dzień). Generalnie nie lubię wysokości, choć, co dziwne, do samolotów wsiadam bez problemu – gdy wzniosą się 8000 metrów nad ziemię, odległość od powierzchni robi się tak duża, że przestaje mi przeszkadzać. Miałem również okazję latać samolotami kaskaderskimi – a nawet wykonywałem przewroty i korkociągi – i nie było źle, choć to akrobacje niezwykle wymagające, zarówno fizycznie, jak i psychicznie (przewrót przez skrzydło polega na skierowaniu samolotu pionowo w górę i wznoszeniu się do momentu, w którym siła generowana przez śmigło wirujące w coraz rzadszym powietrzu zrównoważy się z siłą grawitacji. Wtedy samolot zaczyna spadać lotem spiralnym, aż ostatecznie obraca się dziobem do dołu i pilot może wyjść z lotu nurkowego. W przeciwnym razie to jego ostatnia akrobacja). Za cholerę jednak nie zdobyłbym się na zjeżdżanie deskorolką po poręczach czy wspinanie się na wysokość kilkuset metrów po stalowych kratownicach.

Od strony wschodniej wzdłuż Sidney Smith Hall biegnie inna ulica. Aby oddzielić jezdnię od terenu kampusu, władze uniwersytetu poleciły zamontować tam szereg masywnych, betonowych donic na kwiaty. Je także dzieciaki zaczęły wykorzystywać do swoich deskorolkowych trików – je oraz krawędzie cokołu przystającej do budynku rzeźby. „Proceder" ten szybko został jednak ukrócony. Wzdłuż każdej z tych krawędzi, co kilkadziesiąt centymetrów, zainstalowano stalowe nawiasy uniemożliwiające deskorolkarzom ślizganie się po nich. Gdy po raz pierwszy je zobaczyłem, przypomniało mi się coś, co wydarzyło się w Toronto kilka lat wcześniej. Na dwa tygodnie przed rozpoczęciem roku szkolnego, na terenie całego miasta, usunięto wyposażenie wszystkich placów zabaw. Powodem była zmiana przepisów odnośnie do bezpieczeństwa takich obiektów, która wywołała panikę lokalnych biurokratów. Place zabaw pośpiesznie zlikwidowano, mimo że jak dotąd uchodziły za dostatecznie bezpieczne, a w wielu przypadkach zostały sfinansowane (całkiem niedawno) ze środków zebranych od rodziców. Ten okres „bezplacowia" trwał ponad rok. Przez ten czas nierzadko widywałem znudzone, a żądne przygód dzieci grasujące po dachu szkoły położonej niedaleko mojego gabinetu. A co innego miały robić? Zanudzić się na śmierć z kolegami, którym wystarczały mniej ryzykowne zabawy?

Zniszczone place zabaw celowo określiłem „dostatecznie bezpiecznymi", ponieważ gdy buduje się je z przesadnym naciskiem na bezpieczeństwo, dzieci albo przestają się na nich bawić, albo zaczynają wymyślać niestandardowe sposoby korzystania z karuzel, ślizgawek, huśtawek i innych tego typu urządzeń. Stopień niebezpieczeństwa obowiązujący na placach zabaw musi zaspokajać dziecięcą potrzebę stawiania sobie wyzwań. Ludzie, w tym także dzieci (zaliczane, co by nie mówić, do ludzi), nie dążą do minimalizacji ryzyka. Próbują je optymalizować. Jeżdżą, chodzą, kochają i bawią się, bo dążą do zaspokojenia swoich pragnień, jednocześnie jednak testują granice własnych możliwości i zabiegają o ciągły rozwój. Z tego powodu jeśli położy się przesadny nacisk na bezpieczeństwo, ludzie (w tym dzieci) zaczynają poszukiwać możliwości rozwoju gdzie indziej[1].

Wolni od ograniczeń – i odpowiednio zachęceni – wolimy żyć na krawędzi. Tam właśnie możemy zachować pewność co do naszych kompetencji, a jednocześnie stopniowo zanurzać się w chaos i stymulować swój rozwój. Jesteśmy niejako zaprogramowani do czerpania przyjemności z podejmowania ryzyka (różni ludzie w różnym stopniu). Zawsze gdy poświęcamy teraźniejszy komfort na rzecz przyszłych wyników, odczuwamy zapał i ekscytację. Gdy brak w naszym życiu elementu ryzyka, czegoś nieznanego, snujemy się po świecie z wigorem leniwca, nijacy, bezkształtni i nieobecni. Wyeliminowanie z otoczenia wszystkiego, co niebezpieczne, sprawia, że w momencie, gdy coś takiego się pojawia (a prędzej czy później pojawi się niewątpliwie), jesteśmy zbyt przerażeni, aby skorzystać z szans i możliwości, jakie zwykle towarzyszą ryzyku.

Stalowe nawiasy, montowane na przekór deskorolkarzom, szpecą okolicę. Aby doprowadzić cokół rzeźby do stanu równie odpychającego co obecnie – jest tak naszpikowany stalą, że przypomina obrożę pitbulla – dzieciaki musiałyby poważnie go pouszkadzać. Donice otoczono ochronnymi klatkami, które z czasem, co było do przewidzenia, pokryła rdza, i dziś wołają o pomstę do nieba. Nadało to placykowi – którego w zamyśle rzeźba i roślinność miały upiększać – surowego, industrialnego wyglądu rodem z więzienia, szpitala dla umysłowo chorych czy obozu pracy. Tak kończy się brak zaufania planistów i urzędników do obywateli, którym mają służyć.

Sama szpetota efektu końcowego objawia fałsz stojących za nim motywów.

---

[1] K. Vrolix, *Behavioral adaptation, risk compensation, risk homeostasis and moral hazard in traffic safety*, „SteunpuntVerkeersveiligheid", RA-2006-95. Pobrano z: https://doclib.uhasselt.be/dspace/bitstream/1942/4002/1/behavioraladaptation.pdf.

Sukces a rozgoryczenie

Psychologowie głębi – Freud albo Jung, na przykład, czy ich prekursor Friedrich Nietzsche - uważali, że wszystko ma swoją ciemną stronę. Freud zastanawiał się nad ukrytym, podświadomym sensem snów, których celem jest, jego zdaniem, zwrócenie uwagi na jakieś niestosowne, bezpruderyjne pragnienia. Jung wyznawał przekonanie, że każdemu przejawowi powszechnej przyzwoitości towarzyszy jego bliźniacze zło, podświadomy cień. Nietzsche badał rolę, jaką zjawisko zwane przez niego *resentymentem* pełni w motywowaniu ostentacyjnie altruistycznych czynów, często dokonywanych ewidentnie pod publikę:

> Gdyż wyzwolenie człowieka z zemsty – oto, co mi jest mostem ku najwyższej nadziei i tęczą po długiej słocie.
>
> Lecz tarantule pragną oczywiście inaczej. „To właśnie niech nam będzie sprawiedliwością, że świat się wypełnia burzami zemsty naszej" – tak oto mawiają między sobą.
>
> „Darzmy zemstą i spotwarzaniem tych wszystkich, którzy są nam równi" – tak oto ślubują sobie serca tarantul.
>
> Nadto „wola sprawiedliwości" – ona to winna być nadal imieniem cnoty; zaś przeciw wszystkiemu, co władzę posiada, wszczynajmy swój krzyk!
>
> Kaznodzieje wy równości, tyraństwa to obłęd w niemocy woła tak przez was o „sprawiedliwość": wasze najskrytsze zachcianki tyraństwa kapturzą się tak oto słowami cnoty![2].

Niedościgniony angielski eseista George Orwell doskonale zdawał sobie sprawę z istnienia tego zjawiska. W 1937 roku napisał książkę zatytułowaną *Droga na molo w Wigan*, która w dużej mierze miała być druzgocącą krytyką brytyjskich socjalistów klasy wyższej (mimo że Orwell sam sympatyzował z socjalizmem). W pierwszej części książki Orwell przedstawia wstrząsające warunki, w jakich w latach trzydziestych żyli brytyjscy górnicy:

> Od kilku dentystów usłyszałem, że w dzielnicach robotniczych osoba po trzydziestce, która zachowała własne zęby, staje się rzadkością.

[2] F. Nietzsche, *Tako rzecze Zaratustra*, Poznań, Wydawnictwo Vesper, 2006, s. 93.

> W Wigan wiele osób było zdania, że zęby najlepiej jest „upłynnić" w jak najwcześniejszym wieku. – Zęby to tylko udręka – powiedziała mi pewna kobieta[3].

Pracujący nieopodal mola Wigan górnicy musieli chodzić – a raczej, biorąc pod uwagę wysokość szybów, czołgać się – na odległości sięgające pięciu kilometrów, pod ziemią, w ciemnościach, obijając sobie głowę i odrapując plecy, aby w ogóle rozpocząć codzienną siedmioipółgodzinną harówkę. Po jej ukończeniu musieli jeszcze przeczołgać się z powrotem do wyjścia. „Można by to porównać na przykład do odbywania obowiązkowej wspinaczki na niewysoką górę codziennie przed i po pracy"[4], pisze Orwell. Za czas spędzony na czołganiu oczywiście nikt im nie płacił.

Orwell napisał tę książkę dla socjalistycznego wydawnictwa Left Book Club, które raz w miesiącu publikowało zbiory esejów. Po przeczytaniu pierwszej połowy książki skupiającej się bezpośrednio na ówczesnej sytuacji środowisk górniczych nie sposób nie odczuwać współczucia dla ubogich robotników. Trzeba być potworem, aby opisywane przez Orwella realia życia potraktować z obojętnością:

> Jeszcze nie tak dawno warunki pracy w kopalniach były znacznie gorsze niż obecnie. Nadal żyje kilka wiekowych staruszek, za młodu pracujących w kopalni, którym zaciskano w pasie uprząż, a łańcuch ciążył im pomiędzy nogami, kiedy posuwały się na czworakach ciągnąc niecki wypełnione węglem. Wykonywały to zajęcie nawet w czasie ciąży[5].

Jednak w drugiej połowie książki Orwell zwraca swoją uwagę na inny problem: względny brak popularności socjalizmu w Wielkiej Brytanii tamtego okresu, mimo wszechobecnej, jawnej niesprawiedliwości. W swoich rozważaniach dochodzi do wniosku, że lubujący się w ubraniach z tweedu; filozofujący z wygodnych foteli; wszędzie doszukujący się ofiar; obnoszący się z mieszanką litości i pogardy społeczni reformatorzy często, wbrew pozorom, nie dbali o najuboższych. *Zamiast tego zwyczajnie nienawidzili bogatych*. Własną zawiść i rozgoryczenie ubierali w pozerstwo, bigoterię i przekonanie o własnej nieomylności. Jeśli chodzi o domenę podświadomości

---

[3] G. Orwell, *Droga na molo w Wigan*, Warszawa, Dom Wydawniczy Bellona, 2005, s. 125.

[4] Ibidem, s. 55.

[5] Ibidem, s. 60.

czy też zagadnienie sprawiedliwości społecznej cechujące front lewicowy, niewiele się od tego czasu zmieniło po tej stronie spektrum politycznego. To właśnie ze względu na znajomość twórczości Freuda, Junga, Nietzschego – i Orwella – za każdym razem, gdy ktoś w moim towarzystwie opowiada płomiennie, czego jest zwolennikiem, ja w myślach zastanawiam się, czego jest przeciwnikiem. Pytanie to jest szczególnie istotne w przypadku osób, które narzekają, krytykują lub usiłują zmieniać zachowania innych.

O ile mi wiadomo, to Jung jest autorem jednej z najcelniejszych, a zarazem najbardziej bezlitosnych opinii psychoanalitycznych: *jeśli nie możesz zrozumieć, dlaczego ktoś coś zrobił, przyjrzyj się konsekwencjom – i wydedukuj motyw*. Ta wskazówka jest niczym psychologiczny skalpel. Nie w każdej sytuacji jest odpowiednim narzędziem. Cięcie może być zbyt głębokie lub wykonane w niewłaściwym miejscu. Być może skalpelem tym należy wspomagać się w ostateczności. Niemniej jednak zdarzają się przypadki, w których posłużenie się nim pozwala wiele wyjaśnić.

Na przykład, jeżeli konsekwencją zamontowania stalowych nawiasów na cokół i kwiatowe donice są nieszczęśliwi nastolatkowie oraz brutalny, ascetyczny brak poszanowania dla sztuki, być może od początku takie było zamierzenie. Gdy ktoś twierdzi, że postępuje zgodnie z najwyższymi ideałami i ma na względzie dobro innych, nie ma powodów, aby automatycznie zakładać szczerość jego intencji. Osoby, którym szczerze zależy na wzroście ogólnego standardu życia zwykle nie skupiają swoich wysiłków na próbach zmieniania innych ludzi – albo, jeśli to robią, wprowadzenia tych samych zmian wymagają również (i najpierw) od siebie samych. Za fasadą przepisów uniemożliwiających dzieciakom realizowanie się w niezwykle trudnej, niebezpiecznej i ambitnej pasji dostrzegam poczynania podstępnego, fundamentalnie antyludzkiego ducha.

Kilka słów więcej o Chrisie

Ofiarą opętania przez takiego antyludzkiego ducha był mój przyjaciel Chris, o którym pisałem już wcześniej. Mocno ucierpiało na tym jego zdrowie psychiczne. Istotnym źródłem jego problemów w tej sferze było poczucie winy. Zanim jako kilkunastoletni chłopiec wraz z rodzicami przeprowadził się do Fairview, uczęszczał do kilku szkół podstawowych w kilku różnych miastach położonych w północnej części stanu Alberta. Z każdą zmianą szkoły musiał od nowa zabiegać o akceptację i uznanie rówieśników, przez co potyczki z licznymi w tych rejonach dziećmi rdzennych Amerykanów były przez długi czas jego chlebem powszednim. Nie jest przesadą stwierdzić, że indiańskie dzieci miały, uśredniając, generalnie bardziej burzliwe charaktery niż dzieci rasy białej, a przy tym łatwiej było je zranić (miały ku temu swoje powody). Nauczyły mnie tego osobiste doświadczenia.

W podstawówce kolegowałem się z Metysem Rene Heckiem[6] i nasza relacja nie należała do najłatwiejszych. Zgrzyty wynikające z różnic osobowościowych były dodatkowo wzmacniane przez specyficzne okoliczności naszej znajomości. Dzieliła nas ogromna przepaść kulturowa. On zwykł chodzić w podartych, brudnych ciuchach. Był bardziej szorstki zarówno w mowie, jak i w zachowaniu. Rodzice wysłali mnie do szkoły rok przed standardowym wiekiem rozpoczęcia nauki, a pech chciał, że nawet w porównaniu z moimi rówieśnikami byłem drobnym dzieckiem. Rene z kolei był dużym, bystrym, przystojnym chłopcem, a do tego młodocianym twardzielem. Chodziliśmy razem do szóstej klasy, w której jednego z przedmiotów nauczał mój tata. Pewnego razu Rene został przyłapany na żuciu gumy podczas lekcji. „Rene – zwrócił mu uwagę mój ojciec – wypluj tę gumę. Żując ją wyglądasz jak krowa". „Ha ha – zaśmiałem się pod nosem – Rene wygląda jak krowa". Rene mógł faktycznie wyglądać jak krowa, ale słuch miał dobry. „Peterson – syknął – po szkole jesteś martwy".

Wcześniej tego dnia umówiliśmy się z Rene, że wieczorem pójdziemy razem do kina. Kilka godzin później wyglądało na to, że wypad trzeba będzie przełożyć. Bądź co bądź pozostałe lekcje zleciały mi szybko i nieprzyjemnie, jak to zwykle bywa w sytuacji nadchodzącego zagrożenia. Doskonale zdawałem sobie sprawę, że Rene, jeśli tylko zechce, zbije mnie na kwaśne jabłko. Gdy dzwonek oznajmił koniec ostatniej lekcji, pobiegłem najszybciej jak umiałem w stronę stojaków na rowery, ale niestety Rene dotarł tam przede mną. Ustawiłem się więc po przeciwnej stronie stojaka i gdy tylko Rene obchodził go w moim kierunku, uciekałem tak, aby przeszkoda znajdowała się dokładnie pomiędzy nami. Przypominaliśmy nieudolnych policjantów i złoczyńców z serii niemych filmów *Keystone Cops*[7]. Dopóki dzieliły nas rowery, Rene nie mógł mnie dorwać, wiedziałem jednak, że prędzej czy później będę musiał porzucić tę strategię – nie mogłem tam sterczeć w nieskończoność. Wykrzyczałem magiczne słowo: „przepraszam", ale to nie pomogło. Zraniłem dumę Rene i koniecznie chciał, żebym za to zapłacił.

---

[6] Ze względu na prywatność imię i nazwisko zostały zmienione.

[7] Seria wyprodukowanych na początku XX wieku filmów komediowych o ofermowatych gliniarzach, w stylu podobna do popularnego niegdyś w Polsce serialu *Benny Hill* [przyp. tłum.].

Nie spuszczając go z oczu, przykucnąłem przy jednym z rowerów i krzyknąłem: „Rene, przepraszam, że nazwałem cię krową. Nie kłóćmy się już". Ten znów znienacka wyrwał w moją stronę. Nieskutecznie. „Rene – próbowałem dalej – przepraszam, że to powiedziałem. Naprawdę. Nadal chciałbym, żebyśmy poszli dziś razem do kina". Nie był to z mojej strony jedynie wybieg mający na celu oszczędzenie mi kilku siniaków. Mówiłem szczerze. W przeciwnym razie nie nastąpiłoby to, co nastąpiło. Rene przystanął, rzucił mi dłuższe spojrzenie, po czym rozpłakał się i odbiegł. Oto krótka charakterystyka typowej w naszych stronach relacji białego z rdzennym Amerykaninem. Już nigdy nie poszliśmy z Rene do kina.

Gdy mojemu koledze Chrisowi zdarzało się wdawać w bójki z dziećmi indiańskiego pochodzenia, w ogóle nie próbował się bronić. Nie uważał, aby jego samoobrona miała moralne uzasadnienie, więc po prostu godził się obrywać. „Odebraliśmy im ich ziemie – napisał mi kiedyś w liście. – Dopuściliśmy się wobec nich wielu okrucieństw. Ich gniew zupełnie mnie nie dziwi". Z biegiem czasu, krok po kroku, Chris odizolował się od świata. Po części właśnie ze względu na poczucie winy. Wykształcił w sobie głęboką nienawiść wobec męskości i męskich zachowań. Chodzenie do szkoły, pracowanie czy rozglądanie się za kandydatką na żonę uznawał za elementy tego samego procesu, który doprowadził do kolonizacji Ameryki Północnej, koszmarnego nuklearnego pata z okresu zimnej wojny czy dewastacji środowiska naturalnego naszej planety. Naczytał się książek o buddyzmie, które przekonały go, że w położeniu, w jakim znalazł się dziś świat, postawą etycznie pożądaną jest negacja własnego Istnienia. Wobec innych ludzi przyjął to samo stanowisko.

Na początku studiów Chris był przez jakiś czas moim współlokatorem. Pewnego razu spędziliśmy wieczór w lokalnym barze. Kiedy wracaliśmy do domu, Chris zaczął uderzać boczne lusterka stojących wzdłuż ulicy samochodów. „Przestań, Chris. Co chcesz uzyskać przez obijanie samochodów należących do ludzi, których nawet nie znasz?", spytałem. Odpowiedział, że wszyscy oni mieli swój udział w szkodliwej działalności człowieka winnej wszelkiego zła, a zatem zasługiwali na karę. Przekonywałem, że mszczenie się na ludziach, którzy wiedli zwyczajne życie, z pewnością do niczego dobrego nie doprowadzi, ale on najwyraźniej nie zamierzał zmieniać zdania na ten temat.

Kilka lat później, gdy byłem już na studiach doktoranckich w Montrealu, Chris zjawił się niespodziewanie. Rzekomo spontaniczne odwiedziny szybko okazały się czymś więcej. Życie wymykało mu się z rąk, był kompletnie zagubiony i przybył z prośbą o pomoc. Ostatecznie wprowadził się do mnie. Byłem już wtedy po ślubie i mieszkałem razem z żoną Tammy i roczną córeczką Mikhailą. Chris, tak jak ja, przyjaźnił się z Tammy w dzieciństwie i przez długi czas miał nadzieję na coś więcej niż przyjaźń. To jeszcze bardziej skomplikowało sytuację – ale nie z tych powodów, o jakich myślisz. Odrzucany przez kobiety Chris początkowo znienawidził mężczyzn, ostatecznie jednak swoją nienawiść skierował w stronę kobiet. Pragnął ich, ale zaniedbał edukację oraz zrezygnował z kariery i ambicji. Był bezrobotny i nałogowo palił papierosy. W efekcie, jak można było się spodziewać, nie był obiektem zainteresowania zbyt wielu przedstawicielek płci pięknej. To z kolei uczyniło go zgorzkniałym nieudacznikiem. Próbowałem go przekonać, że ścieżka, którą obrał, prowadzi jedynie w dalszą ruinę. Namawiałem go, aby znalazł w sobie nieco pokory. Starałem się pomóc mu odzyskać kontrolę nad własnym życiem.

Któregoś wieczora wypadła kolej Chrisa na przygotowanie obiadu. Gdy moja żona wróciła do domu, całe mieszkanie było zadymione. To burgery wołowe paliły się w najlepsze na rozgrzanej patelni. Chris tymczasem leżał na podłodze i próbował rzekomo podregulować nóżki od kuchenki. Jednak Tammy zdążyła się już poznać na jego cwanych trikach. Wiedziała, że umyślnie przypalał burgery. Był zbulwersowany, że musiał dla nas gotować. Był zbulwersowany, że przypadła mu tak kobieca rola (mimo że obowiązki domowe dzieliliśmy sprawiedliwie i Chris dobrze o tym wiedział). Naprawiał kuchenkę, aby zapewnić sobie wiarygodną, a nawet chwalebną wymówkę dla spalenia burgerów. Gdy Tammy powiedziała mu, że przejrzała jego gierki, udawał pokrzywdzonego, ale w głębi jego duszy jątrzyła się wściekłość. Jakaś jego część, ta zła część, była przekonana, że jest najbystrzejszy i potrafi wszystkich przechytrzyć. Demaskując prawdziwe motywy jego niecnego planu, Tammy zadała bolesny cios jego dumie. Cała sytuacja była cholernie niezręczna.

Następnego dnia udaliśmy się z Tammy na spacer w kierunku lokalnego parku. Mimo że pogoda była fatalna – na zewnątrz szalał siarczysty mróz, a w powietrzu wisiała gęsta mgła – musieliśmy odetchnąć od toksycznej atmosfery panującej w naszym mieszkaniu. Dzielenie go z Chrisem zaczynało nas przerastać. Tammy się skarżyła. Weszliśmy do parku. Drzewa wznosiły swoje gołe gałęzie ku górze, gdzie ginęły w mlecznej zawiesinie. Wtem spostrzegliśmy, że czarna wiewiórka z ogonem łysym od nużycy dygocze z zimna i kurczowo trzymając się jednej z gałęzi nie chce dopuścić, aby wiatr zrzucił ją na ziemię. Co u licha to stworzonko robiło tam na drzewie w takim chłodzie? (Wiewiórki zapadają w sen zimowy. Zimą budzą się i wychodzą z nor tylko w cieplejsze dni). Chwilę później zobaczyliśmy następną.

I następną. I następną. Park pełen był wiewiórek, wszystkie częściowo łyse, wszystkie poprzyczepiane do gałęzi targanych wiatrem i wszystkie drżące z przeszywającego zimna. W pobliżu nie było nikogo oprócz nas. W tym osobliwym zdarzeniu było coś niemożliwego. Coś niewytłumaczalnego. Wiernie odzwierciedlało sytuację, w jakiej się znaleźliśmy. Braliśmy udział w absurdalnym przedstawieniu reżyserowanym przez Boga. Niedługo po tym Tammy wraz z naszą córką wyjechały na kilka dni.

Jakiś czas później tego roku, w okolicach Świąt Bożego Narodzenia, z zachodniej Kanady przyjechali do mnie brat i jego świeżo upieczona małżonka. Mój brat także znał Chrisa. Pewnego popołudnia cała trójka szykowała grube zimowe ubrania na spacer po centrum Montrealu. Chris włożył długi czarny płaszcz, czarne buty, czarne spodnie i czapkę naciągniętą niemal na oczy – również czarną. Był przy tym chudy, wysoki i lekko się garbił. „Chris – zażartowałem – wyglądasz jak seryjny morderca". „Ha ha, bardzo śmieszne", odrzekł anemicznie. Gdy wrócili do domu, Chris był wyraźnie nie w humorze. Na jego terytorium pojawili się obcy. Widok kolejnej szczęśliwej pary był mu solą w oku.

Następna w kolejności była kolacja. Przebiegła przyjemnie i rozeszliśmy się dopiero, gdy zmęczenie zaczęło o sobie przypominać. Ja jednak nie mogłem zasnąć. Coś było nie tak i dało się to wyczuć. Około czwartej nad ranem nie wytrzymałem. Wyszedłem z łóżka i ruszyłem w stronę pokoju Chrisa. Zapukałem do drzwi, po czym, nie czekając na odpowiedź, otworzyłem je i wszedłem do środka. Chris również nie spał – leżał na plecach i patrzył w sufit. Przeczuwałem, że zastanę go w takim stanie. Znałem go wręcz zbyt dobrze. Przysiadłem się i szczerą rozmową stłumiłem gotujący się w nim gniew. Następnie wróciłem do sypialni i położyłem się spać. Rankiem brat wziął mnie na stronę. Chciał pogadać. „Coście, u diabła, robili z Chrisem po nocy? Prawie w ogóle nie spałem. Czy coś się stało?", zapytał. Wyjaśniłem, że Chris nie czuł się dobrze. Mój brat miał szczęście, że żyje, wszyscy mieliśmy – ale ten fakt przemilczałem. Duch Kaina nawiedził tej nocy nasz dom, ale na szczęście nikomu nie stała się krzywda.

Być może wyczułem wtedy zapach śmierci unoszący się w powietrzu. Chrisa cechowała charakterystyczna woń. Często się kąpał, ale przesiąkały nią nawet ręczniki. Nie sposób było ich doprać. Woń ta była efektem ubocznym braku synchronizacji ciała z psychiką. Pewna pracowniczka socjalna, która miała okazję poznać Chrisa, powiedziała mi kiedyś, że każdy w jej placówce potrafił tę woń rozpoznać. Nazywali ją „wonią niezatrudnialnych".

Wkrótce po ukończeniu studiów doktoranckich przenieśliśmy się z Tammy do Bostonu. Pojawiło się drugie dziecko. Od czasu do czasu rozmawialiśmy z Chrisem przez telefon. Raz przyjechał w odwiedziny, które okazały się bardzo udane. Próbował coś zmienić i dobrze mu szło. Znalazł pracę w hurtowni części samochodowych. Wydawało się, że trafił na właściwą drogę. Niestety, nasz kontakt się urwał. Prawie dziesięć lat później – w przeddzień swoich czterdziestych urodzin – Chris znów do mnie zadzwonił. Do tego czasu zdążyłem przeprowadzić się wraz z rodziną do Toronto. Chris miał naprawdę świetnie wieści. Opowiadanie jego autorstwa miało zostać opublikowane w zbiorze wydawanym przez małe, ale rozpoznawalne wydawnictwo. Chciał, żebym o tym wiedział. Chris pisał pierwszorzędne opowiadania. Czytałem je wszystkie. Mogliśmy o nich rozmawiać godzinami. Był też niezłym fotografem. Miał zmysł artystyczny i kreatywne pomysły. Następnego dnia Chris wjechał swoim starym pickupem – tą samą wysłużoną w boju bestią z Fairview, o której pisałem w rozdziale trzecim – głęboko w las. Przyczepił gumowy wężyk do rury wydechowej i przez minimalnie uchyloną boczną szybę poprowadził go do wnętrza samochodu. Widzę go, siedzącego tam z papierosem w ustach, patrzącego obojętnie przez przednią szybę, czekającego, aż nadejdzie kres. Jego ciało znaleziono kilka tygodni później. Zadzwoniłem do jego ojca. „Mój kochany chłopiec", szlochał.

Zostałem niedawno zaproszony do wystąpienia na konferencji TEDx organizowanej na pobliskim uniwersytecie. Przede mną przemawiał inny profesor. Zaproponowano mu przemówienie z uwagi na jego fascynującą pracę – zajmował się inteligentnymi obliczeniowo powierzchniami (podobnymi do ekranów dotykowych znanych z tabletów i smartfonów, ale z szerszym zastosowaniem). Nie mówił jednak o tym, a o zagrożeniu, jakie ludzkość stanowi dla środowiska naturalnego naszej planety. Tak jak Chris – i generalnie zbyt wielu ludzi – do głębi przesiąknięty był antyludzkim myśleniem. Co prawda w jego realizacji nie posunął się równie daleko co mój kolega, ale podpisywał się pod tymi samymi ideami.

Stał przed rzutnikiem, na którym wyświetlał zdjęcia gigantycznych chińskich fabryk. Setki ubranych w białe uniformy robotników pracowały przy liniach montażowych niczym nieme roboty, montując po raz tysięczny część A do części B. Powiedział widowni – pełnej bystrych, młodych ludzi – że wraz z żoną podjęli decyzję o ograniczeniu liczby posiadanych dzieci do jednego. Dodał, że każdy, kto chce uważać się za człowieka żyjącego w zgodzie z etyką, powinien rozważyć taki wybór. Decyzja ta wydała mi się dobrze przemyślana – jednak tylko w jego konkretnym przypadku (gdzie być może brak dzieci w ogóle byłby jeszcze bardziej pożądany). Wielu chińskich studentów obecnych na konferencji z obojętnością przysłuchiwało się moralizatorstwu profesora. Być może do głowy przychodziło im oswobodzenie się ich rodziców z okropności rewolucji kulturalnej Mao Zedonga, wyjątkowo okrutna „polityka jednego dziecka" dopiero niedawno zaniechana przez władze Chin albo olbrzymi wzrost ogólnego standardu życia i wolności, jakie przyniosło otwarcie się Chin na zachodnie rynki, zachodnie firmy i zachodnie fabryki. Kilkoro poruszyło później te kwestie w sesji pytań.

Czy ten profesor byłby skłonny poważniej zastanowić się nad swoimi poglądami, gdyby wiedział, dokąd one prowadzą? Chciałbym odpowiedzieć, że tak, ale nie potrafię zrobić tego z przekonaniem. Myślę, że nie raz oferowano mu tę wiedzę, ale ją odrzucał. Być może było jeszcze gorzej: on wiedział, ale miał to gdzieś; miał świadomość, dokąd wiedzie ta droga, ale podążał nią mimo wszystko.

Samozwańczy sędziowie rasy ludzkiej

Wcale nie tak dawno temu mieszkańcom naszej planety wydawało się, że ma ona nieskończenie duże rozmiary. Jeszcze pod koniec XIX wieku wybitny biolog Thomas Huxley (1825–1895) – zagorzały obrońca Darwina i dziadek słynnego pisarza Aldousa Huxleya – powiedział w brytyjskim parlamencie, że wyczerpanie łowisk oceanicznych jest praktycznie niemożliwe. Jego zdaniem ich „moce produkcyjne" były zwyczajnie zbyt duże, aby poddać się choćby najbardziej agresywnym ludzkim połowom. Jeszcze mniej czasu – pięćdziesiąt lat – minęło od opublikowania książki Rachel Carson *Silent Spring* [*Milcząca wiosna* – przyp. tłum.], która zapoczątkowała globalny ruch ekologiczny[8]. Pięćdziesiąt lat! To przecież nic! To nawet nie wczoraj.

Dopiero co rozwinęliśmy narzędzia pojęciowe i technologie, które umożliwiają bodaj częściowe, ułomne rozumienie niewyobrażalnie złożonej sieci życia. Na rzekome nadużywanie „gościnności" naszej planety należy więc patrzeć z wyrozumiałością. Czasem nie zdajemy sobie sprawy z konsekwencji naszych działań. Czasem jesteśmy ich świadomi, ale nie dysponujemy żadnymi sprawdzonymi alternatywami. Nie jest też tak, że ludzki żywot – nawet współczesny – jest łatwy i przyjemny, nie wspominając o tym, że jeszcze pół wieku temu głód, choroby i analfabetyzm były

[8] R. Carson, *Silent Spring*, Boston, Houghton Mifflin, 1962.

normalnością dla większej części ludzkości[9]. Nadal na palcach możemy policzyć dekady względnego bogactwa ludzkości (które w coraz większym stopniu dotyczy coraz większej części globu). Nawet dziś trzeba mieć wyjątkowe szczęście, aby należeć do rodziny, w której żaden z członków nie jest poważnie chory – a i tak problem ten prędzej czy później dosięgnie nas wszystkich. Robimy, co możemy, aby w napotkanych okolicznościach, na przekór naszej kruchości i niedoskonałości, radzić sobie możliwie jak najlepiej, a ziemska przyroda gnębi nas zdecydowanie bardziej niż my ją. Nie bądźmy wobec siebie aż tak krytyczni.

Ludzie to wszak niesamowite stworzenia. Nie mamy sobie równych na Ziemi i nie jest jasne, czy istnieje granica naszych potencjalnych osiągnięć. Udają nam się dziś rzeczy, które wydawały się niemożliwe jeszcze w niedalekiej przeszłości, kiedy rozbudzało się w nas poczucie odpowiedzialności za środowisko naturalne naszej planety. Kilka tygodni temu trafiłem na serwisie YouTube na zestawienie dwóch nagrań: pierwsze przedstawiało mistrzowski skok przez stół gimnastyczny z igrzysk olimpijskich w 1932 roku, a drugi z igrzysk w 2012 roku. Oglądając te dwa nagrania, ma się wrażenie, że dotyczą dwóch różnych dyscyplin sportowych – i dwóch różnych gatunków zwierząt. Kombinacja figur zaprezentowana przez McKaylę Maroney w 2012 roku zostałaby kilka dekad wcześniej uznana za wyczyn nadludzki. Parkour, sport wywodzący się z treningu z przeszkodami dla żołnierzy armii francuskiej, to coś doprawdy zdumiewającego, podobnie jak freerunning. Kompilacje tego typu miejskich akrobacji oglądam ze szczerym podziwem. Ci młodzi ludzie potrafią zeskakiwać z wysokości trzeciego piętra i wychodzą z tego bez szwanku. To niebezpieczne – i niewiarygodne. Sam widok tego, co wyczyniają śmiałkowie wspinający się na maszty i żurawie, przyprawia mnie o dreszcze! Podobnie imponują mi ekstremalni wspinacze górscy, freestylowi snowboardziści, surferzy ujarzmiający fale wysokie na kilkanaście metrów i deskorolkarze.

Młodzieńcy odpowiedzialni za strzelaninę w Columbine High School, o których pisałem wcześniej, sami przyznali sobie prawo do osądzania rasy ludzkiej – tak jak wspomniany profesor występujący przede mną na konferencji TEDx, i tak jak mój zgorzkniały kolega Chris, tyle że ten ostatni w realizacji swojej ideologii poszedł o krok dalej, a ci pierwsi, o dwa kroki. Dla Erica Harrisa, bardziej elokwentnego z dwójki morderców, ludzie okazali się nieudanym, zepsutym gatunkiem. Gdy zaakceptuje się

[9] Zobacz: http://reason.com/archives/2016/12/13/the-most-important-graph-in-the-world.

takie założenie, kwestią czasu jest, kiedy ujawni się zawarta w nim logika. Jeżeli coś zostaje uznane za plagę, jak uważa David Attenborough[10], albo za nowotwór, jak określał ludzkość Klub Rzymski[11], to każdy, kto próbuje to wyeliminować, wyrasta na bohatera – w tym wypadku: zbawcę planety. Prawdziwy mesjasz może podążyć za swoją rygorystyczną moralną logiką aż do jej ostatecznej konkluzji i uwolnić świat również od samego siebie. Tak właśnie kończą zazwyczaj masowi mordercy, kierowani niemal nieskończonym gniewem i urazą. Nawet ich własne Istnienie nie usprawiedliwia egzystencji ludzkości. Co więcej, takie osoby popełniają samobójstwo dokładnie w celu zademonstrowania czystości swojego zaangażowania w destrukcję. Jeśli ktokolwiek sugerowałby, że życie na Ziemi byłoby lepsze, gdyby usunąć z niej Żydów, czarnych, muzułmanów czy Anglików – spotkałby się we współczesnym świecie ze społecznym ostracyzmem. Dlaczego zatem twierdzenie, że dla naszej planety byłoby lepiej, gdyby żyło na niej mniej ludzi, uznaje się w niektórych kręgach za chwalebne? Na myśl o tym oczyma wyobraźni widzę szkaradną, szeroko uśmiechniętą, upiorną twarz rozradowaną na myśl o nadchodzącej apokalipsie. Jak to jest, że tak często ci sami ludzie, którzy bezkompromisowo występują przeciwko wszelkim uprzedzeniom, poczuwają się zobowiązani do potępiania ludzkości jako takiej?

---

10 http://www.telegraph.co.uk/news/earth/earthnews/9815862/Humans-are-plague-on-Earth-Attenborough.html.

11 M.D. Mesarović, E. Pestel, *The Earth has cancer, and the cancer is man* w: *Mankind at the turning point*, część pierwsza, Nowy Jork, Dutton, 1974. Ideę tę po raz pierwszy zaproponowano (i tam też po raz pierwszy ubrano w te słowa) w: A. Gregg, *A medicalaspect of the population problem*, „Science" 121/1955, s. 681–682, później zaś rozwinął ją W.M. Hern, *Has the human species become a cancer on the planet? A theoretical view of population growth as a sign of pathology*, „Current World Leaders", 36/1993, s. 1089–1124. Oto fragment książki przedstawicieli Klubu Rzymskiego A. Kinga i B. Schneidera, *Pierwsza rewolucja globalna. Raport Rady Klubu Rzymskiego*, Warszawa, Polskie Towarzystwo Współpracy z Klubem Rzymskim, 1992, s. 124: „Wspólnym wrogiem ludzkości jest człowiek. Szukając nowego wroga, który by mógł nas zjednoczyć, doszliśmy do wniosku, że rolę tę mogą spełnić: zanieczyszczenie środowiska, ogrzewanie się Ziemi, deficyt wody, głód i podobne klęski. Zjawiska te razem wzięte oraz poprzez swoje wzajemne powiązania stanowią w istocie wspólne zagrożenie, które wymaga solidarności wszystkich narodów. Ale określając je mianem wrogów, wpadamy w pułapkę, przed którą już ostrzegaliśmy, mianowicie zaczynamy brać symptomy za przyczyny. Wszystkie te niebezpieczeństwa zostały bowiem spowodowane przez ludzką ingerencję i pokonać je możemy tylko poprzez zmianę postaw i naszego zachowania. Prawdziwym wrogiem ludzkości jest sama ludzkość".

Widziałem jak studenci, w szczególności na kierunkach humanistycznych, doświadczali poważnych uszczerbków na zdrowiu psychicznym na skutek styczności z ideologią tego typu obrońców planety, którzy wmawiali im, że sama egzystencja czyni ich szkodnikami. Z moich obserwacji wynika, że gorzej znoszą to młodzi mężczyźni. Status uprzywilejowanych beneficjentów patriarchatu czyni ich osiągnięcia niezasłużonymi. Jako potencjalni stronnicy kultury gwałtu muszą liczyć się z tym, że każdy ich kontakt seksualny niesie ze sobą ryzyko oskarżeń o wykorzystanie seksualne. Ich ambicje mają druzgocące konsekwencje dla środowiska naturalnego. Dzisiejsze społeczeństwo raczej je tłumi niż rozbudza. Od okresu gimnazjum u wielu chłopców zaczynają się kłopoty w nauce, które ciągną się przez liceum, aż po studia, jeśli w ogóle uda im się dojść do tego etapu. Gdy mój syn miał czternaście lat, analizowaliśmy jego oceny. On sam stwierdził, że radzi sobie bardzo dobrze – jak na chłopca. Zaintrygowany podpytałem, co miał na myśli. „Wszyscy wiedzą – odpowiedział – że dziewczyny uczą się lepiej od chłopców". Jego ton wskazywał na zaskoczenie moją ignorancją w kwestii tak przecież oczywistej. Kilka dni temu wpadło mi w ręce ostatnie wydanie tygodnika „The Economist". Artykuł z okładki? „Słabsza płeć" – męska, ma się rozumieć. Na dzisiejszych uczelniach wyższych kobiety stanowią większość studentów na ponad dwóch trzecich kierunków.

Współczesny świat nie jest przyjazny dla chłopców. Chłopcy są mniej posłuszni – patrząc na to od strony negatywnej – lub bardziej niezależni – patrząc od strony pozytywnej – niż dziewczyny, i dostaje im się za to przez cały okres nauki, z wyłączeniem studiów, podczas których sprawy wyglądają już nieco inaczej. Chłopcy są mniej ugodowi (ugodowość to jedna z pięciu podstawowych cech osobowości skorelowana ze współczuciem, empatią i stronieniem od konfliktów) i mniej podatni na odczuwanie lęku czy depresję[12], przynajmniej po osiągnięciu wieku dojrzałości odpowiedniego dla obu płci[13]. Chłopcy są bardziej zainteresowani przedmiotami;

---

[12] P.T. Costa, A. Terracciano, R.R. McCrae, *Gender differences in personality traits across cultures: robust and surprising findings*, „Journal of Personality and Social Psychology", 81/2001, s. 322–331; Y.J. Weisberg, C.G. DeYoung, J.B. Hirsh, *Gender differences in personality across the ten aspects of the Big Five*, „Frontiers in Psychology", 2/2011, s. 178; D.P. Schmitt, A. Realo, M. Voracek, J. Allik, *Why can't a man be more like a woman? Sex differences in Big Five personality traits across 55 cultures*, „Journal of Personality and Social Psychology", 94/2008, s. 168–182.

[13] M. De Bolle, F. De Fruyt, R.R. McCrae i inni, *The emergence of sex differences in personality traits in early adolescence: A cross-sectional, cross-cultural study*, „Journal of Personality and Social Psychology", 108/2015, s. 171–185.

dziewczynki są bardziej zainteresowane ludźmi[14]. Co uderzające, różnice, będące w dużej mierze wynikiem czynników biologicznych, są najwyraźniej widoczne w społeczeństwach skandynawskich, gdzie koncepcja równości płci była najsilniej promowana i najskuteczniej wdrażana w system prawno-instytucjonalny. Jest to rezultat odwrotny od oczekiwanego przez zwolenników poglądu (zresztą coraz bardziej dziś popularnego), według którego płeć jest tylko konstruktem społecznym. Nie jest. Nie ma tu o czym dyskutować. Dane mówią same za siebie[15].

Chłopcy lubią rywalizację, nie lubią zaś przestrzegać zasad i wykonywać poleceń, szczególnie w wieku dorastania. Jest to okres, w którym pojawia się u nich chęć odłączenia się od rodziny i rozpoczęcia własnego, niezależnego życia. Cały ten proces to jedno wielkie podważenie autorytetu. W systemie powszechnej edukacji, ustanowionym w USA pod koniec XIX wieku dokładnie w celu wpajania posłuszeństwa[16], nie ma miejsca na śmiałe, prowokacyjne zachowania, bez względu na to, o jakiej nieugiętości i kompetencji „problematycznego" chłopca (czy dziewczynki) mogłyby świadczyć. To nie jedyne przyczyny pogarszającej się ogólnej kondycji młodych chłopców. Kolejny problem rodzi następująca asymetria: dziewczętom zdarza się rywalizować z chłopcami, chłopcy natomiast rywalizacji z dziewczętami wolą unikać. Wynika to po części z faktu, że wygrana dziewczyny w rywalizacji z chłopcem spotyka się z pochwałami i uznaniem, a gdy dziewczyna z chłopcem przegra, to dla niej żaden wstyd. Z drugiej strony gdy chłopiec pokona dziewczynę, ściąga

---

14 R. Su, J. Rounds, P.I. Armstrong, *Men and things, women and people: A meta-analysis of sex differences in interests*, „Psychological Bulletin", 135/2009, s. 859–884. Spojrzenie na to zagadnienie z perspektywy neurorozwoju: A.M. Beltz, J.L. Swanson, S.A. Berenbaum, *Gendered occupational interests: prenatal androgen effects on psychological orientation to things versus people*, „Hormones and Behavior", 60/2011, s. 313–317.

15 E. Bihagen, T. Katz-Gerro, *Culture consumption in Sweden: the stability of gender differences*, „Poetics", 27/2000; P. Costa, A. Terracciano, R.R. McCrae, *Gender differences in personality traits across cultures: robust and surprising findings*, „Journal of Personality and Social Psychology", 8/2001, s. 322–331; D.P. Schmitt, A. Realo, M. Voracek, J. Allik, *Why can't a man be more like a woman? Sex differences in Big Five personality traits across 55 cultures*, „Journal of Personality and Social Psychology", 94/2008, s. 168–182; R.A. Lippa, *Sex differences in personality traits and gender-related occupational preferences across 53 nations: testing evolutionary and social-environmental theories*, „Archives of Sexual Behavior", 39/2010, s. 619–636.

16 J.N. Gatto, *The underground history of American education: A school teacher's intimate investigation of the problem of modern schooling*, Nowy Jork, Odysseus Group, 2000.

na siebie krytykę, gdy natomiast przegra, robi z siebie pośmiewisko. Wyobraźmy sobie chłopca i dziewczynkę w wieku dziewięciu lat, którzy wdają się w bójkę. Już samo to – niezależnie od przyczyny – stawia jego w złym świetle. Jeśli wygra, jest żałosny. Jeśli przegra – no cóż, jego życie zamieni się w piekło. Nie dał rady dziewczynie.

Dziewczęta mogą wygrywać w ramach własnych hierarchii – będąc dobre w tym, co jest cenione pośród dziewcząt. Mogą dodawać do tego zwycięstwa w hierarchiach chłopięcych. Chłopcy natomiast mogą wygrywać tylko w hierarchiach męskich. Jeśli wyróżniają się w dziedzinach uznawanych za damskie, tracą status zarówno wśród dziewczyn, jak i chłopców. Kosztuje ich to reputację w oczach innych chłopców oraz atrakcyjność w oczach dziewcząt. Dziewczętom nie podobają się chłopcy, którzy są ich przyjaciółmi, choć mogą bardzo ich lubić, cokolwiek to znaczy. Dziewczętom podobają się chłopcy, którzy zwyciężają w rywalizacji o status z innymi chłopcami. Jednak ci sami chłopcy, którzy są skłonni posunąć się naprawdę daleko w rywalizacji w ramach hierarchii męskich, nie mogą pozwolić sobie na równie zaciętą rywalizację z dziewczętami. Można wręcz powiedzieć, że chłopcy nie mogą (i nie chcą) na poważnie rywalizować z płcią przeciwną. Nie bardzo wiedzą, jak mogliby wygrać. Jeśli w danej dziedzinie zaczynają dominować panie, i to z nimi trzeba rywalizować, panowie rezygnują ze współzawodnictwa. Czy uczelnie wyższe – w szczególności humanistyczne – stają się damskimi konkurencjami? Czy naprawdę tego chcemy?

Aktualna sytuacja na uczelniach wyższych (oraz szerzej rozumianych instytucjach edukacyjnych) jest dalece bardziej problematyczna, niż pokazują to statystyki[17]. Jeśli odłożymy na bok tak zwane kierunki STEM[18] (wyłączając psychologię), stosunek kobiet do mężczyzn jeszcze bardziej odbiega od równowagi[19]. Niemal 80 procent studentów kończących wydziały związane z opieką zdrowotną, administracją publiczną, psychologią i edukacją, na których zdobywa się jedną czwartą wszystkich

[17] Zobacz: *Why are the majority of university students women?* Statistics Canada: pobrano z http://www.statcan.gc.ca/pub/81-004-x/2008001/article/10561-eng.htm.

[18] Akronim od słów *science* [przedmioty ścisłe], *technology* [informatyka i technologia], *engineering* [inżynieria] i *mathematics* [matematyka] [przyp. tłum.].

[19] Zobacz na przykład: D. Hango, *Gender differences in science, technology, engineering, mathematics and computer science (STEM) programs at university*, „Statistics Canada", 75-006-X: Pobrano z http://www.statcan.gc.ca/access_acces/alternative_alternatif.action?l=eng&loc=/pub/75-006-x/2013001/article/11874-eng.pdf.

dyplomów uczelni wyższych, stanowią kobiety. Ta rozbieżność stale rośnie. Jeśli obecny trend się utrzyma, za piętnaście lat na większości kierunków studiów mężczyźni należeć będą do wyjątków. To złe wieści dla męskiej części populacji. Może nawet wieści katastrofalne. Należy jednak mieć świadomość, że również kobietom nie wróży to niczego dobrego.

Kariera a małżeństwo

Kobietom studiującym na uczelniach wyższych zdominowanych przez płeć piękną coraz trudniej jest nawiązywać relacje miłosne, choćby średniej długości. W konsekwencji, szukając zaspokojenia potrzeb seksualnych, muszą zadowalać się przelotnymi związkami. Być może jest to krok naprzód, jeśli chodzi o „seksualne wyzwolenie" kobiet, ja jednak radziłbym pohamować optymizm. Moim zdaniem to sytuacja dla kobiet bardzo niekorzystna[20]. Stabilnego, opartego na miłości związku pragną zarówno mężczyźni, jak i kobiety. Dla kobiet coraz częściej jest to pragnienie priorytetowe. Według Pew Research Centre[21] w latach 1997–2012 odsetek kobiet w wieku od 18 do 34 lat, które udane małżeństwo uznają za jedną z najważniejszych rzeczy w życiu, wzrósł z 28 do 37 procent (wzrost o ponad 30 procent[22]). Ten sam odsetek wśród młodych mężczyzn spadł w tym czasie o 17 procent (z 35 do 29 procent[23]). W okresie tym odsetek ludzi powyżej wieku 18 lat będących w związku małżeńskim kontynuował spadek, z okolic 75 procent w roku 1960 do około 50 procent dzisiaj[24]. I wreszcie, wśród dorosłych w wieku 30–59 lat, którzy nigdy nie byli w związku małżeńskim, mężczyźni trzykrotnie częściej niż kobiety deklarują, że nigdy nie zamierzają brać ślubu (odpowiednio 27 i 8 procent).

Tak w ogóle, to z jakiej racji karierę zawodową uznaje się za ważniejszą niż miłość i rodzina? Czy praca po 80 godzin tygodniowo w elitarnej

---

[20] Nie jestem w tym przekonaniu odosobniony. Zobacz: na przykład: K.S. Hymowitz, *Manning up: how the rise of women has turned men into boys*, Nowy Jork, Basic Books, 2012.

[21] Zobacz: http://www.pewresearch.org/fact-tank/2012/04/26/young-men-and-women-differ-on-the-importance-of-a-successful-marriage/.

[22] (37–28)/28 = 9/28 = 32 procent.

[23] (35–29)/35 = 6/35 = 17 procent.

[24] Zobacz: http://www.pewresearch.org/data-trend/society-and-demographics/marriage/.

firmie prawniczej naprawdę warta jest poświęceń, jakich wymaga osiąganie wysokich dochodów i stanowisk? W każdej społeczności znajdzie się grupka nielicznych (głównie mężczyzn o skrajnie niskiej ugodowości), których cechuje silna potrzeba rywalizacji i pragnienie zwyciężania za wszelką cenę. Osoby tego typu skłonne są pracować całymi dniami, motywowani widmem urzeczywistnienia ambicji i znalezienia się na szczycie danej hierarchii. Jednak większość takiego impulsu w sobie nie znajduje, a dodatkowe pieniądze nie wydają się dodawać szczęścia ludziom, którym wystarcza ich na pokrycie podstawowych kosztów życia. Co ważne, większość kobiet odnoszących sukcesy i cieszących się wysokimi zarobkami wybiera sobie za partnerów ludzi równie „obrotnych" – i jest to kryterium, któremu kobiety przykładają zdecydowanie wyższą uwagę. Dane Pew Research wskazują ponadto, że niemal 80 procent kobiet nigdy (jak dotąd) niezamężnych, ale poszukujących męża w doborze partnera priorytet przypisuje stabilnym, wysokim dochodom (dla porównania: takich odpowiedzi udziela 50 procent mężczyzn).

Po przekroczeniu trzydziestego roku życia większość kobiet zajmujących najwyższej rangi stanowiska prawnicze rezygnuje z tych niezwykle stresujących karier[25]. Jedynie 15 procent udziałowców dwustu największych amerykańskich korporacji prawniczych to kobiety[26]. Przez ostatnie piętnaście lat statystyki w tej materii praktycznie się nie zmieniły, mimo że kobiet ogółem w tej branży nie brakuje. Za powód nie można też uznać niechęci firm do zatrudniania kobiet na dłużej czy do dawania im awansów. Osoby wybitne zawsze są w niedoborze i najlepsze firmy prawnicze robią wszystko, co w ich mocy, aby zatrzymać ponadprzeciętnie uzdolnione jednostki niezależnie od ich płci.

Kobiety, które odchodzą z wysokopłatnych prestiżowych stanowisk, chcą po prostu pracy – i życia – która pozostawia im trochę wolnego czasu. Po studiach prawniczych, aplikacji i kilku latach pracy zawodowej ujawniają się u nich inne potrzeby. To fakt dobrze znany wielkim firmom

---

[25] Temat ten był szeroko omawiany w prasie mainstreamowej – zobacz: https://www.thestar.com/life/2011/02/25/women_lawyers_leaving_in_droves.html; http://www.cbc.ca/news/canada/women-criminal-law-1.3476637; http://www.huffingtonpost.ca/andrealekushoff/female-lawyers-canada-_b_5000415.html.

[26] A. Jaffe, G. Chediak. E. Douglad, M. Tudor, R.W. Gordon, L. Ricca, S. Robinson, *Retaining and advancing women in national law firms*, „Stanford Law and Policy Lab, White Paper", 2016. Pobrano z: https://www-cdn.law.stanford.edu/wp-content/uploads/2016/05/Women-in-Law-White-Paper-FINAL-May-31-2016.pdf.

(choć niechętnie artykułowany na forum publicznym). Widziałem niedawno wykład profesor z McGill University (kobiety) wygłoszony przed salą pełną prawniczek – o tym, jak brak żłobków i przedszkoli oraz „męska definicja sukcesu" podkopuje rozwój ich karier i skłania do porzucania pracy. Tak się składa, że znałem większość słuchaczek. Wielokrotnie rozmawiałem z nimi na ten temat. Doskonale wiedziałem, że i one doskonale wiedzą: to była nieprawda. Wszystkie miały nianie, których opłacanie, przy ich zarobkach, nie stanowiło najmniejszego problemu. Wszystkie przerzuciły na innych wszelkie domowe obowiązki – korzystały z usług firm sprzątających, cateringowych, pralni itp. Wszystkie rozumiały też, że to rynek, a nie ich męscy współpracownicy, definiuje sukces. Jeśli zarabiasz 650 dolarów za godzinę jako wzięta prawniczka pracująca w Toronto i twój klient z Japonii dzwoni w niedzielę o czwartej nad ranem, odbierasz. Natychmiast. Odbierasz natychmiast, nawet jeśli właśnie położyłaś się spać, po nocnym karmieniu twojego małego dziecka. Odbierasz natychmiast, ponieważ jeśli tego nie zrobisz, jakiś młody, nadmiernie ambitny prawnik z Nowego Jorku chętnie przejmie to zlecenie. W ten sposób rynek definiuje warunki pracy i kryteria sukcesu.

Coraz mniejsza liczba mężczyzn z wyższym wykształceniem to nasilający się problem dla kobiet poszukujących partnerów na stałe. Po pierwsze, kobiety cechuje wyraźna tendencja do wychodzenia za mężczyzn plasujących się na równi z nimi bądź wyżej w ekonomicznej hierarchii dominacyjnej. Inaczej mówiąc: wolą partnerów o co najmniej równym, a najlepiej wyższym statusie. Jest to tendencja wśród ludzi uniwersalna, obserwowana w znakomitej większości kultur[27]. Nie obserwuje się jej natomiast wśród mężczyzn, którzy chętnie żenią się z partnerkami o statusie równym bądź niższym (na co wskazują badania Pew Research), przy czym wykazują preferencję dla kobiet nieco młodszych. Współczesny trend stopniowego zaniku klasy średniej wynika po części z faktu, że bogate w zasoby kobiety coraz częściej[28] łączą się z bogatymi

[27] D. Conroy-Beam, D.M. Buss, M.N. Pham, T.K. Shackelford, *How sexually dimorphic are human mate preferences?*, „Personality and Social Psychology Bulletin", 41/2015, s. 1082–1093. Dyskusję o tym, jak damskie preferencje w doborze partnerów zmieniają się na skutek czynników czysto biologicznych, znaleźć można w K. Gildersleeve, M.G. Haselton, M.R. Fales, *Do women's mate preferences change across the ovulatory cycle? A meta-analytic review*, „Psychological Bulletin", 140/2014, s. 1205–1259.

[28] Zobacz: L. Greenwood, G. Nezih, F. Kocharov, C. Santos, *Marry your like: assortative mating and income inequality*, „IZA discussion paper No. 7895", pobrane z http://hdl.handle.net/10419/93282.

w zasoby mężczyznami. Z tego powodu – oraz na skutek spadku dostępności dobrze płatnych stanowisk w sektorze produkcji, w którym wcześniej znajdowało zatrudnienie wielu mężczyzn (jeden na sześciu Amerykanów w wieku produkcyjnym jest dziś bez pracy) – małżeństwo w coraz większym stopniu zarezerwowane jest dla bogatych. Nie będę ukrywał, że wydaje mi się to zabawne, choć to raczej czarny humor. Opresyjna, patriarchalna instytucja małżeństwa stała się dziś luksusem. Po co bogaci mieliby tyranizować samych siebie?

Dlaczego kobiety zabiegają o partnerów ze stałą, dobrą pracą i, jeśli to możliwe, o wyższym statusie? W dużej mierze dlatego, że gdy w życiu kobiety pojawiają się dzieci, potrzebuje ona stabilnego wsparcia. Kobiety potrzebują kogoś na tyle kompetentnego, aby, gdy przyjdzie taki moment, zdolny był utrzymać matkę i dziecko. To zupełnie rozsądny układ, który ma również podstawy biologiczne. Dlaczego kobieta, która decyduje się wziąć na siebie odpowiedzialność za jedno czy więcej dzieci, miałaby dodatkowo chcieć opiekować się dorosłym? Z tego powodu bezrobotny mężczyzna to osobnik niepożądany – a bycie samotną matką to tylko nieco mniej niepożądana alternatywa. Dzieci wychowywane bez ojców mają czterokrotnie wyższe szanse skończyć w ubóstwie. Co znaczy, że również ich matki częściej żyją w biedzie. Oprócz tego dzieci dorastające bez ojców znacznie częściej wpadają w problemy z alkoholem i narkotykami. Dzieci wychowywane przez swoich biologicznych rodziców będących ze sobą w związku małżeńskim są mniej zestresowane, rzadziej miewają depresję oraz rzadziej popadają w konflikt z prawem niż dzieci żyjące z jednym lub dwoma niebiologicznymi rodzicami. Prawdopodobieństwo popełnienia samobójstwa jest w przypadku dzieci wychowywanych w niepełnych rodzinach dwukrotnie wyższe[29].

Rozpowszechnienie się poprawności politycznej na uczelniach wyższych dodatkowo potęguje problem. Nasilenie protestów przeciwko opresji wydaje się rosnąć wprost proporcjonalnie do spadającego odsetka studentów płci męskiej. Istnieją wydziały i kierunki studiów o jawnie wrogim nastawieniu do mężczyzn. Są to głównie dziedziny opanowane przez postmodernistyczny/neomarksistowski pogląd, według którego kultura Zachodu to struktura opresyjna, stworzona przez białych mężczyzn

[29] Rzetelno omówienie tych przykrych kwestii znaleźć można w G.W. Suh, W.V. Fabricious, R.D. Parke, J.T. Cookston, S.L. Braver, D.S. Saenz, *Effects of the interparental relationship on adolescents' emotional security and adjustment: The important role of fathers*, „Developmental Psychology", 52/2016, s. 1666–1678.

w celu dominacji nad płcią przeciwną i wykluczenia kobiet (oraz innych wybranych grup); sukces tej kultury, oraz białych mężczyzn, opiera się właśnie na tej dominacji i wykluczeniu[30].

Patriarchat: pomoc czy przeszkoda?

Kultura oczywiście *jest* strukturą opresyjną. *Zawsze tak było*. To fundamentalna, uniwersalna, egzystencjalna rzeczywistość. Król-tyran to prawda symboliczna; archetypowa stała. Wszystko, co pozostawia nam w spadku przeszłość, jest rozmyślnie ślepe i przedawnione. To duch, maszyna i potwór, które należy uwolnić, naprawić i utrzymać na dystans przez uwagę i wysiłki żyjących. Kultura nas uciska, dopasowuje do społecznie akceptowalnych ram – i marnuje tym samym olbrzymi potencjał wielu ludzi. W zamian oferuje jednak olbrzymie korzyści. Każde słowo, jakie wypowiadamy, jest darem od naszych przodków. Każda myśl, jaka przychodzi nam do głowy, pojawiła się już wcześniej w głowie kogoś od nas mądrzejszego. Sprawnie funkcjonująca infrastruktura instytucjonalna, jaka nas otacza, szczególnie na Zachodzie, to kolejny dar od przodków: względnie nieskorumpowany ustrój polityczny i system ekonomiczny, technologia, bogactwo, oczekiwana długość życia, wolność, luksus, szanse. Kultura jedną ręką odbiera, lecz, na obszarach, na których panują jej zdrowe odmiany, drugą ręką daje znacznie więcej. Dostrzeganie jedynie opresyjnej strony kultury to postawa świadcząca o ignorancji i niewdzięczności, a przy tym postawa bardzo niebezpieczna. Co nie znaczy (mam nadzieję, że we wcześniejszych rozdziałach wyjaśniłem to dostatecznie jasno), że kultury nie należy poddawać krytyce.

Skoro już mówimy o opresji, warto mieć również na uwadze, co następujące: *każda hierarchia tworzy wygranych i przegranych*. Rzecz jasna po wygranych można się spodziewać podkreślania korzystnych aspektów hierarchii, a po przegranych – narzekania na jej wady. Niemniej jednak (1) każde kolektywne dążenia do dowolnego celu powodują uformowanie się hierarchii (ponieważ, niezależnie od obiektu dążeń, niektórzy będą w nich skuteczniejsi od innych) i (2) w dużej mierze to dążenia do celów nadają życiu sens. Niemal wszystkie emocje, które czynią życie wartościowym i fascynującym, są konsekwencją sukcesów lub porażek

[30] S.R.C. Hicks, *Explaining postmodernism: skepticism and socialism from Rousseau to Foucault*, Santa Barbara, CA, Ockham' Razor Multimedia Publishing, 2011.

w dążeniach ku temu, co cenimy i czego pragniemy. Ceną, jaką ponosimy za taki model społeczeństwa, jest nieuchronne wykształcenie się hierarchii sukcesu, która z kolei zakłada rozbieżności w wynikach. Absolutna równość wymagałaby zatem rezygnacji z wartości w ogóle – a wówczas nie byłoby po co żyć. Zamiast tego radzę okazać nieco wdzięczności i uzmysłowić sobie, że wysoce skomplikowana kultura oferuje współzawodnictwo na wielu polach z wieloma nagrodami, a jej przemyślane zorganizowanie sprzyja uczciwej rywalizacji i minimalizuje okazje do oszustw i nadużyć.

Przewrotny jest również pogląd, że kultura to wytwór mężczyzn. Kulturę w ujęciu symbolicznym, mitycznym i archetypowym przedstawia się zazwyczaj jako męską. Po części dlatego idea „patriarchatu" jest dla wielu tak przekonująca. Tym niemniej kultura jest tworem nie mężczyzn, lecz ludzkości (nie mówiąc już o białych mężczyznach, którzy – to prawda – swoją rolę w jej tworzeniu odegrali). Okres dominacji kultury europejskiej (o ile w ogóle można o takim mówić) trwa dopiero cztery stulecia. W skali czasowej właściwej dla ewolucji kultury – którą mierzyć należy co najmniej w tysiącach lat – cztery wieki to mgnienie oka. Co więcej, nawet jeśli przed rewolucją feministyczną z lat sześćdziesiątych kobiety nie wniosły niczego istotnego w dziedziny sztuki, literatury i nauki (w co nie wierzę), ich rola w zajmowaniu się dziećmi oraz pracy na roli miała kluczowe znaczenie dla wychowywania chłopców i uwalniania mężczyzn – bardzo nielicznych – dzięki czemu ludzkość jako całość mogła się rozwijać i przeć naprzód.

Oto alternatywna teoria: przez absolutną większość historii zarówno mężczyźni, jak i kobiety brali udział w tragicznych zmaganiach o uwolnienie się spod tyranii niedostatku i nędzy. Kobiety były często w tej walce upośledzone, dzieliły bowiem z mężczyznami wszystkie ich wady, a dodatkowo ciążył im ciężar reprodukcji oraz mniejsza siła fizyczna. Oprócz brudu, biedy, chorób, głodu, okrucieństwa i ignorancji, będących codziennością obu płci aż po wiek XX (przed którym nawet mieszkańcy świata Zachodu żyli za mniej niż dolara dziennie, w przeliczeniu na dzisiejsze pieniądze), kobiety musiały też znosić niebagatelne, praktyczne niewygody związane z menstruacją, wysokie prawdopodobieństwo niechcianych ciąż, spore ryzyko śmierci albo poważnego uszczerbku na zdrowiu na skutek porodu oraz trudy opieki nad wieloma małymi dziećmi. Być może to ta asymetria była powodem różnego statusu prawnego i społecznego kobiet oraz mężczyzn, który charakteryzował większość zbiorowości ludzkich sprzed współczesnych rewolucji technologicznych, w tym sprzed wynalezienia pigułki antykoncepcyjnej. Zalecałbym przynajmniej rozważyć taką wersję wydarzeń, zanim założenie o tyranii narzuconej kobietom przez mężczyzn zaakceptuje się jako truizm.

W mojej opinii rzekoma opresyjność patriarchatu to po prostu efekt niedoskonałych (żeby nie powiedzieć: ułomnych) prób oswobodzenia się z nędzy, chorób i codziennego znoju, rozciągających się na tysiąclecia i podejmowanych wspólnie przez kobiety i mężczyzn. Niedawna historia Arunachalama Murugananthama jest tutaj dobrym przykładem. Człowiek ten, Hindus okrzyknięty „królem tamponów", nie był specjalnie zadowolony z faktu, że jego żona podczas okresu musiała korzystać z brudnych, niehigienicznych ręczników. Gdy zwrócił jej na to uwagę, odpowiedziała, że gdyby ona i jej siostry chciały używać podpasek, to – z uwagi na kiepską sytuację finansową – jej rodzina musiałaby zrezygnować z picia mleka. Usłyszawszy to, Arunachalam następne czternaście lat spędził w stanie obsesji – tak twierdzili jego sąsiedzi – na punkcie zaradzenia temu problemowi. Obsesja osiągnęła poziom nasilenia, który w jego własnej żonie i matce wzbudził przerażenie i skłonił do tymczasowego opuszczenia go. Nie mogąc znaleźć kolejnych ochotniczek do testowania swojego produktu, sam ubierał na siebie dętki wypełnione świńską krwią. Nie bardzo widzę, jak takie działania miałyby przełożyć się na wzrost jego popularności czy statusu. Dziś jego tanie, produkowane lokalnie podpaski sprzedawane są na obszarze całych Indii, a wytwarzają je miejscowe grupy samopomocy zarządzane przez kobiety. Użytkowniczki jego produktu cieszą się teraz swobodą, jakiej nigdy wcześniej nie doświadczyły. W 2014 roku ten człowiek, który nie ukończył nawet szkoły średniej, trafił na listę stu najbardziej wpływowych ludzi świata magazynu „Time". Nie jestem skłonny uznać, że pana Murugananthama motywowała przede wszystkim wizja osobistych korzyści. Czy jest on częścią patriarchatu?

W 1847 roku James Young Simpson wykorzystał eter, aby pomóc kobiecie z wadą miednicy urodzić dziecko. Wkrótce zastąpił go lepiej sprawdzającym się chloroformem. Pierwsze dziecko urodzone przez matkę pod wpływem chloroformu otrzymało imię „Anaesthesia"[31]. W 1853 roku substancja cieszyła się już taką renomą, że przy porodzie swojej siódmej pociechy skorzystała z niej królowa Wiktoria. Co fascynujące, niedługo później możliwość bezbolesnego porodu dostępna była praktycznie dla wszystkich kobiet. Znaleźli się ludzie, którzy przestrzegali przed niebezpieczeństwem sprzeciwiania się deklaracji, jaką Bóg skierował do kobiet

[31] *Anaesthesia* (ang.) – znieczulenie [przyp. tłum.].

w Księdze Rodzaju: „Obarczę cię niezmiernie wielkim trudem twej brzemienności, w bólu będziesz rodziła dzieci”[32]. Byli i tacy, którzy nie widzieli potrzeby stosowania znieczulenia w leczeniu mężczyzn: młodzi, silni i odważni go przecież nie potrzebują. Takie głosy sprzeciwu nic nie wskórały. Znieczulenie rozpowszechniło się błyskawicznie (znacznie szybciej niż byłoby to możliwe dzisiaj). Nawet prominentni przedstawiciele Kościoła popierali jego stosowanie.

Pierwsze praktyczne w użyciu tampony pojawiły się na rynku dopiero w latach trzydziestych za sprawą firmy Tampax. Za ich wynalezienie odpowiedzialny jest dr Earle Cleveland Haas. Jako materiał wykorzystał zgniecioną bawełnę, a jako aplikator – papierowe rurki. Zastosowanie tego drugiego pomogło złagodzić opór wobec innowacyjnego produktu ze strony ludzi przeciwnych samodotykaniu, które bez aplikatora byłoby konieczne. Już na początku lat czterdziestych 25 procent kobiet używała tamponów. Trzydzieści lat później odsetek ten wzrósł do 70 procent. Dziś tampony wybiera cztery piąte kobiet; pozostałe polegają na podpaskach, których współczesne modele cechują się wysoką chłonnością oraz stabilnością, jaką zapewniają samoprzylepne skrzydełka (w przeciwieństwie do wielgachnych, niewygodnych, mocowanych paskiem i przypominających pieluchy podpasek sprzed pięćdziesięciu lat). Czy, w obliczu tych faktów, Murugananthama, Simpsona i Hassa należy uznać za ciemiężycieli czy wyzwolicieli kobiet? Co z Gregorym Goodwinem Pincusem, który opracował formułę pigułki antykoncepcyjnej? W jaki sposób ci oświeceni, wytrwali, praktyczni panowie stanowili część krępującego kobiety patriarchatu?

Dlaczego uczymy dziś młodych ludzi, że nasza wspaniała kultura jest rezultatem męskiej opresji? Zaślepione tym centralnym założeniem dyscypliny takie jak edukacja, socjologia, historia sztuki, literatura czy tak zwane studia gender i – w coraz większym stopniu – prawo, aktywnie promują obraz mężczyzny okrutnika działającego na szkodę kobiet. Przedstawiciele tych dyscyplin, nierzadko bez skrupułów, zachęcają do radykalnych postaw politycznych – radykalnych według wszelkich norm charakteryzujących społeczeństwa, do których należą – upierając się przy tym, że uprawiają edukację, a nie propagandę. Na przykład Instytut Studiów Kobiecych i Gender im. Pauline Jewett przy Ottawa Carleton University zachęty do aktywizmu ustanowił częścią curriculum. Wydział Studiów Gender przy Queen's University w Kingston, Ontario, „naucza feminizmu, antyrasizmu, teorii odmienności oraz metod ich promowania

[32] Księga Rodzaju 3:16.

w ramach aktywizmu społecznego" – podpisując się tym samym pod ideą, według której edukacja uniwersytecka powinna przede wszystkim zachęcać do angażowania się w sprawy polityczne.

Postmodernizm i długie macki Marksa

Współcześni przedstawiciele tych dyscyplin czerpią swoje poglądy z wielu źródeł. Wszyscy jednak pozostają pod silnym wpływem marksistowskich humanistów. Jedną z takich postaci był Max Horkheimer, który w latach trzydziestych stworzył teorię krytyczną. Jakakolwiek próba zwięzłego podsumowania jego idei musi zawierać uproszczenia, można jednak uczciwie stwierdzić, że Horkheimer uważał się za marksistę. Według niego zachodnie pryncypia wolności jednostki czy wolnego rynku to jedynie maski kamuflujące prawdziwe oblicze Zachodu: nierówności, dominację i wyzysk. Twierdził, że działalność intelektualna, zamiast jedynie pojmować i interpretować rzeczywistość, powinna służyć dążeniom do głębokich zmian społecznych. Liczył, że za sprawą filozofii marksistowskiej uda się wyzwolić ludzkość z niewoli. Horkheimer i jego koledzy-myśliciele ze szkoły frankfurckiej – najpierw w Niemczech, a później w Stanach Zjednoczonych – obrali sobie za cel całościową krytykę i przemianę cywilizacji zachodniej.

W czasach współczesnych większą wagę przypisuje się pracom francuskiego filozofa Jacquesa Derridy, lidera postmodernistów, który zyskał rozgłos w latach siedemdziesiątych. Sam Derrida klasyfikował swoje idee jako radykalną formę marksizmu. Marks usiłował zredukować historię i społeczeństwo do ekonomii, a kulturę uznawał za narzędzie opresji, z pomocą którego bogaci uciskają biedotę. W ramach realizacji doktryny marksizmu w Związku Sowieckim, Chinach, Wietnamie, Kambodży i innych krajach dokonano brutalnej redystrybucji zasobów gospodarczych. Zniesiono własność prywatną i skolektywizowano gospodarstwa rolne. Rezultat? Dziesiątki milionów ludzi poniosły śmierć, a setki milionów poddane zostały tyranii porównywalnej do tej, jaka panuje dziś w ostatnim bastionie komunizmu – Korei Północnej. Ustanowione według zaleceń marksizmu systemy gospodarcze były skorumpowane i niewydajne. Świat wszedł w długi i skrajnie niebezpieczny okres zimnej wojny. Obywatele komunistycznych społeczeństw wiedli życie w zakłamaniu, zdradzali własne rodziny, donosili na własnych sąsiadów – a niedolę znosili w stanie otępienia i bierności (wiedzieli, czym grozi opór).

Idee marksistowskie były bardzo atrakcyjne jako intelektualne utopie. Khieu Samphan, jeden z głównych architektów terroru Czerwonych Khmerów, zanim w połowie lat siedemdziesiątych został przywódcą Kambodży, w 1955 roku otrzymał stypendium we Francji, a w 1959 roku obronił na Sorbonie pracę doktorską pod tytułem: „Gospodarka i rozwój przemysłowy Kambodży". Argumentował w niej, że praca wykonywana w miastach w ramach zawodów nierolniczych była bezwartościowa. Jego zdaniem bankierzy, biurokraci i przedsiębiorcy nie wytwarzali dla społeczeństwa żadnej wartości dodanej. Zamiast tego zwyczajnie pasożytowali na prawdziwym bogactwie tworzonym w sektorze rolniczym, rzemiośle i lokalnej produkcji. Poglądy Samphana spotkały się z uznaniem francuskich intelektualistów, którzy przyznali mu tytuł doktorski. Po powrocie do Kambodży udało mu się wprowadzić swoje koncepcje w życie. Czerwoni Khmerzy przeprowadzili masową ewakuację kambodżańskich miast, zamknęli banki, zakazali posługiwania się pieniądzem i zlikwidowali wszelkie przejawy działalności rynkowej. Szacuje się, że około jedna czwarta populacji Kambodży zginęła w wyniku katorżniczej pracy na roli lub została zabita na tak zwanych polach śmierci.

Gdyby ktoś zapomniał: idee mają konsekwencje

Można wybaczyć naiwność ludziom, którzy po pierwszej wojnie światowej, gdy komuniści tworzyli Związek Sowiecki, łudzili się, że utopijne, kolektywistyczne marzenia forsowane przez ich nowych przywódców miały szansę się ziścić. Zgnilizna porządku społecznego końca XIX wieku przyniosła okopy i masowe rzezie wielkiej wojny. Bogatych i biednych dzieliła przepaść, a większość ludzi harowała w warunkach gorszych niż te, o których czytamy u Orwella. Choć na Zachód docierały wieści o okrucieństwach, jakich po rewolucji październikowej dopuszczał się Lenin i jego poplecznicy, ze względu na odległość i izolację trudno było ocenić zasadność zarzutów. Po upadku monarchii Rosję ogarnął chaos, a informacje o przyznaniu własności byłym poddanym caratu oraz szeroko zakrojonych planach uprzemysłowienia dały powody do optymizmu. Sprawy dodatkowo komplikował fakt, że w hiszpańskiej wojnie domowej, która wybuchła w roku 1936 ZSRR (i Meksyk) poparł republikanów. Ci walczyli w zasadzie przeciwko faszystom i nacjonalistom, którzy zburzyli kruchą fasadę tamtejszej demokracji ustanowionej ledwie pięć lat wcześniej i którzy cieszyli się poparciem niemieckich nazistów i włoskich faszystów.

Inteligencja w Ameryce, Wielkiej Brytanii i innych krajach Zachodu była sfrustrowana neutralnością tamtejszych rządów. Tysiące obcokrajowców ruszyło do Hiszpanii, aby walczyć po stronie republikanów w Brygadach Międzynarodowych. Jednym z takich ochotników był George Orwell. Ernest Hemingway, który udał się tam w roli korespondenta, również popierał rząd republikański. Zaniepokojeni rozwojem sytuacji politycznej na świecie młodzi Amerykanie, Kanadyjczycy i Brytyjczycy czuli się moralnie zobowiązani przestać jedynie gadać, a zacząć faktycznie walczyć.

Całe to zamieszanie wokół Hiszpanii odciągnęło uwagę od wydarzeń równolegle rozgrywających się w Związku Sowieckim. W latach trzydziestych, podczas Wielkiego Kryzysu, staliniści zesłali dwa miliony kułaków, czyli najbogatszych chłopów (a to oznaczało takich, którzy posiadali kilka krów, kilku zatrudnionych robotników i kilka akrów ziemi więcej niż chłopi przeciętni), na Syberię. Z punktu widzenia komunistów kułacy zgromadzili swoje majątki przez wyzysk, a zatem zasłużyli na to, co ich spotkało. Bogactwo świadczyło o opresji, prywatna własność natomiast – o kradzieży. Miarka się przebrała i przyszedł czas na zaprowadzenie równości. Ponad 30 000 kułaków zostało zastrzelonych na poczekaniu. Setki tysięcy spotkał ten sam los z rąk najbardziej zawistnych, zgorzkniałych i niezaradnych spośród ich sąsiadów, którzy wysokie ideały kolektywizmu wykorzystali, aby przysłonić swoje prymitywne, mordercze instynkty.

Kułaków okrzyknięto „wrogami ludu", podludźmi, szumowinami, szkodnikami i świniami. „Przerobimy kułaków na mydło", przysięgali robotnicy miejscy zmobilizowani przez sowieckich aparatczyków i wysyłani na wsie w ramach akcji wymierzonej przeciwko tym pierwszym. Nagich kułaków wypędzano z ich domostw, bito i zmuszano do kopania własnych grobów. Kobiety gwałcono. Ich majątki „konfiskowano", co w praktyce oznaczało rozkradanie wszystkiego co popadnie – do gołych ścian. Zdarzało się, że zwykli ludzie, głównie kobiety, stawali po stronie swoich prześladowanych sąsiadów, jednak tego rodzaju przejawy sumienia okazywały się daremne. Kułacy, którzy przetrwali aresztowanie, zsyłani byli na Syberię, często w środku nocy. Transporty koleją ruszyły w lutym, u szczytu ostrej rosyjskiej zimy. U celu podróży, daleko w pustynnej tajdze, czekały na nich prymitywne domostwa. Umierali masowo, szczególnie dzieci, jeśli nie z głodu i zimna, to na tyfus, odrę i szkarlatynę.

„Pasożytniczy" kułacy byli, generalnie rzecz biorąc, najsprawniejszymi i najbardziej pracowitymi spośród chłopów. Powszechną w świecie regułą jest, że nieliczna mniejszość odpowiada za większość produkcji w każdej dziedzinie, i rolnictwo nie było tu wyjątkiem. Na skutek wywłaszczenia kułaków produkcja rolna runęła. Resztki, które pozostały, siłą odebrano chłopom i przetransportowano do miast. Wieśniacy, którzy po żniwach szukali na polach pojedynczych kłosów pszenicy dla swoich głodujących rodzin, narażali się na karę śmierci przez rozstrzelanie. W latach trzydziestych sześć milionów mieszkańców dzisiejszej Ukrainy – obfitującego w czarnoziemy spichlerza Związku Sowieckiego – umarło z głodu. „Zjadanie własnych dzieci to akt barbarzyństwa" – głosiły plakaty rozwieszane na wsiach przez działaczy sowieckiego reżimu.

Mimo że raportów o takich potwornościach nie dało się już lekceważyć jako plotek, wielu zachodnich intelektualistów niezmiennie utrzymywało pozytywne zdanie o komunizmie. Nie brakowało wtedy innych zmartwień, a druga wojna światowa sprzymierzyła kraje zachodnie ze Związkiem Sowieckim w walce przeciwko Hitlerowi, Mussoliniemu i Hirohito. Jednak nie wszystkie oczy pozostawały ślepe. Malcolm Muggeridge już w 1933 roku zaczął publikować artykuły opisujące zbrodnie Sowietów przeciwko chłopstwu na łamach dziennika „Manchester Guardian". George Orwell rozumiał, co dzieje się pod rządami Stalina, i upublicznił swoje poglądy na ten temat. W 1945 roku, mimo poważnych trudności, zdołał opublikować powieść *Folwark zwierzęcy*, satyrę na realia ówczesnego Związku Sowieckiego. Niestety wielu, którzy powinni wiedzieć lepiej, tkwiło w ślepocie jeszcze przez długi czas. Nigdzie nie było to prawdą w większym stopniu niż we Francji, szczególnie wśród tamtejszych intelektualistów.

Jean-Paul Sartre, najsłynniejszy francuski filozof połowy XX wieku, był jawnym i cenionym komunistą (choć oficjalnie do partii nie należał) i potępił Sowietów dopiero po ich inwazji na Węgry w 1956 roku. Nie przeszkadzało mu to jednak pozostawać zwolennikiem marksizmu. Od polityki ZSRR ostatecznie odciął się dopiero w 1968 roku, kiedy armia sowiecka w brutalny sposób stłumiła rozruchy Czechosłowaków podczas praskiej wiosny.

Niedługo po tym przyszła publikacja *Archipelagu GUŁag* Aleksandra Sołżenicyna, o której wielokrotnie pisałem w poprzednich rozdziałach. Jak już wspominałem (i co warto wspomnieć raz jeszcze), książka ta kompletnie zdyskredytowała wiarygodność moralną komunizmu – najpierw na Zachodzie, a później w samym Związku Sowieckim. Z uwagi na cenzurę obowiązującą za żelazną kurtyną jej kopie drukowały i rozprowadzały podziemne wydawnictwa. Rosjanie mieli 24 godziny na przeczytanie rzadkich egzemplarzy, które wpadły im w ręce, po czym przekazywali je kolejnym oczekującym umysłom. Wersję czytaną w języku rosyjskim emitowano na terenie Związku Sowieckiego za pośrednictwem Radia Wolna Europa.

Sołżenicyn przekonywał, że sowiecki ustrój nie mógłby działać bez tyranii i niewolniczej pracy; że bez wątpienia ziarna jego najgorszych ekscesów zasiane zostały już za czasów Lenina (wobec którego zachodni komuniści nie tracili sympatii); oraz że jego funkcjonowanie opierało się na niezliczonych kłamstwach, zarówno po stronie jednostek, jak i państwa. Jego grzechów nie można tłumaczyć jedynie kultem jednostki, co uparcie próbowali robić ludzie ślepo wierzący we wzniosłe idee komunizmu. Sołżenicyn udokumentował powszechne przypadki nieludzkiego traktowania więźniów politycznych, gruntowne skorumpowanie systemu prawnego służącego do usprawiedliwiania masowych mordów i – w sposób nadzwyczaj skrupulatny – wykazał, dlaczego to wszystko nie były aberracje, ale bezpośrednie konsekwencje filozofii komunistycznej leżącej u podstaw ustroju. Po ukazaniu się *Archipelagu GUŁag* nikt nie powinien już nigdy więcej bronić komunizmu – nawet sami komuniści.

Tymczasem zafascynowanie marksizmem ze strony intelektualistów – w szczególności francuskich – nie wygasło. Dla pozorów przybrało jedynie inne szaty. Są ludzie odporni na wszelkie lekcje, jakich udziela nam życie. Sartre odrzucił Sołżenicyna i nazwał go „niebezpiecznym elementem". Derrida uciekł się do bardziej subtelnego zabiegu: zmienił ideę pieniądza na ideę władzy i dalej propagował koncepcję walki klas. Takie lingwistyczne kuglarstwo pozwoliło nieokazującym skruchy marksistom, ciągle okupującym intelektualne szczyty na Zachodzie, zachować ich światopogląd. Społeczeństwo przestało odtąd być narzędziem, przy pomocy którego bogaci uciskali biednych, a stało się narzędziem, przy pomocy którego ludzie wpływowi uciskali wszystkich pozostałych.

Według Derridy struktury hierarchiczne zostały stworzone jedynie w celu obejmowania (beneficjentów danej struktury) i wykluczania (całej reszty, będącej w efekcie przedmiotem opresji). Jednak nawet ten pogląd nie był dostatecznie radykalny, aby zaspokoić neomarksistów. Derrida twierdził ponadto, że podziały i opresja wbudowane były w język – w same kategorie, które wykorzystujemy do upraszczania świata i nawigowania przez rzeczywistość. „Kobiety" stanowią osobną płeć tylko dlatego, że mężczyźni zyskują na ich wykluczeniu. „Kobiety i mężczyźni" natomiast skategoryzowani zostali w taki, a nie inny sposób, ponieważ członkowie tej heterogenicznej grupy zyskują na wykluczeniu niewielkiej mniejszości osób deklarujących odmienny typ płci czy orientacji seksualnej. Nauka przynosi korzyści jedynie naukowcom. Polityka opłaca się jedynie politykom. W koncepcji zaproponowanej przez Derridę hierarchie istnieją tylko po to, aby umożliwiać ich członkom wykorzystywanie ludzi znajdujących się poza nimi. To dzięki pozyskiwanym w ten niegodziwy sposób korzyściom hierarchie trwają i mają się dobrze.

Derrida jest autorem słynnych słów (których później się wyparł): „Il n'y a pas de hors-texte" – które tłumaczy się często na: „nie ma nic poza tekstem". Jego zwolennicy uznają to tłumaczenie za nierzetelne i twierdzą, że właściwy przekład powinien brzmieć: „wszystko jest poza-tekstem". Tak czy owak, trudno rozumieć to zdanie inaczej niż: „wszystko jest tylko interpretacją". I tak też myśl Derridy – dekonstrukcjonizm – powszechnie odbierano.

Nie da się chyba przecenić nihilistycznej i destruktywnej natury tej filozofii. Podważa ona sam akt kategoryzacji. Neguje pogląd, według którego rozróżnienia między kategoriami mogą być tworzone w celach innych niż dla uzyskania władzy. Biologiczne różnice między kobietami i mężczyznami? Istnieją olbrzymie zasoby wielodyscyplinarnej literatury naukowej, które wskazują, że różnice między płciami w istotnym zakresie determinowane są przez czynniki biologiczne – ale dla Derridy i jego postmodernistycznych, marksistowskich akolitów nauka nie jest przecież niczym innym niż kolejnym narzędziem władzy, generującym prawdy odpowiadające potrzebom i gustom wiodących postaci konkretnego środowiska (w tym przypadku naukowego). Nie ma czegoś takiego jak fakt. Pozycje w hierarchiach i reputacja jako konsekwencje posiadanych umiejętności i kompetencji? Wszelkie definicje umiejętności i kompetencji to arbitralne twory autorstwa ludzi, którym są one na rękę.

W twierdzeniach Derridy zawiera się dość prawdy, aby choć częściowo zrównoważyć ich podstępny charakter. Władza jest jedną z podstawowych sił motywujących człowieka do działania. Ludzie rywalizują we wspinaczce na szczyt. Przykładają dużą wagę do swojego aktualnego położenia w hierarchiach dominacyjnych. Jednak (i tutaj, pośród uprawiających filozofię, zarysowuje się różnica między metaforycznymi chłopcami a mężczyznami) *fakt, że władza odgrywa ważną rolę w motywowaniu ludzi do działania, nie oznacza, że odgrywa ona jedyną czy nawet główną rolę*. Na tej samej zasadzie to, że nie jesteśmy w stanie wiedzieć wszystkiego, czyni wszystkie nasze obserwacje i wypowiedzi zależnymi od uwzględniania pewnych rzeczy i ignorowania innych (co omawiałem gruntownie przy okazji Zasady 10). Nie uzasadnia to twierdzenia, że wszystko jest interpretacją ani też, że kategoryzowanie równoznaczne jest wykluczaniu. Unikaj interpretacji zakładających pojedynczą przyczynę – oraz ludzi, którzy ich dokonują.

Choć fakty nie mogą mówić same za siebie (tak jak obszar lądu rozpościerający się przed wędrowcem nie może powiedzieć mu, którą drogą najlepiej go przebyć) i choć można wyróżnić multum sposobów postrzegania nawet niewielkiej liczby obiektów – nie oznacza to, że wszystkie potencjalne interpretacje są równie właściwe. Niektóre szkodzą – zarówno tobie, jak i innym. Inne kierują cię na drogę konfliktu ze społeczeństwem. Niektóre są nie do utrzymania w dłuższym okresie czasu. Inne nie prowadzą cię tam, gdzie chciałbyś dojść. Wiele z tych ograniczeń zostało w nas wbudowane w ciągnącym się od miliardów lat procesie ewolucji. Wiele wykształciło się w miarę postępującego uspołecznienia – rozpowszechniania się pokojowej, produktywnej konkurencji i współpracy. Kolejne interpretacje powstają, gdy w procesie uczenia się odrzucamy nieskuteczne strategie. Niewątpliwie mówimy tu o nieskończonej liczbie interpretacji, co w przełożeniu oznacza nieskończoną liczbę problemów. Inaczej jest z liczbą realistycznych rozwiązań – te są skończone, żeby nie powiedzieć: nieliczne. W przeciwnym razie życie byłoby proste. A nie jest.

Przyznam się tutaj do kilku poglądów, które mogą zostać uznane za lewicowe. Uważam na przykład, że naturalna tendencja, w ramach której dobra ekonomiczne rozkładają się w gospodarce wyraźnie nierównomiernie, stanowi permanentne zagrożenie dla stabilności społeczeństwa. Myślę, że są na to przekonujące dowody. Nie oznacza to jednak, że wiemy, jak sobie z tym problemem poradzić. Nie znaleźliśmy jak dotąd sposobu redystrybucji bogactwa, który nie wywoływałby wielu negatywnych skutków ubocznych. Różne kraje Zachodu próbowały różnych metod. Szwedzi, na przykład, wszelkimi siłami forsują egalitaryzm. Inne podejście stosują Stany Zjednoczone, gdzie zakłada się, że wzrost sumarycznego bogactwa generowany w ramach względnie wolnorynkowego kapitalizmu podnosi ogólny standard życia całego społeczeństwa. Ciągle jest za wcześnie, aby rozstrzygać o wynikach tych oraz innych eksperymentów. Poza tym poszczególne kraje zasadniczo się od siebie różnią pod wieloma względami. Rozbieżności w czynnikach historycznych, geograficznych, społecznych czy demograficznych utrudniają dokonywanie bezpośrednich porównań. Jedno jest pewne – przymusowa redystrybucja realizowana w imię utopijnej równości to lekarstwo gorsze od choroby.

Uważam również, że stopniowa przemiana administracji uniwersyteckich w coś na kształt zarządów prywatnych korporacji jest błędem. Moim zdaniem nauka o zarządzaniu to pseudonauka. Wierzę, że państwo może, czasami, służyć po stronie dobra i pełnić rolę arbitra nadzorującego przestrzeganie minimalnego zestawu koniecznych zasad. Ale nie rozumiem, dlaczego nasze społeczeństwo przeznacza fundusze publiczne instytucjom edukacyjnym, których przedstawiciele świadomie, jawnie i bez ogródek stawiają sobie za cel demontaż kultury, która ich utrzymuje. Tacy ludzie mają pełne prawo do własnych opinii i działań, o ile mieszczą się one w granicach prawa. Nie ma jednak żadnych rozsądnych powodów, aby przyznawać im fundusze publiczne. Gdyby radykalni prawicowcy otrzymywali ze skarbu państwa pieniądze na działania polityczne realizowane pod przykrywką kursów uniwersyteckich, jak ewidentnie ma to miejsce w przypadku radykalnej lewicy, krzyk socjaldemokratów byłoby słychać w całej Ameryce Północnej.

Oprócz fałszywości ich teorii i metod oraz upartego twierdzenia, że kolektywny aktywizm polityczny jest moralnym obowiązkiem, radykalne dyscypliny skrywają inne poważne problemy. Nie ma jakichkolwiek dowodów na poparcie żadnej z ich podstawowych tez: że zachodnie społeczeństwo jest patologicznie patriarchalne; że z historii wynika, jakoby to mężczyźni, a nie natura, byli głównym źródłem ucisku kobiet (a nie, przynajmniej w większości przypadków, ich partnerami i pomocnikami); że wszelkie hierarchie opierają się na władzy i służą do wykluczania. Hierarchie istnieją z wielu powodów – niektórych słusznych, innych nie – i są niewyobrażalnie prastare, zarówno w ujęciu czasowym, jak i ewolucyjnym. Czy samce skorupiaków ciemiężą samice swojego gatunku? Czy ich hierarchię także należy obalić?

W społeczeństwach, które funkcjonują dobrze – nie w porównaniu do hipotetycznych utopii, ale zestawione z innymi istniejącymi czy historycznymi kulturami – *kompetencje*, a nie władza, są główną determinantą statusu. Kompetencje, umiejętności i doświadczenie. *Nie władza*. To rzecz oczywista zarówno w ujęciu anegdotycznym, jak i faktycznym. Nikt, kto choruje na raka mózgu, nie pozostanie wierny ideałowi równości do tego stopnia, aby odmówić usług medycznych chirurga z najlepszym wykształceniem i reputacją oraz, co z reguły za tym idzie, najwyższymi zarobkami. Co więcej, cechy osobowości o największej trafności empirycznej w przewidywaniu długoterminowego, szerokorozumianego sukcesu życiowego w krajach zachodnich to inteligencja (mierzona w testach zdolności kognitywnych lub IQ) i sumienność (skorelowana z pracowitością i zorganizowaniem)[33]. Są wyjątki: przedsiębiorców i artystów niekoniecznie

[33] D.M. Higgins, J.B. Peterson, R.O. Pihl, *Prefrontal cognitive ability, intelligence, Big Five personality, and the prediction of advanced academic and workplace performance*, „Journal of Personality and Social Psychology", 93/2007, s. 298–319.

charakteryzuje wysoka sumienność, za to wyróżniają się w innej z podstawowych cech osobowości – otwartości na doświadczenia[34]. Jednak otwartość na doświadczenia silnie koreluje z inteligencją werbalną i kreatywnością, wyjątki te są zatem zrozumiałe i nie powinny dziwić. Trafność empiryczna tych cech, z matematycznego i ekonomicznego punktu widzenia, jest nadzwyczaj wysoka – należy do najwyższych pod tym względem wśród wszelkich przedmiotów badań prowadzonych po tej bardziej ścisłej stronie nauk społecznych. Dobry zestaw testów zdolności intelektualnych i cech osobowości może zwiększyć prawdopodobieństwo zatrudnienia kogoś ponadprzeciętnie kompetentnego z 50:50 na 85:15. Są to fakty podparte rzetelnymi dowodami równie solidnie, co najsilniej dowiedzione konkluzje w naukach społecznych (a to mówi więcej niż myślisz, ponieważ nauki społeczne są znacznie bardziej zdyscyplinowane, niż przyznają to ich cyniczni krytycy). Wszystko to oznacza, że obecne państwo nie tylko wspiera jedno skrzydło radykalizmu, lecz także szerzy indoktrynację. Nie uczymy naszych dzieci, że Ziemia jest płaska. Tak samo nie powinniśmy uczyć ich nienaukowych, opartych na ideologicznych przesłankach teorii dotyczących natury kobiet i mężczyzn – czy natury hierarchii.

Zupełnie rozsądnym jest wskazywać (o ile tylko dekonstrukcjoniści potrafiliby postawić po tym kropkę), że nauka może podlegać wypaczeniom ze strony możnych, wpływowych ludzi realizujących własne interesy; równie rozsądnym jest bacznie przyglądać się, czy do takich wypaczeń nie dochodzi. Rozsądnym jest też przestrzegać, że jako dowody zbyt często przedstawia się to, co wielcy tego świata (w tym naukowcy) za dowody uznają. Naukowcy to przecież ludzie, a ludzie pożądają władzy, tak samo jak pożądają jej homary – i (tak samo jak dekonstrukcjoniści!) lubią być rozpoznawani dzięki swoim ideom oraz piąć się na szczyty akademickich hierarchii. Nie znaczy to jednak, że nauka – czy choćby dekonstrukcjonizm – uprawiane są jedynie w celu zdobycia władzy. Po co wierzyć w coś takiego? Po co uparcie do tego przekonywać? Oto jedna z hipotetycznych odpowiedzi: *jeżeli liczy się tylko władza, wykorzystywanie jej staje się w pełni uzasadnione*. Żadne dowody, metody, logika czy nawet wymóg spójności nie mogą stanąć jej na drodze. Za takie ograniczenia nie może przecież posłużyć nic, co „poza tekstem". Zostają nam więc jedynie opinie oraz przemoc – a w takich okolicznościach stosowanie przemocy niebezpiecznie zyskuje na atrakcyjności, podobnie jak

---

[34] S.H. Carson, J.B. Peterson, D.M. Higgins, *Reliability, validity and factor structure of the Creative Achievement Questionnaire*, „Creativity Research Journal", 17/2005, s. 37–50.

wspomaganie się nią w służbie tych opinii. Na przykład szalony, niepojęty wręcz postmodernistyczny pogląd, według którego wszelkie różnice między płciami są „skonstruowane społecznie", staje się zupełnie zrozumiały, gdy pojmie się jego moralny imperatyw – gdy raz na zawsze wykaże się zawarte w nim usprawiedliwienie przemocy: *dopóki nie zostanie osiągnięta absolutna równość rezultatów, dopóty społeczeństwo należy przebudowywać, a uprzedzenia eliminować.* Jednak podstawą stanowiska konstruktywizmu społecznego nie jest wiara w słuszność tego drugiego, lecz pragnienie tego pierwszego. Skoro wszelkie nierówności rezultatów należy eliminować (nierówności to bowiem zło wcielone), konieczne jest uznanie wszelkich różnic między płciami za wytwór kultury i społeczeństwa. W przeciwnym razie dążenia do równości byłyby zbyt radykalne, a stojąca za nimi doktryna zbyt jawnie propagandowa. Aby zakamuflować ideologię, odwraca się porządek logiczny. To, że tego rodzaju stwierdzenia nieuchronnie prowadzą do wewnętrznych sprzeczności w obrębie ideologii, jest przez jej przedstawicieli konsekwentnie bagatelizowane. Płeć to jedynie konstrukt społeczny, a jednak osoba ubiegająca się o operację zmiany płci jest bezkrytycznie uznawana za mężczyznę uwięzionego w ciele kobiety (lub odwrotnie). Fakt, że oba te stanowiska nie mogą być logicznie prawdziwe jednocześnie, jest po prostu ignorowany (lub racjonalizowany z pomocą kolejnej zatrważającej konstatacji postmodernistów: że sama logika – wraz z obiektywnymi kryteriami dowodzenia naukowego – to także element opresyjnego, patriarchalnego systemu).

Absurdem jest również oczywiście myśl, że wszelkie rezultaty można wyrównać. Po pierwsze, rezultaty trzeba jakoś mierzyć. Porównywanie zarobków osób pracujących na tych samych stanowiskach jest względnie uczciwą metodą (choć skomplikowaną z uwagi na czynniki takie jak chociażby data zatrudnienia, z którą związany jest na przykład popyt na siłę roboczą w danym momencie). W grę wchodzą jednak także inne aspekty, być może nie mniejszej wagi, jak choćby liczba lat doświadczenia w zawodzie, wcześniejsze awanse, wpływ społeczny. Podniesienie argumentu „równa płaca za równą pracę" coś tak pozornie prostego jak porównania wynagrodzeń komplikuje do poziomu, przy którym całość traci sens ze względów praktycznych. Z jednego powodu: kto ma orzekać, jakie prace są sobie równe? To niemożliwe. Dlatego istnieje rynek. Jeszcze większy problem rodzą porównania między grupami: kobiety powinny zarabiać tyle samo, co mężczyźni. Dobrze. Kobiety rasy czarnej powinny zarabiać tyle samo, co kobiety rasy białej. Dobrze. Czy płace powinny zatem zostać dopasowane do wszystkich parametrów rasowych? Na jakim poziomie dokładności? Jakie kategorie rasowe należy uznać za „prawdziwe"?

Weźmy na przykład kategoryzację proponowaną przez Narodowy Instytut Zdrowia USA, który rozpoznaje amerykańskich Indian lub rdzennych Alaskańczyków, Azjatów, Murzynów, Latynosów, rdzennych Hawajczyków i pozostałych mieszkańców wysp pacyficznych oraz białych. Jednak osobnych plemion amerykańskich Indian jest ponad 500. Z jakiej racji „amerykańscy Indianie" powinni figurować jako zbiorcza, kanoniczna kategoria? Członkowie plemienia Osage mają średnie roczne zarobki na poziomie 30 000 dolarów, podczas gdy ich dalecy kuzyni z plemienia Tohono O'odham zarabiają średnio w ciągu roku ledwie 11 000 dolarów. Czy są poddani takiej samej opresji? A co z niepełnosprawnymi? Osoby z niepełnosprawnością powinny zarabiać tyle samo, co osoby zdrowe. Dobrze. Na pierwszy rzut oka to słuszny, szlachetny pogląd świadczący o współczuciu. Ale co jest wyznacznikiem niepełnosprawności? Czy osoba żyjąca z rodzicem z chorobą Alzheimera jest niepełnosprawna? Jeśli nie, dlaczego? Co z osobami o niskim IQ? Co z osobami o niskiej atrakcyjności fizycznej? Co z osobami z nadwagą? Część ludzi niewątpliwie podąża przez życie wyraźnie obciążona problemami znajdującymi się poza ich kontrolą. Właściwie to trudno znaleźć człowieka, który w danym momencie nie cierpi na skutek żadnej życiowej tragedii – zwłaszcza jeśli w równaniu uwzględni się sytuację najbliższych krewnych. Oto zasadniczy problem takiego sposobu myślenia: *każdą tożsamość grupową można dzielić aż do poziomu jednostki*. To zdanie powinno być pisane dużymi literami. Każdy człowiek jest wyjątkowy – nie tylko w trywialnym sensie: ta unikalność to coś bardzo ważnego, istotnego, znaczącego. Członkostwo w grupie nigdy takiej rozmaitości nie uchwyci. Kropka.

Złożoność omawianych wyżej kwestii nie jest nigdy dyskutowana w kręgach postmodernistycznych/marksistowskich myślicieli. Ich ideologiczne podejście zakłada zamiast tego przyjęcie jakiegoś punktu prawdy, niczym Gwiazdy Polarnej, i sprawienie, aby wszystko obracało się w wokół niego. Twierdzenia, że wszelkie różnice między płciami są konsekwencją uspołecznienia, w pewnym sensie ani nie daje się dowieść, ani obalić, ponieważ wpływ kultury na grupy bądź jednostki może być tak silny, że w zasadzie każdy rezultat należy uznać za osiągalny, jeśli jesteśmy skłonni ponieść koszty, których wymaga. Z badań nad jednojajowymi bliźniętami poddanymi adopcji[35] wiemy na przykład, że kultura

[35] T.J. Bouchard, M. McGue, *Familial studies of intelligence: a review*, „Science", 212/1981, s. 1055–1059; N. Brody, *Intelligence*, Nowy Jork, Gulf Professional Publishing, 1992; R. Plomin, S.A. Petrill, *Genetics and intelligence. What's new?*, „Intelligence", 24/1997, s. 41–65.

może wygenerować piętnastopunktowy (czyli wielkości jednego odchylenia standardowego) wzrost ilorazu inteligencji (co odpowiada z grubsza różnicy między przeciętnym uczniem szkoły średniej a przeciętnym studentem publicznej uczelni wyższej) kosztem wzrostu bogactwa o wielkość trzech odchyleń standardowych[36]. Oznacza to, mniej więcej, że dwa identyczne bliźnięta, rozdzielone zaraz po narodzinach, będą jako osoby dorosłe różnić się o 15 punktów IQ, jeśli jedno z nich wychowane zostanie w rodzinie biedniejszej od 85 procent rodzin, a drugie w rodzinie bogatszej od 95 procent rodzin. Zbliżone wyniki dały niedawne badania, w których drugą zmienną zamiast bogactwa było wykształcenie[37]. Nie wiemy, jakie koszty w ujęciu bogactwa lub edukacji pociągnęłyby za sobą próby uzyskania bardziej ekstremalnych zmian.

Takie i im podobne badania implikują, że prawdopodobnie moglibyśmy zminimalizować wrodzone różnice między chłopcami i dziewczętami, jeśli tylko bylibyśmy skłonni wywrzeć dostatecznie silną presję. Nie zapewniłoby to obdarowania żadnej z płci swobodą dokonywania wyborów. Ideologia nie pozostawia jednak miejsca na wolny wybór: jeżeli mężczyźni i kobiety z własnej woli podejmują decyzje i działania, które generują rozmaite rozbieżności między płciami, również te decyzje i działania muszą wynikać z inklinacji kulturowych. A zatem gdziekolwiek napotykamy różnice między płciami, ludzi należy uznać za ofiary kulturowego prania mózgu, a każdy szanujący się przedstawiciel teorii krytycznej jest moralnie zobowiązany do „naprawy" tych wypaczeń. Oznacza to, że ci – już wyczuleni na punkcie równości – skandynawscy mężczyźni, którzy mimo to nie wykazują zainteresowania pielęgniarstwem, potrzebują po prostu dodatkowej reedukacji. To samo, rzecz jasna, tyczy się skandynawskich kobiet, niegarnących się do pracy na stanowiskach inżynierskich[38]. Jak miałoby takie reedukowanie wyglądać? Gdzie

---

[36] M. Schiff, M. Duyme, A. Dumaret, J. Stewart, S. Tomkiewicz, J. Feingold, *Intellectual status of working-class children adopted early into upper-middle-class families*, „Science", 200/1978, s. 1503–1504; C. Capron, M. Duyme, *Assessment of effects of socio-economic status on IQ in a full cross-fostering study*, „Nature", 340/1989, s. 552–554.

[37] K.S. Kendler, E. Turkheimer, H. Ohlsson, J. Sundquist, K. Sundquist, *Family environment and the malleability of cognitive ability: a Swedish national home-reared and adopted-away cosibling control study*, „Proceedings of the National Academy of Science USA", 112/2015, s. 4612–4617.

[38] Aby zapoznać się z opinią OECD ma ten temat – zobacz raport *Closing the Gender Gap: Sweden*, który zaczyna się od omówienia statystyk wskazujących, że kobiety mają przewagę nad mężczyznami w dziedzinie edukacji, oraz że kobiety są mocno nadreprezentowane w zawodach związanych z opieką

wyznaczyć jego limity? Inżynieria społeczna jest często forsowana daleko poza granice rozsądku, zanim dostateczna liczba ludzi pójdzie po rozum do głowy i zdoła ją odrzucić. Mordercza rewolucja kulturalna autorstwa Mao Zedonga powinna nas tego nauczyć.

Chłopcy i dziewczęta

Swoistym dogmatem pewnego wariantu teorii konstruktywizmu społecznego stało się stanowisko, według którego z korzyścią dla świata byłoby socjalizować chłopców tymi samymi metodami co dziewczynki. Zwolennicy takiej koncepcji zakładają, po pierwsze, że agresja jest cechą nabytą, której zwyczajnie można dziecka nie uczyć, oraz, po drugie, że chłopców powinno się wychowywać tak, jak tradycyjnie wychowuje się dziewczynki – powinno się ich zachęcać do rozwijania pozytywnych postaw społecznych, takich jak czułość, wrażliwość na emocje, troskliwość, skłonność do współpracy oraz poczucie piękna. Zdaniem reprezentantów tego nurtu myślowego jedyna szansa na zredukowanie agresji polega na skłonieniu młodych chłopców i mężczyzn do „akceptacji tych samych standardów zachowań, do których przestrzegania, w tradycyjnym modelu wychowawczym, zachęca się kobiety”[39].

Idea ta jest błędna na tak wielu płaszczyznach, że niełatwo zdecydować się, od której rozpocząć krytykę. Po pierwsze, nieprawdą jest pogląd, jakoby agresja była cechą w pełni nabytą. Agresja tkwi w człowieku od jego początku. W organizmie ludzkim funkcjonują prastare układy biologiczne – tak to ujmijmy – które odpowiadają za regulowanie agresji w ramach mechanizmów obronnych i ofensywnych[40]. Są to układy tak podstawowe, że nie przestają działać nawet u tak zwanych kotów

medyczną, a następnie opisuje ciągle wyraźną przewagę mężczyzn w branżach informatycznej i technologicznej. Pobrano z: https://www.oecd.org/sweden/Closing%20the%20Gender%20Gap%20-%20Sweden%20FINAL.pdf.

[39] L.D. Eron, *Prescription for reduction of aggression*, „The American Psychologist”, 35/1980, s. 244–252.

[40] Omawiane w J.B. Peterson, M. Shane, *The functional neuroanatomy and psychopharmacology of predatory and defensive aggression* w: J. McCord (red.), *Beyond Empiricism: Institutions and Intentions in the Study of Crime* (Advances in Criminological Theory, tom 13, s. 107–146), Piscataway, Transaction Books, 2004; zobacz też: J.B. Peterson, J. Flanders, „Play and the regulation of aggression”, w R.E. Tremblay, W.H. Hatrup, J. Archer (red.), *Developmental origins of aggression* (Rozdział 12, s. 133–157), Nowy Jork, Guilford Press, 2005.

odmóżdżonych, czyli takich, którym usunięto największe i najmłodsze ewolucyjnie partie mózgu – znaczną część całości. Fakt ten sugeruje nie tylko, że agresja jest wrodzona – lecz także, że jest ona konsekwencją aktywności fundamentalnych, podstawowych obszarów mózgu. Jeśli mózg porównalibyśmy do drzewa, agresja (razem z głodem, pragnieniem i popędem seksualnym) byłaby zlokalizowana w samym centrum pnia.

Ponadto, w zgodzie z powyższym, okazuje się, że podzbiór dwuletnich chłopców (około pięciu procent) cechuje się wyjątkową agresją z temperamentu. Ci mali zawadiacy zabierają innym dzieciom zabawki, biją je, kopią i gryzą. Jednak przez kolejne dwa lata życia większość daje się skutecznie uspołecznić[41]. Udaje się to jednak nie w wyniku zachęcania ich, aby zachowywali się jak dziewczynki. Agresję „poskramia" się przez uczenie dzieci we wczesnym dzieciństwie wykorzystywania agresywnych skłonności w ramach bardziej wyrafinowanych modeli zachowań. Agresja stoi za zapałem do bycia wybitnym, niepowstrzymanym, do rywalizowania i zwyciężania – do wyróżniania się w przynajmniej jednej dziedzinie. Determinacja jest jej godną pochwały i prospołeczną pochodną. Małe agresywne dzieci, które nie wykształcają zdolności hamowania temperamentu we wczesnym dzieciństwie, skazane są na brak sympatii ze strony kolegów i koleżanek, ponieważ ich pierwotna wrogość i zawziętość w dalszych stadiach dzieciństwa spotyka się z negatywnym odbiorem społeczeństwa. Odrzucenie przez rówieśników odbiera im dalsze okazje wykształcania bardziej społecznych postaw i spycha do statusu wyrzutków. Malcy, których wczesne losy potoczą się tym torem, wykazują później większe skłonności do antyspołecznych, kryminalnych zachowań, nie tylko w wieku młodzieńczym, lecz także dorosłym. Nie oznacza to jednak, że agresywne popędy nie mogą być użyteczne czy wartościowe. Są przecież konieczne chociażby dla celów samoobrony.

Współczucie jako przywara

Spora część pacjentek (być może nawet większość) uczęszczających do mnie na terapię ma problemy w pracy i w życiu rodzinnym, które nie wynikają z ich przesadnej agresji, lecz przeciwnie – ze zbytniej ugodowości. Zajęcia dla takich osób, o generalnie bardziej żeńskich cechach,

41 Omawiane w R.E. Tremblay, D.S. Nagin, J.R. Séguiniinni, *Physical aggression during early childhood: trajectories and predictors*, „Pediatrics", 114/2004, s. 43–50.

jak właśnie ugodowość (korelująca z uprzejmością i współczuciem) i neurotyczność (korelująca z odczuwaniem lęku i emocjonalnego bólu), terapeuci poznawczo-behawioralni nazywają „treningiem asertywności"[42]. Niedostatecznie agresywne kobiety – a także mężczyźni, choć rzadziej – zbyt wiele robią dla innych. Takie osoby mają tendencję do traktowania ludzi wokół siebie jakby byli zasmuconymi dziećmi. Wykazują ponadprzeciętną naiwność. Zakładają, że współpraca powinna być podstawą wszelkich interakcji społecznych i unikają konfliktów (inaczej mówiąc: unikają konfrontacji z problemami obecnymi w ich pracy oraz relacjach rodzinnych i towarzyskich). Stale poświęcają się dla innych. Taka postawa brzmi szlachetnie – i bez wątpienia niesie ze sobą pewne społeczne korzyści – może jednak stać się, i często się staje, szkodliwie jednostronna. Ponieważ zbyt ugodowi ludzie gotowi są dwoić się i troić, aby wesprzeć innych, zwyczajnie nie potrafią walczyć o swoje. Ponieważ wychodzą z założenia, że inni myślą tak jak oni, oczekują – zamiast domagać się – odwzajemnienia za swoje wielkoduszne czyny. Gdy nic takiego się nie dzieje, nie wyrażają niezadowolenia. Nie potrafią i nie chcą wprost upomnieć się o uznanie. Niestety ich uległość, notorycznie wykorzystywana przez wszystkich dookoła, z biegiem czasu rozbudza ciemną stronę ich charakteru – kiełkuje w nich frustracja i rozgoryczenie.

Zalecam osobom nadmiernie ugodowym baczną obserwację, czy aby nie zaczynają odczuwać takich emocji – emocji bardzo ważnych, acz jednocześnie bardzo toksycznych. Mają one dwie główne przyczyny: poczucie bycia wykorzystywanym (lub pozwalanie sobie na bycie wykorzystywanym) oraz zrzędliwa odmowa przyjęcia na siebie odpowiedzialności za własne życie. Owładnięty frustracją i rozgoryczeniem, rozejrzyj się za ich potencjalnymi powodami. Być może dobrym pomysłem będzie szczera rozmowa o tym z kimś, komu ufasz. Czy czujesz się pokrzywdzony, choć tak naprawdę nie masz ku temu żadnych powodów, i zwyczajnie przemawia przez ciebie własna niedojrzałość? Jeśli po zastanowieniu uznasz, że to nie to, być może ktoś rzeczywiście cię wykorzystuje. W takim wypadku stajesz przed moralnym obowiązkiem postawienia się tej osobie. Może to oznaczać konfrontację z szefem, mężem czy żoną, rodzicem czy dzieckiem. Może to oznaczać konieczność uprzedniego zebrania dowodów, abyś – gdy nadejdzie moment tej konfrontacji – dysponował

[42] R.G. Heimberg, D. Montgomery, C.H. Madsen, J.S. Heimberg, *Assertion training: A review of the literature*, „Behavior Therapy", 8/1977, s. 953–971; J.M. Boisvert, M. Beaudry, J. Bittar, *Assertiveness training and human communication processes*, „Journal of Contemporary Psychotherapy", 15/1985, s. 58–73.

kilkoma przykładami (co najmniej trzema) niewłaściwego postępowania i udaremnił w ten sposób potencjalne próby lekceważącego zbycia twoich zarzutów. Może to oznaczać odmowę przyznania słuszności ewentualnym kontrargumentom. Ludzie od ręki rzadko potrafią podać więcej niż cztery. Gdy mimo wszystko pozostaniesz niewzruszony, denerwują się, płaczą bądź dają nogę. Ważne jest, aby nie ulec na widok łez, które mogą się w takich sytuacjach pojawić. Mogą one być próbą wzbudzenia poczucia winy u oskarżyciela z powodu wyrządzonej rzekomo krzywdy. Warto jednak wiedzieć, że łzy pojawiają się również w następstwie złości. Zaczerwieniona twarz będzie tutaj dobrym wskaźnikiem. Jeśli zdołasz przeforsować swoje racje przez pierwsze cztery kontry, a dalej nie zmiękniesz na widok przykrych emocji, zyskasz sobie uwagę oponenta – a może również jego szacunek. Jednak pamiętaj, że mowa tu o prawdziwym konflikcie, który nie jest ani łatwy ani przyjemny.

Musisz ponadto mieć jasne pojęcie, co chcesz uzyskać w rezultacie konfrontacji, i umieć jasno wyartykułować swoje oczekiwania. Dobrym posunięciem jest powiedzenie osobie, do której masz pretensje, co konkretnie chciałbyś, żeby zmieniła w swoim zachowaniu i dlaczego. Możesz pomyśleć: „gdyby jej na mnie zależało, wiedziałaby, że coś jest nie tak". To głos frustracji i rozgoryczenia. Lepiej zakładać ignorancję niż złośliwość. Nikt nie ma bezpośredniego wglądu w twoje pragnienia i potrzeby – nawet ty. Kiedy spróbujesz ustalić, czego dokładnie chcesz, możesz dojść do wniosku, że to zadanie znacznie trudniejsze, niż myślałeś. Osoba, która cię wykorzystuje, prawdopodobnie nie jest od ciebie mądrzejsza – tym bardziej, że chodzi przecież o ciebie. Po prostu gdy już sam ustalisz preferowane rozwiązanie problemu zatruwającego waszą relację, zakomunikuj je wprost. Przedstaw swoją prośbę w formie rozsądnej i wyważonej – ale jednocześnie takiej, której uszanowanie będzie dla ciebie satysfakcjonujące. Tak oto wchodzisz w dyskusję z gotowym proponowanym rozwiązaniem, a nie z samym problemem.

Osoby ugodowe, współczujące, empatyczne i unikające konfliktów (charakteryzujące się wszystkimi tymi cechami) często pozwalają ludziom wchodzić sobie na głowę. W konsekwencji wyrzucają to sobie i innym – i rodzi się w nich rozgoryczenie. Poświęcają się dla innych, czasem przesadnie, i nie rozumieją, dlaczego ich postawa nie jest odwzajemniana. Osoby ugodowe są uległe, co pozbawia je niezależności. Zagrożenia z tym związane mogą być potęgowane przez (często występującą w parze z ugodowością) wysoką neurotyczność. Osoby ugodowe mają tendencję do chadzania drogami zasugerowanymi przez innych, zamiast upierać się, przynajmniej w niektórych przypadkach, aby wytyczać je samemu. Kierują się drogowskazami innych – i często się gubią. Stają się niezdecydowane i zbyt łatwe do przekonania. Jeśli w dodatku są bojaźliwe i niesklonne do ryzyka, jeszcze trudniej jest im brać sprawy we własne ręce, ponieważ w ten sposób wystawiają się na zagrożenie i niebezpieczeństwo (chociażby tymczasowo). Z psychologicznego punktu widzenia to równia pochyła prowadząca ku ukształtowaniu osobowości zależnej[43]. Przypadłość tę można uważać za przeciwieństwo osobowości dyssocjalnej (psychopatii), zestawu cech korelujących z drobnymi wykroczeniami w okresie dorastania i poważniejszą przestępczością w życiu dorosłym. Byłoby wspaniale, gdyby przeciwieństwem kryminalisty był święty – niestety tak nie jest. Przeciwieństwem kryminalisty jest Edypalna[44] Matka, którą także można posądzać o działalność przestępczą, tyle że odmiennej, osobliwej natury.

Edypalna Matka (ojcowie również mogą przybierać taką rolę, ale w porównaniu z matkami zdarza się to zdecydowanie rzadziej) mówi swojemu dziecku: „żyję tylko dla ciebie". Robi wszystko dla swoich pociech. Sznuruje im buty, kroi jedzenie na małe kawałeczki i pozwala im sypiać między nią a swoim mężem stanowczo zbyt często. To, nawiasem mówiąc, sprytny sposób pozwalający omijać konflikty i unikać niechcianych kontaktów seksualnych.

Edypalna Matka zawiera pakt z samą sobą, ze swoimi dziećmi i z samym diabłem. Oto jego szczegóły: „Nade wszystko: nigdy mnie nie opuszczajcie. Ja, w zamian, będę spełniać każde wasze życzenie. Z biegiem lat będziecie dorastać, ale nie dojrzewać. Uczyni to z was ludzi zgorzkniałych i bezwartościowych, ale z drugiej strony nigdy nie będziecie musieli być za nic odpowiedzialni, a za każdy wasz występek zostanie obwiniony ktoś inny". Dzieci mogą się na taki układ zgodzić lub nie zgodzić – i nie jest tak, że nie mają w tej kwestii nic do powiedzenia.

---

[43] T.J. Trull, T.A. Widiger, *Dimensional models of personality: the five-factor model and the DSM-5*, „Dialogues in Clinical Neuroscience", 15/2013, s. 135–146; K.E. Vickers, J.B. Peterson, C.D. Hornig, R.O. Pihl, J. Séguin, R.E. Tremblay, *Fighting as a function of personality and neuropsychological measures*, „Annals of the Nowy Jork Academy of Sciences", 794/1996, s. 411–412.

[44] To autorskie określenie, niezwiązane z kompleksem Edypa – teoretyczną konstrukcją wywodzącą się od Freuda. Kompleks Edypa miał się pojawiać w wyniku dostrzeżenia przez dziecko, że matka pozostaje w związku miłosnym z ojcem, nie jest „zarezerwowana" wyłącznie dla dziecka oraz lęku przed ojcem – a w wyniku jego rozwiązania następowała identyfikacja z ojcem. Autor mówi tu o matce zbyt związanej z dzieckiem, a więc niepozwalającej na zaistnienie kompleksu Edypa, związanego z nim napięcia, z którym dziecko musi sobie poradzić [przyp. red.].

Edypalna Matka to wiedźma z bajki o Jasiu i Małgosi. Dwójka dzieci, bohaterowie opowieści, mają nową macochę. Ta wymusza na ich ojcu, aby zaprowadził je do lasu i porzucił, ponieważ w krainie panuje głód, a – zdaniem macochy – rodzeństwo za dużo je. Ojciec wykonuje polecenie. Tułając się, zagubione i przymierające głodem, dzieci trafiają na cud – dom w samym środku lasu. I to nie byle jaki dom, lecz dom zbudowany z piernika, z dachem z ciasteczek i oknami z cukru. Ktoś nauczony zachowywania zdrowego rozsądku, ktoś, kto nie jest przesadnie opiekuńczy, empatyczny, życzliwy i nie przypisuje automatycznie innym dobrych intencji – prawdopodobnie zapytałby: „Czy to nie jest zbyt piękne, aby mogło być prawdziwe?". Jaś i Małgosia byli jednak zbyt młodzi i zbyt zdesperowani, aby zadawać sobie takie pytania.

Wewnątrz spotykają przemiłą staruszkę, zbawczynię zrozpaczonych dzieci, kobietę z rodzaju takich, które na zawołanie będą głaskać po główkach, ocierać łzy, reagować na każde zawołanie i spełniać każdą zachciankę. Dzieci dostają od niej wszystko, czego chcą i kiedy chcą, a same nie muszą robić zupełnie nic. Jednak takie zaangażowanie w opiekę rozbudza jej głód. Starucha zamyka więc Jasia w komórce i podaje mu wyśmienite posiłki, próbując go utuczyć. Gdy każe mu wystawiać palec do sprawdzenia, czy przybrał już dostatecznie na wadze, Jaś oszukuje ją i wystawia chudą kość, którą przypadkiem znalazł. W końcu kobieta orzeka, że – tak czy inaczej – dość już zwlekania: rozgrzewa piec i przygotowuje się do przyrządzenia posiłku ze swojego ulubieńca. Małgosia, która najwyraźniej nie dała się kompletnie omotać, czeka na odpowiedni moment i wpycha staruchę do pieca. Dzieci uciekają i odnajdują swojego ojca, który zdążył już pojąć i odżałować swój haniebny czyn.

W tego rodzaju dysfunkcjonalnych rodzinach najsmakowitszym kąskiem jest dusza dziecka. To ona jest pożerana w pierwszej kolejności. Przesadna opiekuńczość niszczy rozwijający się charakter.

Wiedźma z bajki o Jasiu i Małgosi to Zła Matka, symboliczne przedstawienie ciemnej strony żeńskości. Jako istoty głęboko społeczne mamy tendencję do postrzegania świata jako opowieści, której bohaterami są matka, ojciec i dziecko. Żeńskość, generalnie rzecz biorąc, to nieznana natura czyhająca za granicami kultury, spirala kreacji i destrukcji: to schronienie w matczynych ramionach i niszczycielska siła czasu, przepiękna matka-dziewica oraz zamieszkująca mokradła stara wiedźma. To archetypiczne pojmowanie świata opacznie wzięte zostało za obiektywną, historyczną rzeczywistość przez dziewiętnastowiecznego szwajcarskiego antropologa Johanna Jakoba Bachofena. Zaproponował on tezę, według której ludzkość przechodziła w swoich dziejach serię stadiów rozwojowych.

Pierwszym z tych stadiów (które nastąpiło po niejako anarchicznych i chaotycznych początkach) było *Das Mutterrecht*[45] [matriarchat – przyp. tłum.] – społeczeństwo, w którym kobiety zajmowały nadrzędną pozycję, cieszyły się władzą, szacunkiem i honorami, w którym dominowały poliamoria i rozwiązłość, oraz w którym nie sposób było rozstrzygnąć o ojcostwie poszczególnych dzieci. W stadium drugim, dionizyjskim, nastąpiła zmiana, w ramach której pierwotne matriarchalne struktury obalono, a władzę przejęli mężczyźni. Stadium trzecie, apollińskie, trwa do dziś. Patriarchat nadal góruje i każda kobieta przynależy wyłącznie do jednego mężczyzny. Idee Bachofena zyskały w pewnych kręgach ogromną popularność, mimo braku jakichkolwiek dowodów historycznych, które by je potwierdzały. Na przykład pod koniec XX wieku archeolog Marija Gimbutas postawiła głośną tezę, jakoby Europę ery neolitu charakteryzowała pokojowa, kobietocentryczna kultura[46]. Według Gimbutas kultura ta została stłumiona i wyparta przez rozprzestrzeniającą się hierarchiczną kulturę wojowników, która stała się fundamentem współczesnych społeczeństw. Historyk sztuki Merlin Stone argumentowała za taką wersją przeszłości w swojej książce *When God Was a Woman*[47] [*Gdy Bogiem była kobieta* – przyp. tłum.]. Cała ta seria w gruncie rzeczy mitologicznych idei okazała się podstawą dla teologii ruchów kobiecych oraz matriarchalnych studiów nad feminizmem z lat siedemdziesiątych (Cynthia Eller, autorka książki krytycznej wobec tego nurtu – *The Myth of Matriarchal Prehistory*[48] [*Mit matriarchalnej prehistorii* – przyp. tłum.] – określiła tę teologię „uszlachetniającym kłamstwem").

Carl Jung zetknął się z tezą Bachofena o pradawnym matriarchacie już dekady wcześniej. Szybko jednak zdał sobie sprawę, że łańcuch rozwojowy opisany przez szwajcarskiego etnologa reprezentował raczej realia psychologiczne, a nie historyczne. W myśli Bachofena Jung dostrzegł te same procesy projekcji wyimaginowanych fantazji na świat zewnętrzny, które stały za wypełnieniem kosmosu konstelacjami i bogami. W książkach *The Origins and History of Consciousness*[49] [*Pochodzenie i historia*

---

[45] J.J. Bachofen, *Das Mutterrecht: eine untersuchungüber die gynaikokratie der alten welt nach ihrer religiösen und rechtlichen natur*, Stuttgart, Verlag von Krais und Hoffmann, 1861.

[46] M. Gimbutas, *The civilization of the goddess*, San Francisco, Harper, 1991.

[47] M. Stone, *When God was a woman*, Nowy Jork, Harcourt Brace Jovanovich, 1978.

[48] C. Eller, *The myth of matriarchal prehistory: why an invented past won't give women a future*, Beacon Press, 2000.

[49] E. von Neumann, *The origins and history of consciousness*, Princeton, Princeton University Press, 1954.

świadomości – przyp. tłum.] i *Wielka Matka*[50] współpracownik Junga Erich Neumann rozwinął analizy zaprzyjaźnionego psychologa. Neumann prześledził wykształcenie się świadomości, symbolicznie męskiej, i skontrastował to z jej symbolicznie żeńskim, materialnym (matka, macierz) pochodzeniem, włączając freudowską teorię Edypalnego rodzicielstwa w szerszy archetypiczny model. Dla Neumanna, a także dla Junga, świadomość – zawsze symbolicznie męska, nawet u kobiet – dąży wzwyż, ku światłu. Jej rozwój jest nieprzyjemny i niepokojący, ponieważ pociąga za sobą uzmysłowienie sobie kruchości życia i nieuchronności śmierci. Podlega nieustającym pokusom powrotu w dół, do stanu ubezwłasnowolnienia i nieświadomości oraz odrzucenia egzystencjalnego brzemienia. To patologiczne pragnienie wzmacniane jest wszystkim tym, co przeciwstawia się oświeceniu, racjonalności, samostanowieniu, sile i kompetencji – wszystkim, co zapewnia nadmierną ochronę, a tym samym dusi i pożera. Taka nadopiekuńczość to freudowski Edypalny rodzinny koszmar, który w niebezpiecznym tempie staje się polityką społeczną.

Zła Matka to symbol starożytny. Można go odnaleźć już w najstarszej zapisanej historii, jaka przetrwała do dziś – w *Enuma elisz*, babilońskim eposie o stworzeniu świata. Czytamy w nim o Tiamat, matce wszechrzeczy, zarówno ludzi, jak i bogów. Tiamat symbolizuje nieznane, chaos oraz naturę, która daje początek wszystkiemu, co istnieje. Jest także żeńską postacią bóstwa-smoka, która postanawia zabić swoje własne dzieci, po tym jak te zabiły swojego ojca i próbują żerować na jego zwłokach. Zła Matka to duch beztroskiej nieświadomości, kuszący ambitnego ducha uwagi i oświecenia do powrotu w dół, w bezpieczne objęcia zaświatów przypominające czas spędzony w kobiecym łonie. To onieśmielenie, jakie młodzi mężczyźni odczuwają wobec atrakcyjnych kobiet, które – niczym sama natura – odrzucają ich na najgłębszym możliwym poziomie intymności. Nie ma chyba niczego, co w większym stopniu rozbudzałoby samoświadomość, podkopywało pewność siebie oraz wzmacniało poczucie nihilizmu i nienawiści – poza, być może, przesadną troskliwością nadopiekuńczej mamy.

Zła Matka pojawia się zarówno w wielu bajkach dla dzieci, jak i w wielu opowieściach dla dorosłych. W *Śpiącej Królewnie* występuje w roli Złej Wróżki, ciemnej strony natury we własnej osobie. Królewscy rodzice księżniczki Aurory nie zapraszają tej mrocznej siły na chrzciny swej córki.

[50] E. von Neumann, *Wielka Matka. Fenomenologia kobiecości. Kształtowanie nieświadomości*, Warszawa, Wydawnictwo KR, 2008.

Tym samym nadmiernie izolują ją od niszczycielskiego, niebezpiecznego oblicza rzeczywistości z zamiarem oszczędzenia jej styczności z negatywnymi stronami Istnienia, przynajmniej w wieku młodzieńczym. Ich nagroda? Mimo że Aurora osiąga okres dojrzewania, nadal żyje w nieświadomości. Męski duch, jej książę, to jednocześnie mężczyzna, który może przybyć z ratunkiem i uwolnić ją spod patologicznej opieki rodziców – oraz jej własna świadomość, uwięziona w lochu przez intrygi ciemnej strony żeńskości. Gdy Zła Wróżka spostrzega, że książę stanowi realne zagrożenie dla jej planów, zmienia się w Smoka Chaosu. Symboliczna męskość pokonuje ją przy pomocy prawdy i wiary, a następnie odnajduje księżniczkę i otwiera jej oczy pocałunkiem.

Ktoś może sprzeciwić się (jak uczynili to twórcy bardziej współczesnego i głęboko propagandowego animowanego filmu Disneya *Kraina lodu*) idei, jakoby kobieta potrzebowała ratunku ze strony mężczyzny. Być może to prawda, a być może nie. Być może tylko kobieta, która chce posiadać (lub posiada) dziecko, potrzebuje ratunku ze strony mężczyzny – a przynajmniej wsparcia i pomocy. W każdym razie pewne jest, że kobieta potrzebuje ratunku dla swojej świadomości, a – jak wspomniałem wyżej – świadomość jest i zawsze była przedstawiana jako symbolicznie męska (pod postacią porządku oraz Logos). Książę może być kochankiem, lecz także kobiecą czujnością, jasnością wizji oraz przemyślaną niezależnością. To męskie cechy – męskie nie tylko w symbolice, ponieważ w porównaniu z kobietami mężczyzn faktycznie cechuje niższa delikatność, ugodowość oraz podatność na lęk i cierpienie emocjonalne. I powtórzę raz jeszcze: (1) najwyraźniej widać to w tych krajach skandynawskich, które poczyniły największe postępy w ustanowieniu szeroko pojmowanej równości płci i (2) według standardów, którymi takie różnice są mierzone, nie sposób ich uznać za niewielkie.

Związek między męskością a świadomością ukazany został również (także w ujęciu symbolicznym) w *Małej Syrence* Disneya. Główna bohaterka, Arielka, jest raczej kobieca, ale widać u niej silnego ducha niezależności. Dokładnie z tego powodu jest ulubienicą ojca, mimo że sprawia mu dużo kłopotów. Jej ojciec Tryton jest królem, reprezentującym to, co znane – kulturę i porządek (z przejawami opresyjnego prawodawcy i tyrana). Jako że porządek zawsze znajduje opozycję w chaosie, Tryton ma przeciwniczkę w postaci Urszuli – pół kobiety, pół ośmiornicy symbolizującej węża, gorgonę, hydrę. Urszula należy zatem do tej samej archetypowej kategorii, co smok albo Zła Wróżka w *Śpiącej Królewnie* (a także zazdrosna królowa w *Królewnie Śnieżce* obawiająca się starzenia i związanej z nim utraty młodzieńczych wdzięków, macocha w *Kopciuszku*, Królowa Kier w *Alicji w Krainie Czarów*, Cruella de Mon w *101 Dalmatyńczyków*, Madame Medusa w *Bernard i Bianka* czy Matka Gertruda w *Zaplątanych*).

Arielka zakochuje się w Księciu Eryku, którego wcześniej uratowała z tonącego statku. Urszula namawia Arielkę do poświęcenia swojego pięknego głosu w zamian za możliwość przybrania ludzkiej postaci na trzy dni. Przebiegła Urszula doskonale wie, że niema Arielka nie będzie zdolna nawiązać relacji z Księciem. Bez umiejętności mówienia – bez Logos; bez Słowa – na zawsze pozostanie pod wodą, nieświadoma.

Arielce nie udaje się porozumieć z Księciem Erykiem, a Urszula ostatecznie porywa ją i odbiera jej duszę. Gdy zjawia się król Tryton z żądaniem uwolnienia córki, Urszula składa mu okrutną propozycję: aby zwrócić wolność córce, Tryton sam musi oddać się w niewolę. Jak można się domyślić, pozbycie się Mądrego Króla (który, powtórzę, reprezentuje szczodrobliwe oblicze patriarchatu) było zamiarem Urszuli od samego początku. Arielka odzyskuje wolność, ale Tryton zostaje przemieniony w żałosny cień wcześniejszego siebie. Co ważniejsze, jego magiczny trójząb, źródło boskiej mocy, wpada w ręce Urszuli.

Na szczęście dla wszystkich uwikłanych w całą sprawę (z wyjątkiem Urszuli) zjawia się Książę Eryk. Odwraca uwagę królowej zaświatów i zadaje jej cios harpunem. Daje to Arielce szansę na zaatakowanie Urszuli, która w reakcji, rozjuszona, urasta do potwornych rozmiarów – podobnie jak Zła Wróżka w *Śpiącej Królewnie*. Urszula wywołuje potężną burzę i wznosi całą flotę zatopionych statków na powierzchnię oceanu. Gdy przymierza się do zabicia Arielki, Eryk staje za sterem jednego z wraków i wpływa nim w Urszulę, wbijając w jej ciało złamany bukszpryt. Czarny charakter zostaje pokonany, a Tryton oraz inne uwięzione dusze – uwolnieni. Odzyskawszy moce, Król przemienia swoją córkę w kobietę, żeby mogła związać się z Erykiem i pozostać z nim na lądzie. Według tego rodzaju archetypowych opowieści, aby kobieta osiągnęła pełnię kobiecości, musi nawiązać relację z męską świadomością i przeciwstawić się okrutnemu światu (który nierzadko ujawnia się w postaci jej nadopiekuńczej matki). Prawdziwy mężczyzna może jej w tym pomóc, przynajmniej do pewnego stopnia, jednak lepiej dla wszystkich jest, gdy nikt nie jest od nikogo zbyt zależny.

Pewnego dnia, jeszcze jako dziecko, grałem z kolegami w softball na podwórku. W skład obu drużyn wchodzili chłopcy i dziewczyny. Wszyscy osiągnęliśmy już wiek, w którym obie płcie zaczynały wykazywać wzajemne zainteresowanie, choć było ono dla nas ciągle uczuciem nowym i nie do końca zrozumiałym. Status stawał się coraz ważniejszy. Wdałem się w kłótnię z moim kolegą Jake'iem i gdy już mieliśmy przejść od przepychanek do rękoczynów, znienacka pojawiła się moja mama. Choć dzieliło ją od nas dobre 30 metrów, po samym języku ciała natychmiast rozpoznałem, że wie, co się święci. Inne dzieci oczywiście też ją widziały. Przeszła tuż obok nas. Wiedziałem, że w głębi była bardzo zaniepokojona. Jej część martwiła się, że wrócę do domu z podbitym okiem i złamanym nosem. A wystarczyło przecież, żeby krzyknęła groźnie: „Hej wy, dzieciaki! Wystarczy już tej wojaczki!" lub nawet wkroczyła, aby nas rozdzielić. A jednak tego nie zrobiła. Kilka lat później, gdy jako nastolatek nie dogadywałem się z ojcem, mama powiedziała: „Gdyby u nas w domu było ci za dobrze, nigdy byś się nie wyprowadził".

Moja mama to osoba o czułym sercu. Jest empatyczna, ugodowa i zawsze chętna do pomocy. Zdarza jej się pozwalać innym sobą pomiatać. Gdy wróciła do pracy po przerwie na wychowanie dzieci, miała trudności w konfrontacjach z mężczyznami. Czasem wywoływało to u niej gniew i frustrację – coś, co nierzadko odczuwa również wobec mojego ojca, człowieka o silnym charakterze, który lubi robić, co chce i kiedy chce. Mimo to nie jest Matką Edypalną. Od początku starała się pielęgnować w swoich dzieciach poczucie niezależności, również w sytuacjach, w których nie przychodziło jej to łatwo. Postępowała tak, jak postąpić należało, mimo że płaciła za to cierpieniem emocjonalnym.

Weź się w garść, mięczaku

Jedne z moich młodzieńczych wakacji spędziłem na pracy przy budowie linii kolejowej biegnącej przez preriowe tereny prowincji Saskatchewan. Każdy nowy członek ekipy, do której zaliczali się sami mężczyźni, przez pierwsze dwa tygodnie od chwili zatrudnienia był prowokowany i w różny sposób drażniony przez kolegów starszych stażem. Dużą część robotników stanowili Indianie kanadyjscy z plemienia Kri – zazwyczaj wyciszeni, spokojni goście, przynajmniej dopóki nie przesadzili z alkoholem, kiedy to ich kompleksy wobec białych i pretensje do nich zaczynały wypływać na wierzch. Nieszczęśnicy ci żyli na przemian to na wolności, to za kratkami, podobnie jak gros ich krewnych. Nie odczuwali z tego powodu większego wstydu – więzienia były przecież częścią opresyjnego systemu narzuconego im przez białych. Ponadto zimą w celi było ciepło, a jedzenia podawano sporo i regularnie. Jednemu z Indian Kri pożyczyłem kiedyś

50 dolców. W ramach spłaty długu, zamiast pieniędzy, zaproponował mi parę podpórek do książek, które sam zrobił ze starych, zużytych szyn kolejowych. Były znacznie lepsze niż 50 dolarów. Obie posiadam do dziś.

Gdy pojawiał się taki nowy robotnik, reszta ekipy zawsze nadawała mu jakiś obraźliwy przydomek. Mnie nazwali Howdy-Doody[51] – do dziś wstyd mi o tym wspominać. Gdy zapytałem człowieka, który „obdarzył" mnie tym przezwiskiem, dlaczego wybrał akurat je, odpowiedział: „Bo wyglądasz jak jego brat bliźniak". Pracownicy fizyczni są często bardzo zabawni, jednak w zaczepny, kąśliwy, obelżywy sposób (o czym wspominałem w Zasadzie 9). Nieustannie sobie dokuczają, po części dla rozrywki, po części w celu zdobywania punktów w nigdy niekończącej się bitwie o dominację, lecz także po to, aby sprawdzić, jak ten drugi zachowa się w sytuacji stresowej. To element procesu oceny charakteru i formułowania się poczucia braterstwa. Gdy takie relacje funkcjonują prawidłowo (gdy każdy członek grupy potrafi rzucić ciężkim żartem, ale też potrafi taki żart przyjąć; gdy każdy skłonny jest śmiać się nie tylko z innych, lecz także z siebie samego), codzienny humor jest jedną z tych rzeczy, które sprawiają, że pracujący faceci tolerują, a czasem nawet czerpią przyjemność z czynności takich jak kładzenie rur, budowa domów, rąbanie drewna, praca w restauracyjnej kuchni czy wszystkich innych brudnych, wykonywanych w upale, wyczerpujących fizycznie i niebezpiecznych zawodów podejmowanych niemal wyłącznie przez mężczyzn.

Niedługo po rozpoczęciu pracy na kolei mój pseudonim uległ skróceniu do Howdy[52]. Był to krok w dobrą stronę, skrót miał bowiem solidne zachodnie konotacje i nie kojarzył się w tak oczywisty sposób z tą idiotyczną lalką. Robotnik, którego zatrudniono jako następnego po mnie, nie miał tyle szczęścia. Nosił ze sobą elegancką kankę obiadową, co okazało się z jego strony błędem, ponieważ normą w ekipie były brązowe papierowe torby. Jego kanka była, jak na nasze standardy, nieco zbyt ładna i nieco zbyt nowa. Wyglądała, jakby kupiła (i spakowała) mu ją mama. I tak zrodziło się jego przezwisko: Kanka. Kanka nie należał do ludzi z poczuciem humoru. Na wszystko narzekał i o wszystko miał pretensje. Zawsze gdy coś poszło nie tak, winni byli wszyscy oprócz niego. Był nerwowy, skory do kłótni i obrażalski.

---

51 Powszechne w USA potoczne określenie niezbyt bystrej osoby, które wzięło się od pociesznej drewnianej lalki, występującej niegdyś w popularnym programie telewizyjnym dla dzieci [przyp. tłum.].

52 Nieformalne anglojęzyczne powitanie, powstałe jako skrócona wersja pytania „How do you do?", czyli „Jak się masz?" [przyp. tłum.].

Kanka nie lubił ani swojego pseudonimu, ani swojej pracy. Gdy ktoś się do niego odezwał, przyjmował postawę protekcjonalnego poirytowania; tak też podchodził do swoich obowiązków. Nikt nie lubił przebywać w jego towarzystwie. Sam nie był zabawny, a gdy ktoś zażartował z niego, reagował oburzeniem. To w otoczeniu robotników kombinacja śmiertelna. Po mniej więcej trzech dniach tolerowania jego wiecznego rozdrażnienia oraz równoczesnego poczucia wyższości i krzywdy, Kanka zaczął doświadczać nękania wykraczającego daleko poza jego przezwisko. Gdy tak sobie pracował, pogrążony w swojej irytacji, otoczony około siedemdziesięcioma facetami rozproszonymi na długości kilkuset metrów, nagle, ni stąd ni zowąd, w jego kask uderzał kamień. Celny rzut generował głuchy dźwięk, głęboko satysfakcjonujący wszystkich przypatrujących się potajemnie obserwatorów. Niestety nawet to nie skłoniło Kanki do zmiany postawy. Kamienie przybrały więc w rozmiarze. Gdy tylko Kanka skupiał się na pracy i zapominał o bożym świecie, „ŁUP!" – obrywał solidnym kamulcem, po czym wybuchał (zupełnie bezskuteczną) furią. Wzdłuż linii kolejowej przetaczała się fala nieudolnie tłumionego śmiechu. Po kilku dniach takich perypetii – nie zmądrzawszy ani o jotę, za to bogatszy o kilka siniaków – Kanka zniknął na dobre.

Mężczyźni pracujący razem wymuszają na sobie nawzajem kodeks zachowań. Rób, co masz do zrobienia. Wykonuj swoją dolę ciężkiej pracy. Zachowuj czujność i skupienie. Nie narzekaj i nie bądź obrażalski. Stawaj po stronie przyjaciół. Nie podlizuj się i nie bądź kapusiem. Nie zgadzaj się na idiotyczne reguły czy polecenia. Nie bądź, posługując się nieśmiertelnymi słowami Arnolda Schwarzeneggera, babskim facetem. Nie bądź niesamodzielny. Pod żadnym pozorem. Nigdy. Kropka. Nękanie „nowego", będące ze strony ekipy częścią procesu akceptacji, to test: czy ten gość jest dostatecznie twardy, zabawny, kompetentny? Czy można na nim polegać? Jeśli nie, do widzenia. Tyle na ten temat. Nikt nie ma zamiaru się nad tobą użalać. Nikt nie ma zamiaru tolerować twojego narcyzmu. I nikt nie ma zamiaru odwalać za ciebie twojej roboty.

Kilkadziesiąt lat temu furorę robiła komiksowa reklama ćwiczeń fizycznych, stworzona przez kulturystę Charlesa Atlasa. Nosiła tytuł „The Insult that Made a Man out of Mac" [Zniewaga, która zrobiła z Maca mężczyznę – przyp. tłum.] i w owych czasach jej treść znał każdy chłopiec. Mac, główny bohater, siedzi na plaży z atrakcyjną kobietą. Na scenę wkracza umięśniony awanturnik, który kopie piachem prosto w oczy młodej pary. Mac protestuje. Osiłek łapie go za rękę i mówi: „Posłuchaj młody. Obiłbym ci gębę… Gdyby nie to, że jesteś tak wiotki, że aż dziwi mnie, dlaczego jeszcze nie wyparowałeś w tym upale". I odchodzi. Mac zwraca się do dziewczyny: „Patrzcie go! Wielki mi kulturysta. Kiedyś mu się odpłacę". Ona przyjmuje prowokacyjną pozę i odpowiada: „Och, nie przejmuj się tym, chłoptasiu". Mac wraca do domu, rozmyśla nad swoją żałosną posturą i kupuje program treningowy Charlesa Atlasa. Wkrótce ma zupełnie nowe, muskularne ciało. Podczas następnego pobytu na plaży uderza osiłka pięścią w twarz. Ta sama dziewczyna, nagle pod ogromnym wrażeniem, przytula się do niego. „Och Mac! – mówi. – Czyli jednak jesteś prawdziwym facetem".

Ta reklama nie stała się popularna przez przypadek. Na siedmiu prostokątach z chmurkami tekstu podsumowuje psychologię seksualności człowieka. Zbyt słaby młody mężczyzna jest ośmieszany i zawstydzany. I dobrze. Co komu po nim? Jest obiektem szyderstw ze strony innych facetów. Co gorsza, naśmiewają się z niego również kobiety, których pożąda. Zamiast tonąć w rozgoryczeniu i zamykać się w piwnicy, aby całymi dniami grać w gry komputerowe i obżerać się Cheetosami, stawia przed sobą coś, co Alfred Adler, najbardziej praktyczny ze współpracowników Freuda, nazywał „kompensującymi fantazjami"[53]. Celem takich fantazji jest nie tyle spełnienie pragnienia, co iluminacja właściwej drogi naprzód. Mac zdaje sobie sprawę, że jest chudzielcem i uznaje, że powinien wyćwiczyć bardziej muskularną posturę. Co ważniejsze – wprowadza swój plan w życie. Identyfikuje się z tą częścią siebie, w której drzemie potencjał zmiany jego obecnego stanu, i staje się bohaterem swojej własnej przygody. Wraca na plażę i nokautuje siłacza. Mac zwycięża. Jego wybranka również. I wszyscy inni.

To, że mężczyźni nie godzą się na bycie pomiatanymi przez innych mężczyzn, jest ewidentnie korzystne dla kobiet. Fakt, że wiele współczesnych, pracujących kobiet nie chce wychodzić za mąż, jak już wspomniałem, wynika w pewnym stopniu z tego, że nie chcą one, oprócz dzieci, mieć pod opieką męża, który nie może znaleźć pracy. I słusznie. Kobieta powinna opiekować się dziećmi – choć to nie jest jej jedyna rola. Mężczyzna powinien zaś opiekować się kobietą i dziećmi – i znów: to nie jego jedyna rola. Natomiast kobieta nie powinna opiekować się mężczyzną – ona musi obdarzyć swoją opieką dzieci, a mężczyzna dzieckiem być nie powinien.

---

[53] Zobacz na przykład: A. Adler, *Theoretical part I-III: The accentuated fiction as guiding idea in the neurosis*, w: H.T. Stein (red.), *The Collected Works of Alfred Adler Volume 1: The Neurotic Character: Fundamentals of Individual Psychology and Psychotherapy* (s. 41–85), Bellingham, Alfred Adler Institute of Northern Washington, s. 71.

Mężczyzna po prostu musi być samodzielny. To dlatego faceci ogółem nie tolerują facetów niesamodzielnych. A nie zapominajmy: spaczone kobiety mogą wychować niesamodzielnych synów oraz opiekować się, a nawet poślubiać niesamodzielnych mężczyzn. Ale kobiety świadome i rezolutne chcą za partnerów mężczyzn świadomych i rezolutnych.

To dlatego Nelson Muntz z *Simpsonów* jest tak potrzebny małej grupce otaczającej Barta, antybohaterskiego syna Homera. Gdyby nie Nelson, Król Łobuzów, szkoła wkrótce zostałaby opanowana przez rozżalonych mięczaków w rodzaju Milhouse'a, narcystycznych, mądralińskich Martinów Prince'ów, drażliwych, obżerających się czekoladą dzieci z Niemiec i infantylnych Ralphów Wiggumów. Muntz jest surowym, twardym, samowystarczalnym dzieckiem wykorzystującym własną zdolność do pogardy, aby decydować, jakich granic niedojrzałego i żałosnego zachowania po prostu nie można przekraczać. O geniuszu scenarzystów *Simpsonów* świadczy między innymi to, że postać Nelsona nie została stworzona jako niereformowalny zbir. Ten chłopiec, porzucony przez bezwartościowego ojca i zaniedbany (Bogu dzięki) przez bezmyślną, zdzirowatą matkę, biorąc pod uwagę okoliczności – radzi sobie całkiem nieźle. Jest nawet obiektem romantycznego zainteresowania bardzo postępowo usposobionej Lisy, co nierzadko ją samą zadziwia i przeraża (ten sam mechanizm sprawił, że książka *50 twarzy Greya* osiągnęła status globalnego fenomenu).

Gdy delikatność i łagodność stają się jedynymi świadomie akceptowalnymi cnotami, bezwzględność i chęć dominacji zaczynają wzbudzać podświadome fascynacje. Do pewnego stopnia oznacza to na przyszłość, że w miarę jak mężczyźni dalej będą popychani ku żeńskości, wzrośnie ich podatność na zafascynowanie brutalną, faszystowską ideologią polityczną. *Fight Club*, prawdopodobnie najbardziej faszystowski film, jaki wyprodukowano w ostatnich latach w Hollywood, może za wyjątkiem serii o Iron Manie, jest świetnym przykładem nieuchronnego pojawienia się takiego pociągu. Narastająca fala bazującego na populizmie poparcia dla Donalda Trumpa w USA jest częścią tego samego procesu, co obserwowany w ostatnich latach (i przybierający bardziej upiorne szaty) wzrost popularności skrajnie prawicowych partii politycznych w krajach tak liberalnych, jak Holandia, Szwecja czy Norwegia.

Mężczyźni muszą zmężnieć. Chcą tego zarówno oni sami, jak i kobiety, choć te drugie mogą jednocześnie nie aprobować surowej, wzgardliwej postawy będącej nieodłącznym elementem społecznie problematycznego procesu, który tę męskość rozwija i wymusza. Niektóre z kobiet nie chcą tracić swoich synków i wolałyby zatrzymać ich na zawsze. Niektóre z kobiet nie lubią mężczyzn i wolą posłusznych partnerów, nawet jeśli są to partnerzy bezużyteczni. Dodatkowo daje im to pretekst do użalania się nad sobą. Przyjemności, jaką człowiek może czerpać z poczucia pokrzywdzenia, nie sposób przecenić.

Mężczyźni mężnieją przez wywieranie presji na sobie samych i na sobie nawzajem. Gdy byłem nastolatkiem, wypadki samochodowe zdecydowanie częściej zdarzały się chłopcom niż dziewczynom (i nadal tak jest). Wynikało to z tego, że młodzieńcy lubowali się w nocnym kręceniu bączków na pokrytych lodem parkingach; organizowali wyścigi na rzadko uczęszczanych drogach; i rozbijali swoje podstarzałe pickupy na okolicznych bezdrożach. Oprócz tego młodzi mężczyźni zasadniczo częściej wdawali się w bójki, uciekali z lekcji, pyskowali nauczycielom i rzucali szkoły, bo mieli dość podnoszenia rąk z prośbą o zgodę na wyjście do toalety w wieku, w którym byli już na tyle duzi i silni, aby podczas wakacji pracować na platformach wiertniczych. Chłopcom częściej zdarzało się też jeździć motorami po zamarzniętych zimą jeziorach. Podobnie jak dzisiejsi deskorolkarze, parkourowcy oraz śmiałkowie wspinający się na maszty i żurawie – oni również angażowali się w niebezpieczne zajęcia, bo próbowali się jakoś wykazać. Gdy proces ten posuwa się za daleko, chłopcy (i mężczyźni ogółem) dryfują w stronę postaw antyspołecznych – a te również znacznie częściej obserwuje się u nich niż u przedstawicielek płci pięknej[54]. Nie znaczy to jednak, że każdy przejaw odwagi i brawury to akt kryminalny.

Chłopcy kręcący bączki na parkingach testowali możliwości swoich aut, swoją sprawność za kierownicą oraz zdolność pozostawania opanowanym w sytuacjach niekontrolowanych. Kiedy pyskowali nauczycielom, przeciwstawiali się autorytetom, aby sprawdzić, czy mają do czynienia z autorytetem z prawdziwego zdarzenia – takim, na którym będzie można się oprzeć w czasach kryzysu. Gdy rzucali szkołę, podejmowali się ekstremalnej pracy na szybach naftowych w temperaturze minus 40 cholernych stopni Celsjusza. To nie słabość wypchnęła ich ze szkolnych klas, gdzie prawdopodobnie czekała ich lepsza przyszłość. To siła.

Kobiety wolne od problemów psychicznych nie pragną chłopców. Pragną mężczyzn. Pragną kogoś, z kim będą mogły rywalizować; kogoś, kto będzie dla nich wyzwaniem. Jeśli same mają silny charakter, pragną

[54] T.E. Moffitt, A. Caspi, M. Rutter, P.A. Silva, *Sex differences in antisocial behavior: Conduct disorder, delinquency, and violence in the Dunedin Longitudinal Study*, Londyn, Cambridge University Press, 2001.

kogoś z charakterem jeszcze silniejszym. Jeśli same są bystre, pragną kogoś jeszcze bystrzejszego. Kobiety pragną kogoś, kto wnosi do związku, do rodziny, coś ekstra, czym one nie dysponują. I to właśnie sprawia, że charakterne, bystre, piękne kobiety mają często trudności ze znalezieniem odpowiednich partnerów: w ich otoczeniu brakuje po prostu mężczyzn, którzy przewyższają je na tyle, aby wzbudzali ich zainteresowanie (którzy, jak ujęto to w jednej z publikacji naukowych, plasują się wyżej w „dochodach, wykształceniu, pewności siebie, inteligencji, dominacji i pozycji społecznej"[55]). Dlatego też duch, który oponuje, gdy chłopcy próbują stać się mężczyznami, jest także nieprzyjacielem kobiet. Równie krzykliwie i z równą stanowczością protestuje („nie rób tego, to zbyt niebezpieczne"), gdy małe dziewczynki próbują po raz pierwszy stanąć na własnych nogach czy postawić pierwszy krok. To duch negujący świadomość, pragnący porażki człowieka. Jest antyludzki, zazdrosny, zgorzkniały i destruktywny. Żaden człowiek stojący szczerze po stronie ludzkości nie sprzymierzy się z czymś takim. Żaden człowiek z ambicjami nakierowanymi na wyższe cele nie pozwoli się czemuś takiemu opętać. A jeśli myślisz, że pewni siebie, silni, nieustępliwi mężczyźni są niebezpieczni, poczekaj, aż przekonasz się, do czego zdolni są mężczyźni słabi i pozbawieni męskości.

Nie przeszkadzaj dzieciom, gdy jeżdżą na deskorolce.

[55] B.P. Buunk, P. Dijkstra, D. Fetchenhauer, D.T. Kenrick, *Age and gender differences in mate selection criteria for various involvement levels*, „Personal Relationships", 9/2002, s. 271–278.

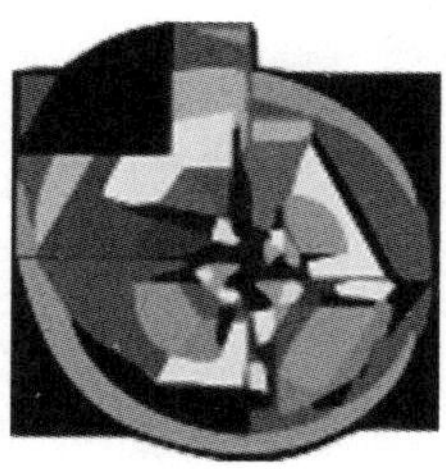

Zasada 12

Pogłaszcz kota napotkanego na ulicy

Psy też są OK

Rozpocznę ten rozdział otwartą deklaracją, że posiadam psa rasy american eskimo zaliczanej do grupy szpiców. Dawniej psiaki te były znane jako szpice niemieckie, ale po pierwszej wojnie światowej w krajach wrogich państwom centralnym niechętnie przyznawano, że cokolwiek pochodzi z Niemiec. Amerykańskie psy eskimoskie należą do najpiękniejszych przedstawicieli swojego gatunku: mają klasyczne, wilcze pyski, stojące uszy, długą grubą sierść i spiralny ogon. Są też bardzo inteligentne. Nasz czworonóg, zwany Sikko (co według mojej córki, która nadała mu imię, oznacza „lód" w języku Inuitów), zawsze szybko uczył się różnych sztuczek, które pamięta do dziś, mimo że jest już psim staruszkiem. Choć ma już na karku trzynaście wiosen, niedawno znów nauczyłem go nowego triku. Umiał już podawać łapę i utrzymywać smakołyk na nosie. Ja wytrenowałem go w robieniu obu tych rzeczy naraz (aczkolwiek nie jestem do końca przekonany, czy lubi tę zabawę).

Kupiliśmy Sikko naszej córce Mikhaili, gdy miała mniej więcej dziesięć lat. Był wtedy niezwykle uroczym szczeniakiem. Mały nosek i uszka, okrągły pyszczek, wielkie ślepia, pokraczne ruchy – takie cechy automatycznie wywołują u ludzi opiekuńczą postawę, zarówno u kobiet, jak i u mężczyzn[1]. Nie inaczej było z Mikhailą, która oprócz tego zajmowała się agamami brodatymi, gekonami, pytonem królewskim, kameleonami,

---

[1] K. Lorenz, *Die angeborenen Formen moeglicher Erfahrung*, „Ethology", 5/1943, s. 235–409.

iguanami oraz ważącym niemal 10 kilogramów i mierzącym 80 centymetrów królikiem z rasy olbrzymów belgijskich o imieniu George, którego głównymi zajęciami było podgryzanie wszystkiego, co popadnie, i dawanie nogi (ku wielkiej konsternacji sąsiadów, którzy nerwowo monitorowali wtedy swoje malutkie, śródmiejskie ogródki). Córka miała te wszystkie dziwaczne zwierzaki, ponieważ z uwagi na uczulenia nie mogła posiadać bardziej standardowych ulubieńców – za wyjątkiem Sikka, którego dodatkową zaletą była hipoalergiczność.

Sikko doczekał się pięćdziesięciu pseudonimów (poważnie: liczyliśmy), które różniły się znacząco w ich emocjonalnym wydźwięku i oddawały zarówno sympatię, jaką w nas wzbudzał, jak i okazjonalną frustrację wywoływaną jego zwierzęcymi zwyczajami. Ps(z)umowina to mój osobisty faworyt, choć Szczurzy Pomiot i Kożuch też wypowiadam z satysfakcją. Dzieci wolą Lizusa lub Piszczałkę, ale zdarza im się też nazywać psa Kudłatkiem i Chrapozaurem (od wiadomej, wyjątkowo irytującej przywary). Na chwilę obecną Mikhaila preferuje przezwisko Yetuś (od Yeti). Tak też wita się z Sikko po długim rozstaniu. Dla pełnego efektu należy je wypowiadać wysokim, zaskoczonym, podekscytowanym tonem.

Nawiasem mówiąc Sikko doczekał się własnego hashtagu na Instagramie: #JudgementalSikko [KrytycznySikko – przyp. tłum.].

Rozwodzę się na temat mojego psa, zamiast przejść bezpośrednio do kotów, ponieważ nie chcę otwierać drzwi zjawisku zwanemu „paradygmatem grupy minimalnej”[2], odkrytemu przez psychologa społecznego Henriego Tajfela[3]. Tajfel zaprosił badanych do swojego laboratorium i posadził ich przed ekranem, na którym wyświetlił losowo rozrzucone punkty. Uczestnicy badania mieli za zadanie określić ich liczbę. Następnie, w zależności od udzielonych odpowiedzi, zostali przydzieleni do grup: tych, którzy wynik przeszacowali, oraz tych, którzy go nie doszacowali. Na kolejnym etapie Tajfel proponował poszczególnym badanym różne warianty podziału pieniędzy między członków wszystkich grup.

Okazało się, że badani wykazywali wyraźne preferencje dla członków własnej grupy – odrzucali strategię egalitarnej dystrybucji i nadproporcjonalnie wynagradzali tych, z którymi identyfikowali się od ledwie kilku chwil. Inni naukowcy przeprowadzili od tego czasu wiele podobnych eksperymentów, w ramach których przydzielali uczestników do grup jeszcze

---

[2] Słowo minimalne ma oddawać arbitralne i mało istotne kryteria doboru członków danych grup [przyp. tłum].

[3] H. Tajfel, *Experiments in intergroup discrimination*, „Nature”, 223/1970, s. 96–102.

bardziej arbitralnymi metodami, jak choćby rzut monetą. Nie miało to znaczenia nawet w sytuacji, gdy badanych informowano o kryteriach selekcji. Ludzie nadal faworyzowali współczłonków grup, do których sami trafili.

Badania Tajfela wykazały dwie rzeczy: po pierwsze, *że ludzie to istoty społeczne*; oraz, po drugie, *że ludzie to istoty antyspołeczne*. Ludzie są istotami społecznymi, ponieważ sympatyzują z członkami swojej grupy. Z drugiej strony, ludzie są istotami antyspołecznymi, ponieważ nie przepadają za członkami innych grup. To, jakie są dokładne przyczyny tej obserwowanej uniwersalnie postawy, jest przedmiotem ciągłej dyskusji. Osobiście uważam, że może to być sposób radzenia sobie ze złożonym problemem optymalizacji. Takie problemy powstają, gdy dwa lub więcej czynniki są ważne, ale – aby położyć maksymalny nacisk na jeden z nich – trzeba częściowo zlekceważyć pozostałe. Przykładem mogą być konsekwencje niezbieżności między współpracą a konkurencją, z których obie są społecznie i psychologicznie pożądane. Współpraca służy bezpieczeństwu, stabilności i tworzeniu relacji towarzyskich. Konkurencja otwiera drogę do osobistego rozwoju i poprawy statusu. Jednak jeśli dana grupa jest zbyt mała, niezdolna jest bronić się przed innymi grupami, a przynależność do niej nie wiąże się z władzą ani prestiżem. Wskutek tego bycie jej członkiem daje niewielkie korzyści. Jeśli grupa jest zaś zbyt liczna, prawdopodobieństwo wspięcia się w pobliże szczytu staje się bardzo niskie. W takich grupach po prostu trudno się wybić. Być może ludzie identyfikują się z grupami powstałymi na skutek rzutu monetą, ponieważ coś w głębi mówi im, aby się organizowali, odgradzali i chronili, ale jednocześnie zachowali realne szanse dotarcia na szczyt hierarchii dominacyjnej. Następnie faworyzują własną grupę, ponieważ sprzyja to jej rozwojowi – wspinanie się na szczyt upadającej struktury to przecież kiepska strategia.

Tak czy owak, odkryte przez Tajfela minimalne kryteria identyfikacji skłoniły mnie do rozpoczęcia rozdziału dotyczącego kotów od opisu mojego psa. W przeciwnym razie samym umieszczeniem kota w tytule rozdziału zraziłbym do siebie fanów psów – jak ktoś może bowiem zachęcać do głaskania obcych kotów, słowem nie wspominając o psach?! Jako że psy także lubię, nie zasługuję na taki los. Jeśli więc wolisz głaskać napotykane na ulicy psy, nie czuj się zobowiązany mnie nienawidzić. Zapewniam cię, że takie postępowanie również aprobuję. Chciałbym przy tym przeprosić wszystkich fanów kotów, którzy teraz czują się wykiwani – liczyli przecież na jakąś historyjkę o kotach, a tu proszę, nic, tylko psy i psy. Być może zadowoli ich zapewnienie, że koty lepiej ilustrują przesłanie tego rozdziału i że będą omawiane później. Najpierw jednak przejdźmy do innych tematów.

Cierpienie i ograniczenia Istnienia

Wspominałem już, że idea, według której życie to cierpienie, jest (w takiej czy innej formie) dogmatem wszystkich głównych doktryn religijnych. Buddyści przyznają to wprost. Chrześcijanie ilustrują to krzyżem. Żydzi czczą pamięć cierpień, jakich doświadczali przez stulecia. Pogląd ten jest uniwersalny dla wszystkich wielkich wyznań, ponieważ ludzie to z natury istoty delikatne i kruche. Można nas zranić, a nawet złamać, zarówno fizycznie, jak i emocjonalnie. Ponadto wszyscy jesteśmy skazani na tragedie starości, utraty bliskich i (ostatecznie) własnej śmierci. To ponury zestaw faktów i zasadnym jest zastanowić się, jak w takich warunkach mielibyśmy kroczyć przez życie pewnie, optymistycznie i radośnie (a w niektórych sytuacjach: jak w ogóle mielibyśmy chcieć żyć).

Rozmawiałem niedawno z pacjentką, której mąż już od pięciu lat prowadził przygnębiającą, wyczerpującą walkę z rakiem. Oboje przez cały ten czas trzymali się dzielnie. Niestety, raz za razem pojawiały się kolejne przerzuty, na skutek czego oboje mieli niewiele czasu na życie. Nie ma być może nic gorszego niż kolejne fatalne wieści usłyszane jeszcze w okresie powolnej rekonwalescencji następującej po skutecznym uporaniu się z poprzednimi fatalnymi wieściami. Tragedia wydaje się wtedy wyjątkowo niesprawiedliwa. Może nawet rozwiać resztki nadziei. W każdym razie często jest ciosem pozostawiającym po sobie poważną traumę. Przedyskutowałem z pacjentką wiele kwestii, od filozoficznych i abstrakcyjnych, po te konkretne, życiowe. Podzieliłem się z nią częścią moich wieloletnich przemyśleń dotyczących problemu ludzkiej kruchości.

Gdy mój syn Julian miał około trzech lat, był nadzwyczaj uroczym dzieckiem. Dziś jest o 20 lat starszy, ale nadal całkiem uroczy (jestem pewien, że ten komplement bardzo go ucieszy). To ze względu na niego sporo rozmyślałem na temat delikatności małych dzieci. Trzylatka łatwo zranić. Pies może go ugryźć. Kot może go podrapać. Starsze, bezwzględne dzieci mogą go popchnąć lub uderzyć. Mogą go dopaść choroby (i czasem dopadały). Julian był podatny na wysokie gorączki i idące z nimi w parze majaczenie. Nieraz musiałem ochładzać go pod prysznicem, podczas gdy on halucynował rozpalony. Nie wiem, czy jest coś, co wywołuje u ludzi większy sprzeciw wobec ograniczeń ludzkiego życia, niż ciężko chore dziecko.

Mikhaila, rok i kilka miesięcy starsza od Juliana, też musiała przejść swoje. Gdy miała dwa latka, zwykłem sadzać ją sobie na barana i nosić. Dzieci to uwielbiają. Jednak postawiona po tym z powrotem na nogi – siadała i płakała. Skończyłem więc z taką formą zabawy. Z początku wydawało się, że to koniec problemu – niestety, nie do końca tak było. Moja żona Tammy zauważyła wkrótce, że coś jest nie tak z chodem Mikhaili. Ja niczego takiego nie widziałem. Tammy sądziła ponadto, że wada ta może mieć związek z noszeniem jej na barana.

Mikhaila była pogodnym dzieckiem o bardzo przyjaznym usposobieniu. Pewnego dnia, gdy mieszkaliśmy całą rodziną w Bostonie – córka miała wtedy jakieś 14 miesięcy – zabrałem ją, Tammy oraz moich teściów do Cape Cod. Gdy dotarliśmy na miejsce, Tammy z rodzicami poszli na spacer, a ja zostałem z Mikhailą w samochodzie. Leżała obok mnie, na siedzeniu pasażera, i gaworzyła wesoło. Pochyliłem się ku niej, aby usłyszeć, co ona tam mówi.

„Happy, happy, happy, happy"[4].

Taka właśnie była.

Jednak gdzieś mniej więcej w okolicach szóstego roku życia zaczęła się robić wyraźnie osowiała. Rano trudno było zwlec ją z łóżka. Apatycznie ubierała na siebie ciuchy. Gdy gdzieś szliśmy, niemrawo ciągnęła się za nami. Narzekała, że bolą ją stopy i uwierają buty. Kupiliśmy jej dziesięć różnych par, ale niczego to nie zmieniło. Chodziła dzielnie do szkoły, gdzie zachowywała się jak należy, ale gdy tylko wracała do domu i stawała przed mamą, nie potrafiła powstrzymać łez.

Niedługo przed tym przeprowadziliśmy się z Bostonu do Toronto i myśleliśmy, że problemy te można tłumaczyć stresem związanym ze zmianą otoczenia. Jednak upływ czasu nie przynosił poprawy. Mikhaila zaczęła chodzić w górę i w dół schodów stopień po stopniu niczym dziecko, które dopiero nauczyło się chodzić, albo starzec u schyłku żywota. Narzekała, nawet gdy ktoś po prostu trzymał ją za rękę (a pewnego razu, kilka lat później, zapytała mnie: „Tatusiu, czy gdy jak byłam malutka i bawiłeś się ze mną w »kosikosi łapci«, to miało mnie tak boleć?". Dowiedziawszy się o czymś takim po latach, człowiek długo nie może się pozbierać...).

Lekarz z lokalnej przychodni powiedział nam, że czasem dzieci doświadczają bólów związanych z szybkim wzrostem. To nic niezwykłego, ale dla pewności zalecił udać się do fizjoterapeuty. Tak też postąpiliśmy. Niestety – jego diagnoza była znacznie bardziej przygnębiająca. „Państwa dziecko cierpi na młodzieńcze reumatoidalne zapalenie stawów", oznajmił z wyraźną przykrością. Nie było to coś, co chcieliśmy usłyszeć, a w takich chwilach najłatwiej powątpiewać w kompetencje diagnosty. Ponownie spróbowaliśmy w przychodni. Tym razem przyjął nas inny lekarz, który

[4] *Happy* (ang.) – szczęśliwa [przyp. tłum.].

po wywiadzie i oględzinach odesłał nas do szpitala dziecięcego. „Idźcie prosto na oddział nagłych wypadków – tym sposobem szybciej dostaniecie się do reumatologa", poradził. Niestety, prognoza fizjoterapeuty, dostarczyciela złych wieści, okazała się trafna. Poważne młodzieńcze idiopatyczne zapalenie wielu stawów (MIZS). Przyczyna? Nie wiadomo. Prognoza? Kilka operacji wymiany stawów.

Jaki Bóg stworzyłby świat, w którym ludzi nękają takie schorzenia – nie mówiąc już o skazywaniu na nie małej, niewinnej, radosnej dziewczynki? To pytanie wagi absolutnie fundamentalnej, zarówno dla wierzących, jak i niewierzących. Stawia je Dostojewski w swojej wspaniałej powieści *Bracia Karamazow*, o której była już mowa w Rozdziale 7. Swoje własne wątpliwości co do sensu Istnienia Dostojewski wyraża przez bohatera o imieniu Iwan – jeśli pamiętacie: elokwentnego, przystojnego, wyrobionego towarzysko brata (i największego antagonistę) Aloszy piastującego stanowisko nowicjusza w zakonie. „Zrozum, bracie, że to nie Boga nie godzę się zaakceptować – mówi Iwan. – Nie godzę się zaakceptować świata, który On stworzył. Takiego świata nie jestem gotów uznać dziełem Bożym".

Iwan opowiada Aloszy historię o małej dziewczynce, której rodzice wymierzali kary przez zamykanie jej w chłodne noce w wychodku (tak upiorny pomysł Dostojewski zaczerpnął z prawdziwej relacji opublikowanej w tamtym czasie w lokalnej gazecie). „Czy potrafisz wyobrazić sobie tę dwójkę śpiącą wygodnie w ciepłym łóżku, podczas gdy ich córka przez całą noc płacze z zimna? – pyta Iwan. – „Pomyśl o tej drobnej istocie: niezdolnej pojąć, co jej się przytrafiło, masującej swoje odmarznięte ciałko, płaczącej potulnymi łzami, błagającej »dobrotliwego Jezusa«, by uwolnił ją z tego straszliwego miejsca!... Alosza, gdyby w jakiś tajemny sposób zostało ci obiecane, że świat stanie się wreszcie miejscem kompletnego pokoju i harmonii pod jednym tylko warunkiem – poddaniu torturom i doprowadzeniu do śmierci małego dziecka, powiedzmy, że tej dziewczynki drżącej z zimna w wychodku... – czy zgodziłbyś się na taki układ?". Alosza odmawia. „Nie, nie zrobiłbym tego", odpowiada spokojnie[5]. Nie zgodziłby się zrobić czegoś, co Bóg wydaje się tolerować na porządku dziennym.

Zdałem sobie sprawę z czegoś blisko związanego z tą kwestią lata wcześniej, a kluczowa w tym olśnieniu była moja rola ojca, jakim byłem dla trzyletniego Juliana (pamiętacie go? ☺) Myślałem sobie wtedy: „Kocham mojego syna. Ma trzy lata, jest malutki, uroczy i przezabawny. Ale

[5] Zaczerpnięte z: F. Dostojewski, *The Brothers Karamazov* (adaptacja Davida Fishelsona), Dramatists Play Service, Inc., s. 54–55. Pobrano z http://bit.ly/2ifSkMn.

jednocześnie martwię się o niego – tak łatwo można go przecież zranić. Gdybym dysponował mocą zaradzenia temu problemowi, co mógłbym zrobić?". Kombinowałem dalej: „Mógłby być wysoki na sześć metrów, a nie na metr. Wtedy nikt nie odważyłby się go kopać czy popychać. Zamiast z krwi i kości, mógłby być zbudowany z tytanu. Gdyby jakiś rozwydrzony bachor rzucił w niego resorakiem, syn nawet by tego nie poczuł. Mógłby mieć mózg wspomagany komputerowo. Nawet gdyby ktoś zdołał go w jakiś sposób trwale uszkodzić, części byłyby wymienne. Problem rozwiązany!". Nic bardziej mylnego – i to nie dlatego, że takie modyfikacje są współcześnie niemożliwe. Rzecz w tym, że sztuczne wzmocnienie Juliana byłoby równoznaczne z jego zniszczeniem. Z trzyletniego nieboraka przeobraziłby się w zimnego, stalowego robota. Po takiej transformacji nie byłby już Julianem. Byłby potworem. Przez takie myśli doszedłem do wniosku, że to, co naprawdę kochamy w naszych bliskich, jest nierozerwalnie związane z ich ograniczeniami. Julian nie byłby malutki, uroczy i przezabawny, gdyby nie był przy tym podatny na choroby, ból, smutek i lęk. Jako że kochałem go ponad wszystko, uznałem, że odpowiada mi jego aktualna, delikatna, krucha forma.

Przypadek mojej córki był nieco trudniejszy. W miarę, jak jej choroba postępowała, każdy dłuższy spacer wiązał się z koniecznością noszenia jej (już nie na barana). Musiała regularnie zażywać naproksen i metotreksat – gdzie ten drugi to silny chemioterapeutyk. Przeszła serię zastrzyków kortyzolu (w nadgarstki, ramiona, kostki, łokcie, kolana, biodra, palce u rąk i nóg oraz ścięgna), wszystkie pod narkozą. Te liczne zabiegi pomagały łagodzić objawy, ale choroba postępowała. Pewnego dnia Tammy wzięła Mikhailę do zoo, gdzie przez cały dzień musiała wozić ją na wózku inwalidzkim.

To nie był dobry dzień.

Reumatolog zalecił prednizon, lek z grupy kortykosteroidów, od dawna stosowany w zwalczaniu stanów zapalnych. Niestety, spożywanie go niesie za sobą wiele skutków ubocznych, na czele z pojawieniem się znaczącej opuchlizny twarzy. Trudno stwierdzić, czy to lepsze niż pierwotna dolegliwość – chodzi przecież o małą dziewczynkę. Na szczęście, o ile w ogóle można tu mówić o szczęściu, reumatolog powiadomił nas o możliwości kuracji opartej na nowym leku. Stosowano go już, ale tylko na pacjentach dorosłych. I tak, Mikhaila stała się pierwszym kanadyjskim dzieckiem, któremu przepisano etanercept, „produkt biologiczny" stworzony konkretnie w celu leczenia chorób autoimmunologicznych. Tammy pomyliła się w obliczeniach i w ramach pierwszych kilku zastrzyków podawała córce dziesięciokrotność prawidłowej dawki. Bach!

Mikhaila była zdrowa jak ryba. Kilka tygodni po tournée przez zoo na wózku inwalidzkim – biegała po boisku i grała w piłkę nożną. Tammy spędziła całe lato, nie mogąc nacieszyć się widokiem, jak nasza córka biega, bryka i bawi się wolna od bólu.

Zawsze zależało nam, aby Mikhaila miała możliwie największą kontrolę nad swoim życiem. Szybko zauważyliśmy, że silnie motywowały ją pieniądze. Pewnego razu napotkaliśmy ją na chodniku przed naszym domem, sprzedającą przechodniom książki, z których już „wyrosła". Któregoś razu postanowiłem zaproponować jej 50 dolarów w zamian za to, że sama zrobi sobie zastrzyk. Miała osiem lat. Przez dobre pół godziny walczyła z myślami, trzymając igłę przy udzie. Aż w końcu zebrała się na to. Następnym razem zapłaciłem jej 20 dolarów, dając jej już tylko 10 minut do namysłu. Dalej 10 dolarów i 5 minut. Taki układ oboje uznaliśmy za uczciwy i zachowaliśmy na dłużej.

Po kilku latach u Mikhaili nie było widać żadnych oznak choroby. Reumatolog zasugerował stopniowe wstrzymanie podawania leków. Niektóre dzieci wyrastają z MIZS wraz z osiągnięciem dojrzałości płciowej. Nie wiadomo dlaczego. Pierwszym krokiem była zmiana sposobu aplikacji metotreksatu z zastrzyków na tabletki. Przez cztery długie lata nic się nie działo. Wtedy, nagle, jak gdyby znikąd, córka zaczęła odczuwać ból w łokciu. Pojechaliśmy do szpitala. „To znów stan zapalny, ale tym razem tylko w jednym stawie", powiedział asystent reumatologa. Być może dla niego było to „tylko w jednym", ale nie dla nas. Dwa to niewiele więcej niż jeden, ale jeden to o wiele więcej niż zero. Zapalenie nawet pojedynczego stawu oznaczało, że mimo przerwy w objawach Mikhaila nie wyrosła z artretyzmu. Ta wiadomość kompletnie ją załamała i, choć nie przestała uczęszczać na lekcje tańca i biegać po osiedlu z przyjaciółmi, pogodzenie się z rzeczywistością zajęło jej kilka tygodni.

Co gorsza, we wrześniu kolejnego roku, gdy Mikhaila zaczęła drugą klasę szkoły średniej, reumatolog znów przyniósł złe wieści. Rezonans magnetyczny wykazał zwyrodnienie stawu biodrowego. „Jeszcze przed trzydziestką czeka cię operacja wymiany tego stawu", oznajmił Mikhaili. Być może uszkodzenia nagromadziły się zanim córka zaczęła zażywać etanercept. Nie wiedzieliśmy. Byliśmy zdruzgotani tą nowiną. Kilka tygodni później Mikhaila grała w hokeja w szkolnej sali gimnastycznej. Jej biodro się zablokowało. Zeszła z boiska, kuśtykając. Ból się nasilał. Reumatolog orzekł posępnie: „Część twojej kości udowej wygląda na martwą. Nie będziesz potrzebowała operacji wymiany stawu biodrowego przed trzydziestką. Trzeba ją przeprowadzić już teraz".

***

I tak siedziałem z moją pacjentką, dyskutując na temat postępującej choroby jej męża, kruchości życia, tragedii istnienia i poczucia nihilizmu wywoływanego widmem śmierci. Ja zacząłem od moich przemyśleń dotyczących syna. Ona pytała, jak pytałby każdy w jej położeniu: „Dlaczego mój mąż? Dlaczego ja? Dlaczego my?". Moje konkluzje o ścisłym związku między kruchością a Istnieniem to najlepsza odpowiedź, jaką miałem do zaoferowania. Opowiedziałem też starą żydowską historię, którą, o ile dobrze pamiętam, czytałem w komentarzu do Tory. Zaczynała się od pytania, które brzmieniem przypominało zenowski koan. *Wyobraź sobie Byt wszechwiedzący, wszechobecny i wszechmogący. Czego takiemu Bytowi brak?*[6]. Odpowiedź? *Ograniczeń.*

Jeśli jesteś już wszystkim, wszędzie i zawsze, nie ma już gdzie iść i czym się stać. Wszystko, co może być, już jest, a wszystko, co może się wydarzyć, już się zdarzyło. I to z tego powodu, jak mówi opowieść, Bóg stworzył człowieka. Bez ograniczeń, nie ma opowieści. Bez opowieści, nie ma Istnienia. Ta idea pomogła mi poradzić sobie z przygnębiającą kruchością życia. Pomogła też mojej pacjentce. Nie chcę wyolbrzymiać znaczenia tej kontemplacji. Nie zamierzam twierdzić, że rozwiązuje ona problem. Pacjentka nadal musiała zmagać się z rakiem wyniszczającym organizm jej męża, podobnie jak ja nadal musiałem stawiać czoła okropnej chorobie córki. Tak czy owak, w idei zestawienia Istnienia i ograniczeń tkwi coś doprawdy głębokiego.

> Trzydzieści szprych spotyka się w osi.
> Tam, gdzie koła nie ma, jest ono użyteczne.
> Wydrążona glina jest garnkiem.
> Tam, gdzie garnka nie ma, jest on użyteczny.
> Wytnij drzwi i okna, by zrobić pokój.
> Tam, gdzie pokoju nie ma, możesz zamieszkać.
> Pożytek z tego, co jest, jest w tym, czego nie ma[7].

Bliżej naszych czasów podobny wniosek pojawił się w świecie popkultury, w trakcie ewolucji postaci DC Comics – legendarnego Supermana.

---

[6] I nie chodzi tu o umiejętność przygotowania burrito tak pikantnego, że nawet On Sam nie będzie w stanie go zjeść (jak pyta Homer w 16 odcinku 13 sezonu *The Simpsons* pt. *Weekend at Burnsie's*).

[7] Lao-Tsy, *Tao Te King, czyli Księga Drogi*, Warszawa, Wydawnictwo Sic!, 2010, s. 14.

Supermana stworzyli Jerry Siegel i Joe Shuster w 1938 roku. W swojej początkowej wersji dysponował mocą podnoszenia samochodów, statków, a nawet pociągów. Potrafił biec szybciej niż lokomotywa. Zdolny był jednym susem przeskakiwać nad wysokimi budynkami. Jednak przez cztery kolejne dekady repertuar jego zdolności był stopniowo poszerzany. Pod koniec lat sześćdziesiątych umiał już latać, i to szybciej niż światło. Posiadł supersłuch oraz wzrok niczym promienie Roentgena. Z oczu mógł też emitować wiązki lasera. Oddechem potrafił zamrażać i tworzyć huragany. Mógł przenosić całe planety. Nawet eksplozje nuklearne nie robiły na nim większego wrażenia. Jeśli jakimś sposobem udawało się go pokiereszować, jego rany momentalnie się goiły. Superman stał się niezniszczalny.

Wtedy raptem zdarzyło się coś dziwnego. Ludzie znudzili się takim bohaterem. Im bardziej niesamowity stawał się zbiór jego zdolności, tym trudniejsze okazywało się wymyślanie dla niego interesujących przygód i wyzwań. Zespół DC Comics już raz zaradził temu problemowi w latach czterdziestych. Uczynili wtedy Supermana podatnym na promieniowanie emitowane przez kryptonit – pierwiastek chemiczny z rodzimej planety Człowieka ze Stali. Z czasem pojawiły się różne jego warianty. Kryptonit zielony osłabiał Supermana. Dostatecznie duża dawka w dostatecznie bliskiej odległości mogła go nawet zabić. Kryptonit czerwony sprawiał, że Superman dziwnie się zachowywał. Mieszanka zielonego z czerwonym wywoływała mutacje w jego organizmie (w jednym z komiksów z tyłu głowy wyrosło mu trzecie oko).

Aby podtrzymywać zainteresowanie losami Supermana, potrzebne były kolejne sztuczki. W 1976 roku zapowiedziano jego starcie ze Spider-Manem. Miała to być pierwsza potyczka superbohatera DC Comics z przeciwnikiem reprezentującym Marvel Comics – nowe, szybko rozwijające się wydawnictwo komiksowe Stana Lee. Aby jednak taka bitwa miała jakikolwiek sens, Marvel musiał zwiększyć moce Człowieka Pająka. Spider-Man jest Spider-Manem właśnie dlatego, że dysponuje zdolnościami pająka. Jeśli nagle przyzna mu się jakieś dodatkowe moce, przestaje być Spider-Manem. Fabuła robi się absurdalna.

W latach osiemdziesiątych Superman doświadczał regularnych ingerencji *deus ex machina* – łacińskiego terminu o dosłownym znaczeniu „bóg z maszyny". Termin ten pierwotnie odnosił się do przedstawień teatralnych odgrywanych w starożytnej Grecji i Rzymie, w których śmiertelnie zagrożony bohater doczekiwał się nagłego, cudownego ocalenia ze strony wszechmocnego boga. Po dziś dzień w kiepsko napisanych opowiadaniach, książkach czy scenariuszach bohater znajdujący się w tarapatach lub fabuła prowadząca donikąd bywają ratowane mniejszą bądź większą szczyptą magii czy innego rodzaju matactwa niemieszczącego się w ramach rozsądnych oczekiwań czytelników i widzów. Marvel Comics, na przykład, nierzadko uciekało się do takich sztuczek, by przyjść z odsieczą nieudolnym scenarzystom. Jedna z bohaterek uniwersum X-Man, mutantka o pseudonimie Lifeguard, dysponuje zdolnością odnajdywania w sobie dokładnie takich mocy, jakie są w danym momencie potrzebne do uratowania życia osób znajdujących się w jej pobliżu. Doprawdy przydatna przyjaciółka, szczególnie w grupce superbohaterów na co dzień ryzykujących życie w arcyniebezpiecznych misjach. Innych przykładów w kulturze popularnej nie brakuje. Na końcu powieści Stephena Kinga *Bastion* (uwaga, spoiler!) Bóg zabija wszystkich czarnych bohaterów. Cały dziewiąty sezon (1985–1986) popularnego serialu *Dallas* ostatecznie okazuje się snem. Fani nie lubią takich wybiegów, zupełnie zresztą słusznie. To zwykłe oszustwo. Ludzie śledzący daną historię skłonni są zawiesić standardowy sceptycyzm, o ile ramy ograniczające fabułę są spójne i stałe. Od twórców natomiast wymaga się przestrzegania ich pierwotnych ustaleń i założeń. Gdy pisarze łamią własne zasady, fani reagują irytacją. Mają ochotę wrzucić książkę do kominka lub zamachnąć się cegłówką w ekran telewizora.

Dokładnie to stało się problemem Supermana: wszedł w posiadanie mocy tak potężnych, że umożliwiały mu wyjście zwycięsko z każdej sytuacji. W konsekwencji w latach osiemdziesiątych o mało co, a upadłoby całe jego uniwersum komiksowe. Pisarz i artysta John Byrne skutecznie wznowił komiks w nieco odmienionej formule – biografia głównego bohatera została zachowana, ale pozbawiono go wielu z jego później uzyskanych mocy. Utracił zdolność przenoszenia planet i wychodzenia cało ze starć z bombami atomowymi. Nowością było uzależnienie jego siły od światła słonecznego, odwrotnie niż w przypadku wampirów. Mówiąc krótko, Superman zaczął podlegać pewnym ograniczeniom. Superbohater, który może wszystko, okazuje się żadnym bohaterem. Nie ma w nim niczego szczególnego, a więc on sam nie jest nikim szczególnym. Jako jednostka nie ma niczego, przeciwko czemu mógłby walczyć, a więc nie ma go za co podziwiać. *Najwyraźniej właściwie rozumiane Istnienie wymaga ograniczeń*. Być może chodzi o to, że *Istnienie* nie polega jedynie na statycznej egzystencji, ale także na *Stawaniu się* czymś więcej lub przynajmniej czymś innym – a to możliwe jest tylko dla bytów ograniczonych.

No dobrze.

Ale co z cierpieniem powodowanym takimi ograniczeniami? Ktoś może argumentować, że ograniczenia, jakich wymaga właściwie rozumiane

Istnienie, są tak dotkliwe, że cały projekt pod tytułem „człowiek" powinno się wyrzucić na śmietnik historii. Dostojewski jasno wyraża taką opinię ustami bohatera powieści *Notatki z podziemia*: „Słowem, o historii powszechnej można wszystko powiedzieć, wszystko, co może się zrodzić w najbardziej rozstrojonej wyobraźni. Jednego tylko powiedzieć absolutnie niepodobna: że to rozsądne. Przy pierwszym słowie zakrztusicie się"[8]. Jak już widzieliśmy w *Fauście* Goethego, Mefistofeles, wróg wszelkiego Istnienia, ogłasza swój bezpośredni sprzeciw wobec dzieła Bożego. Wiele lat później Goethe napisał część drugą *Fausta*. Aby dobitnie podkreślić ten konkretny element przekazu, Diabeł powtarza w niej swoje credo w nieco innych słowach:

> Co „minęło"? — Myśl głupia, prostacza;
> wszak mijanie a nicość — to samo oznacza!
> Na cóż tworzenie wieczne, na cóż uganianie,
> jeśli stworzone pada w nicości otchłanie?!
> „Przeminęło!" — doprawdy powiedzieć trza śmiało:
> co minęło — właściwie nigdy nie istniało,
> jeno tą złudą bytu kręciło się w kole!
> Już ja wieczystą pustkę w zamian tego wolę[9].

Te słowa rozumie każdy, kto widział, jak marzenia wymykają się z rąk, małżeństwo się rozpada lub ktoś bliski dowiaduje się o poważnej chorobie. Dlaczego rzeczywistość została stworzona w tak okrutny sposób? Dlaczego?

Być może, jak twierdzili młodzieńcy z Columbine (patrz Zasada 6), lepiej byłoby w ogóle nie zaistnieć. Być może lepiej byłoby, gdyby ze świata zniknęło wszelkie Istnienie. Ludzie, którzy zgadzają się z tym pierwszym twierdzeniem, flirtują z samobójstwem, a ci, którzy zgadzają się z tym drugim – z czymś jeszcze gorszym, czymś iście potwornym. Podpisują się pod ideą całkowitej destrukcji. Igrają z ludobójstwem – lub gorzej. Nawet najciemniejsze rejony mają jeszcze ciemniejsze zakątki. Co przerażające, takie konkluzje są zrozumiałe, a może i nieuniknione – choć nie zawsze urzeczywistniane. Co ma myśleć racjonalna osoba skonfrontowana

---

8 F. Dostojewski, *Notatki z podziemia*, ze zbioru *Fiodor Dostojewski: Gracz. Opowiadania 1862–1863*, Warszawa, Państwowy Instytut Wydawniczy, 1964, s. 28.

9 Źródło: http://wolnelektury.pl/katalog/lektura/goethe-faust. Tekst opracowany na podstawie: J.W. von Goethe, *Faust*, tom I, tom II, przekł. E. Zegadłowicz, Państwowy Instytut Wydawniczy, Warszawa 1953, s. 324.

z, dajmy na to, cierpiącym dzieckiem? Czy to nie właśnie racjonalna, współczująca osoba napotka wtedy w swojej głowie tego rodzaju myśli? Dlaczego Bóg, który jest cały dobrem, miałby dopuszczać na świecie nieszczęścia niczemu niewinnych istot?

Ludziom dochodzącym do takich refleksji nie można odmówić spójności logicznej. Ich tok myślowy jest jak najbardziej zrozumiały. Towarzyszy mu jednak pewien kruczek. Działania podejmowane w zgodzie z nim (o ile nie już same myśli) nieuchronnie prowadzą do pogorszenia już i tak kiepskiej sytuacji. Nienawiść wobec życia, pogarda dla niego – choćby i stricte dla jego negatywnych aspektów – sprawia jedynie, że to marne życie nabiera jeszcze ciemniejszych barw, w wielu przypadkach zbyt ciemnych. Nie ma w takiej postawie produktywnego protestu. Nie ma w niej dobra, lecz tylko pragnienie wywołania dodatkowego cierpienia – dla samego cierpienia. To zaś zło w czystej postaci. Ludzie, którzy dają się omotać tego rodzaju myślom, są o krok od dokonania zbiorowej rzezi czy masakry. Czasem nie mają ku temu narzędzi. Niekiedy jednak, jak w przypadku Stalina, trzymają palec na bombie atomowej.

Ale czy – zdawszy sobie sprawę z tragedii rzeczywistości – człowiek ma jakąś inną, rozsądną alternatywę? Czy samo Istnienie, z komarami przenoszącymi malarię, dziećmi zmuszanymi do walki na wojennych frontach i neurologicznymi chorobami zwyrodnieniowymi, daje się w jakikolwiek sposób uzasadnić? Nie jestem pewien, czy byłbym zdolny sformułować właściwą odpowiedź na to pytanie przed XX wiekiem, zanim ówczesne totalitarne reżimy dokonały potwornych zbrodni na milionach ludzi. Nie wiem, czy możliwe jest zrozumienie, dlaczego takie wątpliwości są moralnie niedopuszczalne bez Holokaustu, stalinowskiej wielkiej czystki czy Wielkiego skoku naprzód Mao Zedonga[10]. Nie sądzę również, aby możliwe było odpowiedzenie na to pytanie drogą *myślenia*. Myślenie nieubłaganie prowadzi w pustkę. Tam właśnie zawiodło Tołstoja. Nie sprawdziło się nawet w przypadku Nietzschego, który – można argumentować – w swoich rozważaniach na ten temat wykazywał się niedoścignioną w historii ludzkości dyscypliną umysłu. Jeśli jednak to nie na rozumie mamy polegać w chwilach największego zwątpienia, co nam pozostaje? Myśl to przecież największe z osiągnięć człowieka, nieprawdaż?

Niekoniecznie.

[10] F. Dikötter, *Wielki głód. Tragiczne skutki polityki Mao 1958–1962*, Wołowiec, Wydawnictwo Czarne, 2013.

Jest coś, co góruje nad myśleniem, mimo jego doprawdy niesamowitej potęgi. Gdy Istnienie objawia się jako egzystencjalnie nieakceptowalne, rozum zapada się pod własnym ciężarem. W takich okolicznościach – na dnie zaświatów – kluczem nie jest myślenie, a *uwaga*. Możesz na przykład zacząć od zwrócenia uwagi na fakt, że gdy kochasz drugiego człowieka, *nie obdarzasz go miłością mimo jego ograniczeń. Kochasz go ze względu na te ograniczenia*. To oczywiście rzecz skomplikowana. Nie chodzi o to, aby kochać ludzkie wady czy przywary ani też bezmyślnie je akceptować. Nie powinieneś ustawać w dążeniach do uczynienia życia lepszym. Nie powinieneś pozostawiać problemu cierpienia samemu sobie. Na drodze ku samodoskonaleniu wydają się jednak istnieć granice, których przekroczenie niesie za sobą wyzbycie się człowieczeństwa. Łatwo rzecz jasna oznajmić, że „Istnienie wymaga ograniczeń" i szczęśliwie żyć dniem codziennym – w sytuacji, gdy na zewnątrz świeci słońce, twój ojciec nie choruje na Alzheimera, twoje dzieci są zdrowe, a małżeństwo satysfakcjonujące i stabilne. Co jednak, gdy sprawy mają się źle?

Martwica i Ból

Gdy ból mocno doskwierał Mikhaili, przez wiele nocy nie mogła spać. Przybyły w odwiedziny dziadek dał jej kilka tabletek Tylenolu, zawierających kodeinę. Wtedy udawało jej się zasnąć, choć i tak nie na długo. Nasz reumatolog, który wcześniej przyczynił się do remisji choroby, teraz, kiedy miał do czynienia z chronicznymi bólami dziecka, dotarł do granicy swojej odwagi. Przepisał już kiedyś środki przeciwbólowe małej dziewczynce, co skończyło się uzależnieniem. Poprzysiągł sobie już nigdy tego nie robić. „Czy próbowaliście z ibuprofenem?", zapytał. Mikhaila na własnej skórze nauczyła się, że lekarze nie są wszechwiedzący. Ibuprofen był dla niej tym, czym okruszek chleba dla umierającego z głodu.

Zmieniliśmy lekarza. Ten nowy wysłuchał nas uważnie i pomógł Mikhaili. Najpierw przepisał jej Tylenol, ten sam lek, który córka dostała już wcześniej od dziadka. Był to z jego strony odważny ruch. Lekarze są pod ogromną presją, aby nie przepisywać opiatów – nie tylko dzieciom. Jednak czego by o nich nie mówić, opiaty *działają*. Niestety, wkrótce nawet Tylenol nie wystarczał Mikhaili. Zaczęła zażywać oksykodon, opioid nazywany potocznie heroiną dla ubogich. Pozwoliło to zaradzić bólom, ale stworzyło inne problemy. Jakiś tydzień po rozpoczęciu nowej kuracji Tammy zabrała Mikhailę na lunch. Córka wyglądała, jak gdyby była pijana. Mamrotała. Głowa opadała jej ciężko. Coś było ewidentnie nie tak.

Moja szwagierka jest pielęgniarką zajmującą się opieką paliatywną. Zaproponowała, byśmy wraz z oksykodonem podawali Mikhaili metylofenidat, amfetaminę stosowaną często w leczeniu hiperaktywnych dzieci, np. z ADHD. Substancja ta przywróciła Mikhaili koncentrację, a oprócz tego dodatkowo niwelowała jej ból (co uznałby za pozytyw każdy, kto był zmuszony towarzyszyć drugiej osobie w nieustępliwym cierpieniu). Niestety, ku naszej trwodze, bóle córki stawały się coraz bardziej nieznośne. Zaczęła notorycznie się potykać i upadać. Na domiar złego jej staw udowy znów się zablokował, tym razem w metrze, w dniu, w którym popsuły się ruchome schody. Na szczęście była wtedy z chłopakiem, który zaniósł ją prosto do taksówki. Tym niemniej metro przestało być dla niej odpowiednim środkiem komunikacji. W marcu tamtego roku kupiliśmy Mikhaili skuter o pojemności silnika 50 cm^3. Pozwolić jej jeździć nim po ulicach wiązało się ze sporym ryzykiem. Z drugiej strony, niebezpieczne było odebrać jej jedną z podstawowych wolności – poruszania się. To pierwsze uznaliśmy za mniejsze zło. Zdała egzamin zezwalający jej na prowadzenie pojazdu w godzinach dziennych. Po kilku miesiącach praktyki i dodatkowych lekcji licencja miała zostać rozszerzona na całą dobę.

W maju córka przeszła operację wymiany stawu biodrowego. Oprócz tego chirurg zdołał wyeliminować istniejącą już wcześniej półcentymetrową różnicę w długości jej nóg. Co więcej, okazało się, że jej kość udowa wcale nie była martwa. Na zdjęcie rentgenowskie po prostu wkradł się cień. W odwiedziny do szpitala przejechała ciocia i dziadkowie. W okres długotrwałej wyczerpującej niedoli wkradło się kilka jakże cennych, radosnych dni. Niestety, zaraz po zabiegu Mikhailę umieszczono w centrum rehabilitacyjnym dla dorosłych. Najmłodszemu z dotychczasowych rezydentów ustępowała wiekiem o blisko 60 lat. Jej podstarzała współlokatorka, osoba bardzo neurotyczna, nie pozwalała gasić światła, nawet nocą. Nie potrafiła samodzielnie chodzić do toalety, korzystała więc z basenu sanitarnego. Z uwagi na stany lękowe nie chciała, aby zamykano drzwi do ich pokoju. Tymczasem był on zlokalizowany tuż przy pokoju pielęgniarek, z którego nieprzerwanie dochodziły hałasy alarmów, telefonów i głośnych rozmów. Nie sposób było tam spać, a sen miał być ważnym elementem rekonwalescencji. Odwiedziny kończyły się o godzinie 19. Rehabilitacja – powód jej pobytu w placówce – nie odbywała się, bo fizjoterapeuta wyjechał na wakacje. Jedyną osobą, która ulitowała się nad Mikhailą, był nadzorca budynku, który – kiedy usłyszał, jak córka żali się dyżurującej pielęgniarce, że nie może spać – zaoferował pomoc w przeniesieniu jej do innej sali. Swoją drogą była to ta sama pielęgniarka, która pierwszego dnia – gdy usłyszała, do której sali przydzielono Mikhailę – uśmiechnęła się szyderczo pod nosem.

Córka miała tam spędzić sześć tygodni. Wypisaliśmy ją po trzech dniach. Po powrocie fizjoterapeuty Mikhaila szybko nauczyła się zalecanych przez niego ćwiczeń. My w tym czasie zainstalowaliśmy w całym domu niezbędne poręcze, po czym zabraliśmy ją z powrotem do nas. Wszystkie wcześniejsze problemy – nawroty bólu, pobyt w szpitalu, operację – Mikhaila zniosła dzielnie. Niestety, pobyt w tym okropnym centrum rehabilitacyjnym ją złamał i pojawiły się symptomy zespołu stresu pourazowego.

W czerwcu Mikhaila zapisała się na kurs uprawniający ją do nieograniczonego czasowo prowadzenia motocyklu. Wszyscy byliśmy przerażeni tą koniecznością. Co gdyby upadła? Co gdyby miała wypadek? Pierwszego dnia Mikhaila ćwiczyła z prawdziwym motorem. Był ciężki. Kilka razy nie zdołała go utrzymać i przewrócił się na bok. Widziała, jak inny kursant wywraca się i koziołkuje po parkingu, na którym odbywały się lekcje. Rankiem drugiego dnia kursu nie chciała tam wracać. Nie chciała w ogóle wyjść z łóżka. Rozmawialiśmy długo i ostatecznie ustaliliśmy, że powinna przynajmniej pojechać z Tammy na miejsce. Jeśli tam uzna, że nie da rady, zostanie w aucie i stamtąd będzie obserwować przebieg zajęć. Po drodze wróciła jej odwaga. Gdy później odbierała certyfikat, wszyscy pozostali uczestnicy oraz instruktorzy oklaskiwali ją na stojąco.

Wtedy, jak gdyby nie chcąc dopuścić do przesadnego optymizmu, choroba znów dała o sobie znać, tym razem w formie jałowej martwicy jednej z kości śródstopia. Lekarze rozważali artrodezę – zabieg usztywnienia większych, dotkniętych chorobą kości w jedną całość. To jednak sprawiłoby, że inne, mniejsze kości w jej stopie – odtąd poddane większym siłom nacisku – prędzej czy później dałyby za wygraną. Taki kompromis wydaje się niezłą opcją dla kogoś w wieku 80 lat (choć i wtedy to nie bułka z masłem). To jednak żadne rozwiązanie dla nastolatki. Upieraliśmy się przy zastąpieniu kości sztucznymi protezami, choć technologia była nowa i niepewna, a – co gorsza – czas oczekiwania na tego typu zabieg wynosił około trzech lat. Sytuacja stawała się nie do utrzymania. Chora kostka przysparzała córce więcej bólu niż wcześniej problematyczne biodro. Pewnej kryzysowej nocy Mikhaila stała się nieobliczalna i niedorzeczna. Nie potrafiłem jej uspokoić. Widziałem, że wszyscy ocieramy się o granice wytrzymałości. Nazwanie tego okresu stresującym nie mówi o nim niemal niczego.

Kolejne tygodnie i miesiące wlekły się ociężale, podczas gdy my w desperacji próbowaliśmy dowiedzieć się jak najwięcej o wszystkich dostępnych alternatywach. Szukaliśmy krajów, w których na operację nie trzeba by było czekać tak długo: pytaliśmy w Indiach, Chinach, Hiszpanii, Wielkiej Brytanii i Kostaryce. Skontaktowaliśmy się z Ministerstwem Zdrowia Prowincji Ontario. Okazali się pomocni. Polecili nam jednego z najlepszych specjalistów w kraju, przyjmującego w Vancouver. Mikhaila przeszła operację kostki w listopadzie tego samego roku. Okres bezpośrednio po zabiegu był dla niej istną agonią. Z bólu popadała w obłęd. Personel szpitala odmawiał podania jej dawki oksykodonu na tyle silnej, aby umorzyła cierpienie. Twierdzili, że na skutek wcześniejszych kuracji córka wykształciła zbyt wysoki poziom tolerancji na ten rodzaj leków.

Gdy ból osłabł i Mikhaila wróciła do domu, zaczęła stopniowo ograniczać przyjmowanie opiatów. Mimo jego niezaprzeczalnej skuteczności – nienawidziła oksykodonu. Mówiła, że po jego zażyciu życie staje się szare. Zaprzestała go przyjmować, gdy tylko było to możliwe. Przez długie miesiące cierpiała na zespół abstynencyjny, z nocnymi potami i mrowieniami. Kompletnie utraciła zdolność odczuwania przyjemności. To jedna z konsekwencji odstawienia opiatów.

Przez większość tego okresu byliśmy totalnie przytłoczeni. Wymogi codzienności nie przestają cię obowiązywać tylko dlatego, że doświadczyłeś katastrofy. Rzeczywistość ma gdzieś twoje problemy. Wszystko, co robisz każdego dnia, nadal musi zostać zrobione. Jak radzić sobie w takich okolicznościach? Oto, czego się nauczyliśmy:

Wyznacz sobie jakąś konkretną porę dnia na rozmyślania i rozmowy o chorobie czy innym kryzysie, który przeżywasz. *Nie myśl i nie rozmawiaj* o tym przez resztę dnia. Jeśli nie wymusisz na sobie takiego rygoru, twoje rezerwy szybko się wyczerpią i znajdziesz się na równi pochyłej. Nikomu tym nie pomożesz. Oszczędzaj siły. Nie bierzesz udziału w bitwie, lecz wojnie, a wojna składa się z wielu bitew. Musisz pozostać sprawny przez całą ich serię. Jeśli zmartwienia związane z problemami pojawią się nie wtedy, kiedy trzeba, powiedz sobie, że przeanalizujesz je o ustalonej porze. Taka strategia zazwyczaj działa. Części twojego mózgu odpowiedzialne za generowanie lęku interesuje to, czy w ogóle masz jakiś plan, szczegóły tego planu są dla nich mniej istotne. Wspomnianej pory na rozmyślanie nie planuj na wieczór czy noc. Takie myśli nie pozwolą ci zasnąć, a niedobór snu w napiętej sytuacji przyspieszy jedynie negatywny bieg spraw.

Zmień perspektywę czasową, którą posługujesz się w planowaniu i organizowaniu swojego życia. Gdy wszyscy wokół cieszą się dobrym zdrowiem, słońce świeci, a pola obradzają hojnie, możesz tworzyć plany na kolejny miesiąc, kolejny rok i kolejne pięć lat. Możesz nawet wychodzić w przyszłość o dekadę. Nie ma to natomiast większego sensu, gdy jedną nogą utkwiłeś w paszczy krokodyla. „Nie troszczcie się więc zbytnio o jutro, bo jutrzejszy dzień sam o siebie troszczyć się będzie. Dosyć ma dzień swojej biedy"[11] – czytamy w Ewangelii wg św. Mateusza. Werset ten jest często rozumiany jako: „Żyj dniem dzisiejszym, nie myśl o przyszłości". To wypaczona interpretacja. Należy go odnosić do szerszego kontekstu Kazania na górze, którego jest integralną częścią. Kazanie wydobywa esencję z Dziesięciu Przykazań Mojżesza i sprowadza je do pojedynczego, nakazowego: „Będziesz". Chrystus zachęca tym samym Swoich wyznawców, aby pokładali wiarę w Boskim Królestwie Niebieskim oraz w prawdzie. Ma to być świadoma decyzja o uznaniu Istnienia za fundamentalnie dobre. To akt odwagi. Mierz wysoko, tak jak Dżepetto, ojciec Pinokia. Skieruj swoje życzenie ku gwiazdom i postępuj w zgodzie z obranym celem. Zjednoczony z niebiosami możesz skoncentrować się na przyziemnych obowiązkach. Działaj rozważnie. Zaprowadź porządek wszędzie tam, gdzie masz taką możliwość. Napraw to, co zepsute, a to, co już działa, uczyń lepszym. Z odpowiednim nastawieniem poradzisz sobie, przetrwasz. Ludzie są silni. Potrafią znosić ogromne ilości bólu i cierpienia. Jednak aby je wytrzymać, muszą dostrzegać dobro Istnienia. Bez tego czeka ich zguba.

Znów, na moment, psy – i wreszcie koty

Psy są trochę jak ludzie. Nie przypadkiem mówi się, że są najlepszymi przyjaciółmi człowieka. Psy to zwierzęta społeczne, hierarchiczne i udomowione. Potrafią być szczęśliwe na dnie rodzinnej piramidy. Za poświęcaną im uwagę odpłacają się lojalnością, szacunkiem i miłością. Psy są super.

Koty z kolei to indywidualiści. Społeczne nie są w ogóle, a hierarchiczne tylko bywają. Są jedynie częściowo udomowione. Nie będą robić sztuczek czy aportować. Są przyjacielskie na własnych warunkach. O oswojeniu psów zadecydowaliśmy my, w przypadku kotów była to ich własna decyzja. Wydają się chętne do nawiązywania kontaktów z ludźmi z jakichś dziwnych, sobie tylko znanych powodów. Jak dla mnie koty są uzewnętrznieniem natury – Istnienia – w niemal nieskazitelnej formie.

[11] Ewangelia wg św. Mateusza 6:34.

Co więcej, są one formą Istnienia, która patrzy na istoty ludzkie przychylnym okiem.

Gdy spotykasz kota na ulicy, sprawy mogą potoczyć się wielorako. Ja na przykład – muszę przyznać – gdy spostrzegam kota w dalszej odległości, poddaję się często mojemu gorszemu „ja", które każe mi przestraszyć go głośnym „a kysz!". Płochliwe koty wyskakują wtedy w górę niczym wystrzelone z armaty, a po wylądowaniu stają bokiem i jeżą się, aby sprawiać wrażenie większych niż są w rzeczywistości. Może nie powinienem naśmiewać się z kotów, ale trudno się oprzeć tej pokusie. To, że dają się tak łatwo spłoszyć, należy do ich najzabawniejszych cech (do spółki z faktem, że natychmiast po tym są wyraźnie rozczarowane i zażenowane swoją przesadzoną reakcją). Gdy jednak udaje mi się opanować moje niecne instynkty, przykucam i czule przywołuję kota, żeby go pogłaskać. Czasem delikwent ucieknie. Czasem kompletnie mnie zignoruje – to w końcu kot. Czasem jednak kociak podejdzie, wtuli swój łepek w moją rękę i zadowolony z życia zacznie rozkoszować się masażem. Niekiedy położy się nawet na plecach i zacznie ocierać o brudny asfalt (choć, co ciekawe, w takiej pozycji kotom zdarza się podrapać lub ugryźć nawet przyjazną dłoń).

Po drugiej stronie ulicy, przy której mieszkam, żyje kotka o imieniu Ginger. Ginger to piękna syjamska kocica, bardzo spokojna i opanowana. Uplasowałbym ją na samym dole w skali neurotyczności – jednej z wielkiej piątki cech osobowości, odpowiedzialnej za odczuwanie lęku, strachu i emocjonalnego bólu. Ginger zupełnie nie boi się psów. Nasz czworonóg, Sikko, jest jej dobrym kolegą. Czasem, gdy się ją zawoła, a czasem z własnej inicjatywy, Ginger przetruchta przez ulicę i zajdzie do naszego ogródka. Następnie kładzie się na plecach przed Sikko, który w odpowiedzi rozradowany merda ogonem. Potem, jeśli najdzie ją ochota, podchodzi do mnie na pół minuty i pozwala się pogłaskać. To miła przerwa. Bonusowa porcja radości w dobry dzień albo mile widziana ulga w kiepski.

Jeśli zachowasz uwagę, to nawet kiedy będziesz miał zły dzień, szczęście może się do ciebie uśmiechnąć i natrafisz na tego rodzaju chwile otuchy. Być może zobaczysz małą dziewczynkę przebraną w strój baletnicy, tańczącą na chodniku. Być może skosztujesz wyjątkowo smacznej kawy w kawiarni, która dba o swoich klientów. Być może zdołasz wykraść ogólnemu przygnębieniu choćby te 20 minut na zrobienie czegoś zabawnego, co przypomni ci, że na życiowe absurdy można też reagować śmiechem. Ja osobiście lubię w takie dni obejrzeć sobie odcinek *Simpsonów* odtworzony w przyspieszonym tempie (półtora normalnej prędkości): cały ten ubaw, dodatkowo skondensowany.

Być może gdy wyjdziesz na spacer z uczuciem, że głowa ci pęka, znienacka pojawi się kot i po 15 sekundach znów uwierzysz, że cuda Istnienia górują nad nieusuwalnym cierpieniem, jakie mu towarzyszy.

Pogłaszcz kota napotkanego na ulicy.

PS Niedługo po ukończeniu tego rozdziału chirurg Mikhaili oznajmił jej, że operacja wymiany kości śródstopia się nie udała – protezę będzie trzeba usunąć, a staw trwale usztywnić. Widmo przyszłej amputacji nabierało kształtów. Od zainstalowania protezy minęło osiem lat pełnych bólu i nadal ograniczonej mobilności, choć pod oboma tymi względami był to krok w dobrą stronę. Cztery dni później córka trafiła na nowego fizjoterapeutę. Był nim wielki, silny, troskliwy mężczyzna. Specjalizował się w leczeniu stawów skokowych. Objął kostkę Mikhaili obiema rękami i ściskał ją, podczas gdy ona ruszała stopą w górę i w dół. Znajdująca się w niewłaściwej pozycji kość wskoczyła na swoje miejsce. Ból zniknął. Moja córka nigdy nie płakała przy lekarzach, ale wtedy dosłownie zalała się łzami. Jej kolano z czasem się wyprostowało. Teraz może pokonywać pieszo długie dystanse i brykać swawolnie na bosaka. Mięsień łydki na jej chorej nodze wyraźnie odrasta. W kostce z protezą ma większą swobodę ruchu niż w tej zdrowej. W tym roku wyszła za mąż i urodziła córeczkę, którą nazwała Elizabeth, po zmarłej mamie mojej żony.

Sprawy mają się dobrze.

Póki co.

Zakończenie

JAK POWINIENEM WYKORZYSTAĆ PODAROWANY MI DŁUGOPIS ŚWIATŁA?

POD KONIEC 2016 ROKU udałem się do północnej Kalifornii na spotkanie z przyjacielem i wspólnikiem biznesowym. Spędziliśmy wieczór na rozmowie i rozmyślaniach. W pewnym momencie mój przyjaciel wyjął z kieszeni marynarki długopis i zapisał kilka pomysłów. Nie był to zwyczajny długopis. W jego końcówkę wbudowana była lampka LED, która emitowała wiązkę światła i umożliwiała pisanie w ciemności. „Kolejny gadżet. Czego to ludzie nie wymyślą...", pomyślałem w pierwszej chwili. Później jednak, gdy wspomnienie o nim zastało mnie w bardziej otwartym nastroju, idea długopisu światła objawiła przede mną swoją głębię. Było w niej coś symbolicznego, coś metafizycznego. Wszyscy przecież, przez większość czasu, miotamy się w ciemności. Przydałoby się nam coś zapisanego za pomocą światła, co mogłoby pomóc nawigować przez mrok. Zainspirowany zapytałem kolegę, czy podarowałby mi ten długopis. Zgodził się, a gdy mi go podał, odczułem niezmierną radość. Teraz mogę zapisywać słowa rozświetlające ciemność! Rzecz jasna do takich przedsięwzięć należy podchodzić odpowiedzialnie. Zacząłem się więc zastanawiać, zupełnie poważnie: „Jak powinienem wykorzystać podarowany mi długopis światła?". Są w Nowym Testamencie dwa wersety, które nawiązują do tego dylematu. Długo o nich myślałem:

> Proście, a będzie wam dane; szukajcie, a znajdziecie; kołaczcie, a otworzą wam. Albowiem każdy, kto prosi, otrzymuje; kto szuka, znajduje, a kołaczącemu otworzą[1].

[1] Ewangelia wg św. Mateusza 7:7–8.

Na pierwszy rzut oka fragment wydaje się po prostu świadectwem magicznej mocy modlitwy, rozumianej jako usilne błaganie Boga, aby obdarzył nas przysługami. A przecież Boga – kimkolwiek czy czymkolwiek by nie był – nie należy traktować jak kogoś w rodzaju Świętego Mikołaja, tyle że wyższego rangą i bardziej miłosiernego, bo skłonnego spełniać nasze życzenia nie tylko w Boże Narodzenie, lecz przez cały rok. Gdy sam Diabeł kusił Chrystusa na pustyni – o czym pisałem w Zasadzie 7 [Podążaj za tym, co wartościowe (a nie za tym co, wygodne)] – nawet On, Jego własny Syn, nie próbował wzywać na pomoc Swojego Ojca. Zresztą wszyscy zdajemy sobie sprawę, że każdego dnia modlitwy milionów zdesperowanych ludzi pozostają bez odpowiedzi. Być może jednak dzieje się tak, ponieważ zawarte w nich prośby są niewłaściwie formułowane. Być może nierozsądne jest prosić Boga, aby łamał prawa fizyki za każdym razem, gdy potykamy się o krawędź chodnika lub popełniamy poważny, życiowy błąd. Być może w takich sytuacjach nie należy stawiać wozu przed koniem i bezczynnie czekać, aż nasz problem w jakiś magiczny sposób rozwiąże się sam. Być może zamiast tego powinniśmy wówczas pytać, co my możemy zrobić, tu i teraz, aby zwiększyć determinację, wzmocnić charakter i znaleźć w sobie siłę, aby się nie poddawać. Być może zamiast tego powinniśmy poprosić o zdolność widzenia prawdy.

Przez niemal 30 lat małżeństwa mieliśmy z żoną liczne spory – czasem poważne konflikty. W naszej jedności, w jej fundamencie, powstawało wtedy pęknięcie, którego nie potrafiliśmy zasklepić dialogiem. Tkwiliśmy uwięzieni w emocjonalnej kłótni pełnej gniewu i nerwów. Postanowiliśmy zatem, że w takich sytuacjach będziemy izolować się na dłuższą chwilę: ja zamykałem się w jednym pokoju, żona w innym. To wcale niełatwa rzecz, bo w takich momentach, w przypływie złości, pojawia się pragnienie wygrania sporu i zdeptania przeciwnika. Lepiej jednak w porę się opamiętać niż narażać na konsekwencje awantury, która wymyka się spod kontroli.

Będąc sam na sam z sobą, próbowaliśmy się uspokoić i oboje zadawaliśmy sobie to samo pytanie: *W jaki sposób każde z nas przyczyniło się do sytuacji, w której się znaleźliśmy? Bez względu na to, jak niewielkie były to błędy, bez względu na to, jak dawno... oboje jakieś popełniliśmy.* Następnie wznawialiśmy rozmowę i dzieliliśmy się wynikami naszych przemyśleń: *Oto, gdzie nawaliłem... Oto, gdzie zachowałem się jak głupiec...*

Sęk w tym, że aby zadawanie sobie takich pytań miało sens, musisz być pewien, że naprawdę chcesz poznać odpowiedzi. Tutaj problem bierze się z tego, że *te odpowiedzi mogą zaboleć*. Gdy się z kimś kłócisz, chcesz, żebyś to ty miał rację, a twój adwersarz był w błędzie. W takim wypadku to on, a nie ty, musi złożyć któreś ze swoich przekonań na ołtarzu prawdy i uaktualnić swój światopogląd. To dla ciebie rezultat preferowany. Jeśli jest odwrotnie i to ty musisz zmienić zdanie, nie obejdzie się bez gruntownej samoanalizy – twoich wspomnień z przeszłości, twojej postawy w teraźniejszości i twoich planów na przyszłość. Następnie musisz zdobyć się na przemianę – na poprawę – i wymyślić sposób jej wdrożenia. A na koniec musisz faktycznie wprowadzić ją w życie. To bardzo trudne i wyczerpujące. Zmiany postrzegania i wyrabianie nowych nawyków wymagają regularniej praktyki. Zdecydowanie łatwiej jest zwyczajnie odeprzeć wiedzę nieprzystającą do naszej wizji świata. Zdecydowanie łatwiej jest odwrócić uwagę od prawdy i pozostać rozmyślnie ślepym.

W takich właśnie momentach przychodzi ci zadecydować, czy chcesz dowieść swojej racji czy też chcesz żyć w pokoju[2]. Musisz podjąć decyzję, czy wolisz obsesyjnie tkwić w przekonaniu o absolutnej poprawności swojego światopoglądu – czy słuchać i negocjować. Pokoju nie zyskujesz przez upieranie się przy swoim. Taka metoda prowadzenia sporów daje ci poczucie moralnej wyższości, a twojego partnera pozostawia z goryczą porażki i błędu. Powtórz taki rezultat tysiąc razy, a twoje małżeństwo będzie skończone (albo przynajmniej będziesz sobie tego życzył). Alternatywa – zabieganie o pokój – wymaga postanowienia sobie, że bardziej niż na własnej racji zależy ci na prawdziwej odpowiedzi. Oto droga do wyjścia z więzienia upartych, z góry wyrobionych opinii. Oto warunek wstępny wszelkich negocjacji. Oto szczere przestrzeganie Zasady 2 (Traktuj siebie tak, jak traktujesz osoby, na których ci zależy).

Moja żona i ja nauczyliśmy się, że jeśli człowiek zada sobie takie pytanie z autentycznym pragnieniem odpowiedzi (niezależnie od tego, jak gorsząca, zawstydzająca i okropna może się okazać), wspomnienie jakiegoś głupiego, niewłaściwego występku dokonanego gdzieś we wcale nieodległej przeszłości wyłoni się z głębi pamięci. Wtedy możesz wrócić do swojego partnera, wyjawić mu, jakim jesteś idiotą, i przeprosić (szczerze); druga strona może zrobić to samo, a wtedy dwójka idiotów znów będzie zdolna nawiązać nić porozumienia. Być może to jest właściwa forma modlitwy – pytanie: „Gdzie popełniłem błąd i co mogę teraz zrobić, aby sprawy choć odrobinę poprawić?". Jednak warunkiem skuteczności takiej

---

2 Zobacz: J.B. Peterson, *Peacemaking among higher-order primates*, w: M. Fitzduff, C.E. Stout (red.), *The Psychology of Resolving Global Conflicts: From War to Peace, Volume III, Interventions*, Nowy Jork, Praeger, 2006 s. 33–40. Pobrano z https://www.researchgate.net/publication/235336060_Peacemaking_among_higher_order_primates.

modlitwy jest otwarte serce, przygotowane na okrutną prawdę. Konieczne jest, abyś dopuścił do siebie osądy, których nie chcesz poznać. Kiedy podejmujesz decyzję o rozpoznaniu swoich przywar i wyrażasz chęć ich naprawy, otwierasz łącze komunikacyjne ze źródłem wszelkich odkrywczych myśli. Być może to to samo, co konsultacja z własnym sumieniem. Być może to rozmowa z Bogiem.

Z takim nastawieniem, i z kilkoma kartkami papieru leżącymi przede mną, zadałem sobie pytanie: *Jak powinienem wykorzystać podarowany mi długopis światła?* Zadałem je szczerze, bo pragnąłem odpowiedzi. Czekałem na reakcję. Dwie odrębne części mnie prowadziły ze sobą dialog. Autentycznie zastanawiałem się – i jednocześnie słuchałem w trybie opisanym w Zasadzie 9 (Zakładaj, że twój rozmówca może wiedzieć coś, czego ty nie wiesz). Zasada ta ma zastosowanie nie tylko do innych, lecz także do nas samych. To ja, rzecz jasna, pytałem – i to ja, rzecz jasna, odpowiadałem. Jednak te dwa elementy, te dwa moje warianty, nie były identyczne. Nie wiedziałem, co usłyszę od samego siebie. Oczekiwałem, aż odpowiedź ukaże się w teatrze mojej wyobraźni. Oczekiwałem, aż słowa wypłyną z pustki. Jak niby osoba miałaby pomyśleć o czymś, co ją zaskoczy? Jak niby mogłaby nie wiedzieć, co myśli na dany temat? Skąd pochodzą nowe myśli? Kto lub co je generuje?

Jako że właśnie otrzymałem nie byle jaki prezent w postaci Długopisu Światła, który pozwala zapisywać słowa rozświetlające ciemność, zamierzałem zrobić z niego możliwie najlepszy użytek. Postawiłem więc właściwe pytanie – a odpowiedź ukazała się niemal natychmiast: *Jak powinienem wykorzystać podarowany mi długopis światła? Zapisz słowa, które chciałbyś wygrawerować na własnej duszy*. Zapisałem to. Dobry początek. Nieco romantyczne, przyznaję, ale w zgodzie z zamierzeniami. Następnie podniosłem stawkę. Postanowiłem zadać sobie najtrudniejsze pytania, jakie potrafiłem postawić, i wyczekiwać odpowiedzi. W końcu, jeśli wpadł ci w ręce Długopis Światła, powinieneś wykorzystać go do wyjaśnienia Trudnych Pytań. Oto pierwsze z nich: *co powinienem zrobić jutro?* Nadeszła odpowiedź: *możliwie najwięcej dobra w możliwie najkrótszym czasie*. Z tego również byłem zadowolony – połączenie ambitnego celu z wymogiem maksymalnej efektywności. Wyzwanie warte zachodu. Drugie pytanie było w podobnym tonie: *co powinienem zrobić w przyszłym roku? Zrób wszystko, aby na koniec być pewnym, że dobro, jakie w nim uczyniłeś, przebić może jedynie dobro, jakie uczynisz w roku następnym*. Tę odpowiedź też przyjąłem z satysfakcją. Dobre rozszerzenie wcześniej zadeklarowanych ambicji. Powiedziałem przyjacielowi, że posiłkuję się podarowanym mi długopisem w poważnym eksperymencie pisarskim. Spytałem, czy mogę na głos przeczytać mu to, co jak dotąd udało mi się przelać na papier. W jego przypadku pytania – i odpowiedzi – również trafiły w czuły punkt. To dobry znak, sygnał że warto kontynuować.

Kolejne pytanie zamknęło pierwszy zestaw: *co powinienem zrobić z własnym życiem? Celuj w Raj, a skup się na dniu dzisiejszym.* Ha! Wiedziałem, co to oznacza. To postawa Dżepetta w bajce Disneya *Pinokio*, w której stary lalkarz wypowiada życzenie do gwiazd. Wznosi swój wzrok ku diamentowi migocącemu wysoko nad przyziemnym światem codziennych ludzkich trosk i wyraża swoje najgłębsze pragnienie: aby marionetka, którą wystrugał, wyzbyła się sznurków, przez które manipulują nią inni, i zmieniła się w prawdziwego chłopca. To także główny element przesłania zawartego w Kazaniu na górze. Pisałem już o tym przy okazji Zasady 4 (Nie porównuj się z tym, kim inni są dzisiaj, ale z tym, kim ty byłeś wczoraj), ale warto to tutaj powtórzyć:

> A o odzienie czemu się zbytnio troszczycie? Przypatrzcie się liliom na polu, jak rosną: nie pracują ani przędą. A powiadam wam: nawet Salomon w całym swoim przepychu nie był tak ubrany jak jedna z nich. Jeśli więc ziele na polu, które dziś jest, a jutro do pieca będzie wrzucone, Bóg tak przyodziewa, to czyż nie tym bardziej was, małej wiary? Nie troszczcie się więc zbytnio i nie mówcie: co będziemy jeść? co będziemy pić? czym będziemy się przyodziewać? [...] Przecież Ojciec wasz niebieski wie, że tego wszystkiego potrzebujecie. Starajcie się naprzód o królestwo <Boga> i o Jego sprawiedliwość, a to wszystko będzie wam dodane[3].

Jak to rozumieć? Obierz właściwy kierunek. Wtedy – i tylko wtedy – skoncentruj się na dniu dzisiejszym. Skieruj wzrok ku Dobru, Pięknu i Prawdzie, a następnie przejdź do produktywnego skupienia na aktualnych zadaniach. Nie przestawaj mierzyć w Niebo, a w międzyczasie sumiennie pracuj na Ziemi. Inaczej mówiąc, z pełnym zaangażowaniem uczestnicz w teraźniejszości, a jednocześnie stale pielęgnuj przyszłość. W ten sposób masz największe szanse opanować obie te domeny.

Następnie z kwestii efektywnego wykorzystania czasu przeszedłem do relacji z ludźmi. Analogicznie, zapisałem pytania i odpowiedzi i przeczytałem je przyjacielowi: *Jak powinna wyglądać moja relacja z żoną? Traktuj ją, jak gdyby była Świętą Matką Bożą, aby mogła urodzić bohatera,*

[3] Ewangelia wg św. Mateusza 6:28–33.

który zbawi świat. Jak powinna wyglądać moja relacja z córką? Wspieraj ją i chroń, wysłuchuj jej, trenuj jej umysł oraz upewnij ją, że nie ma niczego złego w chęci bycia matką. Jak powinna wyglądać moja relacja z rodzicami? Postępuj tak, aby twoje czyny uzasadniały cierpienia i trudy, jakie włożyli w twoje wychowanie. Jak powinna wyglądać moja relacja z synem? Zachęcaj go, aby był prawdziwym Synem Bożym.

Traktuj swoją żonę, jak gdyby była Świętą Matką Bożą – to znaczy dostrzegaj i wspieraj jej święty pierwiastek wynikający z roli matki (nie tylko matki twoich dzieci, lecz matki jako takiej). Społeczeństwo, które o tym zapomina, jest skazane na zagładę. Matka Hitlera wydała na świat przyszłego führera, a matka Stalina urodziła „czerwonego cara". Czy w ich relacjach czegoś brakowało? To bardzo prawdopodobne, jeśli weźmie się pod uwagę kluczową rolę matki w wykształcaniu się zaufania u dzieci[4]. Być może istotność ich matczynych obowiązków oraz bliskości, jaka powinna wiązać je z dziećmi, nie była dostatecznie podkreślona; być może ich typowo matczyne poczynania nie spotykały się z należnym szacunkiem ich mężów, ojców i całego społeczeństwa. Kogo zamiast tego może dać światu kobieta traktowana czcigodnie? Jakby na to nie patrzeć, losy ludzkości są w rękach kolejnych przychodzących na świat noworodków – maleńkich, delikatnych i przerażonych, ale z czasem zdolnych wypowiadać słowa i dokonywać uczynków, które podtrzymują odwieczną, chwiejną równowagę między chaosem i porządkiem.

Wspieraj swoją córkę? Inaczej mówiąc: zachęcaj ją do wszystkich odważnych przedsięwzięć, jakich podejmuje się z entuzjazmem, zachowując jednocześnie szczere uznanie dla jej żeńskości: doceniaj, jak ważną sprawą jest posiadanie rodziny i dzieci oraz odrzucenie pokusy umniejszania czy dewaluowania tej sfery życia w porównaniu z osobistymi osiągnięciami i zaspokajaniem ambicji zawodowych. Nie przypadkiem obrazowi Matki Bożej z Dzieciątkiem w ramionach towarzyszy aura świętości – społeczeństwa, które przestają uznawać tę relację za transcendentną i fundamentalną, przestają istnieć.

Postępuj tak, aby twoje czyny uzasadniały cierpienie i trud, jaki twoi rodzice włożyli w twoje wychowanie – to znaczy: nie zapominaj o wszelkich poświęceniach, jakich inni, którzy żyli przed tobą (nie tylko twoi rodzice) dokonali dla ciebie na przestrzeni całej okropnej przeszłości. Bądź

[4] L. Allen, *Trust versus mistrust (Erikson's Infant Stages)*, w S. Goldstein, J.A. Naglieri (red.), *Encyclopedia of Child Behavior and Development*, Boston, Springer US, 2011, s. 1509–1510.

wdzięczny za wszelki postęp poczyniony dzięki temu i sam działaj, mając na uwadze ten dorobek. Żyjącym współcześnie ludziom trudno nawet wyobrazić sobie, przez co musieli przejść nasi przodkowie, abyśmy my mogli cieszyć się obecnym standardem życia. W wielu przypadkach dosłownie za to umierali – powinniśmy więc żyć z należnym dla tego faktu szacunkiem. *Zachęcaj swojego syna, aby był prawdziwym Synem Bożym?* To przede wszystkim oczekiwanie od niego, aby nade wszystko *postępował słusznie i godnie*, oraz popieranie go wszelką mocą, gdy tak postępuje. To moim zdaniem część ofiarnego przesłania: doceniaj i popieraj oddanie się syna transcendentnemu dobru ponad wszystko inne (w tym ponad jego ziemski rozwój, że tak to ujmę, ponad jego bezpieczeństwo – oraz, być może, nawet jego życie).

Kontynuowałem zadawanie pytań. Odpowiedzi nadchodziły w ciągu sekund. *Jak powinienem zachować się wobec nieznajomego? Zaproś go do swojego domu i traktuj jak kogoś bliskiego, aby ostatecznie mógł stać się dla ciebie kimś bliskim.* To znaczy: wyciągać ku obcemu pomocną dłoń zaufania, aby to, co w nim najlepsze, wystąpiło naprzód i odwzajemniło przysługę. To znaczy: okazać świętą gościnność, która umożliwia powstawanie więzi między ludźmi, którzy nie mieli jeszcze okazji się poznać. *Jak powinienem zachować się wobec upadłej duszy? Zaoferuj pomocną, acz ostrożną dłoń, ale uważaj, aby nie zbłądzić razem z tą duszą.* To dobre podsumowanie problematyki poruszanej w Zasadzie 3 (Przyjaźnij się z ludźmi, którzy życzą ci jak najlepiej). To nakaz unikania zarówno rzucania pereł przed wieprze, jak i kamuflowania własnych przywar przez eksponowanie cnót na pokaz. *Jak powinienem podążać przez życie? Tak, jak gdyby Istnienie było cenniejsze niż Nie-Istnienie.* Postępuj tak, aby tragedie egzystencji nie uczyniły cię zgorzkniałym i zdegenerowanym. To esencja Zasady 1 (Pilnuj sylwetki. Plecy proste, ramiona wyciągnięte): z własnej woli wychodź naprzeciw niepewnościom świata; stawiaj im czoła z wiarą i odwagą.

Jak powinienem nauczać mój lud? Dziel się z nim wiedzą, którą uważasz za naprawdę ważną. To Zasada 8 (Mów prawdę – a przynajmniej nie kłam). Inaczej mówiąc: celuj w mądrość, wyrażaj ją za pomocą słów, głoś te słowa i podkreślaj ich istotność z autentyczną troską i zaangażowaniem. To kwestie odnoszące się także do następnego pytania (i odpowiedzi): *Co powinienem uczynić z rozdartym narodem? Pojednaj go dzięki wykorzystaniu prawdy jako spoiwa.* Waga tego zalecenia przez ostatnie lata jeszcze bardziej zyskała na znaczeniu: polaryzacja społeczeństwa postępuje, ludzie oddalają się od siebie, a przybliżają do totalnego chaosu. W takich okolicznościach, jeśli chcemy uniknąć katastrofy, konieczne jest, aby każdy z nas trzymał się prawdy i nie wypaczał faktycznego stanu rzeczywistości: nie argumentował stricte na rzecz wyznawanej ideologii, nie konfabulował dla własnych korzyści, ale wiernie przedstawiał fakty o świecie, aby inni mogli je poznać i przemyśleć, a następnie znaleźć płaszczyznę porozumienia i wspólną drogę naprzód.

Co powinienem uczynić dla Boga, Ojca mego? Poświęcić wszystko, co mi bliskie, dla jeszcze większej doskonałości. Pozwól obumarłym drzewom spłonąć, aby zrobiły miejsce pod nowy wzrost. To okrutna lekcja Kaina i Abla, szczegółowo omówiona w rozważaniach na temat sensu i znaczenia zawartych w Zasadzie 7. *Co powinienem uczynić z kłamcą? Pozwól mu mówić, aby ujawnił się jako taki.* Zasada 9 znów okazuje się tu istotna, podobnie jak kolejny fragment Nowego Testamentu:

> Poznacie ich po ich owocach. Czy zbiera się winogrona z ciernia albo z ostu figi? Tak każde dobre drzewo wydaje dobre owoce, a złe drzewo wydaje złe owoce. Nie może dobre drzewo wydać złych owoców ani złe drzewo wydać dobrych owoców. Każde drzewo, które nie wydaje dobrego owocu, będzie wycięte i w ogień wyrzucone. A więc: poznacie ich po ich owocach[5].

Najpierw należy odkryć zgniliznę, a dopiero po tym w jej miejscu można stawiać coś stabilnego, co również podkreśla Zasada 7 – a wszystko to ma związek ze zrozumieniem następującego pytania i odpowiedzi: *Co powinienem począć z człowiekiem oświeconym? Zastąpić go prawdziwym poszukiwaczem oświecenia.* Nie ma ludzi oświeconych. Są tylko tacy, którzy stale szukają dalszego oświecenia. Właściwe Istnienie to proces, a nie stan; podróż, a nie cel. To ciągła transformacja tego, co wiesz, przez interakcje z tym, czego nie wiesz, a nie desperackie trzymanie się złudzenia pełnej wiedzy, której nigdy nie jest dość. Oto, dlaczego warto przestrzegać Zasady 4. Dynamiczne *stawanie się* zawsze przedkładaj ponad statyczne *bycie*. Oznacza to konieczność rozpoznawania i akceptowania własnych niedoskonałości, aby można je było stale uzupełniać. Proces ten bywa rzecz jasna bolesny – ale wart jest poświęceń.

Następne kilka pytań i odpowiedzi można zakwalifikować do kolejnego spójnego zbioru, tym razem dotyczącego niewdzięczności: *co powinienem zrobić, gdy zaczynam gardzić tym, co mam? Pamiętaj o tych, którzy nie mają nic, a potrafią zachować wdzięczność.* Weź pod uwagę wszystko, co

---

[5] Ewangelia wg św. Mateusza, 7:16–20.

przed tobą. Rozważ Zasadę 12 – z lekkim przymrużeniem oka (Pogłaszcz kota napotkanego na ulicy). Uświadom sobie, że być może twój rozwój utkwił w martwym punkcie nie na skutek braku możliwości, lecz arogancji, przez którą z tych możliwości nie korzystasz. To Zasada 6 (Zanim zaczniesz krytykować świat – zaprowadź porządek we własnym domu).

Niedawno rozmawiałem o tych sprawach z pewnym młodym człowiekiem. Chłopak ten rzadko opuszczał swoją rodzinę i nigdy nie wyjechał poza granice rodzinnego stanu – a mimo to zdecydował się przybyć do Toronto, aby wysłuchać jednego z moich wykładów i odwiedzić mnie w moim domu. W ciągu swojego wciąż krótkiego życia stopniowo odizolował się od społeczeństwa i cierpiał na poważne zaburzenia lękowe. Gdy spotkaliśmy się po raz pierwszy, ledwie udawało mu się wydusić z siebie pojedyncze słowa. Niemniej jednak od roku próbował coś w swoim życiu poprawić. Zaczął od podjęcia się niskopłatnej pracy na zmywaku. Potraktował ją odpowiedzialnie i wykonywał rzetelnie. Inteligentny na tyle, aby widzieć, że świat nie docenia jego indywidualnych zalet i talentów, nie poddał się rozgoryczeniu i frustracji. Zamiast tego postanowił – z autentyczną pokorą, będącą warunkiem wstępnym wszelkiej mądrości – akceptować i wykorzystywać napotykane szanse, jakiekolwiek by one nie były. Obecnie żyje na swoim. To już krok naprzód. Zarabia jakieś pieniądze. Nie dużo, ale to więcej niż nic. I sam na nie pracuje. Codziennie stawia czoła światu i społeczeństwu i czerpie korzyści z każdego starcia:

> Poznanie innych ludzi jest inteligencją,
> poznanie siebie jest mądrością.
> Pokonanie innych wymaga siły,
> pokonanie siebie wymaga wielkości.
> Zadowolenie jest bogactwem.
> Zuchwałe parcie naprzód uniemożliwia rozwiązanie.
> Pozostanie na miejscu daje właściwą pozycję.
> Wystarczy żyć
> do śmierci[6].

Jeśli mój gość – nadal lękliwy, wyrażający chęć zmiany oraz, co ważniejsze, przejawiający determinację niezbędną do faktycznego wprowadzenia zmian w życie – nie zboczy z nowo obranej ścieżki, wkrótce przybędzie mu kompetencji i osiągnięć. Stanie się tak tylko dlatego, że

---

[6] Lao-Tsy, *Tao Te King, czyli Księga drogi*, Warszawa, Wydawnictwo Sic!, 2010, s. 44.

uświadomił sobie swoją marną kondycję i znalazł w sobie na tyle wdzięczności, aby zrobić pierwszy, równie marny krok w kierunku czegoś lepszego. To zdecydowanie lepsza strategia niż bezczynne, wieczne oczekiwanie na pojawienie się magicznego Godota. To zdecydowanie lepsza strategia niż arogancka, statyczna, niezmienna egzystencja, podczas gdy nad nami zbierają się demony gniewu, rozgoryczenia i zmarnowanego życia.

Co powinienem począć, gdy opęta mnie chciwość? Pamiętaj, że lepiej jest dawać niż brać. Świat to nie skarbiec do splądrowania, lecz forum, na którym możemy wymieniać się i dzielić z innymi (to znów Zasada 7). Dawać – to znaczy robić wszystko, co w twojej mocy, aby zmienić sprawy na lepsze. Tkwiące w ludziach dobro reaguje na taką postawę, wspiera ją, naśladuje, powiela, zwraca i umacnia, ku ogólnej poprawie wszystkiego i wszystkich.

Co powinienem zrobić, gdy zanieczyszczę me rzeki? Szukaj źródeł żywej wody i pozwól jej oczyścić Ziemię. To pytanie oraz odpowiedź wyjątkowo mnie zaskoczyły. Wydają się najbliższe Zasadzie 6. Być może zamiast rozpatrywać nasze problemy środowiskowe w kontekście technicznym – lepiej skupić się na ich kontekście psychologicznym. W im większym stopniu ludzie zapanują nad własnym życiem, z tym większą odpowiedzialnością będą podchodzić do szerszych kwestii ekologicznych i tym chętniej będą dbać o środowisko naturalne[7]. Księga Przysłów uczy, że lepiej sprawować kontrolę nad samym sobą niż nad całym miastem. Łatwiej pokonać wroga na zewnątrz niż tego w sobie samym. Być może problem z zanieczyszczeniem środowiska to problem duchowy. Być może jeśli uporządkujemy własne sprawy, uporządkujemy też świat. Tak przynajmniej widzi to psycholog.

Kolejna seria pytań dotyczyła właściwych reakcji na kryzys i wyczerpanie.

Co powinienem zrobić, gdy wróg mnie zwycięży? Bądź wdzięczny za udzieloną lekcję i następnym razem mierz nieco wyżej. Wracając do Ewangelii wg św. Mateusza: „Słyszeliście, że powiedziano: *Będziesz miłował swego bliźniego*, a nieprzyjaciela swego będziesz nienawidził. A ja wam powiadam: Miłujcie waszych nieprzyjaciół i módlcie się za tych, którzy was prześladują; tak będziecie synami Ojca waszego, który jest w niebie"[8]. Jak to rozumieć? Ucz się na przykładzie sukcesów twoich wrogów. Słuchaj (Zasada 9) ich krytyki i czerp z niej każdą szczyptę mądrości, którą możesz wykorzystać do urzeczywistnienia lepszej wersji siebie. Za ambicję

---

[7] Za przykład niech posłuży przebojowy młodzieniec Boyan Slaat. Ten dwudziestoparolatek z Holandii wynalazł i rozwinął technologię, która może posłużyć dokładnie w tym celu, a jednocześnie przynieść zysk. Oto ekolog z prawdziwego zdarzenia. Zobacz jego projekt tutaj: https://www.theoceancleanup.com/.

[8] Ewangelia wg św. Mateusza 5:43–45.

przyjmij sobie stworzenie świata, w którym twoi przeciwnicy dostrzegą światło, przebudzą się i odniosą sukces – niech wyższe cele, w które mierzysz, będą kompasem również i dla nich.

Co powinienem zrobić, gdy przegrywam ze zmęczeniem i niecierpliwością? Z wdzięcznością przyjmij wyciąganą do ciebie pomocną dłoń. Tutaj znaczenie jest dwojakie. Mamy do czynienia z sugestią, aby, po pierwsze, dostrzegać fakt ograniczeń indywidualnego Istnienia oraz aby, po drugie, zaakceptować i docenić wsparcie ze strony innych: rodziny, przyjaciół, znajomych i nieznajomych. Zmęczenie i brak cierpliwości z mniejszą bądź większą częstotliwością będą się pojawiać w życiu każdego człowieka. Zbyt wiele jest do zrobienia w zbyt krótkim czasie. Ale nie musimy siłować się z rzeczywistością w pojedynkę – wręcz przeciwnie, dobrze jest dzielić obowiązki, łączyć siły w rozmaitych zmaganiach i wspólnie radować się owocami produktywnej pracy nadającej życiu sens.

Co powinienem zrobić z faktem starzenia się? Potencjał młodości zastąp dokonaniami dojrzałości. To nawiązanie do dyskusji o przyjaźni z Zasady 3 oraz relacji z procesu i śmierci Sokratesa – którą można podsumować następująco: *Prawdziwie wartościowe życie uzasadnia swoje własne ograniczenia.* Młody człowiek może być biedny jak mysz kościelna, ale osiągnięciom starszych od siebie może przeciwstawić swój młodzieńczy potencjał. I to niekoniecznie zły układ dla którejkolwiek ze stron. „Nędzną rzeczą jest człowiek na starość – pisał W.B. Yeats – nie więcej niż łachmanem wiszącym na kiju, i chyba że dusza pieśni składać umie, klaśnie w ręce, a od cielesnych zniszczeń pieśni jej przybywa…”[9].

Co powinienem zrobić, jeśli przyjdzie mi pochować własne dziecko? Obejmij opieką pozostałych bliskich i spróbuj złagodzić ich cierpienia. Śmierć to nieuchronna część życia, konieczne jest zatem, aby w jej obliczu pozostawać silnym. Dlatego właśnie mówię moim studentom: na pogrzebie waszych ojców starajcie się swoją postawą dawać oparcie wszystkim tym, których smutek i rozpacz dosłownie zwaliły z nóg. Zachować siłę w obliczu nieszczęścia – oto szlachetna, godna pochwały ambicja. Dalece mądrzejsza niż złudne, krótkowzroczne liczenie na los wolny od przeciwności.

Co powinienem zrobić, gdy uderzy kolejna katastrofa? Skup uwagę na następnym właściwym ruchu. Potop nadchodzi. Potop zawsze nadchodzi. Apokalipsa wiecznie nad nami wisi. To dlatego opowieść o Noem jest

9 W.B. Yeats, *Odjazd do Bizancjum*, przekł. C. Miłosz, w: W.B. Yeats, *Wiersze wybrane*, Wrocław, Zakład Narodowy Imienia Ossolińskich – Wydawnictwo, 1997, s. 101.

archetypowa. Prędzej czy później coś w twoim życiu pójdzie źle – podkreślałem to w Zasadzie 10 (Bądź precyzyjny w tym, co mówisz) – a wtedy żadne umocnienia nie powstrzymają wdzierającego się doń chaosu. Gdy twój świat wypełnią chaos i niepewność, jedynym, co może poprowadzić cię z powrotem ku światłu, będzie twój charakter, który kształtowałeś przez lata, bo mierzyłeś wysoko (przyszłość), a koncentrowałeś się na tym, co ważne w chwili obecnej (teraźniejszość). Jeśli zawiodłeś na tym polu, zawiedziesz także w momencie kryzysu, a wtedy niech Bóg ma cię w swojej opiece.

Ostatnia seria pytań zawierała moim zdaniem najtrudniejsze ze wszystkich, jakie zadałem sobie tego wieczoru. Śmierć dziecka jest być może najbardziej druzgocącą tragedią. Wiele doświadczonych nią związków nie potrafi się z nią pogodzić i się rozpada. Tymczasem odwracanie się od siebie w następstwie takiego wstrząsu, choć zrozumiałe, nie jest nieuniknione. Miałem do czynienia z rodzinami, których członkowie zbliżali się do siebie po utracie kogoś bliskiego. Widziałem, jak odnawiają lub umacniają więzi z tymi, którzy nadal żyją, podwajając wysiłki w tej sferze. W konsekwencji wszyscy mogli wypełnić przynajmniej część pustki, jaką pozostawiła w ich sercach bolesna strata. Warto współdzielić rozpacz i wzajemnie się w niej wspierać. Warto wspólnymi siłami radzić sobie z tragediami Istnienia. Gdy na zewnątrz szaleje burza i zima, niech choć nasze rodziny będą niczym ciepły, przytulny salon z kominkiem, w którym kojąco trzaska drewno.

Gdy śmierć kogoś bliskiego w bezceremonialny sposób przypomina nam o ludzkiej kruchości i skończoności ludzkiego życia, wzmocniona świadomość tego faktu może przerazić, wprawić w rozgoryczenie i podzielić. Ale może też przebudzić. Może przypomnieć pogrążonym w smutku, że obecności ludzi, którzy obdarzają ich miłością, nie należy uznawać za pewnik. Dokonałem kiedyś przykrej kalkulacji, która dotyczyła moich już ponad osiemdziesięcioletnich rodziców. To typowy przykład znienawidzonej, nieugiętej arytmetyki, o której wspominałem przy okazji wyjaśniania Zasady 5 (Nie pozwól swoim dzieciom robić niczego, co wzbudza twoją niechęć). Nierad przebrnąłem przez odpowiednie działania, aby wiedzieć, na czym stoję, i postępować stosownie do okoliczności. Z rodzicami widuję się mniej więcej dwa razy do roku. Łącznie spędzamy ze sobą kilka tygodni rocznie. Między wizytami kontaktujemy się telefonicznie. Niestety, oczekiwana długość życia ludzi po osiemdziesiątce wynosi poniżej dziesięciu lat. Oznacza to, że nawet w wersji optymistycznej prawdopodobnie zostało mi niespełna dwadzieścia spotkań z rodzicami. Iście zatrważającym jest uświadomić sobie coś takiego. Ale, z drugiej strony, ta świadomość sprawia, że człowiek stara się możliwie jak najpełniej wykorzystać każdą kolejną okazję.

Dalsze pytania – i odpowiedzi – dotyczyły pracy nad charakterem. *Co powinienem powiedzieć bratu, który stracił wiarę? Król Potępionych nie jest dobrym sędzią Istnienia.* Jestem głęboko przekonany, że najlepszym sposobem naprawy świata – o ile taki istnieje – jest naprawa samego siebie, o czym jest mowa w Zasadzie 6. Wszystkie inne „genialne recepty" można traktować jako przejawy arogancji. Wszystkie niosą ze sobą ryzyko szkód i krzywd wynikające z twojej ignorancji i braku kompetencji. Nie szkodzi. Pole do popisu masz przed samym nosem (a raczej za nim). Zdajesz sobie chyba sprawę, że twoje konkretne, osobiste przywary niekorzystnie wpływają na świat? Twoje świadome, dobrowolne grzechy (żadne inne słowo nie trafia w sedno problemu tak jak to) czynią sprawy gorszymi, niż mogłyby być. Twoja bezczynność, bezwładność i cynizm pozbawiają świat części ciebie, która zdolna jest umarzać cierpienie i zaprowadzać pokój. To karygodna postawa. Nawet bez twoich występków rzeczywistość dostarcza nieskończenie wielu powodów do ogólnej rozpaczy, gniewu, zgorzknienia i żądzy zemsty.

Jeśli nie dokonujesz właściwych poświęceń, jeśli nie ujawniasz prawdziwego siebie, jeśli nie żyjesz w zgodzie z prawdą i nie mówisz prawdy – porażki na tych polach stopniowo cię osłabiają. W takim osłabionym stanie nie będziesz zdolny prosperować w świecie i nie wzbogacisz życia ani swojego, ani innych. Wpadniesz w bezsensowną spiralę zawodów i żalu do samego siebie. Twoja dusza ulegnie zepsuciu. Nie może być inaczej. Życie jest wystarczająco trudne, nawet gdy biegnie pomyślnie. Ale gdy biegnie fatalnie? Na podstawie bolesnych doświadczeń zdążyłem się już nauczyć, że nigdy nie jest tak źle, żeby nie mogło być gorzej. To dlatego Piekło jest otchłanią bez dna. To dlatego istnieje związek między Piekłem a wspomnianym wyżej grzechem. W najtragiczniejszych przypadkach okropne cierpienia nieszczęśliwych dusz zostają przypisane, w ich własnej opinii, błędom, które świadomie popełniły w przeszłości: aktom zdrady, oszustwom, okrucieństwu, niedbalstwu, tchórzliwości oraz najczęstszemu błędowi ze wszystkich: rozmyślnej ślepocie. Człowiek, który doświadcza okropnych cierpień i wie, że sam jest sobie winien, to człowiek, który trafił do Piekła. Ale to nie zawsze zasłużona samokrytyka. Dlatego właśnie *Król Potępionych nie jest dobrym sędzią Istnienia.*

Jak zbudować charakter, na którym będziesz mógł polegać zarówno w szczęściu, jak i nieszczęściu – w czasie pokoju i w czasie wojny? Jak zbudować charakter, który w momencie próby, pełnym niedoli i cierpienia, nie sprzymierzy się z siłami Piekła? Pytania i odpowiedzi nie przestawały napływać do mojego umysłu, a wszystkie były w takim czy innym sensie adekwatne do zasad, które przedstawiłem na kartach tej książki.

Co powinienem robić, aby wzmocnić mego ducha? Nie kłam i nie dopuszczaj się niczego, czym pogardzasz.

Co powinienem robić, aby uszlachetnić moje ciało? Wykorzystuj je tylko w służbie duszy.

Co powinienem zrobić z najtrudniejszym z pytań? Potraktuje je jak bramę do właściwej drogi życia.

Co powinienem uczynić, kiedy widzę człowieka w niedoli? Bądź dobrym przykładem, który uniesie jego złamane serce.

Co powinienem zrobić, gdy oczekują mnie tłumy? Stań z uniesioną głową i wypowiedz swoje nadszarpnięte zębem czasu prawdy.

I to tyle. Nadal mam mój Długopis Światła, choć od tego czasu nie zapisałem nim ani słowa. Może wrócę do tego, gdy nazbieram w sobie dość emocji, doświadczeń i myśli, aby natchnienie wtrysnęło w moją psychikę coś istotnego. Mam nadzieję, że prastare mądrości, o których tu pisałem, dodadzą ci sił. Mam nadzieję, że rozpalą tlącą się w tobie iskrę. Mam nadzieję, że uda ci się wyjść na prostą, uporządkować sprawy rodzinne oraz zaprowadzić pokój i dobrobyt w twojej społeczności. Mam nadzieję, że – zgodnie z zasadą 11 (Nie przeszkadzaj dzieciom, gdy jeżdżą na deskorolce) – zamiast roztaczać nad swoimi podopiecznymi szczelny parasol ochronny, który nadwątli ich samodzielność, pomożesz im wzmocnić charakter i rozbudzić ambicje.

Życzę ci wszystkiego dobrego i liczę, że znajdziesz w sobie na tyle pogody ducha, aby życzyć wszystkim wokół tego samego.

Jak wykorzystasz podarowany ci długopis światła?

Podziękowania

Pisanie tej książki zbiegło się z trudnym okresem mojego życia – delikatnie mówiąc. Na szczęście w moim otoczeniu nie brakowało, godnych zaufania, kompetentnych osób, na których mogłem się oprzeć. Dzięki Bogu za to. W szczególności chciałbym podziękować mojej żonie Tammy, która od niemal 50 lat jest mi najbliższym przyjacielem. To ona była gwarantem uczciwości, stabilności, wsparcia, praktycznej pomocy, organizacji oraz cierpliwości niezbędnych podczas 20 lat pisania, które kontynuowałem równocześnie z mnóstwem innych spraw, jakie nam się w tym czasie przytrafiły – i moja żona potrafiła zapewniać mi te pierwsze niezależnie od istotności i pilności tych drugich. Moja córka Mikhaila, mój syn Julian oraz moi rodzice, Walter i Beverley, także stali u mego boku, zapoznawali się ze wszystkim, co pisałem, omawiali ze mną trudne kwestie oraz pomagali organizować myśli, słowa i działania. To samo mogę powiedzieć o moim szwagrze, Jimie Kellerze, wybitnym projektancie chipów komputerowych, i mojej zawsze równie skorej do pomocy, co żądnej przygód siostrze, Bonnie. Przyjaźń z Wodkiem Szembergiem i Esterą Bekier od wielu lat i pod wieloma względami okazuje się dla mnie bezcenna, podobnie jak zakulisowe wsparcie profesora Williama Cunninghama. Dr Norman Doidge ponadprogramowo spełnił prośbę o napisanie, a następnie przeredagowanie przedmowy do tej książki, co wymagało znacznie więcej pracy, niż początkowo zakładałem. Wieloletnia przyjacielska relacja z doktorem Doidgem i jego żoną, Karen, jest bardzo ceniona przez całą moją rodzinę. Samą przyjemnością była współpraca z Craigiem Pyetteem, moim redaktorem z wydawnictwa Random House Canada. Waga, jaką Craig przywiązuje do detali oraz jego umiejętność dyplomatycznego okiełznywania przesadnych wylewów pasji (a okazjonalnie irytacji), od których roiło się w pierwszych szkicach książki, przełożyła się na dalece bardziej wywarzoną treść.

Gregg Hurwitz, pisarz, scenarzysta i przede wszystkim przyjaciel, wykorzystał wiele z moich życiowych zasad w swoim bestsellerze *Orphan X*, na długo zanim napisałem moją książkę – co uznaję za ogromny komplement i wskaźnik ich potencjalnej wartości i atrakcyjności w oczach czytelników. Gregg zaoferował również pomoc w roli zaangażowanego, skrupulatnego, niezwykle przenikliwego i komicznie cynicznego redaktora. Za jego sprawą usunąłem z książki zbędne wodolejstwo (lub przynajmniej część wodolejstwa) i trzymałem się narracji. Gregg polecił mi też Ethana van Scrivera, który każdy z rozdziałów opatrzył piękną ilustracją, za co mu bardzo dziękuję. Chylę czoła przed jego talentem – ilustracje te dodają książce nieco światła i ciepła, bez których mogłaby skończyć jako zbyt mroczna i przygnębiająca.

I wreszcie, chciałbym podziękować Sally Harding, mojej agentce, oraz profesjonalnemu zespołowi CookeMcDermid. Bez Sally ta książka nigdy by nie powstała.

Posłowie

O Jordanie Petersonie usłyszałem w typowy sposób.

Nagranie jego wypowiedzi pokazał mi mój przyjaciel. Było to słynne już dzisiaj spotkanie profesora z *Social Justice Warriors* na Uniwersytecie Toronto i filipika w obronie wolności słowa. Peterson był wtedy dla mnie zupełnie anonimowy, ale jego retoryka robiła wrażenie. Przyjaciel podsumował ten film słowami, że na pewno jeszcze usłyszymy o bohaterze nagrania.

Miał rację.

Dzisiaj, kilka lat i miliony wyświetleń później, mam przyjemność napisać posłowie do jego książki. Chcę w nim podsumować *12 życiowych zasad: Antidotum na chaos* i opowiedzieć o tym, dlaczego – moim zdaniem – ta książka może być przydatna. A może taka być na wielu płaszczyznach.

Książki są różne. Dopiero po kilku latach widać, które były naprawdę dobre. Werdykt bywa dla twórców cierpki. Wielu z nich spada z piedestału modnych autorów. Inni, czasem dopiero pośmiertnie, zyskują blask klasyków, niekiedy tak wielkich, że aż wartych włączenia w system przymusowego czytania książek w szkołach[1]. W księgarniach pojawia się zaś dosłownie wszystko. Większość książek wcale nie jest zła. Jest zwyczajnie przeciętna w swoich kategoriach. Dostajemy więc przeciętne kryminały, przeciętną literaturę specjalistyczną, przeciętne podręczniki, przeciętne książki kucharskie. Przeważnie, bo część książek jest oczywiście zwyczajnie kiepska. Inne, na nasze szczęście, są dobre.

Wśród „poradników dobrego życia" mających (konieczne marketingowo) liczebniki w tytułach – książka Petersona wyróżnia się w oczywisty sposób. Być może na tyle, że ktoś czytający moje słowa za pięćdziesiąt lat przyzna mi rację.

---

[1] Gdybym chciał walczyć z radością płynącą z czytania, wymyśliłbym przymusowe lektury. Na szczęście nie chcę, ale – niestety – ktoś kiedyś wpadł już na ten pomysł przede mną.

Siłą tej książki jest głębia. Peterson doskonale porusza się w przestrzeni człowieczego imaginarium, do którego każdy z nas ma dostęp, jeśli tylko pochyli się nad mitami i mitologiami. Niestety, mało kto z nas to dzisiaj robi, co jest błędem, ponieważ prastary język wyobrażeń wciąż jest przydatny. Jako ludzie wciąż mierzymy się z tymi samymi problemami, z którymi konfrontowali się nasi antenaci, tak odlegli, że dziś już prawie nieznani. Jednak zapomnienie opowieści, za pomocą których przodkowie starali się nadać sens swojemu cierpieniu, nie jest dobrym pomysłem. Ten dorobek zwyczajnie może nam się jeszcze przydać.

Ale Peterson nie jest drugim Josephem Campbellem, przynajmniej nie na cały etat. To nie tylko uczony, lecz także naukowiec – w rozumieniu nauki jako *science* – który używa osiągnięć zachodniego racjonalizmu, aby badać niewyjaśnione. Widać też w jego pracy przekonanie nie tylko co do tego, że nauka jest narzędziem opisującym i wyjaśniającym rzeczywistość, lecz także że jej praktyczne zastosowanie jest zdolne uczynić ludzki byt lepszym. W przypadku dyscypliny, w której porusza się Peterson, czyli psychologii, to założenie każe mu śmiało zapuszczać się w rejony badań statystycznych, neurologii czy biologii ewolucyjnej. Autor robi to oczywiście w sposób przystępny, aby czytelnik był w stanie przyswoić sobie osiągnięcia przytaczanych w książce gigantów nauki.

Te dwie narracje – przedracjonalną, niosącą dawną mądrość opowieści snutych przy ogniskach przez łowców mamutów, i racjonalną, podchodzącą do zdobywania wiedzy w laboratoryjnym kitlu – najłatwiej spiąć mitologicznym obrazem. Jest nim zabicie Meduzy przez Perseusza. Meduza, uosabiająca zło, ginie dzięki interwencji bohatera wyposażonego w tarczę daną mu przez Atenę, boginię mądrości. Perseusz nie mógł spojrzeć na Meduzę, której oblicze miało moc przemiany każdego śmiałka w kamień, dlatego obserwował jedynie jej odbicie w wypolerowanej na połysk tarczy. Nie ma chyba piękniejszej alegorii ukazującej potęgę wiedzy – różnie przecież zdobywanej – która może pokonać zło.

Książka Petersona może być taką tarczą – i dla wielu czytelników na pewno nią będzie. Oddzielenie ich prywatnych doświadczeń od nich samych, pokazanie im ich powszechności, wytłumaczalności, a wreszcie nieuchronności – może mieć walor terapeutyczny i pozwolić na wzniesienie się ponad zło wiecznego obwiniania się, słabości i niezdolności do wzięcia odpowiedzialności za swoje życie.

Istotność Petersona jako współczesnego intelektualisty (a być może wręcz uczonego – celebryty) pozwala także spojrzeć na *12 życiowych zasad* jako na książkę będącą machiną rewolucji. Rewolucji osobliwej, bo dotyczącej wewnętrznej walki o siebie samego. Rewolucji, która ma polegać na krytycznym spojrzeniu w swoje wnętrze, swoistym „audycie", a następnie systematycznej pracy nad sobą. Beneficjentem ma być rzecz jasna przede wszystkim czytelnik Petersona stosujący się do jego rad. Ale – w dalszej perspektywie – także wspólnota, do której należy. Kiedy człowiek bierze za siebie odpowiedzialność, zmniejsza ciężar, jaki dotychczas nieśli za niego inni.

Celowo piszę o cichej, wewnętrznej rewolucji, a nie o kontrrewolucji, ponieważ obraz „starych dobrych czasów" jest co najwyżej konserwatywną ułudą, która istnieje tylko dzięki pomijaniu pewnych faktów niepasujących do narracji i wyolbrzymianiu tych, które się w nią wpisują. Jeśli spojrzeć na książkę Petersona jako na wezwanie do wzięcia odpowiedzialności za swoje życie, ograniczenie królestwa chaosu i wprowadzenie słusznych zasad, to jest ona uniwersalna i ponadczasowa. Ucieczka przed odpowiedzialnością jest bowiem doświadczeniem czasów nie tylko nam obecnych, lecz także dawniejszych. Biblijna postać Jonasza uosabia wszystkich, których przerasta napotkane wyzwanie, ale którzy ostatecznie znajdują siłę, aby je udźwignąć. Literackich, legendarnych, mitologicznych Jonaszów możemy znaleźć legion. My sami, w naszym wąskim kręgu, tu i teraz, także nimi jesteśmy.

Peterson pokazuje, jak poradzić sobie z wzięciem na swoje barki brzemienia, podpowiada też, jak je nieść, aby było nam względnie wygodnie. Oczywiście jako człowiek nam współczesny używa języka, anegdot i symboli zrozumiałych dla nas, ale nie jest tak, że za kilkaset lat ta książka będzie zupełnie niezrozumiała. Natura ludzka pozostaje bowiem niezmienna, nie ma ucieczki od jej ograniczeń i wad. Dowodem na to jesteśmy także my sami, którzy zarówno w bólu Adama opuszczającego Eden, jak i w opowieści Petersona o własnym życiu – znajdujemy odbicie własnych doświadczeń.

Praca Petersona ma jednak też i ograniczenia – o czym on sam rzetelnie informuje. Żadna książka nie jest panaceum na wszystko, nie ma Świętych Graali wiedzy o sobie samym. Metoda naukowa, do której odwołuje się autor, jest ułomna, bo wszystkie nasze dzieła mają w sobie skazę, którą mamy my sami, ich twórcy. Wiedza dostarczona nam przez mity i legendy, którą przywołuje Peterson, bywa wieloznaczna. Niedoskonały człowiek nie może stworzyć doskonałych narzędzi. Może, rzecz jasna, starać się o to, aby były jak najlepsze, a uzyskiwana dzięki nim wiedza jak najrzetelniejsza, jak najdalej uprawdopodobniona. To jest możliwe. Być może nie chodzi o zdobycie Graala, ale o jego poszukiwanie.

Innym ograniczeniem jest oczywista szczupłość książki. Jeśli spojrzycie na ten tom o szerokim grzbiecie, możecie uznać te słowa za przesadzone, ale takimi nie są. Czytelnik, kończąc *12 życiowych zasad*, ledwie spojrzał na całe regały prac, na których wspiera się ta pozycja – i to bez otwierania zgromadzonych tam ksiąg. Podobną analogię można by ułożyć dla wejrzenia w siebie samego. To dopiero początek. Peterson, choć jest dobrym przewodnikiem, tak naprawdę prowadzi nas tylko na skraj lasu, do którego musimy wejść już sami. I sami musimy się zmierzyć z tym, co w nim napotkamy. Każdy z nas jest samotnym szaserem z obrazu Caspara Davida Friedricha.

Te oczywiste uwagi – pokazujące doniosłość, ale jednocześnie ograniczenia książki Petersona – mogą pomóc w znalezieniu miejsca dla tego dzieła. Zarówno na półce, jak i w prywatnym uniwersum wyobrażeń, które każdy z nas w sobie nosi. Warto jednak dodać jeszcze jedno. Peterson nie jest prorokiem, a niniejsza książka nie jest natchnionym tekstem; psycholog nie jest mędrcem, który zna odpowiedzi na wszystkie pytania. Nie jest kimś, kto przeżyje życie za kogokolwiek, za nikogo też się nie poświęci. Petersona należy widzieć jako pomocnika w drodze, którą każdy musi przejść sam – i na własny rachunek.

Ale to właśnie jeden z powodów – poszanowanie mojej wolności przez Petersona – dla którego *12 życiowych zasad. Antidotum na chaos* zdaje u mnie najkrótszy test na dobrą książkę. Kiedy sam siebie pytam, czy było warto ją przeczytać, odpowiadam: warto. To dobra książka. Prostym językiem mówi o problemach, z którymi zmaga się każdy człowiek. Ma niewątpliwe walory i jest napisana w sposób, który pozwala zaglądać do niej ponownie po pewnym czasie. Każdemu z jej czytelników życzę, aby wracał do niej jako ktoś lepszy od siebie samego, zanim przeczytał ją po raz pierwszy.

dr Marcin Chmielowski,
wiceprezes Fundacji Wolności i Przedsiębiorczości[2]

---

[2] Fundacja Wolności i Przedsiębiorczości jest organizacją, która stawia sobie za cel promocję rozwiązań wolnorynkowych, wolności osobistej, oraz ducha przedsiębiorczości. Założona w 2012 r. organizacja dąży do wykształcenia generacji ludzi niezależnych, wolnych, i odpowiedzialnych. Flagowymi inicjatywami Fundacji są Polsko-Amerykańska Akademia Liderów, obozy Liberty English Camp oraz Projekt Arizona. W listopadzie 2013 w Nowym Jorku Fundacja odniosła zwycięstwo w prestiżowym konkursie Think Tank Shark Tank, dzięki czemu zrealizowała 12-odcinkowy serial „Wolność pod Ostrzałem". W roku 2017 Fundacja wyprodukowała pełnometrażowy film „Zapomniani. Historia Krakowskiej Szkoły Ekonomicznej".

Indeks

C

Q

R

S

W długo wyczekiwanym drugim tomie Peterson kontynuuje swój wywód, pokazując, że w dużej mierze sens życia pochodzi także z sięgania do obszaru znajdującego się poza tym, co już znamy, oraz z przystosowywania się do ciągle zmieniającego się świata. Podczas gdy nadmiar chaosu przytłacza nas niepewnością, nadmiar porządku może prowadzić do uśpienia naszej ciekawości i pozbawiać nas twórczej energii. *Poza porządek* wzywa zatem do zrównoważenia tych dwóch podstawowych elementów rzeczywistości – porządku i chaosu – i odsłania głębokie poczucie sensu, jakie możemy odnaleźć, stąpając po ścieżce przebiegającej między tymi dwiema domenami.

Dlaczego ludy różnych czasów i miejsc formułowały mity i opowieści o podobnej symbolice i przesłaniu? Czy społeczności ludzkie o odmiennych przekonaniach religijnych lub ideologicznych skazane są na wieczny konflikt? Czy naukowe twierdzenia i religijne dogmaty rzeczywiście muszą pozostać względem siebie w wiecznej sprzeczności? Czy możliwe jest osłabienie skłonności jednostki do dokonywania okrucieństw motywowanych poczuciem tożsamości grupowej? Jaki sposób życia daje największe szanse wypełnienia go poczuciem sensu i znaczenia?

W *Mapach sensu* Jordan B. Peterson próbuje odpowiedzieć na te pytania, stawiając nową, śmiałą hipotezę, wskazującą na związek między ustaleniami współczesnej neuropsychologii a strukturą najstarszych opowieści religijnych i mitów (jak na przykład mity sumeryjskie i egipskie) oraz alchemią.